U0142918

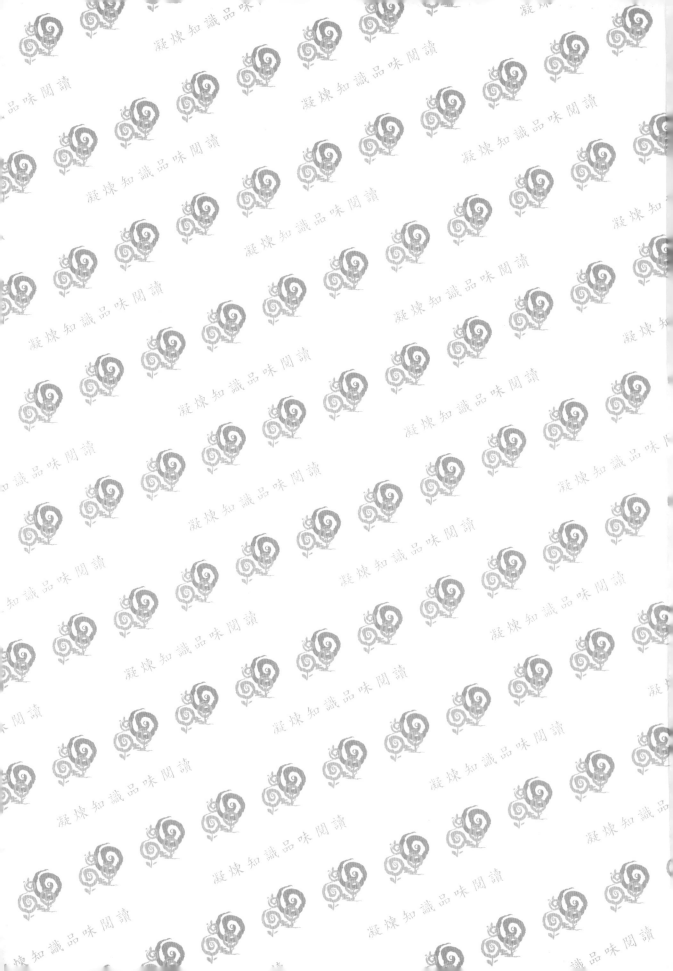

研究&方法

RStudio的
操作與基礎統計應用

吳明隆、張毓仁 合著

五南圖書出版公司 印行

《R Studio 的操作與基礎統計應用》為 R 軟體統計分析系列叢書之四。RStudio 是 R 軟體使用頻率很高的整合開發環境 (intergrated development environments; [IDE])，其視窗介面將 R 軟體統計軟體之 R 主控臺視窗、R 編輯器視窗、套件安裝與載入視窗和圖形裝置器等視窗統整在一起，讓 R 軟體的初學者學習過程更為簡易與方便，視窗介面的友善化及選單功能更能有效提升學習者之學習效能。

相較於原始 R 軟體視窗介面，RStudio 整合開發環境的功能列選項功能可以加快與簡化資料檔的匯入、外掛套件的安裝與載入、繪製圖形的儲存美化和函數語法指令列的編輯等；主控臺視窗之智慧型函數選取與自動增列配對符號，大幅減少函數字元輸入的錯誤，便於學習者的操作。RStudio 整合開發環境與原始 R 軟體視窗介面的操作程序與函數運用大致相似，只是前者的視窗介面更有利於初學習的操作與學習。

本書從使用者及學習者的觀點出發，詳細介紹 RStudio 整合開發環境各視窗介面的功能與操作，詳述其在初階統計方面的應用，包含函數語法說明、函數實際運用和輸出結果的解析等，此部分偏重 R 軟體於心理與教育領域之統計應用，書中對於問卷調查研究編製之測量工具題項的重新編碼與向度物件變項增列，也有詳細說明。R 軟體本身有強大的繪圖功能、可將各式資料視覺化，書中內容對於內掛套件之各種常見圖形函數的實際應用，更有完整的論述與範例解析，從書籍內容中，讀者可快速而有效學會內掛圖形套件的函數應用。

書籍內容共十九章，章節內容為第一章 R 語言整合開發環境、第二章整合開發環境視窗介面、第三章整合開發環境的套件、第四章整合開發環境主控臺與變數型態、第五章外部資料檔的匯入、第六章集中量數、第七章變異量數、第八章資料框架物件的進階應用、第九章問卷向度變數與常態性檢定、第十章推論統計與假設檢定、第十一章 R 軟體繪圖介面、第十二章基本圖形套件的引數、第十三章長條圖/圓餅圖—適用於因子變數、第十四章直方圖與其他形狀圖形、第十五章常態分配函數與圖形繪製、第十六章其他分配函數與圖形、第十七章常見之母數檢定的分配、第十八章外掛套件應用——ROC 曲線分析和第十九章單因子共變數分析。

　　本書撰寫格式與內容有以下幾個特點：1. 從使用者觀點出發，有系統地介紹整合開發環境各交談窗的操作與應用；2. 函數應用範例結合社會科學研究基本統計理念，學習者能旁徵博引，同時學習統計概念與 R 軟體的操作方法；3. 豐富的統計圖形函數介紹，幫助使用者有效的將資料以視覺化型態呈現；4. 內容淺顯易讀，融合語法指令與範例說明，論述完整，淺顯易懂。

　　本書得以順利出版，要感謝五南圖書公司的鼎力支持與協助，尤其是侯家嵐副總編輯與編輯的行政支援與幫忙。作者於本書的撰寫期間雖然十分投入用心，但恐有能力不及或論述未周詳之處，這些疏漏或錯誤的內容，盼請讀者、各方先進或專家學者不吝斧正。

吳明隆、張毓仁 謹識

2018 年 6 月

目錄

Chapter 1
R 語言整合開發環境

R 語言整合開發環境 (integrated development environments; [IDE]) 融合了 R 統計軟體與 RStudio 應用軟體。R 軟體本身是一個獨立的統計軟體，函數與語法指令幾乎可以執行所有的統計程序，加上其外掛套作的強大功能，使得 R 軟體成為許多研究者作為數據分析的統計工具之一。由於 R 軟體本身的語法指令或函數要逐一輸入，對於初學者的錯誤訊息解決較為困難，若是能配合 RStudio 軟體的安裝，使用整合開發環境介面，對於初學者或使用者可能較為簡易。要安裝 RStudio 軟體，必須先安裝 R 軟體。

壹、R 軟體的下載與安裝

使用瀏覽器開啟 R 軟體官方網站，網址為：「http://www.r-project.org」，點選左方「CRAN」選項 (鏡射伺服器位置)。

The R Project for Statistical Computing

Getting Started

R is a free software environment for statistical computing and graphics. It compiles and runs on a wide variety of UNIX platforms, Windows and MacOS. To download R, please choose your preferred CRAN mirror.

If you have questions about R like how to download and install the software, or what the license terms are, please read our answers to frequently asked questions before you send an email.

[Home]

Download

CRAN

R Project

「CRAN」選項 (鏡射伺服器位置) 呈現各國主要下載 R 軟體的超連結位置，從不同的連結處均可以下載 R 軟體。

CRAN Mirrors

The Comprehensive R Archive Network is available at the following URLs, please choose a location close to you. Some statistics on the status of th found here: main page, windows release, windows old release.

If you want to host a new mirror at your institution, please have a look at the CRAN Mirror HOWTO.

0-Cloud
    https://cloud.r-project.org/   Automatic redirection to servers worldwide, currently sponsored by Rstudio
    http://cloud.r-project.org/   Automatic redirection to servers worldwide, currently sponsored by Rstudio
Algeria
    https://cran.usthb.dz/   University of Science and Technology Houari Boumediene
    http://cran.usthb.dz/   University of Science and Technology Houari Boumediene
Argentina
    http://mirror.fcaglp.unlp.edu.ar/CRAN/   Universidad Nacional de La Plata
Australia

在「CRAN」選單中，臺灣有三個較近的網路可以下載，點選其中一個超連結均可以快速跳到連結下載與安裝 R 軟體畫面。

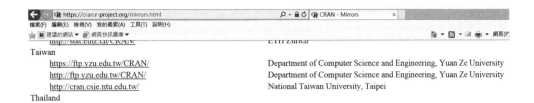

　　在「Download and Install R」方盒中有三種作業系統的 R 軟體程式，適用於個人電腦之作業系統的 R 軟體分別為 Linux、Mac (OS X)、Windows，範例視窗介面中點選的電腦作業系統為微軟 Windows，點選「Download R for Windows」的連結選單。

The Comprehensive R Archive Network

Download and Install R

Precompiled binary distributions of the base system and contributed packages, **Windows and Mac** users most likely want one of these versions of R:

- Download R for Linux
- Download R for (Mac) OS X
- Download R for Windows

R is part of many Linux distributions, you should check with your Linux package management system in addition to the link above.

Source Code for all Platforms

　　開啟「R for Windows」視窗，點選左邊「Base」超連結選項。

R for Windows

Subdirectories:

base	Binaries for base distribution (managed by Duncan Murdoch). This is what you want to **install R for the first time**.
contrib	Binaries of contributed CRAN packages (for R >= 2.11.x; managed by Uwe Ligges). There is also information on third party software available for CRAN Windows services and corresponding environment and make variables.
old contrib	Binaries of contributed CRAN packages for outdated versions of R (for R < 2.11.x; managed by Uwe Ligges).
Rtools	Tools to build R and R packages (managed by Duncan Murdoch). This is what you want to build your own packages on Windows, or to build R itself.

　　在「R-3.4.1 for Windows」視窗中，主要有三個選項，第一個為下載版本的選項、第二個為安裝其他 R 軟體教學文件的選項、第三個為新版本特性的說明文件。由於 R 軟體版本更新的速度很快，因而之後使用者看到的畫面可能比

R-3.4.1 版本還新。雖然新版本有新的功能，但 R 軟體基本操作的基本介面大致是相同的。

R-3.4.1 for Windows (32/64 bit)

Download R 3.4.1 for Windows (62 megabytes, 32/64 bit)

Installation and other instructions
New features in this version

　　於下載 R 軟體版本圖示上滑鼠左鍵連按二下，可以開啟應用軟體直接進行軟體安裝程序。

R-3.4.1-win

　　新版的 Windows 作業系統中，有些電腦開啟「.exe」自動執行檔時會出現安全性警告畫面「無法確認發行者，您確定要執行這個軟體？」，範例視窗介面中按「執行 (R)」鈕。

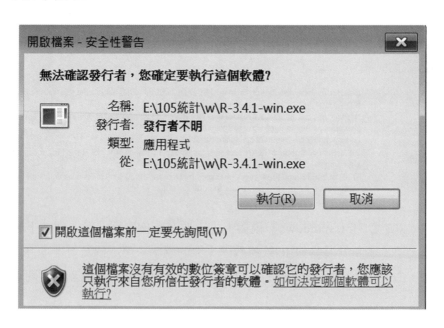

　　交談視窗中出現「選擇安裝語言」對話視窗，提供使用者選擇使用的語言，預設語言為英文 (English)，下拉式選單改選為「繁體中文」選項，按「確定」鈕。

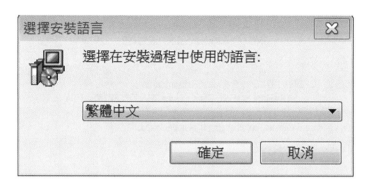

　　出現「R for Windows 3.4.1 安裝程式」交談視窗，建議使用者在安裝 R 軟體過程中先關閉其他應用程式，以避免與安裝程式發生衝突。視窗介面按「下一步」鈕繼續進行安裝程序。

　　出現 R for Windows 安裝訊息的說明，此說明為軟體的重要授權書，由於R軟體是自由免費的開放軟體，視窗介面直接按「下一步」鈕即可。

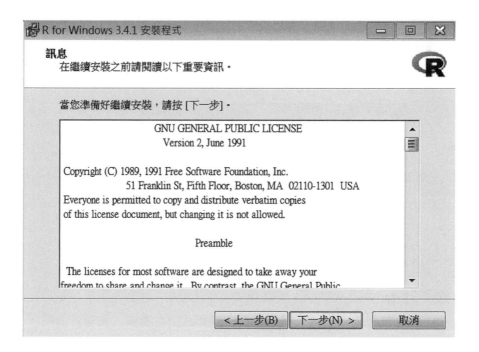

選擇目的資料夾安裝的交談視窗，內定程式安裝的資料夾為「C:\Program Files\R\R-3.4.1」，使用者若要更改安裝的路徑，按右邊「瀏覽 (R)…」鈕更改 (如果研究者自選資料夾，資料夾的名稱最好不要有空白鍵)，範例視窗採用內定選項，按「下一步」鈕繼續進行安裝程序。

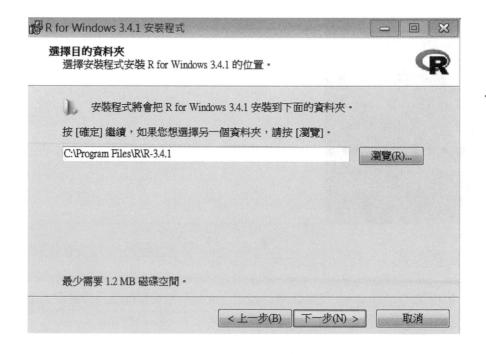

選擇元件選項會根據個人電腦勾選，若選單中已勾選「64-bit Files」選項，則「32-bit Files」勾選選項可以取消，至於其他三個選項建議均要勾選，範例視窗採用內定選項，按「下一步」鈕繼續進行安裝程序。

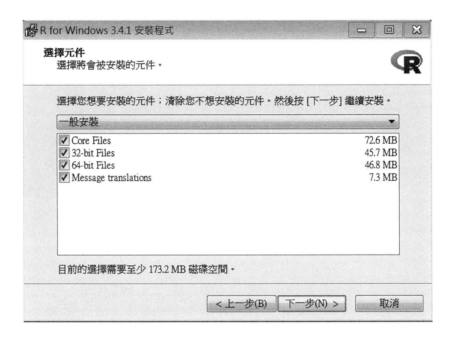

啟動選項有二個，一為使用者自訂、一個採用內定預設功能，範例視窗介面採用內定選項「⊙No (accept defaults)」，按「下一步」鈕繼續進行安裝程序。

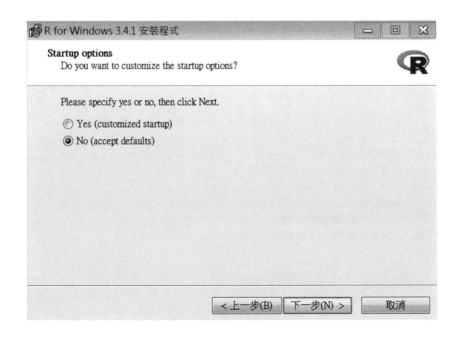

選擇「開始」功能表的資料夾選項，內定的捷徑預設為「R」，若使用者要更改開始功能表捷徑的資料夾名稱，按「瀏覽」鈕進行變更程序。範例視窗採用內定選項，按「下一步」鈕繼續進行安裝程序。

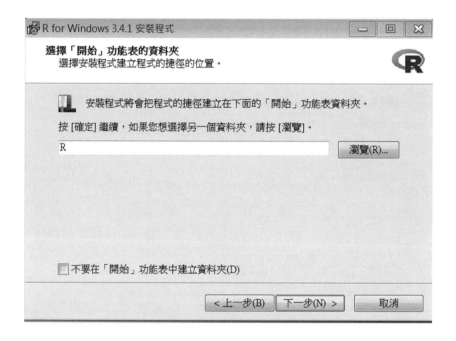

選擇附加的工作視窗介面，內定選項為「☑建立桌面圖示 (D)」、「☑在登錄表中儲存版本號碼」、「☑將資料檔副檔名 .R 關聯至 R」，範例視窗採用內定選項，按「下一步」鈕繼續進行安裝程序。

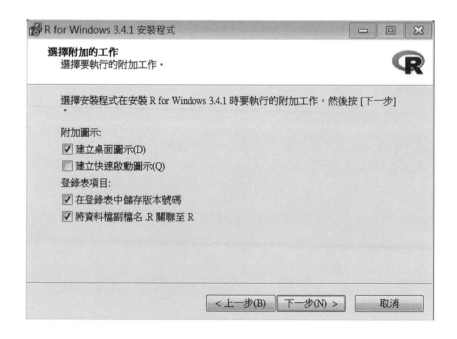

正在安裝過程可以看到綠色影像從左至右移動。

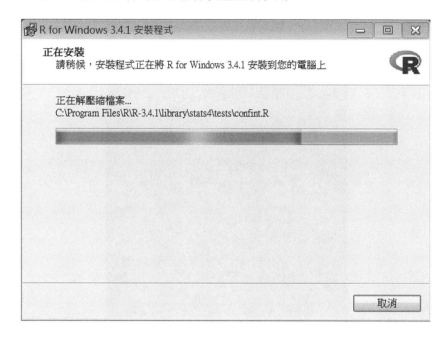

安裝完成的訊息視窗中，按「完成」鈕結束安裝程式：

不同 R 版本軟體安裝採用內定選項，內定的開始功能表資料夾為「R」，在 R 資料夾中可以開啟不同版本的 R 軟體，範例視窗介面安裝的 R 軟體有 R-3.4.1、R-3.3.2、 R-3.3.1 三個版本。

　　開啟版本 R-3.4.1 之 R 軟體，初始視窗介面如下，「R Console」視窗為 R 軟體主要操作平臺 (R 主控臺)，內定的功能表列有檔案 (File)、編輯 (Edit)、看 (檢視)(View)、其他、程式套件 (Package)、視窗 (Window)、輔助 (Help) 等：

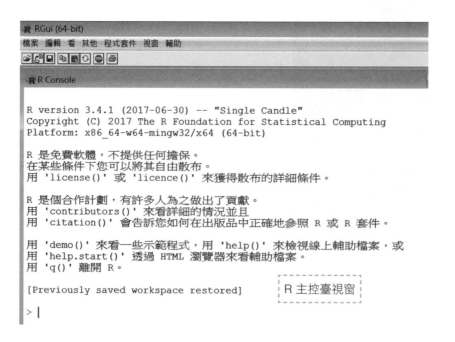

執行功能表列「檔案」\「建立新的命令稿」程序，可以開啟「R 編輯器」視窗，「R 編輯器」視窗為一系列語法指令或函數的組合，當函數語法指令較多，可以先輸入在「R 編輯器」視窗中，之後再分開執行指令列或一次執行所有語法指令列。

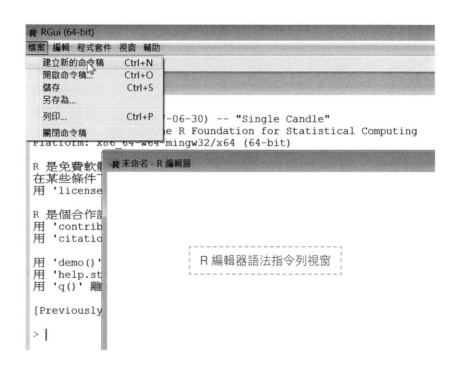

RStudio 適用於所有作業系統安裝的 R 軟體，它是一個整合開發環境視窗，操作較為友善，其視窗介面整合了 R 軟體的主控臺視窗、R 編輯器命令稿視窗、R 圖形裝置器視窗、R 程式套件視窗、語法指令列歷史記錄視窗等；此外，其大部分的介面可以讓研究者自行界定。對於各函數的功能與語法指令有立即的說明，函數指令輸入採取的是智慧型的自動判別，對於初學者而言，比較簡易，也比較容易上手。

貳、RStudio 的下載與安裝

軟體 RStudio 的官方網站為「https://www.rstudio.com」，開啟視窗介面後，按左方「RStudio」圖示鈕。

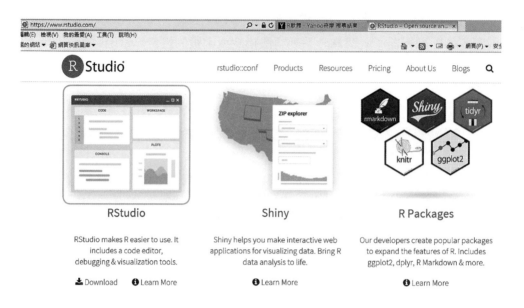

　　「RStudio」有個人電腦版本與伺服器版本,各版本均有開放原始碼軟體 (open source licence) ,使用者可根據自己的喜好修改(若是初學者筆者不建議修改),其中二個選項圖示是免費的 (free)。範例視窗介面選取「RStudio Desktop (Open Source Licence) FREE」選項 (桌上型 RStudio 版本)。

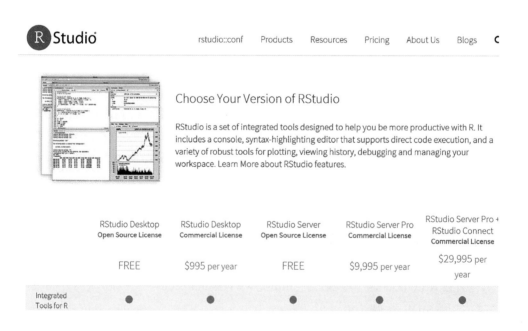

　　在圖示選項下方的「DOWNLOAD」鈕按一下,以下載 RStudio 軟體。

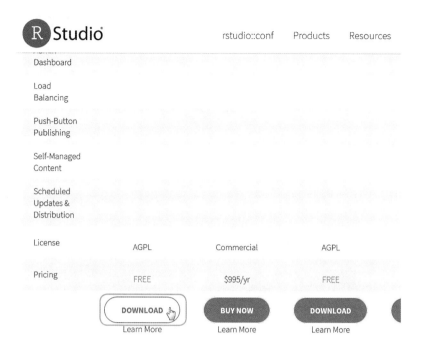

按下「DOWNLOAD」連結鈕，連結到以下視窗介面，在「Installers for Supported Platforms」(安裝支援之平臺) 選項選取適合個人電腦之作業系統，範例視窗介面點選微軟作業系統之 RStudio 應用軟體：「RStudio 1.01.153-Windows Vista/7/8/10」選項，下載 RStudio 應用程式 (下面方盒選項為應用程式的壓縮檔案)。

RStudio Desktop 1.0.153 — Release Notes

RStudio requires R 2.11.1+. If you don't already have R, download it here.

Installers for Supported Platforms

Installers	Size	Date	MD5
RStudio 1.0.153 - Windows Vista/7/8/10	81.9 MB	2017-07-20	b3b4bbc82865ab105c21cb70b17271b3
RStudio 1.0.153 - Mac OS X 10.6+ (64-bit)	71.2 MB	2017-07-20	8773610566b74ec3e1a88b2fdb10c8b5
RStudio 1.0.153 - Ubuntu 12.04-15.10/Debian 8 (32-bit)	85.5 MB	2017-07-20	981be44f91fc07e5f69f52330da32659
RStudio 1.0.153 - Ubuntu 12.04-15.10/Debian 8 (64-bit)	91.7 MB	2017-07-20	2d0769bea2bf6041511d6901a1cf69c3
RStudio 1.0.153 - Ubuntu 16.04+/Debian 9+ (64-bit)	61.9 MB	2017-07-20	d584cbab01041777a15d62cbef69a976
RStudio 1.0.153 - Fedora 19+/RedHat 7+/openSUSE 13.1+ (32-bit)	84.7 MB	2017-07-20	8dfee96059b05a063c49b705eca0ceb4
RStudio 1.0.153 - Fedora 19+/RedHat 7+/openSUSE 13.1+ (64-bit)	85.7 MB	2017-07-20	16c2c8334f961c65d9bfa8fb813ad7e7

Zip/Tarballs

Zip/tar archives	Size	Date	MD5
RStudio 1.0.153 - Windows Vista/7/8/10	117.6 MB	2017-07-20	024b5714fa6ef337fe0c6f5e2894cbcb
RStudio 1.0.153 - Ubuntu 12.04-15.10/Debian 8 (32-bit)	86.2 MB	2017-07-20	f8e0ffa7ec62665524f9e2477facd346
RStudio 1.0.153 - Ubuntu 12.04-15.10/Debian 8 (64-bit)	92.7 MB	2017-07-20	2077c181311d1aad6fb8d435f8f1f45f
RStudio 1.0.153 - Fedora 19+/RedHat 7+/openSUSE 13.1+ (32-bit)	85.4 MB	2017-07-20	92e1a22d14952273ec389e5a55be614f
RStudio 1.0.153 - Fedora 19+/RedHat 7+/openSUSE 13.1+ (64-bit)	86.6 MB	2017-07-20	0b71c5a7fc53c84b3fe67242240b3531

在下載檔案的圖示中開啟 RStudio 應用程式 (在圖示上連按二下)。

RStudio-1.0.153

「出現使用者帳戶控制」對話視窗，訊息出現「您是否要允許下列程式 (RStudio) 變更這部電腦」，範例視窗介面按「是 (Y)」鈕。

安裝程序開啟「RStudio 安裝」對話視窗 ，視窗訊息提示會依照 RStudio 安裝精靈指引安裝過程，範例視窗按「下一步 (N)」鈕。

　　安裝程序開啟「RStudio 安裝」對話視窗，視窗訊息提示使用者選取安裝位置，內定安裝位置目標資料夾為「C:\Program Files\RStudio」，使用者若要更改安裝資料夾，按「瀏覽 (B)」鈕更改，範例視窗採用內選選項，按「下一步 (N)」鈕。

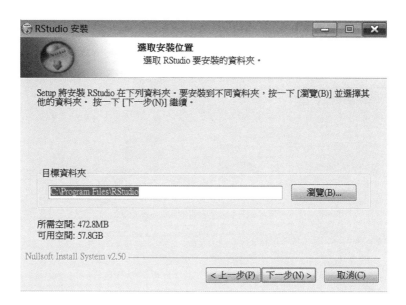

　　安裝程序開啟「RStudio 安裝」對話視窗，視窗訊息提示使用者選擇開始功能表資料夾名稱，內定資料夾捷徑名稱為「RStudio」，使用者若要更改開始資料夾名稱，直接在空格上輸入名稱，範例視窗採用內選選項，按「安裝 (I)」鈕。

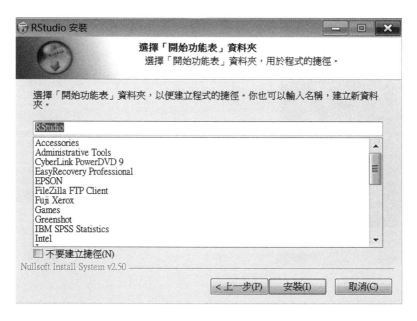

　　範例視窗為安裝「RStudio」軟體的交談視窗，綠色影像會從左方向右邊移動，移動過程表示正在安裝程式。

　　「RStudio」應用軟體安裝結束畫面，訊息提示「RStudio 已安裝在你的系統。按一下 [完成 (F)] 關閉此精靈」，範例視窗按「完成 (F)」鈕。

　　「RStudio」應用軟體安裝完成後，在「開始功能表」的資料夾名稱為「RStudio」，資料夾內有二個選單，第一個選單可直接啟動 RStudio 應用軟體，第二個選單為解除安裝程序。

Chapter 2
整合開發環境視窗介面

壹、整體視窗介面

開啟 RStudio 應用軟體之介面，介面共有四個子視窗，子視窗為獨立的控制面版介面。左上角為命令稿編輯視窗 (相當於 R 軟體的 R 編輯器視窗)、左下角為 R 主控臺視窗 (函數命令執行視窗)、右上角為工作空間環境與操作記錄檔視窗、右下角為 R 軟體圖形裝置器視窗、程式套件安裝與開啟視窗、文件檢視視窗等。

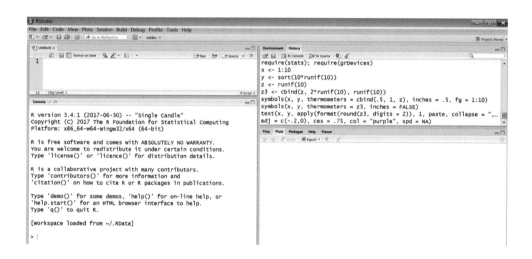

IDE 視窗介面內定的分割視窗圖示如下：

函數語法列之命令稿子視窗 資料匯入檢視 ● 相當於 R 軟體的編輯器視窗	工作環境物件界定與操作程序記錄歷史子視窗 ● 工作環境設定 ● 程序歷史界定
主控臺子視窗 ● 相當於 R 軟體主控臺視窗	圖形顯示與套件安裝設定子視窗 ● 工作空間資料夾管理 ● 圖形顯示與儲存 ● 套件安裝、載入與卸載 ● 輔助與相關文件查詢

四個視窗介面之放大縮小調整除按各視窗右上角之控制版外，也可按「工作空間控制面版」(Workspace Panes) 之工具列鈕，選取選項調整。

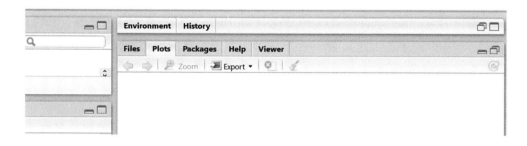

　　工作空間控制面版工具列鈕選項包括「✓Show All Panes」(顯示所有控制面版)、「✓Console on Left 」(控制臺控制面版置於左邊)、「Console on Right」(控制臺控制面版置於右邊)、「Pane Layout」(開啟控制面版安排對話視窗)、「Zoom Source」(放大命令稿視窗)、「Zoom Console」(放大控制臺視窗)、「Zoom Help」(放大輔助視窗)、「Zoom History」(放大歷史記錄視窗)、「Zoom Files」(放大檔案檢視視窗)、「Zoom Plots」(放大圖形裝置器視窗)、「Zoom Packages」(放大套件設定視窗)、「Zoom Environment」(放大工作環境檢視視窗)、「Zoom Viewer」(放大文件檢視視窗)、「Zoom Connections」(放大連結視窗)等。

Profile　Tools　Help

✓ Show All Panes	Ctrl+Shift+Alt+0
✓ Console on Left	
Console on Right	
Pane Layout...	
Zoom Source	Ctrl+Shift+1
Zoom Console	Ctrl+Shift+2
Zoom Help	Ctrl+Shift+3
Zoom History	Ctrl+Shift+4
Zoom Files	Ctrl+Shift+5
Zoom Plots	Ctrl+Shift+6
Zoom Packages	Ctrl+Shift+7
Zoom Environment	Ctrl+Shift+8
Zoom Viewer	Ctrl+Shift+9
Zoom Connections	Ctrl+Shift+F5

　　範例工作空間控制面版選取「Console on Right」(控制臺控制面版置於右邊)
選項，視窗介面中右上角為 R 主控臺視窗、左下角為環境與歷史記錄視窗、左
上角為命令稿視窗、右下角為檔案、圖形、套件、輔助等檢視視窗：

　　範例工作空間控制面版選取「Zoom Packages」(放大套件設定視窗) 選項，
將原先視窗介面之右下角視窗放大為全螢幕狀態，視窗可直接切換到檔案、圖
形、套件、輔助、文件檢視等交談窗：

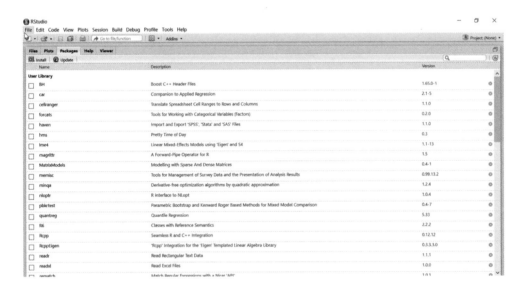

　　使用者若要直接採用滑鼠拉曳各視窗面版的大小，將滑鼠移往控制面版與控
制面版交接的線條上，當滑鼠變成 符號時，按住滑鼠進行左右或上下移動。
範例視窗介面按住滑鼠可以進行控制面版左右大小的縮放。

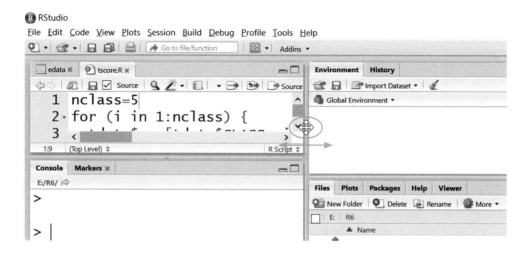

範例視窗介面按住滑鼠可以進行控制面版上下位置的移動。

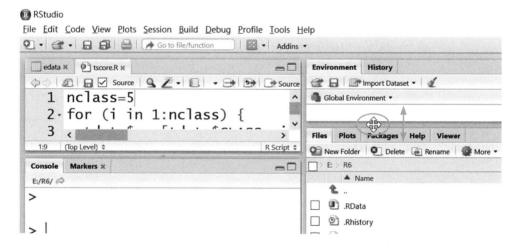

　　IDE 視窗介面主控臺的基本操作與 R 軟體命令控制臺相同，唯一的差異是 RStudio 軟體的函數輸入提供智慧型的點選功能，讓使用者只要輸入關鍵字元，即可從交談視窗表中點選要使用的標的函數。

　　R 語言介面主要包括 R 編輯器視窗與主控臺 (R console) 視窗，電腦中若已安裝 R 軟體再安裝整合開發環境軟體 RStudio，開啟 RStudio 軟體後，視窗介面圖示中，左上角為命令稿編輯器視窗 (相當於 R 編輯器視窗)，左下角是主控臺視窗 (命令執行視窗)、右上角是工作環境訊息與歷史記錄視窗，右下角為圖形裝置器、套件安裝與文件說明視窗，每個視窗的大小均可以縮小、放大。右上角的環境與工作空間記錄視窗，包括工作「環境」(Environment) 與使用「記錄」

(History) 二個選項，工作環境選項交談視窗之工具列鈕包括開啟已儲存過的工作空間資訊、儲存目前工作區的資訊、匯入資料檔作為資料框架物件、清除工作空間 (workspace) 的所有物件等。

貳、環境與歷史交談窗

「歷史」資訊選項交談視窗之工具列鈕包括開啟已儲存的工作空間中之記錄資訊、儲存工作區的記錄資訊、將資訊中之語法指令列移入到左下方主控臺視窗中、將資訊中之語法指令列資訊移入到左上方命令稿視窗中、清除已選取之歷史記錄的物件、清除歷史記錄的所有物件等。

工作「環境」交談窗第三個工具列鈕「Import Dataset」(匯入資料集) 可以使用點選選單方式直接匯入外部資料檔，第四個工具列鈕的提示語為：「Clear objects from the workspace」。

歷史記錄交談窗第三個工具列鈕「To Console」，可以將選取的語法指令列直接複製到主控臺視窗中。第四個工具列鈕「To Source」可以將選取的語法指令列複製到命令稿視窗中，第四個工具列鈕×提示語為「Remove the selected history entries」(移除選取的歷史語法指令列)。第五個工具列鈕提示語為「Clear all history entries」(清除所有的歷史語法指令列)。

在「環境」選項交談視窗中，點選清除工作空間中的物件鈕 (Clear objects from the workspace)，會開啟「Confirm Remove Objects」(確認移除物件) 對話視窗，視窗提示訊息程序動作不能復原，移除時是否包括隱藏物件 (Include hidden objects)，範例視窗介面按「Yes」鈕，清除工作空間中的所有物件。工作空間物

件被清除後，工作空間會出現「環境物件是空的」(Environment is empty) 灰色提
示語。工作空間物件或變數與主控臺視窗中的物件有關聯，主控臺視窗的物件界
定後，若沒有使用函數 **rm ( )** 移除物件，使用者直接於工作環境空間交談窗中執
行物件移除程序，則主控臺中的物件也會被移除。而主控臺界定的物件變項會保
留在環境空間子視窗中。

範例主控臺視窗界定三個物件：性別、成績、年級，物件 (或變數) 名稱分
別為 sex、score、year，左下角主控臺視窗中逐一輸入物件後，右上角視窗之
「環境」交談視窗，會出現對應的物件名稱與物件元素內容。

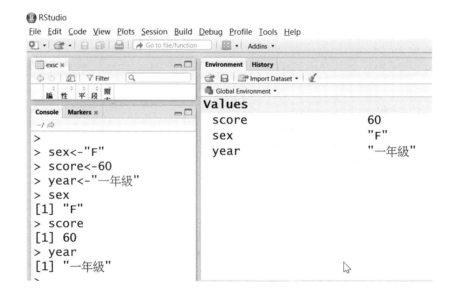

在右上角視窗之環境交談視窗中，按清除工作空間物件鈕，開啟「Confirm
Remove Objects」(確認移除物件) 對話視窗，按「Yes」鈕，清除工作空間中的所
有物件。

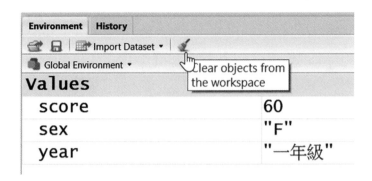

執行清除工作空間中的物件，即執行主控臺視窗中物件或變數之移除程序，對應的主控臺的物件或變數便不存在，此時，再按原先的物件名稱，會出現物件已無法找到的錯誤訊息：

```
> sex
Error: object 'sex' not found
> score
Error: object 'score' not found
> year
[說明]：三個主控臺的物件變項已從工作環境交談窗中移除。
```

範例於主控臺輸入二個向量 (多個元素組成的物件變項)，一為數值向量、一為文字向量，主控臺每輸入一橫列語法指令，對應的環境交談窗會出現變項或物件的資料。

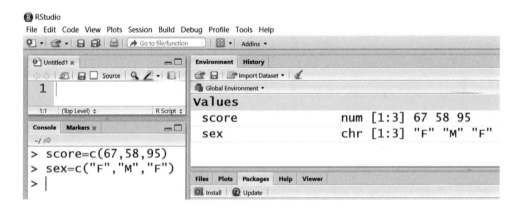

主控臺輸出二個向量的元素內容：

```
> score
[1] 67 58 95
> sex
[1] "F" "M" "F"
```

　　工作環境中的所有物件或變項移除後，工作空間是空的，對應的是主控臺中所有向量變項也被移除。

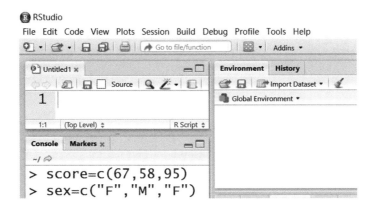

　　主控臺重新求出向量變項或物件的元素內容，出現變項名稱不存在的提示語：

```
> score
Error: object 'score' not found
> sex
Error: object 'sex' not found
```

　　環境交談窗中物件或變項的表示方式有二種，一為列表型式 (List)、一為格線型式 (Grid)，型式設定的工具列鈕在交談窗的右邊，範例視窗介面為內定的列表型式：

範例視窗介面為格線型式：

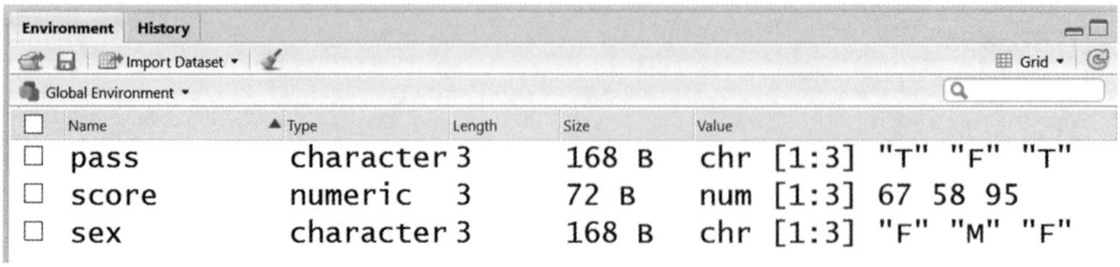

工作空間中物件可以按工具列鈕「儲存」圖示加以存檔，其存圖的標記為「R Workspace」，範例資料夾檔案中儲存工作空間物件的檔案為「works_1」，此檔案可以使用 鈕直接開啟。資料檔中標記名稱為「R 檔案」，副檔名為「*.R」類型的檔案，為 R 編輯器視窗介面之命令稿語法指令，為一系列函數與語法指令的組合，此種檔案類似程式設計程序儲存的程式檔。

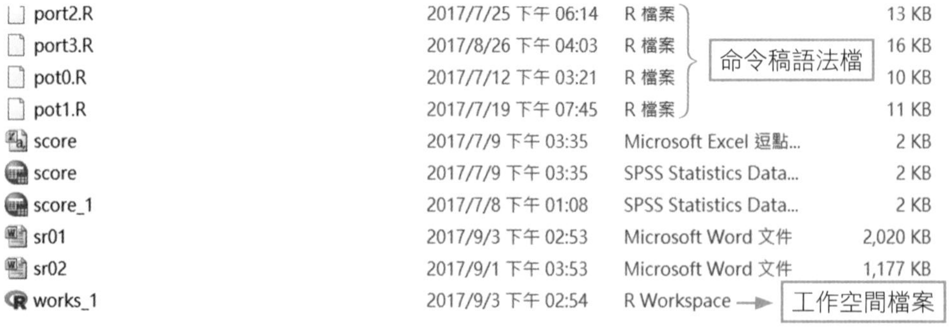

「歷史」交談視窗是記錄所有使用者在主控臺中操作的程序 (操作程序的記錄)，因而交談窗中的物件若被移除，主控臺視窗 (工作空間) 的物件還是存在。工具列鈕中的「To Source」(到命令稿) 作用在於將選取的記錄訊息 (語法指令列) 點選至左上方的命令稿視窗中，範例視窗為點選「x1<-"hello"」列，按「To Source」工具列鈕，則「x1<-"hello"」列的語法指令被複製到左上方的命令稿視窗中，工具列鈕的提示訊息為「Insert the selected commands into the current document」(將選取的命令列插入到目前的文件，文件的視窗為命令稿視窗)。

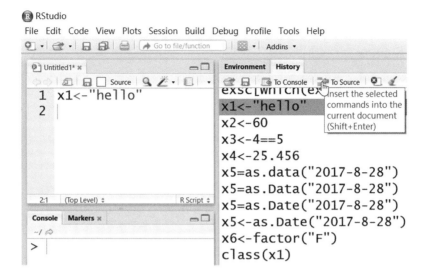

　　工具列鈕中的「To Console」作用在於將選取的記錄訊息 (語法指令列) 點選至左下方的主控臺視窗中，範例視窗為點選「x2<-60」、「x3<-4==5」、「x4<-25.456」三列 (<-符號為指定或指派，x2<-60 表示 x2 的數值指派為 60，「<-」符號也可使用「=」)，按「To Console」(到主控臺) 工具列鈕，則被選取的三列語法指令被複製到左下方的主控臺視窗中，工具列鈕的提示訊息為「Send the selected commands to the R Console」(將選取的命令列送至 R 主控臺視窗)。

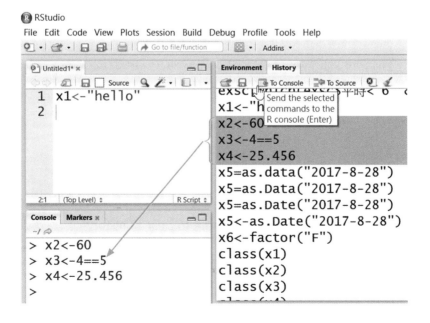

　　歷史交談視窗中的操作程序資訊也可以儲存與開啟，儲存的副檔名為「.Rhistory」，範例視窗為開啟副檔名為「.Rhistory」的檔案，檔案名稱為「histex.Rhistory」。

　　歷史交談視窗中按 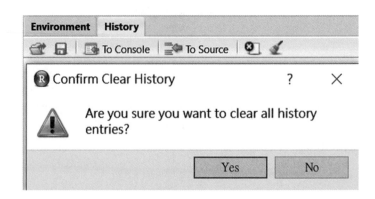 鈕(Clear all history entries)，開啟「Confirm Clear History」(確認清除歷史記錄) 對話視窗，提示使用者確定想要移除所有歷史記錄資訊 (Are you sure you want to clear all history entries)，若按「Yes」鈕，完全移除歷史記錄資訊內容，按「No」鈕，放棄移除記錄資訊動作。

　　「歷史」交談窗與「環境」交談窗雖都有清除物件或記錄工具列鈕，但二者功能不同，「歷史」交談窗的清除功能不會影響主控臺中物件變項，但「環境」交談窗的清除工具列鈕會直接將主控臺中的物件變項一併清除。範例主控臺視窗中界定三個向量物件變項，主控臺每執行一列語法指令或函數，「歷史」交談窗會記錄相關程序，並將語法指令列作為記錄留存在視窗介面中。

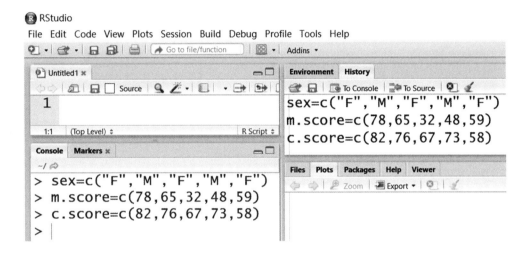

　　按清除所有載入歷史記錄工具列鈕 (Clear all history entries)，將「歷史」交談窗中的所有程序記錄刪除，此種刪除動作不會影響主控臺中所界定的物件變項，因而雖然「歷史」交談窗空白，主控臺的物件變項還是存在。

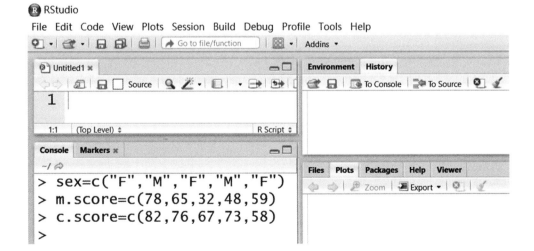

　　於主控臺視窗中輸入物件變項，輸出物件變項的內容，表示即使「歷史」交

談窗中的所有程序記錄被刪除，主控臺視窗的物件變項還是存在：

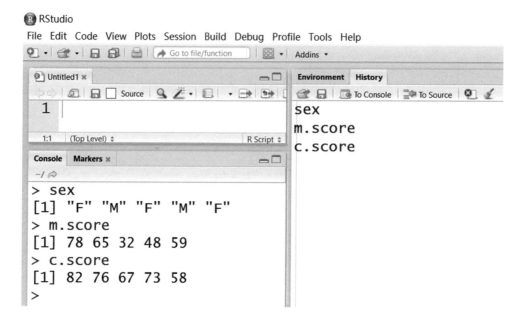

　　功能表列「Session」的選單也有設定工作中空間目錄 (Set Working Directory)、載入已儲存的工作空間 (Load Workspace)、以新檔儲存工作空間 (Save Workspace as)、清除工作空間 (Clear Workspace) 等選項，範例視窗介面執行功能表列「Session」/「Set Working Directory」(設定工作中的目錄)「/「Choose Directory…」(選擇目錄) 程序，以選取工作空間所在位置。點選「To Source File Location」(到程式碼檔案位置) 選項，可直接切換到程式碼所在的工作目錄 (命令稿的語法指令)。「Load Workspace」、「Save Workspace as」選項為「環境」交談窗中的前二個工具列鈕，「Clear Workspace」選項為「環境」交談窗中的第四個工具列鈕 (Clear objects from the workspace)。

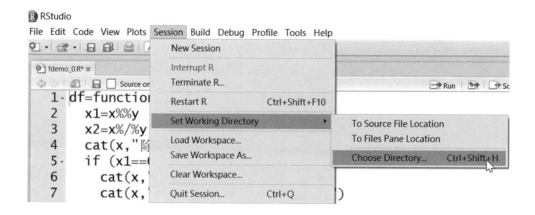

　　範例工作空間目錄選取 E 磁碟機之資料夾 RSdata，點選後按「選擇資料夾」鈕。

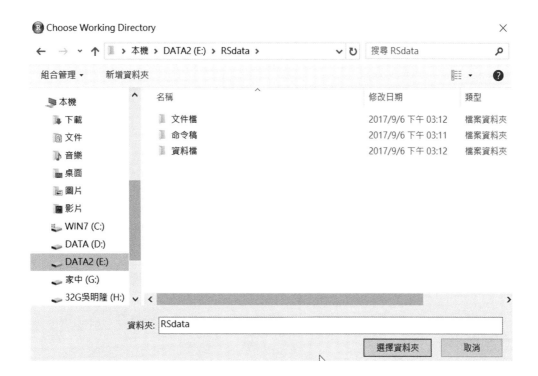

　　R 主控臺輸出的對應訊息如下：

```
> setwd ("E:/RSdata")
```

　　範例工作空間目錄選取 E 磁碟機之資料夾 R6，點選後按「選擇資料夾」鈕。

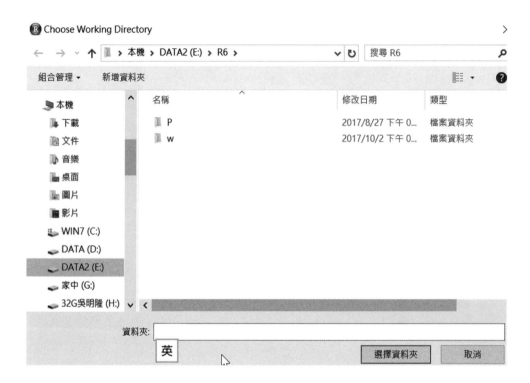

在選擇工作中空間交談窗中，按「選擇資料夾」鈕後，主控臺對應出現的函數語法為：

```
> setwd ("E:/R6")
```

界定工作中目錄資料夾，將來在資料檔開啟與命令稿的存取比較方便。

參、命令稿交談窗

左上角命令稿視窗的功能相當於 R 軟體之 R 編輯器視窗，RStudio 命令稿視窗的工具列鈕整合了語法指令列的儲存、執行、編修等功能。範例自訂函數語法指令的副檔名為「.R」，檔案名稱為「fdemo_1.R」，在 R 軟體中直接按「開啟命令稿」(open script) 工具列鈕，點選標的檔案名稱 (fdemo_1.R)，按「開啟 (O)」鈕可開啟檔案類型為「R files (*.R)」的檔案。

　　命令稿檔案「fdemo_1.R」之語法指令列共有 6 個橫列，此種 R 軟體編輯器編修輸入的語法指令命令列可直接使用 RStudio 整合開發環境開啟。

```
dfun=function(x,y) {
   x1=x%%y
   x2=x%/%y
   cat(x,"除以",y,"的商數=",x2,"\n")
   cat(x,"除以",y,"的餘數=",x1,"\n")
}
```

　　RStudio 視窗介面中按「開啟已存在的檔案」鈕 (Open an existing file)，打開「開啟檔案」(Open File) 對話視窗，從資料夾清單中選取「fdemo_1.R」檔案，按「開啟 (O)」鈕可開啟檔案類型為「R files (*.R)」的檔案，範例視窗介面語法指令雙引號中的文字會以綠色字元表示、關鍵函數會以藍色字元表示。

語法指令命令稿視窗的下方左邊的工具列鈕圖示如下：

　　第一個工具列鈕為移到前一個命令稿、第二個工具列鈕移到後一個命令稿、第三個工具列鈕為在新視窗中「顯示語法指令」(Show in new windows)、第四個工具列鈕為「儲存目前文件內容」(Save current document)、第五個工具列鈕為語法指令「程式碼是否自動儲存」(□Source on Save) 的設定勾選、「字元的尋找與取代」(Find/Replace)、「程式碼輔助工具」(Code Tools)、「語法指令列編修報告」(Compile Report)。其中「☑Source on Save」工具列鈕的方框最好勾選，以讓程式碼有自動儲存的功能。右邊的工具列鈕有三個：執行目前橫列或所選擇的橫列 (Run the current lines or select)、重複執行先前程式碼橫列 (Re-run previous code region)、從資料夾檔案自動執行程式碼 (Source the contents of the active document)。範例視窗介面為按「Source」工具列鈕後，主控臺視窗出現的結果，第一列出現「> source ('E:/R6/fdemo_1.R', echo=TRUE)」，顯示命令稿檔案的位置與檔案名稱，直接以此檔案之語法指令內容執行命令列：

```
> source('E:/R6/fdemo_1.R', echo=TRUE)

> dfun=function(x,y) {
+    x1=x%%y
+    x2=x%/%y
+    cat(x,"除以",y,"的商數=",x2,"\n")
+    cat(x,"除以",y,"的餘數=",x1,"\n")
+ }
```

　　開啟語法指令組成的命令稿檔案後，可點選要執行的語法指令列，按
「Run」鈕 ➡ Run 比較有彈性，範例視窗介面為 R 主控臺執行命令稿語法指令
列的結果。

```
> dfun=function(x,y) {
+    x1=x%%y
+    x2=x%/%y
+    cat(x,"除以",y,"的商數=",x2,"\n")
+    cat(x,"除以",y,"的餘數=",x1,"\n")
+ }
>
```

　　語法指令為自訂函數，以自訂函數為函數名稱，函數中輸入二個引數，量數
會出現第一個引數除以第二個引數的商與餘數：

```
> dfun (20,6)
20 除以 6 的商數= 3
20 除以 6 的餘數= 2
> dfun (50,8)
50 除以 8 的商數= 6
50 除以 8 的餘數= 2
```

　　RStudio 編輯器視窗可同時開啟多個命令稿檔案，每個檔案是獨立的，可單獨完成語法指令列的執行程序。範例視窗命令稿之語法指令為繪製圖例符號與圖例符號對應的數值，由於執行結果為圖形，繪製的圖形會輸出在右下方視窗之「Plots」交談視窗中。

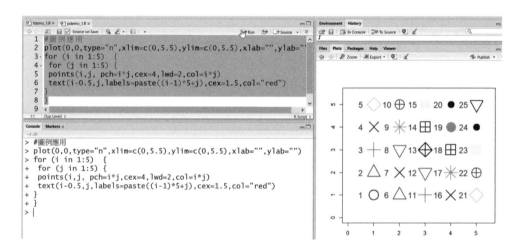

　　命令稿之語法指令列如果較多，可以開啟新視窗加以編修，在原命令稿工具列鈕中按「新視窗中顯示」(Show in new windows) 鈕，可開啟獨立的視窗供使用者編修語法指令，編修完進行儲存動作鈕後，按「回到主視窗」(Return to main window) 鈕 (新視窗中的第三個工具列鈕)，回復到原命令稿多個檔案視窗，在 Rstudio 程式碼編輯器 (Source Editor) 視窗中，若直接按右上角關閉鈕×，則視窗會執行關閉動作，回復到 Rstudio 視窗介面，左上角的命令稿編輯視窗無法看到原先已開啟的命令稿檔案。

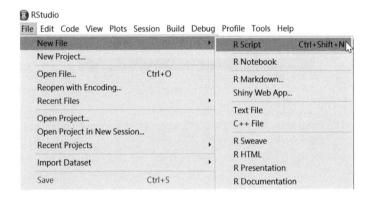

執行功能表列「File」(檔案)/「New File」(開新檔案)/「R Script」(R 命令稿)程序，可以開啟一個空白的命令稿視窗供使用者輸入語法指令或函數。

空的命令稿語法指令未存檔時，內定的檔名為「Untitled*」，檔案名稱字體顏色為紅色 (命令稿交談窗中的函數、變項名稱、文字分別以不同顏色表示)。

執行功能表列「File」(檔案)/「Save As…」(另存新檔) 程序，可以使用新檔名將命令稿儲存，副檔名類型為「.R」。若是研究者執行功能表列「File」(檔案)/「Save with Encoding」(使用編碼系統儲存) 程序，可以使用新檔名與新的編碼方式將命令稿儲存。

範例視窗為「選擇編碼」(Choose Encoding) 對話視窗介面，中間為各種常用的編碼方式供使用者選擇，如選取「BIG5」編碼方式，方盒中如要呈現所有的編碼方法選單，勾選交談視窗下面的「☑Show all encodings」(顯示所有編碼) 選項；若是要將點選的編碼作為內定的編碼方法，勾選「☑Set as default encoding for source files」(目的檔案設為內定的編碼型態) 選項，按「OK」鈕後，會繼續開啟「儲存檔案」(Save File) 對話視窗，於「檔案名稱 (N)」後面輸入自訂的新檔名，就可以完成儲存程序。

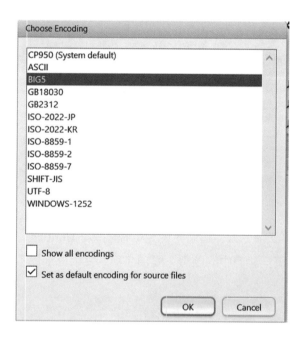

範例自訂函數的執行結果如下 (主控臺的視窗介面，+號為執行語法指令列時自動產生的符號，表示語法指令列尚未結束)：

```
> df=function (x,y) {
+   x1=x%%y
+   x2=x%/%y
+   cat (x,"除以",y,"的餘數=",x1,"\n")
+   if (x1==0){
+     cat (x,"可以被",y,"整除","\n")
+     cat (x,"是",y,"的",x2,"倍","\n")
```

```
+  } else {
+    cat (x,"不可以被",y,"整除","\n")
+  }
+ }
>
```

　　自訂函數語法若有錯誤 (如字元輸入錯誤、大小寫輸入錯誤、函數語法引數遺漏等)，執行後在控制臺視窗會出現紅色字體，若語法沒有錯誤，則全部會出現藍色字體。增列自訂函數的二個引數，在於判別第一個引數是否可以被第二個引數整除：

```
> df (30,5)
30 除以 5 的餘數= 0
30 可以被 5 整除
30 是 5 的 6 倍
> df (15,4)
15 除以 4 的餘數= 3
15 不可以被 4 整除
```

　　與 R 軟體之 R 編輯器相較之下，RStudio 程式碼編輯器 (Source Editor) 視窗介面在語法指令的除錯方面較為簡易，原因是其語法指令列如果有語法指令錯誤，則對應的列數序號前會出現紅色的 ⊗ 符號作為提示。範例第 4 列語法指令有錯誤，在第 4 列數值序號前增列錯誤提示符號，正確語法指令列為：「**cat (x,"除以",y,"的餘數=",x1,"\n")**」：

```
 1  df=function(x,y) {
 2    x1=x%%y
 3    x2=x%/%y
⊗ 4    cat(x,"除以",y,"的餘數=",x1"\n")
 5    if (x1==0){
 6      cat(x,"可以被",y,"整除","\n")
 7      cat(x,"是",y,"的",x2,"倍","\n")
 8    } else {
 9      cat(x,"不可以被",y,"整除","\n")
10    }
11  }
```

　　範例自訂函數 {、} 二個符號不是偶數對應關係 (要配對出現)，錯誤訊息符號出現在第 1 列與第 11 列，表示界定的自訂函數運算式有錯誤。

```
         ⇔ ⇒ | ⬚ | 🖫 ☐ Source on Save | 🔍 🖉 ▾| ▣ | ▾
   ⊗  1 ▾ df=function(x,y) {
      2     x1=x%%y
      3     x2=x%/%y
      4     cat(x,"除以",y,"的餘數=",x1,"\n")
      5 ▾   if (x1==0){
      6       cat(x,"可以被",y,"整除","\n")
      7       cat(x,"是",y,"的",x2,"倍","\n")
      8 ▾   } else {
      9       cat(x,"不可以被",y,"整除","\n")
     10
   ⊗ 11   }
```

　　RStudio 程式碼編輯器 (Source Editor) 視窗有時雖然沒有出現錯誤訊息符號 ⊗，但不保證所有語法指令列都沒有錯誤，要按執行鈕時才會在主控臺視窗中出現，範例語法指令之邏輯判別式等號為「==」，使用者將第 5 列邏輯判別式改為「**if (x1=0) {**」，按執行鈕後，主控臺視窗會從第 5 列語法指令出現錯誤訊息。

```
   1 ▾ df=function(x,y) {
   2     x1=x%%y
   3     x2=x%/%y
   4     cat(x,"除以",y,"的餘數=",x1,"\n")
   5 ▾   if (x1=0){
   6       cat(x,"可以被",y,"整除","\n")
   7       cat(x,"是",y,"的",x2,"倍","\n")
   8 ▾   } else {
   9       cat(x,"不可以被",y,"整除","\n")
  10     }
  11   }
```

　　R 主控臺執行語法指令列之結果如下，第 5 列語法指令列執行結果出現「Error: unexpected '='」，提示此單一等於符號 '=' 是不被期待使用的。語法指令第 5 列的邏輯判別為如果餘數量數為 0，則執行第 6 列、第 7 列語法指令，否則 (餘數量數不等於 0) 則執行第 9 列語法指令，餘數量數的物件為 x1，以邏輯判斷函數表示為：

　　「**if (x1==0) {**」，其後 {、} 符號間為結果是「真」的條件下之運算式或結果，語法指令使用 **cat ( )** 函數串聯文字與變數，並將結果直接輸出。

```
> df=function (x,y) {
+   x1=x%%y
+   x2=x%/%y
+   cat (x,"除以",y,"的餘數=",x1,"\n")
+   if (x1=0){
Error: unexpected '=' in:
"   cat (x,"除以",y,"的餘數=",x1,"\n")
  if (x1="
>     cat (x,"可以被",y,"整除","\n")
Error in cat (x, "可以被", y, "整除", "\n") : object 'x' not found
>     cat (x,"是",y,"的",x2,"倍","\n")
Error in cat (x, "是", y, "的", x2, "倍", "\n") : object 'x' not found
>   } else {
Error: unexpected '}' in "  }"
>     cat (x,"不可以被",y,"整除","\n")
Error in cat (x, "不可以被", y, "整除", "\n") : object 'x' not found
>   }
Error: unexpected '}' in "  }"
> }
Error: unexpected '}' in " }"
```

肆、圖形交談窗視窗

　　主控臺執行的語法指令列如果是圖形物件，則繪製的圖形會出現在右下方的視窗中，上述圖例符號繪製的語法指令列，使用函數 **points ( )** 繪製圖例，使用 **text ( )** 函數在圖例符號的左邊增列圖例符號引數 pch 對應的量數值，圖例符號的顏色隨著量數值而改變：

```
> #圖例應用
> plot (0,0,type="n",xlim=c (0,5.5),ylim=c (0,5.5), xlab="",ylab="")
> for (i in 1:5) {
+   for (j in 1:5) {
+   points (i,j, pch=i*j,cex=4,lwd=2,col=i*j)
+   text (i-0.5,j,labels=paste ((i-1)*5+j),cex=1.5,col= i*j)
+ }
+ }
```

　　圖形交談窗之工具列鈕視窗介面的工具列鈕有六個：呈現前一個圖形鈕、呈現下一個圖形鈕、圖形放大鈕 (Zoom) (View a large version of the plot in a new window)、圖形輸出鈕 (Export)、移除目前圖形鈕 (Remove the current plot)、清除所有圖形鈕 (Clear all plots)。

　　圖形輸出工具鈕 (Export) 包括三個選項：「Save as Image」(以各種影像檔類型儲存圖形)、「Save as PDF」(以 PDF 檔案類型儲存圖形)、「Copy to Clipboard」(複製到剪貼簿)，點選「Copy to Clipboard」(複製到剪貼簿) 選項，可將圖形直接貼於相關應用軟體中。

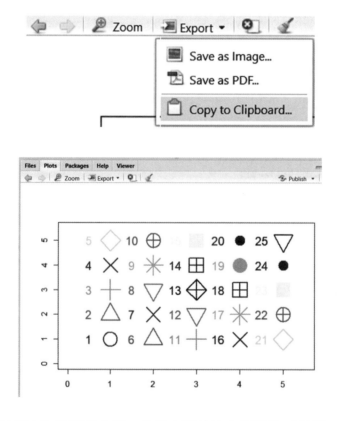

　　範例語法指令為繪製長方形，各長方形的密度引數均不相同，引數分別為 0、5、10、……、45、50，繪製長方形函數為 **rect ( )**、使用文字函數 **text ( )** 增列密度引數的數值在長方形左上角。

矩形圖形繪製之命令稿交談窗之語法指令如下，數值量數以藍色字體顯示，函數與引數以黑色字體顯示，文字以綠色字體顯示。

```
RStudio
File  Edit  Code  View  Plots  Session  Build  Debug  Profile  Tools  Help
                                              Addins
Untitled1* ×
        Source on Save                              Run      Source
1  source('E:/R6/pdemo_1.R', encoding = 'BIG5')
2  plot(c(0,120),c(0,120),type="n",xlab="",ylab="",font=4)
3  for (i in 0:10)
4  {
5    rect(10*i,10*i,10*i+15,10*i+12,density=5*i,col="blue")
6    text(10*i+2,10*i+18,5*i,cex=1.2)
7  }
```

執行 R 命令稿語法指令後，主控臺視窗出現的語法指令中會於部分語法指令列前面增列「+」符號：

```
> source ('E:/R6/pdemo_1.R', encoding = 'BIG5')
> plot (c (0,120),c (0,120),type="n",xlab="",ylab="",font=4)
> for (i in 0:10)
+ {
+   rect (10*i,10*i,10*i+15,10*i+12,density=5*i,col="blue")
+   text (10*i+2,10*i+18,5*i,cex=1.2)
+ }
```

在圖形裝置器視窗中按「Zoom」鈕，以新視窗檢視繪製的圖形，圖形檢視時可放大至全螢幕，視窗的標題為「Plot Zoom」(圖形放大檢視)。

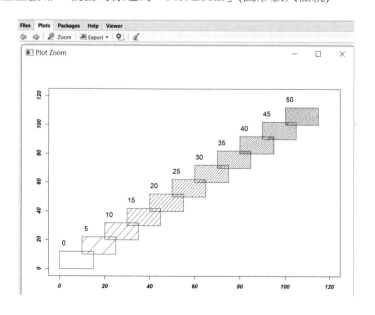

圖形裝置器視窗中按「Export」(輸出) 鈕，可以將圖形輸出為影像檔 (Save as Image…)、PDF 檔案 (Save as PDF…)、複製到剪貼簿 (Copy to Clipboard…)。儲存的影像檔格式有 PNG、JPEG、TIFF、BMP、Metafile、SVG、EPS 等。

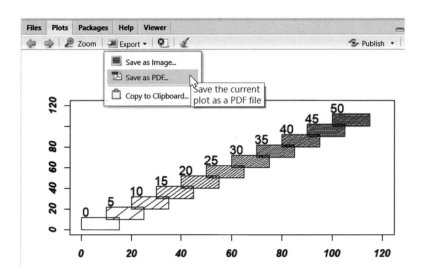

功能列「Plots」(圖形) 選單包含圖形物件控制的選項，包括「Next Plot」(檢視下一個圖形)、「Previous Plot」(檢視前一個圖形)、「Zoom Plot」(放大圖形)、「Save as Image」(圖形儲存為影像檔)、「Save as PDF」(圖形儲存為 PDF 檔案)、「Copy to Clipboard」(將圖形複製到剪貼簿)、「Remove Plot」(移除圖形)、「Clear All」(清除所有圖形)。功能列選單的選項功能與「圖形」交談窗中之工具列鈕的功能相同。

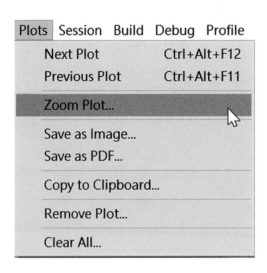

在 R 圖形裝置器視窗按工具列鈕輸出「Export」，點選「Save as Images」選項，可開啟「Save Plot as Image」(儲存圖形作為影像檔) 交談窗。左邊下拉式選單「Image format:」的功能在於選取影像檔格式、「Directory…」鈕的功能為選取儲存圖檔的磁碟機與資料夾、「File name:」右邊方格為輸入影像檔的檔案名稱。右邊「Width:」、「Height:」之右邊方格為原始影像檔的寬度與長度，若使用者要另外自行界定圖檔的寬度與高度，勾選「☑Maintain aspect ratio」選項，並按「Update Preview」鈕以更新圖形，之後按「Save」(儲存) 鈕即可將圖形儲存。交談窗的最下方選項，若是使用者勾選「☑View plot after saving」，表示圖形儲存後馬上可以預覽檢視。

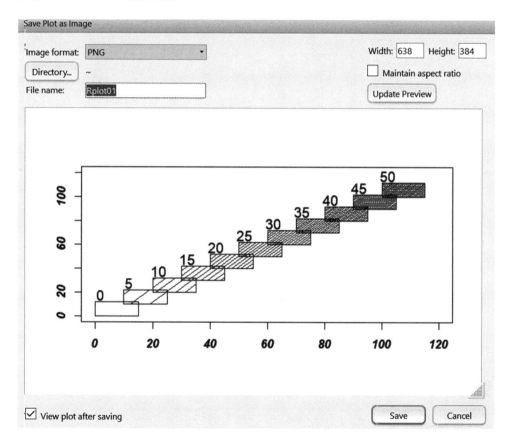

在 R 圖形裝置器視窗按工具列鈕輸出「Export」，點選「Save as PDF」選項，開啟「Save Plot as PDF」(儲存圖形為 PDF 檔案型態) 交談窗，交談窗可以界定 PDF 的大小、方向 (直式或橫式，內定選項為 ⊙Portrait 肖像檔，選項表示為直式)，「Directory…」鈕的功能選取儲存 PDF 的資料夾、「File name:」右邊方格輸入 PDF 檔的檔案名稱，按「Preview」鈕可以在儲存前先預覽，勾

選「☑View plot after saving」選項表示儲存後馬上可以預覽檢視 PDF 圖檔，按「Save」(儲存) 鈕即可將圖形儲存。

伍、函數自動選取

RStudio 視窗操作與 R 軟體原始介面的差異在於 RStudio 視窗介面更友善化，主控臺語法指令具有自動判斷選取功能、外掛套件的安裝與執行更為簡易，資料檔的匯入可以使用功能表列之視窗選項方法，因而許多 R 軟體的初學者會直接使用 RStudio 整合開發環境介面進行語法指令操作。

R 主控臺基本操作之語法指令之鍵盤按鈕：

Home	指標 (游標) 移到指令列的最前面 (起始處)
End	指標 (游標) 移到指令列的最後面 (結尾處)
向上箭號↑	向前點選之前出現過的語法指令列
向下箭號↓	向後點選出現的語法指令列
向右箭號→	指標向右移動，只移動位置不更改字元
向左箭號→	指標向左移動，只移動位置不更改字元
Delete 鍵	刪除游標所在位置的右邊字元
Backspace	刪除游標所在位置的左邊字元
Esc	停止執行，回復到命令列>符號

　　在語法指令行鍵盤按鈕中，原方向鍵向上↑、向下↓二個按鍵使用率很高，按這二個鍵可快速找到先前已輸入在主控臺或已執行的語法指令列，對於指令行的除錯或增補字元比較方便。

　　R 軟體之主控臺之雙引號「"」與括號符號要逐一輸入，主控臺不應自動增列配對的符號。研究者界定的物件若為文字向量，向量中的元素前後必須增列配對雙引號，若是雙引號符號遺缺，文字向量的執行會出現錯誤。RStudio 整合開發環境視窗的主控臺視窗，若輸入一個雙引號「"」，會同時增列另一個配對的雙引號，雙引號的個數為偶數，研究者只要在雙引號內輸入元素內容即可。向量界定時，括號也是配對出現，研究者輸入左括號「(」時，右括號「)」會自動增列，研究者不用再輸入對應的右括號，如此可減少許多字元輸入的錯誤：

```
> g.mar=c ("已婚","未婚,"離異","喪偶")
Error: unexpected symbol in "g.mar=c ("已婚","未婚,"離異"
> g.mar=c ("已婚","未婚","離異","喪偶")
> g.mar=c ( )
> g.mar=c ("")
> g.mar=c ("","")
> g.mar=c ("","","","")
```

　　主控臺中直接使用函數 **getwd ( )** 可顯示目前工作目錄，在主控臺中輸入函數前幾個字母後，會出現相關的函數名稱供使用者直接選取，這是 RStudio 整合開發環境軟體的一大特色，它具有自動出現相關函數供使用者選取的此功能，每個函數右邊黃色框會出現函數語法與簡要說明。範例視窗介面於主控臺子視窗中輸入 getw 四個字元後出現的函數選單畫面，選取第一個函數 getwd {base}：

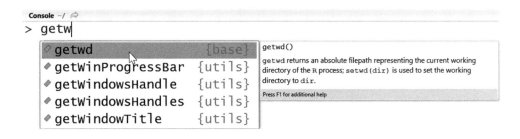

　　選單函數最右邊灰色的字體以 { } 符號標記，如 **{base}**、**{utils}**，{ } 符號內字元為該函數所歸屬的套件名稱。

　　選取第一個函數 getwd 後，在主控臺視窗中會出現 **getwd ( )**，按「Enter」

鍵，即出現內定的工作目錄 (資料檔與命令稿語法儲存的位置)，內定工作目錄位置為「C:/Users/user/Documents」：

```
> getwd ( )
[1] "C:/Users/user/Documents"
```

　　如果研究者想要以自己建立的資料夾作為工作目錄選項，可使用函數 **setwd ( )** 修改路徑。在主控臺視窗中輸入 setw 字元後，出現以 setw 為起始字元的函數名稱選項視窗，選取函數 setwd {base}，主控臺視窗自動出現「>setwd ( )」符號：

> setw

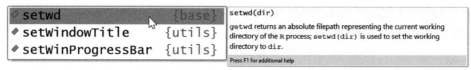

　　在函數括號內輸入要存放的磁碟機名稱與資料夾，語法指令為：「"磁碟機名稱:/資料夾"」：

```
> setwd ("E:/R6")
> getwd ( )
[1] "E:/R6"
```

　　使用函數 **list.files ( )** 查看工作目錄中的所有檔案，在主控臺中輸入 lis 後，出現對應的函數視窗，選取 list.files 選項：

> lis|

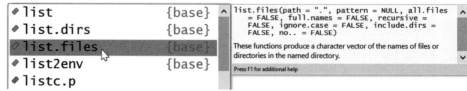

　　直接在主控臺視窗中按「Enter」(確認鍵)，即會出現工作目錄，副檔名「.R」為 R 編輯器視窗之命令稿語法指令，RStudio 軟體之 R 命令稿視窗儲存的語法指令副檔名為「.Rmd」。若是研究者要直接使用 R 軟體編輯器視窗開啟命

令稿語法指令，在 RStudio 整合開發環境視窗介面中直接將命令稿語法檔儲存的
檔案，以副檔名「.R」儲存，如「test.R」：

```
> list.files ( )
 [1] "an_1.R"          "an01.docx"    "ancova_1.csv"   "ancova_1.sav"
 [6] "exam.csv"        "exsc.csv"     "out_1.docx"     "P"            "p01.docx"
[11] "p010719.docx"    "port2.R"      "port3.R"        "pot0.R"       "pot1.R"
[16] "score.csv"       "score.sav"    "score_1.sav"
```

　　除了使用函數 setwd ( ) 更改工作目錄外，也可以直接執行功能表列
「Session」(期程)/「Set Working Directory」(設定工作中的目錄)/「Choose
Directory…」(選擇目錄) 程序，以選取工作空間所在位置。如選取 E 磁碟機資
料夾 Rsdata 作為工作目錄，資料夾 Rsdata 又有三個子資料夾。語法指令使用函
數 list.dirs ( ) 查看目錄路徑、使用函數 list.files ( ) 查看資料夾中的檔案與子資料
夾：

```
> setwd ("E:/RSdata")
> list.dirs ( )
[1] "."        "./文件檔" "./命令稿" "./資料檔"
> list.files ( )
[1] "histex_1.Rhistory" "test.Rhistory"
[3] "works_1.RData"     "文件檔"
[5] "命令稿"            "資料檔"
```

　　對應於右下方「Files」(檔案) 交談窗的內容，檔案交談窗顯示的內容即為工
作空間目錄的內容，工具列鈕包括建立新的資料夾、刪除檔案或資料夾、檔案或
資料夾的命名、更多 (More) 選項等。工具列鈕的功能及使用與微軟作業系統之
檔案總管的操作程序類似。

「更多」(More) 選項選單包括檔案/資料夾的複製、移動，或將資料夾設定作為工作中的目錄 (Set As Working Directory)、直接跳到工作目錄 (Go To Working Directory)、以新視窗顯示資料夾 (開啟檔案總管)。

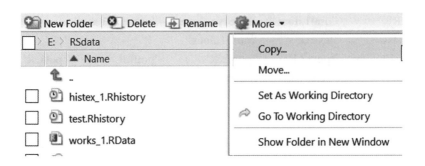

「Files」(檔案) 交談窗內檔案型態副檔名若為「.R」，表示其檔案為命令稿，在交談窗方盒內點選超連結符號，可將檔案開啟在左上角的命令稿視窗中。

範例視窗切換到「命令稿」子資料夾中 (在原先命令稿子資料夾名稱上按一下)，點選命令稿檔案「fdemo_0.R」，命令稿檔案「fdemo_0.R」的語法指令會被直接開啟。

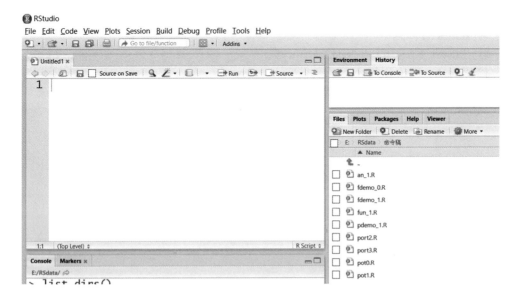

命令稿檔案「fdemo_0.R」語法指令列被開啟在左上角的命令稿視窗中，語法指令為自訂函數，共有 11 列。

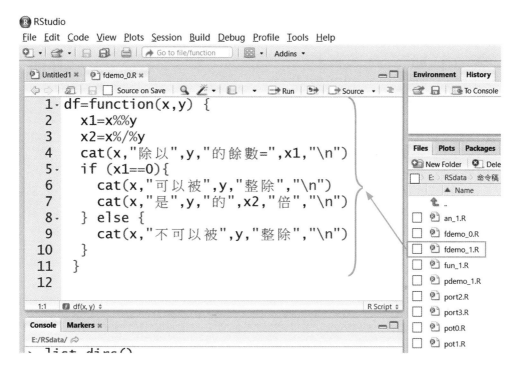

「檔案」(Files) 交談窗的資料夾為 E 磁碟機之 RSdata 點選「命令稿」次資料夾，在二項式分配之累積機率密度求法的語法指令「binomial.R」命令稿檔案按一下，於左上角命令稿交談窗開啟命令稿的內容，語法指令共有五列：

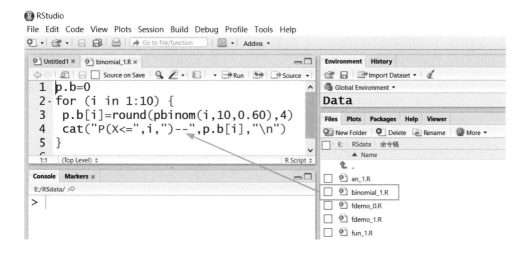

執行命令稿語法指令列後，左下角主控臺視窗出現的語法指令與結果如下，語法指令為求出二項式分配之累積機率密度值，函數為 **pbinom ( )**，二項式分配的樣本大小 n=10 (引數為 size)、p=0.60：

```
> p.b=0
> for (i in 1:10) {
+  p.b [i]=round (pbinom (i,10,0.60),4)
+  cat ("P (X<=",i,")--",p.b [i],"\n")
+ }
P (X<= 1 )-- 0.0017
P (X<= 2 )-- 0.0123
P (X<= 3 )-- 0.0548
P (X<= 4 )-- 0.1662
P (X<= 5 )-- 0.3669
P (X<= 6 )-- 0.6177
P (X<= 7 )-- 0.8327
P (X<= 8 )-- 0.9536
P (X<= 9 )-- 0.994
P (X<= 10 )-- 1
```

　　右下角「輔助」(Help) 交談窗工具列鈕 🏠 為顯示 R 協助鈕 (Show R help)，文件內容包括 R 軟體與 RStudio 整合開發環境軟體，網頁為超連結型態，點選選項即可開啟選項的內容。

範例視窗介面為點選「An Introduction to R」選項所開啟的畫面，網頁內容為完整 R 軟體的介紹。使用者對某個主題或統計程序有興趣，可直接點選選項即可開啟對應的連結網頁。

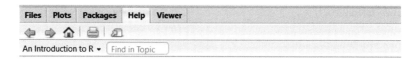

An Introduction to R

Table of Contents

Preface
1 Introduction and preliminaries
    1.1 The R environment
    1.2 Related software and documentation
    1.3 R and statistics
    1.4 R and the window system
    1.5 Using R interactively
    1.6 An introductory session
    1.7 Getting help with functions and features
    1.8 R commands, case sensitivity, etc.
    1.9 Recall and correction of previous commands
    1.10 Executing commands from or diverting output to a file
    1.11 Data permanency and removing objects
2 Simple manipulations; numbers and vectors
    2.1 Vectors and assignment
    2.2 Vector arithmetic
    2.3 Generating regular sequences
    2.4 Logical vectors
    2.5 Missing values
    2.6 Character vectors
    2.7 Index vectors; selecting and modifying subsets of a data set
    2.8 Other types of objects
3 Objects, their modes and attributes
    3.1 Intrinsic attributes: mode and length
    3.2 Changing the length of an object

R 主控臺使用「? 函數名稱」語法可以查詢函數歸屬的套件與函數的使用功能，範例主控臺輸入「> ?median」，查詢中位數函數的意涵與使用說明，在右邊的「Help」(輔助) 交談窗會出現相關的文件連結，工具列鈕包括上一個文件、下一個文件、R 軟體首頁、列印文件、以新視窗瀏覽文件等。範例文件第一列「median {stats}」，表示中位數函數 median 所屬的套件為 {stats}，此套件為內掛套件，安裝 R 軟體後套件即自動安裝、啟動 R 軟體後套件即自動載入主控臺中，因而在使用套件中的所有函數都不必經過載入程序。

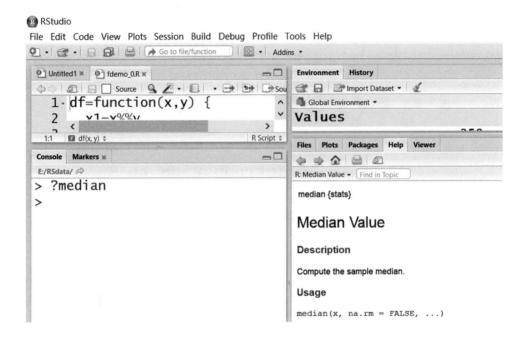

　　右下角「套件」(Packages) 交談窗可以進行外掛套件的安裝或已安裝套件的更新，交談對話窗呈現的套件表示均已安裝的套件或是安裝 R 軟體時一起安裝的內掛套件，內掛套件不用再進行載入程序，套件中的所有函數均可使用，若要重新載入套件，只要在勾選套件名稱前面的口即可。範例視窗介面勾選套件「☑stats」，勾選完後，主控臺視窗自動出現「> library ("stats", lib.loc="C:/Program Files/R/R-3.4.1/library")」符號。函數 **library ( )** 的功能在於將套件載入至工作空間中。

　　將右邊勾選的選項取消「□stats」，表示將套件從工作空間中卸載，對應的函數為 **detach ( )**。

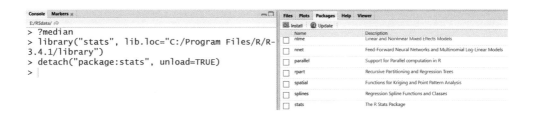

　　若是套件為外掛套件，且還沒有安裝，在套件交談窗的目錄就不會出現，此時，套件要先安裝並載入到主控臺後才能使用套件中的函數，若套件已安裝在 RStudio 軟體中，只要執行載入程序，套件內函數才可使用。至於內掛套件在啟動 R 軟體後，套件即自動進行載入動作，因而套件中的函數可直接使用。內掛套件如基本函數套件 {base}、統計函數套件 {stats}、S4 物件類型的函數套件 {stats4}、基本繪圖函數套件 {graphics}、圖形裝置輔助套件 {grDevices}、常用工具函數輔助套件 {utils} 等。

　　內掛套件卸載後，或外掛套件未載入至主控臺前，套件內的函數均無法使用，範例中位數函數 median ( ) 所屬的套件為 {stats}，若把套件 {stats} 從工作空間中卸載後，中位數函數即無法使用：

```
> detach ("package:stats", unload=TRUE)
> median (c (4,3,1,6,2))
Error in median (c (4, 3, 1, 6, 2)) : could not find function "median"
> median (c (5,4,2))
Error in median (c (5, 4, 2)) : could not find function "median"
```

　　主控臺使用內定統計套件 {stats} 函數 cor ( ) 求出二個數值向量間的積差相關係數，函數交談窗中選取函數 cor ( )，於 ( ) 中輸入二個數值向量變項：

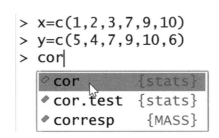

```
> x=c (1,2,3,7,9,10)
> y=c (5,4,7,9,10,6)
> cor (x,y)
[1] 0.6387187
```

Chapter 3
整合開發環境的套件

　　整合開發環境 RStudio 軟體的套件分為使用者套件與系統套件，二種套件分別儲存在使用者套件庫與系統套件庫。使用者套件庫為 RStudio 軟體安裝後，使用者再安裝的套件名稱，這些使用者套件庫的套件都需要先載入工作空間，之後才能使用套件中的函數。安裝 RStudio 軟體前，於 R 軟體視窗介面中安裝外掛套件後，由於套件已安裝在 R 軟體之內，之後再安裝 RStudio 軟體後，此種類型的套件也會被置放在系統套件庫中，R 軟體所有的外掛套件都必須進行套件的載入程序，才能使用套件的函數。

　　勾選套件「☑stats」(系統套件)，將套件載入至工作空間中即可使用套件中的中位數函數，求出數值向量的中位數 (系統套件為內定套件，沒有執行載入程序也可直接使用套件中的函數)：

```
> library ("stats", lib.loc="C:/Program Files/R/R-3.4.1/library")
> median (c (4,3,1,6,2))
[1] 3
> median (c (5,4,2))
[1] 4
```

　　主控臺使用函數 **help.search ( )** 可以查閱相關的函數及其歸屬的套件名稱，語法指令搜尋「anova」：

```
> help.search ("anova")
```

　　右下角「輔助」交談窗以新視窗開啟之 R 搜尋結果視窗介面如下：

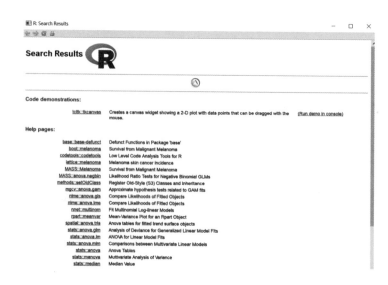

搜尋結果「::」符號前面的字元為 R 軟體中可使用的套件名稱 (已安裝)，「::」符號後面的字元為套件的函數名稱，右邊文字為函數簡要說明。以「stats::anova」列為例，函數 **anova ( )** 歸屬在套件 {stats} 之中，由於套件 {stats} 屬內在套件，安裝 R 軟體後即可直接使用套件內的所有函數。以橫列資料為例「rpart::meanvar　Mean-Variance Plot for an Rpart Object」，套件名稱為 **{rpart}**，套件中的函數為 **meanvar ( )**，函數功能在於繪製 Rpart 物件的平均數—變異數圖形。

橫列資料：

stats::power.anova.test　**Power Calculations for Balanced One-Way Analysis of Variance Tests**

函數為 **power.anova.test ( )**，函數所屬的套件為內定統計套件 {stats}，函數功能在於計算均衡單因子變異數分析檢定之統計考驗力。

Code demonstrations:

tcltk::tkcanvas	Creates a canvas widget showing a 2-D plot with data points that can be dragged with the mouse. **(Run demo in console)**

Help pages:

base::base-defunct	Defunct Functions in Package 'base'
boot::melanoma	Survival from Malignant Melanoma
codetools::codetools	Low Level Code Analysis Tools for R
lattice::melanoma	Melanoma skin cancer incidence
MASS::Melanoma	Survival from Malignant Melanoma
MASS::anova.negbin	Likelihood Ratio Tests for Negative Binomial GLMs
methods::setOldClass	Register Old-Style (S3) Classes and Inheritance
mgcv::anova.gam	Approximate hypothesis tests related to GAM fits
nlme::anova.gls	Compare Likelihoods of Fitted Objects
nlme::anova.lme	Compare Likelihoods of Fitted Objects
nnet::multinom	Fit Multinomial Log-linear Models
rpart::meanvar	Mean-Variance Plot for an Rpart Object
spatial::anova.trls	Anova tables for fitted trend surface objects

stats::anova.glm	Analysis of Deviance for Generalized Linear Model Fits
stats::anova.lm	ANOVA for Linear Model Fits
stats::anova.mlm	Comparisons between Multivariate Linear Models
stats::anova	Anova Tables
stats::manova	Multivariate Analysis of Variance
stats::median	Median Value
stats::power.anova.test	Power Calculations for Balanced One-Way Analysis of Variance Tests
stats::stat.anova	GLM Anova Statistics
stats::stats-defunct	Defunct Functions in Package 'stats'
stats::summary.manova	Summary Method for Multivariate Analysis of Variance
survival::anova.coxph	Analysis of Deviance for a Cox model.
survival::survreg	Regression for a Parametric Survival Model
tcltk::TkWidgetcmds	Tk widget commands
tcltk::TkWidgets	Tk widgets

　　文件選單是一種超連結，點選相關的選項，可開啟函數使用的 R 文件說明網頁，範例點選「stats::anova」選項連結的網頁說明文件：

---

anova {stats}　　　　　　　　　　　　　　　　　　　**R Documentation**

Anova Tables

Description

Compute analysis of variance (or deviance) tables for one or more fitted model objects.

Usage

anova (object, ...)

Arguments

object　　an object containing the results returned by a model fitting function (e.g., lm or glm).**

...　　　　**additional objects of the same type.**

Value

This (generic) function returns an object of class anova. These objects represent analysis-of-variance and analysis-of-deviance tables. When given a single argument it produces a table which tests whether the model terms are significant.

When given a sequence of objects, anova tests the models against one another in the order specified.

> The print method for anova objects prints tables in a 'pretty' form.
> Warning
> ＜略＞

　　使用函數 **RSiteSearch ( )** 可以搜尋 R 軟體中關鍵字的文件，文件對於函數的使用與歸屬的套件都有詳細說明，對於想要使用特殊程序之統計方法的使用者而言，甚為便利。語法查詢「ancova」關鍵字的文件：

> > RSiteSearch ("ancova")
> **A search query has been submitted to http://search.r-project.org**
> **The results page should open in your browser shortly**

　　查詢介面會以新視窗開啟，條列式的說明函數名稱與對應的套件，項目 1 的函數名稱為「ancova-class」，歸屬的套件名稱為 **{HH}**，點選超連結文件選項後，可開啟函數語法指令說明文件。

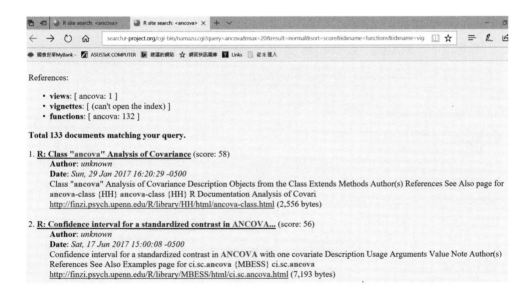

　　「R: Class "ancova" Analysis of Covariance」選項之文件說明 ，函數語法可執行傳統共變數分析程序。相同的語法指令與套件 **{HH}** 中的函數 **ancova ( )** 語法指令相同，函數功能在於計算單因子共變數分析與繪製單因子共變數分析圖。

ancova-class {HH}　　　　　　　　　　　　　　　　　　　　　　　　　　R Documentation

Class "ancova" Analysis of Covariance

Description

Analysis of Covariance. The class is an extension of "aov" and "lm". It is identical to the "aov" for a single factor and a single covariate plus an attribute which contains a "trellis" object. Four different models are included in the class. See ancova for the examples.

Objects from the Class

A virtual Class: No objects may be created from it.

Extends

Class "aov", directly. Class "lm", by class "aov", distance 2. Class "mlm", by class "aov", distance 2, with explicit test and coerce. Class "oldClass", by class "aov", distance 3. Class "oldClass", by class "aov", distance 4, with explicit test and coerce.

主控臺語法指令為使用函數 **RSiteSearch ( )** 搜尋重新編碼函數 **recode ( )**：

> RSiteSearch ("recode")
A search query has been submitted to http://search.r-project.org
The results page should open in your browser shortly

　　R 軟體中重新編碼函數 **recode { }** 使用率較高的套件為 **{memisc}**，若研究者要使用此套件，必須先進行套件安裝的程序。

Total 337 documents matching your query.

1. **R: Recode Items, Factors and Numeric Vectors** (score: 68)
　　Author: *unknown*
　　Date: *Sat, 19 Aug 2017 20:03:08 -0500*
　　Recode Items, Factors and Numeric Vectors Description Usage Arguments Details Value See Also Examples page for recode {memisc} recode {memisc} R Documentation recode substitutes old values of a fact
　　http://finzi.psych.upenn.edu/R/library/memisc/html/recode.html (5,660 bytes)

2. **R: Wrapper for 'recode' from 'car' to allow to recode multiple...** (score: 59)
　　Author: *unknown*
　　Date: *Tue, 20 Dec 2016 18:57:01 -0500*
　　Wrapper for recode from car to allow to recode multiple columns at once Description Usage Arguments Value Author(s) Examples page for recode2 {ryouready} recode2 {ryouready} R Documentation Wrapper
　　http://finzi.psych.upenn.edu/R/library/ryouready/html/recode2.html (2,994 bytes)

3. **R: Change, rearrange or consolidate the values of an...** (score: 55)
　　Author: *unknown*
　　Date: *Sat, 19 Aug 2017 19:56:23 -0500*
　　Change, rearrange or consolidate the values of an existing/new variable. Inspired by RECODE command from SPSS. Description Usage Arguments Format Details Value Examples page for if_val {expss} if_va
　　http://finzi.psych.upenn.edu/R/library/expss/html/if_val.html (9,964 bytes)

　　使用者要使用套件 **{memisc}**，此套件並非系統套件(系統安裝時一併自動安裝的套件)，因而使用者要進行安裝程序。右下角「套件」(Packages) 交談窗中，按工具列「Install」(安裝) 鈕，開啟「Install Packages」(安裝套件) 對話視窗，在「Packages (separate multiple with space or comma:)」提示語下方格輸入套件名稱，若同時要安裝多個套件，則套件名稱中以空白鍵或逗號「,」隔開。

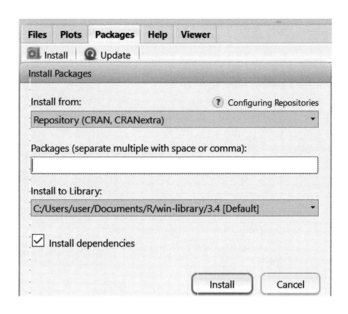

　　範例視窗介面在套件名稱輸入「memisc」，按「Install」鈕，工作空間即進行套件的安裝程序。

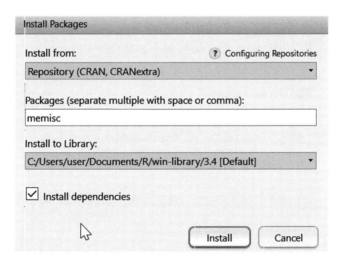

　　上述安裝套件對應的函數為 **install.packages ( )**，主控臺出現的語法指令如下：

```
> install.packages ("memisc")
```

　　使用者自行安裝的套件名稱與系統自動安裝的套件名稱分別以「User Library」、「System Library」分開，範例視窗介面中使用者安裝的外掛套件有三個，這些外掛套件要勾選套件名稱的方框，才能將安裝套件載入工作空間中。外掛套件移除程序，點選套件名稱最右邊的刪除鈕，刪除鈕提示語為「Remove package」(移除套件)，表示按下此鈕後可直接將套件刪除，範例視窗刪除 lme4 套件。

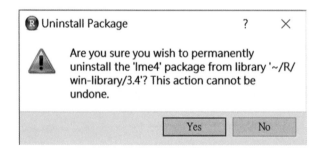

　　之後開啟「Uninstall Package」對話視窗，視窗內容再次確認使用者真的要從套件庫中移除選取的套件名稱 lme4，移除動作無法復原，按「YES」鈕確定移除，按「No」鈕不做移除動作，視窗會自動關閉。

![Uninstall Package 對話視窗]

Uninstall Package　？　✕

Are you sure you wish to permanently uninstall the 'lme4' package from library '~/R/win-library/3.4'? This action cannot be undone.

Yes　　No

　　移除套件對應的函數為 **remove.packages ( )**，主控臺出現的語法指令如下：

```
> remove.packages ("lme4", lib="~/R/win-library/3.4")
```

　　某些套件安裝時，其中的語法指令會同時使用到相關套件，因而雖然使用者只安裝一個套件，但安裝完後，使用者套件庫的套件名稱會增列許多不是使用者自行選取的套件，這些套件不宜任意移除，否則載入主要套件時會出現錯誤訊息。範例在使用者套件庫中勾選 {memisc} 套件名稱，將套件載入工作空間中。

```
> library ("memisc", lib.loc="~/R/win-library/3.4")
Attaching package:  'memisc'
The following objects are masked from  'package:stats'  :
    contr.sum, contr.treatment, contrasts
The following object is masked from  'package:base'  :
    as.array
```

在使用者套件庫中取消勾選 {memisc} 套件名稱，將套件從工作空間卸載：

```
> detach ("package:memisc", unload=TRUE)
```

安裝的套件可使用函數 help (package=套件名稱)，查詢套件中所有的函數與函數語法：

```
> help (package=memisc)
```

開啟的網站包括套件 {memisc} 使用的文件、套件訊息、依照字母排列的函數，這些函數均要載入套件 {memisc} 才能使用。

■ R: Tools for Management of Survey Data and the Presentation of Analysis Results
⇐ ⇒ ℃ 🖶

Tools for Management of Survey Data and the Presentation of Analysis Results

⊘ ⊘

Documentation for package 'memisc' version 0.99.13.2

- DESCRIPTION file.
- User guides, package vignettes and other documentation.
- Package NEWS.

Help Pages

 A B C D F G H I L M N P Q R S T U V W misc

memisc-package	Introduction to the 'memisc' Package
-- A --	
Aggregate	Generic Tables and Data Frames of Descriptive Statistics
annotation	Adding Annotations to Objects

若是使用者已知道套件名稱及套件內的函數名稱，可使用語法指令「>?套件名稱::函數名稱」，直接查詢函數的語法指令與使用範例：

```
> ?memisc::percent
```

　　查詢的網頁會呈現在右下角的「輔助」(Help) 交談窗中，此交談窗較小，瀏覽較為不方便，使用者可按工具列鈕 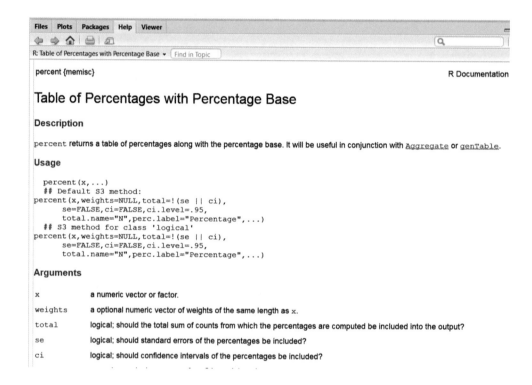，開啟新的視窗來瀏覽：

　　語法指令使用 **help ( )** 函數查詢套件 **{readxl}** 的所有函數：

```
> help (package = readxl)
```

　　套件 **{readxl}** 的版本為 1.0.0，套件函數主要功能在讀取試算表檔案，資料檔類型為「.xls」與「. xlsx」，每個函數名稱都具有超連結功能，點選一下，可以開啟函數的說明文件：

Read Excel Files

Documentation for package 'readxl' version 1.0.0

- DESCRIPTION file.
- User guides, package vignettes and other documentation.

Help Pages

anchored	Specify cells for reading
cell-specification	Specify cells for reading
cell_cols	Specify cells for reading
cell_limits	Specify cells for reading
cell_rows	Specify cells for reading
excel_sheets	List all sheets in an excel spreadsheet.
readxl_example	Get path to readxl example
read_excel	Read xls and xlsx files.
read_xls	Read xls and xlsx files.
read_xlsx	Read xls and xlsx files.

　　點選「read_excel」超連結開啟的網頁說明文件如下，函數說明文件一般包括描述 (Description)：函數功能的簡要說明；使用 (Usage)：函數使用的語法。引數 (Arguments)：函數語法中引數的說明。回傳數值 (Value) 或引數說明。相關函數的延伸超連結 (See Also)。函數使用的範例列舉 (Examples)。使用者可以根據函數語法說明及範例加以應用類推，初學者對於比較複雜的引數可以不用管他。每個套件的函數使用語法，皆可以使用上述步驟查詢，這對於想要應用更多套件的使用者會有較佳的效率。

---

read_excel {readxl}　　　　　　　　　　　　　　　　　**R Documentation**
Read xls and xlsx files.

Description
Read xls and xlsx files.
While read_excel ( ) auto detects the format from the file extension, read_xls ( ) andread_xlsx ( ) can be used to read files without extension.

Usage
read_excel (path, sheet = NULL, range = NULL, col_names = TRUE,
 col_types = NULL, na = "", trim_ws = TRUE, skip = 0, n_max = Inf,
 guess_max = min (1000, n_max))

read_xls (path, sheet = NULL, range = NULL, col_names = TRUE,

```
col_types = NULL, na = "", trim_ws = TRUE, skip = 0, n_max = Inf,
guess_max = min (1000, n_max))

read_xlsx (path, sheet = NULL, range = NULL, col_names = TRUE,
col_types = NULL, na = "", trim_ws = TRUE, skip = 0, n_max = Inf,
guess_max = min (1000, n_max))
```

Arguments

path	**Path to the xls/xlsx file**
sheet	**Sheet to read. Either a string (the name of a sheet), or an integer (the position of the sheet). Ignored if the sheet is specified via range. If neither argument specifies the sheet, defaults to the first sheet.**
range	**A cell range to read from, as described in cell-specification. Includes typical Excel ranges like "B3:D87", possibly including the sheet name like "Budget!B2:G14", and more. Interpreted strictly, even if the range forces the inclusion of leading or trailing empty rows or columns. Takes precedence overskip, n_max and sheet.**
col_names	**TRUE to use the first row as column names, FALSE to get default names, or a character vector giving a name for each column. If user provides col_types as a vector, col_names can have one entry per column, i.e. have the same length as col_types, or one entry per unskipped column.**
col_types	**Either NULL to guess all from the spreadsheet or a character vector containing one entry per column from these options: "skip", "guess", "logical", "numeric", "date", "text" or "list". If exactly one col_type is specified, it will be recycled. The content of a cell in a skipped column is never read and that column will not appear in the data frame output. A list cell loads a column as a list of length 1 vectors, which are typed using the type guessing logic from col_types = NULL, but on a cell-by-cell basis.**
na	**Character vector of strings to use for missing values. By default, readxl treats blank cells as missing data.**
trim_ws	**Should leading and trailing whitespace be trimmed?**
skip	**Minimum number of rows to skip before reading anything, be it column names or data. Leading empty rows are automatically skipped, so this is a lower bound. Ignored if range is given.**
n_max	**Maximum number of data rows to read. Trailing empty rows are automatically skipped, so this is an upper bound on the number of rows in the returned tibble. Ignored if range is given.**
guess_max	**Maximum number of data rows to use for guessing column types.**

Value

A tibble

See Also

cell-specification for more details on targetting cells with the range argument

Examples

datasets <- readxl_example ("datasets.xlsx")
read_excel (datasets)

 # Specify sheet either by position or by name
read_excel (datasets, 2)
read_excel (datasets, "mtcars")

 # Skip rows and use default column names
read_excel (datasets, skip = 148, col_names = FALSE)

 # Recycle a single column type
read_excel (datasets, col_types = "text")

 # Specify some col_types and guess others
read_excel (datasets, col_types = c ("text", "guess", "numeric", "guess", "guess"))

 # Accomodate a column with disparate types via col_type = "list"
df <- read_excel (readxl_example ("clippy.xlsx"), col_types = c ("text", "list"))
df
df$value
sapply (df$value, class)

 # Limit the number of data rows read
read_excel (datasets, n_max = 3)

 # Read from an Excel range using A1 or R1C1 notation
read_excel (datasets, range = "C1:E7")
read_excel (datasets, range = "R1C2:R2C5")

 # Specify the sheet as part of the range
read_excel (datasets, range = "mtcars!B1:D5")

 # Read only specific rows or columns
read_excel (datasets, range = cell_rows (102:151), col_names = FALSE)
read_excel (datasets, range = cell_cols ("B:D"))

[Package *readxl* version 1.0.0 Index]
資料來源：R 軟體套件 {readxl} 線上網站函數 read_excel ( ) 文件

　　載入套件 {memisc} 與使用套件中的百分比函數 percent ( )，求出因子變數各水準群組占有效觀察值的百分比：

```
> library ("memisc", lib.loc="~/R/win-library/3.4")
> set.seed (12345)
> sx <- sample (1:4,50,replace=TRUE)
> fx <- factor (sx,labels=c ("a","b","c","d"))
> percent (fx)
 a  b  c  d  N
24 30 22 24 50
```

　　從工作空間中移除套件 {memisc}，由於 {memisc} 已經不存在工作空間中，因而套件中的百分比函數 percent ( ) 無法使用：

```
> detach ("package:memisc", unload=TRUE)
> set.seed (12345)
> sx <- sample (1:4,50,replace=TRUE)
> fx <- factor (sx,labels=c ("a","b","c","d"))
> percent (fx)
Error in percent (fx): could not find function "percent"
```

　　若套件沒有被載入工作空間中，使用者要使用套件中的函數，可使用語法指令：「套件名稱::函數名稱」語法指令來指定函數所歸屬的套件，套件名稱與函數名稱之間的符號為「::」。

```
> memisc::percent (fx)
 a  b  c  d  N
24 30 22 24 50
```

　　語法指令使用套件 {car} 中的重新編碼函數 recode ( )，使用隨機抽取函數 sample ( ) 從 1 至 5 五個數值中重複抽取 20 次，每次抽取後再將數值置回。之後將抽取的數值重新編碼，數值 1、2 編碼為「A 等」、數值 3、4 編碼為「B 等」、數值 5 編碼為 C 等，使用「套件名稱::函數名稱」語法指令指定所使用的函數所在的標的套件：

```
> set.seed (12345)
> sx<-sample (1:5,20,replace=TRUE)
> print (sx)
 [1] 4 5 4 5 3 1 2 3 4 5 1 1 4 1 2 3 2 3 1 5
> rx=car::recode (sx,"c (1,2)='A等';c (3,4)='B等';else='C等'")
> print (rx)
 [1] "B等" "C等" "B等" "C等" "B等" "A等" "A等"
 [8] "B等" "B等" "C等" "A等" "A等" "B等" "A等"
[15] "A等" "B等" "A等" "B等" "A等" "C等"
> rx1=car::recode (sx,"c (1,2)='A等';c (3,4)='B等';5='C等'")
> print (rx1)
 [1] "B等" "C等" "B等" "C等" "B等" "A等" "A等"
 [8] "B等" "B等" "C等" "A等" "A等" "B等" "A等"
[15] "A等" "B等" "A等" "B等" "A等" "C等"
```

　　因為套件 car 為外掛套件，若沒有先載入工作空間，則套件中的函數 **recode ( )** 便無法使用，上述語法將重新編碼函數所歸屬的套件名稱省略，語法指令執行會出現錯誤，錯誤訊息顯示內掛套件中沒有 **recode ( )** 這個函數名稱：

```
> rx=recode (sx,"c (1,2) ='A等';c (3,4) ='B等';else='C等'")
Error in recode (sx, "c (1,2) ='A等';c (3,4) ='B等';else='C等'") :
  could not find function "recode"
> rx1=recode (sx,"c (1,2) ='A等';c (3,4) ='B等';5='C等'")
Error in recode (sx, "c (1,2) ='A等';c (3,4)='B等';5='C等'") :    could not find
function "recode"
```

　　在右下角「套件」(Packages) 交談窗之使用者套件庫中勾選「☑car」套件，將套件 **{car}** 載入工作空間。

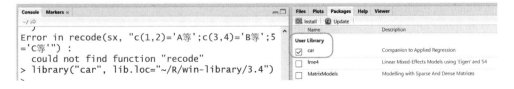

　　由於外掛套件 **{car}** 已載入工作空間，因而其套件中的函數即可直接使用：

```
> library ("car", lib.loc="~/R/win-library/3.4")
> rx=recode (sx,"c (1,2) ='A等';c (3,4) ='B等';else='C等'")
> print (rx)
 [1] "B等" "C等" "B等" "C等" "B等" "A等" "A等" "B等" "B等" "C等"
[11] "A等" "A等" "B等" "A等" "A等" "B等" "A等" "B等" "A等" "C等"
> rx1=recode (sx,"c (1,2) ='A等';c (3,4) ='B等';5='C等'")
> print (rx1)
 [1] "B等" "C等" "B等" "C等" "B等" "A等" "A等" "B等" "B等" "C等"
[11] "A等" "A等" "B等" "A等" "A等" "B等" "A等" "B等" "A等" "C等"
```

　　若是使用者要直接在主控臺視窗中使用函數載入套件，可使用函數 **library ( )** 或 **require ( )** 函數，語法指令為：

　　　　library (套件名稱) 或 **library** ("套件名稱")
　　　　require ( ) (套件名稱) 或 **require ( )** ("套件名稱")

```
> require ("memisc")
Loading required package: memisc
Loading required package: lattice
Loading required package: MASS
Attaching package: 'memisc'
The following object is masked from 'package:car':
    recode
The following objects are masked from 'package:stats':
    contr.sum, contr.treatment, contrasts
The following object is masked from 'package:base':
    as.array
> detach ("package:car", unload=TRUE)
> require (car)
Loading required package: car
Attaching package: 'car'
The following object is masked from 'package:memisc':
    recode
```

　　因為套件 {car} 與套件 {memisc} 中的函數均有重新編碼函數 **recode ( )**，使用者若只載入其中一個套件，重新編碼函數的使用不會衝突，但若是使用者同時載入這二個套件，二個套件重新編碼函數 **recode ( )** 的語法指令並完全相同，因而在使用上容易產生錯誤，此時較佳的使用方法即是直接指定函數所歸屬的套件名稱：

```
> set.seed (12345)
> sx<-sample (1:5,20,replace=TRUE)
> print (sx)
 [1] 4 5 4 5 3 1 2 3 4 5 1 1 4 1 2 3 2 3 1 5
> memisc::recode (sx,"A等"<-1:2,"B等"<-3:4,"C等"<-5)
 [1] B等 B等 C等 B等 A等 A等 A等 A等 A等 B等 C等 C等 A等 A等 B等
[16] B等 B等 A等 B等 A等
Levels: A等 B等 C等
> recode (sx,"A等"<-1:2,"B等"<-3:4,"C等"<-5)
 [1] B等 B等 C等 B等 A等 A等 A等 A等 A等 B等 C等 C等 A等 A等 B等
[16] B等 B等 A等 B等 A等
Levels: A等 B等 C等
> recode (sx,1<-1:2,2<-3:4,3<-5)
 [1] 2 2 3 2 1 1 1 1 1 2 3 3 1 1 2 2 2 1 2 1
```

只載入套件 {memisc}，未載入套件 {car} 時，重新編碼語法指令可以順利執行，工作空間再載入套件 {car} 後，原先可以執行的語法指令皆出現錯誤：

```
> library ("car", lib.loc="~/R/win-library/3.4")
Attaching package: 'car'
The following object is masked from 'package:memisc':
  recode
> recode (sx,"A等"<-1:2,"B等"<-3:4,"C等"<-5)
 [1] 4   3   5   4   2   2   <NA> <NA> <NA> 4   5   5
[13] 2   2   4   3   4   <NA> 3   2
Levels: 2 3 4 5
Warning message:
In if (as.factor.result) { :
  the condition has length > 1 and only the first element will be used
> recode (sx,1<-1:2,2<-3:4,3<-5)
Error in 1 <- 1:2 : invalid (do_set) left-hand side to assignment
```

此種結果乃是工作空間之重新編碼函數採用後面載入套件 {car} 中的語法指令，因而原先套件 {memisc} 之重新編碼函數語法指令無法使用，解決方法就是在原重新編碼函數 recode ( ) 指定其歸屬的套件，如此使用原先的語法指令才能順利執行：

```
> memisc::recode (sx,"A等"<-1:2,"B等"<-3:4,"C等"<-5)
 [1] B等 B等 C等 B等 A等 A等 A等 A等 A等 B等 C等 C等 A等 A等 B等
[16] B等 B等 A等 B等 A等
Levels: A等 B等 C等
[說明]：原先數值為 1、2 的元素重新編碼為「A 等」、原先數值為 3、4 的元素
重新編碼為「B 等」、原先數值為 5 的元素重新編碼為「C 等」。
> memisc::recode (sx,1<-1:2,2<-3:4,3<-5)
 [1] 2 2 3 2 1 1 1 1 1 2 3 3 1 1 2 2 2 1 2 1
[說明]：原先數值為 1、2 的元素重新編碼為 1、原先數值為 3、4 的元素重新編碼
為 2、原先數值為 5 的元素重新編碼為 3。
```

語法指令中，函數 **as.item ( )** 為套件 **{memisc}** 中的函數，重新編碼函數 **recode ( )** 為套件 **{memisc}** 函數，也為套件 **{car}** 的函數，為避免函數產生衝突，解決的方法是只載入套件 **{memisc}**，而不要同時再載入 **{car}** 套件，或是在函數前面增列對應的套件名稱：

```
1  set.seed (12345)
2  edux <- as.item (sample (1:6,25,replace=TRUE), labels= c ("國小"=1,"國中"=2,"高
   中"=3, "高職"=4,"專科"=5,"大學"=6))
3  print (edux)
4  edu3l=recode (edux,"國中小"<-1:2,"高中職"<-3:4,"專科以上"<-5:6)
5  edu3g=recode (edux,1<-1:2,2<-3:4,3<-5:6)
6  print (edu3l)
7  print (edu3g)
```

命令稿中的第 1 列設定亂數初始種子數，這樣每次使用亂數抽取的數值都會相同，便於使用者的練習，**set.seed ( )** 函數中的數值任意設一個整數值。

命令稿中的第 2 列界定數值向量是一個項目，水準數值為 1 至 6，水準數值的標記引數為 labels，水準數值標記分別為界定為國小、國中、高中、高職、專科、大學六個組別 (變項型態為因子)。

命令稿第 3 列使用函數 **print ( )** 輸出教育程度的人口變項的資料。

命令稿第 4 列使用重新編碼函數 **recode ( )** 將數值 1、2 的水準數值編碼為「國中小」、水準數值 3、4 編碼為「高中職」，水準數值 5、6 編碼為「專科以上」。

　　命令稿第 5 列使用重新編碼函數 **recode ( )** 將數值 1、2 的水準數值編碼為 3、水準數值 3、4 編碼為 2，水準數值 5、6 編碼為 3，教育程度變數由六個群組合併為三個群組。

　　在「套件」(Packages) 交談窗之使用者套件庫 **(User Library)** 選單中，勾選套件 **{memisc}** 前的方框：「☑memisc」，載入套件 **{memisc}** 至工作空間中：

```
> library ("memisc", lib.loc="~/R/win-library/3.4")
```

　　執行 R 命令稿視窗之語法指令結果如下：

```
> set.seed (12345)
> edux <- as.item (sample (1:6,25,replace=TRUE),labels=c ("國小"="1,"國中"="2,"高中"="3,"高職"="4,"專科"="5,"大學"="6))
> print (edux)
 [1] 專科  大學  專科  大學  高中  國小  國中  高職  專科
[10] 大學  國小  國小  專科  國小  高中  高中  高中  高中
[19] 國中  大學  高中  國中  大學  專科  高職
> edu3l=recode (edux,"國中小"<-1:2,"高中職"<-3:4,"專科以上"<-5:6)
> edu3g=recode (edux,1<-1:2,2<-3:4,3<-5:6)
> print (edu3l)
 [1]   專科以上  專科以上  專科以上   專科以上   高中職
 [6]   國中小    國中小    高中職     專科以上   專科以上
[11]   國中小    國中小    專科以上   國中小     高中職
[16]   高中職    高中職    高中職     國中小     專科以上
[21]   高中職    國中小    專科以上   專科以上   高中職
> print (edu3g)
 [1] 3 3 3 3 2 1 1 2 3 3 1 1 3 1 2 2 2 1 3 2 1 3
[24] 3 2
```

　　使用基本套件 **{base}** (內掛套件) 函數 **table ( )** 求出教育程度變數的次數分配表，由於套件 **{base}** 型態為內掛套件，啟動 R 軟體後即自動載入工作空間，因而不需要再重新執行載入套件動作，主控臺視窗可直接使用 {base} 套件中的所有函數：

```
> table (edux)
edux
國小  國中  高中  高職  專科  大學
```

```
       4     3     6     2     5     5
> table (edu3l)
edu3l
 國中小   高中職   專科以上
       7           8           10
> table (edu3g)
edu3g
 1 2 3
 7 8 10
```

　　在函數 **table** ( ) 之前增列其對應的套件 **{base}**，使用「套件名稱::函數名稱 (
)」語法也可求出因子變數的次數分配表，只是此種用法筆者不建議使用，因為
套件 **{base}** 是內掛套件，啟動 R 軟體或 RStudio 軟體套件即自動載入工作空間
中，因而不必經由載入程序可立即使用套件內所有函數。

```
> base::table (edu3g)
edu3g
 1 2 3
 7  8 10
> base::table (edu3l)
edu3l
 國中小   高中職   專科以上
       7           8           10
> base::table (edux)
edux
國小 國中 高中 高職 專科 大學
  4    3    6    2    5    5
```

　　套件 **{memisc}** 與套件 **{car}** 雖然都有相同函數名稱 **recode** ( )，但函數的語
法指令並不相同，使用者可以從下列範例中查看二者差異。其中主要差異為套件
{memisc} 重新編碼函數第二個引數前後不用以配對""加註，各編碼區間以逗號
「,」隔開，編碼為文字型態時，文字型態元素增列""，原水準數值在指派符號
(<- 或 =) 的右邊，重新編碼的數值或文字在指派符號的左邊；套件 **{car}** 重新編
碼函數第二個引數前後要使用配對""加註，各編碼區間以分號「;」隔開，編碼
為文字型態時，文字型態元素增列單引號''，原水準數值在指派符號的左邊，重
新編碼的數值或文字在指派符號的右邊。

```
> set.seed (12345)
> sco<-sample (1:6,25,replace=TRUE)
> print (sco)
 [1] 5 6 5 6 3 1 2 4 5 6 1 1 5 1 3 3 3 3 2 6 3 2 6 5 4
> memra=memisc::recode (sco,"A等"<-1:2,"B等"<-3:4,"C等"<-5:6)
> memrb=memisc::recode (sco,1<-1:2,2<-3:4,3<-5:6)
> print (memra)
  [1] C等 C等 C等 C等 B等 A等 A等 B等 C等 C等 A等 A等 C等 A等 B等 B等 B等 B
等 A等 C等 B等 A等 C等 C等
[25] B等
Levels: A等 B等 C等
> print (memrb)
 [1] 3 3 3 3 2 1 1 2 3 3 1 1 3 1 2 2 2 2 1 3 2 1 3 3 2
> carra=car::recode (sco,"1:2='A等';3:4='B等';5:6='C等'")
> carrb=car::recode (sco,"1:2=1;3:4=2;5:6=3")
> print (carra)
  [1] "C等" "C等" "C等" "C等" "B等" "A等" "A等" "B等" "C等" "C等" "A等"
"A等" "C等" "A等" "B等" "B等"
[17] "B等" "B等" "A等" "C等" "B等" "A等" "C等" "C等" "B等"
> print (carrb)
 [1] 3 3 3 3 2 1 1 2 3 3 1 1 3 1 2 2 2 2 1 3 2 1 3 3 2
```

上述語法指令先建立在命令稿中的視窗介面如下：

```
 1  ##重新編碼函數的比較
 2  set.seed(12345)
 3  sco<-sample(1:6,25,replace=TRUE)
 4  print(sco)
 5  memra=memisc::recode(sco,"A等"<-1:2,"B等"<-3:4,"C等"<-5:6)
 6  memrb=memisc::recode(sco,1<-1:2,2<-3:4,3<-5:6)
 7  print(memra)
 8  print(memrb)
 9  carra=car::recode(sco,"1:2='A等';3:4='B等';5:6='C等'")
10  carrb=car::recode(sco,"1:2=1;3:4=2;5:6=3")
11  print(carra)
12  print(carrb)
```

使用 help (package=套件名稱) 查詢基本套件 {base} 中的所有函數：

```
> help (package=base)
```

　　查詢基本套件 {base} 的所有函數，輸出結果只呈現其中一小部分。點選每個函數可查看函數功能、包括語法指令、函數範例說明等 (以下表格只摘錄部分函數)。

Help Pages

abbreviate	Abbreviate Strings
abs	Miscellaneous Mathematical Functions
acos	Trigonometric Functions
all	Are All Values True?
any	Are Some Values True?
append	Vector Merging
apply	Apply Functions Over Array Margins
array	Multi-way Arrays
as.array	Multi-way Arrays
as.character	Character Vectors
as.data.frame	Coerce to a Data Frame
as.Date	Date Conversion Functions to and from Character
as.factor	Factors
as.function	Convert Object to Function
as.integer	Integer Vectors
as.list	Lists - Generic and Dotted Pairs
as.logical	Logical Vectors
as.matrix	Matrices
as.numeric	Numeric Vectors
as.raw	Raw Vectors
as.single	Double-Precision Vectors
as.vector	Vectors
attr	Object Attributes
cat	Concatenate and Print
cbind	Combine R Objects by Rows or Columns
ceiling	Rounding of Numbers

class	Object Classes
col	Column Indexes
colMeans	Form Row and Column Sums and Means
colnames	Row and Column Names
colSums	Form Row and Column Sums and Means
dimnames	Dimnames of an Object
gamma	Special Functions of Mathematics
getwd	Get or Set Working Directory
is.array	Multi-way Arrays
is.character	Character Vectors
is.data.frame	Coerce to a Data Frame
is.factor	Factors
is.integer	Integer Vectors
is.list	Lists - Generic and Dotted Pairs
is.logical	Logical Vectors
is.matrix	Matrices
is.na	'Not Available' / Missing Values
is.null	The Null Object
is.numeric	Numeric Vectors
is.single	Is an Object of Single Precision Type?
max	Maxima and Minima
mean	Arithmetic Mean
min	Maxima and Minima
names	The Names of an Object
nchar	Count the Number of Characters (or Bytes or Width)
<略>	

　　對於初學者而言，另二個常用的內掛套件函數為基本統計套件 {stats} 與繪圖套件 {graphics}，使用者可使用 help (package=套件名稱) 語法指令查詢：

```
> help (package=stats)
> help (package=graphics)
```

下表為基本統計套件 {stats} 中的部分函數：

acf2AR	Compute an AR Process Exactly Fitting an ACF
addmargins	Puts Arbitrary Margins on Multidimensional Tables or Arrays
aggregate	Compute Summary Statistics of Data Subsets
AIC	Akaike's An Information Criterion
anova	Anova Tables
anova.glm	Analysis of Deviance for Generalized Linear Model Fits
anova.lm	ANOVA for Linear Model Fits
anova.mlm	Comparisons between Multivariate Linear Models
aov	Fit an Analysis of Variance Model
approx	Interpolation Functions
approxfun	Interpolation Functions
Beta	The Beta Distribution
BIC	Akaike's An Information Criterion
binom.test	Exact Binomial Test
Binomial	The Binomial Distribution
cancor	Canonical Correlations
chisq.test	Pearson's Chi-squared Test for Count Data
Chisquare	The (non-central) Chi-Squared Distribution
coef	Extract Model Coefficients
coefficients	Extract Model Coefficients
cor	Correlation, Variance and Covariance (Matrices)
cor.test	Test for Association/Correlation Between Paired Samples
cov	Correlation, Variance and Covariance (Matrices)
cov2cor	Correlation, Variance and Covariance (Matrices)
covratio	Regression Deletion Diagnostics
cutree	Cut a Tree into Groups of Data
dbeta	The Beta Distribution
dbinom	The Binomial Distribution
dchisq	The (non-central) Chi-Squared Distribution
density	Kernel Density Estimation

df	The F Distribution
df.residual	Residual Degrees-of-Freedom
distributions	Distributions in the stats package
dnbinom	The Negative Binomial Distribution
dnorm	The Normal Distribution
dpois	The Poisson Distribution
factanal	Factor Analysis
factor.scope	Compute Allowed Changes in Adding to or Dropping from a Formula
FDist	The F Distribution
fivenum	Tukey Five-Number Summaries
formula	Model Formulae
ftable	Flat Contingency Tables
glm	Fitting Generalized Linear Models
IQR	The Interquartile Range
kmeans	K-Means Clustering
kruskal.test	Kruskal-Wallis Rank Sum Test
ks.test	Kolmogorov-Smirnov Tests
lm	Fitting Linear Models
lm.fit	Fitter Functions for Linear Models
mad	Median Absolute Deviation
manova	Multivariate Analysis of Variance
median	Median Value
na.action	NA Action
na.fail	Handle Missing Values in Objects
na.omit	Handle Missing Values in Objects
na.pass	Handle Missing Values in Objects
<略>	

下表為繪圖套件 {graphics} 中的部分函數：

Documentation for package 'graphics' version 3.4.1

DESCRIPTION file.

Code demos. Use demo ( ) to run them.

.Pars	Set or Query Graphical Parameters
abline	Add Straight Lines to a Plot
arrows	Add Arrows to a Plot
Axis	Generic Function to Add an Axis to a Plot
axis	Add an Axis to a Plot
barplot	Bar Plots
box	Draw a Box around a Plot
boxplot	Box Plots
boxplot.matrix	Draw a Boxplot for each Column (Row) of a Matrix
bxp	Draw Box Plots from Summaries
cdplot	Conditional Density Plots
coplot	Conditioning Plots
curve	Draw Function Plots
dotchart	Cleveland's Dot Plots
frame	Create / Start a New Plot Frame
graphical parameter	Set or Query Graphical Parameters
graphics	The R Graphics Package
grconvertX	Convert between Graphics Coordinate Systems
grconvertY	Convert between Graphics Coordinate Systems
grid	Add Grid to a Plot
hist	Histograms
identify	Identify Points in a Scatter Plot
image	Display a Color Image
layout	Specifying Complex Plot Arrangements
lcm	Specifying Complex Plot Arrangements
legend	Add Legends to Plots
lines	Add Connected Line Segments to a Plot
lines.formula	Formula Notation for Scatterplots
lines.histogram	Plot Histograms
lines.table	Plot Methods for 'table' Objects
panel.smooth	Simple Panel Plot

par	Set or Query Graphical Parameters
pch	Add Points to a Plot
persp	Perspective Plots
pie	Pie Charts
plot	Generic X-Y Plotting
plot.default	The Default Scatterplot Function
plot.design	Plot Univariate Effects of a Design or Model
plot.factor	Plotting Factor Variables
plot.formula	Formula Notation for Scatterplots
plot.function	Draw Function Plots
plot.histogram	Plot Histograms
plot.new	Create / Start a New Plot Frame
plot.table	Plot Methods for 'table' Objects
plot.window	Set up World Coordinates for Graphics Window
plot.xy	Basic Internal Plot Function
points	Add Points to a Plot
points.table	Plot Methods for 'table' Objects
polygon	Polygon Drawing
polypath	Path Drawing
rasterImage	Draw One or More Raster Images
rect	Draw One or More Rectangles
segments	Add Line Segments to a Plot
spineplot	Spine Plots and Spinograms
stars	Star (Spider/Radar) Plots and Segment Diagrams
stem	Stem-and-Leaf Plots
stripchart	1-D Scatter Plots
strwidth	Plotting Dimensions of Character Strings and Math Expressions
symbols	Draw Symbols (Circles, Squares, Stars, Thermometers, Boxplots)
text	Add Text to a Plot
title	Plot Annotation
xinch	Graphical Units

xlim	Set up World Coordinates for Graphics Window
xspline	Draw an X-spline
xyinch	Graphical Units
yinch	Graphical Units
ylim	Set up World Coordinates for Graphics Window

　　點選左邊的函數超連結選單，會開啟繪圖函數的語法指令說明與範例，圖示為點選透視圖函數 **persp ( )**，函數網頁 (http://127.0.0.1:25819/library/graphics/html/persp.html) 的二個範例語法的修改：

```
> x <- seq (-15, 15, length= 30)
> y <- x
> f <- function (x, y) { r <- sqrt (x^2+y^2); 5* sin (r)/r }
> z <- outer (x, y, f)
> z [is.na (z)] <- 1
> op <- par (bg = "white")
> persp (x, y, z, theta =60, phi = 35, expand = 0.5, col = "gray")
```

　　R 主控臺語法指令繪製的 3D 圖形如下：

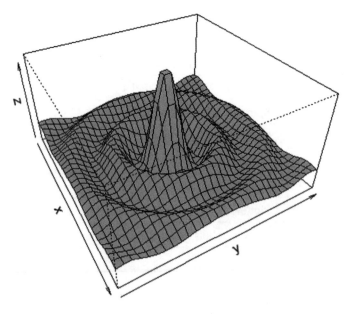

　　系列函數的起始數值不同，繪製的 3D 圖形便會不同：

```
> x <- seq (0, 20, length= 30)
> y <- x
> f <- function (x, y) { r <- sqrt (x^2+y^2); 5*sin (r)/r }
> z <- outer (x, y, f)
> z [is.na (z)] <- 1
> op <- par (bg = "white")
> persp (x, y, z, theta = 30, phi = 30, expand = 0.5, col = "lightblue",ltheta = 120, shade
  = 0.75)
```

R 主控臺語法指令繪製的 3D 圖形如下：

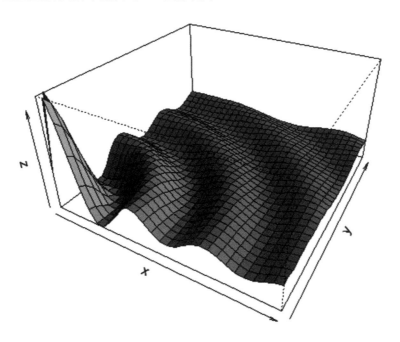

R 基本套件 **{grDevices}** 功能為圖形裝置與界定圖形之顏色及字體：

```
> help (package=grDevices)
```

套件以 R 起始的函數與函數簡要說明文件如下：

	-- R --
rainbow	Color Palettes
recordGraphics	Record Graphics Operations

recordPlot	Record and Replay Plots
replayPlot	Record and Replay Plots
rgb	RGB Color Specification
rgb2hsv	RGB to HSV Conversion
ring	Mathematical Annotation in R
	-- S --
savePlot	Save Windows Plot to a File

R 基本套件 {utils} 功能為輔助工具函數：

```
> help (package=utils)
```

以下為套件中常使用的函數列舉：

head	Return the First or Last Part of an Object
help	Documentation
help.search	Search the Help System
history	Load or Save or Display the Commands History
install.packages	Install Packages from Repositories or Local Files
installed.packages	Find Installed Packages
packageDescription	Package Description
packageName	Find package associated with an environment.
packageVersion	Package Description
read.table	Data Input
remove.packages	Remove Installed Packages
RSiteSearch	Search for Key Words or Phrases in Documentation
tail	Return the First or Last Part of an Object

由於 {utils} 為基本內掛套件，使用套件中的函數不必先載入套件至主控臺中，套件內的函數可直接於主控臺視窗中使用：

```
> score=c (5,4,3,7,8,9,10,6,2)
> head (score,2)   #輸出數值向量前二個元素
 [1] 5 4
```

```
> tail (score,3) #輸出數值向量後三個元素
[1] 10  6  2
```

範例從主控臺卸載常用工具套件 {utils}，語法指令出現警告訊息，警告訊息表示語法指令列也有執行，之後 {utils} 套件中的函數 head ( )、tail ( ) 就無法使用。

```
> detach ("package:utils",unload=TRUE)
Warning message:
'utils' namespace cannot be unloaded:
  namespace 'utils' is imported by 'stats', 'grDevices' so cannot be unloaded
> head (score,2)
Error in head (score, 2) : could not find function "head"
> tail (score,3)
Error in tail (score, 3) : could not find function "tail"
```

安裝不同外掛套件後，由於外掛套件與某些基本套件會產生關聯，有時使用者即使執行卸載套件程序，主控臺也會出現錯誤訊息 (不是警告訊息)：

```
> detach ("package:utils",unload=TRUE)
Error: package 'utils' is required by 'memisc' so will not be detached
```

對於 R 軟體安裝完後的基本套件，使用者最好不要對基本套件進行卸載程序，也不用重新載入套件，這些基本內掛套件如 {stats}、{stats4}、{graphics}、{geDevices}、{utils}、{tools}、{methods} 等。

Chapter 4

整合開發環境主控臺與變數型態

壹、主控臺的操作

　　R 主控臺「>」符號下可直接進行數值運算，並執行語法指令或函數，若是語法指令完整，按下「Enter」鍵後，主控臺界定會直接回傳結果，此功能相當於電子計算機的快速運算程序。主控臺視窗是 R 軟體最主要的視窗介面，主控臺語法指令列較多，則需藉助命令稿視窗 (R 編輯器視窗) 的幫忙，將多行的語法指令撰寫在命令稿視窗 (R 編輯器視窗)，如此，語法指令的執行與結果輸出較為方便。

```
> 10+20-15
[1] 15
> sqrt (25)          # 求出數值的平方根
[1] 5
> 5/0 #分母為0之除法會得到Inf的結果
[1] Inf
```

　　主控臺的訊息若過於凌亂，使用者可執行功能表列「Edit」(編輯)/「Clear Console」(清除主控臺) 程序，可把主控臺訊息或語法指令清除，清除程序並沒有把原先界定的物件或變數從工作空間中移除，除非使用刪除物件函數 rm ( )，否則原先界定的物件或變數會一直保留在主控臺中，直到關閉或退出 RStudio 軟體。

　　RStudio 之主要變數型態常見者為文字 (character)、數值 (包含整數型態)、因子 (factor)、邏輯 (logical)與日期。因子型態為一般推論統計中的間斷變數，包括名義變數與次序變數、邏輯型態為真、假二種結果，若是元素為遺漏值 (missign value)，元素內容會以「NA」(not available) 符號表示。

　　各種不同型態的變數範例如下，使用函數 **class ( )** 可以查看變數的類型：

```
> x1<-"hello" #文字型態
> x2<-60 #單一元素數值型態
> x3<-4==5 #邏輯型態
> x4<-25.456 #數值型態
> x5<-as.Date ("2017-8-28") #日期型態
> x6<-factor ("F") #因子型態
> class (x1)
```

```
[1] "character"
> class (x2)
[1] "numeric"
> class (x3)
[1] "logical"
> class (x4)
[1] "numeric"
> class (x5)
[1] "Date"
> class (x6)
 [1] "factor"
```

R 主控臺中的變數指派可以使用「＝」或「<-」符號，二個符號的功能相同，但在某些情況下，使用等號符號「＝」界定變數的內容會出現錯誤，變數或物件名稱內容可以為單一元素、多個元素、向量、矩陣、資料結構 (資料檔)。RStudio 視窗介面的語法指令為藍色字，結果輸出為黑色字，錯誤或警告訊息為紅色字。範例使用函數 **class ( )** 查看物件 x7 的型態，但之前沒有界定物件 x7，或指派變數 x7 的內容，因而沒有物件或變數 x7，查詢結果會出現錯誤訊息。

```
> class (x7)
Error: object 'x7' not found
```

R軟體中數值最好以指派方式界定為變數，之後只要更改變數的內容即可求出結果，如將變數 sc1 指派為 60 分、變數 sc2 指派為 80 分，sc.sum 為二個數值相加總和的結果，之後若變數 sc1 的分數不是 60 分，而是其他分數，如 70 分，只要修改「> sc1<-60」列，重新界定指派變數 sc1 的數值「> sc1<-70」，其餘語法指令列不用修改。變數的界定指派語法以數值為例：

「變數名稱 <- 個別數值」
「變數名稱 ＝ 個別數值」
「變數名稱 <- 數值向量」
「變數名稱 ＝ 數值向量」

語法中數值向量以小寫 c 串聯數值，表示式為 $c(x_1, x_2, \ldots \ldots, x_{n-1}, x_n)$，向量為多個元素 (樣本點) 的組合，二個以上的元素物件變項皆要以向量型態表示，若是元素為文字，在元素 (樣本點) 前後增列雙引號，表示式為 $c("x_1", "x_2", \ldots \ldots,$

$"x_{n-1}"$, $"x_n"$)。

```
> sc1<-60 #單一元素指派給變項物件
> sc2<-80 #單一元素指派給變項物件
> sc.sum<-sum (sc1,sc2) #二個數值元素的加總,加總後數值指派給變項物件sc.sum
> sc.sum
[1] 140

> sc1<-70 #重新指派單一元素給變項物件
> sc.sum<-sum (sc1,sc2) #二個數值元素的加總
> sc.sum
[1] 150
```

如果語法指令不完整,按下「Enter」鍵後會出現「+」符號,表示語法指令還沒有結束。下面範例中少一個右括號,第一列按下「Enter」鍵後會出現第二列「+」號,於「+」號右邊輸入右括號「)」,主控臺視窗介面出現 10;範例 2 求出數值向量 6、8 的平均數,按下「Enter」鍵後會出現「+」號,表示語法指令不完整 (少一個右括號「)」)。

```
> (10+20)/(8-5
+ )
[1] 10
> cat ("平均數=",mean (c (6,8)),"\n"
+ )
平均數= 7
> round (10/3,2    # 右邊少一個括號),一直按確認鍵會重複出現+號
+
+
+ )
[1] 3.33
[說明]:重複出現+號,表示語法指令不完整,若是要跳離語法指令,回到原先執行運算符號「>」,按「Esc」鍵。
```

RStudio 視窗介面主控臺語法指令執行符號「>」與「+」號顏色都是藍色字體 (R 軟體主控臺之執行指令符號「>」與「+」號顏色都是紅色字)。

```
> round (10/3,2 #按「Enter」鍵
+ #按「Enter」鍵
+ #按「Esc」鍵跳離執行指令
    #中間空一橫列
>
```

上述完整的函數語法為「round (10/3,2)，函數為將數值四捨五入至小數第二位，字元 round 右邊的括號是對稱的。

```
> paste ("score=",90,"id= # #按「Enter」鍵
+ " #輸入一個雙引號
+ ) #輸入右括號
[1] "score= 90 id=\n"
>
```

變數物件內容可以界定不同的型態，變數或物件右邊的元素可以為常數、運算式、或函數執行結果：

```
> a1=100 #指派變項物件為常數
> a2=sqrt (a1) #指派為數值的平方根值
> a3=3^2+5*3-4 #以運算式結果指派變項物件
> a4=c (1,2,4,5,9)*2 #以向量元素的2倍指派變項物件
> a5=seq (1:10) #以系列函數界定變項物件
> print (a2)
[1] 10
> print (a3)
[1] 20
> print (a4)
[1] 2 4 8 10 18
> print (a5)
 [1] 1 2 3 4 5 6 7 8 9 10
```

系列元素的產生，在基本套件 **{base}** 中的函數如 **seq ( )**，此函數可以產製有規則性的數值，函數 **seq ( )** 基本語法為：

seq (from = 1, to = 1, by = ((to - from)/(length.out - 1)))

引數 from 為起始數值 (最小數值)、引數 to 為結束數值 (最大數值)。

引數 by 為系列數值的增加量，若是數值差異值為 1，引數可以省略。

引數 length.out 界定系列數值的長度，界定的量數不能為負值。

主控臺中輸入 seq 字元後，以 seq 為起始字元的函數均會自動呈現供使用者點選，使用者只要點選想要的標的函數即可，選項選取時，右邊淡黃色方盒會出現函數簡要的語法指令說明，函數後面灰色的字元如 {base}，為函數所歸屬的套件名稱，函數 seq ( ) 歸屬於基本套件 {base} 中，主控臺視窗介面可以直接使用：

> seq

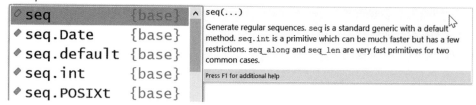

圖選「seq」選項後，主控臺會出現「>seq ( )」提示字元，函數後面配對括號自動增列：

> seq ( )

在函數 seq ( ) 括號內輸入起始數值、結束數值、差異值，按「Enter」確認鍵後，界定的係數數值向量立即呈現：

```
> seq (1, 16, by = 3) #數值介於1至16，每個數值差異量為3
[1]  1  4  7 10 13 16
> seq (from=1, to=16, by = 3) #數值介於1至16，每個數值差異量為3
[1]  1  4  7 10 13 16
> seq (1, 16, length.out =6) #數值介於1至16，數值元素個數為6
[1]  1  4  7 10 13 16
```
[說明]：數值1至數值16，排列成六個元素，元素間差異值=(16-1)/(6-1)=3，因而引數length.out界定為6，與引數by界定等於3的結果相同。
```
> round (seq (1, 16, length.out=10),2)
 [1]  1.00  2.67  4.33  6.00  7.67  9.33 11.00 12.67 14.33 16.00
```
[說明]：數值介於1至16，產製的數值元素共有10個，數值四捨五入至小數第二位。

　　起始值為最大值、結束值為最小值時，引數 by 的參數值必須界定為負數，否則會出現錯誤：

```
> seq (10, 0, by =-2)    #數值介於10至0，每個元素差異值為-2
[1] 10 8 6 4 2 0
> seq (10, 0, length.out=6) #數值介於10至0，元素個數有6個
[1] 10 8 6 4 2 0
> seq (10, 0, by=2) #數值介於10至0，每個元素差異值為2，無法產製元素
Error in seq.default (10, 0, by = 2) : wrong sign in 'by' argument
```

　　基本套件 {base} 的函數 rep ( ) 可以重複產製向量或列表的元素，函數 rep ( ) 語法指令為：

rep (x, ...)

rep.int (x, times)

rep_len (x, length.out)

　　引數 x 為向量、因子或資料物件。

　　符號...為採用其他方法界定的引數，內定的引數包括：

　　引數 times 為整數向量，每個元素重複的次數，

　　引數 length.out 為非負值的整數，界定輸出向量的長度 (元素的總個數)，

　　引數 each 為非負值的整數，界定元素接續出現的次數。

　　語法指令為數值 1、2、3 各接續出現 2 次，增列的引數為 each，引數 each 與引數 times 界定的參數值雖然相同，但輸出結果型態不同，前者是每個元素接續出現的個數，後者是向量元素出現的次數：

```
> rep (1:3, each = 2) #每個元素接續出現2次
[1] 1 1 2 2 3 3
> rep (1:3, c (2,2,2)) #每個元素接續出現2次、2次、2次
[1] 1 1 2 2 3 3
> rep_len (1:3, length.out=6) #元素的長度為6 (總共有6個元素)
[1] 1 2 3 1 2 3
> rep.int (1:3,times=2) #數值向量重複出現2次
[1] 1 2 3 1 2 3
> rep (1:3,times=2) #數值向量重複出現2次
[1] 1 2 3 1 2 3
```

若是各元素接續出現的次數不同，引數 each 要採用向量的方式界定：

```
> rep (1:5, c (1,3,2,2,1)) #每個元素接續出現1次、3次、2次、2次、1次
[1] 1 2 2 2 3 3 4 4 5
> re p(1:5, c (1:5)) #每個元素接續出現1次、2次、3次、4次、5次
 [1] 1 2 2 3 3 3 4 4 4 4 5 5 5 5 5
```

語法指令同時增列引數 each 與 times

```
> rep (1:3,each=2,times=3)
 [1] 1 1 2 2 3 3 1 1 2 2 3 3 1 1 2 2 3 3
[說明]：先執行引數each=2，再執行引數times=3，每個元素接續出現2次，程序重
複出現3次。
> rep (1:3,each = 4,times =2)
 [1] 1 1 1 1 2 2 2 2 3 3 3 3 1 1 1 1 2 2 2 2 3 3 3 3
[說明]：先執行引數each=4，再執行引數times=2，每個元素接續出現4次，程序重
複出現2次。
> sex=rep (c ("F","M"),each=3,times=4)
> sex
 [1] "F" "F" "F" "M" "M" "M" "F" "F" "F" "M" "M" "M" "F" "F" "F" "M"
"M" "M"
[19] "F" "F" "F" "M" "M" "M"
[說明]：先執行引數each=3，再執行引數times=4，每個元素接續出現3次 ("F"
"F" "F" "M" "M" "M")，程序重複出現4次。
```

範例語法指令使用重複量數 rep ( ) 函數產生列表：

```
> xval <- list (c ("a","b","c","d"), score=1:3)
> rep (xval,3)
[[1]]
[1] "a" "b" "c" "d"

$score
[1] 1 2 3

[[3]]
[1] "a" "b" "c" "d"

$score
```

```
[1] 1 2 3

[[5]]
[1] "a" "b" "c" "d"

$score
[1] 1 2 3
```

　　基本套件 {base} 函數 sample ( ) 可以隨機產製一組樣本元素，sample ( ) 基本語法為：

　　sample (x, size, replace = FALSE, prob = NULL)

　　sample.int (n, size = n, replace = FALSE, prob = NULL)

　　引數為一個向量或一個以上的元素。

　　引數 n 為正的整數，隨機抽取之每個項目的個數。

　　引數 size 為正的整數，隨機抽取之每個項目的個數。

　　引數 replace 為邏輯選項，界定是否抽取置回，內定選項為假，表示抽取後的元素不置回。

　　引數 prob 界定向量元素被抽取的機率加權值。

　　採用隨機抽取不置回的方法 (replace = FALSE)，元素的總個數必須大於抽取的樣本數，否則無法提供足夠的樣本點，此種情況會出現錯誤訊息：

```
> sample (1:5,10, replace = TRUE)    #從1至5數值中隨機抽取10個
 [1] 2 5 5 4 1 4 3 5 4 2
> sample (1:10,6, replace = FALSE) #從1至10數值中隨機抽取6個 (不能重複)
[1]  4  1  9  8 10  5
> sample (c (0,1), 10, replace = TRUE)  #從0、1中隨機抽取10個
 [1] 1 1 0 1 1 1 1 0 0 0
> sample (c (0,1), 10, replace = FALSE)  #從0、1中隨機抽取10個 (不能重複)
Error in sample.int (length (x), size, replace, prob) :
  cannot take a sample larger than the population when 'replace = FALSE'
[說明]：當引數replace界定為假情況下，抽取的樣本數不能大於母群體的總個數，否則程序無法進行。
> sample.int (1e10, 8)    #抽取8組小於10的系列元素，每組有10個數值
[1] 4418575607 3327096284 4075238804 7531184490 5287069099 1223479548
[7] 6530207313 1447623440
```

　　語法指令為以條件邏輯進行樣本的抽取，x 數值為 1 至 15，以函數語法「sample (x [x> 8])」隨機抽取數值大於 8 的元素；函數語法「sample (x [x<=7])」隨機抽取數值小於等於 7 的元素：

```
> x <-c (1:15)
> sample (x [x> 8])
[1] 14 11 15 12 13 10  9
> sample (x [x<=7 ])
[1] 4 2 7 6 3 1 5
```

　　函數 sample ( ) 是採用隨機抽取方法，因而每次抽取的樣本數會不相同，對於不同時間想要重複產製相同數值向量的操作較為不方便，初學者練習時若要讓隨機抽取的元素相同，可以配合使用種子設定函數 set.seed (seed)，函數引數 seed 為單一元素的整數值 (常數)。
　　語法指令未使用函數 set.seed ( ) 界定起始種子數，每次執行 sample ( ) 函數程序，隨機抽取的 10 個元素數值不會完全相同：

```
> pox=c (1:100)  #界定母群體的範圍為1至100
> sample (pox,10) #從母群體中隨機抽取10個樣本點
 [1] 39 70 54 22 47 76  1 18 63 34
> sample (pox,10) #從母群體中隨機抽取10個樣本點
 [1] 37 87 89 60 13 75 41 99 72 24
> sample (pox,10) #從母群體中隨機抽取10個樣本點
 [1] 33  6  5 99 61 92 78 30 20 67
> sample (pox,10) #從母群體中隨機抽取10個樣本點
 [1] 50 73  8 43 23 76 25 92 70 90
```

　　隨機抽取函數 sample ( ) 前增列 set.seed ( ) 函數，每次抽取的元素個數都會相同，set.seed ( ) 函數中的起始種子數使用者可以任意更改：

```
> set.seed (12345)
> sample (c (1:100),10,replace=FALSE)
 [1] 73 87 75 86 44 16 31 48 67 91
> set.seed (12345)
> sample (c (1:100),10,replace=FALSE)
 [1] 73 87 75 86 44 16 31 48 67 91
```

```
> set.seed (12345)
> sample (c(1:100),10,replace=FALSE)
 [1] 73 87 75 86 44 16 31 48 67 91
```

　　RStudio 整合開發環境介面之主控臺視窗是一種智慧型的判別指令，如研究者輸入「cat (」後會自動變為「cat ( )」，右括號自動對應出現，於括號中輸入「cat (")」符號會自動變為「cat ("")」，右邊的雙引號自動出現，這是 RStudio 整合開發環境介面較人性化的地方。若是使用者還是喜愛逐一輸入語法指令，就改用原始 R 軟體之主控臺，此操作程序視個人的習性而定，因為整合開發環境與原始 R 軟體視窗介面之主控臺的功能大致相同，唯一較大的差異是資料檔的匯入與外掛套件的載入與卸載。就資料檔匯入而言，RStudio 之視窗介面可以採用選單選取方式直接匯入；套件的載入與卸載可以直接執行勾選套件名稱或取消勾選套件名稱程序。

```
> cat ( )
> cat ("")
```

　　函數「ls ( )」可以列出主控臺工作空間中所有變數物件名稱，函數 rm ( ) 可以刪除一個或多個主控臺工作空間中的物件名稱。

```
> ls ( )  #列出工作空間之所有變數物件
 [1] "a"        "begin.sd"  "bsd"      "dnorm.n"  "dy"      "end.sd"    "esd"
 [8] "fun.x"    "fx"        "listc.p"  "max.n"    "min.n"   "region.x"  "region.y"
[15] "rx"       "ry"        "sex"      "x1"       "x2"      "x3"        "x4"
[22] "x5"       "x6"        "y"        "z"        "zx"
> rm (x1,x2,x3,x4,x5,x6) #刪除工作空間之變數物件
> ls ( )
 [1] "a"        "begin.sd"  "bsd"      "dnorm.n"  "dy"      "end.sd"    "esd"
 [8] "fun.x"    "fx"        "listc.p"  "max.n"    "min.n"   "region.x"  "region.y"
[15] "rx"       "ry"        "sex"      "y"        "z"       "zx"
```

貳、變數型態

　　R 軟體中的變數物件可以為因子型態、文字型態、數值型態、矩陣型態物

件、資料框架物件、日期型態、陣列型態等。若為數值型態、因子型態、文字型態、日期型態可以為單一元素或是向量 (vector) 型式，向量元素起始字元為小寫半形「c」，向量是一維陣列，起始字元若為大寫字母 C 會出現錯誤訊息，向量元素之間以半形「,」符號隔開，文字向量元素要增列雙引號，型態為"元素"：

```
> sex=c (F,M,F)   # 文字元素沒有增列雙引號
Error: object 'M' not found
> sex=c ("F","M","F")
> sex1=C ("F","M","F")      # 文字向量以大寫C作為起始字母
Error in C ("F", "M", "F") : object not interpretable as a factor
> score=c (1,2,5;4)   # 數值向量元素間不是以半形,隔開，而是以;符號隔開
Error: unexpected ';' in "score=c (1,2,5;"
> c ("TRUE","FALSE","FALSE")    # 向量界定字元為全形小寫字母
Error in c ("TRUE", "FALSE", "FALSE") : could not find function " c "
```

在 R 軟體的主控臺中，使用者常會將小寫函數字元輸入成大寫字母，造成執行的錯誤，R 軟體中的所有函數的「大小寫字元是不同的」，原始函數名稱的「大小寫」一定要相同，否則會視為不同函數，或出現函數無法使用情況。範例視窗求出數值的最小值，若是表達式是完整的，且使用函數沒有錯誤的，則 R 軟體會直接輸出結果，若語法指令列有錯誤或函數大小寫字母有誤，按「Enter」鍵後，R 軟體會出現錯誤訊息，表示語法指令有錯誤。範例求系列值最小值的函數為小寫 min ( )，使用者若輸入為大寫，則無法找到對應的函數名稱：

```
> MIN (2,1,5,4)
Error in MIN (2, 1, 5, 4) : could not find function "MIN"
> min (2,1,5,4)
[1] 1
> MEAN (c (2,1,5,4)) #平均數函數mean ( )全部為小寫字元
Error in MEAN (c (2, 1, 5, 4)) : could not find function "MEAN"
> Mean (c (2,1,5,4)) #平均數函數mean ( )全部為小寫字元
Error in Mean (c (2, 1, 5, 4)) : could not find function "Mean"
> mean (c (2,1,5,4))
[1] 3
```

使用 RStudio 整合開發環境軟體可以避免此種錯誤，因為當使用者輸入大寫

「MIN」字元後，函數對應的交談視窗會出現相關函數名稱，使用者直接點選函數後，原大寫字母「MIN」會變成小寫字母，並出現配對括號「> min ( )」，使用者只要在括號內輸入對應的數值或數值向量即可求出其最小值。

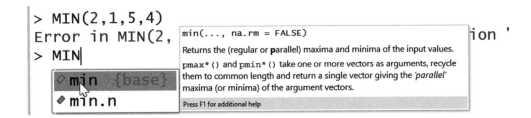

範例在主控臺視窗中輸入大寫「MEA」三個字元後，出現相關字元函數的方盒選單，選取基本套件 {base} 函數 mean 選項，主控臺視窗字元自動變成「> mean ( )」：

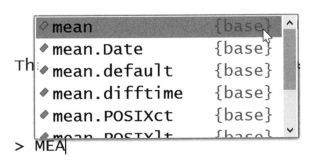

主控臺函數輸入「MEa」大小寫混雜字元，RStudio 整合開發環境的主控臺視窗還是會出現相關字元函數供使用者選取，使用者點選第一個選項後，主控臺的字元會變成「> mean ( )」，以開啟交談窗方式選取函數，函數會變成主控臺中的字元符號，不管原先字元是否混雜大小寫。

> MEa

mean	{base}
mean.Date	{base}
mean.default	{base}
mean.difftime	{base}
mean.POSIXct	{base}
mean.POSIXlt	{base}

使用者在括號 ( ) 內輸入相關引數，則會立即出現引數的平均數，若沒有輸入引數，由於無法計算平均數，因而會出現錯誤訊息：

```
> mean ( )
Error in mean.default ( ) : argument "x" is missing, with no default
[說明]：沒有輸入引數x，平均數無法估算。
```

　　R 軟體語法指令列多數要使用到函數，安裝 R 軟體後，有許多函數可以直接使用，這些函數包含在基本套件 {base}、統計函數套件 {stats}、{stats4}、基本圖形套件 {graphics}、R 圖形裝置套件 {grDevices}、工具函數套件 {utils}、{tools} 等內掛套件 (packages) 中。R 軟體中的套件分為內掛與外掛二種，內掛套件是安裝 R 軟體時，套件就會自動被安裝在 R 軟體的安裝目錄之中，啟動 R 軟體後，這些套件會自動載入主控臺，套件中的所有函數可立即使用，不用再進行套件安裝與載入程序。外掛套件是安裝 R 軟體後，必須再另外安裝的套件，使用時才要運用載入函數 library ( ) 或 require ( ) 啟動，將套件載入主控臺的工作空間中，之後才可以使用套件中的函數。套件的豐富化與函數功能的完整化是 R 軟體的一大特色，因而使用者要善加利用套件與套件內的函數，如此才能完成各種進階或高等的統計分析程序，就初學者而言，內掛套件函數的數量已經足夠。

　　若向量變數建立後，想要從中插入元素，使用基本套件函數 append ( )，函數 append ( ) 語法為：

append (x, values, after = length (x))

　　引數 x 為要修改的向量。
　　引數 values 為修改向量要插入的元素。
　　引數 after 為新元素要增列的位置，量數值為原來元素的索引。
　　下面範例一在第四個元素 (=5) 的後面插入 80，範例二在第二個元素後面插入一個有二個元素的向量：

```
> y=c (1,2,4,5,7)
> y1=append (y,80,after=4)    # y1向量有6個元素
> y1
[1]  1  2  4  5 80  7
> y0=c (60,100)
> y2=append (y,y0,after=2)
> y2
[1]  1  2 60 100  4  5  7
```

　　以「向量名稱 [序位數值]」語法可以擷取某個位置的元素內容，範例「向量名稱 [3]」表示擷取向量中第 3 個元素內容，元素序位位置也可以使用數值向量，範例語法「向量名稱 [c (4:6)]」表示擷取向量中第 4 個至第 6 個元素內容：

```
> y2 [3]
[1] 60
> y2 [4:6]
[1] 100  4  5
> y2 [c (4:6)]
[1] 100  4  5
```

　　若是數值索引在向量中不存在，則擷取的元素內容會以遺漏值「NA」表示，範例中的元素長度為 7，元素數值索引排列為 1 至 7，第 8 個以後的元素均為遺漏值：

```
> y2 [8]
[1] NA
> y2 [9:12]
[1] NA NA NA NA
> y2 [0]
numeric (0)
```

　　如果插入的元素為文字，則新的向量型態變為文字向量，以函數 **as.integer** ( ) 轉為整數後，無法轉換為數值的元素會以遺漏值 (NA) 表示：

```
> y3=c ("A","C","C")
> y4=append (y,y3,after=3)
> y4
[1] "1" "2" "4" "A" "C" "C" "5" "7"
> as.integer (y4)
[1]  1  2  4 NA NA NA  5  7
Warning message:
NAs introduced by coercion
```

　　引數 after 的數值如界定等於 0，表示從向量的第 1 個元素起插入元素，引數 after 界定的量數最小值為 0，不能為負數，若為負數會出現錯誤訊息：

```
> append (y,60,after=0)
[1] 60 1 2 4 5 7
> append (y,60,after=-1)
Error in x [1L:after] : only 0's may be mixed with negative subscripts
```

使用函數基本套件函數 class ( ) 可以查看變數的型態：

```
> x1=c (1,2,4,5,7)
> x2=c ("優","甲","丙","丁","戊")
> class (x1)        # x1為數值向量
[1] "numeric"
> class (x2)        # x2為文字向量
[1] "character"
> x=c (1,2,2,1,3,3,2)
> class (x)
[1] "numeric"  #x為數值向量
> x3<-factor (x=c (1,2,2,1,3,3,2),levels=1:3,labels=c ("北區","南區","中區"))
> x3
[1] 北區 南區 南區 北區 中區 中區 南區
Levels: 北區 南區 中區
> class (x3) #x3為因子向量
[1] "factor"
```

R 軟體基本資料轉換函數，常使用者為以下幾種：

轉為文字型態變數：**as.character** ( )，文字型態不能進行數值運算。

轉為數值型態變數：**as.numeric** ( )，數值型態為連續變數。

轉為整數型態變數：**as.integer** ( )，整數型態為連續變數。

轉為邏輯型態變數：**as.logical** ( )，邏輯型態為二分類別變數。ROC 曲線分析程序中有些套件的反應變項必須界定為邏輯型態變數才可以，如套件 {fbroc} 函數 **boot.roc** ( )(執行單一預測變項的 ROC 曲線分析) 與 **boot.paired.roc** ( ) 函數 (執行配對 ROC 曲線分析的差異檢定) 均是。

轉為因子型態變數：**as.factor** ( )，因子型態為間斷變數。

轉為資料框架物件：**as.data.frame** ( )，資料框架物件為資料檔型態。

轉為矩陣：**as.matrix** ( )，矩陣為二維陣列。

轉為向量：**as.vector** ( )，向量為一維陣列。

轉為列表：**as.list ( )**，列表為串聯不同型態的物件。

變數型態判別函數常使用者為：

是否為文字變數：**is.character ( )**
是否為數值變數：**is.numeric ( )**
是否為整數變數：**is.integer ( )**
是否為向量變數：**is.vector ( )**
是否為因子變數：**is.factor ( )**
是否為邏輯變數：**is.logical ( )**
是否為矩陣物件：**is.matrix ( )**
是否為資料框架：**is.data.frame ( )**

　　因子 (factor) 在檢定程序中的量尺為名義變項或次序變項，平均數差異檢定操作中屬於組別變項 (因子變項)，因子變項的各群組稱為水準。範例中的水準數值為 1、2、3，三個水準數值表示的群組分別為「北區」、「南區」、「中區」。數值向量、文字向量、因子向量型態的變數間可以互相轉換：

```
> x=c ("1","2","1","3","3","1","2","3","1","1")    # 文字向量
> x
 [1] "1" "2" "1" "3" "3" "1" "2" "3" "1" "1"
> class (x)
[1] "character"
> nx=as.numeric (x)  # as.numeric ( ) 函數轉為數值向量
> nx
 [1] 1 2 1 3 3 1 2 3 1 1
> class (nx)
[1] "numeric"
```

　　因子型態的向量，若其元素為數值 (數值表示的水準群組的編碼或代號)，直接使用 **as.numeric ( )** 函數轉換為數值向量後，新向量的元素會以類似等級的方式呈現，而沒有保留原有的元素數值：

```
> sc=factor (c (80,77,65,77,82)) #因子變項為四分類別變數
> class (sc)
[1] "factor"
```

```
> scf1=as.numeric (sc) #四分類型變項轉換為數值變項元素為1、2、3、4
> scf1
[1] 3 2 1 2 4
> sum (scf1)
[1] 12
```
[說明]：因子變數中的元素**65**的數值最小，其等級為**1**；次小者為**77**，其等級為**2**，元素**80**、**82**的等級分別為**3**、**4**，將原先為數值元素之因子變數 (間斷變數) 轉換為因子變數後，5個量數對應的元素為水準編碼轉換後的數值。

　　要將數值元素 (非真正之編碼水準量數) 之因子變數轉換為數值向量，可將原因子變數轉換為文字變數，再將文字變數轉換為數值或整數變數：

```
> scc=as.character (sc)  #將因子變項轉換為文字型態變項
> scc
[1] "80" "77" "65" "77" "82"
> scn=as.numeric (scc)  #將文字變項轉換為數值變項
> scn
[1] 80 77 65 77 82
> sum (scn)
[1] 381
```

　　文字型態的變項，其元素間不能進行數值運算，如以總和函數 **sum ( )** 求出文字向量變項的加總會出現錯誤訊息：

```
> sum (x)
Error in sum (x) : invalid 'type' (character) of argument
> sum (nx)
[1] 18
```

　　使用函數 **as.factor ( )** 將文字向量與數值向量轉換因子向量：

```
> fx=as.factor (x)      # 文字向量轉換為因子向量
> fx
 [1] 1 2 1 3 3 1 2 3 1 1
Levels: 1 2 3
> class (fx)
[1] "factor"
> as.factor (nx)
```

```
 [1] 1 2 1 3 3 1 2 3 1 1
Levels: 1 2 3
> fx1=as.factor (nx)        # 數值向量轉換為因子向量
> class (fx1)
[1] "factor"
> fx1
 [1] 1 2 1 3 3 1 2 3 1 1
Levels: 1 2 3
[說明]：因子向量結果呈現時，除出現各元素的水準數值外，最後一列會出現因
子的水準。
> sum (fx) #因子向量不是連續變項不能進行加總程序
Error in Summary.factor (c (1L, 2L, 1L, 3L, 3L, 1L, 2L, 3L, 1L, 1L), na.rm =
FALSE) : 'sum' not meaningful for factors
```

　　範例使用 **rep ( )** 函數產製 18 個文字元素，將文字向量轉換為因子變項，因子變項的水準群組標記為 F、M、N。

```
> sex=rep (c ("F","M","N"),each=2,times=3)
> sex
 [1] "F" "F" "M" "M" "N" "N" "F" "F" "M" "M" "N" "N" "F" "F" "M" "M"
"N" "N"
> as.factor (sex)
 [1] F F M M N N F F M M N N F F M M N N
Levels: F M N
[說明]：因子變項物件輸出時，最後一列會出現「**Levels:**」，表示的是因子變項
的水準數值或水準群組標記。
```

　　數值向量或文字向量快速界定為因子變項方法，在向量變數前面增列函數
factor ( )，因子向量為間斷變數，一般採用的統計方法為次數分配：

```
> area=factor (c (1,2,3,2,2,1,2,3,1,2,2))
> class (area)
[1] "factor"
> table (area)
area
1 2 3
3 6 2
> gro=factor (c ("已婚","未婚","離異","已婚","未婚","未婚","離異","已婚"))
> class (gro)
```

```
[1] "factor"
> table (gro)
gro
已婚 未婚 離異
  3   3   2
```

　　因子變項界定時，增列引數 level (水準數值編碼)、labels (水準數值群組標記名稱)，可以將水準數值編碼以群組標記取代，範例地區物件變項 area 為三分類別變項，水準數值編碼為 1、2、3，三個水準數值群組標記名稱為北區群組、中區群組、南區群組，語法指令為：

```
> f.area=factor (area,level=c (1:3),labels=c ("北區","中區","南區"))
> f.area
 [1] 北區 中區 南區 中區 中區 北區 中區 南區 北區 中區 中區
Levels: 北區 中區 南區
[說明]：三分類別變項的水準註解不是 1、2、3，而是文字向量中的元素：北區、中區、南區。
```

　　因子變項函數 factor ( ) 中引數 labels 的群組標記名稱界定之文字向量，可以單獨另外界定，函數的變項型態同時包括數值向量與文字向量，範例樣本觀察值婚姻狀態變項為四分類別變項，水準數值編碼為 1、2、3、4，水準數值對應的群組標記為「已婚」、「未婚」、「離異」、「喪偶」，群組標記以第二列文字向量物件另外界定：

```
> mar=c (1,1,1,1,1,2,2,2,2,2,2,3,3,3,4,4)
> g.mar=c ("已婚","未婚","離異","喪偶")
> f.mar=factor (mar,level=c (1:4),labels=g.mar)
> f.mar
 [1] 已婚 已婚 已婚 已婚 已婚 未婚 未婚 未婚 未婚 未婚 未婚 離異 離異 離異
[15] 喪偶 喪偶
Levels: 已婚 未婚 離異 喪偶
> table (f.mar)
f.mar
已婚 未婚 離異 喪偶
  5   6   3   2
```

　　如果文字向量變數轉換為數值向量時，對應的元素無法以數值表示，則轉換後的元素會以「NA」(遺漏值) 表示：

```
> mar=c ("已婚","未婚","離異","已婚","未婚","未婚","離異","已婚")
> nmar=as.numeric (mar)
Warning message:
NAs introduced by coercion
> nmar
[1] NA NA NA NA NA NA NA NA
> fmar=as.factor (mar)        # 轉換為因子變項
> fmar
[1] 已婚 未婚 離異 已婚 未婚 未婚 離異 已婚
Levels: 已婚 未婚 離異
> table (fmar)        # 因子變數的次數分配
fmar
已婚 未婚 離異
   3    3    2
```

　　使用 is.* 起始的函數，可以對資料的型態進行邏輯判別，輸出結果為真，表示符合函數變數型態，結果為假，表示標的變項不符合函數變數型態：

```
> is.character (mar)      # 檢定是否為文字型態，結果為真
[1] TRUE
> is.vector (mar)  # 文字向量是否為向量型態，結果為真
[1] TRUE
> is.matrix (mar)        # 向量不是矩陣
[1] FALSE
> is.data.frame (mar)     # 向量不是資料框架物件
[1] FALSE
> is.numeric (mar)        # 文字向量不是數值
[1] FALSE
> is.factor (mar)        # 文字向量不是因子變數
[1] FALSE
> is.integer (mar)      # 文字向量不是整數
[1] FALSE
> is.logical (mar)        # 文字向量不是邏輯整數
[1] FALSE
```

　　對上述數值向量 nx 的變數型態進行邏輯判別：

```
> is.numeric (nx)  # 檢定是否為數值型態，結果為真
[1] TRUE
> is.integer (nx)
[1] FALSE
> is.factor (nx)
[1] FALSE
> is.character (nx)
[1] FALSE
> is.logical (nx)
[1] FALSE
```

　　文字向量的每個元素字元前後會增列「"」符號，一個元素即一個樣本觀察值，使用函數 **length** ( ) 求出的向量變項中有多少個元素 (多少個樣本觀察值)，函數 **nchar** ( ) 則在求出各個元素的文字長度或數值長度：

```
> ch=c ("hello","welcome","love")     # 三個元素的文字向量
> length (ch)
[1] 3
> nchar (ch)
[1] 5 7 4
> xval=c (2014,101,22,48102)     # 四個元素的數值向量
> length (xval)
[1] 4
> nchar (xval)
[1] 4 3 2 5
```

　　邏輯 (logical) 型態的資料結果只有二種可能：真 (TRUE)、假 (FALSE)，範例邏輯判別為 3 > 2，其結果為真，將真的結果指向變數 lx，所以變數 lx 的型態為邏輯：

```
> lx<-3>2
> class (lx)
[1] "logical"
> lx
[1] TRUE
```

各種邏輯判斷範例，在二個物件變項是否相等的邏輯運算符號為「==」：

```
> (5-6) > 0    # 邏輯判別 (5-6) 是否大於0，結果為假
[1] FALSE
> 5==6        # 邏輯判別5是否等於6，結果為假，符號為「==」
[1] FALSE
> 5!=6        # 邏輯判別5是否不等於6，結果為真，符號為「!=」
[1] TRUE
> nchar ("hello") >nchar ("welcome") #字元數的邏輯判別
[1] FALSE
> nchar ("hello") >nchar ("you")  #字元數的邏輯判別
[1] TRUE
> 5 %in% c (0,5,10) # 邏輯判別前面元素值是否為後面向量元素之一
[1] TRUE
> 1 %in% c (0,5,10) # 邏輯判別前面元素值是否為後面向量元素之一
[1] FALSE
> (0.68>0 && 0.68<1) # 邏輯判別相關係數值是否大於0小於1
[1] TRUE
> (0.68>0 & 0.68<1) # 邏輯判別相關係數值是否大於0小於1
[1] TRUE
[說明]：邏輯判別式中的且或交集符號為「&&」或「&」，符號意涵為
「AND」；若是聯集 (或)，邏輯運算符號為「|」、「||」，符號意涵為「OR」，
聯集情況下只有一個為真，整體表示結果即為真。交集狀態下，必須每個狀態均
為真，整體結果才會為真。
> 5>=4 || 3>=6   # 邏輯判別5是否大於等於4，「或」3是否大於等於6
[1] TRUE
> 5>=8 | 3<=6 # 邏輯判別5是否大於等於8，「或」3是否小於等於6
[1] TRUE
> 5>=4 && 3>=6
[1] FALSE
[說明]：「AND」狀態下，每個邏輯條件判別結果均為真，整體結果才會出現
「TRUE」(真)，若有一個條件為假，整體結果就會出現假。
```

範例向量的元素內容均相同，但向量型態屬性並不相同，一個是文字型態、一個是邏輯向量型態，R 軟體中邏輯向量元素的內容為 TRUE (真) 與 FALSE (假)：

```
> z=c ("TRUE","FALSE","FALSE","TRUE","TRUE")    # 文字向量
> class (z)
```

```
[1] "character"
> u=c (TRUE,FALSE,FALSE,TRUE,TRUE) # 邏輯向量
> class (u)
[1] "logical"
> z
[1] "TRUE"  "FALSE" "FALSE" "TRUE"  "TRUE"
> u
[1]  TRUE FALSE FALSE  TRUE  TRUE
```

　　數值向量若要排序，使用基本套件 {base} 函數 sort ( )，函數 sort ( ) 第二個引數 decreasing 內定選項為假 (= FALSE)，表示數值資料為遞增排列，引數 decreasing 選項界定為真，排序改為遞減排列，如此，可以找出數值量數的序位：

```
> msc=c (60,78,26,53,38,80,39,92,75,90,35,86,30,100,83,65,52,43,41,22)
> s.1=sort (msc,decreasing=F)
> s.2=sort (msc,decreasing=T)
> s.1
 [1]  22  26  30  35  38  39  41  43  52  53  60  65  75  78  80  83  86  90
[19]  92 100
> s.2
 [1] 100  92  90  86  83  80  78  75  65  60  53  52  43  41  39  38  35  30
[19]  26  22
```

　　找出數值分數值排序在後的後三個分數與排序在前的前三個分數：

```
> s.1 [1:3]
[1] 22 26 30
> s.2 [18:20]
[1] 30 26 22
> s.1 [18:length (msc)]
[1]  90  92 100
> s.2 [1:3]
[1] 100  92  90
```

　　使用條件判別求出不及格的人數與及格的人數

```
> length (msc [msc<60])
[1] 10
> length (msc [msc>=60])
[1] 10
```

參、列表

　　向量、矩陣和陣列的元素都必須是相同類型的資料，將不同型態向量、不同長度向量串聯起來，即成為列表 (list)，列表中的元素可以為不同型態的資料。範例為年級列表，列表包含三個向量名稱：文字向量「班級」、數值向量「分數」、數值向量「學生數」：

```
> 班級=c ("甲班","乙班","丙班","丁班")
> 分數=c (75,80,65,85)
> 學生數=c (20,30,21,24)
> year=list (班級,分數,學生數)
> year
[[1]]
[1] "甲班" "乙班" "丙班" "丁班"


[[2]]
[1] 75 80 65 85


[[3]]
[1] 20 30 21 24
```

　　列表屬性包含第一層的向量名稱、第二層向量元素，若要擷取第一層向量所有元素，使用語法「列表物件 [[k]]」，如

```
> yea r[[1]]      ＃擷取第一層中的班級(第一個物件)
[1] "甲班" "乙班" "丙班" "丁班"
> yea r[[2]] ＃擷取第一層中的分數 (第二個物件)
[1] 75 80 65 85
> year [[3]] ＃擷取第一層中的學生數 (第三個物件)
[1] 20 30 21 24
```

第一層語法「列表物件 [[k]]」後面增列元素索引符號 [x]，可以擷取各層向量的第 x 個元素：

```
> year [[1]][3] #擷取列表中的第一個物件第3個元素
[1] "丙班"
> year[[2]][4] #擷取列表中的第二個物件第4個元素
[1] 85
> year [[3]][2] #擷取列表中的第三個物件第2個元素
[1] 30
```

上述列表中第一層向量沒有界定向量名稱，範例中三個向量名稱分別界定為年級班級、段考分數、學生人數：

```
> year=list (年級班級=班級,段考分數=分數,學生人數=學生數)
>  year
$年級班級
[1] "甲班" "乙班" "丙班" "丁班"

$段考分數
[1] 75 80 65 85

$學生人數
[1] 20 30 21 24
> names (year)
[1] "年級班級" "段考分數" "學生人數"
> class (year)
[1] "list"
```

列表中第一層向量若有對應的名稱變項，可以使用語法指令「列表物件 $ 名稱變項」擷取各向量的元素內容：

```
> year$年級班級
[1] "甲班" "乙班" "丙班" "丁班"
> year$段考分數
[1] 75 80 65 85
> year$學生人數
[1] 20 30 21 24
```

　　語法指令「列表物件 $ 名稱變項」擷取的是第一層向量所有元素，在語法指令後面增列元素位置索引符號 [x]，可以擷取各層向量的第 x 個元素內容：

```
> year$年級班級 [3] #擷取列表中「年級班級」物件的第3個元素
[1] "丙班"
> year$段考分數 [4] #擷取列表中「段考分數」物件的第4個元素
[1] 85
> year$學生人數 [2] #擷取列表中「學生人數」物件的第2個元素
[1] 30
```

　　使用 NULL 指派給特定的層級，則該層的所有元素均會被移除。範例指定第二層向量的所有元素均為 NULL，則第二層向量班級學生平均分數會從原列表中移除：

```
> year [[2]]<-NULL
> year
[[1]]
[1] "甲班" "乙班" "丙班" "丁班"

[[2]]
[1] 20 30 21 24
```

　　上述三個向量以列表函數串聯成列表型態時，各層向量間不能以小寫英文字母 c 進行向量串聯，否則即變成單一層次的列表，元素全成為文字類型：

```
> yearc=list (c (班級,分數,學生數))
> class (yearc)
[1] "list"
> yearc
[[1]]
 [1] "甲班" "乙班" "丙班" "丁班" "75"  "80"  "65"  "85"  "20"  "30"  "21"
[12] "24"
> yearc [[1]]    #第一層向量元素
 [1] "甲班" "乙班" "丙班" "丁班" "75"  "80"  "65"  "85"  "20"  "30"  "21"
[12] "24"
> yearc [[2]]    #沒有第二層的註標索引
Error in yearc [[2]] : subscript out of bounds
```

```
> yearc [[3]]      # 沒有第三層的註標索引
Error in yearc [[3]] : subscript out of bounds
> yearc [2]
[[1]]
NULL
> yearc [3]
[[1]]
NULL
```

建立列表時，可以直接指定元素名稱與其量數值，如：

```
> school=list (班級數=60,學生數=1000,教師數=90,職員數=20,校長性別="女生")
> school    #列表的元素名稱與元素量數
$班級數
[1] 60

$學生數
[1] 1000

$教師數
[1] 90

$職員數
[1] 20

$校長性別
[1] "女生"

> names (school) #列表的所有元素名稱
[1] "班級數"  "學生數"  "教師數"  "職員數"  "校長性別"
> school$教師數 #擷取列表元素名稱的量數
[1] 90
> school$校長性別 #擷取列表元素名稱的文字
[1] "女生"
> school$校長性別<-"男生" #重新指派校長性別
> school$校長性別
[1] "男生"
```

移除列表元素時先指定列表元素名稱，再設定元素內容為 NULL：

```
> school$職員數<-NULL      #移除職員數元素名稱
> school
$班級數
[1] 60

$學生數
[1] 1000

$教師數
[1] 90

$校長性別
[1] "男生"
```

　　範例語法指令為以列表組合二個直行變數 (數值向量變數)，列表內容作為繪圖元素，函數 **plot ( )** 繪製的圖形為簡單散佈圖：

```
> set.seed (123)
> xval=sample (1:10,10,replace=F)
> yval=sample (1:10,10,replace=F)
> plot.x=list (x=xval,y=yval)
> plot (plot.x,cex=1.5)
```

　　簡單散佈圖圖示如下 (橫軸為計量變項 xval、縱軸為計量變項 yval)：

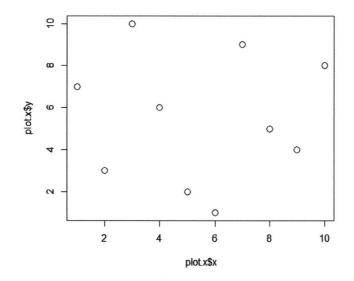

肆、矩陣與矩陣運算

向量組合的二維型態就是矩陣 (matrix)，矩陣的組成與資料框架物件 (資料檔)的型態相似，矩陣的橫列為資料框架物件的樣本觀察值、矩陣的直行為資料框架物件的變數名稱，矩陣是一種二維陣列。矩陣的表示一般是先橫列後直行，若是有三個橫列、四個直行的矩陣，則矩陣的階數為 3×4 階 (order)，橫列與直行對應的數值稱為「元素」(element)，矩陣若有 R 個橫列、C 個直行，則矩陣的階數為 $R \times C$，矩陣的元素共有 $R \times C$ 個。

矩陣 (或資料框架物件) 資料結構型態如下：

	直行 1 標題名稱	直行 2 標題名稱	直行 3 標題名稱	直行 4 標題名稱
橫列 1 標題名稱	(橫列 1, 直行 1)	(橫列 1, 直行 2)	(橫列 1, 直行 3)	(橫列 1, 直行 4)
橫列 2 標題名稱	(橫列 2, 直行 1)	(橫列 2, 直行 2)	(橫列 2, 直行 3)	(橫列 2, 直行 4)
橫列 3 標題名稱	(橫列 3, 直行 1)	(橫列 3, 直行 2)	(橫列 3, 直行 3)	(橫列 3, 直行 4)
橫列 4 標題名稱	(橫列 4, 直行 1)	(橫列 4, 直行 2)	(橫列 4, 直行 3)	(橫列 4, 直行 4)
橫列 5 標題名稱	(橫列 5, 直行 1)	(橫列 5, 直行 2)	(橫列 5, 直行 3)	(橫列 5, 直行 4)

若是各向量的長度相同，使用 **cbind ( )** 函數進行向量合併，則合併後的物件就是矩陣：

```
> temp=cbind (班級,分數,學生數)
> temp
   班級  分數 學生數
[1,] "甲班" "75" "20"
[2,] "乙班" "80" "30"
[3,] "丙班" "65" "21"
[4,] "丁班" "85" "24"
> class (temp)
[1] "matrix"
```

使用函數 **as.data.frame ( )** 可以將矩陣物件直接轉換為資料框架物件：

```
> temp.d=as.data.frame (temp)
> temp.d
```

```
     班級  分數  學生數
1 甲班   75     20
2 乙班   80     30
3 丙班   65     21
4 丁班   85     24
> class (temp.d)
[1] "data.frame"
```

如果使用者要快速界定一個單元矩陣 (identity matrix)(主對角線的元素均為 1，其餘元素均為 0 的矩陣)，可使用函數 **diag ( )**，函數 **diag ( )** 基本語法為：

diag (x = 1, nrow, ncol)

範例一界定一個 3 階的單元矩陣，範例二界定一個三列四行矩陣，矩陣對角線的元素均為 1：

```
> diag (x = 1, nrow=3, ncol=3)
     [,1] [,2] [,3]
[1,]   1    0    0
[2,]   0    1    0
[3,]   0    0    1
> diag (x = 1, nrow=3, ncol=4)
     [,1] [,2] [,3] [,4]
[1,]   1    0    0    0
[2,]   0    1    0    0
[3,]   0    0    1    0
```

函數 **diag( )** 只輸入一個引數，則此引數表示的階數，範例為一個 4 階的單元矩陣：

```
> diag (4)
     [,1] [,2] [,3] [,4]
[1,]   1    0    0    0
[2,]   0    1    0    0
[3,]   0    0    1    0
[4,]   0    0    0    1
```

函數 **diag ( )** 第 1 個引數若為其他數值，表示矩陣為「對角線矩陣」

(diagonal matrix)，對角線矩陣表示除了主對角線各元素數值外，其餘元素的數值均為 0 的矩陣，範例一矩陣對角線元素均為 5、範例二矩陣對角線元素為 3、2、5，即 diag [3,2,5]：

```
> diag (5,3,3)
     [,1]   [,2]   [,3]
[1,]   5    0    0
[2,]   0    5    0
[3,]   0    0    5
> diag (c (3,2,5),3,3)
     [,1]   [,2]   [,3]
[1,]   3    0    0
[2,]   0    2    0
[3,]   0    0    5
```

若是物件為矩陣變數，使用函數語法 diag (矩陣物件)，回傳的數值為矩陣所有對角線的元素：

```
> mx=matrix (1:9,nrow=3,byrow=F)
> mx
     [,1]  [,2]  [,3]
[1,]   1    4    7
[2,]   2    5    8
[3,]   3    6    9
> diag (mx)
[1]   1   5   9
```

矩陣的轉置 (matrix transpose) 是將原矩陣的橫列轉為直行、原矩陣的直行轉為橫列，依序為將原矩陣第一橫列的元素轉換為第一直行的元素、第一直行元素轉換為第一橫列元素；第二橫列的元素轉換為第二直行的元素、第二直行元素轉換為第二橫列元素；第三橫列的元素轉換為第三直行的元素、第三直行元素轉換為第三橫列元素，依序類推。矩陣轉置函數為 t (矩陣物件)：

```
> mx=matrix (1:12,nrow=3,ncol=4,byrow=F)
> mx
     [,1]  [,2]  [,3]  [,4]
[1,]   1    4    7    10
```

```
[2,]    2    5    8   11
[3,]    3    6    9   12
> t (mx)
      [,1] [,2] [,3]
[1,]    1    2    3
[2,]    4    5    6
[3,]    7    8    9
[4,]   10   11   12
```

　　矩陣相乘的運算式符號為「%*%」，範例的第一個矩陣為 3×2 階、第二個矩陣為 2×3 階，矩陣相乘的結果為 3×3 階，使用「%*%」運算式進行二個矩陣的相乘：

```
> xval=c (1,4,3,3,1,5)
> yval=c (2,1,4,6,5,3)
> ax=matrix (xval,nrow=3,ncol=2,byrow=F)
> bx=matrix (yval,nrow=2,ncol=3,byrow=F)
> ax
     [,1] [,2]
[1,]   1    3
[2,]   4    1
[3,]   3    5
> bx
     [,1] [,2] [,3]
[1,]   2    4    5
[2,]   1    6    3
> ax%*%bx
     [,1] [,2] [,3]
[1,]   5   22   14
[2,]   9   22   23
[3,]  11   42   30
```

　　矩陣乘於一個常數或實數，表示矩陣中的每個元素都乘於此常數，此常數稱為「純量」(scale)，此種乘法稱為「純量乘法」(scale multiplication)，當常數項數值為 0 時，相乘後新矩陣每個元素均變成 0，此種矩陣稱為「零矩陣」(null matrix)：

```
> 3*ax
     [,1] [,2]
[1,]    3    9
[2,]   12    3
[3,]    9   15
> 0*ax
     [,1] [,2]
[1,]    0    0
[2,]    0    0
[3,]    0    0
> 5*bx
     [,1]  [,2]  [,3]
[1,]   10    20    25
[2,]    5    30    15
```

　　向量乘於矩陣，向量本身型態為 $1 \times m$ 階矩陣、第二個矩陣必須為 $m \times k$ 矩陣，否則不能進行二個矩陣的相乘，範例向量變數為 1×2 階矩陣、ax 矩陣為 3×2 階矩陣，向量物件乘於 ax 矩陣物件，不符合矩陣相乘的要件，因而產生錯誤；bx 矩陣為 2×3 階矩陣，向量物件乘於 bx 矩陣物件，符合矩陣相乘的要件，新矩陣為 1×3 階：

```
> cv=c (2,3)
> cv%*%ax
Error in cv %*% ax : non-conformable arguments
> cv%*%bx
     [,1]  [,2]  [,3]
[1,]    7    26    19
```

　　若是將向量以函數 t ( ) 加以轉置為矩陣，則轉置後的矩陣為 1×2 階矩陣，轉置後矩陣與 bx 矩陣相乘結果是相同的：

```
> t (cv)
     [,1] [,2]
[1,]    2    3
> t (cv)%*%bx
     [,1]  [,2]  [,3]
[1,]    7    26    19
```

函數語法指令「**t (cv)％*％bx**」與使用函數「**crossprod (cv,bx)**」語法，計算結果相同：

```
> crossprod (cv,bx)
    [,1] [,2] [,3]
[1,]   7  26  19
```

範例向量變數 dv 為 1×3 階矩陣、ax 矩陣為 3×2 階矩陣，向量物件 dv 乘於 ax 矩陣物件，符合矩陣相乘的要件，新矩陣為 1×2 階；向量變數 dv 為 1×3 階矩陣，bx 矩陣為 2×3 階矩陣，向量物件 dv 乘於 bx 矩陣物件，不符合矩陣相乘的要件，因而產生錯誤訊息：

```
> dv=c (3,2,1)
> dv%*%ax
      [,1]   [,2]
[1,]   14   16
> t (dv)
      [,1]   [,2]   [,3]
[1,]   3     2     1
> t (dv)%*%ax
      [,1]   [,2]
[1,]   14   16
> dv%*%bx
Error in dv %*% bx : non-conformable arguments
```

一個矩陣與其轉置矩陣相乘，新矩陣為對稱的方形矩陣，上三角矩陣與下三角矩陣的元素相同，此種矩陣稱為「格拉姆矩陣」(Gramian matrix)：

```
> xval=c (1,4,3,6,2,5)
> ax=matrix (xval,nrow=3,ncol=2,byrow=F)
> ax
      [,1]   [,2]
[1,]   1     6
[2,]   4     2
[3,]   3     5
> t (ax)
      [,1]   [,2]   [,3]
```

```
[1,]    1    4    3
[2,]    6    2    5
> tax=t (ax)
> ax%*%tax
      [,1]  [,2]  [,3]
[1,]   37    16    33
[2,]   16    20    22
[3,]   33    22    34
> tax%*%ax
      [,1]  [,2]
[1,]   26    29
[2,]   29    65
```

　　二個向量使用運算式「%*%」相乘，所得的結果為一個常數，向量相乘時為對應的元素相乘，之後將進行加總：

```
> av=c (2,3,1)
> bv=c (4,5,3)
> av%*%bv
      [,1]
[1,]   26
> bv%*%av
      [,1]
[1,]   26
```

　　矩陣型態若是為方形矩陣 (square matrix; [SM])，則矩陣「行列式」(determinant) 的表示符號為 |SM|，矩陣如為 n×n 階方形矩陣，則 |SM| 稱為 n 階矩陣的行列式，行列式代表一個方陣的行向量所構成之平面多面體的容積，在平面的情況下，它代表的是兩個向量所構成的平行四邊形的面積。方形矩陣自左上至右下主對角線元素的和，稱為矩陣的「跡」(trace) (林清山，2003)。R 軟體中求矩陣行列式的函數為 det ( )。

　　範例函數語法為計算 2×2 階方階的行列式與跡：

```
> xv=c (5,3,2,4)
> ax=matrix (xv,nrow=2,ncol=2,byrow=F)
> ax
      [,1]  [,2]
```

```
[1,]    5    2
[2,]    3    4
> det (ax)
[1]   14
> unlist (determinant (ax))
modulus          sign
2.639057    1.000000
[說明]：回傳行列式的對數與正負號。
> diag (ax)
[1]  5  4
> sum (diag (ax))
[1]  9
```

範例為計算 3×3 階方階的行列式與跡：

```
> bx=matrix (c (1:7,9,8),nrow=3,ncol=3,byrow=F)
> bx
     [,1]  [,2]  [,3]
[1,]   1    4    7
[2,]   2    5    9
[3,]   3    6    8
> det (bx)
[1]    9
> diag (bx)
[1]   1    5    8
> sum (diag (bx))
[1]    14
```

矩陣 M 的反矩陣以 M^{-1} 符號表示，矩陣 M 與其反矩陣的關係必須符合下列運算式的條件：$M \times M^{-1} = I$，或 $MM^{-1} \times M = I$，即矩陣與其反矩陣的乘積或反矩陣與矩陣的乘積結果所得到的矩陣為一個「單元矩陣」(identity matrix)，新矩陣主對角線的各元素數值均為 1、而主對角線以外的元素均為 0。R 軟體中求矩陣之反矩陣的函數為 **solve ( )**。

求出 3 階方形矩陣的反矩陣：

```
> x=c (4,2,7,3,8,1,6,0,5)
> mx=matrix (x,nrow=3,ncol=3,byrow=F)
> imx=solve (mx)
```

```
> mx
     [,1] [,2] [,3]
[1,]   4   3   6
[2,]   2   8   0
[3,]   7   1   5
> round (imx,4)
         [,1]     [,2]     [,3]
[1,]  -0.2062   0.0464   0.2474
[2,]   0.0515   0.1134  -0.0619
[3,]   0.2784  -0.0876  -0.1340
```

矩陣與其反矩陣的乘積為單元矩陣 I，反矩陣與其原矩陣的乘積也為單元矩陣 I：

```
> mx%*%imx
              [,1]              [,2]              [,3]
[1,] 1.000000e+00    1.110223e-16    2.220446e-16
[2,] -5.551115e-17   1.000000e+00    5.551115e-17
[3,] 0.000000e+00    0.000000e+00    1.000000e+00
> round (mx%*%imx,2)
     [,1] [,2] [,3]
[1,]   1    0    0
[2,]   0    1    0
[3,]   0    0    1
> round (imx%*%mx,2)
     [,1] [,2] [,3]
[1,]   1    0    0
[2,]   0    1    0
[3,]   0    0    1
```

當矩陣的行列式數值等於 0 時，矩陣的反矩陣無法估算，會出現矩陣為特異 (singular) 矩陣的訊息：

```
> mx=matrix (1:9,nrow=3,ncol=3,byrow=F)
> mx
     [,1] [,2] [,3]
[1,]   1    4    7
[2,]   2    5    8
[3,]   3    6    9
```

```
> det (mx)
[1]   0
> imx=solve (mx)
Error in solve.default (mx) :
  Lapack routine dgesv: system is exactly singular: U [3,3] = 0
```

　　如果矩陣中行列式的一列 (或一行) 為其他一列 (或一行) 的倍數,則行列式數值為 0。當矩陣 M 中有一列/一行,與其他一列/一行完全相似,或者為其他一列/一行的倍數,則因為 |M| 等於 0,所以無法求出其反矩陣,此種矩陣稱為「特異」(singular) 矩陣;相對的,假定有一矩陣 A,其行列式不等於 0:$|A| \neq 0$,則其反矩陣 A^{-1} 便會存在,此種矩陣稱為「非特異矩陣」(nonsingular matrix)。就迴歸分析程序而言,「特異」矩陣會產生線性相依 (linearly dependent) 的情況,線性相依即多元共線性;非特異矩陣的各直行變數間彼此獨立,因而是一種線性獨立 (linearly independent) 關係。矩陣中彼此線性獨立的橫列數/直行數,稱為該矩陣的「秩」(rank),如矩陣 A 有 m 個線性獨立的列數,矩陣的秩數就是 m (林清山,2003)。

　　直行線性相依矩陣,行列式數值等於 0,R 軟體中使用函數語法「**qr** (矩陣物件) **$rank**」可以求出矩陣的秩個數:

```
> x=c (1,2,4,3,6,12,6,1,5)
> mx=matrix (x,nrow=3,ncol=3,byrow=F)
> mx
      [,1] [,2] [,3]
[1,]    1    3    6
[2,]    2    6    1
[3,]    4   12    5
> det (mx)
[1] 0
> imx=solve (mx)
Error in solve.default (mx) :
  Lapack routine dgesv: system is exactly singular: U [2,2] = 0
> qr (mx) $rank
[1] 2
[說明]:矩陣的秩數。
```

　　橫列線性相依矩陣,行列式數值等於 0:

```
> y=c (1,2,3,3,6,9,6,1,18)
> mx=matrix (y,nrow=3,ncol=3,byrow=F)
> mx
      [,1] [,2] [,3]
[1,]    1    3    6
[2,]    2    6    1
[3,]    3    9   18
> det (mx)
[1] 0
> imx=solve (mx)
Error in solve.default (mx) :
  Lapack routine dgesv: system is exactly singular: U [2,2] = 0
> qr (mx)[2]
$rank
[1] 2
[說明]：矩陣的秩數。
```

線性獨立之非特異矩陣，行列式數值不等於 0，可以求出其反矩陣：

```
> z=c (1,2,3,3,6,5,6,1,0)
> mx=matrix (z,nrow=3,ncol=3,byrow=F)
> mx
      [,1] [,2] [,3]
[1,]    1    3    6
[2,]    2    6    1
[3,]    3    5    0
> det (mx)
[1] -44
> qr (mx) $rank
[1] 3
> solve (mx)
             [,1]          [,2]      [,3]
[1,]   0.11363636  -0.68181818   0.75
[2,]  -0.06818182   0.40909091  -0.25
[3,]   0.18181818  -0.09090909   0.00
```

R 軟體中使用函數 eigen ( ) 可以求出矩陣的特徵值 (eigenvalues) 與特徵向量：

```
> z=c ( 1,2,3,3,6,5,6,1,0)
> mx=matrix (z,nrow=3,ncol=3,byrow=F)
> eigen (mx)
eigen ( ) decomposition
$values
[1]      9.010614     -3.433016      1.422402

$vectors
              [,1]            [,2]            [,3]
[1,]     0.6151917     0.8257741     0.8565599
[2,]     0.5844354    -0.1165828    -0.4349183
[3,]     0.5291262    -0.5518203     0.2777613
```

　　以各向量組成資料框架並保留原向量變項型態更簡便的方法為直接使用 **data.frame** ( ) 函數，界定組成的物件為資料框架物件，原先各向量的名稱即為資料框架物件的變數名稱：

```
> tempd=data.frame (班級,分數,學生數)
> tempd
   班級   分數   學生數
1  甲班    75      20
2  乙班    80      30
3  丙班    65      21
4  丁班    85      24
```

　　範例語法指令界定數值元素從 1 至 24，矩陣的類型為 4 個橫列、6 個直行，引數 byrow 界定為真「= TRUE」，表示元素的排列從第一橫列開始，第一橫列結束，再依序存放在第二橫列、第三橫列、第四橫列，引數 dimnames 界定矩陣的橫列名稱、直行名稱，橫列標題名稱、直行標題名稱均為文字向量，二個文字向量以列表方式呈現，第一個文字向量表示為橫列標題、第二個文字向量為直行標題：

```
> md1<- matrix (c (1:24), nrow = 4, ncol = 6, byrow = TRUE, dimnames = list (c
   ("n1","n2","n3","n4"),c ("s1","s2","s3","s4","s5","s6")))
> print (md1)
      s1    s2    s3    s4    s5    s6
```

```
n1    1    2    3    4    5    6
n2    7    8    9   10   11   12
n3   13   14   15   16   17   18
n4   19   20   21   22   23   24
```

　　範例語法指令界定數值元素從 1 至 24，矩陣的類型為 4 個橫列、6 個直行，引數 byrow 界定為假「= FALSE」，表示元素的排列從第一直行 (欄) 開始，第 1 直行結束，再依序存放在第 2 直行、第 3 直行、第 4 直行、第 5 直行、第 6 直行，省略引數 dimnames，表示採用內定矩陣標題名稱：

```
> md2<- matrix (c (1:24), nrow = 4, ncol = 6, byrow =FALSE)
> print (md2)
      [,1]   [,2]   [,3]   [,4]   [,5]   [,6]
[1,]    1      5      9     13     17     21
[2,]    2      6     10     14     18     22
[3,]    3      7     11     15     19     23
[4,]    4      8     12     16     20     24
```

　　物件 md1、md2 的型態均為矩陣 (matrix)，使用函數 dim 查看其維度，輸出結果為「4 6」，第一個數字 4 表示矩陣的橫列個數、第二個數字 6 表示矩陣的直行個數，矩陣的橫列在資料框架中為第幾筆觀察值 (樣本觀察值或受試者的序號位置)、直行的數據為變數的資料 (第幾個變項)，矩陣元素的表示語法為「矩陣物件名稱 (橫列, 直行)」，對應於資料框架物件為「資料框架物件 (樣本觀察值, 變數)」：

```
> class (md1)
[1] "matrix"
> class (md2)
[1] "matrix"
> dim (md1)
[1] 4 6
> is.vector (md1)
[1] FALSE
> is.matrix (md1)
[1] TRUE
```

　　矩陣橫列標題名稱函數為 **rownames ( )**、直行標題名稱為 **colnames ( )**，

```
> rownames (md1)
[1] "n1" "n2" "n3" "n4"
> colnames (md1)
[1] "s1" "s2" "s3" "s4" "s5" "s6"
```

　　使用函數 **rownames ( )** 更改矩陣橫列標題名稱，標題名稱的型態為文字向量：

```
> rownames (md1)=c ("第1筆","第2筆","第3筆","第4筆")
> md1
        s1    s2    s3    s4    s5    s6
第1筆    1     2     3     4     5     6
第2筆    7     8     9    10    11    12
第3筆   13    14    15    16    17    18
第4筆   19    20    21    22    23    24
```

　　使用函數 **colnames ( )** 更改矩陣直行標題名稱，標題名稱的型態為文字向量，文字向量語法指令為「**c (paste (rep ("成績",6),1:6))**」，表示將六個「成績」文字與數值 1 至 6 串聯，文字向量型態為 c ("成績 1", "成績 2", "成績 3", "成績 4", "成績 5", "成績 6")：

```
> colnames (md1)=c (paste (rep ("成績",6),1:6))
> md1
        成績 1    成績 2    成績 3    成績 4    成績 5    成績 6
第1筆      1        2        3        4        5        6
第2筆      7        8        9       10       11       12
第3筆     13       14       15       16       17       18
第4筆     19       20       21       22       23       24
```
[說明]：使用函數 **paste ( )** 串聯文字與數值，文字與數值之間會有空白。引數 **sep** = " "，因為其內定引數 **sep** 的界定為一個空白鍵，雙引號中間有一空白鍵。要移除串聯文字與數值間的空白鍵，只要更改引數 **sep** 的設定，界定為="" (雙引號中不要有空白鍵)。
```
> c (paste (rep ("成績",6),1:6,sep=""))
[1] "成績1" "成績2" "成績3" "成績4" "成績5" "成績6"
```

引數 sep 界定不同符號的語法指令範例：

```
> c (paste (rep ("成績",6),1:6,sep="_"))
[1] "成績_1" "成績_2" "成績_3" "成績_4" "成績_5" "成績_6"
> c (paste (rep ("成績",6),1:6,sep="."))
[1] "成績.1" "成績.2" "成績.3" "成績.4" "成績.5" "成績.6"
> paste (1:10)    #以文字型態表示
 [1] "1"  "2"  "3"  "4"  "5"  "6"  "7"  "8"  "9"  "10"
> as.character (1:10)    #以文字型態表示
 [1] "1"  "2"  "3"  "4"  "5"  "6"  "7"  "8"  "9"  "10"
> as.character (1:10)[5]    #擷取第5個元素
[1] "5"
> paste (1:10)[5]  #擷取第5個元素
[1] "5"
> paste (rep ("第",10), c (1:10),rep ("名",10),sep="") #輸出第1名至第10名文字
 [1] "第1名"  "第2名"  "第3名"  "第4名"  "第5名"  "第6名"  "第7名"  "第8名"
 [9] "第9名"  "第10名"
> paste (rep ("第",10), c (1:10),rep ("名",10),sep="",collapse = ",") #合併為一個元素
[1] "第1名,第2名,第3名,第4名,第5名,第6名,第7名,第8名,第9名,第10名"
> paste (rep ("第",10), c (1:10),rep ("名",10),sep="",collapse = ";") #合併為一個元素
[1] "第1名;第2名;第3名;第4名;第5名;第6名;第7名;第8名;第9名;第10名"
> cp1=paste (rep ("第",10), c(1:10),rep ("名",10),sep="",collapse = ";") #一個元素
> cp2=paste (rep ("第",10), c (1:10),rep ("名",10),sep="") #十個元素
> length (cp1)
[1] 1
> length (cp2)
[1] 10
```

矩陣界定函數 **matrix ( )** 之引數 dimnames 可以直接標記橫列標題名稱與直行標題名稱，列表中之第一個文字向量為橫列標題名稱、第二個文字向量為直行標題名稱：

```
> mat.d<- matrix (c (1:24), nrow = 4, ncol = 6, byrow =FALSE, dimnames = list (c
  ("r.1", "r.2","r.3","r.4"),c ("C.1", "C.2", "C.3","C.4","C.5","C.6")))
> mat.d
      C.1   C.2   C.3   C.4   C.5   C.6
r.1    1     5     9    13    17    21
r.2    2     6    10    14    18    22
r.3    3     7    11    15    19    23
r.4    4     8    12    16    20    24
```

上述語法指令之橫列標題名稱文字向量與直行標題名稱文字向量可以分開界定，此種方式界定之語法指令列才不會太長：

```
> r.name<-c ("r.1", "r.2","r.3","r.4")
> c.name<-c ("C.1", "C.2", "C.3","C.4","C.5","C.6")
> mat.d1<- matrix (c (1:24), nrow = 4, ncol = 6, byrow =FALSE,dimnames = list
  (r.name,c.name))
> print (mat.d1)
     C.1   C.2   C.3   C.4   C.5   C.6
r.1    1     5     9    13    17    21
r.2    2     6    10    14    18    22
r.3    3     7    11    15    19    23
r.4    4     8    12    16    20    24
```

回傳矩陣中的下三角矩陣元素，或上三角矩陣元素之真假，使用基本套件 {base} 之 **lower.tri( )** 函數與 **upper.tri ( )** 函數，二個函數的基本語法為：

lower.tri (x, diag = FALSE)

upper.tri (x, diag = FALSE)

引數 x 為矩陣物件，引數 diag 為邏輯選項，內定選項為假，表示不包含對角線元素。

```
> r.name<-c ("r.1", "r.2","r.3","r.4","r.5")
> c.name<-c ("C.1", "C.2", "C.3","C.4","C.5")
> s.mat<- matrix (c (1:25), nrow = 5,byrow =FALSE,dimnames = list (r.name,c.name))
> print (s.mat)
     C.1   C.2   C.3   C.4   C.5
r.1    1     6    11    16    21
r.2    2     7    12    17    22
r.3    3     8    13    18    23
r.4    4     9    14    19    24
r.5    5    10    15    20    25
> upper.tri (s.mat)    #不包含對角線元素，對角線元素均為假
          [,1]     [,2]     [,3]     [,4]     [,5]
[1,]   FALSE     TRUE     TRUE     TRUE     TRUE
[2,]   FALSE    FALSE     TRUE     TRUE     TRUE
[3,]   FALSE    FALSE    FALSE     TRUE     TRUE
[4,]   FALSE    FALSE    FALSE    FALSE     TRUE
```

```
[5,]  FALSE  FALSE  FALSE  FALSE  FALSE
> upper.tri (s.mat,diag=TRUE)      #包含對角線元素，對角線元素均為真
       [,1]     [,2]     [,3]     [,4]     [,5]
[1,]  TRUE   TRUE   TRUE   TRUE   TRUE
[2,]  FALSE  TRUE   TRUE   TRUE   TRUE
[3,]  FALSE  FALSE  TRUE   TRUE   TRUE
[4,]  FALSE  FALSE  FALSE  TRUE   TRUE
[5,]  FALSE  FALSE  FALSE  FALSE  TRUE
```

語法指令將下三角矩陣元素設定為遺漏值，矩陣元素保留上三角矩陣資料：

```
> s.mat [lower.tri (s.mat)] <- NA
> s.mat
       C.1    C.2    C.3    C.4    C.5
r.1     1      6     11     16     21
r.2    NA      7     12     17     22
r.3    NA     NA     13     18     23
r.4    NA     NA     NA     19     24
r.5    NA     NA     NA     NA     25
```

基本套件 {base} 之字元 letters、LETTERS 分別輸出小寫、大寫字母，字元型態為文字：

```
> paste (letters)
 [1] "a" "b" "c" "d" "e" "f" "g" "h" "i" "j" "k" "l" "m" "n" "o" "p" "q" "r" "s" "t"
[21] "u" "v" "w" "x" "y" "z"
> paste (LETTERS)
 [1] "A" "B" "C" "D" "E" "F" "G" "H" "I" "J" "K" "L" "M" "N" "O" "P" "Q" "R" "S" "T"
[21] "U" "V" "W" "X" "Y" "Z"
```

固定字元表示的有 pi (圓周率 3.14159)、month.name (十二個月完整名稱)、month.abb (十二個月完整簡稱)、

```
> print (pi)
[1] 3.141593
> print (month.name)
 [1] "January"   "February"   "March"     "April"    "May"      "June"
 [7] "July"      "August"     "September" "October"  "November" "December"
```

```
> print (month.abb)
 [1] "Jan" "Feb" "Mar" "Apr" "May" "Jun" "Jul" "Aug" "Sep" "Oct" "Nov" "Dec"
> print (LETTERS)
 [1] "A" "B" "C" "D" "E" "F" "G" "H" "I" "J" "K" "L" "M" "N" "O" "P" "Q" "R" "S" "T"
[21] "U" "V" "W" "X" "Y" "Z"
> print (letters)
 [1] "a" "b" "c" "d" "e" "f" "g" "h" "i" "j" "k" "l" "m" "n" "o" "p" "q" "r" "s" "t"
[21] "u" "v" "w" "x" "y" "z"
```

與函數 **paste ( )** 功能類似的函數為 **cat ( )**，函數可以串聯文字標記與數值，並將結果直接輸出，如：

```
> cat ("score = ", 98.56, "\n")
score =  98.56
> cat ("二科平均=",(60+70)/2,sep="", "\n")
二科平均=65
```

函數 cat 串聯的符號引數為 sep，內定為一個空白鍵，若要將空白鍵刪除，引數界定為「=""」，引數「"\n"」表示結果跳列呈現，沒有界定引數「"\n"」，則結果依序出現：

```
> cat ("[1] score=",98.56);cat ("[2] 二科平均=",(60+70)/2)
[1]score= 98.56 [2] 二科平均= 65>
[說明]：函數 cat ( ) 沒有增列引數「"\n"」，輸出結果接續出現 (不跳列)。
> cat ("[1]score=",98.56,"\n");cat ("[2] 二科平均=",(60+70)/2)
[1] score= 98.56
[2] 二科平均= 65>
> cat ("[1]score=",98.56,"\n");cat ("[2] 二科平均=",(60+70)/2,"\n")
[1] score= 98.56
[2] 二科平均= 65
```

矩陣元素擷取的語法為「矩陣物件 [橫列, 直行]」，如第 2 筆觀察值在成績 3 的量數為 9、第 3 筆觀察值在成績 2 的量數為 14，矩陣物件的符號為「[,]」，而非「(,)」，若是語法為「矩陣物件 (橫列, 直行)」，R 軟體會把前面的矩陣物件視為函數，而出現錯誤值：

```
> md1 [2,3]
[1] 9
> md1 [3,2]
[1] 14
> md1 (2,3)
Error: could not find function "md1"
> md1 (3,2)
Error: could not find function "md1"
```

語法「矩陣物件 [橫列, 直行]」中的橫列若省略，則擷取的元素為全部直行的量數，就資料框架物件而言，相當於擷取直行變數 (包含所有樣本觀察值)，單一直行變數的型態為向量：

```
> sc2=md1 [,2]    #擷取第2直行變數的量數
> sc2
第1筆     第2筆     第3筆     第4筆
  2         8        14        20
> class (sc2)   #數值向量的型態為整數
[1] "integer"
> is.vector (sc2)
[1] TRUE
```

語法指令為擷取第 4 直行與第 5 直行所有觀察值的資料，因為資料有 2 個直行，4 個橫列，所以資料型態還是矩陣：

```
> sc45=md1 [,4:5]
> sc45
        成績4     成績5
第1筆       4         5
第2筆      10        11
第3筆      16        17
第4筆      22        23
> class (sc45)    #物件屬性為矩陣
[1] "matrix"
```

相對的，語法指令「矩陣物件 [橫列, 直行]」中若省略直行變數，則擷取的資料為每一筆橫列在所有直行的數據，就資料框架物件而言是每位樣本觀察值的

資料，語法指令擷取第 2 筆橫列資料：

```
> samp2=md1 [2,]
> samp2
成績 1     成績 2     成績 3     成績 4     成績 5     成績 6
    7         8         9        10        11        12
> class (samp2) #第2筆資料型態為向量，型態為整數
[1] "integer"
```

　　研究者在擷取單一直行，或單一橫列資料時，若想保持資料型態為矩陣，只要增列引數 drop，引數選項界定為假「=FALSE」：

```
> row2=md1 [2,drop=FALSE]
> row2
[1] 7
> row2=md1 [2,,drop=FALSE]
> row2
          成績 1       成績 2       成績 3       成績 4       成績 5       成績 6
第2筆         7           8           9          10          11          12
> class (row2)
[1] "matrix"
> col4=md1 [,4,drop=FALSE]
> col4
          成績 4
第1筆         4
第2筆        10
第3筆        16
第4筆        22
> class (col4)
[1] "matrix"
```

　　將量數指向給某個元素，則矩陣中對應的位置元素會更改，範例第 2 筆「成績 3」的量數改為 99、第 2 筆「成績 6」的量數改為 100：

```
> md1 [2,3]<-99;md1 [2,6]<-100
> md1
          成績 1       成績 2       成績 3       成績 4       成績 5       成績 6
第1筆         1           2           3           4           5           6
```

第2筆	7	8	<u>99</u>	10	11	<u>100</u>
第3筆	13	14	15	16	17	18
第4筆	19	20	21	22	23	24

以向量方法將第 4 筆橫列資料在 6 個直行的元素量數全部替換：

```
> cors=c (70,80,75,95,90,85)
> md1 [4,]<-cors
> md1
         成績 1   成績 2   成績 3   成績 4   成績 5   成績 6
第1筆       1       2       3       4       5       6
第2筆       7       8      99      10      11     100
第3筆      13      14      15      16      17      18
第4筆      70      80      75      95      90      85
```

矩陣第1直行的資料以文字向量取代：

```
> sex=c ("F","M","M","F")
> md1 [,1]<-sex
> md1
         成績 1   成績 2   成績 3   成績 4   成績 5   成績 6
第1筆      "F"     "2"     "3"     "4"     "5"     "6"
第2筆      "M"     "8"    "99"    "10"    "11"   "100"
第3筆      "M"    "14"    "15"    "16"    "17"    "18"
第4筆      "F"    "80"    "75"    "95"    "90"    "85"
```

以直行標題名稱函數 **colnames ( )** 配合索引指定直行標題，將原「成績 1」直行標題轉換為「性別」：

```
> colnames (md1)[1]<-"性別"
> md1
         性別     成績 2   成績 3   成績 4   成績 5   成績 6
第1筆      "F"     "2"     "3"     "4"     "5"     "6"
第2筆      "M"     "8"    "99"    "10"    "11"   "100"
第3筆      "M"    "14"    "15"    "16"    "17"    "18"
第4筆      "F"    "80"    "75"    "95"    "90"    "85"
```

使用資料框架轉換函數 **as.data.frame ( )** 將矩陣轉為資料框架物件：

```
> mdata<-as.data.frame (md1)
> mdata
        性別    成績 2    成績 3    成績 4    成績 5    成績 6
第1筆     F       2        3        4        5        6
第2筆     M       8        99       10       11       100
第3筆     M       14       15       16       17       18
第4筆     F       80       75       95       90       85
> class (mdata)
[1] "data.frame"
```

　　矩陣直行標題名稱變數若有空白轉為資料框架物件後，最好把變數名稱重新命名，不要使用空白鍵作為資料框架物件的變數名稱，範例將資料框架物件 6 個變數名稱重新命名：

```
> names (mdata)=c ("性別","國文","英文","數學","物理","化學")
> mdata
        性別    國文     英文     數學     物理     化學
第1筆     F       2        3        4        5        6
第2筆     M       8        99       10       11       100
第3筆     M       14       15       16       17       18
第4筆     F       80       75       95       90       85
```

伍、資料框架物件

　　資料框架物件的資料結構型態如下：

	第 1 個變項名稱 (直行 1 標題名稱)	第 2 個變項名稱 (直行 2 標題名稱)	第 3 個變項名稱 (直行 3 標題名稱)	第 4 個變項名稱 (直行 4 標題名稱)
樣本觀察值 1 (第 1 個橫列)	(橫列 1, 直行 1)	(橫列 1, 直行 2)	(橫列 1, 直行 3)	(橫列 1, 直行 4)
樣本觀察值 2 (第 2 個橫列)	(橫列 2, 直行 1)	(橫列 2, 直行 2)	(橫列 2, 直行 3)	(橫列 2,直行 4)
樣本觀察值 3 (第 3 個橫列)	(橫列 3, 直行 1)	(橫列 3, 直行 2)	(橫列 3, 直行 3)	(橫列 3, 直行 4)
樣本觀察值 4 (第 4 個橫列)	(橫列 4, 直行 1)	(橫列 4, 直行 2)	(橫列 4, 直行 3)	(橫列 4, 直行 4)

	第 1 個變項名稱 (直行 1 標題名稱)	第 2 個變項名稱 (直行 2 標題名稱)	第 3 個變項名稱 (直行 3 標題名稱)	第 4 個變項名稱 (直行 4 標題名稱)
樣本觀察值 5 (第 5 個橫列)	(橫列 5, 直行 1)	(橫列 5, 直行 2)	(橫列 5, 直行 3)	(橫列 5, 直行 4)

資料框架物件的型態與矩陣物件型態相似，都是一個二維陣列，橫列數據表示是每筆樣本觀察值資料 (或是一份問卷資料)，直行數據為變數名稱，取出各直行變數資料的語法有以下幾種：

第一種語法為使用變數索引，變數索引指的是變數在第幾個直行位置處，如「性別」在二維陣列中，位於第 1 個直行；「數學」變數在二維陣列中，位於第 4 個直行，要輸出所有觀察值，省略橫列數值：

```
> mdata [,1]
  第1筆      第2筆      第3筆      第4筆
    F          M          M          F
Levels: F M
> mdata [,4]
  第1筆      第2筆      第3筆      第4筆
    4          10         16         95
Levels: 10 16 4 95
```

第二種語法為「$」符號串聯資料框架物件與標的變數名稱，如「mdata$ 性別」，表示擷取性別變數直行資料：

```
> mdata$性別
  第1筆      第2筆      第3筆      第4筆
    F          M          M          F
Levels: F M
> mdata$物理
  第1筆      第2筆      第3筆      第4筆
    5          11         17         90
Levels: 11 17 5 90
```

上面向量輸出結果中各變數下方增列「Levels」符號，表示各直行變數均為因子，變數型態之所以成為因子變數 (間斷變數)，乃是資料框架物件轉換前的矩陣元素均為文字，因而原先元素為數值者也變成文字，各學科成績均為數值變數，因而必須將學科成績變數型態轉換為數值變數型態：

```
> class (mdata$性別)
[1] "factor"
> class (mdata$數學)
[1] "factor"
> class (mdata$物理)
[1] "factor"
```

要將因子變數轉換為數值變數，以進行數值運算，必須先使用函數 **as.character** ( ) 先將元素轉換為文字向量，次再使用函數 **as.numeric** ( ) 轉換為數值向量：

```
> mdata$數學=as.numeric (as.character (mdata$數學))
> mdata$物理=as.numeric (as.character (mdata$物理))
> mdata$化學=as.numeric (as.character (mdata$化學))
> mdata
```

	性別	國文	英文	數學	物理	化學
第1筆	F	2	3	4	5	6
第2筆	M	8	99	10	11	100
第3筆	M	14	15	16	17	18
第4筆	F	80	75	95	90	85

範例中只進行數學、物理、化學 3 個變數型態的轉換，國文、英文 2 個變數並未進行轉換，其變數屬性還是因子 (間斷變數)，進行變數加總運算中函數 **sum** ( ) 只能針對數值變數進行加總，對於因子變數無法進行加總程序，會出現錯誤訊息：

```
> sum (mdata$數學);sum (mdata$物理);sum (mdata$化學)
[1] 125
[1] 123
[1] 209
> sum (mdata$國文);sum (mdata$英文)
Error in Summary.factor (c (2L, 3L, 1L, 4L), na.rm = FALSE) :
  'sum' not meaningful for factors
```

整合開發環境 RStudio 應用軟體可以直接使用視窗介面操作方式匯入試算表

資料檔，也可以直接匯入「SPSS」、「SAS」、「Stata」類型的資料檔，原資料檔中的變數名稱與文字串不能為「全形字元」，否則中文字元會產生亂碼，範例試算表資料檔的變數名稱依序為姓名、性別、平時、段考、期末考，學生姓名為正體字。

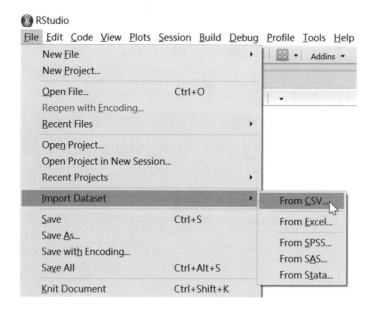

執行「檔案」(File)/「匯入資料集」(Import Dataset)/「From CSV…」程序，開啟「Import Text Data」(滙入文字資料) 對話視窗，按右上方「Browse…」(瀏覽) 鈕，選取標的資料檔「exam.csv」，在「Data Preview:」(資料檢視) 視窗出現

的資料檔中，原先全形字元均出現亂碼：

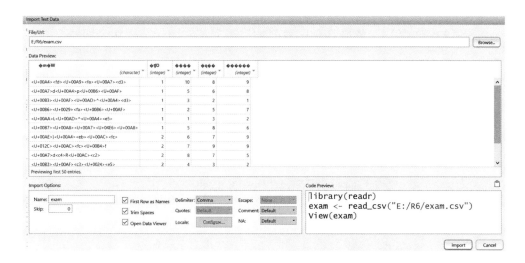

　　左下角匯入選項內定的資料框架物件名稱與試算表檔案相同，為「exam」，「Name:」右方方框的資料框架物件名稱可以更改，範例採用內定名稱，按右下角「Import」鈕，可以將原資料檔以資料框架型態匯入 R 主控臺中：

　　R 主控臺視窗介面中無法檢視匯入的資料框架物件，因為 R 軟體整合開發環境視窗無法匯入繁體中文變項名稱的資料檔。

　　範例的資料檔中，變數名稱與資料均為半形英文字元，檔案名稱為「exsc.csv」：

	A	B	C	D	E
1	num	sex	ex1	ex2	ex3
2	s01	1	10	8	9
3	s02	1	5	6	8
4	s03	1	3	2	1
5	s04	1	2	5	7
6	s05	1	1	3	2
7	s06	1	5	8	6
8	s07	2	6	7	9
9	s08	2	7	9	9
10	s09	2	8	7	5
11	s10	2	4	3	2
12	s11	2	3	5	6
13	s12	2	9	3	2

　　執行「檔案」(File)/「匯入資料集」(Import Dataset)/「From CSV…」程序，開啟「Import Text Data」(滙入文字資料) 對話視窗，按右上方「Browse…」(瀏覽) 鈕，選取標的資料檔「exsc.csv」，在「Data Preview:」(資料檢視) 視窗出現的資料檔中，會出現各直行變數的型態，學生座號 num 的型態為文字 (character)、學生性別、平時考、段考、期末考的變數型態均為整數 (integer)：

　　左下角匯入選項內定的資料框架物件名稱與試算表檔案相同，範例採用內定
名稱為「exsc」，按右下角「Import」鈕，將原資料檔以資料框架型態匯入 R 主
控臺中：

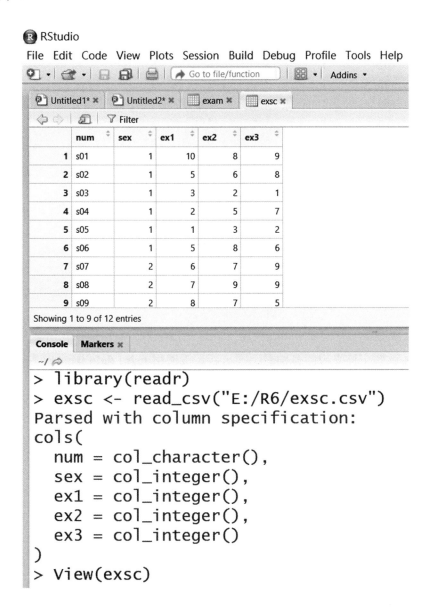

　　使用函數 **class ( )** 查看物件 exsc 的型態，其型態為資料框架，資料檔最前
面 # tibble:12×5，表示資料框架物件有 12 個橫列 (12 筆資料)、5 個直行 (5 個
變數)，由於性別變數為因子變數，可使用 **factor ( )** 函數將其轉換為因子變數型
態，並增列各水準數值標記名稱：

```
> exsc
# A tibble: 12 x 5
       num      sex      ex1      ex2      ex3
       <chr>    <int>    <int>    <int>    <int>
1      s01      1        10       8        9
2      s02      1        5        6        8
3      s03      1        3        2        1
4      s04      1        2        5        7
5      s05      1        1        3        2
6      s06      1        5        8        6
7      s07      2        6        7        9
8      s08      2        7        9        9
9      s09      2        8        7        5
10     s10      2        4        3        2
11     s11      2        3        5        6
12     s12      2        9        3        2
> class(exsc)
[1] "tbl_df"     "tbl"        "data.frame"
```

整合開發環境軟體 RStudio 視窗介面之主控臺對於資料框架物件之輸出結果與原始 R 軟體主控臺視窗有稍微不同，若直接使用 **print.data.frame** ( ) 輸出資料框架物件內容，則輸出結果與原始 R 軟體主控臺介面相同。

```
> print.data.frame (exsc)
       num      sex      ex1      ex2      ex3
1      s01      1        10       8        9
2      s02      1        5        6        8
3      s03      1        3        2        1
4      s04      1        2        5        7
5      s05      1        1        3        2
6      s06      1        5        8        6
7      s07      2        6        7        9
8      s08      2        7        9        9
9      s09      2        8        7        5
10     s10      2        4        3        2
11     s11      2        3        5        6
12     s12      2        9        3        2
```

　　使用語法「資料框架物件 $ 變數名稱」界定要更改的變數，若「<−」(或 =)
左方的變數名稱在原先資料框架物件中不存在，則會以新變數的方式增列，置放
在資料框架物件的後面，若右邊數值內容的算式無法運算，增列新變數的資料
會出現 NA：範例依原性別變項的二個水準數值進行標記，將增列標記後的因子
變數以新變數 newsex 增列在原資料框架物件的後面，變數型態為因子變項，原
sex 變項之水準數值 1 之水準標記名稱為「男生」；水準數值 2 之水準標記名稱
為「女生」，因而新因子變項 newsex 為二分類別變項：

```
> exsc$newsex=factor (exsc$sex,levels=1:2,labels=c ("男生","女生"))
> exsc
# A tibble: 12 × 6
      num      sex      ex1      ex2      ex3    newsex
      <chr>    <int>    <int>    <int>    <int>    <fctr>
 1    s01      1        10       8        9        男生
 2    s02      1        5        6        8        男生
 3    s03      1        3        2        1        男生
 4    s04      1        2        5        7        男生
 5    s05      1        1        3        2        男生
 6    s06      1        5        8        6        男生
 7    s07      2        6        7        9        女生
 8    s08      2        7        9        9        女生
 9    s09      2        8        7        5        女生
10    s10      2        4        3        2        女生
11    s11      2        3        5        6        女生
12    s12      2        9        3        2        女生
> exsc$newsex
 [1] 男生 男生 男生 男生 男生 男生 女生 女生 女生 女生 女生 女生
Levels: 男生 女生
```

　　語法指令增列學生姓名的文字向量，學生姓名以新變數 sname 增列於原資
料框架物件的後面，增列或更改變項內容使用「資料框架物件 $ 變數名稱」語
法：

```
> sn=c ("王明志","吳小雄","陳英太","黃明雄","林英文","楊志成","徐月美","蘇美惠
    ","吳麗玲","陳藝文","姜雅麗","黃宜芬")
> sn
 [1] "王明志" "吳小雄" "陳英太" "黃明雄" "林英文" "楊志成" "徐月美" "蘇美
```

```
惠" "吳麗玲"
[10] "陳藝文" "姜雅麗" "黃宜芬"
> exsc$sname=sn
> exsc
# A tibble: 12 × 7
```

	num	sex	ex1	ex2	ex3	newsex	sname
	<chr>	<int>	<int>	<int>	<int>	<fctr>	<chr>
1	s01	1	10	8	9	男生	王明志
2	s02	1	5	6	8	男生	吳小雄
3	s03	1	3	2	1	男生	陳英太
4	s04	1	2	5	7	男生	黃明雄
5	s05	1	1	3	2	男生	林英文
6	s06	1	5	8	6	男生	楊志成
7	s07	2	6	7	9	女生	徐月美
8	s08	2	7	9	9	女生	蘇美惠
9	s09	2	8	7	5	女生	吳麗玲
10	s10	2	4	3	2	女生	陳藝文
11	s11	2	3	5	6	女生	姜雅麗
12	s12	2	9	3	2	女生	黃宜芬

[說明]：資料框架物件增列因子變數 newsex、學生姓名變項 sname。

　　將資料框架物件的變數 (直行向量) 的細格 (元素) 界定為「NULL」，可以直接將變數 (直行向量) 從資料框架物件中移除，包含變數名稱與對應的直行元素內容，範例移除資料框架物件「newsex」變數：

```
> exsc$newsex=NULL
> exsc
# A tibble: 12 × 6
```

	num	sex	ex1	ex2	ex3	sname
	<chr>	<int>	<int>	<int>	<int>	<chr>
1	s01	1	10	8	9	王明志
2	s02	1	5	6	8	吳小雄
3	s03	1	3	2	1	陳英太
4	s04	1	2	5	7	黃明雄
5	s05	1	1	3	2	林英文
6	s06	1	5	8	6	楊志成
7	s07	2	6	7	9	徐月美
8	s08	2	7	9	9	蘇美惠
9	s09	2	8	7	5	吳麗玲
10	s10	2	4	3	2	陳藝文

11	s11	2	3	5	6	姜雅麗
12	s12	2	9	3	2	黃宜芬

語法指令移除資料框架物件學生姓名變數 sname：

```
> exsc$sname=NULL
> exsc
# A tibble: 12 × 5
       num    sex    ex1    ex2    ex3
      <chr>  <int>  <int>  <int>  <int>
  1    s01     1     10      8      9
  2    s02     1      5      6      8
  3    s03     1      3      2      1
  4    s04     1      2      5      7
  5    s05     1      1      3      2
  6    s06     1      5      8      6
  7    s07     2      6      7      9
  8    s08     2      7      9      9
  9    s09     2      8      7      5
 10    s10     2      4      3      2
 11    s11     2      3      5      6
 12    s12     2      9      3      2
```

　　學生姓名變數 sname 整行已從資料框架物件中移除，複製資料框架物件，只要將資料框架物件指派給一個不同名稱的資料框架物件。資料框架物件名稱要符合變數命名原則，不能以「-」符號串聯 (下底線_可以)、名稱中間不能有空白鍵、名稱不能全部為數值、名稱不能以數字作為起始字元。資料框架物件名稱與變數命名一樣，最好以英文字母為起始字元，由於 R 軟體語法函數對大小寫的界定不同，命名時最好全為大寫字母，或全為小寫字母，以利語法指令的操作與函數應用。

```
>texsc<-exsc
> t-exsc<-exsc     #變數名稱中不能有「-」符號
Error in t - exsc <- exsc : could not find function "-<-"
> t exsc<-exsc     #變數名稱中間不能有空白鍵
Error: unexpected symbol in "t exsc"
> 1234<-exsc       #不能以數值作為變數名稱的起始字元
```

```
Error in 1234 <- exsc : invalid (do_set) left-hand side to assignment
> 5exsc<-exsc    # 不能以數值作為變數名稱的起始字元
Error: unexpected input in "5ex"
```

　　與矩陣物件一樣，函數 **colnames ( )** 可以查看資料框架物件直行變數名稱，函數 **colnames ( )** 也可以使用 names 取代，函數 **rownames ( )** 查看橫列觀察值的名稱，未加以界定時，以內定選項序列編號表示：

```
> names (texsc)
[1] "num"   "sex"   "ex1"   "ex2"   "ex3"   "newsex" "sname"
> colnames (texsc)
[1] "num"   "sex"   "ex1"   "ex2"   "ex3"   "newsex" "sname"
> rownames (texsc)
 [1] "1" "2" "3" "4" "5" "6" "7" "8" "9" "10" "11" "12"
```

　　資料框架物件 texsc 為複製資料框架物件 exsc 的內容，資料檔內有 7 個變數名稱，第 6 個變數名稱為學生性別因子變數「newsex」、第 7 個變數名稱為學生姓名文字變數 sname，2 個變數以變數索引擷取，變數內容被界定為「NULL」，表示 2 個變數為空變數，空變數在資料框架物件中的作用為從原資料框架物件中刪除，移除 2 個變數後，資料框架物件 texsc 只保留 5 個變數：

```
> texsc [,6:7] #擷取資料框架物件第6個變項、第7個變項之資料
# A tibble: 12 × 2
    newsex      sname
    <fctr>      <chr>
1   男生        王明志
2   男生        吳小雄
3   男生        陳英太
4   男生        黃明雄
5   男生        林英文
6   男生        楊志成
7   女生        徐月美
8   女生        蘇美惠
9   女生        吳麗玲
10  女生        陳藝文
11  女生        姜雅麗
12  女生        黃宜芬
```

```
> texsc [,6:7]<-NULL    #移除資料框架物件第6個變項、第7個變項
> colnames (texsc)
[1] "num" "sex" "ex1" "ex2" "ex3"
```

　　語法指令「資料框架物件 $ 變數名稱」中，若是變數名稱在原資料框架已存在，則變更或增列的元素內容會直接覆蓋原始變數中的資料，不會以新變數 (一個新直行) 增列在資料框架物件後面。範例直接界定學生性別變數 sex 為因子變數，水準數值 1、2 分別標記為「男生」、「女生」：

```
> exsc$sex=factor (exsc$sex,levels=1:2,labels=c ("男生","女生"))
> exsc
```
A tibble: 12 × 5

	num	sex	ex1	ex2	ex3
	<chr>	<fctr>	<int>	<int>	<int>
1	s01	男生	10	8	9
2	s02	男生	5	6	8
3	s03	男生	3	2	1
4	s04	男生	2	5	7
5	s05	男生	1	3	2
6	s06	男生	5	8	6
7	s07	女生	6	7	9
8	s08	女生	7	9	9
9	s09	女生	8	7	5
10	s10	女生	4	3	2
11	s11	女生	3	5	6
12	s12	女生	9	3	2

　　使用函數 **names ( )** 將資料框架物件變數名稱分別取代為「編號」、「性別」、「平時」、「段考」、「期末考」，語法指令第一列也可使用 colnames 函數，函數語法為 colnames (exsc)=c ("編號","性別","平時","段考","期末考")：

```
> names (exsc)=c ("編號","性別","平時","段考","期末考")
> exsc
```
A tibble: 12 × 5

	編號	性別	平時	段考	期末考
	<chr>	<fctr>	<int>	<int>	<int>
1	s01	男生	10	8	9
2	s02	男生	5	6	8

3	s03	男生	3	2	1
4	s04	男生	2	5	7
5	s05	男生	1	3	2
6	s06	男生	5	8	6
7	s07	女生	6	7	9
8	s08	女生	7	9	9
9	s09	女生	8	7	5
10	s10	女生	4	3	2
11	s11	女生	3	5	6
12	s12	女生	9	3	2

　　下列幾種方法都可以求出每位學生平時考分數、段考分數與期末考分數的加總：第一列使用函數語法：with (標的資料框架, {函數或運算})，先界定標的資料框架物件，之後於 { } 中直接使用資料框架物件中的變數；第二種使用變數索引方式，界定數值變數所在的直行位置，語法為「資料框架物件 [,變數索引值]」，第三列使用橫列變數加總函數 rowSums ( )，可以就括號內的數值變數進行加總運算，括號內的物件變項必須是一個二維或二維以上的陣列才可以，基本套件 {base} 中語法指令相同的函數為 rowMeans ( )，函數作用在於求出橫列 (觀察值) 在數個直行變數的平均數；第四列使用「資料框架物件 $ 變數名稱」語法界定標的資料檔及其變數，其中資料框架物件名稱與變數名稱的全名必須相同，否則會出現錯誤：

```
> exsc$總分1=with (exsc, {平時+段考+期末考})  #指定變項所在的資料框架物件
> exsc$總分2=exsc [,3]+exsc [,4]+exsc [,5] #以變數索引進行加法運算
> exsc$總分3=rowSums (exsc[,3:5]) #使用函數 rowSums ( ) 進行變數加總
> exsc$總分4=exsc$平時+exsc$段考+exsc$期末考 #指定資料框架物件與變項
> exsc
```

	編號	性別	平時	段考	期末考	總分1	總分2	總分3	總分4
1	s01	男生	10	8	9	27	27	27	27
2	s02	男生	5	6	8	19	19	19	19
3	s03	男生	3	2	1	6	6	6	6
4	s04	男生	2	5	7	14	14	14	14
5	s05	男生	1	3	2	6	6	6	6
6	s06	男生	5	8	6	19	19	19	19
7	s07	女生	6	7	9	22	22	22	22
8	s08	女生	7	9	9	25	25	25	25
9	s09	女生	8	7	5	20	20	20	20

10	s10	女生	4	3	2	9	9	9	9
11	s11	女生	3	5	6	14	14	14	14
12	s12	女生	9	3	2	14	14	14	14

將總分 1 至總分 4 的變項從原資料框架物件中移除：

```
> exsc [,6:9]<-NULL
> colnames (exsc)
[1] "編號"  "性別"  "平時"  "段考"  "期末考"
```

求出每位觀察值在平時考分數、段考分數與期末考分數的平均，假設平時考占 20%、段考分數占 30%、期末考分數占 50%，下列幾種方法都可以求出加權後的總分：

```
> exsc$總分1=with (exsc, {平時*.20+段考*.30+期末考*.50})
> exsc$總分2=exsc [,3]*.20+exsc [,4]*.30+exsc [,5]*.50
> exsc$總分3=exsc$平時*.20+exsc$段考*.30+exsc$期末考*.50
> exsc
```

	編號	性別	平時	段考	期末考	總分1	總分2	總分3
1	s01	男生	10	8	9	8.9	8.9	8.9
2	s02	男生	5	6	8	6.8	6.8	6.8
3	s03	男生	3	2	1	1.7	1.7	1.7
4	s04	男生	2	5	7	5.4	5.4	5.4
5	s05	男生	1	3	2	2.1	2.1	2.1
6	s06	男生	5	6	6	6.4	6.4	6.4
7	s07	女生	6	7	9	7.8	7.8	7.8
8	s08	女生	7	9	9	8.6	8.6	8.6
9	s09	女生	8	7	5	6.2	6.2	6.2
10	s10	女生	4	3	2	2.7	2.7	2.7
11	s11	女生	3	5	6	5.1	5.1	5.1
12	s12	女生	9	3	2	3.7	3.7	3.7

```
> exsc [,6:8]<-NULL
```

每位觀察值在平時考分數、段考分數與期末考分數的平均，假定每個分數所占的權重都相同，下列幾種方法都可以求出三個分數變數的平均值，平均值配合使用函數 round ( ) 四捨五入到小數第二位：

```
> exsc$平均1=round (with(exsc, {(平時+段考+期末考)/3}),2)
> exsc$平均2=round ((exsc [,3]+exs c [,4]+exsc [,5])/3,2)
> exsc$平均3=round (rowMeans (exsc [,3:5]),2)
> exsc$平均4=round ((exsc$平時+exsc$段考+exsc$期末考)/3,2)
> exsc
      編號   性別   平時    段考   期末考   平均1    平均2    平均3    平均4
1     s01   男生    10      8        9    9.00     9.00     9.00     9.00
2     s02   男生     5      6        8    6.33     6.33     6.33     6.33
3     s03   男生     3      2        1    2.00     2.00     2.00     2.00
4     s04   男生     2      5        7    4.67     4.67     4.67     4.67
5     s05   男生     1      3        2    2.00     2.00     2.00     2.00
6     s06   男生     5      8        6    6.33     6.33     6.33     6.33
7     s07   女生     6      7        9    7.33     7.33     7.33     7.33
8     s08   女生     7      9        9    8.33     8.33     8.33     8.33
9     s09   女生     8      7        5    6.67     6.67     6.67     6.67
10    s10   女生     4      3        2    3.00     3.00     3.00     3.00
11    s11   女生     3      5        6    4.67     4.67     4.67     4.67
12    s12   女生     9      3        2    4.67     4.67     4.67     4.67
> exsc [,6:9]<-NULL
```

　　資料框架物件是一個二維陣列，其屬性與矩陣相似，細格元素的座標位置為
「資料框架物件 [橫列數, 直行數]」，矩陣的橫列資料為資料框架物件的樣本觀
察值或受試者，矩陣的直行資料為資料框架物件的變數，變數名稱是唯一的，不
能重複。若橫列數值量數省略，語法為「資料框架物件 [,直行數]」，表示標的
直行變數包含所有橫列觀察值資料，相對的，如果直行數值量數省略，語法為
「資料框架物件 [橫列數,]」，表示標的橫列觀察值包含所有的直行變數，就長
度函數 length ( ) 用於資料框架物件上，不同語法會得到不一樣結果：

```
> length (exsc)    #資料框架物件有5個直行變數
[1] 5
> length (exsc [3,])  #第3筆觀察值有5個直行變數資料
[1] 5
> length (exsc [,1])  #第1個直行變數有12筆橫列資料
[1] 12
> length (exsc [,4])  #第4個直行變數有12筆橫列資料
[1] 12
> dim (exsc)  #資料框架物件的維度為12×5 (12個橫列、5個直行)
```

```
[1] 12  5
> length (exsc [2,])　#第2筆觀察值有5個直行變數
[1] 5x
> length (exsc [12,])　#第12筆觀察值有5個直行變數
[1] 5
```

　　範例擷取索引變數 3 (平時考成績)、索引變數 2 (學生性別) 直行資料，資料檔中若沒有日期變數，直行變數不是數值向量就是因子變數，其維度只有一維：

```
> sc1=exsc [,3]　#擷取第3個直行 (平時考) 的所有觀察值資料
> sc1
 [1] 10  5  3  2  1  5  6  7  8  4  3  9
> sex=exsc [,2]　#擷取第2個直行 (性別) 的所有觀察值資料
> sex
 [1] 男生 男生 男生 男生 男生 男生 女生 女生 女生 女生 女生 女生
Levels: 男生 女生
> is.vector (sc1)
[1] TRUE
> is.factor (sex)
[1] TRUE
> is.vector (sex)
[1] FALSE
```

　　範例擷取第 4 筆觀察值資料、第 11 筆觀察值資料，每筆觀察值的型態均為資料框架物件，橫列維度為 1，直行維度為原資料框架的變數個數：

```
> st04=exsc [4,]
> st04
     編號   性別   平時    段考    期末考
4    s04   男生    2      5       7
> st11=exsc [11,]
> st11
     編號   性別   平時    段考    期末考
11   s11   女生    3      5       6
> is.data.frame (st04)
[1] TRUE
> class (st11)
[1] "data.frame"
```

　　資料框架物件中若要選取特定樣本觀察值，可配合使用 **which ( )** 函數，函數界定內定為邏輯條件，符合界定條件的觀察值會被篩選出。範例判別那幾筆觀察值的性別變項水準標記為「男生」，或「女生」：

```
> which (exsc [,2]=="男生")   #男生水準標記的排序
[1] 1 2 3 4 5 6
> which (exsc$性別=="男生")
[1] 1 2 3 4 5 6
> which (exsc$性別=="女生") #女生水準標記的排序
[1]  7  8  9 10 11 12
> which (exsc [,2]=="女生")
[1]  7  8  9 10 11 12
```

　　邏輯判別條件的等號為「==」、不等號為「!=」、大於等於為「>=」、小於等於為「<=」、A 是否包含於 B 中為「A%in%B」、且符號為「&&」或「&」，或符號為「||」或「|」，範例中邏輯判別式等於若將雙等號改為單等號會出現錯誤訊息：

```
> which (exsc [,2]="男生")
Error: unexpected '=' in "which (exsc [,2]="
> which (exsc$性別="男生")
Error: unexpected '=' in "which (exsc$性別=
```

　　由於水準標記男生、女生為因子，因而水準標記前後要增列""符號，如"男生"、"女生"，否則語法指令右邊界定的水準標記名稱物件無法搜尋到，而出現錯誤訊息：

```
> which (exsc$性別==男生)
Error in which (exsc$性別 == 男生) : object '男生' not found
> which (exsc [,2]==男生)
Error in which (exsc [, 2] == 男生) : object '男生' not found
```

　　上述邏輯判別條件輸出結果為樣本觀察值排序的數值，即橫列量數，使用語法指令「資料框架物件 [橫列數值,]」即可選取符合邏輯條件的觀察值，由於橫列數值語法為「which (exsc$性別=="男生")」，因而完整語法指令為：

資料框架物件 **[which (exsc$性別=="男生"，　]**，或

資料框架物件 **[which (exsc [,2]=="男生"，　]**：

```
> exsc [which (exsc$性別=="男生"),]
# A tibble: 6 × 5
     編號    性別    平時     段考     期末考
   <chr>  <fctr>  <int>  <int>    <int>
1    s01    男生     10       8        9
2    s02    男生      5       6        8
3    s03    男生      3       2        1
4    s04    男生      2       5        7
5    s05    男生      1       3        2
6    s06    男生      5       8        6
> exsc [which (exsc [,2]=="男生"),]
# A tibble: 6 × 5     #符合條件的觀察值有6筆，直行變數有5個
     編號    性別    平時     段考     期末考
   <chr>  <fctr>  <int>  <int>    <int>
1    s01    男生     10       8        9
2    s02    男生      5       6        8
3    s03    男生      3       2        1
4    s04    男生      2       5        7
5    s05    男生      1       3        2
6    s06    男生      5       8        6
```

　　語法範例為選取性別變數為女生之樣本觀察值，被選取的樣本觀察值群組指定界定的資料框架物件名稱，將來若只要分析學生性別為女生的群體，只要使用界定的資料框架物件：

```
> female_1=exsc [which (exsc [,2]=="女生"),]
> female_1
# A tibble: 6 × 5
     編號    性別    平時     段考     期末考
   <chr>  <fctr>  <int>  <int>    <int>
1    s07    女生      6       7        9
2    s08    女生      7       9        9
3    s09    女生      8       7        5
4    s10    女生      4       3        2
5    s11    女生      3       5        6
6    s12    女生      9       3        2
```

```
> female_2=exsc [which (exsc$性別=="女生"),]
> female_2
# A tibble: 6 × 5
    編號   性別   平時   段考   期末考
   <chr>  <fctr> <int>  <int>   <int>
1   s07   女生     6     7       9
2   s08   女生     7     9       9
3   s09   女生     8     7       5
4   s10   女生     4     3       2
5   s11   女生     3     5       6
6   s12   女生     9     3       2
```

　　樣本觀察值選取條件為性別變項為「女生」，且平時考分數大於 7 分的觀察值：

```
> exsc [which (exsc$性別=="女生" & exsc$平時>7 ),]
# A tibble: 2 × 5
    編號   性別   平時   段考   期末考
   <chr>  <fctr> <int>  <int>   <int>
1   s09   女生     8     7       5
2   s12   女生     9     3       2
> exsc [which (exsc$性別=="女生" & exsc$平時>"7" ),]
# A tibble: 2 × 5
    編號   性別   平時   段考   期末考
   <chr>  <fctr> <int>  <int>   <int>
1   s09   女生     8     7       5
2   s12   女生     9     3       2
```

　　選取的樣本觀察值條件為平時考分數、段考分數、期末考分數均小於 6 分者 (邏輯條件串聯式為「且」，符號為「&」)：

```
> exsc [which (exsc$平時<6 & exsc$段考<6 & exsc$期末考<6),]
# A tibble: 3 × 5
    編號   性別   平時   段考   期末考
   <chr>  <fctr> <int>  <int>   <int>
1   s03   男生     3     2       1
2   s05   男生     1     3       2
3   s10   女生     4     3       2
> exsc [which (exsc$平時<"6" & exsc$段考<"6" & exsc$期末考<"6"),]
```

```
# A tibble: 3 × 5
    編號    性別    平時    段考    期末考
   <chr>  <fctr>  <int>   <int>   <int>
1   s03    男生     3      2       1
2   s05    男生     1      3       2
3   s10    女生     4      3       2
```

　　選取的樣本觀察值條件為平時考分數、段考分數、期末考分數 3 個分數中有一個分數小於 4 分者 (邏輯條件串聯式為「或」，符號為「|」)：

```
> exsc [which (exsc$平時<4 | exsc$段考<4 | exsc$期末考<4),]
# A tibble: 6 × 5
    編號    性別    平時    段考    期末考
   <chr>  <fctr>  <int>   <int>   <int>
1   s03    男生     3      2       1
2   s04    男生     2      5       7
3   s05    男生     1      3       2
4   s10    女生     4      3       2
5   s11    女生     3      5       6
6   s12    女生     9      3       2
```

　　使用者若要將轉換或計算後的資料框架物件以新資料檔儲存，則變數名稱不要標記為中文或全形字元，因為中文變數或全形字元之變數名稱在匯入 R 軟體後會變成亂碼，匯入資料檔會出現錯誤。範例語法指令先以資料框架函數 **data. frame ( )** 複製一個資料框架物件，新資料框架物件名稱界定為 rawexsc，使用基本套件 {base} 函數 **rowSums ( )** 計算每位樣本觀察值在 ex1、ex2、ex3 三個計量變數的加總分數，增列之加總分數變數名稱為 total：

```
> rawexsc=data.frame (exsc)
> rawexsc$total=rowSums (rawexsc [,3:5])
> rawexsc
     num    sex    ex1    ex2    ex3    total
1    s01     1     10      8      9      27
2    s02     1      5      6      8      19
3    s03     1      3      2      1       6
4    s04     1      2      5      7      14
5    s05     1      1      3      2       6
```

6	s06	1	5	8	6	19
7	s07	2	6	7	9	22
8	s08	2	7	9	9	25
9	s09	2	8	7	5	20
10	s10	2	4	3	2	9
11	s11	2	3	5	6	14
12	s12	2	9	3	2	14

使用函數 **rowMeans** ( ) 計算樣本觀察值在 ex1、ex2、ex3 三個計量變數的平均分數,增列之變數名稱為 average,平均數四捨五入至小數第二位:

```
> rawexsc$average=round (rowMeans (rawexsc [,3:5]),2)
> rawexsc
```

	num	sex	ex1	ex2	ex3	total	average
1	s01	1	10	8	9	27	9.00
2	s02	1	5	6	8	19	6.33
3	s03	1	3	2	1	6	2.00
4	s04	1	2	5	7	14	4.67
5	s05	1	1	3	2	6	2.00
6	s06	1	5	8	6	19	6.33
7	s07	2	6	7	9	22	7.33
8	s08	2	7	9	9	25	8.33
9	s09	2	8	7	5	20	6.67
10	s10	2	4	3	2	9	3.00
11	s11	2	3	5	6	14	4.67
12	s12	2	9	3	2	14	4.67

使用函數 **write.csv** ( ) 將增列三科加總變數與平均數變數的資料檔儲存,儲存的位置為 E 磁碟機,資料夾為「RS_data」,資料檔檔名為「exsc_1.csv」,引數 row.names 界定為假,表示取消各橫列前面自動增列的流水編號:

```
> write.csv (rawexsc,"e:/RS_data/ exsc_1.csv",row.names =F)
```

以試算表應用軟體開啟資料檔「exsc_1.csv」的視窗介面如下:

	A	B	C	D	E	F	G
1	num	sex	ex1	ex2	ex3	total	average
2	s01	1	10	8	9	27	9
3	s02	1	5	6	8	19	6.33
4	s03	1	3	2	1	6	2
5	s04	1	2	5	7	14	4.67
6	s05	1	1	3	2	6	2
7	s06	1	5	8	6	19	6.33
8	s07	2	6	7	9	22	7.33
9	s08	2	7	9	9	25	8.33
10	s09	2	8	7	5	20	6.67
11	s10	2	4	3	2	9	3
12	s11	2	3	5	6	14	4.67
13	s12	2	9	3	2	14	4.67

主控臺輸入 row 三個字元後，智慧型判斷方盒出現的相關函數如下，同時有函數 **rowsum ( )** 與 **rowSums ( )**：

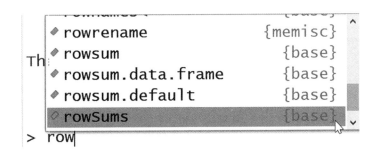

橫列加總函數 **rowSums ( )** 之引數 x 必須是二維以上的陣列，此函數與基本套件 **{base}** 函數 **rowsum ( )** 用法不同，後者是根據某一個群組變數進行矩陣或資料框架物件直行的加總，並非是樣本觀察值在橫列變數的加總，此外，函數 **rowsum ( )** 之引數除界定 x 外，必須再界定群組變數，函數 **rowsum ( )** 的基本語法為：

rowsum (x, group, reorder = TRUE)。

引數 x 為矩陣、資料框架物件或數值資料的向量。引數 group 為分組之因子向量。

語法指令為根據性別變數 (sex) 水準群組進行三個計量變數的加總：

```
> rowsum (rawexsc [,3:5],rawexsc$sex)
      ex1    ex2    ex3
1     26     32     33
2     37     34     33
> with (rawexsc, {rowsum (rawexsc [,3:5],sex)})
      ex1    ex2    ex3
1     26     32     33
2     37     34     33
```

[說明]：性別變數中水準數值編碼**1**之群組在三個計量變數的加總分數分別為 **26**、
32、**33**；性別變數中水準數值編碼**2**之群組在三個計量變數的加總分數分別為
37、**34**、**33**。

　　資料框架物件之直行變數的加總與平均計算函數分別為 **colSums（ ）**、
colMeans（ ），函數功能與函數 **sum（ ）**、**mean（ ）** 相同，但若同時要計算二個以
上直行之計量變數的總和或平均數，使用 **colSums（ ）** 或 **colMeans（ ）** 較為方便：

```
> colSums (rawexsc [,3:5])
   ex1    ex2    ex3
   63     66     66
> with (rawexsc,{sum (ex1)})     # 使用with界定資料框架物件名稱
[1] 63
> with (rawexsc,{sum (ex2)})
[1] 66
> with (rawexsc,{sum( ex3)})
[1] 66
> colMeans (rawexsc [,3:5])
   ex1    ex2    ex3
  5.25   5.50   5.50
> with (rawexsc,{mean (ex1)})
[1] 5.25
> with (rawexsc,{mean (ex2)})
[1] 5.5
> with (rawexsc,{mean (ex3)})
[1] 5.5
```

Chapter 5
外部資料檔的匯入

R 軟體整合開發環境可以匯入的試算表資料檔,檔案類型包括原始試算表活頁簿與逗號分隔的 CSV 檔案、其他常見的統計分析軟體 (SPSS、SAS、Stats) 視窗建構的資料檔類型。

壹、試算表活頁簿

範例語法操作程序為直接匯入副檔名為「.xlsx」試算表檔案,試算表軟體中存檔類型為內定之「Excel 活頁簿」。12 位樣本觀察值的資料檔如下,資料檔型態為 12×5,第一橫列為變項名稱,12 個橫列為樣本觀察值的個數,5 個直行表示資料檔界定 5 個變數名稱。

num	sex	ex1	ex2	ex3
s01	1	10	8	9
s02	1	5	6	8
s03	1	3	2	1
s04	1	2	5	7
s05	1	1	3	2
s06	1	5	8	6
s07	2	6	7	9
s08	2	7	9	9
s09	2	8	7	5
s10	2	4	3	2
s11	2	3	5	6
s12	2	9	3	2

執行「檔案」(File)/「匯入資料集」(Import Dataset)/「From Excel⋯」(從試算表) 程序,因為匯入副檔名為「.xlsx」試算表檔案,需外掛對應的套件,若之前未安裝對應套件或套件未更新,會出現安裝套件的對話窗。

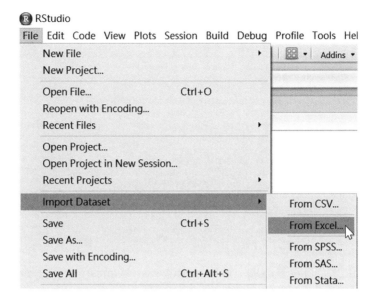

　　範例出現「Install Required Packages」(安裝需要的套件) 對話視窗，視窗內容提示要匯入此種類型資料需要安裝新版的 readxl 套件，使用者是否想要立即安裝此套件，按「Yes」鈕，RStudio 軟體會自動進行套件的安裝程序 (若是之前已安裝過，第二次以後不會再出現此視窗介面)。

　　安裝完套件後，自動開啟「Import Excel Data」(匯入試算表資料) 的交談窗，範例選取的檔案為「exsc_1.xlsx」，按右邊「瀏覽」鈕 (Browse) 可以選取資料檔，內定的資料框架物件名稱與試算表檔名相同，若要更改資料框架物件名稱，在「Import Options:」(匯入選項) 方盒中的「Names:」右邊方框內輸入資料框架物件名稱，最後按「匯入」(Import) 鈕。視窗介面「Names:」右邊方框內定的資料框架名稱為試算表的檔名，範例試算表的檔名為「exsc_1.xlsx」，排除副檔名為界定的資料框架物件名稱「exsc_1」，方框中的資料框架物件名稱，研究者可以重新設定，但建議以英文字元較佳。

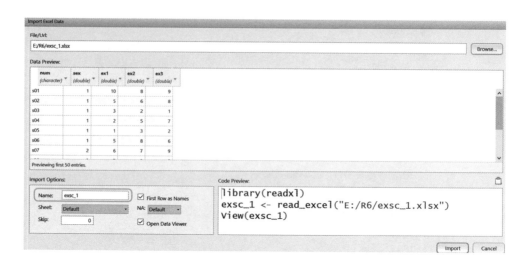

視窗介面內定的勾選選項「☑First Rows as Names」，表示原始試算表資料檔的第一橫列為變項名稱；「☑Open Data Viewer」選項為資料檔匯入主控臺後，於命令稿視窗可以檢視，檢視函數為 **View ( )**。範例於 R 軟體中界定資料框架物件 d.data，物件有 3 個變項、5 筆觀察值。

```
> d.data=data.frame (sc1=c (1:5),sc2=seq (2,10,by=2),sc3=c (3,2,1,5,8))
> View (d.data)
```

R 軟體主控臺執行函數語法「> View (d.data)」可以檢視資料框架物件，資料框架物件會以獨立視窗開啟，視窗資料內容只能瀏覽不能編輯，若要編輯資料或增列修改變數名稱，要使用基本套件中的常用工具套件 **{utils}** 函數 **edit ( )**：

```
> edit (d.data)
```

	sc1	sc2	sc3
1	1	2	3
2	2	4	2
3	3	6	1
4	4	8	5
5	5	10	8

　　整合開發環境視窗介面於主控臺交談窗執行函數語法「> View (d.data)」後，資料框架物件內容會出現在左上方命令稿交談窗中，資料檔內容只能瀏覽不能進行編修。若要進行資料檔編修 (增刪變數或修改儲存格內容)，執行函數語法 edit (資料框架物件)：

```
> edit (d.data)
```

　　函數 edit ( ) 可以開啟「資料編輯器」視窗介面，視窗功能表列的選項檔案、編輯與輔助，未界定的變數名稱根據變數所在的直行序號編碼，範例資料檔只界定三個變數，第四個直行以後的變數名稱依序為 var4、var5、var6、……。

■ 資料編輯器			— □ ✕		
檔案　編輯　輔助					
	scl	sc2	sc3	var4	var5	var6
1	1	2	3			
2	2	4	2			
3	3	6	1			
4	4	8	5			
5	5	10	8			
6						
7						
8						

　　編修變數名稱時，以滑鼠點選變數名稱細格，開啟「變數編輯器」對話視窗，視窗方框內可以重新界定變數名稱。範例視窗介面於「資料編輯器」主對話視窗中，點選變數「var4」儲存格，開啟「變數編輯器」次對話視窗，視窗之「變數名稱」為「var4」，在「變數名稱」右邊方框內將變數名稱改為「sex」，變數名稱內定類型為文字「character」(變數類型最好採用內定選項「文字」型態，不要以數值型態界定變數，否則變數會與數值儲存格混淆)。

■ 變數編輯器   ×

變數名稱   var4

類型   ○ numeric   ● character

增列性別變數的資料編輯器視窗介面如下，執行功能表列「檔案」/「關閉」程序，可以關閉資料編輯器主對話視窗，回到整合開發環境。

■ 資料編輯器   ─   □   ×

檔案	編輯	輔助					
關閉		:2	sc3	sex	var5	var6	
1	1	2	3	F			
2	2	4	2	M			
3	3	6	1	F			
4	4	8	5	M			
5	5	10	8	M			
6							
7							
8							

回到主控臺視窗，於函數語法列會出現編修後的資料框架內容，但因沒有界定編修完之資料框架物件名稱，原資料框架物件 d.data 的內容並沒有改變：

```
> edit (d.data)
      sc1      sc2      sc3      sex
1      1        2        3        F
2      2        4        2        M
3      3        6        1        F
4      4        8        5        M
5      5        10       8        M
> d.data
      sc1      sc2      sc3
1      1        2        3
2      2        4        2
3      3        6        1
```

```
4      4      8      5
5      5      10     8
```

　　使用資料框架編修函數 **edit（）** 時，同時指派新的資料框架物件，則編修後的資料檔會以資料框架物件儲存：

```
> ed.data=edit (d.data)
> ed.data
      sc1     sc2     sc3     sex
1      1      2      3      F
2      2      4      2      M
3      3      6      1      F
4      4      8      5      M
5      5      10     8      M
```

　　使用常用工具套件 **{utils}** 函數 **write.csv（）** 可以將資料框架物件儲存在指定的資料夾，範例語法函數以試算表「.csv」類型將資料框架物件 ed.data 儲存在 E 磁碟機資料夾「Rsdata」之中，檔案名稱為「ed_data.csv」：

```
> write.csv (ed.data,file = "E:/RSdata/ed_data.csv", fileEncoding = "UTF-16LE")
```

　　儲存的資料檔若要省略樣本觀察值的流水編號，增列引數 row.names，引數邏輯選項界定「=FALSE」(假)：

```
> write.csv (ed.data,file = "E:/RSdata/ed_data.csv", row.names=FALSE)
```

　　「exsc_1.xlsx」資料檔匯入後，左上角命令稿會出現原資料檔的內容，主控臺視窗會出現對應的語法指令：

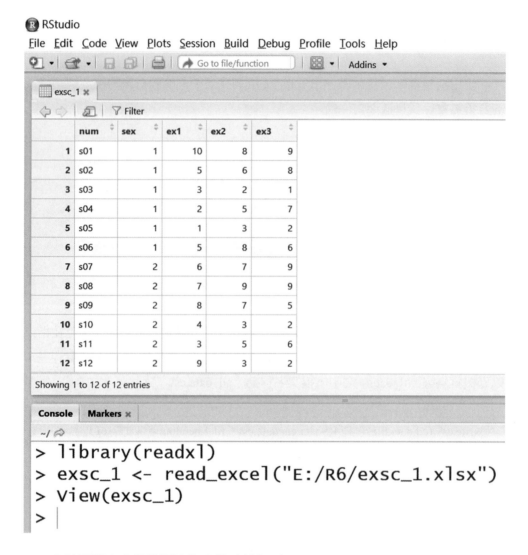

主控臺視窗出現的語法指令與函數如下：

```
> library (readxl)
> exsc_1 <- read_excel ("E:/R6/exsc_1.xlsx")
> View(exsc_1)
```

　　第一橫列為載入外部套件 {readxl}、第二橫列使用套件函數 read_excel ( ) 匯入試算表檔案，資料框架物件名稱界定為 exsc_1、第三橫列使用函數 View ( ) 於左上角命令稿交談視窗檢視資料框架物件。

貳、SPSS 資料檔

範例語法操作程序為匯入副檔名為「.sav」之 SPSS 資料檔檔案。執行「檔案」(File)/「匯入資料集」(Import Dataset)/「From SPSS…」程序，因為匯入副檔名為「.sav」SPSS 資料檔檔案，需外掛對應的套件，若之前未安裝對應套件或套件未更新，會出現安裝套件的對話窗。外掛套件名稱為 {haven}，範例出現「Install Required Packages」(安裝需要的套件) 對話視窗，視窗內容提示要匯入此種類型資料需要安裝新版的 {haven} 套件，使用者是否想要立即安裝此套件，按「Yes」鈕，RStudio 軟體會自動進行套件的安裝程序。

自動安裝套件的交談窗「Installing Packages」之部分視窗介面如下：

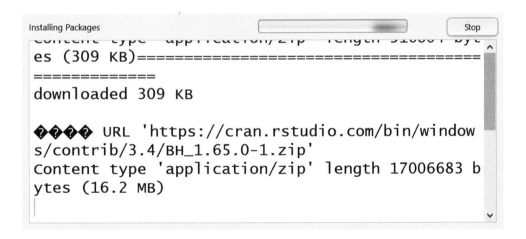

安裝完套件後，自動開啟「Import Statistical Data」(匯入統計資料) 的交談窗，範例選取的檔案為「exsc_2.sav」，按右邊「瀏覽」鈕 (Browse) 可以選取資料檔，內定的資料框架物件名稱與試算表檔名相同，若要更改資料框架物件名

稱，在「Import Options:」(匯入選項) 方盒中的「Names:」右邊方框內輸入資料框架物件名稱，最後按「匯入」(Import) 鈕。

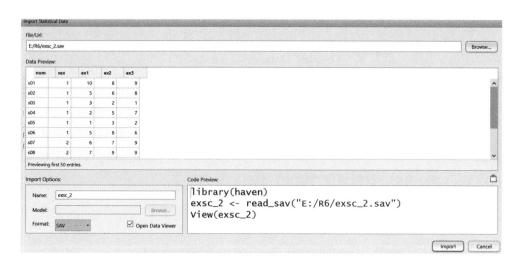

「exsc_2.sav」資料檔匯入後，左上角命令稿會出現原資料檔的內容，主控臺視窗會出現對應的語法指令為：

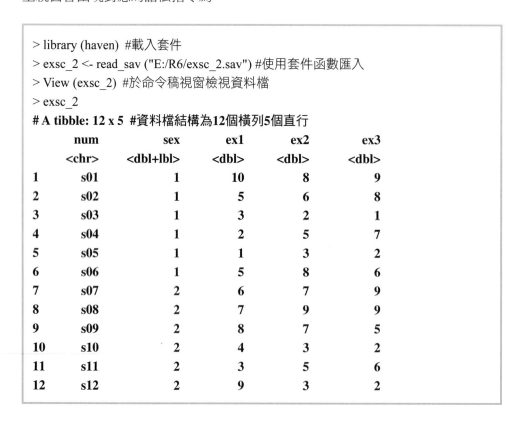

```
> library (haven)  #載入套件
> exsc_2 <- read_sav ("E:/R6/exsc_2.sav")  #使用套件函數匯入
> View (exsc_2)  #於命令稿視窗檢視資料檔
> exsc_2
# A tibble: 12 x 5  #資料檔結構為12個橫列5個直行
```

	num	sex	ex1	ex2	ex3
	\<chr\>	\<dbl+lbl\>	\<dbl\>	\<dbl\>	\<dbl\>
1	s01	1	10	8	9
2	s02	1	5	6	8
3	s03	1	3	2	1
4	s04	1	2	5	7
5	s05	1	1	3	2
6	s06	1	5	8	6
7	s07	2	6	7	9
8	s08	2	7	9	9
9	s09	2	8	7	5
10	s10	2	4	3	2
11	s11	2	3	5	6
12	s12	2	9	3	2

參、資料框架物件的排序

套件 {memisc} 函數 sort ( ) 可以進行資料框架物件的排序，函數 sort ( ) 的基本語法為：

sort (x,decreasing=FALSE,by=NULL,na.last=NA)

引數 x 為資料框架物件、引數 by 界定變數的文字向量。

基本套件 {base} 之函數 sort ( ) 也可以進行排序，其引數為數值、文字或邏輯向量 (vector)，函數基本語法為：

sort (x, decreasing = FALSE)

基本套件 {base} 之函數 sort ( ) 無法對整個資料框架物件進行排序，其功能與套件 {memisc} 函數 sort ( ) 不同，基本套件 {base} 之函數 sort ( ) 只能對單一變數 (向量) 進行排序，引數只有 decreasing，沒有 by。

範例排序之原始資料框架物件的資料檔為「exsc.csv」：

```
> library (readr)    #載入外掛套件
> exsc <- read_csv ("E:/R6/exsc.csv") #使用{readr}套件函數read_csv ( )
Parsed with column specification:
cols (
  num = col_character ( ),
  sex = col_integer ( ),
  ex1 = col_integer ( ),
  ex2 = col_integer ( ),
  ex3 = col_integer ( )
)
> print (exsc)
# A tibble: 12 x 5
```

	num	sex	ex1	ex2	ex3
	\<chr\>	\<int\>	\<int\>	\<int\>	\<int\>
1	s01	1	10	8	9
2	s02	1	5	6	8
3	s03	1	3	2	1
4	s04	1	2	5	7
5	s05	1	1	3	2

6	s06	1	5	8	6
7	s07	2	6	7	9
8	s08	2	7	9	9
9	s09	2	8	7	5
10	s10	2	4	3	2
11	s11	2	3	5	6
12	s12	2	9	3	2

使用 data.frame ( ) 函數複製一個資料框架物件，物件名稱界定為 temp

```
> temp=data.frame (exsc)
> temp
     num   sex   ex1   ex2   ex3
1    s01    1    10     8     9
2    s02    1     5     6     8
3    s03    1     3     2     1
4    s04    1     2     5     7
5    s05    1     1     3     2
6    s06    1     5     8     6
7    s07    2     6     7     9
8    s08    2     7     9     9
9    s09    2     8     7     5
10   s10    2     4     3     2
11   s11    2     3     5     6
12   s12    2     9     3     2
```

　　上述二個資料框架物件之數據完全相同、直行變數名稱也一樣，但物件名稱的屬性有稍許差異：

```
> names (exsc)
[1] "num" "sex" "ex1" "ex2" "ex3"
> names (temp)
[1] "num" "sex" "ex1" "ex2" "ex3"
> class (exsc)
[1] "tbl_df"    "tbl"        "data.frame"
> class (temp)
[1] "data.frame"
```

　　當外掛套件沒有載入主控臺時，R 主控臺優先使用內部套件函數 sort ( )，範例為對直行數值變數進行排序：

```
> sort (temp$ex1)
 [1]  1  2  3  3  4  5  5  6  7  8  9 10
> sort (temp$ex2)
 [1] 2 3 3 3 5 5 6 7 7 8 8 9
> sort (temp$ex2,decreasing=TRUE)
 [1] 9 8 8 7 7 6 5 5 3 3 3 2
```

　　範例語法指令載入 {memisc} 外掛套件，載入 {memisc} 套件後，可以直接使用 {memisc} 套件中的函數 sort ( )，只要語法指令符合即可。

　　使用內定套件 sort ( ) 函數進行直行變數 ex2、ex3 的排序，此函數為基本套件；使用 sort ( ) 函數進行資料框架物件排序，排序的標的變數為「ex1」，引數採用內定選項，排序時為遞增，此函數為 {memisc} 套件：

```
> library ("memisc", lib.loc="~/R/win-library/3.4")
Attaching package: 'memisc'
The following objects are masked from 'package:stats':
    contr.sum, contr.treatment, contrasts
The following object is masked from 'package:base':
    as.array
> sort (temp$ex2)    # 基本套件{base}函數
 [1] 2 3 3 3 5 5 6 7 7 8 8 9
> sort (temp$ex3) # 基本套件{base}函數
 [1] 1 2 2 2 5 6 6 7 8 9 9 9
> sort (temp,by="ex1")    #資料框架物件temp根據變項ex1進行觀察值排序
```

	num	sex	ex1	ex2	ex3
5	s05	1	1	3	2
4	s04	1	2	5	7
3	s03	1	3	2	1
11	s11	2	3	5	6
10	s10	2	4	3	2
2	s02	1	5	6	8
6	s06	1	5	8	6
7	s07	2	6	7	9
8	s08	2	7	9	9
9	s09	2	8	7	5
12	s12	2	9	3	2
1	s01	1	10	8	9

範例資料框架物件的排序為遞增，先依直行變數「ex1」遞增排序，相同分數時，再依直行變數「ex2」遞增排序，引數 decreasing 內定選項為假，表示進行遞增排序，因而進行遞增排序時，引數可以省略：

```
> sort (temp,by=c ("ex1","ex2"))
        num     sex     ex1     ex2     ex3
5       s05     1       1       3       2
4       s04     1       2       5       7
3       s03     1       3       2       1
11      s11     2       3       5       6
10      s10     2       4       3       2
2       s02     1       5       6       8
6       s06     1       5       8       6
7       s07     2       6       7       9
8       s08     2       7       9       9
9       s09     2       8       7       5
12      s12     2       9       3       2
1       s01     1       10      8       9
```

範例資料框架物件的排序為遞增，先依直行變數「ex3」遞增排序，相同分數時，再依直行變數「ex2」遞增排序，排序的二個變數直接以文字向量型態界定「by=c ("ex3","ex2")」，排序後的資料框架物件名稱界定為「s.ex32」：

```
> s.ex32=sort (temp,by=c ("ex3","ex2"))
> s.ex32
        num     sex     ex1     ex2     ex3
3       s03     1       3       2       1
5       s05     1       1       3       2
10      s10     2       4       3       2
12      s12     2       9       3       2
9       s09     2       8       7       5
11      s11     2       3       5       6
6       s06     1       5       8       6
4       s04     1       2       5       7
2       s02     1       5       6       8
7       s07     2       6       7       9
1       s01     1       10      8       9
8       s08     2       7       9       9
```

```
> class (s.ex32)
[1] "data.frame"
```

　　範例資料框架物件的排序為遞減，先依直行變數「ex3」遞減排序，相同分數時，再依直行變數「ex2」遞減排序，引數 decreasing 界定為真 (TRUE，內定邏輯選項為假)，排序後的資料框架物件名稱界定為「s.ex32d」：

```
> s.ex32d=sort (temp,by=c ("ex3","ex2"),decreasing=TRUE)
> s.ex32d
       num    sex    ex1    ex2    ex3
8      s08     2      7      9      9
1      s01     1     10      8      9
7      s07     2      6      7      9
2      s02     1      5      6      8
4      s04     1      2      5      7
6      s06     1      5      8      6
11     s11     2      3      5      6
9      s09     2      8      7      5
5      s05     1      1      3      2
10     s10     2      4      3      2
12     s12     2      9      3      2
3      s03     1      3      2      1
```

　　工作空間若沒有載入套件 {memisc}，使用函數 sort ( ) 進行資料框架物件排序時會出現錯誤訊息：

```
> sort (temp,by=c ("ex3","ex2"),decreasing=TRUE)
Error in `[.data.frame`(x, order (x, na.last = na.last, decreasing = decreasing)) :
  undefined columns selected
```

　　不同套件有相同名稱之函數時，若二個外在套件均被載入工作空間中，則主控臺呼叫的函數為最後一個被載入的套件，若使用者要同時在工作空間使用套件函數，最簡便的使用方法是在函數前面界定套件名稱，但此語法指令使用在套件 {memisc} 函數 sort ( ) 中會出現錯誤，若有類似的錯誤訊息，使用函數時把該函數歸屬的套件先載入工作空間，再使用函數語法：

```
> memisc::sort (temp,by=c ("ex3","ex2"),decreasing=TRUE)
Error: 'sort' is not an exported object from 'namespace:memisc'
```

Chapter 6

集中量數

集中量數表示的群體中個別分數集中情況的一種量數，此量數可以代表群體分數的中心點，常見的集中量數為算術平均數 (arithmetic mean)、中位數 (median)、眾數 (mode)、幾何平均數 (geometric mean)與調和平均數 (harmonic mean) 等。

R 軟體中數值向量常見的運算函數表如下：

sum ( )	求總和	sd ( )	求標準差
mean ( )	求出平均數	quantile ( )	求第 P 個分位數
median ( )	求出中位數	sqrt ( )	開平方根
max ( )	求出最大值	log ( )	求對數值
min ( )	求出最小值	exp ( )	求指數值
range ( )	求全距	sort ( )	排序
length ( )	求長度或個數值	rev ( )	反向排列
var ( )	求變異數	rank ( )	傳回等級值

數值函數運算的範例：

```
> xval=c (2,3,1,14,5,6,1,13,6,8,7,9,10,4,12,6,7,6,5,11)
> mean (xval)      #求出平均數
[1] 6.8
> var (xval)  #求出變異數
[1] 14.37895
> sd (xval)  #求出標準差
[1] 3.791958
> max (xval)   #求出最大值
[1] 14
> min (xval)  #求出最小值
[1] 1
> range (xval)  #求出全距
[1]  1 14
> length (xval)  #求出元素個數 (變數的長度)
[1] 20
> median (xval)   #求出中位數
[1] 6
```

壹、眾數與中位數

　　R 語言基本統計套件沒有眾數 (mode;[Mo]) 函數，研究者可使用次數分配函數 **table ( )** 求出各量數的次數分配，之後配合排序函數 **sort ( )** 依次數分配的高低排列，排列後物件的第一個元素為次數分配最多的量數，此量數為數值變數中的眾數：

```
> tab.x=sort (table (xval),decreasin=T)
> tab.x
xval
  6    1    5    7    2    3    4    8    9   10   11   12   13   14
  4    2    2    2    1    1    1    1    1    1    1    1    1    1
> tab.x [1]      #擷取次數分配物件的第1個元素
6
4
```
[說明]：量數中次數出現最多的數值為**6**，出現次數共有**4**次。數值向量中若只有一個眾數稱為單眾數(unimodal)、若有**2**個眾數(**2**個數值出現的次數一樣)稱為雙眾數(bimodal)，如果眾數個數在**3**個以上，則稱為多重眾數(mutimodal)。如果只要擷取參數出現最多的次數**4**，則表格物件的元素從**[X]**改為**[[X]]**：
```
> tab.x [[1]]
[1] 4
> tab.x [4]
7
2
> tab.x [[4]]
[1] 2
```
[說明]：參數**7**出現的次數**2**次，次數分配表中第一列的數字為項目，第二列的數字為項目出現的次數。

　　表格物件配合函數 **names ( )** 可以擷取項目名稱，範例為擷取排序後表格第一個元素的項目名稱「"6"」，項目名稱的屬性為文字：

```
> names (tab.x [1])
[1] "6"
> class (names (tab.x [1]))
[1] "character"
```

使用轉換函數 **as.numeric（ ）**將文字型態 6 轉換為數值變數 6，此量數為數列中，次數出現最多的量數：

```
> as.numeric (names (tab.x [1]))
[1] 6
> class (as.numeric (names (tab.x [1])))
[1] "numeric"
```

範例為 15 位學生第一次定期考查的英文成績，英文成績的眾數是多少？

```
> score=c (65,70,71,71,65,65,70,85,81,78,70,92,35,92,28)
> tab=sort (table (score),decreasin=T)
> tab
score
  65   70   71   92   28   35   78   81   85
   3    3    2    2    1    1    1    1    1
> tab [1:2]  # 擷取次數分配物件的第1個與第2個元素
score
65  70
 3   3
```
[說明]：**65**分與**70**分的次數各有**3**個，是次數出現最多的二個量數，眾數有二個，分別為**65、70**，英文成績的眾數為雙眾數。

當眾數為雙眾數或多重眾數時，直接使用邏輯判別條件函數 **which（ ）**擷取項目 (量數) 出現最多的次數，語法函數使用「**tabx [which (tabx==max (tabx))]**」，表示擷取次數分配物件中，次數最大的項目，範例邏輯判別條件為「**tabx==max (tabx)**」，邏輯判別條件的等於為雙等號「**==**」，而非單一等號「**=**」：

```
> tabx=sort (table (score),decreasin=T)
> mo<-tabx [which (tabx==max (tabx))]
> print (mo)
score
65  70
 3   3
```
[說明]：出現最多的量數為**65、70**分，二個量數各出現**3**次，即得**65**分者有三位觀察值、得**70**分者也有三位觀察值。

　　將數值變數 x 由小至大排序後，當 N 個數為偶數時，中位數位於 $\frac{N}{2}$ 個與 $\frac{N}{2}+1$ 個位置之分數的平均值，若 N 個數為奇數時，中位數位於第 $\frac{N+1}{2}$ 個位置之分數。

```
> x1=c (1,4,7,8,10)
> median (x1)    #中位數位於 N+1/2 個觀察值位置
[1] 7
> x2=c (1,4,7,8,10,20)  #中位數為第3個與第4個觀察值的平均值
> median (x2)
[1] 7.5
```

　　若沒有原始數據，取得的資訊只有平均數與中位數，要得到資料中的眾數可採用 K. Pearson 所提出的眾數量數值估計法 (林清山，2003)：

$M_o = M + 3(M_d - M) = M - 3(M - M_d) = M - 3M + 3M_d = 3M_d - 2M$，公式中 M 為平均數、$M_d$ 為中位數。此公式只適用於次數分配為對稱或偏態情況不太嚴重的情況，若是資料結構的次數分配不是對稱或是偏態情況嚴重，則公式估計所得的眾數與實際的眾數量數會有較大的差距。

　　以平均數及中位數估算 15 位學生第一次定期考查的英文成績的眾數：

```
> mo=3*median (score)-2*mean (score)
> mo
[1] 71.6
```

　　以平均數及中位數估算向量變數 xval 的眾數：

```
> mo=3*median (xval)-2*mean (xval)
> mo
[1] 4.4
```

　　求出數值向量的平方根與平方值：

```
> round (sqrt (xval),2)  #數值的平方根
 [1] 1.41 1.73 1.00 3.74 2.24 2.45 1.00 3.61 2.45 2.83 2.65 3.00 3.16 2.00
[15] 3.46 2.45 2.65 2.45 2.24 3.32
```

```
> round (xval^(1/2),2)  #數值的二分之一次方 (開平方根)
 [1] 1.41 1.73 1.00 3.74 2.24 2.45 1.00 3.61 2.45 2.83 2.65 3.00
[13] 3.16 2.00 3.46 2.45 2.65 2.45 2.24 3.32
> xval^2  #數值的平方
 [1]   4    9   1 196  25  36   1 169  36  64  49  81 100  16 144  36  49  36
[19]  25 121
```

貳、等級

數值向量變數從小到大排序與反向排列：

```
> sx=sort (xval)  #數值從小到大排序
> sx
 [1]  1  1  2  3  4  5  5  6  6  6  6  7  7  8  9 10 11 12 13 14
> rsx=rev (sx)    #反向排序
> rsx
 [1] 14 13 12 11 10  9  8  7  7  6  6  6  6  5  5  4  3  2  1  1
```

排序函數 **sort ( )** 內定引數 decreasing 的選項為假，表示數值資料是由小至大排列；引數 decreasing 的邏輯選項改為真，數值資料則由大至小排列：

```
> sx.d=sort (xval,decreasing=T)  #數值由大到小遞減排序
> sx.d
 [1] 14 13 12 11 10  9  8  7  7  6  6  6  6  5  5  4  3  2  1  1
> rsx.d=rev (sx.d) #反向排列
> rsx.d
 [1]  1  1  2  3  4  5  5  6  6  6  6  7  7  8  9 10 11 12 13 14
```

函數 **rank ( )** 求出數值元素排序後的等級，引數 ties.method 界定數值相等時的排序方法，共有六個選項："average"、"first"、"last"、"random"、"max"、"min"，內定選項為等級的平均值，如二個數值的排序後的位置為第 1 個與第 2 個，平均等級為 (1+2)/2=1.5，最小等級為 1、最大等級為 2、隨機等級可能為 1 或 2。函數 **rank ( )** 基本語法為：

　　rank (x, ties.method = c ("average", "first", "last", "random", "max", "min"))

語法指令對數值向量 xval 進行等級轉換，等級轉換時，測量值最小者等級為 1，20 個元素中，測量值最小者為 1，元素有二個，等級分別為 1、2，平均等級為 1.5，最大的測量值為第四個元素 14，等級為 20：

```
> xval=c (2,3,1,14,5,6,1,13,6,8,7,9,10,4,12,6,7,6,5,11)
> length (xval)
[1] 20
> table (xval)
xval
 1  2  3  4  5  6  7  8  9 10 11 12 13 14
 2  1  1  1  2  4  2  1  1  1  1  1  1  1
> rxval=rank (xval)
> rxval
 [1]  3.0  4.0  1.5 20.0  6.5  9.5  1.5 19.0  9.5 14.0 12.5 15.0
[13] 16.0  5.0 18.0  9.5 12.5  9.5  6.5 17.0
```

語法函數 **rank ( )** 之引數 ties.method 界定不同選項的結果：

```
> xv=c (3,4,5,2,1,2)
> rank (xv,ties.method = "first")
[1] 4 5 6 2 1 3
> rank (xv,ties.method = "last")
[1] 4 5 6 3 1 2
> rank (xv,ties.method = "max")
[1] 4 5 6 3 1 3
> rank (xv,ties.method = "min")
[1] 4 5 6 2 1 2
> rank (xv,ties.method = "average")
[1] 4.0 5.0 6.0 2.5 1.0 2.5
> rank (xv,ties.method = "random")
[1] 4 5 6 2 1 3
> rank (xv,ties.method = "random")
[1] 4 5 6 3 1 2
[說明]：採用隨機引數結果，會依隨機抽取的等級不同而呈現不同等級。
```

函數 **rank ( )** 等級中的 1 為測量值最小者 (分數最低分之樣本觀察值)，與一般排序或名次不同，若研究者要將等級 1 指定給最高分觀察值、等級 2 指定給次高分觀察值，可使用 (向量長度 +1) 減掉原等級名次：

```
> rank (xv)
[1] 4.0 5.0 6.0 2.5 1.0 2.5
> length (xv)+1-rank (xv)
[1] 3.0 2.0 1.0 4.5 6.0 4.5
> score=c (45,65,78,100,87,67,94,75)
> rank (score)    ＃100分為第8名、45分為第1名
[1] 1 2 5 8 6 3 7 4
> length (score)+1-rank (score) ＃100分為第1名、45分為第8名
[1] 8 7 4 1 3 6 2 5
```

數值向量變數加 (減乘除)一個常數，表示每個元素均加 (減乘除) 此一常數：

```
> x=c (1,2,4,6,7)
> x+2 #數值向量每個元素都加2
[1] 3 4 6 8 9
> x-2 #數值向量每個元素都減2
[1] -1  0  2  4  5
> x*2 #數值向量每個元素都乘於2
[1]  2  4  8 12 14
> x/2 #數值向量每個元素都除於2
[1] 0.5 1.0 2.0 3.0 3.5
```

數值向量中每個量數都加一個常數 c，新向量平均數為原數值變數的平均數加 c；數值向量中每個量數都減一個常數 c，新向量平均數為原數值變數的平均數減 c；數值向量中每個量數都乘一個常數 c，新向量平均數為原數值變數的平均數乘 c；數值向量中每個量數都除以一個常數 c，新向量平均數為原數值變數的平均數除以 c：

```
> mean (x) #數值向量的平均數
[1] 4
> mean (x+2)  #數值向量每個元素都加上2後的平均數
[1] 6
> mean (x-2)  #數值向量每個元素都減掉2後的平均數
[1] 2
> mean (x*2) #數值向量每個元素都乘於2後的平均數
```

```
[1] 8
> mean (x/2) #數值向量每個元素都除於2後的平均數
[1] 2
> x-mean (x) #數值向量物件每個元素減平均數，量數值為離均差
[1] -3 -2  0  2  3
> (x-mean (x))^2    #離均差平方
[1] 9 4 0 4 9
> sum ((x-mean (x))^2) #離均差平方和SS
[1] 26
```

　　二個長度相同 (元素個數一樣或樣本觀察值人數相同) 的數值向量相加 (減乘除)，表示對應位置的元素進行數學運算，在資料框架物件中，層面/向度/構面之測量題項的加總分數，即是數個向量對應元素的相加：

```
> x=c (1,2,4,6,7)
> y= (1:5)
> x+y
[1]  2  4  7 10 12
> x-y
[1] 0 0 1 2 2
> x*y
[1]  1  4 12 24 35
> x/y
[1] 1.000000 1.000000 1.333333 1.500000 1.400000
```

　　引數元素累積的總和、乘積、最大值、最小值對應的基本套件 {base} 函數分別為 cumsum (x)、cumprod (x)、cummax (x)、cummin (x)：

```
> cumsum (1:8)  #數值1至8的連加
[1]  1  3  6 10 15 21 28 36
> cumprod (1:8)  #數值1至8的連乘積
[1]     1     2     6    24   120   720  5040 40320
> cummax (c (4:1, 3:0, 5:2)) #元素累積的最大值
 [1] 4 4 4 4 4 4 4 4 5 5 5 5
> cummin (c (4:1, 3:0, 5:2)) #元素累積的最小值
 [1] 4 3 2 1 1 1 1 1 0 0 0 0
```

　　二個長度相同的數值向量比較時，符合邏輯判別條件者會出現 TRUE (真)、

不符合邏輯判別條件者會出現 FALSE (假)：

```
> x
[1] 1 2 4 6 7
> y
[1] 1 2 3 4 5
> x>=y
[1] TRUE TRUE TRUE TRUE TRUE
> x<=y
[1]  TRUE  TRUE FALSE FALSE FALSE
> x>y
[1] FALSE FALSE  TRUE  TRUE  TRUE
```

　　函數 **all ( )** 為全部符合邏輯條件者，結果為真 (TRUE)，有一個未符合邏輯條件者，結果為假 (FALSE)；函數 any 為進行邏輯判別時，只要有一個符合條件者，最後結果為真，若全部未符合邏輯判別條件，則結果為假：

```
> all (x>=y)
[1] TRUE
> all (x<y)
[1] FALSE
> any (x<=y)
[1] TRUE
> any (x>y)
[1] TRUE
```

參、離均差量數

　　集中量數中之群體個別分數與總平均數差異的總和 (離均差總和) 等於 0，運算式表示為 $\Sigma(X - \overline{X}) = 0$：

```
> x1=c (1,2,4,6,7)
> mean (x1)
[1] 4
> x2=sort (x1-mean (x1))
> x2
```

```
[1] -3 -2  0  2  3
> sum (x2)
[1] 0
> mean (x2)
[1] 0
```

向量變數中以「變數 [序號]」語法可以擷取對應的元素內容：

```
> x1 [1]
[1] 1
> x1 [2]
[1] 2
> x1 [4:5]
[1] 6 7
```

文字向量擷取元素與數值向量相同，但文字向量不能使用數值向量之函數語法進行數值運算：

```
> cx=c ("a","b","c","d","e","f")
> length (cx)
[1] 6
> cx [2]
[1] "b"
> cx [4:5]
[1] "d" "e"
> mean (cx)
[1] NA
Warning message:
In mean.default (cx) : argument is not numeric or logical: returning NA
```

警告訊息出現，原變數引數不是數值或邏輯，因而無法執行對應函數運算，回傳結果為 NA。函數 length ( ) 回傳的是向量的長度，不是數值運算函數。

語法指令繪製向量變數與平均數差異的距離：

R 命令稿視窗語法指令列如下：

```
   1 plot(c(1, 7), c(0, 6), type= "n", xlab = "", ylab = "",font=4)
   2 x1=c(1,2,4,6,7)
   3 x2=sort(x1-mean(x1))
   4 abline(v=4,col="blue")
   5 mx=mean(x1)
   6 grid(col="gray50")
   7 for (i in 1:5) {
   8    arrows(0+mx,i,x2[i]+mx,i,angle=20,code=3,col="red",length=0.2)
   9 }
  10 points(4,3,cex=2)
  11
```

第 1 列繪製一個 X 軸數值為 1 至 7、Y 軸數值為 0 至 6 的空白圖形。

第 2 列界定數值向量五個元素為 1、2、4、6、7。

第 3 列求出各數值與總平均數的差異值,並根據大小排列,數值變數 x2 的元素內容為 -3、-2、0、2、3:

> x2
[1] -3 -2 0 2 3

第 4 列使用 **abline ( )** 函數繪製 X 軸數值等於 4 (平均數) 的垂直軸,線條顏色為藍色。

第 5 列界定平均數量數變數為 mx。

第 6 列使用 **grid ( )** 函數繪製圖形灰色格線。

第 7 列至第 9 列使用迴圈繪製距離,使用箭號函數 **arrows ( )** 繪製,引數 code 界定等於 3,表示繪製雙箭頭符號。迴圈 i 值 =1 時,x2 [i] = x2 [1] = -3,語法指令:

arrows (0+mx,i,x2 [i]+mx,i) 的座標值為:arrows (0+4,1,-3+4,1)= arrows (4,1,1,1),起始點的座標為 (4,1)、結束點的座標為 (1,1),距離在平均數的左邊,表示差異值為負值,絕對值為 3,表示量數與平均數的距離為 3 個單位。

第 10 列使用函數 **points ( )** 在座標軸 (4,3) 處繪製一個圓點。

R 命令稿視窗執行結果對應的主控臺視窗語法指令列如下:

> plot (c (1, 7), c (0, 6), type= "n", xlab = "", ylab = "",font=4)
> x1=c (1,2,4,6,7)
> x2=sort (x1-mean (x1))
> abline (v=4,col="blue")

```
> mx=mean (x1)
> grid (col="gray50")
> for (i in 1:5) {
+   arrows (0+mx,i,x2 [i]+mx,i,angle=20,code=3,col="red",length=0.2)
+ }
Warning message:
In arrows (0 + mx, i, x2 [i] + mx, i, angle = 20, code = 3, col = "red",  :
  zero-length arrow is of indeterminate angle and so skipped
> points (4,3,cex=2)
```

　　使用 **arrows ( )** 函數繪製的長度若是等於 0，會出現警告訊息，數值變數 x2
的第三個元素量數為 0，表示數值量數剛好等於平均數，因而離均差距離等於
0。平均數右邊的直線長度總和與平均數左邊的直線長度總和相等，因而離均差
的總和等於 0、離均差的平均值也等於 0：

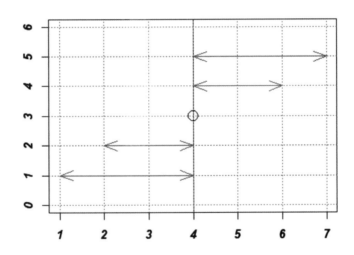

　　語法指令配合邏輯判斷函數 **if ( )**，判斷條件為當離均差量數等於 0 時，使用
points ( ) 函數繪製▲符號，若是離均差量數值不等於 0，則改以 **arrows ( )** 函數
繪製原量數與平均數的距離長短：

```
> plot (c (1, 7), c (0, 6), type= "n", xlab = "", ylab = "",font=4)
> x1=c (1,2,4,6,7)
> x2=sort (x1-mean (x1))
> abline (v=4,col="blue")
> mx=mean (x1)
> grid (col="gray50")
```

```
> for (i in 1:5) {
+ if (x2 [i] !=0) {
+ arrows (0+mx,i,x2 [i]+mx,i,angle=20,code=3,col="red",length=0.2)
+ } else
+ points (mx,i,cex=1.5,pch=17)
+ }
```

繪圖視窗中的▲符號對應的 X 軸座標為平均數 (=4)：

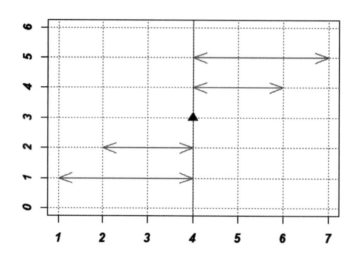

相同語法指令繪製 6 個元素與平均數間的距離，數值分別為 1、3、4、6、7、9，平均數為 5，R 命令稿語法指令列如下：

```
1  plot(c(0,10), c(0,6), type= "n", xlab = "", ylab = "",font=4)
2  x1=c(1,3,4,6,7,9)
3  mx=mean(x1)
4  x2=sort(x1-mx)
5  abline(v=mx,col="blue",lwd=2)
6  grid(col="gray50")
7  for (i in 1:6) {
8    if (x2[i] !=0) {
9      arrows(mx,i,x2[i]+mx,i,angle=20,code=3,col="red",length=0.15)
10   } else
11     points(mx,i,cex=1.5,pch=17)
12 }
```

R 命令稿語法指令列執行結果之 R 主控臺之視窗介面如下：

```
> plot (c (0,10), c (0,6), type= "n", xlab = "", ylab = "",font=4)
> x1=c (1,3,4,6,7,9)
> mx=mean (x1)
> x2=sort (x1-mx)
> abline (v=mx,col="blue",lwd=2)
> grid (col="gray50")
> for (i in 1:6) {
+   if (x2 [i] !=0) {
+     arrows (mx,i,x2 [i]+mx,i,angle=20,code=3,col="red",length=0.15)
+   } else
+     points (mx,i,cex=1.5,pch=17)
+ }
```

圖形裝置器繪製的圖形如下：

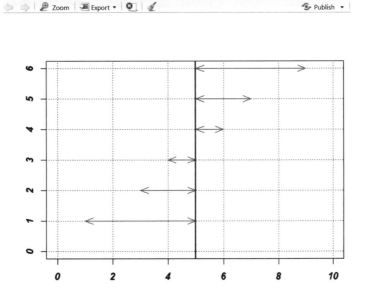

　　數值變數中的各量數與集中量數平均數間差值有正值、也有負值，若取其差異值的絕對值，則所有離均差量數均大於等於 0，離均差絕對值的平均值稱為「平均絕對差」(mean absolute deiviation) 或稱平均差，平均絕對差的運算式為：$AD = \dfrac{\Sigma\left|X_i - \bar{X}\right|}{N}$。資料結構之平均絕對差量數值愈大，表示資料的分散程度也愈大。

```
> y=c (5,4,9,2,1,3)
> dy=abs (y-mean (y))      # 離均差絕對值
> dy
[1] 1 0 5 2 3 1
> mean (dy)    # 平均絕對差值，此數值愈大表示分數間的變異程度愈大
[1] 2
```

數值變數的平均數為 4、離均差量數分別 1、 0、 5、-2、-3、 -1，離均差平均值等於 0：

```
> mean (y)
[1] 4
> y-mean (y)
[1]  1  0  5 -2 -3 -1
> mean ((y-mean (y)))
[1] 0
```

常態分配型態之資料結構，平均數 = 中位數 = 眾數。若是資料結構為正偏態 (單峰右偏)，則平均數 > 中位數 > 眾數，平均數在最右邊、眾數在最左邊，表示分數偏低，樣本觀察值分數多數低於群體平均數。相對的，資料結構為負偏態 (單峰左偏)，則平均數 < 中位數 < 眾數，平均數在最左邊、眾數在最右邊，表示分數偏高，樣本觀察值分數多數高於群體平均數。

加權平均數 (weigthed mean) 適用各分數所占的權重不相同，如學期總成績中平時考、第一次定期考查、第二次定期考查、期末考所占的比例分別為 25%、20%、20%、35%，某學生在四個表現的英文成績分別為 80、65、70、60，則加權平均數為：

$$\bar{X} = \frac{80 \times 25 + 65 \times 20 + 70 \times 20 + 60 \times 35}{25 + 20 + 20 + 35} = 68$$

加權平均數的公式為：

$$\bar{X} = \frac{\Sigma wX}{\Sigma w}$$

R 主控臺語法指令：

```
> (80*25+65*20+70*20+60*35)/(25+20+20+35)
  [1] 68
```

R 基本統計套件之加權平均數函數為 **weighted.mean ( )**，函數基本語法為：

weighted.mean (x, w, na.rm = FALSE)

引數 x 為計算加權平均數之數值向量。
引數 w 為計算加權平均數之權重向量，長度必須與數值變數 x 相同。
引數 na.rm 界定數值向量變數 x 有遺漏值的處理方式，內定選項為假。

```
> x=c (80,65,70,60)
> w=c (.25,.20,.20,.35)
> xm = weighted.mean (x, w)
> print (xm)
[1] 68
```

高中數學科抽考，甲、乙、丙、丁四個班級各抽取 15、10、10、15 位學生，四個班級的平均分數分別為 50、80、65、60，則數學科抽考之 50 位學生的總平均數等於多少？

```
> score=c (50,80,65,60)
> w=c (15,10,10,15)/50
> wm= weighted.mean (score, w)
> print (wm)
[1] 62
```

肆、幾何平均數

幾何平均數 (geometric mean; [GM]) 表示數值間的變化是以幾何級數成長，適用於平均成長率或改變率的情況，假定有 X_1、X_2、……、X_N 個資料，幾何平均數是 N 個資料連乘積量數再開 N 次方根，數學運算式為：GM = $\sqrt[N]{X_1 \times X_2 \times \ldots \times X_N}$。一般而言，除非各量數值均相同，否則幾何平均數一定比算術平均數還小。

　　某甄選考試從第一年至第四年報名人數分別 120、240、360、900 位，從第一年至第四年報名人數平均增加多少倍？

```
> x1=c (120,240,360,900)
> x2=rep (0,3)
> for (i in 1:3) {
+ x2 [i]=x1 [i+1]/x1 [i]     # 計算倍數
+ }
> print (x2)
[1] 2.0 1.5 2.5
> gm=prod (x2)^(1/length (x2))        # 計算幾何平均數
> round (gm,4)
[1] 1.9574
```

　　第一年至第四年報名人數平均每年呈 1.9574 倍數的成長，數值向量 x2 元素量數為 2、1.5、2.5，量數倍數表示以第一年為基準量數，第二年學生數為第一年的 2 倍；第三年學生數為第二年的 1.5 倍、第四年學生數為第三年學生數的 2.5 倍，甄選考試平均每年平均增加 1.9574 倍，表示每年增加約 96% 左右，從第一年至第四年共四年期間，第四年報名考生數為第一年的 7.5 倍，7.5 倍為幾何平均數量數值 1.9574 的 3 次方：

```
> gm^3
[1] 7.5
> x1 [4]/x1 [1]  # 900/120=7.5
[1] 7.5
```

　　函數 **prod** ( ) 為數值向量元素的連乘積：

```
> xval=c (2,3,5)
> prod (xval)
[1] 30
> y=c (9,8,3)
> py=prod (y)
> print (py)
[1] 216
```

N 次方根為量數的 $\frac{1}{N}$ 次方，如 216 的三次方根為 216 的 $\frac{1}{3}$ 次方：

```
> 216^(1/3)
[1] 6
> py^(1/3)
[1] 6
```

都會區忠孝國民小學從 80 學年起至 100 學年，每隔 5 年全校學生數的變化情況：

學年度	學生數	倍數 (變化率)	該年學生數除以前一年學生數
80	6000	------	
85	5000	0.8333	5000/6000
90	4500	0.9000	4500/5000
95	3000	0.6667	3000/4500
100	1000	0.3333	1000/3000

R 主控臺函數語法指令為：

```
> x1=c (6000,5000,4500,3000,1000)
> for (i in 1:4) {
+ x2 [i]=x1 [i+1]/x1 [i]
+ }
> round (x2,4)
[1] 0.8333 0.9000 0.6667 0.3333
> gm=prod (x2)^(1/length (x2))
> round (gm,4)
[1] 0.6389
```

GM = 0.6389，表示學生數平均每年的變化成長率為 0.6389 倍，學生平均每五年約減少 36% 左右。

伍、調和平均數

調和平均數 (harmonic mean; [HM]) 是一系列資料之倒數的平均數量數值之

倒數,常適用於比值或速率的平均數,資料之倒數值大約成等距的間隔。調和平均數的計算公式為:

$$HM = \frac{1}{\frac{1}{N}\left(\frac{1}{X_1} + \frac{1}{X_2} + \cdots + \frac{1}{X_N}\right)} = \frac{N}{\Sigma_{i=1}^{N} \frac{1}{X_i}}$$

調和平均數的範例如有位學生分別以 15 公里/小時、18 公里/小時、14 公里/小時三種不同速度跑步,則其平均跑步速度是每小時多少公里?

平均跑步速度=跑步總距離÷花費總時間

第一次:15 公里/小時→每公里花費時間為 $\frac{1}{15}$ 小時

第二次:18 公里/小時→每公里花費時間為 $\frac{1}{18}$ 小時

第一次:14 公里/小時→每公里花費時間為 $\frac{1}{14}$ 小時

每公里平均花費時間為: $\frac{1}{3}\left(\frac{1}{15} + \frac{1}{18} + \frac{1}{14}\right)$

$$平均跑步速度 = 距離 \div 時間 = \frac{1 \text{ 公里}}{\frac{1}{3}\left(\frac{1}{15} + \frac{1}{18} + \frac{1}{14}\right)\text{小時}} = \frac{3 \text{ 公里}}{\left(\frac{1}{15} + \frac{1}{18} + \frac{1}{14}\right)\text{小時}}$$

$$= 15.49$$

R 語言指令為 (數值元素倒數的算術平均數之倒數):

```
> x=c (1/15,1/18,1/14)
> hm=round (1/mean (x),2)
> hm
[1] 15.49
```

R語言指令也可改為以下命令列:

```
> x=c (15,18,14)
> xv=1/x
> round (1/mean (xv),2)
[1] 15.49
```

10 隻老鼠走迷津實驗的數據如下,單位為秒數,則其平均速率多少?平均速率的求法使用調和平均數：

```
> x=c (1.8,1.5,2.4,2.5,2.6,3.4,5.6,9.2,8.7,4.5)
> xv=1/x     # 求出數值的倒數
> round (1/mean (xv),2)     # 求出倒數數值平均數的倒數
[1] 2.99
```

　　相同數值向量元素，算術平均數與調和平均數相互比較之下，算術平均數會大於等於調和平均數。算術平均數在所有集中量數中最為穩定，因而集中量數多數以算術平均數表示，其重要特性有二：一為向量中各量數與平均數差異值的總和等於 0，即離均差異值總和為 0；二為向量中各量數與平均數差異值的平方之總和比各量數與其他各數值差異值平方之總和都來得小，即：

$$\Sigma(X - \bar{X})^2 < \Sigma(X - C)^2 \text{，其中 C 為任一個量數值。}$$

```
> y=c (5,4,9,2,1,3)
> sum (y-y[1]) #各量數減掉向量第1個元素之差異值的總和
[1] -6
> y-y [1] #各量數減掉向量第1個元素的差異值
[1]  0 -1  4 -3 -4 -2
> sum (y-y [2])
[1] 0
> sum (y-y [3])
[1] -30
> sum (y-y [4])
[1] 12
> sum (y-y [5])
[1] 18
> sum (y-y [6])
[1] 6
> sum (y-mean (y))
[1] 0
> sum (y-y [1])^2 #各量數減掉向量第1個元素之差異值平方的總和
[1] 36
> sum (y-y [2])^2
[1] 0
> sum (y-y [3])^2
[1] 900
```

```
> sum (y-y [4])^2
[1] 144
> sum (y-y [5])^2
[1] 324
> sum (y-y [6])^2
[1] 36
> sum (y-mean (y))^2
[1] 0
```

陸、小數位數函數

R 語言一般數學之進位或捨去小數位數函數常見者有以下幾種：

函數 **ceiling ( )** 回傳一個大於等於引數 x 的最小整數值。

函數 **floor ( )** 回傳一個小於等於引數 x 的最大整數值。

函數 **trunc ( )** 回傳引數 x 的整數量數值。

函數 **round ( )** 回傳界定小數位數的四捨五入數值。

函數 **signif ( )** 回傳小數位數。

ceiling (x)

floor (x)

trunc (x)

round (x, digits = 0)

signif (x, digits = 6)

函數 **ceiling ( )**、**floor ( )** 的應用實例：

```
> x=c (4.556,6.389,5.202,3.672)
> ceiling (x) #求出大於等於x的最小整數
[1] 5 7 6 4
> floor (x) #求出小於x的最大整數
[1] 4 6 5 3
```

函數 **trunc ( )** 將小數位數無條件捨去，回傳的參數值為引數的整數部分：

```
> trunc(x)
[1] 4 6 5 3
```

　　函數 **round** ( ) 將數值向量元素四捨五入至指定小數位數，若沒有指定小數位數，則四捨五入至整數位：

```
> round (x)  #四捨五入至整數位
[1] 5 6 5 4
> round (x,1)  #四捨五入至小數第一位
[1] 4.6 6.4 5.2 3.7
> round (x,0) #指定至整數位 (個位數)
[1] 5 6 5 4
> round (x,-1) #四捨五入到十位數
[1]  0 10 10  0
```

　　函數 **signif** ( ) 回傳引數 x 數值，數值呈現到指定的有效位數個數，有效個數包含整數位：

```
> signif (x,2) #輸出二位數值 (包含整數位與小數位)
[1] 4.6 6.4 5.2 3.7
> signif (x,3) #輸出三位數值 (包含整數位與小數位)
[1] 4.56 6.39 5.20 3.67
```

Chapter 7

變異量數

常用的變異量數 (measures of variation) 為全距 (range)、變異數 (variance) 與標準差 (standard deviation)、四分差 (quartile deviation; [Q])。集中量數指的是群體中多數的測量值集中在那個中心位置上，變異量數指的是群體中測量值的分散程度，表示的是團體間之個別差異，變異量數愈大，群體的分散程度愈大，團體的個別差異也愈大。

壹、全距

全距指數值元素中，最大值與最小值的差異，以符號表示為 $\omega = X_{最大值} - X_{最小值}$。

全距作為變異程度容易受到群體中極端分數 (最小值與最大值) 的影響，此外，全距無法考量到極端分數以外，其餘量數間的分配情形。一般而言，全距量數愈大表示資料分配型態較分散，但有時若排除極端分數後，資料分散程度反而愈小：

```
> x1=c (1,4,4,4,4,5,5,5,5,10)
> x2=seq (1:10)
> x1
 [1]  1  4  4  4  4  5  5  5  5 10
> x2
 [1]  1  2  3  4  5  6  7  8  9 10
> range (x1)
[1]  1 10
> range (x2)
[1]  1 10
> max (x1)-min (x1)
[1] 9
> max (x2)-min (x2)
[1] 9
```

上列二個數值向量變數 x1、x2 各有 10 個元素，二個數值向量的全距均為 [1, 10]，表示數值向量元素中最小值為 1、最大值為 10，全距量數均為 9，但數值變數 x2 的分散情形顯然較數值變數 x1 的分散情況還大，若將前後二個極端值排除，第一個數值向量的變異數為 0.2857、第二個數值向量的變異數為 6。可見使用全距時會誤導群體量數的分散程度，因為全距的極端分數量數容易受到抽樣誤差的影響，樣本的全距統計量不是母群體全距母數的不偏估計值，以樣本的全距統計量來推估母群體的變異情況往往會低估，或有較大的偏誤。

```
> x11=x1 [2:9]
> x22=x2 [2:9]
> x11
[1] 4 4 4 4 5 5 5 5
> x22
[1] 2 3 4 5 6 7 8 9
> var (x11)
[1] 0.2857143
> var (x22)
[1] 6
```

推論統計程序中，全距 (range) 統計量一般可作為觀察值分數有無輸入錯誤之檢核，如李克特四點量表型態，題項的作答分數介於 1 至 4 分之間，若有題項變數的最小值小於 1、最大值大於 4，或全距量數大於 3，表示樣本觀察值輸入的資料檔有誤。

貳、變異數與標準差

數值向量 x 有 1、2、5、8 四個數值元素，相關的參數如下：

```
> x=c (1,2,5,8)
> sum (x)  #總和
[1] 16
> mean (x)  #平均數
[1] 4
> dex=x-mean (x)  #離均差 (數值與平均數的差異量)
> adx2=dex^2    #離均差平方值
> ssx=sum (dex^2)  #離均差平方值的總和
> varx=ssx/(length (x)-1) #離均差平方值總和除以N-1—變異數
> sdx=sqrt (varx)  #變異數的平方根—標準差
> print (dex)  #輸出離均差
[1] -3 -2  1  4
> sum (dex)  #離均差的總和等於0
[1] 0
```

```
> print (adx2)  #輸出離均差平方值
[1] 9  4  1 16
> sum (adx2)  #離均差平方值的總和
[1] 30
> sum (adx2)/4  #離均差平方總和除以N
[1] 7.5
> sqrt (sum (adx2)/4)  #離均差平方總和除以N後再開根號
[1] 2.738613
> print (varx)  #離均差平方總和除以N-1 (變異數估計值)
[1] 10
> print (sdx)
[1] 3.162278  #標準差估計值 (分母為N-1)
```

　　四個量數的平均數為 4、總和為 14，每個量數減平均數的統計量稱為離均差 (deviation score)，四個量數的離均差為 -3、-2、1、4，離均差的總和為 0，即 $\Sigma(X - \overline{X}) = 0$，由於離均差總和等於 0，因而不能以離均差量數作為群體分散程度的指標量數。離均差有正、有負，取離均差絕對值，表示每個數值與平均數的距離，差異距離的平方 $(X - \overline{X})^2$ 是一個正方形(離均差的平方值)，正方形面積的大小可以表示個別量數與平均數間的分散程度，正方形面積愈大，其邊長距離愈大，表示個別量數與平均數的距離愈遠；相對的，正方形面積愈小，其邊長距離愈小，個別量數與平均數的距離愈近；若是正方形面積為 0，表示量數剛好等於平均數。離均差平方的總和簡稱為離均差平方和 $SS = \Sigma(X - \overline{X})^2$，範例四個離均差平方量數分別為 9、4、1、16，離均差平方和為 30。

$$\Sigma x^2 = (-3)^2 + (-2)^2 + (1)^2 + (4)^2 = 9 - 4 - 1 - 16 = 30 = SS$$

　　離均差與平均差 (average deviation; [AD]；或 mean deivation; [MD]) 不同，平均差是各量數與平均數差異之絕對值的平均值，平均差公式為：

$$AD = \frac{\Sigma|X - \overline{X}|}{N} = \frac{\Sigma|x|}{N}$$，離均差的平均值為 $\frac{\Sigma(X - \overline{X})}{N} = 0$。平均差表示的是各量數與平均數點之距離的平均數 (數值大於等於 0)。範例四個量數與平均數間的距離分別為 3、2、1、4，平均差為 2.5。

```
> ad0=abs (x-mean (x))
> ad0
[1] 3 2 1 4
```

```
> ad=mean (ad0)
> ad
[1] 2.5
```

離均差平方和為 30，表示四個正方形面積的總和，平均一個正方形的面積為 7.5。離均差平方和 (sum of square of deviation from the mean; [SS]) 簡稱 SS，其量數除以有效觀察值個數 N，所得的統計量為變異數 (variance)，樣本變異數符號以 S_X^2 表示：

$$S_X^2 = \frac{\Sigma(X-\bar{X})^2}{N} = \frac{\Sigma x^2}{N} = \frac{SS}{N} = \frac{30}{4} = 7.5$$

將變異數開平方根為平均正方形的邊長，此量數稱為標準差 (standard deviation; [SD])：

$$SD = \sqrt{\frac{\Sigma(X-\bar{X})^2}{N}} = \sqrt{\frac{\Sigma x^2}{N}} = \sqrt{\frac{SS}{N}} = \sqrt{\frac{30}{4}} = 2.7386$$。四個分數的 SS = 30，分數間的變異數為 7.5、標準差為 2.7386、平均數為 4，三個量數指的是樣本觀察值的統計量。

繪製上述離均差平方的圖示語法指令如下，使用函數 **rect ( )** 繪製方形、以函數 **arrows ( )** 繪製箭頭、以函數 **text ( )** 增列文字標記：

```
> plot (c (-4, 4), c (0, 8), type= "n", xlab = "", ylab = "",font=4)
> rect (-3,0,0,3,col="blue",density=60)
> rect (-2,0,0,2,col="black")
> rect (0,0,4,4,col="red",density=70)
> rect (0,0,1,1,col="gray")
> grid (col="gray50")    #增列格線
> arrows (0,4.5,4,4.5,angle=20,code=3,col="red",length=0.2)
> arrows (-3,3.5,0,3.5,angle=20,code=3,col="blue",length=0.2)
> text (2,5,"離均差= 4",font=2,cex=1.5) #增列「離均差= 4」的標記文字
> text (-1.5,4,"離均差= -3",font=2,cex=1.5) #增列「離均差= -3」的標記文字
```

R 圖形裝置器繪製的圖形如下，圖示中的平均數為 0，表示圖形均位移四個單位：

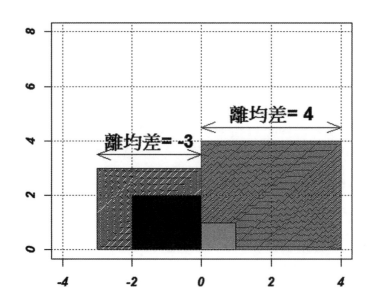

　　範例語法指令之正方形繪製函數 **rect (xleft, ybottom, xright, ytop)**，矩形四個引數 X 軸左邊、Y 軸底邊、X 軸右邊、Y 軸上方均以數值向量界定，矩形內部顏色的數值編碼為 1 至 4：

```
> plot (c (-4,4), c (0,6), type= "n", xlab = "", ylab = "",font=4)
> x.left=c (-3,-2,0,0)
> y.bottom=c (0,0,0,0)
> x.right=c (0,0,4,1)
> y.top=c (3,2,4,1)
> rect (x.left, y.bottom, x.right, y.top,col=c (1:4),lwd=2)
> grid (col="gray50")
> arrows (0,4.5,4,4.5,angle=20,code=3,col="red",length=0.2)
> arrows (-3,3.5,0,3.5,angle=20,code=3,col="blue",length=0.2)
> text (2,5,"離均差= 4",font=2,cex=1.5)
> text (-1.5,4,"離均差= -3",font=2,cex=1.5)
```

　　圖示為 R 圖形裝置器繪製的四個矩形面積：

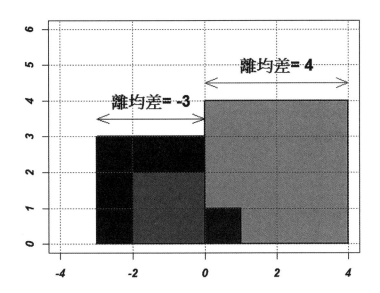

　　控制臺繪製之圖形平均數還原平均數等於 4 之語法指令，X 軸的座標均加上平均數量數，將圖形右移，正方形繪製在平均數等於 4 的兩側：

```
> x=c (1,2,5,8)
> mx=mean (x)
> plot (c (-4+mx, 4+mx), c (0, 8), type= "n", xlab ="",ylab="",font=4)
> rect (-3+mx,0,0+mx,3,col="blue",density=60)
> rect (-2+mx,0,0+mx,2,col="black")
> rect (0+mx,0,4+mx,4,col="red",density=70)
> rect (0+mx,0,1+mx,1,col="gray")
> grid (col="gray50")
> arrows (0+mx,4.5,4+mx,4.5,angle=15,code=3,col="red",length=0.2)
> arrows (-3+mx,3.5,0+mx,3.5,angle=20,code=3,col="blue",length=0.2)
> text (2+mx,5,"離均差= 4",font=2,cex=1.5)
> text (-1.5+mx,4,"離均差= -3",font=2,cex=1.5)
```

　　R 圖形裝置器繪製的圖形如下，圖示中的平均數為 4。假定四個樣本觀察值的分數分別為 1、2、5、8，離均差 $(X - \overline{X})$ 表示每位觀察值分數與平均數相差的距離，離均差值大於 0，樣本觀察值位在平均數的右邊；離均差值小於 0，樣本觀察值位在平均數的左邊。將各直線距離加以平方 $(X - \overline{X})^2$，量數值 (離均差平方) 為四個正方形面積，四個正方形的面積分別為 9、4、1、16，四個正方形面積的和稱為離均差平方和 (= 30)。SS = 30 為四個正方形面積的總和，一個正方形平均面積為 7.5。

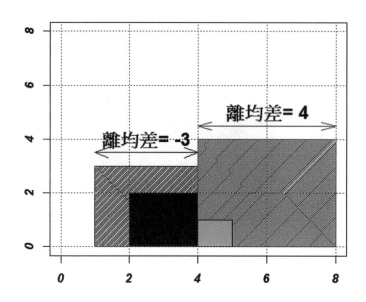

範例語法指令採用數值向量界定四個矩形的座標點，圖形的平均數為 4.0：

```
> plot (c (0,8), c (0,6), type= "n", xlab = "", ylab = "",font=4)
> x.left=c (-3,-2,0,0)+4
> y.bottom=c (0,0,0,0)
> x.right=c (0,0,4,1)+4
> y.top=c (3,2,4,1)
> rect (x.left, y.bottom, x.right, y.top,col=c (1:4),lwd=2)
> grid (col="gray50")
> text (4,5.5,"離均差平方和SS為四個方形的面積和=30",font=2,cex=1.2)
> text (4,4.5,"變異數為四個方形面積總和的平均=7.5",font=2,cex=1.2)
```

圖示為 R 圖形裝置器繪製的四個矩形區域的圖形：

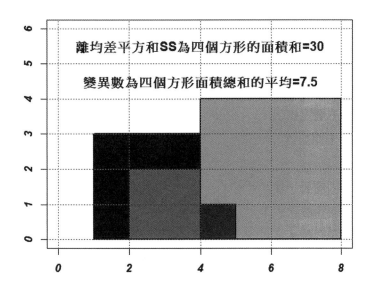

　　離均差平方和為四個正方形面積和的平均 (= 7.5)，正方形的邊長為離均差平方和的平方根值，量數值為 2.739：

```
> x=c (1,2,5,8)
> ss=sqrt (sum ((x-mean (x))^2)/length (x))
> ss=round (ss,3)
> plot (c (-4, 4), c (0, 8), type= "n", xlab = "", ylab = "",font=4)
> rect (0,0,ss,ss,density=45,col="blue")
> grid (col="gray50")
> arrows (0,ss+0.5,ss,ss+0.5,angle=20,code=3,col="red",length=0.2)
> text (1,ss+1.5,paste ("SD= ",ss),font=2,cex=1.2)
```

　　離均差平方和為四個正方形正積的總和，總面積愈大，表示群體的分數變異程度愈大，對應的正方形平均面積也愈大，四個正方形面積總和的平均值為一個正方形平均面積大小，此平均面積量數稱為變異數。範例中的變異數為 7.5，面積為 7.5 的正方形，其平方根 (邊長) 大小為 2.739，此量數值為標準差，標準差是離平均數中心點的平均距離長短，平均距離線離平均數點愈長，表示群體的分散程度愈大。

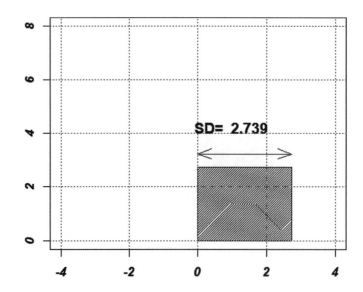

範例數值向量有 5 個樣本觀察值，測量值為 1、2、6、7、9，數值向量的平均數為 5.0，離均差量數為 -4、-3、1、2、4，離均差平方為 16、9、1、4、16，離均差平方和 SS 為 46，離均差平方和的平均為 9.2，5 個測量值的變異數為 9.2。

```
> xval=c (1,2,6,7,9)
> mean (xval)
[1] 5
> av.x=xval-mean (xval)
> av.x
[1] -4 -3 1 2 4
> ss= (av.x)^2
> ss
[1] 16 9 1 4 16
> sum (ss)
[1] 46
> mean (ss)
[1] 9.2
> var (xval)*4/5  #5個樣本觀察值的變異數統計量
[1] 9.2
> va r(xval)  #從樣本觀察值變異數統計量推估的母群體變異數
[1] 11.5
```

　　使用數值向量繪製測量值之離均差平方，以平均數 5.00 為中心點。正方形數值向量的界定方法：

1. 求出每個元素的離均差，離均差由小至大排列如：-4、-3、1、2、4。

2. X 軸左邊物件數值向量擷取離均差為負值者，離均差大於等於 0 之元素，數值內容均界定為 0，物件向量界定「=c (-4,-3,0,0,0)」，若中心點為平均數，則數值向量加上平均數物件變項。

3. Y 軸下方的數值向量元素均界定為 0，物件向量界定「=c (0,0,0,0,0)」。

4. X 軸右邊物件數值向量擷取離均差為正值者，離均差小於等於 0 之元素，數值內容均界定為 0，物件向量界定「=c (0,0,1,2,4)」，若中心點為平均數，則數值向量加上平均數物件變項。

5. Y 軸上方的數值向量元素為離均差量數的絕對值，物件向量界定「=abs (c (av.x))」。

```
> xval=c (1,2,6,7,9)
> x.mean=mean (xval)
> plot (c (0,10), c (0,6),type= "n", xlab = "", ylab = "",font=4)
> x.left=c (-4,-3,0,0,0)+x.mean #X軸左邊座標點
> y.bottom=c (0,0,0,0,0)  #Y軸下方座標點
> x.right=c (0,0,1,2,4)+x.mean #X軸右邊座標點
> y.top=abs (c (av.x))   #=c (4,3,2,1,4) #Y軸上方座標點
> rect (x.left, y.bottom, x.right, y.top,lwd=2) #繪製五個矩形
> grid (col="gray50") #增列格線
> abline (v=5,col="red",lty=2)   #增列平均數X軸=5的直線
> text (4.5,5.5,"離均差平方和SS為五個方形的面積和=46",font=2,cex=1.2)
> text (4.5,4.5,"變異數為五個方形面積總和的平均=9.2",font=2,cex=1.2)
```

　　圖示為 R 圖形裝置器繪製的五個矩形區域的圖形：

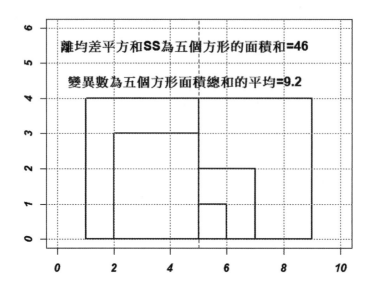

面積等於 9.2 的正方形,邊長長度為 3.033,3.033 為樣本觀察值的標準差 (分母為 N),以樣本觀察值標準差推估母群體的標準差,分母改為 N-1,標準差 母數為 3.391,若直接以樣本觀察值的標準差統計量 (S/SD) 作為母群體標準差量 數 (σ) 均會低估:

```
> sqrt (9.2)
[1] 3.03315
> sd (xval)
[1] 3.391165
```

範例數值向量有六個元素,數值向量平均數為 5,離均差量數為 -4、-3、 -2、1、3、5,依上述繪製正方形四個數值向量座標點的界定方法繪製六個正方 形區域:

```
> xval=c (1,2,3,6,8,10)
> mu=mean (xval)
> av.x=xval-x.mean
> av.x
[1] -4 -3 -2  1  3  5
> mu
[1] 5
```

語法範例的中心點 X 軸為 0：

```
> xval=c (1,2,3,6,8,10)
> mu=mean (xval)
> av.x=xval-mu
> plot (c (-5,5),c (0,6),type= "n", xlab="",ylab="",font=4)
> x.left=c (-4,-3,-2,0,0,0)
> y.bottom=c (rep (0,6))
> x.right=c (0,0,0,1,3,5)
> y.top=abs (c (av.x))
> rect (x.left, y.bottom, x.right, y.top,lwd=2.5)
> abline (v=0,col="blue",lty=3,lwd=3)
> grid (col="gray50")
```

圖示六個正方形面積的總和為離均差平方和，SS 量數 = 64，變異數 (分母為 N) 為 10.667，量數值大小為六個正方形面積加總的平均值：

```
> sum (av.x^2)
[1] 64
> var (xval)*5/6
[1] 10.66667
> 64/6
[1] 10.66667
```

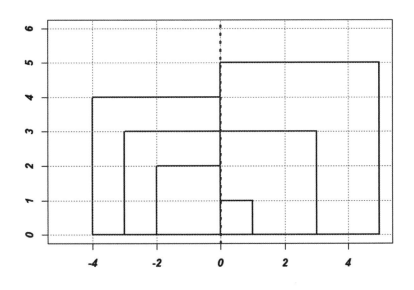

範例 X 軸引數均加上平均數，把所有圖形向右位移，中心點為平均數 5：

1	> xval=c (1,2,3,6,8,10)
2	> mu=mean (xval)
3	> av.x=xval-mu
4	> plot (c (-5,5)+mu,c (0,6),type= "n", xlab="",ylab="",font=4)
5	> x.left=c (-4,-3,-2,0,0,0)+mu
6	> y.bottom=c (rep (0,6))
7	> x.right=c (0,0,0,1,3,5)+mu
8	> y.top=abs (c (av.x))
9	> rect (x.left, y.bottom, x.right, y.top,lwd=2.5)
10	> abline (v=0+mu,col="blue",lty=3,lwd=3)
11	> grid (col="gray50")

第 4 列、第 5 列、第 7 列、第 10 列之 X 軸座標點加上平均數物件，中心點虛線之 X 軸量數等於 5。圖形交談窗繪製的圖形如下：

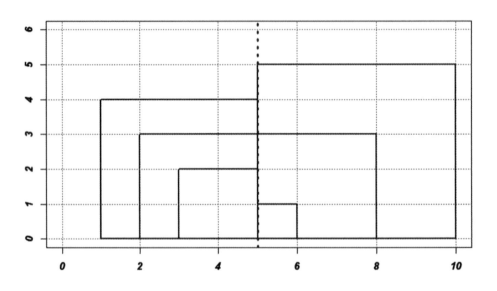

圖示為整合開發環境之命令稿視窗與主控臺視窗之介面：

```
   1  xval=c(1,2,3,6,8,10)
   2  mu=mean(xval)
   3  av.x=xval-mu
   4  plot(c(-5,5)+mu,c(0,6),type= "n", xlab="",ylab="",font=4)
   5  x.left=c(-4,-3,-2,0,0,0)+mu
   6  y.bottom=c(rep(0,6))
   7  x.right=c(0,0,0,1,3,5)+mu
   8  y.top=abs(c(av.x))
   9  rect(x.left, y.bottom, x.right, y.top,lwd=2.5)
  10  abline(v=0+mu,col="blue",lty=3,lwd=3)
  11  grid(col="gray50")
```

```
> xval=c(1,2,3,6,8,10)
> mu=mean(xval)
> av.x=xval-mu
> plot(c(-5,5)+mu,c(0,6),type= "n", xlab="",ylab="",font=4)
> x.left=c(-4,-3,-2,0,0,0)+mu
> y.bottom=c(rep(0,6))
> x.right=c(0,0,0,1,3,5)+mu
> y.top=abs(c(av.x))
> rect(x.left, y.bottom, x.right, y.top,lwd=2.5)
> abline(v=0+mu,col="blue",lty=3,lwd=3)
> grid(col="gray50")
```

不同數值向量情況下之變異數統計量：

```
> ss  #標準差統計量數
[1] 2.739
> var (c (5))  #只有一位觀察值無法估算變異數
[1] NA
> var (c (5,5))  #樣本的分數相同，變異數為0
[1] 0
> var (c (1,5))  #二個以上不同的分數才有變異數
[1] 8
```

　　變異數或標準差表示的是群體的變異/分散程度，群體中若只有一個樣本觀察值，沒有所謂的變異程度，R 軟體執行結果會回傳「NA」，因而估算變異程度量數時，群體中至少要有二個樣本觀察值。若是樣本觀察值的分數都相等 ($X = \overline{X}$)，則離均差平方量數 $(X - \overline{X})^2$ 會等於 0，離均差平方和 SS 也會等於 0，正方形面積總和的平均數量數為 0，對應的變異數量數等於 0，群體中的樣本觀察值沒

有變異情況 (標準差為 0)。

　　當群體中的樣本觀察值有二個以上，且樣本觀察值的分數間有不相同情況，變異數量數定會大於 0，變異數量數值愈大，群體的分散情況愈大。由於變異數是離均差平方和 (SS) 的平均值，因而變異數不可能為負數 (平均面積不可能小於 0)。推論統計中若出現變異數小於 0 的量數，表示輸出結果為不合理的參數，此種情況在結構方程模式中有可能會出現。

　　由於樣本是從母群體中抽取出來，當母群體愈大或無限大時，樣本觀察值的標準差 (s) 並非母群體標準差 (σ) 的不偏估計值，以樣本觀察值變異數或標準差推估母群體的變異數或標準差會「低估」。推論統計時，母群體的變異數 σ^2 或標準差 σ 母數值一般無法得知，此時會以樣本的變異數 s^2 或標準差 s 推估，但由於樣本觀察值的抽樣人數 N 與母群體的總數差距很大，因而從抽取觀察值個數等於 N 的樣本中計算所得的變異數或標準差，對於母群體分散程度的推估均會有低估情況，樣本的變異數 s^2 或標準差 s 無法真正反映母群體的變異程度，數理統計證明，若將原變異數公式中的分母 N 改為 N-1，所得的變異數量數可作為母群體變異數的不偏估計值，母群體變異數估計值公式為：

$$S_X^2 = \frac{\Sigma(X-\overline{X})^2}{N-1} = \frac{\Sigma x^2}{N-1} = \frac{SS}{N-1} = \hat{\sigma}_X^2$$

母群體標準差估計值公式為：

$$S_X = \sqrt{\frac{\Sigma(X-\overline{X})^2}{N-1}} = \sqrt{\frac{\Sigma x^2}{N-1}} = \sqrt{\frac{SS}{N-1}} = \hat{\sigma}_X$$

　　樣本的變異數與標準差量數如下，變異數量數之分子項為離均差平方和 (SS)、分母項為 N：

```
> x=c (1,2,5,8)
> svar=sum ((x-mean (x))^2)/length (x)
> ssd=sqrt (svar)
> svar
[1] 7.5
> ssd
[1] 2.738613
```
[說明]：如果 x 是樣本觀察值，求出的變異數 7.5、標準差 2.738，不能作為樣本觀察值母群體的變異程度，因為樣本觀察值的個數與實際母群體的樣本數差距很

大，以樣本觀察值的變異程度推估母群體的變異程度均會低估，但樣本統計量之變異數與標準差也可以作為樣本點 (sample point) 測量值間的分散情況或變異情形。

母群體變異數與標準差的估計值，變異數量數之分子項為離均差平方和 (SS)、分母項為 N-1：

```
> x=c (1,2,5,8)
> pss=sum ((x-mean (x))^2)/((length (x)-1))
> psd=sqrt (pss)
> pss
[1] 10
> psd
[1] 3.162278
```
[說明]：以樣本觀察值計算所得的變異數或標準差推估樣本母體的變異程度，母體的變異數為 **10.0**、標準差為 **3.162**。樣本觀察值之變異數統計量為 **7.5**、標準差為 **2.7386**，均比母群體的變異數與標準差參數小。

R 軟體中基本統計套件之變異數函數 **var ( )**、標準差函數 **sd ( )** 量數為母群體變異數 $\hat{\sigma}_X^2$ 與標準差 $\hat{\sigma}_X$ 的估計值，變異數量數之分子項為離均差平方和 (SS)、分母項為 N-1。

```
> x=c (1,2,5,8)
> var (x)
[1] 10
> sd (x)
[1] 3.162278
```
[說明]：**R** 軟體內定統計套件變異數 **var ( )** 函數與標準差 **sd ( )** 函數為母群體的參數，分母項為 **N-1** 而非 **N**，抽取四個樣本觀察值推估母體的變異數為 **10**、標準差為 **3.162**，母群體的量數稱為「母數」或「參數」**(parameter)**，樣本觀察值計算所得的量數稱為「統計量」**(statistic)**。

要將 R 軟體變異數函數 **var ( )** 所得的估計值 (分母項為 N-1) 轉換成分母為 N 時的變異數，使用下列公式轉換：

$$S^2 = \frac{N-1}{N} \times s^2$$
$$S = \frac{N-1}{N} \times s$$

```
> SVAR= (length (x)-1)/length (x)*var (x)
> SVAR
[1] 7.5
> SSD=sqrt ((length (x)-1)/length (x))*sd (x)
> SSD
[1] 2.738613
```

從一年級學生中抽取 10 位學生的數學成績，母群體參數估計值之變異數 (分母為 N-1)，函數名稱為 **var ( )** (統計軟體求出的量數值) 與樣本變異數 (分母為 N) 求法如下：

```
> score=c (50,45,60,70,62,80,85,78,64,90)
> var.n1=var (score)  #母群體變異數參數估計值 (分母為N-1)
> n=length (score)
> var.n=(n-1)/n*var.n1 #樣本變異數 (分母為N)
> var.n  #樣本變異數 (分母為 N)為198.84
[1] 198.84
> var.n1
[1] 220.9333 #母群體變異數 (分母為N-1) 為220.93
```

範例中樣本觀察值的變異數為 198.84，母群體的變異數估計值為 220.93，若以樣本變異數參數推估母群體變異數會低估 (198.84 < 220.93)。R 軟體之變異數與標準差函數採用的是母群體參數之估計值演算法，函數所得的參數值不必經過換算，即為母群變異數或標準差推估的不偏估計值，因其分母項採用的是「N-1」而非「N」。

標準差與變異數的特性如下：

1. 除非所有觀察值的分數都相等，否則標準差 (或變異數) 統計量大於 0。
2. 當標準差統計量數很小時，表示群體間的分散程度不大，多數觀察值的分數會落於平均數的附近。
3. 群體中元素加減一個常數 c，新數值變數的平均數會增減常數 c，但標準差與變異數不會改變。

```
> y1=c (5,4,9,2,1,3)
> y2=y1+3 #加常數3
```

```
> mean (y1)
[1] 4
> mean (y2)    # 平均數增加3
[1] 7
> var (y1)  #原數值變數物件y1的變異數等於8
[1] 8
> var (y2)  #y2變數物件的變異數等於8
[1] 8
> y3=y1-2
> var (y3)  #y3變數物件的變異數等於8
[1] 8
> round (sd (y1),3)  #計量變項物件y1的標準差為2.828
[1] 2.828
> round (sd (y2),3)  #計量變項物件y2的標準差為2.828
[1] 2.828
> round (sd (y3),3)  #計量變項物件y3的標準差為2.828
[1] 2.828
```

4. 群體中元素乘 (或除) 一個常數 c，新數值變數的平均數為原平均數乘 (或除) 常數 c，變異數為原數值的變異數乘 (或除) 常數 c 的平方倍：

```
> y4=y1*3
> mean (y4)        # 平均數=原平均數乘以常數3
[1] 12
> var (y4)      # 變異數=原變異數乘以常數3的平方倍=8×9
[1] 72
> round (sd (y4),3)  #計量變項物件y4的標準差
[1] 8.485
> round (sd (y1),3)*3  #計量變項物件y4的標準差為原標準差量數的3倍
[1] 8.484
```

除以常數 2 的結果為：

```
> y5=y1/2
> mean (y5)  # 平均數=原平均數除以常數2=4÷2
[1] 2
> var (y5)  # 變異數=原變異數除以常數2的平方倍=8÷4
[1] 2
> round (sd (y1),3)/2
```

```
[1] 1.414
> round (sd (y5),3) #計量變項y5的標準差為原標準差量數的1/2倍
[1] 1.414
```

　　研究論文或期刊中之描述性統計量只提供組別觀察值的個數、平均數、標準差，沒有提供全體樣本觀察值的描述性統計量，使用者可以根據個別群體的描述性統計量，將個別群體的描述性統計量合併。

　　範例語法指令為二個群體量數平均數的合併，第一個群體 N1 = 5、第二個群體 N2 = 10，平均數合併程序為各組平均數乘以該組樣本數，將量數加總後除以總樣本數 (N = N1 + N2)：

```
> set.seed (12345)
> xval=round (runif (15,0,1)*10,0) #隨機產製15個0至10間的整數
> x1.v=xval [1:5]    #第一個群體包含前面5個元素
> x2.v=xval [6:15] #第二個群體包含第6個至第15個元素
> print (x1.v)
[1] 7 9 8 9 5
> print (x2.v)
 [1]  2  3  5  7 10  0  2  7  0  4
> w=c (length (x1.v),length (x2.v)) #求出各群體的個數
> m=c (mean (x1.v),mean (x2.v)) #求出各群體的平均數
> x3.m= sum (m*w)/sum (w) #求出合併後的總平均數
> print (x3.m) #合併後的總平均數
[1] 5.2
> print (mean (xval)) #總樣本數N為15的平均數
[1] 5.2
```

　　上述二個群體合併的平均數程序，第一個群體的平均數為 7.6、標準差為 1.673、樣本觀察值個數為 5；第二個群體的平均數為 4、標準差為 3.266、樣本觀察值個數為 10，以個別群體描述性統計量計算合併後的平均數為 5.20 (以 15 位樣本觀察值原始測量值計算之平均數也為 5.20)：

```
> set.seed (12345)
> xval=round (runif (15,0,1)*10,0)
> g1=xval [1:5]
> g2=xval [6:15]
> m1=round (mean (g1),3)    # 界定群體1平均數=7.6
```

```
> m2=round (mean (g2),3) #界定群體2平均數=4.0
> s1=round (sd (g1),3)  #界定群體1標準差=1.673
> s2=round (sd (g2),3) #界定群體2標準差=3.266
> n1=length (g1) #界定群體1樣本數n1=5
> n2=length (g2) #界定群體2樣本數n2=5
> mt= (m1*n1+m2*n2)/(n1+n2)
> cat ("群組1樣本數=",n1,"--平均數=",m1,"--標準差=",s1,"\n")
群組1樣本數= 5 --平均數= 7.6 --標準差= 1.673
> ca t("群組2樣本數=",n2,"--平均數=",m2,"--標準差=",s2,"\n")
群組2樣本數= 10 --平均數= 4 --標準差= 3.266
> cat ("合併後樣本數=",n1+n2,"--合併後平均數=",mt,"\n")
合併後樣本數= 15 --合併後平均數= 5.2
```

　　根據各群體描述性統計量，要計算合併群組後的平均數，採用數值向量的物件變項更為簡便。二個元素相同的數值向量可以相乘，相乘的量數也為數值向量，配合使用 sum ( ) 函數可以求出各組平均數乘以該組樣本數的加總值：

```
> mc=c (7.6,4.0) #界定平均數向量
> sc=c (1.673,3.266) #界定標準差向量
> nc=c (5,10)  #界定個數向量
> mt=sum (mc*nc)/sum (nc) #平均數向量乘以個數向量除以總樣本數
> cat ("群組1樣本數=",nc [1],"--平均數=",mc [1],"--標準差=",sc [1],"\n")
群組1樣本數= 5 --平均數= 7.6 --標準差= 1.673
> cat ("群組2樣本數=",nc[2],"--平均數=",mc [2],"--標準差=",sc [2],"\n")
群組2樣本數= 10 --平均數= 4 --標準差= 3.266
> cat ("合併後樣本數=",sum (nc),"--合併後平均數=",mt,"\n")
合併後樣本數= 15 --合併後平均數= 5.2
```

　　範例為三個群體個別的測量值：

```
> set.seed (12345)
> xval=round (runif (20,0,1)*10,0)
> g1=xval [1:8]
> g2=xval [9:15]
> g3=xval [16:20]
> print (g1)
[1] 7 9 8 9 5 2 3 5
> print (g2)
[1]  7 10  0  2  7  0  4
```

```
> print (g3)
[1] 5 4 4 2 10
> round (mean (xval),3)    # 全部樣本觀察值之平均數
[1] 5.15
```

以向量運算方式，計算三個群體合併後的平均數，平均數統計量 = 5.1501。

```
> mc=c (6.000,4.286,5.000)
> sc=c (2.673,3.861,3.000)
> nc=c (8,7,5)
> mt=sum (mc*nc)/sum (nc)
> cat ("群組1樣本數=",nc [1],"--平均數=",mc [1],"--標準差=",sc [1],"\n")
群組1樣本數= 8 --平均數= 6 --標準差= 2.673
> cat ("群組2樣本數=",nc [2],"--平均數=",mc [2],"--標準差=",sc [2],"\n")
群組2樣本數= 7 --平均數= 4.286 --標準差= 3.861
> ca t("群組3樣本數=",nc [3],"--平均數=",mc [3],"--標準差=",sc [3],"\n")
群組3樣本數= 5 --平均數= 5 --標準差= 3
> cat ("合併後樣本數=",sum (nc),"--合併後平均數=",mt,"\n")
合併後樣本數= 20 --合併後平均數= 5.1501
```

二個群體標準差或變異數的合併不能採用上述的程序。假設符號 N、M、S^2、S 分別表示樣本數、平均數、變異數與標準差統計量，則變異數或標準差合併的公式為 (吳裕益，2007)：

變異數 (分母為 N-1)：$S_T^2 = \left[\Sigma(N_i-1)S_i^2 + \Sigma N_i(M_i-M_t)^2\right]/(N_t-1)$

標準差 (分母為 N-1)：$S_T = \sqrt{\left[\Sigma(N_i-1)S_i^2 + \Sigma N_i(M_i-M_t)^2\right]/(N_t-1)}$

運算式中的 M_t 為群組合併後的平均數、N_t 為群組合併後的樣本數。

變異數 (分母為 N)：$S_T^2 = \left[\Sigma N_i S_i^2 + \Sigma N_i(M_i-M_t)^2\right]/N_t$

標準差 (分母為 N)：$S_T = \sqrt{\left[\Sigma N_i S_i^2 + \Sigma N_i(M_i-M_t)^2\right]/N_t}$

計算多個群體合併後變異數需用到離均差平方和 (SS)，離均差平方和為 Σ(個別測量值 – 平均數)^2 = $\Sigma(X-\bar{X})^2$，在變異數分析程序中，總離均差平方和 = 組間離均差平方和 + 組內離均差平方和。總離均差平方和為全部受試者測量值與總平均數 (grand mean) 差異值的平方之加總值，組間離均差平方和為各群組平均數 (group mean) 與總平均數差異值的平方和之加總值，組內離均差平方和為各

組受試者測量值與該組平均數差異值的平方和之加總值。三個離均差平方和以符號表如下：

$$SS_T = SS_B + SS_W$$

總離均差平方和　$SS_T = \Sigma(X_{ij} - \bar{X}_T)^2$
組間離均差平方和　$SS_B = \Sigma\Sigma(\bar{X}_{.j} - \bar{X}_T)^2$
組內離均差平方和　$SS_W = \Sigma\Sigma(X_{ij} - \bar{X}_{.j})^2$

運算式中 X_{ij} 為 j 個群組第 i 個觀察值的分數 (測量值)、$\bar{X}_{.j}$ 為第 j 個群組的平均數、$\bar{X}_T$ 為總平均數。

母群變異數估計值 $= \dfrac{\Sigma(X - \bar{X})^2}{N-1} = \dfrac{SS}{N-1}$，SS = (N – 1) × 母群變異數估計值 = (N – 1) × 標準誤的平方，將各群組內的 SS 相加，量數即為 SS_W；由於群體合併後的總平均數 $M_t(\bar{X}_T)$ 可以根據各群體的組平均數與樣本數估算，因而組間離均差平方和 $\Sigma\Sigma(\bar{X}_{.j} - \bar{X}_T)^2$ 也可計算，量數值為 $\Sigma N_i(M_i - M_t)^2$。

以二個群體為例，第一個群體的平均數 M1、標準差為 S1，樣本數為 N1；第二個群體的平均數為 M2、標準差為 S1、樣本數為 N1，則全部樣本數 N = N1 + N2，合併後的平均數 MT = (N1M1 + N2M2)/(N1 + N2)，合併後的變異數 (分母為 N) 為：

$$S_T^2 = N1S1^2 + N2S2^2 + N1(M1 - MT)^2 + N2(M2 - MT)^2 / (N1 + N2)$$

分母為 N-1 之變異數 $S_T^2 = (N1-1)S1^2 + (N2-1)S2^2 + N1(M1 - MT)^2 + N2(M2 - MT)^2 / (N1 + N2 - 1)$。

求出上述範例二個群體合併後的標準差與變異量統計量 (分母為 N-1)，群組合併後變異數 = 10.743、群組合併後的標準差 = 3.278，採用 15 位樣本觀察值原始測量值計算所得的變異數為 10.743、標準差為 3.278。

```
> set.seed (12345)
> xval=round (runif (15,0,1)*10,0)
> g1=xval [1:5]
> g2=xval [6:15]
> m1=mean (g1)
> m2=mean (g2)
> s1=sd (g1)
```

```
> s2=sd (g2)
> n1=length (g1)
> n2=length (g2)
> mt=(m1*n1+m2*n2)/(n1+n2)
> ss1=(n1-1)*s1^2+(n2-1)*s2^2
> ss2=n1*(m1-mt)^2+n2*(m2-mt)^2
> var.t=(ss1+ss2)/(n1+n2-1)
> cat ("群組1變異數=",round (s1^2,3),"--標準差=",round (s1,3),"\n")
群組1變異數= 2.8 --標準差= 1.673
> cat ("群組2變異數=",round (s2^2,3),"--標準差=",round (s2,3),"\n")
群組2變異數= 10.667 --標準差= 3.266
> cat ("合併後變異數=",round (var.t,3),"--標準差=",round (sqrt (var.t),3),"\n")
合併後變異數= 10.743 --標準差= 3.278
> cat ("原始資料變異數=",round (var (xval),3),"--標準差=",round (sd (xval),3),"\n")
原始資料變異數= 10.743 --標準差= 3.278
```

範例群體個數為三，每個群體樣本平均數為 6.00、4.286、5.000。

```
> set.seed (12345)
> xval=round (runif (20,0,1)*10,0)
> g1=xval [1:8]
> g2=xval [9:15]
> g3=xval [16:20]
> summary (g1)
   Min.   1st Qu.   Median   Mean   3rd Qu.   Max.
   2.00    4.50      6.00     6.00    8.25     9.00
> summary (g2)
   Min.   1st Qu.   Median   Mean   3rd Qu.   Max.
   0.000   1.000     4.000    4.286   7.000    10.000
> summary (g3)
   Min.   1st Qu.   Median   Mean   3rd Qu.   Max.
    2        4         4        5       5        10
> sd (g1)
[1] 2.672612
> sd (g2)
[1] 3.860669
> sd (g3)
[1] 3
```

範例語法指令以數值向量方式界定群組的平均數、標準差、樣本數，各數值向量元素的擷取使用「向量變項 [X]」語法，根據三個群體描述性統計量求出合併後的變異數與標準差量數。範例第五列語法指令以 (群組個數 − 1) × (群組標準差平方) 算式求出各群組內離均差平方和，將三個組內離均差平方和相加，量數值為 SS_W。第六列以 (群組個數) × (群組平均數 − 總平均數後的平方值) 求出組間離均差平方和，將三個組間離均差平方和相加，量數值為 SS_B。第七列以總離均差平方和 (組間離均差平方和 + 組內離均差平方和) 量數除以總樣本數 − 1 (N − 1)，所得的商為合併後的變異數：

```
> mc=c (6.000,4.286,5.000)　#界定三個群體的平均數向量變項
> sc=c (2.673,3.861,3.000)  #界定三個群體的標準差向量變項
> nc=c (8,7,5) #界定三個群體的樣本觀察值個數向量變項
> mt=sum (mc*nc)/sum (nc) #求出合併後的總平均數
> ss1= (nc [1]-1)*sc [1]^2+(nc [2]-1)*sc [2]^2+ (nc [3]-1)*sc [3]^2
> ss2=nc [1]*(mc [1]-mt)^2+nc [2]*(mc [2]-mt)^2+nc [3]*(mc [3]-mt)^2
> var.t= (ss1+ss2)/(sum (nc)-1)
> cat ("群組1變異數=",round (sc [1]^2,3),"--標準差=",round (sc [1],3),"\n")
群組1變異數= 7.145 --標準差= 2.673
> cat ("群組2變異數=",round (sc [2]^2,3),"--標準差=",round (sc [2],3),"\n")
群組2變異數= 14.907 --標準差= 3.861
> cat ("群組3變異數=",round (sc [3]^2,3),"--標準差=",round (sc [3],3),"\n")
群組3變異數= 9 --標準差= 3
> cat ("合併後變異數=",round (var.t,3),"--標準差=",round (sqrt (var.t),3),"\n")
合併後變異數= 9.82 --標準差= 3.134
> cat ("原始資料變異數=",round (var (xval),3),"--標準差=",round (sd (xval),3),"\n")
原始資料變異數= 9.818 --標準差= 3.133
```

由於二個向量間的四則運算是元素對應元素，組內離均差平方和 ss1 與組間離均差平方和 ss2 可以直接以向量界定運算式，研究者在使用時，只要更改第一列平均數向量、第二列標準差向量、第三列群體樣本數向量即可求出合併後的變異數與標準差統計量：

```
> mc=c (6.000,4.286,5.000)
> sc=c (2.673,3.861,3.000)
> nc=c (8,7,5)
> mt=sum (mc*nc)/sum (nc)
> ss1=sum ((nc-1)*sc^2)
> ss2=sum (nc*(mc-mt)^2)
```

```
> var.t=(ss1+ss2)/(sum (nc)-1)
> cat ("合併後變異數=",round (var.t,3),"--標準差=",round (sqrt (var.t),3),"有效觀察值
  N=",sum (nc),"\n")
合併後變異數= 9.82 --標準差= 3.134 有效觀察值N= 20
```

範例語法指令建立因子變項 vfact，因子變數為三分類別變項，水準數值編碼為 1、2、3；依變項 yval 為計量變數，觀察值資料為三個群體元素的測量值：

```
> vfact=factor (c (rep (1,8),rep (2,7),rep (3,5)))
> yval=c (g1,g2,g3)
> vfact
 [1] 1 1 1 1 1 1 1 1 2 2 2 2 2 2 2 3 3 3 3 3
Levels: 1 2 3
> yval
 [1] 7 9 8 9 5 2 3 5 7 10 0 2 7 0 4 5 4 4 2 10
```

使用函數 aov (依變數~因子變項) 建立單因子變異數分析模式物件，以函數 anova ( ) 輸出變異數分析摘要表：

```
> v.aov=aov (yval~vfact)
> anova (v.aov)
Analysis of Variance Table
Response: yval
          Df    Sum Sq    Mean Sq    F value    Pr (>F)
vfact      2    11.121    5.5607     0.5389     0.5931
Residuals 17   175.429   10.3193
```
[說明]：摘要表的組間離均差平方和統計量為**11.121**、組內離均差平方和統計量為**175.429**。
```
> v.anova=anova (v.aov)
> names (v.anova)
[1] "Df"    "Sum Sq"  "Mean Sq" "F value" "Pr (>F)"
> v.anova [2]
          Sum Sq
vfact      11.121
Residuals 175.429
> sum (v.anova [2])
[1] 186.55
```
[說明]：函數 **anova ( )** 建立的物件變項共有5個直行，第**2**個直行為離均差平方和 (SS)，使用函數 **sum ( )** 將原物件變項的第二個元素相加，量數值=**186.55**，此量數

值為總離均差平方和。總離均差平方和除以自由度 **(N-1)** 的統計量為變異數，變異數統計量=**9.818421**，四捨五入至小數第二位為 **9.82**。

```
> var (xval)
[1] 9.818421
> 186.55/19
[1] 9.818421
> sum (v.anova [2])/sum (v.anova [1])
[1] 9.818421
```

　　求出合併語法指令列之物件變項 ss1、ss2 的量數值，二個量數值為 175.458、11.118，統計量在單因子變異數分析模式中分別為組間離均差平方和、組內離均差平方和，以描述性統計量計算總離均差平方和為 186.576 (與模式計算所得的差異值為四捨五入造成的誤差)。

```
> round (ss1,3)
[1] 175.458
> round (ss2,3)
[1] 11.118
> round (ss1+ss2,3)
[1] 186.576
```

　　範例使用常態分配 **rnorm ( )** 函數 (平均數等於 50、標準差等於10) 隨機抽取 100 個整數，100 個觀察值分成四個群體，各群體樣本觀察值個數分別為 25、25、30、20：

```
> set.seed (12345)
> xval=round (rnorm (100,50,10),0)
> xval
  [1] 56 57 49 45 56 32 56 47 47 41 49 68 54 55 42 58 41 47 61 53 58 65 44 34
 [25] 34 68 45 56 56 48 58 72 70 66 53 55 47 33 68 50 61 26 39 59 59 65 36 56
 [49] 56 37 45 69 51 54 43 53 57 58 71 27 51 37 56 66 44 32 59 66 55 37 51 42
 [73] 40 73 64 59 58 42 55 60 56 60 47 75 60 69 57 47 55 58 40 41 69 46 40 57
 [97] 45 72 44 43
> g1=xval [1:25]
> g2=xval [26:50]
> g3=xval [51:80]
> g4=xval [81:100]
> mc=c (mean (g1),mean (g2),mean (g3),mean (g4))
```

```
> sc=c (sd (g1),sd (g2),sd (g3),sd (g4))
> round (mc,3)   #四個群體的平均數
[1] 49.96 53.56 52.50 54.05
> round (sc,3)
[1] 9.480 12.265 11.646 11.124  #四個群體的標準差
```

根據四個群體的平均數、標準差、樣本數三項描述性統計量求出合併後的變異數與標準差：

```
> mc=c (mean (g1),mean (g2),mean (g3),mean (g4))
> sc=c (sd (g1),sd (g2),sd (g3),sd (g4))
> nc=c (25,25,30,20)
> mt=sum (mc*nc)/sum (nc)
> ss1=sum ((nc-1)*sc^2)
> ss2=sum (nc*(mc-mt)^2)
> var.t= (ss1+ss2)/(sum (nc)-1)
> cat ("合併後變異數=",round (var.t,3),"--標準差=",round (sqrt (var.t),3),"--有效觀察
    值 N=",sum (nc),"\n")
合併後變異數= 124.128 --標準差= 11.141 --有效觀察值N= 100
```

以 100 位樣本觀察值之測量值求出總樣本的標準差與變異數統計量，標準差 (分母為 N-1) 為 11.141、變異數為 124.128。以四個群體之描述性統計量求出的變異數及標準差與使用原始數據資料求出的統計量相同。如果四個群體標準差統計量先四捨五入，則個別群體合併後的變異量數會有稍許差異，此差異是四捨五入造成的差異量。

```
> round (sd (xval),3)
[1] 11.141
> round (var (xval),3)
[1] 124.128
> length (xval)
[1] 100
```

範例四個群體的標準差統計量取到小數第六位，組內離均差平方和 $SS_W = 12051.57$、組間離均差平方和 $SS_B = 237.07$，變項 ss1 + 變項 ss2 為總離均差平方和 $SS_T = ss1 + ss2 = 12051.57 + 237.07 = 12288.64$：

```
> sc
[1]  9.480155 12.264719 11.646370 11.123588
> ss1
[1] 12051.57
> ss2
[1] 237.07
```

假設四個群體的因子變項為年級 (year)，年級因子變項四個水準數值編碼為 1、2、3、4，使用基本統計套件函數 **aov ( )** 執行單因子變異數分析程序，配合 **anova ( )** 函數輸出變異數分析摘要表：

```
> set.seed (12345)
> xval=round (rnorm (100,50,10),0)
> year=factor (c (rep (1,25),rep (2,25),rep (3,30),rep (4,20)))
> yval=xval
> table (year)
year
 1  2  3  4
25 25 30 20
> v.aov=aov (yval~year)
> anova (v.aov)
Analysis of Variance Table
Response: yval
```

	Df	Sum Sq	Mean Sq	F value	Pr (>F)
year	3	237.1	79.023	0.6295	0.5977
Residuals	96	12051.6	125.537		

從變異數分析摘要表可以發現：組間離均差平方和為 237.1、組內離均差平方和為 12051.6，與採用個別群體描述性統計量計算所得之組間離均差平方和 (ss2 = 237.07)、組內離均差平方和 (ss1 = 12051.57) 量數相同。變異數分析的總自由度等於組間自由度 3 加上組內 (殘差) 自由度 96 = 99 = N − 1 = 100 − 1，總離均差平方和除以自由度為變異數統計量 = $SS_T \div df = SS_T \div (N − 1)$ = (237.1 + 12051.6)/99 = 124.1283，變異數平方根為標準差統計量 (分母為 N − 1)。

四個群體的標準差先四捨五入至小數第二位，統計量為 9.48、12.26、11.65、11.12，合併後的變異數為 124.108 (未四捨五入時為 124.128)、標準差為 11.14 (未四捨五入時為 11.141)

```
> mc=c (mean (g1),mean (g2),mean (g3),mean (g4)) #mc=c (49.96,53.56,52.50,54.05)
> sc=round (c (sd (g1),sd (g2),sd (g3),sd (g4)),2) #sc=c (9.48,12.26,11.65,11.12)
> sc
[1]  9.48 12.26 11.65 11.12
> nc=c (25,25,30,20)
> mt=sum (mc*nc)/sum (nc)
> ss1=sum ((nc-1)*sc^2)
> ss2=sum (nc*(mc-mt)^2)
> var.t= (ss1+ss2)/(sum (nc)-1)
> cat ("合併後變異數=",round (var.t,3),"--標準差=",round (sqrt (var.t),3),"--有效觀察
    值N=",sum (nc),"\n")
合併後變異數= 124.108 --標準差= 11.14 --有效觀察值 N= 100
```

參、四分差與百分位數

　　另一個表示群體變異程度的量數為四分差 (quartile diveation; [Q]) 或四分位差，或四分位數全距 (quartile range)。四分差是第 3 個四分位數與第 1 個四分位數差異值再除以 2 之量數，以公式表示為：$Q = \dfrac{Q_3 - Q_1}{2}$。$Q_3 - Q_1$ 稱為「內四分位數全距」(interquartile range; [IQR])，四分差 Q 又稱為「半內四分位數全距」(semi- interquartile range)。第 2 個四分位數 Q_2 是量數中最中間的分數，即中位數 (Md)，第 2 個四分位數位於 $\dfrac{2N}{4}$ 處，第 1 個四分位數位於群體中 $\dfrac{1N}{4}$ 位置、第 3 個四分位數位於群體中 $\dfrac{3N}{4}$ 位置，Q_1、Q_2、Q_3 四分位數都是一個分數點，Q_2 分數點以上的分數至 Q_3 分數點的樣本觀察值占 25%、Q_2 分數點以下的分數至 Q_1 分數點的樣本觀察值占 25%，Q 是「Q_1 至 Q_2」以及「Q_2 至 Q_3」兩段距離的平均數，因而所謂四分差即是 Q_1 至 Q_3 間的一半距離，此段距離愈大，表示群體的變異程度愈大，此段距離愈小，群體的分散程度愈小。不管原始資料分配為何種型態，$Q_3 - Q_1$ 內樣本觀察值會占總樣本數的 50%，第 3 個四分位數以上與第 1 個四分位數以下的樣本觀察值各占總樣本數的 25%。

　　四分位數與四分差的圖示如下：

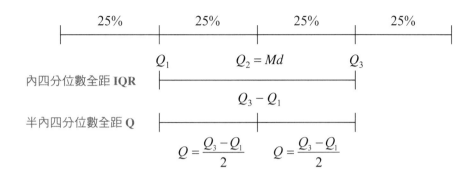

　　將數值由小至大排列後，分割成四個等分，得到三個分割點，每一個分割點稱為四分位數 (quartile)，三個分割點分別稱為第 1 個四分位數、第 2 個四分位數、第 3 個四分位數。若是將數值分成九個分割點，每一個分割點稱為十分位數 (decile)，九個分割點分別稱為第 1 個十分位數、第 2 個十分位數、⋯⋯、第 9 個十分位數。百分位數 (percentile points) 即將數值分為 100 個等分，共有 99 個分割點，每個分割點稱為第 1 百分位數、第 2 百分位數、⋯⋯、第 98 百分位數、第 99 百分位數，百分位數通常以符號 P_p 表示，$p = 1$、2、3、⋯⋯、98、99，若有效觀察值為 N，第 1 個百分位數指的是群體中第 $\dfrac{1 \times N}{100}$ 個人所在位置的分數，第 25 個百分位數指的是群體中第 $\dfrac{25 \times N}{100}$ 個人所在位置的分數；第 50 個百分位數指的是群體中第 $\dfrac{50 \times N}{100}$ 個人所在位置的分數；第 75 個百分位數指的是群體中第 $\dfrac{75 \times N}{100}$ 個人所在位置的分數，百分位數 75 即有 75% 的測量值在分數點之下。

　　第 25 個百分位數、第 50 百分位數、第 75 個百分位數分別相當於第 1 個四分位數、第 2 個四分位數 (中位數)、第 3 個四分位數。百分位數與四分位數都是一個量數值 (分數)，$Q_1 = P_{25}$，表示此分割點以下的人數占總人數的四分之一或 25%；$Q_2 = P_{50}$，表示此分割點以下的人數占總人數的四分之二或 50%；$Q_3 = P_{75}$，表示此分割點以下的人數占總人數的四分之三或 75%。四分位數與百分位數都是一種相對地位量數 (measure of relative position)。百分位數的求法 (戴永久，2006)：

若是 $\dfrac{N_p}{100}$ 不是整數，則 $P_p = \dfrac{N_p}{100} + 1$

若是 $\dfrac{N_p}{100}$ 為整數，則 $P_p = \left[\dfrac{N_p}{100} + \left(\dfrac{N_p}{100} + 1 \right) \right]$

部分統計書籍計算各四分位數的所在位置為：第 $\frac{N}{4}$、$\frac{3N}{4}$ 個位置之分數作為第 1 個四分位數與第 3 個四分位數量數。

百分位數 P_p 與百分等級 (percentile rank) 是可以相互轉換的，百分位數指的是觀察值個體在團體 100 個等級中要勝過 p 個等級時，他的分數要多少分，百分位數是一個計量測量或是一個分數，它不是等級。如 P_{90} = 87，表示第 90 個百分位數是 87 分，觀察值個體的分數想要高過 (或贏過) 團隊中 90% 的人，他的分數必須達 87 分，或是 100 個人中，有 90 個的分數小於 87 分，百分等級 PR = 90。以 P_{10} = 25 為例，表示百分位數 10 的分數為 25 分，PR = 10，群體中若有 100 位觀察值，約有 10 位觀察值的分數小於 25 分，即測量值為 25 分之觀察值個體，群體中約有 10% 的觀察值分數小於他。百分位數 P_p 指的是一百個個體中第 p 個人所得的分數，個體以下的分數次數占總樣本數約 p%，百分位數或四分位數代表的一個測量值 (分數)。

語法指令繪製常態曲線之 Q_1、Q_2、Q_3 線圖，第 1 個四分位數、第 2 個四分位數、第 3 個四分位數對應的 CDF 值分別為 .25、.50、.75，數值向量變數為 pval，使用函數 **qnorm (pval)** 語法求出累積機率密度值對應的 z 分位數為 -0.67、0.00、0.67：

```
> pval=c (.25,.50,.75)
> qnorm (pval)
[1] -0.6744898  0.0000000  0.6744898
```

三個分位數增列使用 **dnorm ( )** 函數求出對應的機率密度值 (Y 軸數值) 為 0.3178、0.3989 (曲線最高點)、0.3178：

```
> dnorm (zval)
[1] 0.3177766 0.3989423 0.3177766
> dnorm (qnorm (pval,0,1))
[1] 0.3177766 0.3989423 0.3177766
```

直線繪圖函數 **lines ( )** 中的座標使用數值變數 [ ] 語法擷取數值向量元素 zval [1] 的參數值為 -0.67、yval [1] 的參數值為 0.32：

```
> zval [1]
[1] -0.6744898
> yval [1]
[1] 0.32
```

R 主控臺「**lines (c (zval [1],zval [1]),c (0,yval [1]),lwd=2,col="blue")**」語法指令列的直線座標為：

「**lines (c (-0.67,-0.67),c (0,0.32),lwd=2,col="blue")**」，起始座標點為 (-0.67,0)、結束座標點為 (-0.67,0.32)。

R 主控臺完整的函數語法指令為：

```
> xval=seq (-3,3,length=120)   #界定 X 軸為標準分數，數值 -3 至 +3
> yrange=c (-0.3,0.4)
> yval=dnorm (xval)  #X軸標準分數對應的機率密度值
> plot (xval,yval,lwd=3,type="l",col="red",ylim=yrange)    # 繪製常態曲線圖
> lines (c (0,0),c (0,dnorm (0)),lwd=2)
> abline (h=0) #繪製Y軸數值等於0的水平線
> pval=c (.25,.50,.75)
> zval=qnorm (pval)
> yval=round (dnorm (zval,0,1),2)
> lines (c (zval [1],zval[1]),c (0,yval [1]),lwd=2,col="blue")
> lines (c (zval [2],zval[2]),c (0,yval [2]),lwd=2,col="blue")
> lines (c (zval [3],zval[3]), c(0,yval [3]),lwd=2,col="blue")
> text (zval,-0.2,labels=paste (c ("Q1","Q2","Q3")),font=2)
> arrows (zval [1],-0.1,zval [3],-0.1,code=3,angle=20,length=.15)
> grid (col="gray")
```

R 圖形交談窗繪製之常態曲線的 Q_1、Q_2、Q_3 圖如下，曲線中四個區塊面積各占 25%，Q_1 到 Q_3 區域面積占總面積的 50%，二個分位數點的差異值稱為「內四分位數全距 ($Q_3 - Q_1$)，Q_1 以下的面積占 25%、Q_3 以上的面積占 25%。

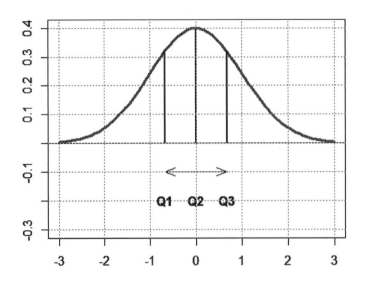

　　基本統計套件函數 **quantile ( )** 在於求出界定機率值的分位數，機率值引數 probs 的參數值介於 0 至 1 之間，第 1 個四分位數的機率值為 .25、第 3 四分位數的機率值為 .75。內定型態引數 type 的參數值為 7，數值變數的參數值可以界定為 4 至 9、間斷變數的參數值範圍為 1 至 3，函數基本語法為：

quantile (x, probs = seq (0, 1, 0.25), type = 7)

　　範例數值變數以常態分配隨機抽取函數 **rnorm ( )** 抽取平均數等於 50、標準差等於 10 的 20 個觀察值：

```
> set.seed (12345)
> x=round (rnorm (20,50,10),0)
> sx=sort (x)
> sx
 [1] 32 41 41 42 45 47 47 47 49 49 53 54 55 56 56 56 57 58 61 68
> quantile (x,.25)  #第1個四分位數 (第25個百分位數)
25%
46.5
> quantile (x,.50)  #第2個四分位數 (第50個百分位數)
50%
  51
> quantile (x,.75)  #第3個四分位數 (第75個百分位數)
75%
  56
```

```
> median (x)  #中位數--第2個四分位數 (第50個百分位數)
[1] 51
```

　　第 1 個四分位數量數為 46.5、第2個四分位數量數為 51 (量數值為中位數)、第 3 個四分位數量數為 56。函數 **quantile ( )** 中的引數 probs 可以界定多個四分位數的數值：

```
> quantile (sx,probs=c (.25,.50,.75))
 25%      50%       75%
46.5     51.0      56.0
```

　　函數 **quantile ( )** 引數 probs 直接以百分位數表示：

```
> quantile (x,probs=c (25,50,75)/100)
 25%      50%       75%
46.5     51.0      56.0
```

　　語法指令界定求出數值變數第 10 個百分位數、第 30 個百分位數、第 70 個百分位數、第 90 個百分位數：

```
> quantile (x,probs=c (10,30,70,90)/100)
 10%      30%       70%       90%
41.0     47.0      56.0      58.3
```

　　第 1 個四分位數的位置為 $N \times P = 20 \times (1/4) = 5$，$Q_1$ 為第 5 個位數與第 6 個位數量數的平均數為 46 (R 軟體第 1 個四分位數值為 46.5，為其採用的運算式不同)。

```
> mean (sx [5:6])
[1] 46
```

　　第 2 個四分位數的位置為 $N \times P = 20 \times (2/4) = 10$，$Q_2$ 為第 10 個位數與第 11 個位數量數的平均數為 51。

```
> mean (sx [10:11])
[1] 51
```

第 3 個四分位數的位置為 N × P = 20 × (3/4) = 15，Q_2 為第 15 個位數與第 16 個位數量數的平均數為 56。

```
> mean (sx [15:16])
[1] 56
```

求出內四分位數全距 IQR 與四分位差 Q：

```
> IQR=quantile (x,.75)-quantile (x,.25)
> IQR
75%
9.5
> Q=IQR/2
> Q
 75%
4.75
```

內四分位數全距為 9.5、四分位差 Q 為 4.75。R 軟體中可以直接使用函數 **IQR** ( ) 求出「內四分位數全距」量數與四分位差量數：

```
> IQR (x)    # 內四分位數全距
[1] 9.5
> IQR (x)/2    # 四分位差量數
[1] 4.75
```

範例數值元素個數 N 為 20，中位數位於第 10 個 $\left(\dfrac{N}{2} = 10\right)$ 與第 $11\left(\dfrac{N}{2} + 1 = 11\right)$ 個位置處，對應元素的分數分別為 49、53，(49 + 53)/2 = 51，量數 51 為數值變數的中位數，配合使用邏輯判別式可求出特定量數，如求出大於或小於中位數的測量值：

```
> sort (x)
 [1] 32 41 41 42 45 47 47 47 49 49 53 54 55 56 56 56 57 58 61 68
> large.x=x [x>51] #輸出大於中位數的量數
> large.x
 [1] 56 57 56 56 68 54 55 58 61 53
> small.x=x [x<51] #輸出小於中位數的量數
> small.x
 [1] 49 45 32 47 47 41 49 42 41 47
```

函數語法中的邏輯判別式直接使用中位數函數 **median ( )**：

```
> sx=sort (x)
> sx
 [1] 32 41 41 42 45 47 47 47 49 49 53 54 55 56 56 56 57 58 61 68
> median (sx)
[1] 51
> sx [sx>median (sx)]
 [1] 53 54 55 56 56 56 57 58 61 68
> sx [sx<median (sx)]
 [1] 32 41 41 42 45 47 47 47 49 49
```

更改中位數函數為平均數函數，可求出大於平均數的測量值與小於平均數的測量值：

```
> mean (sx)
[1] 50.7
> sx [sx>mean (sx)]
 [1] 53 54 55 56 56 56 57 58 61 68
> sx [sx<mean (sx)]
 [1] 32 41 41 42 45 47 47 47 49 49
```

範例數值變數有 20 個觀察值：

```
> x=c (2,3,1,14,5,6,1,13,6,8,7,9,10,4,12,6,7,6,5,11)
> sx=sort (x)
> sx
 [1] 1 1 2 3 4 5 5 6 6 6 6 7 7 8 9 10 11 12 13 14
```

```
> quantile (x,.25)
 25%
4.75
> quantile (x,.50)
50%
  6
> quantile (x,.75)
 75%
9.25
> median (x,)
[1] 6
```

數值變數之內四分位數全距為 4.5：

```
> IQR=quantile (x,.75)-quantile (x,.25)
> IQR
75%
4.5
```

四分位差量數為 2.25：

```
> IQR/2
 75%
2.25
> IQR (x)        #直接使用函數 IQR ( ) 求出內四分位數全距
[1] 4.5
> IQR (x)/2  #直接使用函數 IQR ( ) 求出四分位差
[1] 2.25
```

百分等級指的是某一特定分數，常模群體得分低於該分數者所占的比率值，百分等級的數學定義如下：$PR = \dfrac{(cf_l + 0.5 f_i)}{N} \times 100$，公式中的 cf_l 表示的是低於標的分數之所有分數的累積次數；f_i 表示的是標的分數的次數，N 為有效樣本觀察值個數。若是原始資料已進行歸類，測驗分數對應的百分等級求法公式為：$PR = \dfrac{100}{N} \times \left(\dfrac{(x-l) \times f_p}{h} + F \right)$，公式中的 N 為觀察值總個數、X 為任一個測驗分數、f_p 為該分數所在組的次數，F 為該分數所在組以下的累積次數、h 為組距、I 為該分數所在組的真正下限。

　　百分位數與百分等級都是相對地位量數，二種量數可以相互轉換。數值變數中，未分組的原始資料中，從某一個分數求出其在群體的百分等級公式如下：$PR = 100 - \dfrac{(100 \times R - 50)}{N}$，式中 N 為觀察值個數，R 為分數在群體中的名次 (等級)。以 50 個樣本觀察值而言，第 50 名 (分數最高者) 的百分等級 $PR = 100 - \dfrac{(100 \times 50 - 50)}{50}$。因為群體數 N 等於 50，全部有 100 個等級，每個名次各占 2 個等級，第 1 名分數最高，所占等級為 98 至 1 00、第 50 名分數最低，所占等級為 0 至 2 (吳裕益，2007)：

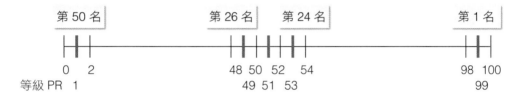

　　使用自訂函數求出界定參數的百分等級，第 1 個參數為名次 (等級)、第 2 個參數為觀察值的個數，自訂函數名稱界定為 **prf ( )**：

```
> prf=function (r,n) {
+ pr=round (100- ((100*r-50)/n),0)
+ cat ("名次=",r,"<--->PR=",pr,"\n")
+ }
> prf (50,50)      #第50名的百分等級PR=1
名次= 50 <--->PR= 1
> prf (49,50)  #第49名的百分等級PR=3
名次= 49 <--->PR= 3
> prf (26,50)  #第26名的百分等級PR=49
名次= 26 <--->PR= 49
> prf (25,50)  #第25名的百分等級PR=51
名次= 25 <--->PR= 51
> prf (2,50)  #第2名的百分等級PR=97
名次= 2 <--->PR= 97
> prf (1,50)  #第1名的百分等級PR=99
名次= 1 <--->PR= 99
```

　　使用迴圈求出第 1 名至第 50 名對應之百分等級完整的結果表，命令稿語法指令為：

```
1  n=50
2  for (r in 1:50) {
3    pr=round(100-((100*r-50)/n),0)
4    cat("名次=",r,"<--->百分等級PR=",pr,"\n")
5  }
```

R 主控臺的語法指令如下：

```
> n=50
> for (r in 1:50) {
+ pr=round (100- ((100*r-50)/n),0)
+ cat ("名次=",r,"<--->百分等級PR=",pr,"\n")
+ }
名次= 1 <--->百分等級PR= 99
名次= 2 <--->百分等級PR= 97
名次= 3 <--->百分等級PR= 95
名次= 4 <--->百分等級PR= 93
名次= 5 <--->百分等級PR= 91
<略>
名次= 25 <--->百分等級PR= 51
名次= 26 <--->百分等級PR= 49
名次= 27 <--->百分等級PR= 47
名次= 28 <--->百分等級PR= 45
名次= 29 <--->百分等級PR= 43
<略>
名次= 46 <--->百分等級PR= 9
名次= 47 <--->百分等級PR= 7
名次= 48 <--->百分等級PR= 5
名次= 49 <--->百分等級PR= 3
名次= 50 <--->百分等級PR= 1
```

相對的，根據百分等級 PR 可以換算對應的百分位數，已分組的次數分配表，其計算公式為 (林清山，2003)：

$$P_p = l + \left(\frac{\frac{PR \times N}{100} - F}{f_p} \right) h$$，公式中的 l 為第 p 個百分位數所在組的真正下限、

PR 為百分等級、f_p 為第 p 個百分位數所在組的次數，F 為第 p 個百分位數所在

組以下的累積次數值、h 為組距。

　　十名學生的國文成績如下,請問得分 45 分之學生的百分等級為多少?

```
> X=c (52,35,29,45,43,38,60,34,49,20)
> rx=length (x)-rank (x)+1     # 求第45分的等級R=4
> rx
 [1]  2  7  9 4 5  6  1 8 3 10
> n=length (x)  #觀察值的總人數N
> pr=100- (100*rx [4]-50)/n
> pr
[1] 65
```

[說明]:百分等級65 (PR=65),表示100名學生中,該名學生 (國文成績考45分者) 的國文分數高過65名學生的測驗分數。$P_{65}=45$。

```
> quantile (x,.65)    # 第65個百分位數為45分
 65%
44.7
```

[說明]:100名學生中,國文分數要高過65名學生,其測驗分數要考44.7≒45分者。

　　以迴圈方法界定元素的長度 (個數),求出每個分數的百分等級:

```
> x=c (52,35,29,45,43,38,60,34,49,20)
> rx=length (x)-rank (x)+1       #分數最高分的等級為1
> n=length (x)   #界定觀察值N
> pr=rep (0,n)   #界定觀察值長度為N的數值變數
> for (i in 1:n) { #界定迴圈的起始列
+ pr [i]=round (100- (100*rx [i]-50)/n,0) #求出名次的百分等級
+ cat ("分數=",x [i]," (名次=",rx [i],")<-->百分等級=",pr [i],"\n")
+ } #界定迴圈的結束列
```

　　R主控臺輸出結果如下:

```
分數= 52 (名次= 2 )<-->百分等級= 85
分數= 35 (名次= 7 )<-->百分等級= 35
分數= 29 (名次= 9 )<-->百分等級= 15
分數= 45 (名次= 4 )<-->百分等級= 65
分數= 43 (名次= 5 )<-->百分等級= 55
分數= 38 (名次= 6 )<-->百分等級= 45
```

```
分數= 60 (名次= 1 )<-->百分等級= 95
分數= 34 (名次= 8 )<-->百分等級= 25
分數= 49 (名次= 3 )<-->百分等級= 75
分數= 20 (名次= 10 )<-->百分等級= 5
```

　　百分等級應該為整數，若是公式計算的量數有小數要四捨五入至整數位，以四捨五入後的整數量數作為分數的百分等級，範例中，國文測驗分數等於 52 分的學生、其名次為第 2 名，對應的百分等級為 85，表示在 100 名學生中，該名學生的分數會贏過 85 名學生的國文成績。

　　問題範例：抽取小六學生十二名學生之閱讀素養測驗分數，測驗分數為 67 分學生的百分等級是多少？

```
> x=c (75,72,79,67,65,62,25,30,52,46,59,57)
> rx=length (x)-rank (x)+1
> y<-rx [x==67]
> n=length (x)
> prx=100- (100*y-50)/n
> cat ("pr=",round (prx,0),"\n")
pr= 71
```
[說明]：百分等級71 (PR=71)，表示100名學生中，該名學生 (閱讀素養測驗分數考67分者) 的國文閱讀素養測驗分數會高過71名學生。$P_{71}=67$。
```
> quantile (x,.71)
  71%
66.62
```
[說明]：第71個百分位數的分數值為66.62≒67分，表示在100位考生中，閱讀素養測驗分數想要贏過71位考生，必須要考67分。

　　語法指令中函數 rank ( ) 求出的等級最低分等級為 1、次低分等級為 2，最高分的等級為 12，指令列「> length (x)-rank (x)+1」將原始等級轉換，最高分的等級 (名次) 為 1、次高分的等級 (名次) 為 2，最低分者的等級 (名次) 為 12，範例中得分 67 分的等級 R 等於 4：

```
> rank (x)
 [1] 11 10 12 9 8 7 1 2 4 3 6 5
>length (x)-rank (x)+1
> rx
 [1] 2 3 1 4 5 6 12 11 9 10 7 8
```

```
> y
[1] 4
```

語法指令列「> y <–rx [x==67]」界定數值向量 x 的數值等於 67 的等級 R，等級 R 指定為 y 變數，或存放在 y 變數中，範例 y 的數值 R 等於 4。

```
> y <-rx [x==67]
```

語法指令列「> y <–rx [x==67]」中的「<–」指向或指定符號與「=」意涵相同：

```
> y=rx [x==67]
```

若是要求出閱讀素養測驗分數為 62 分學生的百分等級，只要更改語法指令列第三列的數值，邏輯判別條件界定為「[x==62]」即可 (邏輯判別條件的等於為雙等號==，而非單等號=)：

```
> x=c (75,72,79,67,65,62,25,30,52,46,59,57)
> rx=length (x)-rank (x)+1
> y<–rx [x==62]
> n=length (x)
> prx=100- (100*y-50)/n
> cat ("pr=",round (prx,0),"\n")
pr= 54
```
[說明]：百分等級等於54 (PR=54)，表示100名學生中，該名學生 (閱讀素養測驗分數考62者)的國文閱讀素養測驗分數會高過54名學生。$P_{54}=62$。
```
> round (quantile (x,.54))
54%
 62
```
[說明]：第54個百分位數的分數值為62分，表示在100位考生中，閱讀素養測驗分數想要贏過54位考生，必須要考62分。

利用迴圈求出所有學生閱讀素養測驗分數的百分等級：

```
> x=c (75,72,79,67,65,62,25,30,52,46,59,57)
> rx=length (x)-rank (x)+1
```

```
> n=length (x)
> pr=rep (0,n)
> for (i in 1:n) {
+ pr [i]=round (100- (100*rx [i]-50)/n,0)
+ cat ("分數=",x [i]," (名次=",rx [i],")<-->百分等級=",pr [i],"\n")
+ }
分數= 75 (名次= 2 )<-->百分等級= 88
分數= 72 (名次= 3 )<-->百分等級= 79
分數= 79 (名次= 1 )<-->百分等級= 96
分數= 67 (名次= 4 )<-->百分等級= 71
分數= 65 (名次= 5 )<-->百分等級= 62
分數= 62 (名次= 6 )<-->百分等級= 54
分數= 25 (名次= 12 )<-->百分等級= 4
分數= 30 (名次= 11 )<-->百分等級= 12
分數= 52 (名次= 9 )<-->百分等級= 29
分數= 46 (名次= 10 )<-->百分等級= 21
分數= 59 (名次= 7 )<-->百分等級= 46
分數= 57 (名次= 8 )<-->百分等級= 38
```

團隊中個別測驗分數轉換為百分等級常模，只要界定第一列的數據變數即可，語法指令假定原始分數從 20 分至 80 分，原始測量分數轉換為百分等級的常模對照表：

```
> x=seq (from=20,to=80,by=1)
> rx=length (x)-rank (x)+1
> n=length (x)
> pr=rep (0,n)
> for (i in 1:n) {
+ pr [i]=round (100- (100*rx [i]-50)/n,0)
+ cat ("分數=",x [i],"(名次=",rx [i],")<-->百分等級=",pr[i],"\n")
+ }
分數= 1 (名次= 80 )<-->百分等級= 1
分數= 2 (名次= 79 )<-->百分等級= 2
分數= 3 (名次= 78 )<-->百分等級= 3
分數= 4 (名次= 77 )<-->百分等級= 4
分數= 5 (名次= 76 )<-->百分等級= 6
<略>
分數= 78 (名次= 3 )<-->百分等級= 97
分數= 79 (名次= 2 )<-->百分等級= 98
分數= 80 (名次= 1 )<-->百分等級= 99
```

肆、相對差異係數

　　變異量數中的全距、四分位差、離均差絕對值平均值 (平均絕對差) 與標準差等四種稱為「絕對差異量數」(measures of absolute dispersion)，凡群體性質接近、平均數差異不大的多組資料之分散程度，皆可使用絕對差異量數進行比較。如果群體性質差異很大，群體間的單位尺度不同，或是平均數相差較大，則改使用「相對差異係數」(coefficient of relative dispersion) 或變異係數 (coefficient of variation) 較為適切，變異係數運算式為：$CV = \dfrac{S_X}{\bar{X}} \times 100$。變異係數表示的標準差占平均數多少的百分比，它是沒有單位的比值，若是平均數等於 0、變異係數無法估計，其適用時機為群體間單位相同，但平均數量數間差異很大；或是群體間單位尺度不同，變異係數是一種相對差異係數。

　　六位學生國文成績的分數如下，群體的變異係數求法為：

```
> y=c (5,4,9,2,1,3)
> cv=sd (y)/mean (y)*100
> round (cv,2)
[1] 70.71
```

　　範例為隨機抽取八位男性大學生的體重，樣本觀察值的標準差與變異係數值：

```
> x=c (60,65,72,78,61,69,75,80)
> cv=sd (x)/mean (x)*100
> round (sd (x),2)    ＃標準差統計量為7.56
[1] 7.56
> round (cv,2)    ＃變異係數估計值10.80
[1] 10.8
```

　　上述八位男性大學生的身高資料如下，樣本觀察值的標準差與變異係數值：

```
> h=c (172,175,174,168,165,178,165,167)
> cv.h=sd (h)/mean (h)*100
> round (sd (h),2)
```

```
[1] 4.93
> round (cv.h,2)
[1] 2.89
```

　　體重與身高的單位尺度不同，若要進行二個尺度變異情況的比較，較佳的統計量為「變異係數」，體重之變異係數 CV = 10.8，身高之變異係數 CV = 2.89，身高變異係數較小，與體重相較之下，男性大學生身高的分散程度較小，體重的個別差異較大。

　　除變異係數外，其他的相對差異量數如「四分位數變異係數」(coefficient of quartile variation; [CQV])，$CQV = \dfrac{Q_3 - Q_1}{Q_3 + Q_1}$，或 $CQV = \dfrac{Q_3 - Q_1}{Q_3 + Q_1} \times 100$；中位數絕對差 (median absolute deviation; [MAD])，$MAD = \dfrac{\sum |X_i - Md|}{N}$，中位數絕對差是數值變數各量數與中位數差異值之絕對值總和的平均數，平均數絕對差 (AD) 是數值變數各量數與平均數差異值之絕對值總和的平均數，二個量數都稱為「平均差」(mean deviation)。相對全距 (或稱全距係數) $RR = \dfrac{X_{max} - X_{min}}{X_{max} + X_{min}}$，或 $RR = \dfrac{X_{max} - X_{min}}{X_{max} + X_{min}} \times 100\%$，相對全距為變數中量數的最大值與最小值差異值占最大值與最小值總和的百分比。

　　範例數值變數 y 有六個量數，數值與中位數差異值的絕對值的平均值求法如下：

```
> y=c (5,4,9,2,1,3)
> yme=median (y) #中位數
> yme
[1] 3.5
> y-yme  #數值與中位數的差異值
[1]  1.5  0.5  5.5 -1.5 -2.5 -0.5
> abs (y-yme) #數值與中位數差異值的絕對值
[1] 1.5 0.5 5.5 1.5 2.5 0.5
> mad=mean (abs (y-yme))   #中位數絕對差異量數值
> mad
[1] 2
```

　　數值變數 y 有七個元素量數，離中差之絕對平均數與離均差之絕對平均數如下：

```
> y=c (5,4,9,2,1,3,10)
> ym=mean (ab s(y-mean (y)))
> yme=mean (abs (y-median (y)))
> cat ("AD=",round (ym,2),"\n")
AD= 2.69
> cat ("MAD=",round (yme,2),"\n")
MAD= 2.57
```

數值變數 y 有五個元素量數，離中差之絕對平均數與離均差之絕對平均數如下：

```
> y=c (35,25,33,64,40)
> ym=mean (abs (y-mean (y)))
> yme=mean (abs (y-median (y)))
> cat ("AD=",round (ym,2),"\n")
AD= 10.08
> cat ("MAD=",round (yme,2),"\n")
MAD= 9.2
```

由上述範例可以發現以離中差計算所得平均差量數一般會比以離均差計算所得的平均差量數來得小。即各量數與其中位數差異值之絕對值的總平均數會小於各量數與其平均數差異值之絕對值的總平均數，即數值變數中所有量數與中位數間的距離總和 (差異值的絕對值) 是最短的，所有量數與中位數以外分數間的距離總和都會大於量數與中位數間的距離總和，因而一般平均差的計算都採用離中差的方式估算。

R 軟體基本統計 {stats} 套件函數 mad ( ) 可以求出「中位數絕對差」(median absolute deviation)，函數採用漸近常態一致性方法進行因子變數的調整，函數 mad ( ) 基本語法為：

mad (x, center = median(x), constant =1.4826, low = FALSE, high = FALSE)

引數 x 為數值向量。

引數 center 內定選項之集中趨勢量數為中位數。

引數 constant 界定尺度因子，內定參數值為 1.4826。

引數 low 為邏輯選項，選項若界定為真，則偶數樣本數時，選取中間二個參

數中較小者為中位數；選項為假，表示取二者的平均值作為中位數。引數 high
為邏輯選項，選項如果界定為真，則偶數樣本數時，選取中間二個參數中較大者
為中位數；選項為假，表示取二者的平均值作為中位數。引數 low 與引數 high
的邏輯選項不能同時界定為真：

```
> y=c (5,4,9,2,1,3,10)
> mad (y,constant=1.5)
[1] 3
> mad (y,constant=1.5,low=T)
[1] 3
> mad (y,constant=1.5,high =T)
[1] 3
> mad (y,constant=1,low=F,high =F)
[1] 2
```

不同引數界定範例：

```
> x <- c (2,3,4,6,8,10)
> median (x)        #中位數
[1] 5
> mean (sort (abs (x - median(x)))) #量數與中位數差異值之絕對值平均值
[1] 2.5
> sort (abs (x - median(x))) #量數與中位數差異值之絕對值的遞增排序
[1] 1 1 2 3 3 5
> c (mad (x, constant = 1),mad (x, constant = 1, low = T),mad (x, constant = 1,high = T))
[1] 2.5 2.0 3.0
```

數值變數 x 的測量值介於 1 至 14 分之間，觀察值個數共有 20 個，求其四分
位數變異係數：

```
> x=c (2,3,1,14,5,6,1,13,6,8,7,9,10,4,12,6,7,6,5,11)
> Q3=quantile (x,.75)
> Q1=quantile (x,.25)
> CQV=(Q3-Q1)/(Q3+Q1)
> Q3
 75%
9.25
```

```
> Q1
 25%
4.75
> CQV
   75%
0.3214286
```
[說明]：四分位數變異係數值為**0.3214**，或**32.14%**。

伍、標準分數

常見的「相對地位量數」(measure of relative position) 除百分位數 P_p、百分等級 PR 外，另外也可使用標準分數表示個體在團體中測驗分數所占的相對地位，標準分數也是一種相對地位分數，最常見的標準分數為 z (小寫 z) 分數，z 分數的公式為：

$$z = \frac{X - \mu}{\sigma} \text{，或 } z = \frac{X - \overline{X}}{S_X} = \frac{x}{S_X} = \frac{\text{量數} - \text{樣本平均數}}{\text{樣本標準誤}}$$

式中 X 是個體受試者的原始分數或測量值，μ 是群體的平均數，若母群體的平均數無法得知，則以其不偏估計值 $\overline{X}$ (樣本平均數) 代替；σ 為母群體的標準差，若母群體的標準差無法得知，則以其不偏估計值樣本觀察值標準誤 S_X 代替。z 分數表示的是受試者的分數落在平均數之上或之下幾個標準差的位置，z 分數為正，表示受試者的分數高於平均數；z 分數為負，表示受試者的分數低於平均數，假設標準差為一個單位，則 z 分數表示的是受試者的分數與平均數的差異值在平均數以上幾個單位、或平均數以下幾個單位。

由於 z 分數的平均數為 0、標準差等於 1 (變異數為1)，量測值有正、有負，因而在心理與教育測驗中，一般會將 z 分數進行直線轉換，轉換成較大且大於 0 的量數，如 T 分數，轉換後的 T 分數平均數為 50、標準差等於 10：Z = b + a × z，轉換成 T 分數時，b = 50、a = 10，T 分數的直線轉換公式為 T = 50 + 10 × z。若 z 分數分別為 -3、-2、-1、0、1、2、3，直線轉換後的 T 分數分別為 20、30、40、50、60、70、80。主控臺的語法指令為：

```
> z.score=seq (-3,3,by=1)
> T.score=z.score*10+50
> print (z.score)
[1] -3 -2 -1  0  1  2  3
> print (T.score)
[1] 20 30 40 50 60 70 80
```

魏氏智力測驗的平均數為 100、標準差等於 15，直線轉換公式為：IQ = 100 + 15 × z；比西智力測驗的平均數為 100、標準差等於 16，直線轉換公式為：IQ = 100 + 16 × z，T 分數與智力測驗分數是心理與教育測驗領域常見的量數。美國大學入學考試 (CEEB) 分數分配的平均數為 500、標準差為 100，直線轉換公式為：CEEB = 500 + 100 × z。

把 z (小寫) 分數進行直線轉換後所得的分數又稱為 Z (大寫) 分數：

$$Z = a \times \left(\frac{X - \overline{X}}{S_X} \right) + b = a \times z + b$$

不同測驗單位的原始分數之間不可以直接進行比較，或是難度與鑑別度不同的測驗題目的分數間也不能互相作為比較，若要進行分數間的比較，最好的方式是各自轉換為標準分數後，再根據標準分數參數進行比較。如搜集甲校某班學生的數學學期成績、乙校某班學生的數學學期成績，由於二校月考、平時考的難度均不同，任課教師採計平時成績的標準也不同，因而二校學生原始數學成績的高低不能直接進行比較或作為檢定依變數，否則其效度是不佳的。

範例數值變數 xval 有 20 個元素 (觀察值)，以公式求出 z 分數：

```
> xval=c (2,3,1,14,5,6,1,13,6,8,7,9,10,4,12,6,7,6,5,11)
> z=(xval-mean (xval))/sd (xval)
> round (z,2)
 [1] -1.27 -1.00 -1.53  1.90 -0.47 -0.21 -1.53  1.64 -0.21  0.32
[11]  0.05  0.58  0.84 -0.74  1.37 -0.21  0.05 -0.21 -0.47  1.11
```

原始分數轉換為標準分數後，標準分數 (z 分數) 的平均數等於 0、標準差等於 1/變異數等於 1：

```
> mean (z)
[1] 4.090153e-17
```

[說明]：**4.090153e-17**中的**e-17**為科學符號，數值等於 $\dfrac{1}{10^{17}}$，原量數以分數表示為

$\dfrac{4.090153}{10^{17}} = 0$。

```
> sd (z)
[1] 1
> var (z)
[1] 1
```

　　使用邏輯判別條件，分別求出標準分數 (z 分數)大於 0 的總和、小於 0 的總和，z 分數大於 0的總和與 z 分數小於0的總和之量數絕對值相等，因而 z 分數的總和等於 0、平均數也等於 0。

```
> z [z>0]  #輸出大於0之標準分數
[1] 1.8987551 1.6350391 0.3164592 0.0527432 0.5801752 0.8438911 1.3713231
[8] 0.0527432 1.1076071
> z [z<0]  #輸出小0之標準分數
 [1] -1.2658367 -1.0021207 -1.5295527 -0.4746888 -0.2109728 -1.5295527
 [7] -0.2109728 -0.7384048 -0.2109728 -0.2109728 -0.4746888
> sum (z [z>0])  #大於0之標準分數的總和
[1] 7.858736
> sum (z [z<0])  #小於0之標準分數的總和
[1] -7.858736
```

　　語法指令使用邏輯條件判斷式求出對應的元素，求出 z 分數小於 0 的原始分數、z 分數大於 0 的原始分數：

```
> xval [z<0]
 [1] 2 3 1 5 6 1 6 4 6 6 5
> xval [z>0]
 [1] 14 13  8  7  9 10 12  7 11
```

　　語法指令使用邏輯條件判斷式求出對應的元素，求出原始分數大於平均數的z 分數、求出原始分數小於平均數的 z 分數：

```
> z [xval>mean (xval)]
[1] 1.8987551 1.6350391 0.3164592 0.0527432 0.5801752 0.8438911
[7] 1.3713231 0.0527432 1.1076071
> z [xval<mean (xval)]
 [1] -1.2658367 -1.0021207 -1.5295527 -0.4746888 -0.2109728
 [6] -1.5295527 -0.2109728 -0.7384048 -0.2109728 -0.2109728
[11] -0.4746888
```

將 z 分數直線轉換為 T 分數，輸出結果四捨五入至小數第二位：

```
> T=50+10*z
> round (T,2)
 [1] 37.34 39.98 34.70 68.99 45.25 47.89 34.70 66.35 47.89 53.16
[11] 50.53 55.80 58.44 42.62 63.71 47.89 50.53 47.89 45.25 61.08
```

基本套件 (base) 函數 **scale ( )** 可以直接將數值向量變數轉換成標準化資料，回傳的物件為矩陣，矩陣的每一直行為原始分數轉換後的 z 分數：

```
> z1=round (scale (xval),2)
> z1
        [,1]
 [1,] -1.27
 [2,] -1.00
 [3,] -1.53
 [4,]  1.90
 [5,] -0.47
 [6,] -0.21
 [7,] -1.53
 [8,]  1.64
 [9,] -0.21
[10,]  0.32
[11,]  0.05
[12,]  0.58
[13,]  0.84
[14,] -0.74
[15,]  1.37
[16,] -0.21
[17,]  0.05
```

[18,] -0.21
[19,] -0.47
[20,] 1.11
attr (,"scaled:center")
[1] 6.8
attr (,"scaled:scale")
[1] 3.791958
[說明]：尺度中心**6.8**為數值向量的平均數，尺度比例**3.79**為數值向量的標準差。
> class (z1)
[1] "matrix"
[說明]：**z1**物件的型態為矩陣。

　　擷取矩陣各直行的元素，為每個變數的原始分數轉換後的標準分數。範例語法指令擷取各橫列第一直行的元素，直行元素為數值向量變數：

> z1 [,1]
 [1] -1.27 -1.00 -1.53 1.90 -0.47 -0.21 -1.53 1.64 -0.21 0.32
[11] 0.05 0.58 0.84 -0.74 1.37 -0.21 0.05 -0.21 -0.47 1.11

　　將 z 分數直線轉換為 T 分數，輸出結果四捨五入至小數第二位：

> T1=50+10*z1
> round (T1,2)
　　　[,1]
 [1,] 37.3
 [2,] 40.0
 [3,] 34.7
 [4,] 69.0
 [5,] 45.3
 [6,] 47.9
 [7,] 34.7
 [8,] 66.4
 [9,] 47.9
[10,] 53.2
[11,] 50.5
[12,] 55.8
[13,] 58.4
[14,] 42.6
[15,] 63.7

```
[16,] 47.9
[17,] 50.5
[18,] 47.9
[19,] 45.3
[20,] 61.1
attr (,"scaled:center")
[1] 6.8
attr (,"scaled:scale")
[1] 3.791958
```

擷取 T 分數矩陣各橫列第一直行的元素，第一直行元素為數值向量變數：

```
> T1 [,1]
 [1] 37.3 40.0 34.7 69.0 45.3 47.9 34.7 66.4 47.9 53.2 50.5 55.8
[13] 58.4 42.6 63.7 47.9 50.5 47.9 45.3 61.1
> class (T1 [,1])
[1] "numeric"
```

範例數值變數 x1 為甲班 15 位學生第一次定期考查數學成績、數值變數 x2 為乙班 15 位學生成績，甲班學生平均 68.80 分、標準差為 11.05；乙班學生平均 57.20 分、標準差為 15.56。

```
> x1=c (78,52,65,84,76,67,59,74,69,81,73,45,80,61,68)
> x2=c (18,55,65,62,66,67,72,36,49,50,81,54,60,71,52)
> round (mean (x1),2);round (sd (x1),2)
[1] 68.8
[1] 11.05
> round (mean (x2),2);round (sd (x2),2)
[1] 57.2
[1] 15.56
```

甲班學生、乙班學生數學成績原始成績轉換為 z 分數如下：

```
> zx1=round (scale (x1),2)
> zx2=round (scale (x2),2)
> z1=zx1 [,1]
> z2=zx2 [,1]
> z1
```

```
 [1] 0.83 -1.52 -0.34  1.38  0.65 -0.16 -0.89  0.47  0.02  1.10  0.38 -2.15
[13] 1.01 -0.71 -0.07
> z2
 [1] -2.52 -0.14  0.50  0.31  0.57  0.63  0.95 -1.36 -0.53 -0.46  1.53 -0.21
[13] 0.18  0.89 -0.33
```

　　甲班學生數學成績為 65 分之學生在班上的 z 分數為 -0.34、乙班學生數學成績為 65 分之學生在班上的 z 分數為 0.5，前者低於平均數 0.34 個單位 (低於平均數 0.34 個標準差)、後者高於平均數 0.5 個單位 (高於平均數 0.5 個標準差)，可見，甲班學生的整體數學成績較優，相同的分數點在甲班的標準分數為負值、在乙班的標準分數為正值：

```
> z1 [x1==65]
[1] -0.34
> z2 [x2==65]
[1] 0.5
> x1 [z1==-0.34]  #甲班中低於平均數0.34個標準差的分數
[1] 65
> x2 [z2==0.5]  #乙班中高於平均數0.5個標準差的分數
[1] 65
```

　　甲班學生數學成績為 52 分之學生在班上的 z 分數為 -1.52、乙班學生數學成績為 52 分之學生在班上的 z 分數為 -0.33，前者低於平均數 1.52 個單位、後者低於平均數 0.33 個單位，相同的分數點 (均為 52 分) 在甲班團體中離平均數較遠，在乙班團體中離平均數較近：

```
> z1 [x1==52]
[1] -1.52
> z2 [x2==52]
[1] -0.33
```

　　某生在甲測驗分數得分 120 分，已知甲測驗的 M = 100、SD = 15，如果此一測驗分數要轉換為 M = 80、SD = 10 的乙測驗分配中，則該生的分數應得多少分？

$$Z = a \times z + b = a \times \left(\frac{X - \bar{X}}{S_X} \right) + b = 10 \times \left(\frac{120 - 100}{15} \right) + 80 = 123$$

R 主控臺語法指令為：

```
> m=100;score=120;sd=15
> a=10;b=80
> Z=a* (score-m)/sd+b
> z
[1] 123
```

如果另外一個學生在甲測驗上的得分為 90 分，換算成乙測驗的分配狀態，則此學生的分數是多少分？

$$Z = a \times z + b = a \times \left(\frac{X - \bar{X}}{S_X} \right) + b = 10 \times \left(\frac{90 - 100}{15} \right) + 80 = 73.33$$

```
> m=100;score=90;sd=15
> a=10;b=80
> Z=a*(score-m)/sd+b
> round (Z,2)
[1] 73.33
> round (10* (90-100)/15+80,2)
[1] 73.33
```

有些標準化成就測驗採用的量數是將原始測量分數轉換為「常態曲線等值」(normal curve equivalents; [NCE]) 量尺分數，常態曲線等值量尺分數的平均數為 50、標準差為 21.06，其與 z 分數的關係式為：NCE=50+21.06×z。

語法指令為百分等級 1 至百分等級 99 時，對應的 z 值分數，如百分等級 1 時，z 分數值為 -2.33；百分等級 50 時，z 分數值為 0；百分等級 95 時，z 分數值為 1.64；百分等級 99 時，z 分數值為 2.33。

```
> z=seq (.01,.99,by=.01)
> for (i in 1:99) {
+ cat ("pr=",i,"<-->z=",round (qnorm (z [i]),2),"\n")
+ }
pr= 1 <-->z= -2.3263
pr= 2 <-->z= -2.0537
pr= 3 <-->z= -1.8808
```

```
pr= 4 <-->z= -1.7507
pr= 5 <-->z= -1.6449
<略>
pr= 49 <-->z= -0.0251
pr= 50 <-->z= 0
<略>
pr= 95 <-->z= 1.6449
pr= 96 <-->z= 1.7507
pr= 97 <-->z= 1.8808
pr= 98 <-->z= 2.0537
pr= 99 <-->z= 2.3263
```

　　標準分數 z 的百分等級為 1、50、99 時，對應的常態曲線等值量數分別為 1、50、99，至於其他標準分數的百分等級並沒有與常態曲線等值量數有對應情況，這是因為百分等級是一種次序量尺 (次序變項)，而常態曲線等值量數 (NCE) 是一種標準分數，本身是一種等距量尺：

```
> 50+21.06*qnorm (.01)
[1] 1.007114
> 50+21.06*qnorm (.50)
[1] 50
> 50+21.06*qnorm (.99)
[1] 98.99289
```

　　語法指令求出百分等級 1 至百分等級 99 對應的標準分數，與 z 分數轉換的常態曲線等值量數 (NCE)。此表可以編製 NCE 分數與其百分等級對照表：

```
> z=seq (.01,.99,by=.01)
> for (i in 1:99) {
+ zx=round (qnorm (z [i]),4)
+ ncex=round (50+21.06*qnorm (z [i]),0)
+ cat ("百分等級=",i,"<-->z值分數=",zx,"<-->NCE分數=",ncex,"\n")
+ }
百分等級= 1 <-->z值分數= -2.3263 <-->NCE分數= 1
百分等級= 2 <-->z值分數= -2.0537 <-->NCE分數= 7
百分等級= 3 <-->z值分數= -1.8808 <-->NCE分數= 10
百分等級= 4 <-->z值分數= -1.7507 <-->NCE分數= 13
百分等級= 5 <-->z值分數= -1.6449 <-->NCE分數= 15
```

百分等級= 6 <-->z值分數= -1.5548 <-->NCE分數= 17
百分等級= 7 <-->z值分數= -1.4758 <-->NCE分數= 19
百分等級= 8 <-->z值分數= -1.4051 <-->NCE分數= 20
百分等級= 9 <-->z值分數= -1.3408 <-->NCE分數= 22
百分等級= 10 <-->z值分數= -1.2816 <-->NCE分數= 23
百分等級= 11 <-->z值分數= -1.2265 <-->NCE分數= 24
百分等級= 12 <-->z值分數= -1.175 <-->NCE分數= 25
百分等級= 13 <-->z值分數= -1.1264 <-->NCE分數= 26
百分等級= 14 <-->z值分數= -1.0803 <-->NCE分數= 27
百分等級= 15 <-->z值分數= -1.0364 <-->NCE分數= 28
百分等級= 16 <-->z值分數= -0.9945 <-->NCE分數= 29
百分等級= 17 <-->z值分數= -0.9542 <-->NCE分數= 30
百分等級= 18 <-->z值分數= -0.9154 <-->NCE分數= 31
百分等級= 19 <-->z值分數= -0.8779 <-->NCE分數= 32
百分等級= 20 <-->z值分數= -0.8416 <-->NCE分數= 32
百分等級= 21 <-->z值分數= -0.8064 <-->NCE分數= 33
百分等級= 22 <-->z值分數= -0.7722 <-->NCE分數= 34
百分等級= 23 <-->z值分數= -0.7388 <-->NCE分數= 34
百分等級= 24 <-->z值分數= -0.7063 <-->NCE分數= 35
百分等級= 25 <-->z值分數= -0.6745 <-->NCE分數= 36
百分等級= 26 <-->z值分數= -0.6433 <-->NCE分數= 36
百分等級= 27 <-->z值分數= -0.6128 <-->NCE分數= 37
百分等級= 28 <-->z值分數= -0.5828 <-->NCE分數= 38
百分等級= 29 <-->z值分數= -0.5534 <-->NCE分數= 38
百分等級= 30 <-->z值分數= -0.5244 <-->NCE分數= 39
百分等級= 31 <-->z值分數= -0.4959 <-->NCE分數= 40
百分等級= 32 <-->z值分數= -0.4677 <-->NCE分數= 40
百分等級= 33 <-->z值分數= -0.4399 <-->NCE分數= 41
百分等級= 34 <-->z值分數= -0.4125 <-->NCE分數= 41
百分等級= 35 <-->z值分數= -0.3853 <-->NCE分數= 42
百分等級= 36 <-->z值分數= -0.3585 <-->NCE分數= 42
百分等級= 37 <-->z值分數= -0.3319 <-->NCE分數= 43
百分等級= 38 <-->z值分數= -0.3055 <-->NCE分數= 44
百分等級= 39 <-->z值分數= -0.2793 <-->NCE分數= 44
百分等級= 40 <-->z值分數= -0.2533 <-->NCE分數= 45
百分等級= 41 <-->z值分數= -0.2275 <-->NCE分數= 45
百分等級= 42 <-->z值分數= -0.2019 <-->NCE分數= 46
百分等級= 43 <-->z值分數= -0.1764 <-->NCE分數= 46
百分等級= 44 <-->z值分數= -0.151 <-->NCE分數= 47
百分等級= 45 <-->z值分數= -0.1257 <-->NCE分數= 47
百分等級= 46 <-->z值分數= -0.1004 <-->NCE分數= 48

百分等級= 47 <-->z值分數= -0.0753 <-->NCE分數= 48
百分等級= 48 <-->z值分數= -0.0502 <-->NCE分數= 49
百分等級= 49 <-->z值分數= -0.0251 <-->NCE分數= 49
百分等級= 50 <-->z值分數= 0 <-->NCE分數= 50
百分等級= 51 <-->z值分數= 0.0251 <-->NCE分數= 51
百分等級= 52 <-->z值分數= 0.0502 <-->NCE分數= 51
百分等級= 53 <-->z值分數= 0.0753 <-->NCE分數= 52
百分等級= 54 <-->z值分數= 0.1004 <-->NCE分數= 52
百分等級= 55 <-->z值分數= 0.1257 <-->NCE分數= 53
百分等級= 56 <-->z值分數= 0.151 <-->NCE分數= 53
百分等級= 57 <-->z值分數= 0.1764 <-->NCE分數= 54
百分等級= 58 <-->z值分數= 0.2019 <-->NCE分數= 54
百分等級= 59 <-->z值分數= 0.2275 <-->NCE分數= 55
百分等級= 60 <-->z值分數= 0.2533 <-->NCE分數= 55
百分等級= 61 <-->z值分數= 0.2793 <-->NCE分數= 56
百分等級= 62 <-->z值分數= 0.3055 <-->NCE分數= 56
百分等級= 63 <-->z值分數= 0.3319 <-->NCE分數= 57
百分等級= 64 <-->z值分數= 0.3585 <-->NCE分數= 58
百分等級= 65 <-->z值分數= 0.3853 <-->NCE分數= 58
百分等級= 66 <-->z值分數= 0.4125 <-->NCE分數= 59
百分等級= 67 <-->z值分數= 0.4399 <-->NCE分數= 59
百分等級= 68 <-->z值分數= 0.4677 <-->NCE分數= 60
百分等級= 69 <-->z值分數= 0.4959 <-->NCE分數= 60
百分等級= 70 <-->z值分數= 0.5244 <-->NCE分數= 61
百分等級= 71 <-->z值分數= 0.5534 <-->NCE分數= 62
百分等級= 72 <-->z值分數= 0.5828 <-->NCE分數= 62
百分等級= 73 <-->z值分數= 0.6128 <-->NCE分數= 63
百分等級= 74 <-->z值分數= 0.6433 <-->NCE分數= 64
百分等級= 75 <-->z值分數= 0.6745 <-->NCE分數= 64
百分等級= 76 <-->z值分數= 0.7063 <-->NCE分數= 65
百分等級= 77 <-->z值分數= 0.7388 <-->NCE分數= 66
百分等級= 78 <-->z值分數= 0.7722 <-->NCE分數= 66
百分等級= 79 <-->z值分數= 0.8064 <-->NCE分數= 67
百分等級= 80 <-->z值分數= 0.8416 <-->NCE分數= 68
百分等級= 81 <-->z值分數= 0.8779 <-->NCE分數= 68
百分等級= 82 <-->z值分數= 0.9154 <-->NCE分數= 69
百分等級= 83 <-->z值分數= 0.9542 <-->NCE分數= 70
百分等級= 84 <-->z值分數= 0.9945 <-->NCE分數= 71
百分等級= 85 <-->z值分數= 1.0364 <-->NCE分數= 72
百分等級= 86 <-->z值分數= 1.0803 <-->NCE分數= 73
百分等級= 87 <-->z值分數= 1.1264 <-->NCE分數= 74

百分等級= 88 <-->z值分數= 1.175 <-->NCE分數= 75
百分等級= 89 <-->z值分數= 1.2265 <-->NCE分數= 76
百分等級= 90 <-->z值分數= 1.2816 <-->NCE分數= 77
百分等級= 91 <-->z值分數= 1.3408 <-->NCE分數= 78
百分等級= 92 <-->z值分數= 1.4051 <-->NCE分數= 80
百分等級= 93 <-->z值分數= 1.4758 <-->NCE分數= 81
百分等級= 94 <-->z值分數= 1.5548 <-->NCE分數= 83
百分等級= 95 <-->z值分數= 1.6449 <-->NCE分數= 85
百分等級= 96 <-->z值分數= 1.7507 <-->NCE分數= 87
百分等級= 97 <-->z值分數= 1.8808 <-->NCE分數= 90
百分等級= 98 <-->z值分數= 2.0537 <-->NCE分數= 93
百分等級= 99 <-->z值分數= 2.3263 <-->NCE分數= 99

　　NCE 分數值等於 7 時，其百分等級 = 2；NCE 分數值等於 50 時，其百分等級 = 50；NCE 分數值等於 68 時，其百分等級 = 80；NCE 分數值等於 97 時，其百分等級 = 90；NCE 分數值等於 99 時，其百分等級 = 99。

Chapter 8
資料框架物件的進階應用

從外部匯入的試算表檔案 "score.csv" 的檔案格式為「.csv」，此種檔案格式匯入 R 軟體主控臺中不必再安裝其他的套件，且各版本試算表資料檔均可轉存成副檔名為「.csv」型態的檔案。使用 **read.csv ( )** 函數匯入檔案格式為「.csv」類型的資料檔，引數 header 界定為真，表示原試算表檔案的第一列為變數名稱，匯入的資料框架物件名稱界定為 edata (變數名稱為英文，因子變數的水準數值為 1、2、3、……等)。

資料檔「score.csv」的樣本觀察值 N=120，變項名稱有六個，資料檔內容如下：

CLASS	SEX	AREA	CS	ES	MS	CLASS	SEX	AREA	CS	ES	MS
1	1	1	97	96	44	4	1	1	59	56	45
1	1	2	89	87	23	4	1	2	87	98	64
1	1	3	20	12	36	4	1	3	39	45	46
1	1	1	30	46	14	4	1	1	29	42	66
1	1	2	65	50	43	4	1	2	91	87	17
1	1	3	82	62	33	4	1	3	34	82	27
1	1	1	35	30	89	4	1	1	74	35	33
1	1	2	60	83	71	4	1	2	86	78	91
1	1	3	88	100	97	4	1	3	58	32	34
1	1	1	22	15	65	4	1	1	100	94	24
1	2	2	54	63	53	4	2	2	92	43	77
1	2	3	97	98	92	4	2	3	71	42	48
1	2	1	96	28	48	4	2	1	44	90	15
1	2	2	28	32	29	4	2	2	53	57	66
1	2	3	59	63	36	4	2	3	57	42	58
1	2	1	48	15	65	4	2	1	47	78	97
1	2	2	63	62	86	4	2	2	97	88	81
1	2	3	66	65	46	4	2	3	50	20	33
1	2	1	49	73	92	4	2	1	99	90	67
1	2	2	26	24	94	4	2	2	45	73	9
2	1	3	68	39	5	5	1	3	44	47	73
2	1	1	61	42	90	5	1	1	22	26	55

CLASS	SEX	AREA	CS	ES	MS		CLASS	SEX	AREA	CS	ES	MS
2	1	2	84	86	19		5	1	2	89	88	21
2	1	3	47	74	16		5	1	3	22	31	19
2	1	1	48	6	24		5	1	1	26	25	6
2	1	2	88	91	77		5	1	2	77	26	90
2	1	3	95	90	96		5	1	3	75	60	73
2	1	1	86	90	8		5	1	1	42	45	34
2	1	2	62	92	42		5	1	2	98	92	49
2	1	3	64	63	46		5	1	3	21	38	82
2	2	1	56	25	66		5	2	1	80	42	29
2	2	2	26	32	48		5	2	2	93	82	40
2	2	3	72	58	60		5	2	3	57	48	12
2	2	1	87	96	7		5	2	1	95	80	49
2	2	2	70	13	72		5	2	2	76	21	52
2	2	3	79	77	21		5	2	3	73	45	25
2	2	1	29	83	22		5	2	1	99	93	65
2	2	2	54	30	17		5	2	2	46	82	76
2	2	3	95	84	63		5	2	3	55	39	64
2	2	1	76	97	56		5	2	1	26	86	54
3	1	2	48	7	77		1	1	2	60	58	56
3	1	3	97	87	76		1	2	3	74	74	72
3	1	1	85	75	72		2	1	1	90	91	92
3	1	2	77	90	80		2	2	2	80	81	79
3	1	3	77	63	73		3	1	3	68	66	70
3	1	1	20	15	13		3	2	1	70	71	71
3	1	2	52	62	92		4	1	2	80	79	78
3	1	3	84	76	25		4	1	3	45	44	42
3	1	1	99	71	49		5	2	1	95	94	97
3	1	2	92	50	20		5	1	2	92	91	92
3	2	3	22	19	11		1	2	3	58	57	53
3	2	1	56	60	27		1	2	1	78	80	73

CLASS	SEX	AREA	CS	ES	MS	CLASS	SEX	AREA	CS	ES	MS
3	2	2	83	76	94	2	1	2	80	78	86
3	2	3	93	48	79	2	1	3	91	93	95
3	2	1	35	33	10	3	2	1	87	65	78
3	2	2	85	84	42	3	2	2	56	47	57
3	2	3	98	90	17	4	1	3	21	30	20
3	2	1	95	79	32	4	1	1	34	55	60
3	2	2	96	100	63	5	1	2	71	62	78
3	2	3	97	75	95	5	2	3	45	43	50

　　工作環境與歷史記錄視窗之工作環境交談窗的工具列「Import Dataset」(輸入資料集) 鈕，也可以匯入資料檔，在右邊下拉式選單中選取「From CSV…」選項。

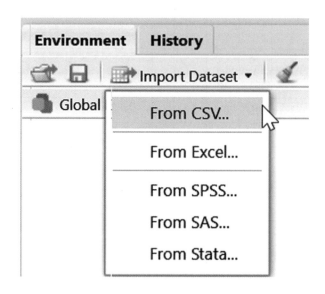

　　開啟「Import Text Data」(匯入文字資料)對話視窗，按「Browse」(瀏覽)鈕，選取標的資料檔「score.csv」；「Import Options」(匯入選項) 方盒中之資料框架物件名稱修改為「edata」，在對話視窗空白處中按一下左鍵，右邊「Code Preview」(指令碼預覽) 方盒會變成「edata <- read_csv ("E:/R6/score.csv")」。

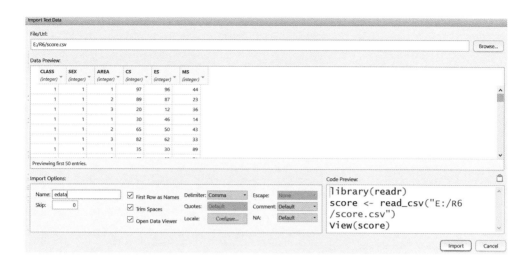

按「Import」(匯入) 鈕，可以將資料框直接讀入至主控臺中。

主控臺的語法指令如下：

```
> library (readr)
> edata <- read_csv ("E:/R6/score.csv")
Parsed with column specification:
cols (
  CLASS = col_integer ( ),
  SEX = col_integer ( ),
  AREA = col_integer ( ),
  CS = col_integer ( ),
  ES = col_integer ( ),
  MS = col_integer ( )
)
> View (edata)
```

　　左上角命令稿出現資料框架物件內容，資料框架物件有六個直行變數，匯入後內定的變數型態為整數 (integer)。

　　命令稿視窗最下列訊息為「Showing 1 to 5 of 120 entries」，表示橫列樣本觀察值有 120 位，目前只顯示第 1 位至第 5 位的資料，命令稿交談窗之資料框架內容只能檢視不能修改。

```
RStudio
File  Edit  Code  View  Plots  Session  Build  Debug  Profile  Tools  Help
                    Go to file/function                    Addins ▾
```

edata ×

Filter

	CLASS	SEX	AREA	CS	ES	MS
1	1	1	1	97	96	44
2	1	1	2	89	87	23
3	1	1	3	20	12	36
4	1	1	1	30	46	14
5	1	1	2	65	50	43

Showing 1 to 5 of 120 entries

Console **Markers** ×

~/

```
> library(readr)
> edata <- read_csv("E:/R6/score.csv")
```

　　複製的資料框架物件 score 之變數名稱為中文，因子變數的水準數值標記為中文。資料框架物件六個變數名稱為 CLASS、SEX、AREA、CS、ES、MS，對應的變數標記名稱為「班級」、「性別」、「地區」、「國文成績」、「英文成績」、「數學成績」。「班級」、「性別」、「地區」三個因子變數使用 **factor ( )** 函數界定為因子變數，使用引數 labels 界定水準數值的組別標記名稱。CLASS 因子變項為五分類別變項，水準數值編號為 1 至 5，五個水準數值群組標記分別為忠班、孝班、仁班、愛班、信班；SEX 因子變項為二分類別變項，水準數值編號為 1、2，二個水準數值群組標記分別為男生、女生；AREA 因子變項為三分類別變項，水準數值編號為 1、2、3，三個水準數值群組標記分別為北區、中區、南區。

```
> tail (edata)
# A tibble: 6 x 6
    CLASS    SEX    AREA      CS      ES      MS
    <int>  <int>   <int>   <int>   <int>   <int>
1     3      2       1      87      65      78
2     3      2       2      56      47      57
3     4      1       3      21      30      20
4     4      1       1      34      55      60
5     5      1       2      71      62      78
```

```
6            5            2            3            45           43           50
> score=edata
> names (score)=c ("班級","性別","地區","國文成績","英文成績","數學成績")
> score$班級=factor (score$班級,levels=1:5,labels=c ("忠班","孝班","仁班","愛班","
  信班"))
> score$性別=factor (score$性別,levels=1:2,labels=c ("男生","女生"))
> score$地區=factor (score$地區,levels=1:3,labels=c ("北區","中區","南區"))
> score
# A tibble: 120 x 6
      班級       性別       地區      國文成績     英文成績     數學成績
      <fctr>     <fctr>     <fctr>     <int>        <int>        <int>
1     忠班       男生       北區        97           96           44
2     忠班       男生       中區        89           87           23
3     忠班       男生       南區        20           12           36
4     忠班       男生       北區        30           46           14
5     忠班       男生       中區        65           50           43
6     忠班       男生       南區        82           62           33
7     忠班       男生       北區        35           30           89
8     忠班       男生       中區        60           83           71
9     忠班       男生       南區        88          100           97
10    忠班       男生       北區        22           15           65
# ... with 110 more rows
```

　　資料框架物件型態與矩陣物件型態類似，橫列數據為各樣本觀察值的資料，直行數據為各變數名稱 (變數名稱不能重複)，以 **as.matrix ( )** 函數將資料框架物件轉換為矩陣型態物件，矩陣的橫列為樣本觀察值、矩陣的直行為變數名稱，由於原資料框架物件因子水準標記為文字，因而轉換後矩陣元素型態均為文字：

```
> scmat=as.matrix (score)
> scmat
          班級       性別       地區      國文成績     英文成績     數學成績
[1,]      "忠班"     "男生"     "北區"     "97"         "96"         "44"
[2,]      "忠班"     "男生"     "中區"     "89"         "87"         "23"
[3,]      "忠班"     "男生"     "南區"     "20"         "12"         "36"
[4,]      "忠班"     "男生"     "北區"     "30"         "46"         "14"
[5,]      "忠班"     "男生"     "中區"     "65"         "50"         "43"
＜略＞
[116,]    "仁班"     "女生"     "中區"     "56"         "47"         "57"
[117,]    "愛班"     "男生"     "南區"     "21"         "30"         "20"
```

```
[118,]    "愛班"    "男生"    "北區"         "34"        "55"        "60"
[119,]    "信班"    "男生"    "中區"         "71"        "62"        "78"
[120,]    "信班"    "女生"    "南區"         "45"        "43"        "50"
```

　　「資料框架物件 [橫列, 直行]」指的是第幾筆觀察值在第幾個直行變數的資料，如「score [3,4]」表示的是第三筆資料 (第三橫列之樣本觀察值) 在第 4 個直行變數 (國文成績) 的資料 (元素)，資料內容為 20 (數值向量元素)，第 119 筆第 3 個直行變數為因子變數，水準標記「中區」(因子變數 3 個水準標記為北區、中區、南區)。第 5 筆第 2 個直行變數為因子變數，水準標記為「男生」(因子變數二個水準標記為男生、女生)：

```
> score [3,4]
[1] 20
> score [119,3]
[1] 中區
Levels: 北區 中區 南區
> score [5,2]
[1] 男生
Levels: 男生 女生
```

　　輸出第 3 筆資料在所有直行變數的資料，下面之函數語法均可以使用：

```
> score [3,1:6]
    班級    性別    地區    國文成績    英文成績    數學成績
3   忠班    男生    南區        20          12          36
> score [3,c (1:6)]
    班級    性別    地區    國文成績    英文成績    數學成績
3   忠班    男生    南區        20          12          36
> score [3,]
    班級    性別    地區    國文成績    英文成績    數學成績
3   忠班    男生    南區        20          12          36
```

　　輸出第 3 筆至第 5 筆樣本觀察值在所有直行變數的資料：

```
> score [3:5,c (1:6)]
    班級    性別    地區    國文成績    英文成績    數學成績
3   忠班    男生    南區        20          12          36
```

	班級	性別	地區			
4	忠班	男生	北區	30	46	14
5	忠班	男生	中區	65	50	43

```
> score [c (3:5),c (1:6)]
```

	班級	性別	地區	國文成績	英文成績	數學成績
3	忠班	男生	南區	20	12	36
4	忠班	男生	北區	30	46	14
5	忠班	男生	中區	65	50	43

```
> score [c (3:5),]
```

	班級	性別	地區	國文成績	英文成績	數學成績
3	忠班	男生	南區	20	12	36
4	忠班	男生	北區	30	46	14
5	忠班	男生	中區	65	50	43

　　資料框架物件 [橫列, 直行]，若把橫列數值省略，表示包含的樣本為全部的觀察值，單一直行為向量變數，包括因子向量變數、整數向量變數、文字向量變數等：

```
> score [,2]    #輸出第2個直行變數所有觀察值的資料
  [1] 男生 男生 男生 男生 男生 男生 男生 男生 男生 男生 女生 女生 女生 女生
 [15] 女生 女生 女生 女生 女生 女生 男生 男生 男生 男生 男生 男生 男生 男生
 [29] 男生 男生 女生 女生 女生 女生 女生 女生 男生 女生 女生 女生 男生 男生
 [43] 男生 男生 男生 男生 男生 男生 男生 男生 女生 女生 女生 女生 女生 女生
 [57] 女生 女生 女生 女生 男生 男生 男生 男生 男生 男生 男生 男生 男生 男生
 [71] 女生 女生 女生 女生 女生 女生 女生 女生 女生 女生 男生 男生 男生 男生
 [85] 男生 男生 男生 男生 男生 女生 女生 女生 女生 女生 女生 女生 女生 女生
 [99] 女生 女生 男生 女生 男生 女生 女生 女生 男生 男生 女生 男生 女生 女生
[113] 男生 男生 女生 女生 男生 男生 男生 女生
Levels: 男生 女生
> class (score [,2])    # 第2個直行變數為因子向量變數-性別
[1] "factor"
> score [,5]  #輸出第5個直行變數所有觀察值的資料
  [1]  96  87  12  46  50  62  30  83 100  15  63  98  28  32  63  15  62  65
 [19]  73  24  39  42  86  74   6  91  90  90  92  63  25  32  58  96  13  77
 [37]  83  30  84  97   7  87  75  90  63  15  62  76  71  50  19  60  76  48
 [55]  33  84  90  79 100  75  56  98  45  42  87  82  35  78  32  94  43  42
 [73]  90  57  42  78  88  20  90  73  47  26  88  31  25  26  60  45  92  38
 [91]  42  82  48  80  21  45  93  82  39  86  58  74  91  81  66  71  79  44
[109]  94  91  57  80  78  93  65  47  30  55  62  43
> class (score [,5]) # 第5個直行變數為整數向量變數-英文成績
[1] "integer"
```

　　輸出索引變數 1、4、5、6 所有樣本觀察值的資料，直行數值向量為「c (1,4:6)」表示為第 1 直行變數、第 4 至第 6 直行變數，橫列序號省略，表示輸出所有樣本觀察值：

```
> score [,c (1,4:6)]
# A tibble: 120 x 4
      班級    國文成績    英文成績    數學成績
      <fctr>   <int>      <int>      <int>
1     忠班     97         96         44
2     忠班     89         87         23
3     忠班     20         12         36
4     忠班     30         46         14
5     忠班     65         50         43
6     忠班     82         62         33
7     忠班     35         30         89
8     忠班     60         83         71
9     忠班     88         100        97
10    忠班     22         15         65
# ... with 110 more rows
```
[說明]：**120**位樣本觀察值、**4**個直行變數，目前輸出的資料共有**10**筆，還有**110**筆(橫列資料)。

　　語法指令擷取第 101 筆至第 120 筆樣本觀察值資料，子資料框架物件界定為 sc20：

```
> sc20=score [101:120,]
> sc20
# A tibble: 20 x 6
      班級    性別    地區    國文成績    英文成績    數學成績
      <fctr>  <fctr>  <fctr>  <int>      <int>      <int>
1     忠班    男生    中區    60         58         56
2     忠班    女生    南區    74         74         72
3     孝班    男生    北區    90         91         92
4     孝班    女生    中區    80         81         79
5     仁班    男生    南區    68         66         70
6     仁班    女生    北區    70         71         71
7     愛班    男生    中區    80         79         78
8     愛班    男生    南區    45         44         42
9     信班    女生    北區    95         94         97
```

10	信班	男生	中區	92	91	92
11	忠班	女生	南區	58	57	53
12	忠班	女生	北區	78	80	73
13	孝班	男生	中區	80	78	86
14	孝班	男生	南區	91	93	95
15	仁班	女生	北區	87	65	78
16	仁班	女生	中區	56	47	57
17	愛班	男生	南區	21	30	20
18	愛班	男生	北區	34	55	60
19	信班	男生	中區	71	62	78
20	信班	女生	南區	45	43	50

　　要使用資料框架物件 sc20 中的第 5 個直行變數「英文成績」，可以使用下列三種方法，第一種方法為直接使用變數的索引值作為變數名稱；第二種方法使用「資料框架物件 $ 變數名稱」語法；第三種以 **with ( )** 函數個別界定標的資料框架物件名稱，{ } 中可增列使用其他函數，進行數值運算或邏輯判斷：

```
> sc20 [,5]
 [1] 58 74 91 81 66 71 79 44 94 91 57 80 78 93 65 47 30 55 62 43
> sc20$英文成績
 [1] 58 74 91 81 66 71 79 44 94 91 57 80 78 93 65 47 30 55 62 43
> with (sc20,{英文成績})
 [1] 58 74 91 81 66 71 79 44 94 91 57 80 78 93 65 47 30 55 62 43
```

　　語法標的變數指定為「性別」因子變數，性別因子變數為二分類別變數：

```
> sc20 [,2]
 [1] 男生 女生 男生 女生 男生 女生 男生 男生 女生 男生 女生 女生 男生 男生
[15] 女生 女生 男生 男生 男生 女生
Levels: 男生 女生
> sc20$性別
 [1] 男生 女生 男生 女生 男生 女生 男生 男生 女生 男生 女生 女生 男生 男生
[15] 女生 女生 男生 男生 男生 女生
Levels: 男生 女生
> with (sc20,{性別})
 [1] 男生 女生 男生 女生 男生 女生 男生 男生 女生 男生 女生 女生 男生 男生
[15] 女生 女生 男生 男生 男生 女生
Levels: 男生 女生
```

以次數分配表函數 **table ( )** 求出變數索引 3「地區」之次數分配表：

```
> table (score [,3])

北區  中區  南區
  40    40    40
> table (score$地區)

北區  中區  南區
  40    40    40
> with (score, {table (地區)})
地區
北區  中區  南區
  40    40    40
```

使用次數分配表函數 **table ( )** 求出變數索引 2「性別」之次數分配表：

```
> table (score [,2])

男生  女生
  61    59
> table (score$性別)

男生  女生
  61    59
> with (score, {table (性別)})
性別
男生  女生
  61    59
```

使用次數分配表函數 **table ( )** 求出變數索引 2「性別」與變數索引 3「地區」之次數分配交叉表：

```
> table (score [,2],score [,3])

        北區    中區    南區
男生      19      21      21
女生      21      19      19
> table (score$性別,score$地區)
```

```
                北區      中區     南區
        男生      19       21      21
        女生      21       19      19
> with (score, {table (性別,地區)})
                地區
    性別      北區     中區     南區
    男生       19       21      21
    女生       21       19      19
```

以次數分配表求出變數索引 1「班級」、變數索引 2「性別」與變數索引 3「地區」之次數分配交叉表 (列聯表)：

```
> table (score [,1],score [,2],score [,3])
, , = 北區

          男生      女生
忠班        4        4
孝班        4        4
仁班        3        5
愛班        5        3
信班        3        5


, , = 中區

          男生      女生
忠班        4        4
孝班        4        4
仁班        4        4
愛班        4        4
信班        5        3


, , = 南區

          男生      女生
忠班        3        5
孝班        5        3
仁班        4        4
愛班        5        3
信班        4        4
```

```
> table (score$班級,score$性別,score$地區)
, , = 北區
```

	男生	女生
忠班	4	4
孝班	4	4
仁班	3	5
愛班	5	3
信班	3	5

```
, , = 中區
```

	男生	女生
忠班	4	4
孝班	4	4
仁班	4	4
愛班	4	4
信班	5	3

```
, , = 南區
```

	男生	女生
忠班	3	5
孝班	5	3
仁班	4	4
愛班	5	3
信班	4	4

```
> with (score, {table (班級,性別,地區)})
, , 地區 = 北區
```

	性別	
班級	男生	女生
忠班	4	4
孝班	4	4
仁班	3	5
愛班	5	3
信班	3	5

```
, , 地區 = 中區
        性別
```

班級	男生	女生
忠班	4	4
孝班	4	4
仁班	4	4
愛班	4	4
信班	5	3

, , 地區 = 南區

　　　　性別

班級	男生	女生
忠班	3	5
孝班	5	3
仁班	4	4
愛班	5	3
信班	4	4

使用 **addmargins ( )** 函數增列計算交叉表之邊緣總次數：

```
> ta.3v=with (score, {table (班級,性別,地區)})
> addmargins (ta.3v)  #函數addmargins ( ) 的物件為table()
```

, , 地區 = 北區

　　　　性別

班級	男生	女生	Sum
忠班	4	4	8
孝班	4	4	8
仁班	3	5	8
愛班	5	3	8
信班	3	5	8
Sum	19	21	40

, , 地區 = 中區

　　　　性別

班級	男生	女生	Sum
忠班	4	4	8
孝班	4	4	8
仁班	4	4	8
愛班	4	4	8
信班	5	3	8
Sum	21	19	40

```
, , 地區 = 南區
         性別
班級     男生      女生      Sum
忠班      3        5        8
孝班      5        3        8
仁班      4        4        8
愛班      5        3        8
信班      4        4        8
Sum      21       19       40


, , 地區 = Sum
         性別
班級     男生      女生      Sum
忠班      11       13       24
孝班      13       11       24
仁班      11       13       24
愛班      14       10       24
信班      12       12       24
Sum      61       59       120
```

　　函數 **ftable** ( ) 可以統整函數 **table** ( ) 建構之列聯表資訊成單一表格，函數 **ftable** ( ) 的物件為函數 **table** ( ) 建構之次數分配表物件：

```
> ftable (ta.3v)
         地區     北區     中區     南區
班級     性別
忠班     男生       4        4        3
         女生       4        4        5
孝班     男生       4        4        5
         女生       4        4        3
仁班     男生       3        4        4
         女生       5        4        4
愛班     男生       5        4        5
         女生       3        4        3
信班     男生       3        5        4
         女生       5        3        4
```

　　以函數 **ftable** ( ) 統整函數 **table** ( ) 建構之列聯表物件，配合函數 **addmargins** ( ) 求出邊緣加總次數：

```
> ftable (addmargins (ta.3v))
```

班級	地區 性別	北區	中區	南區	Sum
忠班	男生	4	4	3	11
	女生	4	4	5	13
	Sum	**8**	**8**	**8**	**24**
孝班	男生	4	4	5	13
	女生	4	4	3	11
	Sum	**8**	**8**	**8**	**24**
仁班	男生	3	4	4	11
	女生	5	4	4	13
	Sum	**8**	**8**	**8**	**24**
愛班	男生	5	4	5	14
	女生	3	4	3	10
	Sum	**8**	**8**	**8**	**24**
信班	男生	3	5	4	12
	女生	5	3	4	12
	Sum	**8**	**8**	**8**	**24**
Sum	男生	19	21	21	61
	女生	21	19	19	59
	Sum	**40**	**40**	**40**	**120**

函數 **ftable ( )** 的引數 row.vars 界定橫列變數的個數，引數 col.vars 界定直行變數的個數：

```
> ftable (ta.3v, row.vars =1)     #橫列變數為班級因子變數
```

	性別 地區	男生 北區	中區	南區	女生 北區	中區	南區
班級							
忠班		4	4	3	4	4	5
孝班		4	4	5	4	4	3
仁班		3	4	4	5	4	4
愛班		5	4	5	3	4	3
信班		3	5	4	5	3	4

```
> ftable (ta.3v, col.vars =1:2) #直行變數為班級與性別因子變數
```

地區	班級 性別	忠班 男生	女生	孝班 男生	女生	仁班 男生	女生	愛班 男生	女生	信班 男生	女生
北區		4	4	4	4	3	5	5	3	3	5

中區	4	4	4	4	4	4	4	4	5	3
南區	3	5	5	3	4	4	5	3	4	4

函數 ftable ( ) 增列列聯表引數，求出列聯表的最小值、最大值：

```
> ftable (addmargins (ta.3v,c (1,2),FUN = list (Sum = sum, list (Min = min, Max = max))))
```

Margins computed over dimensions
in the following order:
1: 班級
2: 性別

班級	地區	北區	中區	南區
	性別			
忠班	男生	4	4	3
	女生	4	4	5
	Min	4	4	3
	Max	4	4	5
孝班	男生	4	4	5
	女生	4	4	3
	Min	4	4	3
	Max	4	4	5
仁班	男生	3	4	4
	女生	5	4	4
	Min	3	4	4
	Max	5	4	4
愛班	男生	5	4	5
	女生	3	4	3
	Min	3	4	3
	Max	5	4	5
信班	男生	3	5	4
	女生	5	3	4
	Min	3	3	4
	Max	5	5	4
Sum	男生	19	21	21
	女生	21	19	19
	Min	19	19	19
	Max	21	21	21

不同向量元素界定，輸出的表格不同：

```
> ftable (addmargins (ta.3v,c (1,3),FUN = list(Sum = sum, list (Min = min, Max =
  max))))
```
Margins computed over dimensions
in the following order:
1: 班級
2: 地區

班級	地區 性別	北區	中區	南區	Min	Max
忠班	男生	4	4	3	3	4
	女生	4	4	5	4	5
孝班	男生	4	4	5	4	5
	女生	4	4	3	3	4
仁班	男生	3	4	4	3	4
	女生	5	4	4	4	5
愛班	男生	5	4	5	4	5
	女生	3	4	3	3	4
信班	男生	3	5	4	3	5
	女生	5	3	4	3	5
Sum	男生	19	21	21	19	21
	女生	21	19	19	19	21

　　函數 **addmargins ( )** 增列列聯表邊緣次數的加總，函數 **prop.table ( )** 計算列聯表細格的百分比，比值的分母為有效觀察值個數 N。

```
> ta.2v=with (score, {table (性別,地區)})
> ta.2va=addmargins (ta.2v)
> ta.2va
```
性別	地區 北區	中區	南區	Sum
男生	19	21	21	61
女生	21	19	19	59
Sum	40	40	40	120

```
> round (prop.table (ta.2v),3)
```
性別	地區 北區	中區	南區
男生	0.158	0.175	0.175
女生	0.175	0.158	0.158

[說明]：列聯表百分比之分母為樣本觀察值個數**N (=120)**，列聯表細格次數除以N為列聯表細格的百分比。

以自訂函數求出計量變數的描述性統計量，自訂函數名稱為 **desx ( )**，R 命令稿或編輯器視窗語法指令如下：

```
1  desx=function(x) {
2    mo=(table(x))
3    mox=mo[which(mo== max(mo))]
4    cat("平均數=",round(mean(x),2),"\n")
5    cat("最小值=",min(x),"\n")
6    cat("最大值=",max(x),"\n")
7    cat("中位數=",round(median(x),2),"\n")
8    cat("眾數=",as.numeric(names(mox)),"\n")
9    cat("樣本觀察值個數=",length(x),"\n")
10   cat("標準差=",round(sd(x),2),"\n")
11   cat("變異數=",round(var(x),2),"\n")
12   cat("第1個四分位數=",round(quantile(x,.25),2),"\n")
13   cat("第3個四分位數=",round(quantile(x,.75),2),"\n")
14   cat("中位數絕對差=",round(mad(x),2),"\n")
15   cat("四分差=",round(IQR(x)/2,2),"\n")
16 }
```

執行 R 命令稿語法指令之 R 主控臺視窗介面語法指令為：

```
> desx=function (x) {
+ mo= (table (x))
+ mox=mo [which (mo== max (mo))]
+ cat ("平均數=",round (mean (x),2),"\n")
+ cat ("最小值=",min (x),"\n")
+ cat ("最大值=",max (x),"\n")
+ cat ("中位數=",round (median (x),2),"\n")
+ cat ("眾數=",as.numeric (names (mox)),"\n")
+ cat ("樣本觀察值個數=",length (x),"\n")
+ cat ("標準差=",round (sd (x),2),"\n")
+ cat ("變異數=",round (var (x),2),"\n")
+ cat ("第1個四分位數=",round (quantile (x,.25),2),"\n")
+ cat ("第3個四分位數=",round (quantile (x,.75),2),"\n")
+ ca t("中位數絕對差=",round (mad (x),2),"\n")
+ cat ("四分差=",round (IQR (x)/2,2),"\n")
+ }
```

求出資料框架物件第 4 個索引變數 (國文成績) 的描述性統計量，可使用變數索引或「資料框架物件 $ 變數名稱」語法，原資料框架物件之變數名稱若已更改為中文標記，則必須輸入中文標記之變數名稱，若變數名稱為英文，則直接使用英文變數名稱：

```
> desx (score [,4])    # 或輸入desx (score$國文成績)
平均數= 65.96
最小值= 20
最大值= 100
中位數= 70
眾數= 95 97
樣本觀察值個數= 120
標準差= 24.32
變異數= 591.59
第1個四分位數= 47.75
第3個四分位數= 87.25
中位數絕對差= 29.65
四分差= 19.75
```

[說明]：經筆者測試結果在**RStudio**主控臺視窗若直接輸入**desx (score [,4])** 會出現錯誤結果，但在**R**軟體中卻不會出現錯誤訊息。

```
> desx(score[,4])
平均數= NA
最小值= 20
最大值= 100

Error in median.default(x) : need numeric data          ⚹ Show Traceback
                                                         ⚹ Rerun with Debug

In addition: Warning message:
In mean.default(x) : argument is not numeric or logical: returning
 NA
```

求出資料框架物件第 5 個索引變數 (英文成績) 的描述性統計量：

```
> desx (score$英文成績)
平均數= 61.33
最小值= 6
最大值= 100
中位數= 63
眾數= 90
樣本觀察值個數= 120
標準差= 25.89
變異數= 670.19
```

```
第1個四分位數= 42
第3個四分位數= 84
中位數絕對差= 31.13
四分差= 21
```

求出資料框架物件第 6 個索引變數 (數學成績) 的描述性統計量：

```
> with (score, {desx (數學成績)})
平均數= 53.52
最小值= 5
最大值= 97
中位數= 54.5
眾數= 92
樣本觀察值個數= 120
標準差= 27.09
變異數= 734.1
第1個四分位數= 29
第3個四分位數= 76.25
中位數絕對差= 33.36
四分差= 23.62
```

描述性統計量第二種自訂函數，採用數值向量型態，將各參數作為數值向量的元素，並將數值向量各元素名稱根據統計量加以命名，R 編輯器語法指令如下：

```
des.x=function (x) {
  mo= (table (x))
  mox=mo [which (mo== max (mo))]    # 求出眾數
  mo=as.numeric (names (mox [1]))    #界定求出第一個眾數
  su=sum (x) #求出總和
  n=length (x) #求出觀察值個數
  mx=round (mean (x),2) #求出平均數
  mi=min (x) #求出最小值
  ma=max (x) #求出最大值
  me=round (median (x),2)  #求出中位數
  sd=round (sd (x),2)   #求出標準差
  va=round (var (x),2)  #求出變異數
  q1=round (quantile (x,.25),2)  #求出第1個四分位數
  q3=round (quantile (x,.75),2) #求出第3個四分位數
```

```
mad=round (mad (x),2)  #求出中位數絕對差值
iqr2=round (IQR (x)/2,2) #求出四分位差
desx=c (su,n,mx,mi,ma,me,mo,sd,va,q1,q3,mad,iqr2) #界定數值向量
names (desx)=c ("總和","樣本觀察值個數","平均數","最小值","最大值","中位數","
眾數", "標準差","變異數","第1個四分位數","第3個四分位數","中位數絕對差","四
分位差") #界定數值向量標題名稱
return (desx) #回傳數值向量的內容
}
```

RStudio 之 R 編輯器視窗介面如下：

```
1  des.x=function(x) {
2      mo=(table(x))
3      mox=mo[which(mo== max(mo))]
4      mo=as.numeric(names(mox[1]))
5      su=sum(x)
6      n=length(x)
7      mx=round(mean(x),2)
8      mi=min(x)
9      ma=max(x)
10     me=round(median(x),2)
11     sd=round(sd(x),2)
12     va=round(var(x),2)
13     q1=round(quantile(x,.25),2)
14     q3=round(quantile(x,.75),2)
15     mad=round(mad(x),2)
16     iqr2=round(IQR(x)/2,2)
17     desx=c(su,n,mx,mi,ma,me,mo,sd,va,q1,q3,mad,iqr2)
18     names(desx)=c("總和","樣本觀察值個數","平均數","最小值","最大值"
19            "標準差","變異數","第1個四分位數","第3個四分位數",
20     return(desx)
```

執行 R 編輯器語法指令，R 主控臺視窗介面為：

```
> des.x=function (x) {
+ mo= (table (x))
+ mox=mo [which (mo== max (mo))]
+ mo=as.numeric (names (mox [1]))
+ su=sum (x)
+ n=length (x)
+ mx=round (mean (x),2)
+ mi=min (x)
+ ma=max (x)
+ me=round (median (x),2)
```

```
+ sd=round (sd (x),2)
+ va=round (var (x),2)
+ q1=round (quantile (x,.25),2)
+ q3=round (quantile (x,.75),2)
+ mad=round (mad (x),2)
+ iqr2=round (IQR (x)/2,2)
+ desx=c (su,n,mx,mi,ma,me,mo,sd,va,q1,q3,mad,iqr2)
+ names (desx)=c ("總和","樣本觀察值個數","平均數","最小值","最大值","中位數","
  眾數","標準差","變異數","第1個四分位數","第3個四分位數","中位數絕對差",
+ "四分位差")
+ return (desx)
+ }
```

　　求出國文成績 (變數索引 4) 數值變數的描述性統計量，欲使用自訂函數 des.x (數值變數向量)，只要執行一次自訂函數語法指令，之後在主控臺中只要使用「des.x (數值變數向量)」語法，即可重複執行自訂函數，求出數值變數或數值向量的描述性統計量：

```
> des.x (score [,4]) #或輸入des.x (score$國文成績)
        總和    樣本觀察值個數         平均數       最小值          最大值
     7915.00           120.00        65.96        20.00          100.00
       中位數             眾數         標準差       變異數     第1個四分位數
        70.00            95.00        24.32       591.59           47.75
  第3個四分位數      中位數絕對差       四分位差
        87.25            29.65        19.75
```

　　使用自訂函數 **des.x ( )** 求出英文成績 (變數索引 5) 數值變數的描述性統計量：

```
> des.x (score$英文成績)
        總和    樣本觀察值個數         平均數       最小值          最大值
     7359.00           120.00        61.33         6.00          100.00
       中位數             眾數         標準差       變異數     第1個四分位數
        63.00            90.00        25.89       670.19           42.00
  第3個四分位數      中位數絕對差       四分位差
        84.00            31.13        21.00
```

使用自訂函數 **des.x ( )** 求出數學成績 (變數索引 6) 數值變數的描述性統計量：

```
> des.x (with (score, {數學成績}))
           總和     樣本觀察值個數          平均數       最小值          最大值
        6423.00          120.00         53.52        5.00          97.00
          中位數              眾數          標準差       變異數      第1個四分位數
          54.50           92.00         27.09      734.10          29.00
      第3個四分位數      中位數絕對差          四分位差
          76.25           33.36         23.62
```

求出國文成績的分組組距 (組限)，第 1 組為小於等於 60 分、第 2 組為大於 60 分且小於等於 70 分，第 3 組為大於 70 分且小於等於 80 分、第 4 組為大於 80 分且小於等於 90 分，第 5 組為大於 90 分且小於等於 100 分：

```
> g1=with (score,{國文成績 [which (國文成績<=60)]})
> g2=with (score,{國文成績 [which (國文成績>60 & 國文成績<=70)]})
> g3=with (score,{國文成績 [which (國文成績>70 & 國文成績<=80)]})
> g4=with (score,{國文成績 [which (國文成績>80 & 國文成績<=90)]})
> g5=with (score,{國文成績 [which (國文成績>90 & 國文成績<=100)]})
> prin t(g1)
 [1] 20 30 35 60 22 54 28 59 48 49 26 47 48 56 26 29 54 48 20 52 22 56 35 59 39 29 34
58
[29] 44 53 57 47 50 45 44 22 22 26 42 21 57 46 55 26 60 45 58 56 21 34 45
> print (g2)
 [1] 65 63 66 68 61 62 64 70 68 70
> print (g3)
 [1] 72 79 76 77 77 74 71 77 75 80 76 73 74 80 80 78 80 71
> print (g4)
 [1] 89 82 88 84 88 86 87 85 84 83 85 87 86 89 90 87
> print (g5)
 [1]  97  97  96  95  95  97  99  92  93  98  95  96  97  91 100  92  97  99  98  93  95
[22]  99  95  92  91
```

各組的人次 (各組樣本觀察察的個數)：

```
> length (g1)
[1] 51
```

```
> length (g2)
[1] 10
> length (g3)
[1] 18
> length (g4)
[1] 16
> length (g5)
[1] 25
```

　　上述組距求法使用的函數語法為 **[which ( )]**，函數括號內 ( ) 界定邏輯判別條件，根據邏輯判別條件篩選符合的樣本觀察值。第二種方法可以使用直方圖 **hist ( )** 函數，引數 plot 界定為假 (= FALSE)，表示不繪製圖形，引數 breaks 界定分割點，採用數值向量方法：breaks = c (0,60,70,80,90,100)，引數 breaks 中元素條件中第一個分割點條件為大於，第二個分割點為小於等於，各組距條件為：

　　　組距 1：「大於 0 且小於等於 60 分」。
　　　組距 2：「大於 60 且小於等於 70 分」。
　　　組距 3：「大於 70 且小於等於 80 分」。
　　　組距 4：「大於 80 且小於等於 90 分」。
　　　組距 5：「大於 90 且小於等於 100 分」。

```
> eh=with (score,{hist (國文成績, breaks=c (0,60,70,80,90,100),plot = FALSE)})
> eh
$breaks
[1]   0  60  70  80  90 100
[說明]：直方圖物件的分割點。
$counts
[1] 51 10 18 16 25
[說明]：直方圖物件的組距的次數，五個組距的人次分別為51、10、18、16、25。
$density
[1] 0.007083333 0.008333333 0.015000000 0.013333333 0.020833333
[說明]：直方圖的密度函數。
$mids
[1] 30 65 75 85 95
[說明]：直方圖組距的組中點。組中點是各分組所在的中心點量數，組中點的求
```

法為：$\dfrac{\text{真正下限值}+\text{真正上限值}}{2}$，若以60至70分組別為例，真正下限值為**59.5**、

真正上限值為**70.5**，組中點為**(59.5+70.5)/2=65**。
$xname
[1] "國文成績"
[說明]：數值變數名稱為「國文成績」。
$equidist
[1] FALSE
attr (,"class")
　　[1] "histogram"

在心理與教育領域的測驗分數中，一般組限的劃分如下：

組距 1：0 分至 59 分 (等第丁)。

組距 2：60 分至 69 分 (等第丙)。

組距 3：70 分至 79 分 (等第乙)。

組距 4：80 分至 89 分 (等第甲)。

組距 5：90 分至 100 分 (等第優)。

使用邏輯判別條件 **which ( )** 函數分別求出各組組距人次，R 主控臺語法指令如下：

```
> g1=with (score,{國文成績 [which (國文成績<=59)]})
> g2=with (score,{國文成績 [which (國文成績>59 & 國文成績<=69)]})
> g3=with (score,{國文成績 [which (國文成績>69 & 國文成績<=79)]})
> g4=with (score,{國文成績 [which (國文成績>79 & 國文成績<=89)]})
> g5=with (score,{國文成績 [which (國文成績>89)]})
> length (g1)
[1] 49
> length (g2)
[1] 10
> length (g3)
[1] 16
> length (g4)
[1] 19
> length (g5)
[1] 26
```

使用直方圖函數 **hist ( )** 求出各組組距的人次，分割點 breaks 數值向量的分割點界定為 0、59、69、79、89、100 (假定測驗分數均為整數，如果測驗分數至

一位小數,分割點為 0、59.9、69.9、79.9、89.9、100):

```
> eh=with (score, {hist (國文成績, breaks=c (0,59,69,79,89,100),plot = FALSE)})
> eh
$breaks
[1]   0  59  69  79  89 100
[說明]:直方圖物件的分割點。
$counts
[1] 49 10 16 19 26
[說明]:五個組距人次分別為49、10、16、19、26。
$density
[1] 0.006920904 0.008333333 0.013333333 0.015833333 0.019696970

$mids
[1] 29.5 64.0 74.0 84.0 94.5
[說明]:各分數組別的組中點量數。
$xname
[1] "國文成績"

$equidist
[1] FALSE

attr (,"class")
[1] "histogram"
```

如果要擷取各組組限人次,使用「直方圖物件名稱 $counts [元素數值]」語法指令:

```
> eh$counts [1]
[1] 49
> eh$counts [1:5]
[1] 49 10 16 19 26
```

將測驗分數組限以次數分配之方式呈現,語法指令設定自訂函數:

```
fre=function (x) {
eh=hist (x,breaks=c(0,59,69,79,89,100),plot = FALSE)
  cat (" 0分至59分 =",eh$counts [1]," 個","\n")
```

```
cat ("60分至69分 =",eh$counts [2]," 個","\n")
cat ("70分至79分 =",eh$counts [3]," 個","\n")
cat ("80分至89分 =",eh$counts [4]," 個","\n")
cat ("90分至100分=",eh$counts [5]," 個","\n")
}
```

執行自訂函數，並求出國文成績的次數分配表：

```
> fre=function (x) {
+ eh=hist (x,breaks=c (0,59,69,79,89,100),plot = FALSE)
+   cat (" 0分至59分 =",eh$counts [1]," 個","\n")
+   cat ("60分至69分 =",eh$counts [2]," 個","\n")
+   cat ("70分至79分 =",eh$counts [3]," 個","\n")
+   cat ("80分至89分 =",eh$counts [4]," 個","\n")
+   cat ("90分至100分=",eh$counts [5]," 個","\n")
+ }
> fre (score [,4])
 0分至59分 = 49  個
60分至69分 = 10  個
70分至79分 = 16  個
80分至89分 = 19  個
90分至100分= 26  個
```

求出英文成績的次數分配表：

```
> fre (score$英文成績)
 0分至59分 = 52  個
60分至69分 = 13  個
70分至79分 = 16  個
80分至89分 = 17  個
90分至100分= 22  個
```

求出數學成績的次數分配表：

```
> fre (with (score, {數學成績}))
 0分至59分 = 65  個
60分至69分 = 13  個
70分至79分 = 20  個
```

> 80分至89分 = 6 個
> 90分至100分= 16 個

　　自訂函數使用迴圈與邏輯判別函數進行數值向量數值的判別，若是分數符合設定條件，則對應的元素次數加 1，語法指令的邏輯判別式如下：

1. 先界定數值向量 y[1]、y[2]、y[3]、y[4]、y[5] 五個元素的起始數值均為 0。
2. 如果分數值大於等於 90 分，y[5] 元素的次數加 1，加總後的數值再指派給 y[5]。
3. 如果分數值小於 90 分且大於等於 80 分，y[4] 元素的次數加 1，加總後的數值再指派給 y[4]。
4. 如果分數值小於 80 分且大於等於 70 分，y[3] 元素的次數加 1，加總後的數值再指派給 y[3]。
5. 如果分數值小於 70 分且大於等於 60 分，y[2] 元素的次數加 1，加總後的數值再指派給 y[2]。
6. 如果分數值小於 60 分，y[1] 元素的次數加 1，加總後的數值再指派給 y[1]。
7. 數值向量 y 五個元素的數值表示的是各組限的次數。

　　R 編輯器語法指令如下：

```
fx=function (x) {
y=rep (0,5)
for (i in 1:length (x)) {
 if (x [i]>=90) {
  y[5]=y[5]+1
 } else if (x[i]>=80) {
  y[4]=y[4]+1
 } else if (x[i]>=70) {
y[3]=y[3]+1
 } else if (x[i]>=60) {
  y[2]=y[2]+1
 } else {
  y[1]=y[1]+1
 }
}
 cat (" 0分至59分 =",y[1]," 個","\n")
```

```
    cat ("60分至69分 =",y[2]," 個","\n")
    cat ("70分至79分 =",y[3]," 個","\n")
    cat ("80分至89分 =",y[4]," 個","\n")
    cat ("90分至100分=",y[5]," 個","\n")
}
```

R 主控臺執行 R 編輯器語法指令結果如下：

```
> fx=function (x) {
+ y=rep (0,5)
+ for (i in 1:length (x)) {
+  if (x[i]>=90) {
+   y[5]=y[5]+1
+  } else if (x[i]>=80) {
+   y[4]=y[4]+1
+  } else if (x[i]>=70) {
+   y[3]=y[3]+1
+  } else if (x[i]>=60) {
+   y[2]=y[2]+1
+  } else {
+   y[1]=y[1]+1
+  }
+ }
+  cat (" 0分至59分 =",y[1]," 個","\n")
+  cat ("60分至69分 =",y[2]," 個","\n")
+  cat ("70分至79分 =",y[3]," 個","\n")
+  cat ("80分至89分 =",y[4]," 個","\n")
+  cat ("90分至100分=",y[5]," 個","\n")
+ }
```

以自訂函數求出國文成績、英文成績、數學成績三個數值變數組限的次數分配：

```
> fx (score[,4])
  0分至59分 = 49  個
 60分至69分 = 10  個
 70分至79分 = 16  個
 80分至89分 = 19  個
 90分至100分= 26  個
```

```
> fx (with (score,{英文成績}))
  0分至59分 = 52 個
 60分至69分 = 13 個
 70分至79分 = 16 個
 80分至89分 = 17 個
 90分至100分= 22 個
> fx (with (score,{數學成績}))
  0分至59分 = 65 個
 60分至69分 = 13 個
 70分至79分 = 20 個
 80分至89分 = 6  個
 90分至100分= 16 個
```

使用系列函數 **seq ( )** 界定百分位數值為 1% 至 99%,求出英文成績百分位數對應的量數:

```
> normt=quantile (score[,4],seq (1:99)/100)
> print (normt)
   1%    2%    3%    4%    5%    6%    7%    8%    9%   10%   11%   12%
 20.19 21.00 21.57 22.00 22.00 22.56 26.00 26.00 26.00 27.80 29.00 29.28
  13%   14%   15%   16%   17%   18%   19%   20%   21%   22%   23%   24%
 31.88 34.00 34.85 35.16 39.69 42.84 44.00 44.80 45.00 45.18 46.37 47.00
  25%   26%   27%   28%   29%   30%   31%   32%   33%   34%   35%   36%
 47.75 48.00 48.13 49.32 51.02 52.70 53.89 54.08 55.27 56.00 56.00 56.84
  37%   38%   39%   40%   41%   42%   43%   44%   45%   46%   47%   48%
 57.03 58.00 58.41 59.00 59.79 60.00 61.17 62.36 63.55 64.74 65.93 68.00
  49%   50%   51%   52%   53%   54%   55%   56%   57%   58%   59%   60%
 68.62 70.00 70.69 71.00 72.07 73.26 74.00 74.64 75.83 76.02 77.00 77.00
  61%   62%   63%   64%   65%   66%   67%   68%   69%   70%   71%   72%
 77.59 78.78 79.97 80.00 80.00 81.08 82.73 83.92 84.11 85.00 85.49 86.00
  73%   74%   75%   76%   77%   78%   79%   80%   81%   82%   83%   84%
 86.87 87.00 87.25 88.00 88.63 89.00 90.01 91.00 91.39 92.00 92.00 92.96
  85%   86%   87%   88%   89%   90%   91%   92%   93%   94%   95%   96%
 93.30 95.00 95.00 95.00 95.00 96.00 96.29 97.00 97.00 97.00 97.05 98.00
  97%   98%   99%
 98.43 99.00 99.00
```

輸出結果至小數第一位:

```
> round (normt,1)
   1%    2%    3%    4%    5%    6%    7%    8%    9%   10%   11%   12%   13%   14%   15%
 20.2  21.0  21.6  22.0  22.0  22.6  26.0  26.0  26.0  27.8  29.0  29.3  31.9  34.0  34.8
  16%   17%   18%   19%   20%   21%   22%   23%   24%   25%   26%   27%   28%   29%   30%
 35.2  39.7  42.8  44.0  44.8  45.0  45.2  46.4  47.0  47.8  48.0  48.1  49.3  51.0  52.7
  31%   32%   33%   34%   35%   36%   37%   38%   39%   40%   41%   42%   43%   44%   45%
 53.9  54.1  55.3  56.0  56.0  56.8  57.0  58.0  58.4  59.0  59.8  60.0  61.2  62.4  63.6
  46%   47%   48%   49%   50%   51%   52%   53%   54%   55%   56%   57%   58%   59%   60%
 64.7  65.9  68.0  68.6  70.0  70.7  71.0  72.1  73.3  74.0  74.6  75.8  76.0  77.0  77.0
  61%   62%   63%   64%   65%   66%   67%   68%   69%   70%   71%   72%   73%   74%   75%
 77.6  78.8  80.0  80.0  80.0  81.1  82.7  83.9  84.1  85.0  85.5  86.0  86.9  87.0  87.2
  76%   77%   78%   79%   80%   81%   82%   83%   84%   85%   86%   87%   88%   89%   90%
 88.0  88.6  89.0  90.0  91.0  91.4  92.0  92.0  93.0  93.3  95.0  95.0  95.0  95.0  96.0
  91%   92%   93%   94%   95%   96%   97%   98%   99%
 96.3  97.0  97.0  97.0  97.0  98.0  98.4  99.0  99.0
```

由百分等級與百分位數對照表可以得知：第 75 個百分位數的分數為 87.2，若是學生國文成績為 87.2，則有 75% 的學生成績不如他，100 位學生中個體學生想要高過 75 位學生，則其國文成績至少要考 87.2 分；第 80 個百分位數的分數為 91.0，若是學生國文成績為 91.0，則有 80% 的學生成績不如他，100 位學生中個體學生想要高過 80 位學生，則其國文成績至少要考 91.0 分。

求出數學成績百分等級與百分位數對照表：

```
> normt=with (score,{quantile (數學成績,seq (1:99)/100)})
> round (normt,1)
   1%    2%    3%    4%    5%    6%    7%    8%    9%   10%   11%   12%   13%   14%   15%
  6.2   7.4   8.6   9.8  11.0  12.1  13.3  14.5  15.7  16.9  17.0  17.6  19.0  19.7  20.0
  16%   17%   18%   19%   20%   21%   22%   23%   24%   25%   26%   27%   28%   29%   30%
 21.0  21.2  22.4  23.6  24.0  25.0  25.4  27.0  28.1  29.0  31.8  33.0  33.0  33.5  34.0
  31%   32%   33%   34%   35%   36%   37%   38%   39%   40%   41%   42%   43%   44%   45%
 35.8  36.3  40.5  42.0  42.0  42.8  44.0  45.2  46.0  46.0  47.6  48.0  48.2  49.0  49.0
  46%   47%   48%   49%   50%   51%   52%   53%   54%   55%   56%   57%   58%   59%   60%
 49.7  51.9  53.0  53.3  54.5  55.7  56.0  57.1  58.5  60.0  61.9  63.0  64.0  64.2  65.0
  61%   62%   63%   64%   65%   66%   67%   68%   69%   70%   71%   72%   73%   74%   75%
 65.0  65.8  66.0  66.2  68.1  70.5  71.0  71.9  72.0  72.3  73.0  73.0  73.0  76.0  76.2
  76%   77%   78%   79%   80%   81%   82%   83%   84%   85%   86%   87%   88%   89%   90%
 77.0  77.0  77.8  78.0  78.2  79.0  79.6  80.8  82.0  86.0  87.0  89.5  90.0  90.9  92.0
```

91%	92%	93%	94%	95%	96%	97%	98%	99%
92.0	92.0	92.0	93.7	94.0	95.0	95.4	96.6	97.0

由百分等級與百分位數對照表可以得知：第 75 個百分位數的分數為 76.2，若是學生數學成績為 76.2，則有 75% 的學生成績不如他，100 位學生中個體學生想要高過 75 位學生，則其數學成績至少要考 76.2 分；第 90 個百分位數的分數為 92.0，若是學生數學成績為 92.0，則有 90% 的學生成績不如他，100 位學生中個體學生想要高過 90 位學生，則其數學成績至少要考 92.0 分。

語法指令為自訂函數，其功能在求出數值變數各測量分數對應的百分等級：

```
> prf=function (x) {
+ rx=length (x)-rank (x)+1
+ n=length (x)
+ pr=rep (0,n)
+ for (i in 1:n) {
+ pr[i]=round (100-(100*rx[i]-50)/n,0)
+ ca t("分數=",x[i],"(名次=",rx[i],")<-->百分等級=",pr[i],"\n")
+ } }
```

求出國文成績原始測量分數對應的百分等級：

```
> with (score,{prf(國文成績)})
分數= 97 (名次= 9 )<-->百分等級= 93
分數= 89 (名次= 27.5 )<-->百分等級= 78
分數= 20 (名次= 119.5 )<-->百分等級= 1
分數= 30 (名次= 105 )<-->百分等級= 13
分數= 65 (名次= 65 )<-->百分等級= 46
分數= 82 (名次= 41 )<-->百分等級= 66
分數= 35 (名次= 101.5 )<-->百分等級= 16
分數= 60 (名次= 70.5 )<-->百分等級= 42
分數= 88 (名次= 29.5 )<-->百分等級= 76
分數= 22 (名次= 114.5 )<-->百分等級= 5
分數= 54 (名次= 82.5 )<-->百分等級= 32
分數= 97 (名次= 9 )<-->百分等級= 93
分數= 96 (名次= 12.5 )<-->百分等級= 90
分數= 28 (名次= 108 )<-->百分等級= 10
分數= 59 (名次= 72.5 )<-->百分等級= 40
分數= 48 (名次= 89 )<-->百分等級= 26
```

分數= 63 (名次= 67)<-->百分等級= 45
分數= 66 (名次= 64)<-->百分等級= 47
分數= 49 (名次= 87)<-->百分等級= 28
分數= 26 (名次= 110.5)<-->百分等級= 8
分數= 68 (名次= 62.5)<-->百分等級= 48
分數= 61 (名次= 69)<-->百分等級= 43
分數= 84 (名次= 38.5)<-->百分等級= 68
分數= 47 (名次= 91.5)<-->百分等級= 24
分數= 48 (名次= 89)<-->百分等級= 26
分數= 88 (名次= 29.5)<-->百分等級= 76
分數= 95 (名次= 16)<-->百分等級= 87
分數= 86 (名次= 34.5)<-->百分等級= 72
分數= 62 (名次= 68)<-->百分等級= 44
分數= 64 (名次= 66)<-->百分等級= 45
分數= 56 (名次= 79)<-->百分等級= 35
分數= 26 (名次= 110.5)<-->百分等級= 8
分數= 72 (名次= 57)<-->百分等級= 53
分數= 87 (名次= 32)<-->百分等級= 74
分數= 70 (名次= 60.5)<-->百分等級= 50
分數= 79 (名次= 46)<-->百分等級= 62
分數= 29 (名次= 106.5)<-->百分等級= 12
分數= 54 (名次= 82.5)<-->百分等級= 32
分數= 95 (名次= 16)<-->百分等級= 87
分數= 76 (名次= 51.5)<-->百分等級= 58
分數= 48 (名次= 89)<-->百分等級= 26
分數= 97 (名次= 9)<-->百分等級= 93
分數= 85 (名次= 36.5)<-->百分等級= 70
分數= 77 (名次= 49)<-->百分等級= 60
分數= 77 (名次= 49)<-->百分等級= 60
分數= 20 (名次= 119.5)<-->百分等級= 1
分數= 52 (名次= 85)<-->百分等級= 30
分數= 84 (名次= 38.5)<-->百分等級= 68
分數= 99 (名次= 3)<-->百分等級= 98
分數= 92 (名次= 22)<-->百分等級= 82
分數= 22 (名次= 114.5)<-->百分等級= 5
分數= 56 (名次= 79)<-->百分等級= 35
分數= 83 (名次= 40)<-->百分等級= 67
分數= 93 (名次= 19.5)<-->百分等級= 84
分數= 35 (名次= 101.5)<-->百分等級= 16
分數= 85 (名次= 36.5)<-->百分等級= 70
分數= 98 (名次= 5.5)<-->百分等級= 96

分數= 95 (名次= 16)<-->百分等級= 87
分數= 96 (名次= 12.5)<-->百分等級= 90
分數= 97 (名次= 9)<-->百分等級= 93
分數= 59 (名次= 72.5)<-->百分等級= 40
分數= 87 (名次= 32)<-->百分等級= 74
分數= 39 (名次= 100)<-->百分等級= 17
分數= 29 (名次= 106.5)<-->百分等級= 12
分數= 91 (名次= 24.5)<-->百分等級= 80
分數= 34 (名次= 103.5)<-->百分等級= 14
分數= 74 (名次= 54.5)<-->百分等級= 55
分數= 86 (名次= 34.5)<-->百分等級= 72
分數= 58 (名次= 74.5)<-->百分等級= 38
分數= 100 (名次= 1)<-->百分等級= 100
分數= 92 (名次= 22)<-->百分等級= 82
分數= 71 (名次= 58.5)<-->百分等級= 52
分數= 44 (名次= 97.5)<-->百分等級= 19
分數= 53 (名次= 84)<-->百分等級= 30
分數= 57 (名次= 76.5)<-->百分等級= 37
分數= 47 (名次= 91.5)<-->百分等級= 24
分數= 97 (名次= 9)<-->百分等級= 93
分數= 50 (名次= 86)<-->百分等級= 29
分數= 99 (名次= 3)<-->百分等級= 98
分數= 45 (名次= 95)<-->百分等級= 21
分數= 44 (名次= 97.5)<-->百分等級= 19
分數= 22 (名次= 114.5)<-->百分等級= 5
分數= 89 (名次= 27.5)<-->百分等級= 78
分數= 22 (名次= 114.5)<-->百分等級= 5
分數= 26 (名次= 110.5)<-->百分等級= 8
分數= 77 (名次= 49)<-->百分等級= 60
分數= 75 (名次= 53)<-->百分等級= 56
分數= 42 (名次= 99)<-->百分等級= 18
分數= 98 (名次= 5.5)<-->百分等級= 96
分數= 21 (名次= 117.5)<-->百分等級= 2
分數= 80 (名次= 43.5)<-->百分等級= 64
分數= 93 (名次= 19.5)<-->百分等級= 84
分數= 57 (名次= 76.5)<-->百分等級= 37
分數= 95 (名次= 16)<-->百分等級= 87
分數= 76 (名次= 51.5)<-->百分等級= 58
分數= 73 (名次= 56)<-->百分等級= 54
分數= 99 (名次= 3)<-->百分等級= 98
分數= 46 (名次= 93)<-->百分等級= 23

分數= 55 (名次= 81)<-->百分等級= 33
分數= 26 (名次= 110.5)<-->百分等級= 8
分數= 60 (名次= 70.5)<-->百分等級= 42
分數= 74 (名次= 54.5)<-->百分等級= 55
分數= 90 (名次= 26)<-->百分等級= 79
分數= 80 (名次= 43.5)<-->百分等級= 64
分數= 68 (名次= 62.5)<-->百分等級= 48
分數= 70 (名次= 60.5)<-->百分等級= 50
分數= 80 (名次= 43.5)<-->百分等級= 64
分數= 45 (名次= 95)<-->百分等級= 21
分數= 95 (名次= 16)<-->百分等級= 87
分數= 92 (名次= 22)<-->百分等級= 82
分數= 58 (名次= 74.5)<-->百分等級= 38
分數= 78 (名次= 47)<-->百分等級= 61
分數= 80 (名次= 43.5)<-->百分等級= 64
分數= 91 (名次= 24.5)<-->百分等級= 80
分數= 87 (名次= 32)<-->百分等級= 74
分數= 56 (名次= 79)<-->百分等級= 35
分數= 21 (名次= 117.5)<-->百分等級= 2
分數= 34 (名次= 103.5)<-->百分等級= 14
分數= 71 (名次= 58.5)<-->百分等級= 52
分數= 45 (名次= 95)<-->百分等級= 21

語法指令為依據百分等級排列，百分等級對應原始分數，相同的原始分數學生其百分等級相同：

```
> x=score[,4]
> rx=length (x)-rank(x)+1
> n=length (x)
> pr=rep (0,n)
> for (i in 1:n) {
+ pr[i]=round (100- (100*rx[i]-50)/n,0)
+ }
> spr=sort (pr)
> for (i in spr) {
+ xx=x[which (pr==i)]
+ cat ("百分等級=",i,"<--->原始分數=",xx,"\n")
+ }
百分等級= 1 <--->原始分數= 20 20
百分等級= 1 <--->原始分數= 20 20
```

```
百分等級= 2 <--->原始分數= 21 21
百分等級= 2 <--->原始分數= 21 21
百分等級= 5 <--->原始分數= 22 22 22 22
<略>
百分等級= 96 <--->原始分數= 98 98
百分等級= 98 <--->原始分數= 99 99 99
百分等級= 98 <--->原始分數= 99 99 99
百分等級= 98 <--->原始分數= 99 99 99
百分等級= 100 <--->原始分數= 100
```

百分等級 PR 表示原始分數在 100 個人當中可以勝過多少人，國文成績 97 分者有五位，其百分等級 PR = 93，表示在有 100 個樣本觀察值的群體中，這五個學生的分數勝過 93 人，$P_{93} = 97$，輸 6 個人，因而其名次為第 7 名，同分者有五個人 (排序 7、8、9、10、11)，其平均名次為第 9 名。百分等級 PR 最大值為 99，因而原始分數 100 分的百分等級 PR = 99，即 $P_{99} = 100$。

```
> mean (c (7:11))
[1] 9
```

上述語法函數求出的原始分數與百分等級常模對照表，若有相同分數者會重複出現，相同分數多少個會重複出現多少次。範例的語法指令使用百分等級的次數分配表，將相同測量分數的觀察值只呈現一次。函數 table ( ) 的物件包括二列元素，第一列為文字型態名稱，表示百分等級的參數，第二列為整數數值，表示的百分等級參數的次數分配：

```
> tp=table (pr)
> class (tp)
[1] "table"
> str (tp)
 'table' int [1:61 (1d)] 2 2 4 4 1 2 1 2 2 1 ...
 - attr (*, "dimnames")=List of 1
  ..$ pr: chr [1:61] "1" "2" "5" "8" ...
> tp
pr
  1   2   5   8  10  12  13  14  16  17  18  19  21  23  24  26  28  29  30
  2   2   4   4   1   2   1   2   2   1   1   2   3   1   2   3   1   1   2
 32  33  35  37  38  40  42  43  44  45  46  47  48  50  52  53  54  55  56
```

```
 2   1   3   2   2   2   2   1   1   2   1   1   2   2   2   1   1   2   1
58  60  61  62  64  66  67  68  70  72  74  76  78  79  80  82  84  87  90
 2   3   1   1   4   1   1   2   2   2   3   2   2   1   2   3   2   5   2
93  96  98 100
 5   2   3   1
```

使用函數 length (表格物件) 可以求出共有多少個百分等級參數，範例中共有 61 個百分等級參數，長度數值等於 61：

```
> np=length (tp)
> np
[1] 61
```

使用表格項目名稱變數 **names ( )** 擷取各百分等級參數，配合 **as.numeric ( )** 轉換為數值型態，如表格物件第 1 個元素的百分等級項目名稱參數為 1 (次數等於 2)、表格物件第 3 個元素的百分等級項目名稱參數為 5 (次數等於 4)、表格物件第 6 個元素的百分等級項目名稱參數為 12 (次數等於 2)：

```
> as.numeric (names (tp [1]))
[1] 1
> as.numeric (names (tp [3]))
[1] 5
> as.numeric (names (tp [6]))
[1] 12
> tp [[1]]
[1] 2
> tp [[3]]
[1] 4
> tp [[6]]
[1] 2
```

求出國文成績原始分數與其百分等級對照表：

```
> x=score[,4]
> rx=length (x)-rank (x)+1
> n=length (x)
> pr=rep (0,n)
```

```
> for (i in 1:n) {
+ pr [i]=round (100-(100*rx [i]-50)/n,0)
+ }
> spr=sort (pr)
> tp=table (pr)
> np=length (tp)
> for (i in c (1:np)) {
+ px=as.numeric (names (tp [i]))
+ xx=x [which (pr==px)]
+ cat ("百分等級=",px,"<--->原始分數=",xx,"\n")
+ }
百分等級= 1 <--->原始分數= 20 20
百分等級= 2 <--->原始分數= 21 21
百分等級= 5 <--->原始分數= 22 22 22 22
百分等級= 8 <--->原始分數= 26 26 26 26
百分等級= 10 <--->原始分數= 28
＜略＞
百分等級= 93 <--->原始分數= 97 97 97 97 97
百分等級= 96 <--->原始分數= 98 98
百分等級= 98 <--->原始分數= 99 99 99
百分等級= 100 <--->原始分數= 100
```

求出數學成績原始測量分數對應的百分等級：

```
> prf (score [,6])
分數= 44 (名次= 76 )<--->百分等級= 37
分數= 23 (名次= 98 )<--->百分等級= 19
分數= 36 (名次= 82.5 )<-->百分等級= 32
分數= 14 (名次= 111 )<-->百分等級= 8
分數= 43 (名次= 77 )<-->百分等級= 36
＜略＞
分數= 57 (名次= 57 )<--->百分等級= 53
分數= 20 (名次= 102.5 )<-->百分等級= 15
分數= 60 (名次= 54.5 )<-->百分等級= 55
分數= 78 (名次= 26 )<--->百分等級= 79
分數= 50 (名次= 65 )<--->百分等級= 46
```

求出數學成績百分等級與其原始分數對照表，百分等級遞增排列，相同分數者只出現一個等級，語法函數中的數值變數 x 界定為「=with (score, {數學成績})」，指定的資料框架物件為 score，標的變數名稱為「數學成績」：

```
> x=with (score, {數學成績})
> rx=length (x)-ran k(x)+1
> n=length (x)
> pr=rep (1,n)
> for (i in 1:n) {
+ pr [i]=round (100- (100*rx[i]-50)/n,0)
+ }
> spr=sort (pr)
> tp=table (pr)
> np=length (tp)
> for (i in c (1:np)) {
+ px=as.numeri c(names(tp[i]))
+ xx=x[which (pr==px)]
+ cat ("百分等級=",px,"<--->原始分數=",xx,"\n")
+ }
百分等級= 0 <--->原始分數= 5
百分等級= 1 <--->原始分數= 6
百分等級= 2 <--->原始分數= 7
百分等級= 3 <--->原始分數= 8
百分等級= 4 <--->原始分數= 9
＜略＞
百分等級= 91 <--->原始分數= 92 92 92 92 92
百分等級= 94 <--->原始分數= 94 94
百分等級= 96 <--->原始分數= 95 95
百分等級= 97 <--->原始分數= 96
百分等級= 99 <--->原始分數= 97 97 97
```

　　百分等級 PR 表示原始分數在 100 個人當中可以勝過多少人，數學成績 92 分者有五位，其百分等級 PR = 91，表示在有 100 個樣本觀察值的群體中，這 5 個學生的分數勝過 91 人，P_{91} = 92，百分等級 91 的百分位數值為 92 分，個體學生的數學成績分數輸 8 個人，這 8 個人的數學成績為 94、94、95、95、96、97、97、97。數學成績 97 分者的百分等級 PR 為 99，表示數學成績分數 97 分勝過群體 99% 的學生，即 P_{99} = 97，數學成績分數 97 分在群體排名中為第一名 (PR = 99)。

　　資料框架物件 score 之「班級」變數 (直欄變數) 的屬性為因子，內有 5 個水準，5 個水準標記名稱為忠班、孝班、仁班、愛班、信班。語法指令列「＞

with (score, {table (班級)})」，函數名稱為 **with ( )**，函數第一個引數界定資料框架物件名稱 (score)，{ } 內為一般函數的界定。語法指令列「> cla.1=with (score, {score [班級=="忠班",]})」界定擷取資料框架物件的邏輯判別條件：「班級」變數中水準標記為「忠班」的觀察值，標的資料框架物件為 score。

```
> class (score$班級)
[1] "factor"
> with (score, {table (班級)})
班級
忠班 孝班 仁班 愛班 信班
  24   24   24   24   24
> cla.1=with (score,{score [班級=="忠班",]})
```

子資料框架物件 cla.1 的觀察值均為「班級」水準標記為「忠班」的樣本，樣本觀察值總數為 24：

```
> cla.1
```

	班級	性別	地區	國文成績	英文成績	數學成績
1	忠班	男生	北區	97	96	44
2	忠班	男生	中區	89	87	23
3	忠班	男生	南區	20	12	36
4	忠班	男生	北區	30	46	14
5	忠班	男生	中區	65	50	43
6	忠班	男生	南區	82	62	33
7	忠班	男生	北區	35	30	89
8	忠班	男生	中區	60	83	71
9	忠班	男生	南區	88	100	97
10	忠班	男生	北區	22	15	65
11	忠班	女生	中區	54	63	53
12	忠班	女生	南區	97	98	92
13	忠班	女生	北區	96	28	48
14	忠班	女生	中區	28	32	29
15	忠班	女生	南區	59	63	36
16	忠班	女生	北區	48	15	65
17	忠班	女生	中區	63	62	86
18	忠班	女生	南區	66	65	46
19	忠班	女生	北區	49	73	92
20	忠班	女生	中區	26	24	94

101	忠班	男生	中區	60	58	56
102	忠班	女生	南區	74	74	72
111	忠班	女生	南區	58	57	53
112	忠班	女生	北區	78	80	73

　　使用函數 scale ( ) 求出忠班學生國文成績、英文成績、數學成績的 z 分數，三個 z 分數分別存放於新變數國文 z、英文 z、數學 z 中，三個新變數增列在資料框架物件 (子資料檔) cla.1 的後面，變數名稱分別為國文 z、英文 z、數學 z：

```
> cla.1$國文z=with (cla.1,{round (scale (國文成績),2)})
> cla.1$英文z=with (cla.1,{round (scale (英文成績),2)})
> cla.1$數學z=with (cla.1,{round (scale (數學成績),2)})
> cla.1
```

	班級	性別	地區	國文成績	英文成績	數學成績	國文z	英文z	數學z
1	忠班	男生	北區	97	96	44	1.50	1.43	-0.60
2	忠班	男生	中區	89	87	23	1.18	1.10	-1.46
3	忠班	男生	南區	20	12	36	-1.64	-1.67	-0.93
4	忠班	男生	北區	30	46	14	-1.23	-0.41	-1.82
5	忠班	男生	中區	65	50	43	0.20	-0.27	-0.64
6	忠班	男生	南區	82	62	33	0.89	0.18	-1.05
7	忠班	男生	北區	35	30	89	-1.03	-1.00	1.23
8	忠班	男生	中區	60	83	71	-0.01	0.95	0.50
9	忠班	男生	南區	88	100	97	1.14	1.58	1.56
10	忠班	男生	北區	22	15	65	-1.56	-1.56	0.25
11	忠班	女生	中區	54	63	53	-0.25	0.21	-0.23
12	忠班	女生	南區	97	98	92	1.50	1.51	1.35
13	忠班	女生	北區	96	28	48	1.46	-1.08	-0.44
14	忠班	女生	中區	28	32	29	-1.31	-0.93	-1.21
15	忠班	女生	南區	59	63	36	-0.05	0.21	-0.93
16	忠班	女生	北區	48	15	65	-0.50	-1.56	0.25
17	忠班	女生	中區	63	62	86	0.12	0.18	1.11
18	忠班	女生	南區	66	65	46	0.24	0.29	-0.52
19	忠班	女生	北區	49	73	92	-0.46	0.58	1.35
20	忠班	女生	中區	26	24	94	-1.40	-1.23	1.44
101	忠班	男生	中區	60	58	56	-0.01	0.03	-0.11
102	忠班	女生	南區	74	74	72	0.57	0.62	0.54
111	忠班	女生	南區	58	57	53	-0.09	-0.01	-0.23
112	忠班	女生	北區	78	80	73	0.73	0.84	0.58

　　R 主控臺複製一個資料框架物件，資料框架物件名稱界定為 tdata，因子變數「CLASS」的水準數值有五個，水準數值編碼為 1 至 5：

```
> tdata<-edata
> names (tdata)
[1] "CLASS" "SEX"   "AREA" "CS"    "ES"    "MS"
> table (tdata$CLASS)

 1  2  3  4  5
24 24 24 24 24
```

　　使用變數水準數值邏輯判別方法，分別選取因子變數 CLASS 水準數值 1、2、3、4、5 之樣本觀察值群組，依序求出各群組之 z 分數，並將結果以新變數名稱 zcs 界定在資料框架物件之中：

```
> tdata$zcs [tdata$CLASS==1]<-round (scale (tdata$CS [tdata$CLASS==1]),2)
Warning message:
Unknown or uninitialised column: 'zcs'.
```
[說明]：資料框架物件第一次增列變數名稱時，會出現警告訊息：未界定的直行變數或此直行變數在原資料框架物件並不存在。
```
> tdata$zcs [tdata$CLASS==2]<-round (scale (tdata$CS[tdata$CLASS==2]),2)
> tdata$zcs [tdata$CLASS==3]<-round (scale (tdata$CS[tdata$CLASS==3]),2)
> tdata$zcs [tdata$CLASS==4]<-round (scale (tdata$CS[tdata$CLASS==4]),2)
> tdata$zcs [tdata$CLASS==5]<-round (scale (tdata$CS[tdata$CLASS==5]),2)
> tdata [tdata$CLASS==1,]    # 輸出因子變數CLASS水準數值1的群組
# A tibble: 24 x 7
```

	CLASS	SEX	AREA	CS	ES	MS	zcs
	<int>	<int>	<int>	<int>	<int>	<int>	<dbl>
1	1	1	1	97	96	44	1.50
2	1	1	2	89	87	23	1.18
3	1	1	3	20	12	36	-1.64
4	1	1	1	30	46	14	-1.23
5	1	1	2	65	50	43	0.20
6	1	1	3	82	62	33	0.89
7	1	1	1	35	30	89	-1.03
8	1	1	2	60	83	71	-0.01
9	1	1	3	88	100	97	1.14
10	1	1	1	22	15	65	-1.56

```
# ... with 14 more rows
> tdata [tdata$CLASS==2,] # 輸出因子變數CLASS水準數值2的群組
```

A tibble: 24 x 7

	CLASS	SEX	AREA	CS	ES	MS	zcs
	<int>	<int>	<int>	<int>	<int>	<int>	<dbl>
1	2	1	3	68	39	5	-0.12
2	2	1	1	61	42	90	-0.48
3	2	1	2	84	86	19	0.70
4	2	1	3	47	74	16	-1.20
5	2	1	1	48	6	24	-1.15
6	2	1	2	88	91	77	0.91
7	2	1	3	95	90	96	1.27
8	2	1	1	86	90	8	0.80
9	2	1	2	62	92	42	-0.43
10	2	1	3	64	63	46	-0.32

... with 14 more rows

> tdata [tdata$CLASS==3,] # 輸出因子變數CLASS水準數值3的群組

A tibble: 24 x 7

	CLASS	SEX	AREA	CS	ES	MS	zcs
	<int>	<int>	<int>	<int>	<int>	<int>	<dbl>
1	3	1	2	48	7	77	-1.07
2	3	1	3	97	87	76	0.96
3	3	1	1	85	75	72	0.46
4	3	1	2	77	90	80	0.13
5	3	1	3	77	63	73	0.13
6	3	1	1	20	15	13	-2.22
7	3	1	2	52	62	92	-0.90
8	3	1	3	84	76	25	0.42
9	3	1	1	99	71	49	1.04
10	3	1	2	92	50	20	0.75

... with 14 more rows

> tdata [tdata$CLASS==4,] # 輸出因子變數CLASS水準數值4的群組

A tibble: 24 x 7

	CLASS	SEX	AREA	CS	ES	MS	zcs
	<int>	<int>	<int>	<int>	<int>	<int>	<dbl>
1	4	1	1	59	56	45	-0.13
2	4	1	2	87	98	64	1.01
3	4	1	3	39	45	46	-0.95
4	4	1	1	29	42	66	-1.35
5	4	1	2	91	87	17	1.18
6	4	1	3	34	82	27	-1.15
7	4	1	1	74	35	33	0.48
8	4	1	2	86	78	91	0.97

9	4	1	3	58	32	34	-0.17
10	4	1	1	100	94	24	1.54

... with 14 more rows
> tdata [tdata$CLASS==5,] # 輸出因子變數CLASS水準數值5的群組
A tibble: 24 x 7

	CLASS	SEX	AREA	CS	ES	MS	zcs
	<int>	<int>	<int>	<int>	<int>	<int>	<dbl>
1	5	1	3	44	47	73	-0.70
2	5	1	1	22	26	55	-1.50
3	5	1	2	89	88	21	0.94
4	5	1	3	22	31	19	-1.50
5	5	1	1	26	25	6	-1.36
6	5	1	2	77	26	90	0.50
7	5	1	3	75	60	73	0.43
8	5	1	1	42	45	34	-0.78
9	5	1	2	98	92	49	1.26
10	5	1	3	21	38	82	-1.54

... with 14 more rows

以語法指令求出五個班級國文成績 (CS) 變數的 z 分數與 T 分數，R 命令稿語法指令列為：

```
1  nclass=5
2  for (i in 1:nclass) {
3  tdata$zcs [tdata$CLASS==i]<-round (scale (tdata$CS[tdata$CLASS==i]),2)
4   tdata$tcs [tdata$CLASS==i]<-tdata$zcs [tdata$CLASS==i]*10+50
5  }
6  print.data.frame (tdata)
```

第 3 列語法為依序求出 CLASS 因子變數水準數值編碼為 1 至 5 群組的標準分數，當 i = 1 時，語法指令列為：

tdata$zcs[tdata$CLASS==1]<-round(scale(tdata$CS[tdata$CLASS==1]),2)

第 4 列語法為依序求出 CLASS 因子變數水準數值編碼為 1 至 5 群組的 T 分數，當 i=1 時，語法指令列為：

tdata$tcs[tdata$CLASS==1]<-tdata$zcs[tdata$CLASS==1]*10+50

R 命令稿語法指令執行結果對應之 R 主控臺視窗介面如下：

```
> nclass=5
> for (i in 1:nclass) {
+   tdata$zcs [tdata$CLASS==i]<-round (scale (tdata$CS [tdata$CLASS==i]),2)
+   tdata$tcs [tdata$CLASS==i]<-tdata$zcs [tdata$CLASS==i]*10+50
+ }
Warning messages:
1: Unknown or uninitialised column: 'zcs'.
2: Unknown or uninitialised column: 'tcs'.
> print.data.frame (tdata)
```

	CLASS	SEX	AREA	CS	ES	MS	zcs	tcs
1	1	1	1	97	96	44	1.50	65.0
2	1	1	2	89	87	23	1.18	61.8
3	1	1	3	20	12	36	-1.64	33.6
4	1	1	1	30	46	14	-1.23	37.7
5	1	1	2	65	50	43	0.20	52.0
6	1	1	3	82	62	33	0.89	58.9
<略>								
81	5	1	3	44	47	73	-0.70	43.0
82	5	1	1	22	26	55	-1.50	35.0
83	5	1	2	89	88	21	0.94	59.4
84	5	1	3	22	31	19	-1.50	35.0
85	5	1	1	26	25	6	-1.36	36.4
86	5	1	2	77	26	90	0.50	55.0
<略>								
116	3	2	2	56	47	57	-0.74	42.6
117	4	1	3	21	30	20	-1.68	33.2
118	4	1	1	34	55	60	-1.15	38.5
119	5	1	2	71	62	78	0.28	52.8
120	5	2	3	45	43	50	-0.67	43.3

　　上述 R 命令稿之語法指令採用「資料框架物件 $ 變數名稱」語法，也可直接使用 with ( ) 函數界定標的資料框架物件：

```
1   nclass=5
2   for (i in 1:nclass) {
3   tdata$zcs [tdata$CLASS==i]<-with (tdata,{round (scale (CS [CLASS==i]),2)})
4   tdata$tcs [tdata$CLASS==i]<-with (tdata,{tdata$zcs [tdata$CLASS==i]*10+50})
5   }
6   print.data.frame (tdata)
```

R 命令稿語法指令執行結果對應之 R 主控臺視窗介面如下：

```
> nclass=5
> for (i in 1:nclass) {
+   tdata$zcs [tdata$CLASS==i]<-with (tdata, {round (scale (CS [CLASS==i]),2)})
+   tdata$tcs [tdata$CLASS==i]<-with (tdata,{tdata$zcs [tdata$CLASS==i]*10+50})
+ }
Warning messages:
1: Unknown or uninitialised column: 'zcs'.
2: Unknown or uninitialised column: 'tcs'.
> print.data.frame (tdata)
    CLASS  SEX  AREA    CS    ES    MS     zcs     tcs
1     1     1     1    97    96    44    1.50    65.0
2     1     1     2    89    87    23    1.18    61.8
3     1     1     3    20    12    36   -1.64    33.6
<略>
```

使用 subset ( ) 函數選取特定的樣本觀察值群組，配合 **print.data.frame ( )** 函數輸出各班級的資料，語法指令輸出第 1 個群組的資料：

```
> print.data.frame (subset (tdata, CLASS==1))
    CLASS  SEX  AREA    CS    ES    MS     zcs     tcs
1     1     1     1    97    96    44    1.50    65.0
2     1     1     2    89    87    23    1.18    61.8
3     1     1     3    20    12    36   -1.64    33.6
4     1     1     1    30    46    14   -1.23    37.7
5     1     1     2    65    50    43    0.20    52.0
6     1     1     3    82    62    33    0.89    58.9
7     1     1     1    35    30    89   -1.03    39.7
8     1     1     2    60    83    71   -0.01    49.9
9     1     1     3    88   100    97    1.14    61.4
```

10	1	1	1	22	15	65	-1.56	34.4
11	1	2	2	54	63	53	-0.25	47.5
12	1	2	3	97	98	92	1.50	65.0
13	1	2	1	96	28	48	1.46	64.6
14	1	2	2	28	32	29	-1.31	36.9
15	1	2	3	59	63	36	-0.05	49.5
16	1	2	1	48	15	65	-0.50	45.0
17	1	2	2	63	62	86	0.12	51.2
18	1	2	3	66	65	46	0.24	52.4
19	1	2	1	49	73	92	-0.46	45.4
20	1	2	2	26	24	94	-1.40	36.0
21	1	1	2	60	58	56	-0.01	49.9
22	1	2	3	74	74	72	0.57	55.7
23	1	2	3	58	57	53	-0.09	49.1
24	1	2	1	78	80	73	0.73	57.3

語法指令輸出第 5 個群組的資料：

```
> print.data.frame (subset (tdata, CLASS==5))
```

	CLASS	SEX	AREA	CS	ES	MS	zcs	tcs
1	5	1	3	44	47	73	-0.70	43.0
2	5	1	1	22	26	55	-1.50	35.0
3	5	1	2	89	88	21	0.94	59.4
4	5	1	3	22	31	19	-1.50	35.0
5	5	1	1	26	25	6	-1.36	36.4
6	5	1	2	77	26	90	0.50	55.0
7	5	1	3	75	60	73	0.43	54.3
8	5	1	1	42	45	34	-0.78	42.2
9	5	1	2	98	92	49	1.26	62.6
10	5	1	3	21	38	82	-1.54	34.6
11	5	2	1	80	42	29	0.61	56.1
12	5	2	2	93	82	40	1.08	60.8
13	5	2	3	57	48	12	-0.23	47.7
14	5	2	1	95	80	49	1.16	61.6
15	5	2	2	76	21	52	0.46	54.6
16	5	2	3	73	45	25	0.35	53.5
17	5	2	1	99	93	65	1.30	63.0
18	5	2	2	46	82	76	-0.63	43.7
19	5	2	3	55	39	64	-0.30	47.0
20	5	2	1	26	86	54	-1.36	36.4

21	5	2	1	95	94	97	1.16	61.6
22	5	1	2	92	91	92	1.05	60.5
23	5	1	2	71	62	78	0.28	52.8
24	5	2	3	45	43	50	-0.67	43.3

　　使用函數 **write.csv**（ ）將增列標準分數與 T 分數變數的資料框架物件儲存，儲存的位置為 E 磁碟機，資料夾為「RS_data」，資料檔檔名為「t_data.CSV」，引數 row.names 界定為假，表示取消各橫列前面自動增列的流水編號：

```
> write.csv (tdata,"e:/RS_data/t_data.csv",row.names =F)
```

　　試算表資料檔「t_data.csv」開啟後部分樣本觀察值的數據資料，第一橫列為變數名稱 (第一直欄沒有流水編號變數名稱)。

剪貼簿		字型		對齊方式		數值		儲存格
	L6			f_x				
	A	B	C	D	E	F	G	H
1	CLASS	SEX	AREA	CS	ES	MS	zcs	tcs
2	1	1	1	97	96	44	1.5	65
3	1	1	2	89	87	23	1.18	61.8
4	1	1	3	20	12	36	-1.64	33.6
5	1	1	1	30	46	14	-1.23	37.7
6	1	1	2	65	50	43	0.2	52
7	1	1	3	82	62	33	0.89	58.9
8	1	1	1	35	30	89	-1.03	39.7

t_data

Chapter 9
問卷向度變數與常態性檢定

　　範例問卷資料檔包括教師專業實踐量表與教師幸福感二種量表，專業實踐量表有三個向度，指標題項 10 題，教師幸福感量表有三個向度，指標題項 12 題。專業實踐量表的題項變數界定為 A1、A2、……、A9、A10，教師幸福感量表的題項變數界定為 B1、B2、……、B11、B12。

壹、反向計分程序

教師專業實踐量表

	非常符合	大半符合	一半符合	部分符合	非常不符合
有效教學層面					
1.我能掌握有效教學目標安排課程。(A1)	5	4	3	2	1
2.我能運用專業知能進行有效的教學。(A2)	5	4	3	2	1
3.我任課的課堂有積極的學習氣氛。(A3)	5	4	3	2	1
二、教化堅持					
4.面對社會情境的變革，我仍堅信教育是有希望的。(A4)	5	4	3	2	1
5.*教學歷程中，我會以負向信念面對教學難題。(A5)	5	4	3	2	1
6.我堅信教學投入能提升學生的學習成果。(A6)	5	4	3	2	1
7.我會持續不斷努力符合自己對教育期待。(A7)	5	4	3	2	1
三、省思精進					
8.我會隨時反省自己的教育工作表現。(A8)	5	4	3	2	1
9.我能積極參與研習進修，增進專業知能。(A9)	5	4	3	2	1
10.*我無法覺察教育環境變遷，調整自己的教學。(A10)	5	4	3	2	1

*標記符號為反向題，括號內為變項名稱。

教師幸福感量表

	非常符合	大半符合	一半符合	部分符合	非常不符合
一、心理幸福層面					
1.我認為自己的存在很有價值。(B1)	5	4	3	2	1
2.教職工作中，我樂在追求自我實現。(B2)	5	4	3	2	1
3.足夠的專業，讓我積極的面對職場的挑戰。(B3)	5	4	3	2	1
4.*教職工作讓我生活單調無聊。(B4)	5	4	3	2	1
二、社會幸福					
5.與學校同仁一起為教育努力的感覺是愉悅的。(B5)	5	4	3	2	1
6.教職工作可以實現理想，讓我感到人生很有意義。(B6)	5	4	3	2	1
7.教學上展現自己專業，讓我覺得自己是重要的人。(B7)	5	4	3	2	1
8.*教職的工作，讓我無法勝任快樂。(B8)	5	4	3	2	1
三、情緒幸福					
9.在教職工作上我常有愉悅的感受。(B9)	5	4	3	2	1
10.從事教育工作，讓我對人生充滿希望。(B10)	5	4	3	2	1
11.我對教育工作充滿熱忱與興趣。(B11)	5	4	3	2	1
11.教育工作中，我很少緊張焦躁或不安。(B12)	5	4	3	2	1

*標記符號為反向題，括號內為變項名稱。
(資料來源：修改自陳瓊如，2017)

　　試算表「R6_0」資料檔共有 100 位樣本觀察值，前 20 位受試者資料如下，工作表中的第一橫列為變項名稱：

A1	A2	A3	A4	A5	A6	A7	A8	A9	A10	B1	B2	B3	B4	B5	B6	B7	B8	B9	B10	B11	B12
5	5	5	5	1	5	3	3	3	3	5	5	5	1	5	5	5	1	5	4	5	4
4	4	4	5	3	3	5	4	5	1	4	4	4	2	4	4	5	2	5	5	5	5
4	5	5	2	3	4	4	3	3	3	4	3	3	4	3	2	3	3	4	4	4	4
5	5	5	5	1	5	5	5	5	1	5	5	5	1	5	5	5	1	5	5	5	5
5	5	5	4	2	4	4	4	4	2	4	4	4	2	4	4	4	2	4	4	4	4
5	5	4	4	1	5	5	5	5	1	5	5	5	1	5	4	4	1	5	4	4	4

A1	A2	A3	A4	A5	A6	A7	A8	A9	A10	B1	B2	B3	B4	B5	B6	B7	B8	B9	B10	B11	B12
5	5	5	3	3	5	2	2	2	4	4	3	3	3	3	4	4	3	4	5	5	5
4	4	4	4	2	4	4	4	4	2	4	4	4	2	4	4	4	2	4	4	4	4
4	4	4	3	3	3	3	3	3	3	3	3	3	3	3	4	4	3	4	4	3	3
5	5	4	5	2	3	3	3	3	2	5	4	4	1	4	4	5	2	4	4	4	4
5	5	5	5	1	5	4	5	4	1	5	4	4	1	4	5	4	1	4	4	4	4
4	4	4	4	3	3	3	3	3	3	4	4	3	3	3	3	3	3	3	3	3	3
5	5	5	5	1	5	5	5	5	1	5	5	5	1	5	5	5	1	5	5	5	5
5	5	5	5	2	4	3	4	2	2	4	4	4	2	4	4	4	2	4	4	4	4
5	5	5	5	1	5	5	5	5	1	5	5	5	1	5	5	5	1	5	5	5	5
4	4	4	5	2	4	5	4	4	2	4	4	3	2	4	5	4	2	4	4	4	4
1	1	1	1	5	1	1	1	1	5	5	5	5	1	5	5	5	1	5	5	5	5
5	5	5	5	1	5	5	5	5	1	5	5	5	1	5	5	5	1	5	5	5	5
5	5	5	5	1	5	5	5	5	1	4	4	4	1	5	5	5	1	5	5	5	5

資料檔 A5、A10、B4、B8 四題反向題重新反向計分 (執行重新編碼成同一變數程序) 後，新資料檔前 20 筆的資料如下：

A1	A2	A3	A4	A5	A6	A7	A8	A9	A10	B1	B2	B3	B4	B5	B6	B7	B8	B9	B10	B11	B12
5	5	5	5	5	5	3	3	3	3	5	5	5	5	5	5	5	5	4	5	4	4
4	4	4	5	3	3	5	4	5	5	4	4	4	4	4	4	5	4	5	5	5	5
4	5	4	2	3	4	4	3	3	3	4	3	3	2	3	2	3	3	4	4	4	4
5	5	5	5	5	5	5	5	5	5	5	5	5	5	5	5	5	5	5	5	5	5
5	5	5	4	4	4	4	4	4	4	4	4	4	4	4	4	4	4	4	4	4	4
5	5	5	5	3	5	5	5	5	5	5	5	5	5	5	5	5	5	5	5	5	5
5	5	5	3	3	5	2	2	2	2	4	3	3	3	3	4	4	3	4	5	5	5
4	4	4	4	4	4	4	4	4	4	4	4	4	4	4	4	4	4	4	4	4	4
4	4	4	3	3	3	3	3	3	3	3	3	3	3	3	4	4	3	4	4	3	3
5	5	5	4	3	3	3	3	3	3	5	4	4	5	4	4	4	4	4	4	4	4
5	5	5	5	5	5	4	5	4	5	5	4	4	5	4	5	4	5	4	4	4	4
4	4	4	4	3	3	3	3	3	3	4	4	3	3	3	3	3	3	3	3	3	3

A1	A2	A3	A4	A5	A6	A7	A8	A9	A10	B1	B2	B3	B4	B5	B6	B7	B8	B9	B10	B11	B12
5	5	5	5	5	5	5	5	5	5	5	5	5	5	5	5	5	5	5	5	5	5
5	5	5	5	4	4	3	3	4	4	5	5	4	4	4	4	4	4	4	4	4	4
5	5	5	5	5	5	5	5	5	5	5	5	5	5	5	5	5	5	5	5	5	5
4	4	4	5	4	4	5	4	4	4	4	4	3	4	4	5	4	4	4	4	4	4
1	1	1	1	1	1	1	1	1	1	5	5	5	5	5	5	5	5	5	5	5	5
5	5	5	5	5	5	5	5	5	5	5	5	5	5	5	5	5	5	5	5	5	5
5	5	5	5	5	5	5	5	5	5	4	4	5	5	5	5	5	5	5	5	5	5

　　右上角「環境與歷史」視窗介面中，按工具列鈕「Import Dataset」(輸入資料集)，選單中選取「From Excel…」選項：

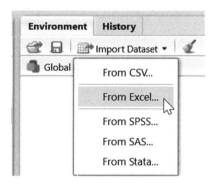

　　在「File/Url:」對話視窗，按最右邊「Browse」(瀏覽) 鈕，選取標的資料檔，資料框架物件名稱界定為「wb_1」(如果使用者沒有更改「Name」名稱右邊方框的內容，內定資料框架物件名稱為試算表檔案名稱 R6_0)：

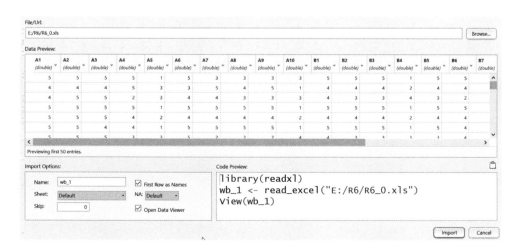

匯入資料檔主控臺對應的函數指令為：

```
> library (readxl) #載入外掛套件{readxl}
> wb_1 <- read_excel ("E:/R6/R6_0.xls") #使用套件中的函數read_excel ( )
> View (wb_1) #命令稿視窗檢視資料框架物件
```

使用函數 head ( ) 輸出前六筆資料，教師專業實踐量表有 10 個測量題項、教師幸福感有 12 個測量題項，問卷二個量表共有 22 題：

```
> head (wb_1)
# A tibble: 6 x 22
     A1    A2    A3    A4    A5    A6    A7    A8    A9   A10    B1    B2    B3
  <dbl> <dbl> <dbl> <dbl> <dbl> <dbl> <dbl> <dbl> <dbl> <dbl> <dbl> <dbl> <dbl>
1     5     5     5     5     1     5     3     3     3     3     5     5     5
2     4     4     4     5     3     3     5     4     5     1     4     4     4
3     4     5     5     2     3     4     4     3     3     3     4     3     3
4     5     5     5     5     1     5     5     5     5     1     5     5     5
5     5     5     5     4     2     4     4     4     4     2     4     4     4
6     5     5     4     4     1     5     5     5     5     1     5     5     5
# ... with 9 more variables: B4 <dbl>, B5 <dbl>, B6 <dbl>, B7 <dbl>, B8 <dbl>,
#   B9 <dbl>, B10 <dbl>, B11 <dbl>, B12 <dbl>
```

使用 **print.data.frame** ( ) 輸出前六筆樣本觀察值資料檔：

```
> print.data.frame (wb_1[1:6,])
  A1 A2 A3 A4 A5 A6 A7 A8 A9 A10 B1 B2 B3 B4 B5 B6 B7 B8 B9 B10 B11 B12
1  5  5  5  5  1  5  3  3  3   3  5  5  5  1  5  5  1  5   4   5   4
2  4  4  4  5  3  3  5  4  5   1  4  4  4  2  4  5  2  5   5   5   5
3  4  5  5  2  3  4  4  3  3   3  4  3  3  2  3  3  4  4   4   4
4  5  5  5  5  1  5  5  5  5   1  5  5  5  1  5  5  1  5   5   5   5
5  5  5  5  4  2  4  4  4  4   2  4  4  4  2  4  4  4   4   4
6  5  5  4  4  1  5  5  5  5   1  5  5  5  1  5  4  4  1  5   4   4   4
```

重新編碼函數使用外在套件 {memisc}，右下角控制面版中切換到「Packages」(套件) 交談窗，勾選套件 memisc 前面的方框「☑memisc」。

　　勾選套件 memisc 前面的方框「☑memisc」後，R 主控臺輸出對應的語法指令如下，載入套件函數為 **library ( )**：

```
> library ("memisc", lib.loc="~/R/win-library/3.4")
```

　　複製一個新的資料框架物件，資料框架物件名稱界定為 wb.1，原來的資料框架物件 (wb_1) 作為備用的資料檔，使用套件 {memisc} 函數 recode ( ) 進行反向題的重新編碼，教師專業實踐量表的反向題為第 5 題 (A5)、第 10 題 (A10)，教師幸福感量表的反向題為第 4 題 (B4)、第 8 題 (B8)，語法配合 **with ( )** 函數指定標的資料框架物件為 wb.1，四題反向題重新編碼的計分分別為原始分數為 5 分者重新編碼為 1 分、原始分數為 4 分者重新編碼為 2 分、原始分數為 3 分者重新編碼為 3 分、原始分數為 2 分者重新編碼為 4 分、原始分數為 1 分者重新編碼為 5 分。套件 {memisc} 函數 recode ( ) 引數中的第一個量值 (指派符號<–左邊的數值或文字) 為新數值，第二個 (指派符號<–右邊的數值或文字) 量數為舊數值：

```
> wb.1 <- wb_1
> wb.1$A5=with (wb.1,{recode (A5,1<-5,2<-4,3<-3,4<-2,5<-1)})
> wb.1$A10=with (wb.1,{recode (A10,1<-5,2<-4,3<-3,4<-2,5<-1)})
> wb.1$B4=with (wb.1,{recode (B4,1<-5,2<-4,3<-3,4<-2,5<-1)})
> wb.1$B8=with (wb.1,{recode (B8,1<-5,2<-4,3<-3,4<-2,5<-1)})
```
Warning message:
In recode (B8, 1 <- 5, 2 <- 4, 3 <- 3, 4 <- 2, 5 <- 1) :
　recoding 1 <- 5 has no consequences
[說明]：教師幸福感量表第**8**題**(B8)**之原始分數中，水準數值沒有**5**分的樣本觀察值，因而原始分數為**5**分者重新編碼為**1**分的程序沒有進行。

```
> wit h(wb_1,table (B8))
B8
 1  2  3  4
33 36 26  5
```
[說明]：**B8**題項原始資料檔的水準數值編碼值為**1**、**2**、**3**、**4**，沒有勾選選項**5**的樣本觀察值。
```
> with (wb_1,table (B4))
B4
 1  2  3  4  5
35 38 18  8  1
> with (wb_1,table (A5))
A5
 1  2  3  4  5
39 29 29  1  2
> with (wb_1,table (A10))
A10
 1  2  3  4  5
35 38 23  3  1
```
[說明]：題項**B4**、**A5**、**A10**三題五個選項**1**、**2**、**3**、**4**、**5**均有受試者勾選。

上述重新編碼語法指令，若省略 **with ( )** 函數，則 **recode ( )** 函數第一個引數要使用「資料框架物件$變數名稱」語法：

```
> wb.2=wb_1
> print.data.frame (wb.2[1:10,])
   A1 A2 A3 A4 A5 A6 A7 A8 A9 A10 B1 B2 B3 B4 B5 B6 B7 B8 B9 B10 B11 B12
1   5  5  5  5  1  5  3  3  3   3  5  5  5  1  5  5  5  1  5   4   5   4
2   4  4  4  5  3  3  5  4  5   1  4  4  4  2  4  4  5  2  5   5   5   5
3   4  5  5  2  3  4  4  3  3   3  4  3  4  3  2  3  3  4  4   4   4   4
4   5  5  5  5  1  5  5  5  5   1  5  5  5  1  5  5  5  1  5   5   5   5
5   5  5  5  4  2  4  4  4  4   2  4  4  4  2  4  4  4  2  4   4   4   4
6   5  5  4  4  1  5  5  5  5   1  5  5  5  1  5  4  4  1  5   4   4   4
7   5  5  5  3  3  5  2  2  2   4  3  3  3  3  3  4  4  3  4   5   5   5
8   4  4  4  4  2  4  4  4  4   2  4  4  4  2  4  4  4  2  4   4   4   4
9   4  4  4  3  3  3  3  3  3   3  3  3  3  3  4  4  3  4   4   3   3  3
10  5  5  4  5  2  3  3  3  3   2  5  4  4  1  4  5  2  4   4   4   4
> wb.2$A5=recode (wb.2$A5,1<-5,2<-4,3<-3,4<-2,5<-1)
> wb.2$A10=recode (wb.2$A10,1<-5,2<-4,3<-3,4<-2,5<-1)
> wb.2$B4=recode (wb.2$B4,1<-5,2<-4,3<-3,4<-2,5<-1)
> wb.2$B8=recode (wb.2$B8,1<-5,2<-4,3<-3,4<-2,5<-1)
```

```
Warning message:
In recode (wb.2$B8, 1 <- 5, 2 <- 4, 3 <- 3, 4 <- 2, 5 <- 1) :
  recoding 1 <- 5 has no consequences
> print.data.frame (wb.2[1:10,])
   A1 A2 A3 A4 A5 A6 A7 A8 A9 A10 B1 B2 B3 B4 B5 B6 B7 B8 B9 B10 B11 B12
1   5  5  5  5  5  5  3  3  3   3  5  5  5  5  5  5  5  5  5   4   5   4
2   4  4  4  5  3  3  5  4  5   5  4  4  4  4  4  5  4  5  5   5   5   5
3   4  5  5  2  4  4  3  3  4   3  3  2  3  2  3  4  4  4  4   4   4   4
4   5  5  5  5  5  5  5  5  5   5  5  5  5  5  5  5  5  5  5   5   5   5
5   5  5  5  4  4  4  4  4  4   4  4  4  4  4  4  4  4  4  4   4   4   4
6   5  5  4  5  5  5  5  5  5   5  5  5  5  4  5  4  5  5  4   4   4   4
7   5  5  5  3  3  5  2  2  2   2  4  3  3  3  3  4  3  4  3   4   5   5
8   4  4  4  4  4  4  4  4  4   4  4  4  4  4  4  4  4  4  4   4   4   4
9   4  4  4  3  3  3  3  3  3   3  3  3  3  3  3  3  4  3  4   4   3   3
10  5  5  4  5  4  3  3  3  3   4  5  4  4  5  4  4  5  4  4   4   4   4
```

使用負值索引變數排除 A 量表 10 個測量題項，新的資料框架物件「wb.b」只保留 B 量表 12 個測量題項變數，資料框架物件「wb.b」只有 12 個直行變數：

```
> wb.b=wb.1[,-c(1:10)]
> print.data.frame(wb.b[1:10,])
   B1 B2 B3 B4 B5 B6 B7 B8 B9 B10 B11 B12
1   5  5  5  5  5  5  5  5  5   4   5   4
2   4  4  4  4  4  4  5  4  5   5   5   5
3   4  3  3  2  3  2  3  3  4   4   4   4
4   5  5  5  5  5  5  5  5  5   5   5   5
5   4  4  4  4  4  4  4  4  4   4   4   4
6   5  5  5  5  5  4  4  5  5   4   4   4
7   4  3  3  3  3  4  4  3  4   5   5   5
8   4  4  4  4  4  4  4  4  4   4   4   4
9   3  3  3  3  3  4  4  3  4   4   3   3
10  5  4  4  5  4  4  5  4  4   4   4   4
>
```

貳、向度變項的增列

語法加總指令的右邊省略 **with ( )** 函數，以矩陣型式直接進行向度變數的加總，「rowSums (wb.1[,1:3])」表示進行各樣本觀察值第 1 個直行變數至第 3 個直行變數之加總 (A1+A2+A3)，主控臺中的資料框架物件 wb.1 包含 22 個直行變數

(包括教師專業實踐量表 10 題與教師幸福感量表 12 題)、資料框架物件 wb.b 只包含 12 個直行變數 (教師幸福感量表 12 題)。

專業實踐量表的向度名稱與其包含的題項變數如下：

教師專業實踐量表	變項名稱界定	包含的題項變數	題項數
有效教學向度	AF.1	A1、A2、A3	3
教化堅持向度	AF.2	A4、A5、A6、A7	4
省思精進向度	AF.3	A8、A9、A10	3
整體專業實踐	AF.A	A1、A2、A3、A4、A5、A6、A7、A8、A9、A10	10

教師幸福感量表的向度名稱與其包含的題項變數如下：

教師幸福感量表	變項名稱界定	包含的題項變數	題項數
心理幸福向度	BF.1	B1、B2、B3、B4	4
社會幸福向度	BF.2	B5、B6、B7、B8	4
情緒幸福向度	BF.3	B9、B10、B11、B12	4
整體幸福感	BF.A	B1、B2、B3、B4、B5、B6、B7、B8、B9、B10、B11、B12	12

「使用資料框架物件$變項名稱」語法增列向度變項與整體量表加總變項名稱：

```
> wb.1$AF.1=rowSums (wb.1[,1:3]) #資料框架物件為wb.1
> wb.1$AF.2=rowSums (wb.1[,4:7])
> wb.1$AF.3=rowSums (wb.1[,8:10])
> wb.1$AF.A=rowSums (wb.1[,1:10])
> wb.1$BF.1=rowSums (wb.b[,1:4]) #資料框架物件為wb.b
> wb.1$BF.2=rowSums (wb.b[,5:8])
> wb.1$BF.3=rowSums (wb.b[,9:12])
> wb.1$BF.A=rowSums (wb.b[,1:12])
```

使用 **print.data.frame** ( ) 函數輸出第 1 筆至第 7 筆樣本觀察值的資料：

```
> print.data.frame(wb.1[1:7,])
  A1 A2 A3 A4 A5 A6 A7 A8 A9 A10 B1 B2 B3 B4 B5 B6 B7 B8 B9 B10 B11 B12 AF.1 AF.2
1  5  5  5  5  5  5  3  3  3   3  5  5  5  5  5  5  5  5  5   4   5   4   15   18
2  4  4  4  5  3  3  5  4  5   5  4  4  4  4  4  5  4  5  5   5   5   12   16
3  4  5  5  2  3  4  4  3  3   3  4  3  3  2  3  2  3  3  4   4   4   4   14   13
4  5  5  5  5  5  5  5  5  5   5  5  5  5  5  5  5  5  5  5   5   5   5   15   20
5  5  5  4  4  4  4  4  4  4   4  4  4  4  4  4  4  4  4  4   4   4   4   15   16
6  5  5  4  4  5  5  5  5  5   5  5  5  5  5  5  4  4  5  4   4   4   4   14   19
7  5  5  5  3  3  5  2  2  2   2  4  3  3  3  3  4  4  3  4   5   5   5   15   13
  AF.3 AF.A BF.1 BF.2 BF.3 BF.A
1    9   42   20   20   18   58
2   14   42   16   17   20   53
3    9   36   12   11   16   39
4   15   50   20   20   20   60
5   12   43   16   16   16   48
6   15   48   20   18   17   55
7    6   34   13   14   19   46
>
```

上述反向題反向計分與向度加總之語法指令的命令稿視窗介面如下：

```
  1  #反向題重新編碼
  2  wb.1=wb_1    #複製資料框架物件wb.1
  3  wb.1$A5=with(wb.1,{recode(A5,1<-5,2<-4,3<-3,4<-2,5<-1)})
  4  wb.1$A10=with(wb.1,{recode(A10,1<-5,2<-4,3<-3,4<-2,5<-1)})
  5  wb.1$B4=with(wb.1,{recode(B4,1<-5,2<-4,3<-3,4<-2,5<-1)})
  6  wb.1$B8=with(wb.1,{recode(B8,1<-5,2<-4,3<-3,4<-2,5<-1)})
  7
  8  wb.b=wb.1[,-c(1:10)]    #複製B量表
  9  #A量表向度的加總
 10  wb.1$AF.1=rowSums(wb.1[,1:3])
 11  wb.1$AF.2=rowSums(wb.1[,4:7])
 12  wb.1$AF.3=rowSums(wb.1[,8:10])
 13  wb.1$AF.A=rowSums(wb.1[,1:10])
 14  #B量表向度的加總
 15  wb.1$BF.1=rowSums(wb.b[,1:4])
 16  wb.1$BF.2=rowSums(wb.b[,5:8])
 17  wb.1$BF.3=rowSums(wb.b[,9:12])
 18  wb.1$BF.A=rowSums(wb.b[,1:12])
```

使用 **write.csv ( )** 函數將增列加總後向度變數的資料框架物件儲存在 E 磁碟機資料夾「RS_data」中，資料檔名稱為「wb.1.csv」(試算表檔案)：

> write.csv (wb.1,"e:/RS_data/ wb.1.csv",row.names =F)

資料檔「wb.1.csv」之試算表檔案，以試算表開啟後，前 7 筆樣本觀察值資料如下，與原資料檔相較，新增八個變數 (A 量表三個向度與總量表分數、B 量表三個向度與總量表分數)：

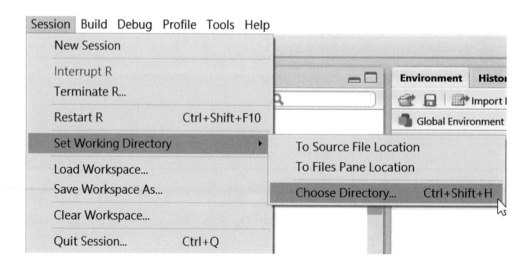

　　另一種量表向度加總的方法，即運用一般個別題項連加的方法，此種方式特別適用於量表各向度排列時有跳題的情況，因為向度題項的編排沒有聚集在一起，使用資料框架物件直行變數索引界定較為不方便，也較容易出錯。範例命令稿語法指令改用個別題項變數連加的方式進行向度的加總，第三列使用 **attach** ( ) 函數，將資料框架物件直接依附在主控臺工作空間中，如此，資料框架物件中的所有變數可以只指定直行變數名稱，不用再增列直行變數之資料框架物件名稱，也不用使用 **with** ( ) 函數界定標的資料框架物件。此種方法若有多個資料框架物件之變數名稱相同，會產生混淆，或是原主控臺工作空間中有相同名稱的物件變數，也會產生判別錯誤，使用時最好將工作空間中的所有的物件先清除，如此，操作程序較不會產生錯誤。第一列資料檔「qu_1.csv」之反向題已反向計分，因而不用再進行反向題反向計分程序：

　　於主控臺直接使用函數 **read.csv** ( ) 匯入資料檔時，若沒有界定標的資料檔的路徑，要先執行功能表列「Session」/「Set Working Directory」(設定工作中目錄)/「Choose Directory…」(選擇目錄) 程序，選取資料檔存放的工作目錄。

```
 1  wbd=read.csv("qu_1.csv", header=T)
 2  wb.3=data.frame(wbd)
 3  attach(wb.3)
 4  wb.3$AF.1=A1+A2+A3
 5  wb.3$AF.2=A4+A5+A6+A7
 6  wb.3$AF.3=A8+A9+A10
 7  wb.3$AF.A=A1+A2+A3+A4+A5+A6+A7+A8+A9+A10
 8  #B量表向度的加總
 9  wb.3$BF.1=B1+B2+B3+B4
10  wb.3$BF.2=B5+B6+B7+B8
11  wb.3$BF.3=B9+B10+B11+B12
12  wb.3$BF.A=B1+B2+B3+B4+B5+B6+B7+B8+B9+B10+B11+B12
```

R 命令稿執行結果後 R 主控臺視窗介面結果如下：

> wbd=read.csv ("qu_1.csv", header=T)

> wb.3=data.frame (wbd)

> attach (wb.3)

The following objects are masked from wb.3 (pos = 3):

　　**A1, A10, A2, A3, A4, A5, A6, A7, A8, A9, B1, B10,
　　B11, B12, B2, B3, B4, B5, B6, B7, B8, B9**

The following objects are masked from wb.3 (pos = 4):

　　**A1, A10, A2, A3, A4, A5, A6, A7, A8, A9, B1, B10,
　　B11, B12, B2, B3, B4, B5, B6, B7, B8, B9**

The following objects are masked from wb:

　　**A1, A10, A2, A3, A4, A5, A6, A7, A8, A9, B1, B10,
　　B11, B12, B2, B3, B4, B5, B6, B7, B8, B9**

> wb.3$AF.1=A1+A2+A3

> wb.3$AF.2=A4+A5+A6+A7

> wb.3$AF.3=A8+A9+A10

> wb.3$AF.A=A1+A2+A3+A4+A5+A6+A7+A8+A9+A10

> #B量表向度的加總

> wb.3$BF.1=B1+B2+B3+B4

> wb.3$BF.2=B5+B6+B7+B8

```
> wb.3$BF.3=B9+B10+B11+B12
> wb.3$BF.A=B1+B2+B3+B4+B5+B6+B7+B8+B9+B10+B11+B12
```

使用 **print.data.frame ( )** 函數輸出第 1 筆至第 6 筆樣本觀察值的資料，新增的八個直行變數為 AF.1、AF.2、AF.3、AF.A、BF.1、BF.2、BF.3、BF.A：

```
> print.data.frame(wb.3[1:6,])
  A1 A2 A3 A4 A5 A6 A7 A8 A9 A10 B1 B2 B3 B4 B5 B6 B7 B8 B9 B10 B11 B12 AF.1 AF.2
1  5  5  5  5  5  5  3  3  3   3  5  5  5  5  5  5  5  5  5   4   5   4   15   18
2  4  4  4  5  3  3  5  4  5   5  4  4  4  4  4  4  5  4  5   5   5   5   12   16
3  4  5  5  2  3  4  4  3  3   3  4  3  3  2  3  2  3  3  4   4   4   4   14   13
4  5  5  5  5  5  5  5  5  5   5  5  5  5  5  5  5  5  5  5   5   5   5   15   20
5  5  5  5  4  4  4  4  4  4   4  4  4  4  4  4  4  4  4  4   4   4   4   15   16
6  5  5  4  4  5  5  5  5  5   5  5  5  5  5  5  5  4  4  5   5   4   4   14   19
  AF.3 AF.A BF.1 BF.2 BF.3 BF.A
1    9   42   20   20   18   58
2   14   42   16   17   20   53
3    9   36   12   11   16   39
4   15   50   20   20   20   60
5   12   43   16   16   16   48
6   15   48   20   18   17   55
```

上述資料檔若直接使用功能表列匯入，視窗介面如下，左下角匯入選項 (Import Options) 的名稱界定為「wbd」，按「匯入」(Import) 鈕。：

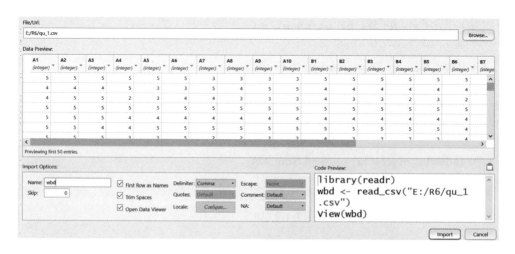

按下「匯入」(Import) 鈕後，主控臺自動出現的語法指令如下：。

```
> library (readr)
> wbd <- read_csv ("E:/R6/qu_1.csv")
Parsed with column specification:
cols (
```

```
    .default = col_integer ( )
)
See spec (...) for full column specifications.
> View (wbd)
```

　　向度變數增列後，若之後推論統計分析程序 (如相關與迴歸分析、平均數差異檢定等)，可另增列一個只有向度變數的資料框架物件，範例語法指令之直行變數採用負值向量索引排除第 1 個至第 22 個直行變數：

```
> wb.d=wb.3[,-c (1:22)]
> head (wb.d)
     AF.1    AF.2    AF.3    AF.A    BF.1    BF.2    BF.3    BF.A
1      15      18       9      42      20      20      18      58
2      12      16      14      42      16      17      20      53
3      14      13       9      36      12      11      16      39
4      15      20      15      50      20      20      20      60
5      15      16      12      43      16      16      16      48
6      14      19      15      48      20      18      17      55
```

　　範例語法指令之直行變數採用正數向量保留第 23 個至第 30 個直行變數：

```
> wb.d1=wb.3[,c (23:30)]
> head (wb.d1)
     AF.1    AF.2    AF.3    AF.A    BF.1    BF.2    BF.3    BF.A
1      15      18       9      42      20      20      18      58
2      12      16      14      42      16      17      20      53
3      14      13       9      36      12      11      16      39
4      15      20      15      50      20      20      20      60
5      15      16      12      43      16      16      16      48
6      14      19      15      48      20      18      17      55
```

　　假設 B 量表教師專業實踐的三個向度之測量題項是採用跳題方式編排，向度與包含的測量題項為：

教師專業實踐量表向度	測量題項
BF.1	B1、B4、B7、B10
BF.2	B2、B5、B8、B11
BF.3	B3、B6、B9、B12
BF.A	B1、B2、B3、B4、B5、B6、B7、B8、B9、B10、B11、B12

由於量表之向度題項是採用跳題方式編排，各向度分數加總採用題項連加方式較為方便，語法指令右邊配合使用 with（ ）函數界定標的資料框架物件為「wb.4」，資料框架物件「wb.4」包含八位樣本觀察值在 B 量表 12 個測量題項的數據：

```
> wb.4=wbd[1:8,-c (1:10)]
> wb.4$BF.1=with (wb.4,{B1+B4+B7+B10})
> wb.4$BF.2=with (wb.4,{B2+B5+B8+B11})
> wb.4$BF.3=with (wb.4,{B3+B6+B9+B12})
> wb.4$BF.A=with (wb.4,{B1+B2+B3+B4+B5+B6+B7+B8+B9+B10+B11+B12})
> print.data.frame (wb.4)
  B1 B2 B3 B4 B5 B6 B7 B8 B9 B10 B11 B12 BF.1 BF.2 BF.3 BF.A
1  5  5  5  5  5  5  5  5  5   4   5   4   19   20   19   58
2  4  4  4  4  4  4  5  4  5   5   5   5   18   17   18   53
3  4  3  3  2  3  2  3  3  4   4   4   4   13   13   13   39
4  5  5  5  5  5  5  5  5  5   5   5   5   20   20   20   60
5  4  4  4  4  4  4  4  4  4   4   4   4   16   16   16   48
6  5  5  5  5  5  4  4  5  4   4   4   4   18   19   18   55
7  4  3  3  3  3  4  3  4  5   5   5   5   16   14   16   46
8  4  4  4  4  4  4  4  4  4   4   4   4   16   16   16   48
```

語法指令中向度的加總改為直接使用 rowSums（ ）函數，rowSums（ ）函數中的引數要直接使用二維以上的陣列，因而以數值向量擷取題項變數索引，資料框架物件「wb.5」包含 8 位樣本觀察值在 B 量表 12 個測量題項的數據：

```
> wb.5=wbd[1:8,-c (1:10)]
> wb.5$BF.1=rowSums (wb.4[c (1,4,7,10)])
> wb.5$BF.2=rowSums (wb.4[c (2,5,8,11)])
> wb.5$BF.3=rowSums (wb.4[c (3,6,9,12)])
```

```
> wb.5$BF.A=rowSums (wb.4[c (1:12)])
> print.data.frame (wb.5)
```

	B1	B2	B3	B4	B5	B6	B7	B8	B9	B10	B11	B12	BF.1	BF.2	BF.3	BF.A
1	5	5	5	5	5	5	5	5	5	4	5	4	19	20	19	58
2	4	4	4	4	4	4	5	4	5	5	5	5	18	17	18	53
3	4	3	3	2	3	2	3	3	4	4	4	4	13	13	13	39
4	5	5	5	5	5	5	5	5	5	5	5	5	20	20	20	60
5	4	4	4	4	4	4	4	4	4	4	4	4	16	16	16	48
6	5	5	5	5	5	4	4	5	5	4	4	4	18	19	18	55
7	4	3	3	3	3	4	3	3	4	5	5	5	16	14	16	46
8	4	4	4	4	4	4	4	4	4	4	4	4	16	16	16	48

　　增列向度變數中使用 **rowSums ( )** 函數求題項加總的分數，若改為 **rowMeans ( )** 函數，則求出的向度變數為樣本觀察值在各向度的單題平均數；根據樣本觀察值在向度的單題平均得分，可以就樣本在量表的現況作一分析 (如果向度包含的題項個數不同，現況分析時要採用向度的單題平均得分，不能使用向度加總分數進行向度間現況的比較)。

```
> wb.6=wbd[1:8,-c (1:10)]
> wb.6$BF.1=rowMeans (wb.4[c (1,4,7,10)])
> wb.6$BF.2=rowMeans (wb.4[c (2,5,8,11)])
> wb.6$BF.3=rowMeans (wb.4[c (3,6,9,12)])
> wb.6$BF.A=round (rowMeans (wb.4[c (1:12)]),2)
> print.data.frame (wb.6)
```

	B1	B2	B3	B4	B5	B6	B7	B8	B9	B10	B11	B12	BF.1	BF.2	BF.3	BF.A
1	5	5	5	5	5	5	5	5	5	4	5	4	4.75	5.00	4.75	4.83
2	4	4	4	4	4	4	5	4	5	5	5	5	4.50	4.25	4.50	4.42
3	4	3	3	2	3	2	3	3	4	4	4	4	3.25	3.25	3.25	3.25
4	5	5	5	5	5	5	5	5	5	5	5	5	5.00	5.00	5.00	5.00
5	4	4	4	4	4	4	4	4	4	4	4	4	4.00	4.00	4.00	4.00
6	5	5	5	5	5	4	4	5	5	4	4	4	4.50	4.75	4.50	4.58
7	4	3	3	3	3	4	3	3	4	5	5	5	4.00	3.50	4.00	3.83
8	4	4	4	4	4	4	4	4	4	4	4	4	4.00	4.00	4.00	4.00

　　求出二個量表之樣本觀察值在向度變項單題的平均得分，向度變項增列於資料框架物件 well 之中：

```
> well=qu_1
> well$AF.1=round (rowMeans (well[,1:3]),2)
> well$AF.2=round (rowMeans (well[,4:7]),2)
> well$AF.3=round (rowMeans (well[,8:10]),2)
> well$AF.A=round (rowMeans (well[,1:10]),2)
> #B量表向度的加總
> well$BF.1=round (rowMeans (well[,1:4]),2)
> well$BF.2=round (rowMeans (well[,5:8]),2)
> well$BF.3=round (rowMeans (well[,9:12]),2)
> well$BF.A=round (rowMeans (well[,1:12]),2)
```

輸出 100 位樣本觀察值在 8 個向度變項的單題平均分數：

```
> print.data.frame (well[,23:30])
```

	AF.1	AF.2	AF.3	AF.A	BF.1	BF.2	BF.3	BF.A
1	5.00	4.50	3.00	4.2	5.00	4.00	4.00	4.33
2	4.00	4.00	4.67	4.2	4.25	3.75	4.50	4.17
3	4.67	3.25	3.00	3.6	4.00	3.50	3.25	3.58
4	5.00	5.00	5.00	5.0	5.00	5.00	5.00	5.00
5	5.00	4.00	4.00	4.3	4.75	4.00	4.00	4.25
6	4.67	4.75	5.00	4.8	4.50	5.00	5.00	4.83
7	5.00	3.25	2.00	3.4	4.50	3.00	2.75	3.42
8	4.00	4.00	4.00	4.0	4.00	4.00	4.00	4.00
9	4.00	3.00	3.00	3.3	3.75	3.00	3.00	3.25
10	4.67	3.75	3.33	3.9	4.75	3.25	4.00	4.00
11	5.00	4.75	4.67	4.8	5.00	4.75	4.50	4.75
12	4.00	3.25	3.00	3.4	4.00	3.00	3.50	3.50
13	5.00	5.00	5.00	5.0	5.00	5.00	5.00	5.00
14	5.00	4.00	3.67	4.2	5.00	3.50	4.50	4.33
15	5.00	5.00	5.00	5.0	5.00	5.00	5.00	5.00
16	4.00	4.50	4.00	4.2	4.25	4.25	4.00	4.17
17	1.00	1.00	1.00	1.0	1.00	1.00	3.00	1.67
18	5.00	5.00	5.00	5.0	5.00	5.00	5.00	5.00
19	5.00	5.00	5.00	5.0	5.00	5.00	4.50	4.83
20	4.00	4.50	4.00	4.2	4.25	4.25	4.00	4.17
21	5.00	5.00	5.00	5.0	5.00	5.00	5.00	5.00
22	5.00	3.50	3.00	3.8	4.75	3.25	3.50	3.83
23	5.00	4.50	3.00	4.2	5.00	4.00	4.00	4.33
24	5.00	4.25	3.67	4.3	5.00	3.75	4.50	4.42

25	4.00	3.25	2.67	3.3	4.00	2.75	4.00	3.58
26	5.00	5.00	5.00	5.0	5.00	5.00	5.00	5.00
27	5.00	4.75	4.00	4.6	5.00	4.50	4.50	4.67
28	3.00	2.50	3.67	3.0	2.50	3.00	4.50	3.33
29	4.00	4.00	4.00	4.0	4.00	4.00	4.00	4.00
30	4.00	3.00	3.00	3.3	3.75	3.00	3.00	3.25
31	5.00	4.00	4.33	4.4	4.75	4.00	4.75	4.50
32	5.00	3.75	3.00	3.9	5.00	3.25	3.50	3.92
33	4.33	2.75	1.67	2.9	3.75	2.50	2.50	2.92
34	4.00	3.50	3.67	3.7	4.00	3.25	3.25	3.50
35	4.00	3.25	3.00	3.4	3.75	3.25	3.25	3.42
36	4.00	3.50	3.67	3.7	3.75	3.50	3.75	3.67
37	5.00	4.50	3.00	4.2	5.00	4.00	2.50	3.83
38	5.00	4.75	5.00	4.9	5.00	4.75	5.00	4.92
39	4.00	4.00	4.00	4.0	4.00	4.00	3.75	3.92
40	4.33	3.25	3.00	3.5	4.00	3.25	3.50	3.58
41	4.67	5.00	5.00	4.9	4.75	5.00	4.75	4.83
42	5.00	5.00	5.00	5.0	5.00	5.00	5.00	5.00
43	5.00	5.00	5.00	5.0	5.00	5.00	5.00	5.00
44	5.00	5.00	4.67	4.9	5.00	4.75	5.00	4.92
45	5.00	5.00	5.00	5.0	5.00	5.00	4.25	4.75
46	5.00	5.00	5.00	5.0	5.00	5.00	5.00	5.00
47	5.00	4.75	4.67	4.8	5.00	4.50	4.75	4.75
48	4.67	5.00	5.00	4.9	4.75	5.00	4.50	4.75
49	4.00	4.00	4.00	4.0	4.00	4.00	3.50	3.83
50	5.00	3.75	3.00	3.9	5.00	3.25	4.00	4.08
51	4.00	4.00	4.00	4.0	4.00	4.00	4.00	4.00
52	4.00	4.25	2.33	3.6	4.25	3.50	3.25	3.67
53	4.00	4.00	4.00	4.0	4.00	4.00	4.00	4.00
54	3.67	3.50	3.00	3.4	3.75	3.25	3.00	3.33
55	5.00	5.00	5.00	5.0	5.00	5.00	5.00	5.00
56	4.00	3.50	3.00	3.5	4.00	3.25	3.50	3.58
57	5.00	4.75	3.33	4.4	5.00	4.25	4.25	4.50
58	5.00	5.00	5.00	5.0	5.00	5.00	5.00	5.00
59	4.00	3.75	3.67	3.8	4.00	3.50	4.00	3.83
60	5.00	5.00	5.00	5.0	5.00	5.00	4.00	4.67
61	5.00	5.00	5.00	5.0	5.00	5.00	5.00	5.00
62	5.00	5.00	5.00	5.0	5.00	5.00	5.00	5.00
63	5.00	4.00	4.00	4.3	4.75	4.00	3.75	4.17
64	4.00	4.00	4.67	4.2	4.00	4.00	5.00	4.33
65	5.00	5.00	5.00	5.0	5.00	5.00	5.00	5.00

66	5.00	4.50	3.33	4.3	5.00	4.00	4.25	4.42
67	5.00	5.00	5.00	5.0	5.00	5.00	5.00	5.00
68	3.67	2.75	3.00	3.1	3.25	2.75	3.50	3.17
69	4.00	4.00	3.67	3.9	4.00	3.75	4.00	3.92
70	4.00	3.00	3.00	3.3	3.75	3.00	3.25	3.33
71	5.00	5.00	5.00	5.0	5.00	5.00	4.75	4.92
72	4.33	3.25	3.33	3.6	4.00	3.25	3.25	3.50
73	5.00	3.75	3.67	4.1	4.50	3.75	4.00	4.08
74	5.00	3.75	4.00	4.2	4.75	3.75	4.25	4.25
75	5.00	4.75	5.00	4.9	5.00	4.75	5.00	4.92
76	5.00	4.75	5.00	4.9	4.75	5.00	4.75	4.83
77	4.00	4.00	4.00	4.0	4.00	4.00	4.00	4.00
78	3.67	3.75	3.67	3.7	3.75	3.50	3.75	3.67
79	4.00	3.50	4.33	3.9	3.75	3.75	4.25	3.92
80	4.00	4.00	4.00	4.0	4.00	4.00	4.00	4.00
81	4.00	4.00	4.00	4.0	4.00	4.00	4.00	4.00
82	4.00	4.00	4.00	4.0	4.00	4.00	4.00	4.00
83	4.00	3.75	3.67	3.8	4.00	3.75	3.25	3.67
84	3.00	3.00	3.00	3.0	3.00	3.00	3.00	3.00
85	5.00	3.50	4.00	4.1	4.50	3.75	4.00	4.08
86	5.00	3.75	3.00	3.9	5.00	3.25	3.75	4.00
87	5.00	5.00	5.00	5.0	5.00	5.00	5.00	5.00
88	4.33	4.25	4.00	4.2	4.50	4.00	4.00	4.17
89	4.00	3.75	3.00	3.6	4.00	3.50	3.50	3.67
90	4.00	3.75	4.00	3.9	4.00	3.75	4.00	3.92
91	4.00	3.25	3.33	3.5	3.75	3.25	3.25	3.42
92	4.00	4.00	4.00	4.0	4.00	4.00	4.00	4.00
93	5.00	4.25	5.00	4.7	4.75	4.50	5.00	4.75
94	4.00	4.00	4.00	4.0	4.00	4.00	4.00	4.00
95	5.00	4.50	3.67	4.4	5.00	4.00	3.75	4.25
96	5.00	4.25	3.67	4.3	4.75	4.00	3.50	4.08
97	4.00	4.00	4.00	4.0	4.00	4.00	4.00	4.00
98	5.00	3.75	3.00	3.9	5.00	3.25	3.75	4.00
99	5.00	5.00	5.00	5.0	5.00	5.00	5.00	5.00
100	4.33	4.25	4.00	4.2	4.50	4.00	4.00	4.17

使用外掛套件 {memisc} 函數 Descriptives ( ) 求出向度變項的描述性統計量：

```
> round (Descriptives (well$AF.1),2)
```

Mean	Variance	Skewness	Kurtosis	Min	Max
4.49	**0.40**	**-1.90**	**7.26**	**1.00**	**5.00**

```
> round (Descriptives (well$AF.2),2)
```

Mean	Variance	Skewness	Kurtosis	Min	Max
4.12	**0.55**	**-0.83**	**1.55**	**1.00**	**5.00**

```
> round (Descriptives (well$AF.3),2)
```

Mean	Variance	Skewness	Kurtosis	Min	Max
3.94	**0.77**	**-0.51**	**0.03**	**1.00**	**5.00**

```
> round (Descriptives (well$AF.A),2)
```

Mean	Variance	Skewness	Kurtosis	Min	Max
4.18	**0.45**	**-1.01**	**3.20**	**1.00**	**5.00**

```
> round (Descriptives (well$BF.1),2)
```

Mean	Variance	Skewness	Kurtosis	Min	Max
4.42	**0.42**	**-1.78**	**6.20**	**1.00**	**5.00**

```
> round (Descriptives (well$BF.2),2)
```

Mean	Variance	Skewness	Kurtosis	Min	Max
4.01	**0.59**	**-0.48**	**0.70**	**1.00**	**5.00**

```
> round (Descriptives (well$BF.3),2)
```

Mean	Variance	Skewness	Kurtosis	Min	Max
4.11	**0.45**	**-0.21**	**-0.78**	**2.50**	**5.00**

```
> round (Descriptives (well$BF.A),2)
```

Mean	Variance	Skewness	Kurtosis	Min	Max
4.18	**0.39**	**-0.60**	**0.97**	**1.67**	**5.00**

參、QQ 圖與常態性檢定

　　基本統計套件 **{stats} qqnorm( )** 函數可以產製一個常態的 QQ 圖 (分位數—分位數圖)，機率分位數為第一個四分位數與第三個四分位數。

　　函數 **qqnorm ( )** 基本語法：

qqnorm(y, ylim, main = "Normal Q-Q Plot",

　　xlab = "Theoretical Quantiles",

　　　ylab = "Sample Quantiles",plot.it = TRUE, datax = FALSE)

qqline(y, datax = FALSE, distribution = qnorm,

　　probs = c(0.25, 0.75), qtype = 7)

> qqplot(x, y, plot.it = TRUE, xlab = deparse(substitute(x)),
>
> ylab = deparse(substitute(y)))

引數 x 為 **qqplot ( )** 函數第一個資料樣本。

引數 y 為第二個資料樣本,或資料框架中的變數。

引數 plot.it 為邏輯選項,界定是否繪製圖形。

引數 datax 為邏輯選項界定 x 軸數值是否出現。

引數 distribution 界定理論分配之對應的分位數函數。

引數 probs 為二個長度軸的機率數值向量,對應於繪製線條的分位數。

引數 qtype 界定使用計算的分位數型態,內定參數值為 7。間斷變數分位數的參數值為 1 至 3,連續變數分位數的參數值為 4 至 9。

範例使用隨機 Student t 分配函數 **rt ( )**,隨機產製 60 個數值,使用函數 **qqnorm ( )** 繪製常態 QQ 圖,使用函數 **qqline ( )** 增列繪製常態分配理論直線:

```
> set.seed (12345)
> yval =round (rt (60, df = 5),2)
> qqnorm (yval,font=4,cex=1.2,col="blue")
> qqline (yval,col="red",lwd=2,qtype=7)
```

亂數產製的六十個數值其平均數為 0.245、變異數為 1.721:

```
> yval
 [1]   0.52  -0.15   2.09  -0.47  -0.42  -0.30  -0.03   1.13   0.58  -0.48  -0.89  -0.14
[13]   1.42   1.67   0.62   0.30  -1.14  -2.82   0.63  -1.32   1.21   0.30   1.04  -0.99
[25]   0.52  -2.49  -1.26   2.24   0.43   1.88   0.08   1.95   0.82  -0.78   0.93   1.31
[37]  -1.16   0.84   1.18  -0.33  -0.67   1.63  -0.89   1.37   1.72  -0.67  -0.19  -1.90
[49]   0.96  -0.11   0.57   1.74   1.33   2.01   2.52  -4.11   0.70  -1.20   0.67   0.72
> round (mean (yval),3)
[1] 0.245
> round (var (yval),3)
[1] 1.721
```

理論分位數與樣本分位數構成的常態 QQ 圖如下 (樣本資料是否為常態分配不能只從常態 QQ 圖加以判別,要加以檢定或考驗常態性統計量的顯著性是否達到統計顯著水準):

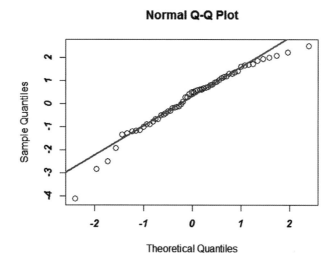

範例為 120 位樣本觀察值國文成績之常態分配的 QQ 圖：

```
> yval =score$國文成績
> qqnorm (yval,font=4,cex=1.2,col="blue",main="Normal Q-Q Plot-國文成績")
> qqline (yval,col="red",lwd=2,qtype=7)
```

國文成績之常態分配的 QQ 圖如下：

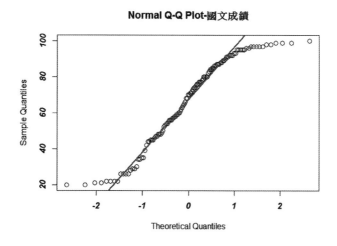

範例為繪製自由度等於 3 之卡方分配的 QQ 圖：

```
> set.seed (12345)
> xval=qchisq (ppoints (50), df = 3)
```

```
> yval =rchisq (50,df = 3)
> qqplot (xval,yval,main = expression ("Q-Q plot-"~~ {chi^2}[nu == 3]),cex=1.2)
> qqline (yval, distribution = function (p) qchisq (p, df = 3),col = 2,lwd=2)
```

　　語法指令列 xval 數值向量變數界定自由度等於 3 之卡方分配密度值，數值向量元素為 50，yval 數值向量變數使用 **rchisq ( )** 函數隨機產製 50 個卡方分配數值：

```
> print (xval)
 [1]  0.1148318  0.2450987  0.3518463  0.4487387  0.5400880  0.6279721
 [7]  0.7136022  0.7977714  0.8810430  0.9638427  1.0465095  1.1293252
[13]  1.2125329  1.2963499  1.3809763  1.4666009  1.5534070  1.6415756
[19]  1.7312894  1.8227354  1.9161081  2.0116124  2.1094665  2.2099052
[25]  2.3131835  2.4195812  2.5294071  2.6430053  2.7607619  2.8831139
[31]  3.0105593  3.1436708  3.2831125  3.4296617  3.5842376  3.7479394
[37]  3.9220975  4.1083449  4.3087186  4.5258056  4.7629638  5.0246641
[43]  5.3170478  5.6488837  6.0333271  6.4914577  7.0603142  7.8147279
[49]  8.9472875 11.3448667
> print (yval)
 [1] 3.3424796 3.6706031 1.7873670 2.0465155 9.3164707 2.1786585 1.4720539
 [8] 6.7020248 1.2029578 2.8099382 3.1757455 0.7805851 2.4016624 4.8694237
[15] 2.6420653 3.8631490 5.9712253 0.9189227 4.7024305 3.4115946 1.6885505
[22] 0.9147541 8.1979712 6.5973307 2.5408693 3.1030095 1.4043429 2.6512547
[29] 2.8769957 0.4646362 8.7007324 3.3364292 0.2402639 2.6410359 2.6468134
[36] 5.4316462 4.8045332 0.7333147 3.6212014 3.9869100 8.5907820 9.6851363
[43] 3.1397967 2.7184172 6.9937990 1.9821890 4.3294499 3.9938680 0.7062180
[50] 1.6721513
> mean (xval)
[1] 2.985439
> mean (yval)
[1] 3.553206
```

　　自由度等於 3 之卡方分配的 QQ 圖如下：

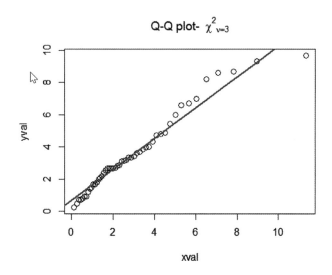

套件 **{fBasics}** 中的下列函數均可進行數值資料的常態性檢定 (normality tests)：

ksnormTest ( )：Kolmogorov-Smirnov 常態性檢定。

shapiroTest ( )：Shapiro-Wilk's 常態性檢定。

jarqueberaTest ( )：Jarque--Bera 常態性檢定。

dagoTest ( )：D'Agostino 常態性檢定。

相較之下，Jarque Bera LM and ALM 檢定法準確性較高。

套件 **{nortest}** 中下列函數也可以進行常態性檢定：

adTest ( )：Anderson--Darling 常態性檢定。

cvmTest ( )：Cramer--von Mises 常態性檢定。

lillieTest ( )：Lilliefors (Kolmogorov-Smirnov) 常態性檢定。

pchiTest ( )：Pearson 卡方常態性檢定。

sfTest ( )：Shapiro--Francia 常態性檢定。

函數 **normalTest ( )** 中的方法引數可以使用字元縮寫常態檢定的方法：

「ks」：Kolmogorov-Smirnov 單樣本常態性檢定，此選項為內定的方法。

「sw」：Shapiro-Wilk 常態性檢定。

「jb」：Jarque-Bera 常態性檢定。

「da」：D'Agostino 常態性檢定。

函數中的引數 na.rm 為邏輯選項，內定選項為假，表示計算檢定統計量前不排除遺漏值。

引數 title 為選擇項之標題字串，若沒有界定以輸入資料名稱作為標題。

引數 x 為數值向量或 S4 類別物件。

Anderson-Darling 檢定法在考驗樣本觀察是否來自一種特別界定分配的母群體，特別界定分配的型態為常態分配。adTest 適配度 (goodness-of-fit 檢定) 是 Kolmogorov–Smirnov 常態性檢定的校正法。test which gives more weight to the tails than does the ksnormTest.

回傳的引數如下：

引數 statistic 為檢定統計量。

引數 p.value 為檢定統計量的顯著性 p 值。

引數 parameters 為數值向量或參數向量。

引數 estimate 為數值向量或樣本估計值向量。

引數 conf.int 為統計量 95% 信賴區間值。

引數 method 為文字串，說明使用何種檢定方法。

範例安裝套件 {fBaiscs}，點選右下角視窗的「Packages」(套件) 方盒，按「Install」(安裝) 工具鈕，開啟「Install Packages」對話視窗，套件名稱下方框輸入「fB」，出現以 fB 為起始字元的套件名稱選單，選取「fBaiscs」選項。

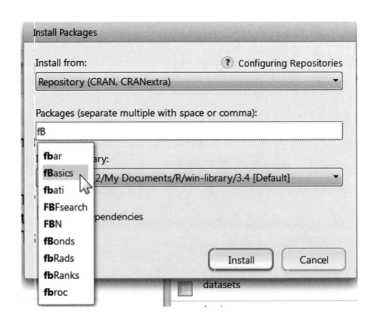

選取「fBaiscs」選項後，按對話視窗下方「Install」(安裝) 鈕。

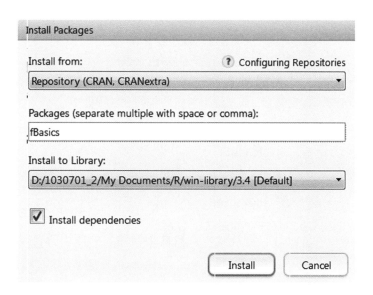

　　套件 {fBaiscs} 安裝時，會同時安裝 {timeDate}、{timeSeries} 二個套件名稱，載入套件時只要勾選「☑fBaiscs」套件選項，關聯套件 {timeDate} 與 {timeSeries} 二個會同時自動出現勾選符號：「☑timeDate」、「☑timeSeries」。

	Files	Plots	Packages	Help	Viewer

	Install	Update

	Name	Description
User Library		
☑	fBasics	Rmetrics - Markets and Basic Statistics
☐	gss	General Smoothing Splines
☐	stabledist	Stable Distribution Functions
☑	timeDate	Rmetrics - Chronological and Calendar Objects
☑	timeSeries	Rmetrics - Financial Time Series Objects

　　範例載入試算表「score.csv」類型檔案，右上角「環境、歷史」視窗中，按工具鈕「Import Dataset」，點選選單中的「From CSV…」選項。

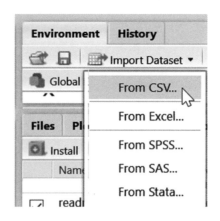

按「Browse…」鈕選取資料檔，資料框架物件名稱採用資料檔的名稱，試算表檔名為「score.csv」，主檔名「score」為匯入 R 軟體整合開發環境主控臺時的資料框架物件名稱。

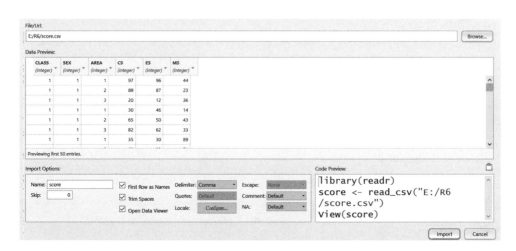

內定統計套件 {stats} 函數 **shapiro.test ( )** 可以進行 Shapiro-Wilk 常態性檢定，函數語法為 shapiro.test (x)，引數 x 為數值向量。資料型態分配是否符合常態性假定的虛無假設為「資料分配型態＝常態分配」，對立假設為「資料分配型態 ≠ 常態分配」。

```
> shapiro.test (score$MS)
    Shapiro-Wilk normality test
data:  score$MS
W = 0.95128, p-value = 0.0002684
```
[說明]：就數學成績計量變項而言，**Shapiro-Wilk**常態性檢定統計量**W=0.951**，

顯著性p值<.001，達到統計顯著水準，拒絕虛無假設，資料分配型態不是常態分配。

\> shapiro.test (score\$CS)

Shapiro-Wilk normality test

data: score\$CS

W = 0.93266, p-value = 1.416e-05

[說明]：就國文成績計量變項而言，**Shapiro-Wilk**常態性檢定統計量**W=0.933**，顯著性**p值<.001**，達到統計顯著水準，拒絕虛無假設，資料分配型態不是常態分

配。統計量p值 = 1.416e-05= $\dfrac{1.416}{10^5}$ =0.000。

\> shapiro.test (score\$ES)

Shapiro-Wilk normality test

data: score\$ES

W = 0.94316, p-value = 7.031e-05

[說明]：就英文成績計量變項而言，**Shapiro-Wilk**常態性檢定統計量**W=0.943**，顯著性**p值<.001**，達到統計顯著水準，拒絕虛無假設，資料分配型態不是常態分

配。統計量p值 = 7.031e-05= $\dfrac{7.031}{10^5}$ =0.000。

使用套件 {fBaiscs} 函數 **shapiroTest ( )** 進行常態性檢定：

\> shapiroTest (score\$MS)

Title:

Shapiro - Wilk Normality Test

Test Results:

STATISTIC:

W: 0.9513

P VALUE:

0.0002684

Description:

Mon Jan 01 08:22:22 2018 by user: user

[說明]：就數學成績計量變項而言，**Shapiro-Wilk**常態性檢定統計量**W=0.951**，顯著性**p值<.001**，達到統計顯著水準，拒絕虛無假設，資料分配型態不是常態分配。

\> shapiroTest (score\$CS)

Title:

Shapiro - Wilk Normality Test

Test Results:

STATISTIC:
 W: 0.9327
 P VALUE:
  1.416e-05
Description:
 Mon Jan 01 08:22:27 2018 by user: user

[說明]：就國文成績計量變項而言，**Shapiro-Wilk**常態性檢定統計量**W=0.933**，顯著性**p值<.001**，達到統計顯著水準，拒絕虛無假設，資料分配型態不是常態分配。統計量p值 = 1.416e-05= $\dfrac{1.416}{10^5}$ =0.000。

> shapiroTest (score$ES)
Title:
 Shapiro - Wilk Normality Test
Test Results:
 STATISTIC:
  W: 0.9432
 P VALUE:
  7.031e-05
Description:
 Mon Jan 01 08:22:31 2018 by user: user

[說明]：就英文成績計量變項而言，**Shapiro-Wilk**常態性檢定統計量**W=0.943**，顯著性**p值<.001**，達到統計顯著水準，拒絕虛無假設，資料分配型態不是常態分配。統計量p值 = 7.031e-05= $\dfrac{7.031}{10^5}$ =0.000。

　　套件 {fBaiscs} 函數 shapiroTest ( ) 與統計套件 {stats} 函數 shapiro.test ( ) 之常態性檢定均採用 Shapiro-Wilk 常態性檢定法，二個不同套件之函數求出的統計量數均相同，但二個函數的函數名稱不同，不能混淆使用，若是主控臺沒有載入套件 {fBaiscs}，則套件函數 shapiroTest ( ) 不能使用。

　　範例使用套件 {fBaiscs} 函數 jarqueberaTest ( ) 進行常態性檢定：

> jarqueberaTest (score$CS)
Title:
 Jarque - Bera Normalality Test
Test Results:
 STATISTIC:
  X-squared: 8.3091
 P VALUE:

Asymptotic p Value: 0.01569
Description:
 Mon Jan 01 08:25:47 2018 by user: user
[說明]：就國文成績計量變項而言，**Jarque－Ber**常態性檢定統計量卡方值
=8.309，顯著性**p**值**=0.016<.05**，達到統計顯著水準，拒絕虛無假設，資料分配型
態不符合常態分配。

> jarqueberaTest (score$ES)
Title:
 Jarque - Bera Normalality Test
Test Results:
 STATISTIC:
   X-squared: 8.0445
 P VALUE:
   Asymptotic p Value: 0.01791
Description:
 Mon Jan 01 08:25:55 2018 by user: user
[說明]：就英文成績計量變項而言，**Jarque－Ber**常態性檢定統計量卡方值
=8.045，顯著性**p**值**=0.018<.05**，達到統計顯著水準，拒絕虛無假設，資料分配型
態不符合常態分配。

> jarqueberaTest (score$MS)
Title:
 Jarque - Bera Normalality Test
Test Results:
 STATISTIC:
   X-squared: 7.1939
 P VALUE:
   Asymptotic p Value: 0.02741
Description:
 Mon Jan 01 08:25:58 2018 by user: user
[說明]：就數學成績計量變項而言，**Jarque－Ber**常態性檢定統計量卡方值
=7.194，顯著性**p**值**=0.027<.05**，達到統計顯著水準，拒絕虛無假設，資料分配型
態不符合常態分配。

　　範例使用套件 **{fBaiscs}** 函數 **dagoTest ( )** 進行常態性檢定：

> dagoTest (score$CS)
Title:
 D'Agostino Normality Test

Test Results:
 STATISTIC:
  Chi2 | Omnibus: 26.4902
  Z3 | Skewness: -1.666
  Z4 | Kurtosis: -4.8698
 P VALUE:
  Omnibus Test: 1.769e-06
  Skewness Test: 0.09571
  Kurtosis Test: 1.117e-06
Description:
 Mon Jan 01 08:26:54 2018 by user: user
[說明]：函數dagoTest（）常態性檢定統計量包括整體常態性檢定、偏態檢定、峰度檢定。就國文成績計量變項而言，整體常態性檢定統計量卡方值=26.490，顯著性p值<.001，達到統計顯著水準，拒絕虛無假設，資料分配型態不符合常態分配。偏態係數檢定統計量Z3=-1.666，顯著性p=0.096>.05，接受虛無假設，偏態係數顯著等於0；峰度係數檢定統計量Z4=-4.870，顯著性p值<.001，拒絕虛無假設，峰態係數顯著不等於0，由於峰度係數為負值表示分配型態為低闊峰。

> dagoTest (score$ES)
Title:
 D'Agostino Normality Test
Test Results:
 STATISTIC:
  Chi2 | Omnibus: 27.3054
  Z3 | Skewness: -1.5451
  Z4 | Kurtosis: -4.9918
 P VALUE:
  Omnibus Test: 1.177e-06
  Skewness Test: 0.1223
  Kurtosis Test: 5.982e-07
Description:
 Mon Jan 01 08:27:04 2018 by user: user
[說明]：就英文成績計量變項而言，整體常態性檢定統計量Omnibus卡方值=27.305，顯著性p值<.001，達到統計顯著水準，拒絕虛無假設，資料分配型態不符合常態分配。

> dagoTest (score$MS)
Title:
 D'Agostino Normality Test
Test Results:
 STATISTIC:
  Chi2 | Omnibus: 41.2042

Z3｜Skewness: -0.4328
Z4｜Kurtosis: -6.4044
P VALUE:
Omnibus Test: 1.129e-09
Skewness Test: 0.6651
Kurtosis Test: 1.509e-10
Description:
Mon Jan 01 08:27:09 2018 by user: user
[說明]：就數學成績計量變項而言，整體常態性檢定統計量Omnibus卡方值
=41.204，顯著性**p**值**<.001**，達到統計顯著水準，拒絕虛無假設，資料分配型態不
符合常態分配。

範例使用隨機亂數 **rnorm（ ）**產製二百個樣本數值點，檢核二百個樣本點的
分配型態是否呈常態分配，使用的函數為套件 **{fBasics}** 中的 **normalTest（ ）**函
數：

```
> set.seed (123456)
> x = rnorm (200)
> normalTest (x,method="ks")
```
Title:
One-sample Kolmogorov-Smirnov test
Test Results:
STATISTIC:
D: 0.0378
P VALUE:
Alternative Two-Sided: 0.9377
Alternative　Less: 0.5649
Alternative　Greater: 0.6179
Description:
Mon Jan 01 08:33:05 2018 by user: user
[說明]：引數檢定方法採用單一樣本Kolmogorov-Smirnov常態性檢定法，統計量
D=0.0378，雙尾檢定之顯著性**p**值**=0.9377>.05**，未達統計顯著水準，接受虛無假
設，資料分布型態為常態分配。

```
> normalTest (x,method="sw")
```
Title:
Shapiro - Wilk Normality Test
Test Results:
STATISTIC:
W: 0.9946

P VALUE:

　0.6913

Description:

　Mon Jan 01 08:33:28 2018 by user: user

[說明]：引數檢定方法採用Shapiro - Wilk常態性檢定法，統計量W=0.9946，顯著性p值=0.6913>.05，未達統計顯著水準，接受虛無假設，資料分布型態為常態分配。

> normalTest (x,method="jb")

Title:

　Jarque - Bera Normalality Test

Test Results:

　STATISTIC:

　　X-squared: 1.3841

　P VALUE:

　　Asymptotic p Value: 0.5005

Description:

　Mon Jan 01 08:33:36 2018 by user: user

[說明]：引數檢定方法採用Jarque - Bera常態性檢定法，統計量卡方值=1.3841，漸近顯著性p值=0.5005>.05，未達統計顯著水準，接受虛無假設，資料分布型態為常態分配。

> normalTest (x,method="da")

Title:

　D'Agostino Normality Test

Test Results:

　STATISTIC:

　　Chi2 | Omnibus: 1.2947

　　Z3　| Skewness: -0.9192

　　Z4　| Kurtosis: -0.6706

　P VALUE:

　　Omnibus　Test: 0.5234

　　Skewness Test: 0.358

　　Kurtosis Test: 0.5025

Description:

　Mon Jan 01 08:33:41 2018 by user: user

[說明]：引數檢定方法採用D'Agostino常態性檢定法，統計量Omnibus卡方值=1.2947，漸近顯著性p值=0.5234>.05，未達統計顯著水準，接受虛無假設，資料分布型態為常態分配。Z3偏態統計量=-0.9192，顯著性p值=0.358>.05，未達統計顯著水準，接受虛無假設，偏態係數顯著等於0；　Z4 峰度統計量=-0.6706，顯著性p值=0.5025>.05，未達統計顯著水準，接受虛無假設，峰度係數顯著等於0。

套件 **{fBasics}** 中下列函數可以求出橫列 (每筆資料) 計量變數的統計量，在財務與經濟時間序列資料中這些統計量使用的頻率較多。

函數 rowStats 計算橫列統計量。

函數 rowSds 計算橫列標準差。

函數 rowVars 計算橫列變異數。

函數 rowSkewness 計算橫列的偏態係數。

函數 rowKurtosis 計算橫列的峰度係數。

函數 rowMaxs 計算橫列的最大值。

函數 rowMins 計算橫列的最小值。

函數 rowProds 計算橫列數值的乘積。

函數 rowQuantiles 計算橫列的百分位數。

函數基本語法為：

rowStats (x, FUN, ...)

rowSds (x, ...)

rowVars(x, ...)

rowSkewness (x, ...)

rowKurtosis (x, ...)

rowMaxs (x, ...)

rowMins (x, ...)

rowProds (x, ...)

rowQuantiles (x, prob = 0.05, ...)

rowStdevs (x, ...)

rowAvgs (x, ...)

引數 x 為資料框架物件，或可以轉換為矩陣的物件。

函數 FUN 為一般統計函數，如要求出橫列的平均數，語法指令為：

```
> rowStats (x, FUN = mean)
```

資料框架物件 s.score 只擷取原資料檔三科成績，使用 **head ( )** 函數輸出前五筆資料：

```
> s.score=score[,4:6]
> head (data.frame (s.score),5)
     國文成績      英文成績      數學成績
1         97          96          44
2         89          87          23
3         20          12          36
4         30          46          14
5         65          50          43
```

求出每筆觀察值在三個分數的偏態係數：

```
> round (rowSkewness (s.score),2)
  [1] -0.38 -0.38  0.21  0.00  0.22 -0.12  0.37  0.03 -0.29  0.36  0.37 -0.34
 [13]  0.25  0.29 -0.35 -0.20  0.38 -0.38 -0.08  0.38 -0.05  0.14 -0.38 -0.05
 <略>
[109]  0.21 -0.38 -0.32 -0.26  0.29  0.00 -0.12 -0.37  0.37 -0.33 -0.08  0.26
```

求出每筆觀察值在三個分數的平均數：

```
> round (rowAvgs (s.score),2)
  [1] 79.00 66.33 22.67 30.00 52.67 59.00 51.33 71.33 95.00 34.00 56.67 95.67
 [13] 57.33 29.67 52.67 42.67 70.33 59.00 71.33 48.00 37.33 64.33 63.00 45.67
 <略>
```

財經時間系列分析程序上，套件 **{fBasics}** 函數 **BasicStatistics ( )** 可以求出直行變數所有觀察值的基本統計量：

```
> round (basicStats (s.score),2)
               國文成績      英文成績      數學成績
nobs           120.00        120.00        120.00
NAs              0.00          0.00          0.00
Minimum         20.00          6.00          5.00
Maximum        100.00        100.00         97.00
1. Quartile     47.75         42.00         29.00
3. Quartile     87.25         84.00         76.25
Mean            65.96         61.33         53.52
Median          70.00         63.00         54.50
```

Sum	7915.00	7359.00	6423.00
SE Mean	2.22	2.36	2.47
LCL Mean	61.56	56.65	48.63
UCL Mean	70.35	66.00	58.42
Variance	591.59	670.19	734.10
Stdev	24.32	25.89	27.09
Skewness	-0.36	-0.33	-0.09
Kurtosis	-1.10	-1.11	-1.22

Chapter 10

推論統計與假設檢定

壹、錯誤率與統計考驗力

　　從樣本統計量推估到母群體母數的過程稱為推論，推論程序要進行的是假設考驗或假設檢定 (hypothesis test)。假設考驗結果若顯著性 (機率值) 達到統計顯著水準 (p < .05)，則樣本統計量才有實質意義，否則，如果顯著性 (機率值) 未達統計顯著水準 (p > .05)，表示樣本統計量為 0 (變數間相關係數 r = 0，或群體平均數差異檢定的 t 統計量 = 0，群體平均數相等)。根據研究假設 (research hypothesis) 延伸的假設稱為「對立假設」(alternative hypothesis)，與對立假設相反的假設稱為「虛無假設」(null hypothesis)，虛無假設為包含等號 (=) 的假設，如 r = 0、$M_1 = M_2$、β = 0 等。

　　推論統計程序中有方向的檢定稱為「單側檢定」或「單尾考驗」(one-tailed test)，單側檢定常見的研究問題用語如大於 (或小於)、高於 (或低於)、快於 (或慢於)、多於 (或小於)、優於 (或劣於)、長於 (或短於)。如研究假設為樣本觀察值的閱讀素養分數顯著高於母群體的平均數 65，此時考驗的拒絕區全部位於分配曲線的右端，對應的研究問題為：南區樣本觀察值 (國中學生) 的閱讀素養分數是否顯著高於母群體 (全國) 的平均數 65？。單一樣本平均數檢定的虛無假設 (null hypothesis) 與對立假設 (alternative hypothesis) 為：

　　虛無假設 H_0: $\mu_1 \leq 65$ (南區樣本觀察值分數小於等於 65 分)
　　對立假設 H_1: $\mu_1 > 65$ (南區樣本觀察值分數高於 65 分)

　　研究假設對應的假設為對立假設，對立假設是檢定結果希望得到支持或接受的假設，虛無假設是檢定結果希望得到放棄或拒絕的假設。虛無假設與對立假設二者為互斥集合關係，不能有交集，虛無假設一般以 H_0 表示、對立假設則以 H_1 或 H_a 表示。若是從母群體中隨機抽取樣本觀察值，計算所得的統計量有足夠證據可拒絕虛無假設，則對立假設就可以得到支持。統計軟體中出現的顯著性 (機率值) p 為虛無假設出現的機率，推論統計中一般常將顯著水準 α 定為 .05，此顯著水準為虛無假設出現的可能性，若顯著性 p ≥ .05，表示虛無假設出現的機率大於等於 .05，當虛無假設出現的機率大於 .05 時，就要接受虛無假設，不能拒絕虛無假；相對的，當顯著性 p < .05，表示虛無假設出現的機率小於 .05，當虛無假設出現的機率小於 .05 時，顯示虛無假設出現的可能性不高，研究程序可以拒絕虛無假設，接受對立假設。

　　研究問題改為：南區樣本觀察值 (國中學生) 的閱讀素養分數是否顯著低於母群體 (全國) 的平均數 65？

　　其對應的研究假設為：南區樣本觀察值 (國中學生) 的閱讀素養分數顯著低於母群體 (全國) 的平均數 65。研究假設延伸的二種假設：

虛無假設 H_0: $\mu_1 \geq 65$
對立假設 H_1: $\mu_1 < 65$

　　沒有方向的的假設稱為「雙側考驗」(two-tailed test)，如研究者根據教學實務經驗或搜集文獻得知：南區樣本觀察值 (國中學生) 的閱讀素養分數與母群體 (全國) 的平均數 65 可能有所差異，無法明確下高於或低於的假設判斷，此時，其研究假設為：「南區樣本觀察值 (國中學生) 的閱讀素養分數與母群體 (全國) 的平均數 65 有所不同」，虛無假設與對立假設如下：

虛無假設 H_0: $\mu_1 = 65$、對立假設 H_1: $\mu_1 \neq 65$，或是
虛無假設 H_0: $\mu_1 = \mu$、對立假設 H_1: $\mu_1 \neq \mu$，其中 μ 為母群體的平均數 65。

　　雙側檢定程序中，研究者假設判斷，南區國中學生閱讀素養分數的平均值不是優於全國平均值 $\mu_1 > \mu$，就是比全國平均值還低 $\mu_1 < \mu$。研究者不強調一定高於全國平均數，或一定低於全國平均值，關注的重點是二者平均值間的差異。研究假設強調的是有差異存在，而不強調差異的方向性，此種檢定稱為雙側考驗或雙側檢定。

　　以學生考試焦慮與其學業成就之相關為例，甲研究者根據實務經驗或文獻探究結果，認為二個變項是一種負向關係，因而提出以下研究假設：「國中學生考試焦慮與其學業成就有顯著負相關。」對應的虛無假設與對立假設為：

　　H_0: $\rho \geq 0$、H_1: $\rho < 0$，對立假設提出相關係數小於 0 (相關係數為負值，表示二個變項之間為負相關)；虛無假設提出相關係數大於等於 0，相關係數為正值，表示二個變項間正相關，相關係數等於 0，表示二個變項間沒有相關 (零相關)，此情況研究假設或對立假設的方向只有單方向稱為單側檢定。

　　乙研究者根據實務經驗或文獻探究結果，認為二個變項有關係，至於是正向關係或負向關係，沒有一致性的結果，因而提出以下研究假設：「國中學生考試焦慮與其學業成就有顯著相關。」對應的虛無假設與對立假設為：

　　H_0: $\rho = 0$、H_1: $\rho \neq 0$，對立假設提出相關係數不等於 0，相關係數顯著不等於 0，表示二個變項有相關，相關情況可能為正相關，也可能為負相關；虛無假

設提出相關係數等於 0，相關係數為 0，表示二個變項間沒有相關 (零相關)。研究假設或對立假設可能是右側檢定 (正相關)，也可能是左側檢定 (負相關)，研究檢定沒有特別指定是右方或左方，稱為雙側檢定或雙側考驗。

　　為考驗研究假設 (對立假設) 是否成立，研究者會從母群體中隨機抽取有限的觀察值 (樣本數 N)，並設定推論的錯誤率，錯誤率又稱為顯著水準 α。母群體的量數稱為母數或參數，根據樣本觀察值所得出的量數稱為統計量 (statistic)，由於母數無法得知，因而會以統計量數來進行推估，推估會有錯誤，一般社會科學領域容忍的錯誤率為 5%，將顯著水準 α 設為 .05，表示推估錯誤率容許範圍為 5%。

　　如統計量數的顯著性 p 值為 .025，表示出現虛無假設的可能性只有 2.5%，此種情況顯示出現虛無假設的可能性不高，可以拒絕虛無假設，接受對立假設。拒絕虛無假設，表示研究推估虛無假設可能是假，但由於母群體未知，因而就整個母群體而言，對應的虛無假設也可能為真。如果真正的虛無假設為真，研究抽樣結果拒絕虛無假設，就是一種錯誤的決定，此種錯誤決定稱為第一類型錯誤，第一類型錯誤率為研究者界定的顯著水準 α。相對於顯著水準 α 等於 .05，若將顯著水準 α 設為 .01，則只有當顯著性 p 值小於 .01 時，才能拒絕虛無假設，接受對立假設，研究假設得到支持的機率會降低，研究推論犯第一類型錯誤的機率也會減少。

　　當研究結果根據統計量數推估母群體參數時，由於是推估因而有某種程度的不確定性。當虛無假設為真的情況下，研究結果加以拒絕，有可能會犯下的錯誤推估的可能性，此種錯誤率當然愈小愈好；但當研究者把顯著水準 α 設定為太小 (如 α = .01 時)，雖然較不會犯第一類型錯誤，但可能會犯第二類型錯誤 (或稱型 II 錯誤率)。第二類型錯誤指的是虛無假設為假，研究者決定為接受虛無假設，得到對立假設無法獲得支持的結果。第一類型錯誤與第二類型錯誤的圖示如下：

		母群體的真正性質 (未知)	
		H_0 為真	H_0 為假
決定 (根據樣本觀察值計算所得之統計量)	拒絕 H_0	型 I 錯誤 α ☹	統計考驗力 (裁決正確) ☺ $(1-\beta)$
	接受 H_0	正確決定 ☺	型 II 錯誤 β ☹

註：根據樣本觀察值計算之統計量大於臨界區量數或依據樣本觀察值計算所得的顯著性 p 值小於 α 值 (p < .05)，稱為統計顯著性 (statistically significant)。

假定假設檢定中提出的二種假設為：

虛無假設 H_0: $\mu_1 \leq 65$
對立假設 H_1: $\mu_1 > 65$

H_0: $\mu_1 \leq 65$ 為真→統計量數推估結果加以拒絕→第一類型錯誤，第一類型錯誤表示母群體在虛無假設的論述為真，但根據抽樣之樣本觀察值估算所得的統計量推估，卻認為母群體在虛無假設的論述為假，造成推論的錯誤。

H_0: $\mu_1 \leq 65$ 為假→統計量數推估結果為接受→第二類型錯誤，第二類型錯誤表示母群體在虛無假設的論述為假，但根據抽樣之樣本觀察值估算所得的統計量推估，卻認為母群體在虛無假設的論述為真，造成推論的錯誤。

顯著水準 α 量數值，表示拒絕虛無假設時可能犯下的錯誤率，若 α 定為 .05，表示研究結果拒絕虛無假設的最大錯誤率為 .05，錯誤率指的是研究結果拒絕虛無假設，接受對立假設情況下所犯的錯誤。如統計量數對應的顯著性 $p <$ .05，假設檢定為拒絕虛假設 (南區國中學生的閱讀素養分數小於等於 65 分)，認為南區國中學生的閱讀素養分數大於 65 分，但母群體的實際情況與虛無假設相同，即虛無假設實際情況為真 (南區國中學生的閱讀素養分數真的小於等於 65 分)。此時，研究者即犯下第一類型錯誤。

對應於第一類型錯誤率 α，第二類型錯誤率為 β，β 錯誤率為研究者接受或保留虛無假設，但虛無假設實際情況為假的情況，如研究結果接受 H_0: $\mu_1 \leq 65$，認為南區國中學生的閱讀素養分數並未高於 65 分，但實際結果是南區國中學生的閱讀素養分數高於 65 分。因而研究結果不論是拒絕虛無假設或是接受虛無假設，都可能犯下推估錯誤。

以國中學生考試焦慮與其學業成就之雙側檢定為例，研究者提出的虛無假設與對立假設如下：

H_0: $\rho = 0$、H_1: $\rho \neq 0$

研究者根據樣本觀察值資料計算所得的統計量檢定結果可能有二種情況：

1. 統計量落入拒絕區 (顯著性 $p < \alpha$)，得出拒絕虛無假設的結論：相關係數不等於 0，國中學生考試焦慮與其學業成就間有顯著相關，但實際結果是母群體的相關係數為 0，母群體學生考試焦慮與其學業成就間沒顯著相關，此種情況為虛無假設為真，但統計檢定結果卻拒絕虛無假設，研究者統計推論犯

下第一類型的錯誤 α。

2. 統計量落入接受區 (顯著性 p >= α)，得出接受虛無假設的結論：相關係數等於 0，國中學生考試焦慮與其學業成就間沒有顯著相關存在，但實際結果是母群體的相關係數不等於 0 (如 ρ = .38)，母群體學生考試焦慮與其學業成就間有顯著相關，此種情況為虛無假設為假，但統計檢定結果卻接受虛無假設，研究者統計推論犯下第二類型的錯誤 β。

以二個母群體平均數差異考驗之獨立樣本 t 檢定程序為例：

二個母群體平均數差異檢定的虛無假設為：

虛無假設 H_0: $\mu_1 = \mu_2$，或 H_0: $\mu_1 - \mu_2 = 0$，表示母群體平均數沒有差異。

對立假設 H_0: $\mu_1 \neq \mu_2$，或 H_0: $\mu_1 - \mu_2 \neq 0$，表示母群體平均數有差異。

		母群體真正情況	
		虛無假設為真 (母群體沒有差異) H_0 為真	虛無假設為假 (母群體有差異) H_0 為假 (H_1 為真)
樣本統計量 推估結果	拒絕虛無假設 (p < .05；p < α) 推估有差異	犯了型 I 錯誤 (α) 偽陽性率 p = α	裁決正確結果 ($1 - \beta$) 真陽性機率 p = $1 - \beta$
	接受虛無假設 (p > .05；p > α) 推估沒有差異	裁決正確結果 ($1 - \alpha$) 真陰性 p = $1 - \alpha$	犯了型 II 錯誤 (β) 偽陰性率 p = β

根據抽取樣本計算所得的統計量數與顯著性 p 值推估母群體的母數，因為是推估，所以可能會有推估錯誤，此推估錯誤多數是抽樣誤差造成的偏誤，四種推估結果如下：

1. 抽取樣本之 t 值統計量達到統計顯著水準 (p < 0.05)，研究推估結果為二個水準群體之母體平均數不同 (拒絕虛無假設)，實際情況是二個母體平均數確實有差異存在 (虛無假設為假)，此細格為正確拒絕「錯誤的虛無假設」之機率 (推估正確)，量數為統計考驗力 (power)，機率值為 1-型 II 錯誤率 β。就 ROC 曲線的診斷分類觀點，統計考驗力為真陽性率，診斷分類正確。

2. 抽取樣本之 t 值統計量達到統計顯著水準 (p < 0.05)，研究推估結果為二個水準群體之母體平均數不同 (拒絕虛無假設)，但實際情況是二個母體平均數

根本沒有差異存在 (虛無假設為真)，此細格為拒絕「正確的虛無假設」之機率，量數為型 I 錯誤率 α。就 ROC 曲線的診斷分類觀點，型 I 錯誤率 α 偽陽性率，診斷分類錯誤。

3. 抽取樣本之 t 值統計量未達統計顯著水準 (p > 0.05)，研究推估結果為二個水準群體之母體平均數沒有不同 (接受虛無假設)，實際情況是二個母體平均數確實也沒有差異存在 (虛無假設為真)，此細格為接受「正確的虛無假設」之機率，表示的另一種的裁決正確率 (推估正確)，量數為 1—型 I 錯誤率 α。就 ROC 曲線的診斷分類觀點，細格為真陰性率，診斷分類正確。

4. 抽取樣本之 t 值統計量未達統計顯著水準 (p > 0.05)，研究推估結果為二個水準群體之母體平均數沒有不同 (接受虛無假設)，實際情況是二個母體平均數確實有差異存在 (虛無假設為假)，此細格為接受「錯誤的虛無假設」之機率，表示的是推估錯誤，量數為型 II 錯誤率 β。就 ROC 曲線的診斷分類觀點，細格為偽陰性率，診斷分類錯誤。

正因為不論研究結果為拒絕或接受虛無假設，都可能犯下推估錯誤，因而研究推論時，要界定一個大眾都可以接受的錯誤率，在社會科學或教育心理領域的錯誤率習慣上均採用 .05 或 .01 作為假設考驗的錯誤率，此錯誤率指的是第一類型錯誤又稱為「顯著水準」(level of significance)。大多數研究者通常會認為犯第一類型錯誤比第二類型錯誤較為嚴重，因而顯著水準 α 量數會設定比 β 量數小很多，如顯著水準 α 設為 .05 時，研究推估犯第一類型的錯誤率不會超過5%。一般而言，當研究者進行假設檢定時，最理想的情況是型 I 錯誤率 α 與型 II 錯誤率 β 均愈小愈好，但同一假設檢定情況下，此種情形不可能出現。

研究結果拒絕虛無假設時，認定虛無假設為假，此時虛無假設可能為真，若為真，則犯下第一類型錯誤。但若是實際之虛無假設為假或不成立，表示研究結果的裁決或決定是正確的，此種虛無假設為假，研究結果又加以拒絕的結果，表示決定正確或裁決正確，此種正確拒絕虛無假設的機率稱為裁決正確率，又稱為「統計考驗力」(power of test; 1-β)。當虛無假設為假，研究結果加以保留的錯誤率稱為 β；因而當虛無假設為假，研究結果加以正確拒絕的機率稱為 1-β。統計考驗力指是虛無假設為假，研究結果正確拒絕的機率。

當研究者界定顯著水準 α 等於 .05 時，表示第一類型錯誤率為 5%，此時對應的第二類型最大錯誤率最好不要超過 .20 (20%)，最佳的統計考驗力 1-β 量數為大於等於 .80 (80%)。

影響統計考驗力的三個要素：

1. 樣本數：抽取的樣本觀察值個數愈多，統計考驗力量數會愈大。
2. 效果值：效果值愈大，表示樣本觀察值統計量與實際母群體母數值間的差異值愈大，對應的統計考驗力量數會愈大
3. 顯著水準 α 愈大，型 II 錯誤率愈小，統計考驗力量數會愈大。

就單一樣本 t 檢定而言，效果量 d 的求法 $= \dfrac{|樣本平均數 - 母群體平均數|}{統計量標準差}$

$= \dfrac{|差異值|}{標準差}$

就相依樣本 t 檢定而言，效果量 d 的求法 $= \dfrac{|平均數\,1 - 平均數\,2|}{成對變項差異值的標準差}$

$= \dfrac{|成對變項平均數的差異值|}{成對變項差異值的標準差}$

就獨立樣本 t 檢定而言，效果量 d 的求法 $= \dfrac{|群組\,1\,平均數 - 群組\,2平均數|}{合併的標準差}$

$= \dfrac{|二個群組平均數的差異值|}{合併的標準差}$

根據統計學者 Cohen (1988) 的論點，效果值 d 分類準則為：d < .20 時，效果量非常小；.20 ≦ d < .50 時，效果量為小或低；.50 ≦ d < .80 時，效果量為中；d > .80 時，效果量為大或高。

貳、錯誤率與統計考驗力圖形繪製

R 編輯器語法指令繪製 α、β、1-β 間的關係圖。顯著水準 α 設為 .05 時，單側右尾檢定之 z 值分位數為 1.645，P (X <= 1.645) = .95，z 值分位數 1.645 右端以上的面積為 5%。

```
##繪製常態分配曲線與顯著水準 α 陰影區域圖
curve (dnorm (x,mean=0,sd=1),-3,6,lwd=2,col="red")
lines (c (0,0),c (0,dnorm (0)),lwd=2)
abline (h=0,lty=1)
x=seq (-3,3,length=100)
```

```
y=dnorm (x)
begin.sd=1.645
end.sd=4
rx=x[begin.sd<=x & x<=end.sd]
ry=y[begin.sd<=x & x<=end.sd]
region.x=c (rx[1],rx,tail (rx,1))
region.y=c (0,ry,0)
polygon (region.x,region.y,lwd=2,col="gray")
##繪製第二條曲線
curve (dnorm (x,mean=2.49,sd=1),-3,6,lwd=2,col="red",add=T,lty=2)
lines (c (2.49,2.49),c (0,dnorm (0)),lwd=2,lty=3)
##繪製第二個曲線之 β 陰影曲線面積圖
begin.sd=-4
end.sd=-0.85
rx=x[begin.sd<=x & x<=end.sd]
ry=y[begin.sd<=x & x<=end.sd]
region.x=c (rx[1],rx,tail (rx,1))
region.y=c (0,ry,0)
polygon (region.x+2.49,region.y,lwd=1,col="red",density=60)
##增列符號標記文字
text (1,0.05,expression (beta),cex=2)
text (2,0.02,expression (alpha),cex=2,col="blue")
text (2,0.15,expression (paste ("1-",beta)),cex=2,col="red")
```

　　R 圖形裝置器繪製之 α、β、1-β 間的關係圖如下，右方標準常態分配曲線的陰影繪製，密度函數對應的 z 值分位數為 -.85，X 軸座標向右移 2.49 個單位：

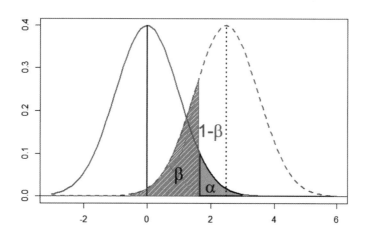

　　圖示中，左邊為標準常態分配曲線，母群體的平均數 μ 為 0 (z = 0)、標準差等於 1，右邊標準常態分配曲線表示對立假設為真時，樣本平均數之抽樣分配，其中心點 z 值約在 2.49 處。灰色陰影區域對應的 z 值分位數為 1.645，P (z <= 1.645) = .95，分位數 z 值 = 1.645 右邊的區域為拒絕區，即研究推估界定的顯著水準 α，表示當 H_0 為真的情況下，拒絕 H_0 時 (z 值 > 1.645) 可能犯下的錯誤率 (=5%)。紅色密度區域為 β 部分，表示 H_0 為假時，仍有可能因為得到 z 值 <1.645 而無法拒絕 H_0 的機率值 (吳裕益，2007)。

　　將顯著水準 α 從 .05 改為 .10，CDF 值為 .90，z 值分位數為 qnorm (.90)：

```
> #繪製左邊曲線圖
> curve (dnorm (x,mean=0,sd=1),-3,6,lwd=2,col="red")
> lines (c (0,0),c (0,dnorm (0)),lwd=2)
> abline (h=0,lty=1)
> x=seq (-3,3,length=100)
> y=dnorm (x)
> begin.sd=qnorm (.90)
> end.sd=4
> rx=x[begin.sd<=x & x<=end.sd]
> ry=y[begin.sd<=x & x<=end.sd]
> region.x=c (rx[1],rx,tail (rx,1))
> region.y=c (0,ry,0)
> polygon (region.x,region.y,lwd=2,col="gray")
> #繪製右邊曲線圖
> curve (dnorm (x,mean=2.49,sd=1),-3,6,lwd=2,col="red",add=T,lty=2)
> lines (c (2.49,2.49),c (0,dnorm (0)),lwd=2,lty=3)
> begin.sd=-4
> end.sd=-1.15
> rx=x[begin.sd<=x & x<=end.sd]
> ry=y[begin.sd<=x & x<=end.sd]
> region.x=c (rx[1],rx,tail (rx,1))
> region.y=c (0,ry,0)
> polygon (region.x+2.49,region.y,lwd=1,col="red",density=60)
> #增列標記文字
> text (1,0.05,expression (beta),cex=2)
> text (2,0.02,expression (alpha),cex=2,col="blue")
> text (2,0.15,expression (paste ("1-",beta)),cex=2,col="red")
> text (-2,0.2,expression (H[0]),cex=2,col="red")
> text (5,0.2,expression (H[1]),cex=2,col="red")
```

　　與顯著水準 α 設為 .05 相較之下，顯著水準 α 設為 .10 之陰影區域較大，表示拒絕虛無假設的機率較高，此時犯第一類型的錯誤也較大；另一面從圖示中可以看出，紅色密度陰影區域之 β 範圍變小，表示犯第二類型的錯誤率變低，因為顯著水準為拒絕虛無假設的機率，將顯著水準 α 設為愈大，表示研究結果拒絕虛無假設的可能性愈高，研究結果接受虛無假設的機率愈低，對應的犯下第二類型的錯誤率也愈小。圖示中可以看出，顯著水準 α 愈大，研究結果犯第一類型錯誤的機率愈高，但對應犯第二類型錯誤的機率則愈小。

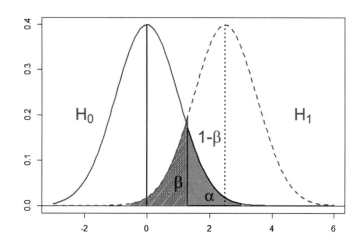

　　將顯著水準 α 從 .05 改為 .01，CDF 值為 .99，z 值分位數為 qnorm (.99)：

```
> #繪製左邊曲線圖alpha=.01
> curve (dnorm (x,mean=0,sd=1),-3,6,lwd=2,col="red")
> lines (c (0,0),c (0,dnorm (0)),lwd=2)
> abline (h=0,lty=1)
> x=seq (-3,3,length=100)
> y=dnorm (x)
> begin.sd=qnorm (.99)
> end.sd=4
> rx=x[begin.sd<=x & x<=end.sd]
> ry=y[begin.sd<=x & x<=end.sd]
> region.x=c (rx[1],rx,tail (rx,1))
> region.y=c (0,ry,0)
> polygon (region.x,region.y,lwd=2,col="gray")
> #繪製右邊曲線圖
> curve (dnorm (x,mean=2.49,sd=1),-3,6,lwd=2,col="red",add=T,lty=2)
```

```
> lines (c (2.49,2.49),c (0,dnorm (0)),lwd=2,lty=3)
> begin.sd=-4
> end.sd=-0.15
> rx=x[begin.sd<=x & x<=end.sd]
> ry=y[begin.sd<=x & x<=end.sd]
> region.x=c (rx[1],rx,tail (rx,1))
> region.y=c (0,ry,0)
> polygon (region.x+2.49,region.y,lwd=1,col="red",density=60)
> #增列標記文字
> text (1,0.05,expression (beta),cex=2)
> text (3,0.02,expression (alpha),cex=2,col="blue")
> text (3,0.15,expression (paste ("1-",beta)),cex=2,col="red")
> text (-2,0.2,expression (H[0]),cex=2,col="red")
> text (5,0.2,expression (H[1]),cex=2,col="red")
```

　　與顯著水準 α 設為 .05 相較之下，顯著水準 α 設為 .01 之陰影區域較小，表示拒絕虛無假設的機率較低，此時犯第一類型的錯誤也較低；但從圖示中可以看出，紅色密度陰影區域之 β 範圍變大，表示犯第二類型的錯誤率變高，因為顯著水準為拒絕虛無假設的機率，將顯著水準 α 設為愈小，表示研究結果拒絕虛無假設的可能性愈低，研究結果接受虛無假設的機率愈高，對應的犯下第二類型的錯誤率也愈大。圖示中可以看出，顯著水準 α 愈小，研究結果犯第一類型錯誤的機率愈低，但對應犯第二類型錯誤的機率則愈高，當第二類型錯誤率量數 β 愈大，研究結果的統計考驗力 1-β 則愈小，一個好的研究結論，統計量推估的統計考驗力要愈大愈好。

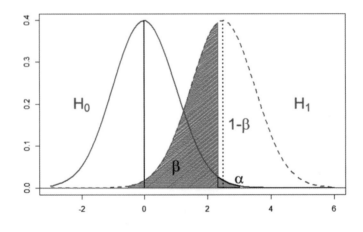

　　研究檢定程序，研究者若只想把顯著水準 α 定得很小，如把 α 從 .05 改設為

.001，如此，拒絕虛無假設的機率會降低，減少犯下第一類型的錯誤率，但是因為接受虛無假設的機率提高，所以犯下第二類型錯誤率也會提升。當 β 值變大，對應的 1-β 值會變小，假設檢定的統計考驗力會降低，表示的是當虛無假設為假，研究結果正確拒絕錯誤虛無假設的機率也減低，正確裁決率不高的統計顯著性，並不是一個良好的研究結論，一個好的研究結論除了具備統計顯著性外，也應有較高的統計考驗力。

參、統計考驗力函數

套件 {pwr} 可以進行統計考驗力的基本分析，相關檢定統計考驗力量數的估算函數為 **pwr.r.test ( )**，函數基本語法為：

pwr.r.test (n = NULL, r = NULL, sig.level = 0.05, power = NULL,alternative = c ("two.sided", "less","greater"))

引數 n 為觀察值個數。

引數 r 為線性相關係數。

引數 sig.level 界定顯著水準 α，內定量數值為 0.05 (型 I 錯誤率 α)。

引數 power 為檢定統計考驗力 (1 減掉型 II 錯誤率 β)。界定統計考驗力引數可求出要抽取樣本數的個數值。

引數 alternative 以文字串界定雙尾檢定、單尾左側檢定 (選項界定為 "less")、單尾右側檢定 (選項界定為 "greater")，內定選項文字為 "two.sided"，進行的假設檢定為雙尾考驗。

語法指令界定有效樣本數 N = 50、相關係數 r = .45，顯著水準 α = .05，求出雙尾檢定狀態下之統計考驗力 (1-β)：

```
> pwr.r.test (r=0.45,n=50,sig.level=0.05,alternative="two.sided")
     approximate correlation power calculation (arctangh transformation)
          n = 50
          r = 0.45
     sig.level = 0.05
        power = 0.918002
     alternative = two.sided
[說明]：統計考驗力1-β=0.918，β=1-0.918= 0.082，第二類型錯誤率β=0.082。
```

輸出結果界定為物件變數「out」，變數引數中的「power」為統計考驗力：

```
> out=pwr.r.test (r=0.45,n=50,sig.level=0.05,alternative="two.sided")
> names (out)
[1] "n"        "r"        "sig.level" "power"      "alternative"
[6] "method"
> out$power    #輸出統計考驗力量數1-β
[1] 0.918002
> round ((1-out$power),3)   #求出型 II 錯誤率β，四捨五入至小數第三位
[1] 0.082
```

語法指令界定相關係數 r = 0.40 (中度相關)、統計考驗力為 .80，顯著水準 α = .05 的條件下，取樣樣本數的大小？

```
> pwr.r.test (r=0.40,power=0.80,sig.level=0.05,alternative="two.sided")

     approximate correlation power calculation (arctangh transformation)
          n = 45.91614
          r = 0.4
     sig.level = 0.05
        power = 0.8
     alternative = two.sided
[說明]：抽樣樣本數N=45.92≒46，抽取的樣本觀察值至少要有46位以上。
```

函數 **pwr.t2n.test** ( ) 為雙樣本 (不同樣本觀察值) 平均數 t 檢定之統計考驗力的計算函數，或界定特定統計考驗力量數下，最少樣本觀察值個數的估算，函數功能與 **power.t.test** ( ) 類似。函數語法如下：

pwr.t2n.test (n1 = NULL, n2= NULL, d = NULL, sig.level = 0.05, power = NULL, alternative = c ("two.sided","less","greater"))

引數 n1 為第一個群組樣本觀察值個數。

引數 n2 為第二個群組樣本觀察值個數。

引數 d 界定效果值 (effect size)。依據 Cohen (1988) 提出的經驗法則：效果值 d 量數之小、中、大效果量的臨界值為 .20、.50、.80，d 量數小於等於 .20 為小效果量、d 量數大於 .80 為大效果量，d 量數在 .50 附近為中效果量。效果值分子項為平均數差異值、分母項為母群體的標準差，以重複量數 t 檢定為例，效果值 d = 成對變數平均數差異量的絕對值÷成對變數差異量的標準差。

引數 sig.level 為顯著水準 α (型 I 錯誤率)。

引數 power 為檢定統計考驗力 (1 減掉型 II 錯誤率 β)。

引數 alternative 以文字串界定雙尾檢定、單尾左側檢定、單尾右側檢定，內定選項文字為 "two.sided"，進行的假設檢定為雙尾考驗。

語法指令界定二個群組樣本數分別為 40、50，效果值 d = 0.6，顯著水準 α = .05、雙尾檢定的條件下，求出獨立樣本 t 檢定的統計考驗力：

```
> pwr.t2n.test (n1=40,n2=50,d=0.6, sig.level = 0.05,alternative ="two.sided")
     t test power calculation
          n1 = 40
          n2 = 50
          d = 0.6
     sig.level = 0.05
        power = 0.7988367
  alternative = two.sided
[說明]：統計考驗力1-β=0.799，β=1-0.799= 0.201，型II錯誤率β為0.201。
```

語法指令引數 n1、n2、d、alternative 界定的數值或選項均相同，但顯著水準 sig.level 引數界定的數值不同，顯著水準 α 分別界定為 0.15、0.10、0.05、0.01：

```
> out1=pwr.t2n.test (n1=40,n2=40,d=0.5,sig.level = 0.15,alternative ="two.sided")
> out2=pwr.t2n.test (n1=40,n2=40,d=0.5,sig.level = 0.10,alternative ="two.sided")
> out3=pwr.t2n.test (n1=40,n2=40,d=0.5,sig.level = 0.05,alternative ="two.sided")
> out4=pwr.t2n.test (n1=40,n2=40,d=0.5,sig.level = 0.01,alternative ="two.sided")
```

求出四個物件的統計考驗力量數與型 II 錯誤率 β：

```
> out1.p=round (out1$power,4)
> out1.b=1-out1.p
> out2.p=round (out2$power,4)
> out2.b=1-out2.p
> out3.p=round (out3$power,4)
> out3.b=1-out3.p
> out4.p=round (out4$power,4)
> out4.b=1-out4.p
```

使用 **cat ( )** 函數輸出結果：

```
> cat ("alpha=.15-->power=",out1.p,"--beta=",out1.b,"\n")
alpha=.15-->power= 0.7829 --beta= 0.2171
> cat ("alpha=.10-->power=",out2.p,"--beta=",out2.b,"\n")
alpha=.10-->power= 0.7163 --beta= 0.2837
> cat ("alpha=.05-->power=",out3.p,"--beta=",out3.b,"\n")
alpha=.05-->power= 0.5981 --beta= 0.4019
> cat ("alpha=.01-->power=",out4.p,"--beta=",out4.b,"\n")
alpha=.01-->power= 0.3493 --beta= 0.6507
```

上述結果中可以看出，顯著水準 α（型 I 錯誤率）分別界定為 .15、.10、.05、.01 時，對應的型 II 錯誤率 β 分別為 .2171、.2873、.4019、.6507，統計考驗力 1-β 量數值分別為 0.7829、0.7163、0.5981、0.3493。其他條件相同情況下，減少第一類型 α 的錯誤率，會增加第二類型 β 的錯誤率，對應的統計考驗力 1-β 也會降低。

統計推論程序中，顯著水準 α 量數愈小，型 II 錯誤率 β 量數愈大，其統計考驗力愈低，因而研究者若將顯著水準 α 量數界定為很小值，統計推論結果雖可減少型 I 錯誤率，但卻會提高型 II 錯誤率 β，對應的統計考驗力 1-β 也會降低。

套件函數 **pwr.f2.test ( )** 計算一般線性模式的統計考驗力，或界定統計考驗力量數情況下，最少樣本觀察值個數的估算，函數功能與 power.anova.test 類似。函數語法為：

pwr.f2.test (u = NULL,v = NULL,f2 = NULL, sig.level = 0.05, power = NULL)

引數 u 為分子項自由度。

引數 v 為分母項自由度。

引數 f2 為效果值 (effect size)。

語法指令之分子自由度為 5、分母自由度為 89、效果值為 0.2，顯著水準 α 量數值分別為 .05、.01、.001：

```
> pwr.f2.test (u=5,v=89,f2=0.2,sig.level=0.05)
     Multiple regression power calculation
          u = 5
```

```
        v = 89
        f2 = 0.2
    sig.level = 0.05
        power = 0.9247238
```
[說明]：顯著水準α界定為.05時，統計考驗力1-β=0.925。
> pwr.f2.test (u=5,v=89,f2=0.2,sig.level=0.01)
```
    Multiple regression power calculation
        u = 5
        v = 89
        f2 = 0.2
    sig.level = 0.01
        power = 0.7869592
```
[說明]：顯著水準α界定為.01時，統計考驗力1-β=0.787。
> pwr.f2.test (u=5,v=89,f2=0.2,sig.level=0.001)
```
    Multiple regression power calculation
        u = 5
        v = 89
        f2 = 0.2
    sig.level = 0.001
        power = 0.5211904
```
[說明]：顯著水準α界定為.001時，統計考驗力1-β=0.521。

套件函數 **pwr.anova.test ( )** 計算均衡單因子變異數分析檢定之統計考驗力，函數語法為：

pwr.anova.test (k=NULL,n = NULL, f = NULL, sig.level = 0.05, power=NULL)

引數 k 為群組的個數。

引數 n 為每個群組觀察值的個數。

引數 f 為效果值。

語法指令之群組個數 k = 4，每個群組的個數 n = 20、效果值為 0.4，顯著水準 α 量數值分別為 .05、.01、.001：

```
> pwr.anova.test(k=4,n=20,f=0.4,sig.level=0.05)
    Balanced one-way analysis of variance power calculation
        k = 4
        n = 20
        f = 0.4
```

        sig.level = 0.05
            power = 0.8453728
NOTE: n is number in each group
[說明]：顯著水準α界定為.05時，統計考驗力1-β=**0.845**。
> pwr.anova.test (k=4,n=20,f=0.4,sig.level=0.01)
    Balanced one-way analysis of variance power calculation
            k = 4
            n = 20
            f = 0.4
        sig.level = 0.01
            power = 0.6464984
NOTE: n is number in each group
[說明]：顯著水準α界定為.01時，統計考驗力1-β=**0.646**。
> pwr.anova.test (k=4,n=20,f=0.4,sig.level=0.001)
    Balanced one-way analysis of variance power calculation
            k = 4
            n = 20
            f = 0.4
        sig.level = 0.001
            power = 0.3560638
NOTE: n is number in each group
[說明]：顯著水準α界定為.001時，統計考驗力1-β=**0.356**。

　　界定群組個數、效果值、顯著水準、統計考驗力四個量數，估算抽取的最少樣本觀察值個數：

> pwr.anova.test (k=4,f=0.4,sig.level=0.05,power=0.845)
    Balanced one-way analysis of variance power calculation
            k = 4
            n = 19.98205
            f = 0.4
        sig.level = 0.05
            power = 0.845
NOTE: n is number in each group
[說明]：界定**k=4**、**f=0.4**、**α=0.05**、**power=0.845**情況下，理想的樣本觀察值個數**n>19.98≒20**，每個水準群組的觀察值個數至少要有**20**位以上，總樣本觀察值N的人數最低要求為**20×4=80**。

　　函數 **pwr.t.test** ( ) 可以計算單一樣本、獨立樣本與配對樣本之平均數 t 檢定程序的統計考驗力。函數語法為：

> pwr.t.test (n = NULL, d = NULL, sig.level = 0.05, power = NULL,
>
>   type = c ("two.sample", "one.sample", "paired"),
>
>   alternative = c ("two.sided", "less", "greater"))

引數 n 為每個群組樣本觀察值個數。

引數 d 為效果值。

引數 sig.level 為顯著水準 (significance level)。

引數 type以文字串界定檢定的型態，"two.sample" 為獨立樣本、"one.sample" 為單一樣本、"paired" 為配對樣本。

引數 alternative 界定檢定的方向，內定檢定方向為雙側檢定/雙尾檢定。

語法指令界定檢定型態為獨立樣本 t 檢定、顯著水準 α 量數為 .05、選擇引數為雙尾檢定，每個群組的樣本數分別為 50、100、200：

```
> pwr.t.test (d=0.45,n=50,sig.level=0.05,type="two.sample")
     Two-sample t test power calculation
          n = 50
          d = 0.45
       sig.level = 0.05
          power = 0.6056443
     alternative = two.sided
NOTE: n is number in *each* group
```
[說明]：獨立樣本t檢定程序中，界定效果值為0.45、每個群組的樣本數n=50時、顯著水準α=.05，雙尾檢定情況下之統計考驗力1-β為0.605。
```
> pwr.t.test (d=0.45,n=100,sig.level=0.05,type="two.sample")
     Two-sample t test power calculation
          n = 100
          d = 0.45
       sig.level = 0.05
          power = 0.8861965
     alternative = two.sided
NOTE: n is number in *each* group
```
[說明]：獨立樣本t檢定程序中，界定效果值為0.45、每個群組的樣本數n=100、顯著水準α=.05，雙尾檢定情況下之統計考驗力1-β為0.886。
```
> pwr.t.test (d=0.45,n=150,sig.level=0.05,type="two.sample")
     Two-sample t test power calculation
          n = 150
```

```
        d = 0.45
    sig.level = 0.05
        power = 0.9728578
    alternative = two.sided
NOTE: n is number in *each* group
```
[說明]：獨立樣本t檢定程序中，界定效果值為**0.45**、每個群組的樣本數**n=150**、顯著水準α=**.05**，雙尾檢定情況下之統計考驗力1-β為**0.973**。

可見，要提升推論結果之統計考驗力，必須增加抽取樣本的樣本觀察值個數，當樣本數愈小，統計考驗力就愈低；相對的，樣本觀察值個數愈多，統計考驗力會愈高。樣本數的多寡、效果值的高低、顯著水準 α 的量數值三個要件，都會影響統計推論之統計考驗力量數大小。就顯著水準 α 量數的界定，除非要特別嚴格要求，否則均會界定為 .05，此時對應的型 II 錯誤率 β 為 .20，統計考驗力 1 − β = 1 − .20 = .80，統計推論的統計考驗力大於等於 .80，表示有高的裁決正確率。

語法指令為不同效果值情況下，獨立樣本 t 檢定雙側考驗之統計考驗力情形，二個水準群組的樣本觀察值個數 n = 100、顯著水準 α = .05、效果值 d 分別界定為 0.10、0.30、0.50：

```
> pwr.t.test (d=0.10,n=100,sig.level=0.05,type="two.sample")
    Two-sample t test power calculation
        n = 100
        d = 0.1
    sig.level = 0.05
        power = 0.1083718
    alternative = two.sided
NOTE: n is number in *each* group
```
[說明]：效果值d=**0.10**時，統計考驗力1-β=**0.108**。
```
> pwr.t.test (d=0.30,n=100,sig.level=0.05,type="two.sample")
    Two-sample t test power calculation
        n = 100
        d = 0.3
    sig.level = 0.05
        power = 0.5600593
    alternative = two.sided
NOTE: n is number in *each* group
```
[說明]：效果值d=**0.30**時，統計考驗力1-β=**0.560**。

```
> pwr.t.test (d=0.50,n=100,sig.level=0.05,type="two.sample")
     Two-sample t test power calculation
          n = 100
          d = 0.5
     sig.level = 0.05
        power = 0.9404272
     alternative = two.sided
NOTE: n is number in *each* group
```
[說明]：效果值d=0.50時，統計考驗力1-β=0.940。

當各群組樣本數固定，獨立樣本 t 檢定之效果值愈小 (母群體平均數的差異量愈小)，統計考驗力愈低，相對的，效果值愈大 (母群體平均數的差異量愈大)，統計考驗力愈高。

語法函數 **pwr.t.test ( )** 界定效果值 d = 0.3、統計考驗力量數 power = 0.8、顯著水準 α = .05、假設考驗為雙尾檢定條件下，理想的樣本觀察值個數：

```
> pwr.t.test (d=0.3,power=0.8,type="two.sample",alternative="two.sided")
     Two-sample t test power calculation
          n = 175.3847
          d = 0.3
     sig.level = 0.05
        power = 0.8
     alternative = two.sided
NOTE: n is number in *each* group
```
[說明]：獨立樣本t檢定程序，理想的觀察值個數是每個水準群組的人數至少要有 **176 (n=175.3847≒176)**。

使用 **pwr.t.test ( )** 函數建立的物件配合 **plot ( )** 函數可以繪製樣本大小對應統計考驗力的圖形：

```
> p.t.two <- pwr.t.test (d=0.3,power=0.8,type="two.sample",alternative="two.sided")
> plot (p.t.two)
```

虛線切割處的橫軸 x = 176，表示每個水準群組理想的樣本觀察值個數 n = 176，交叉點對應的縱軸統計考驗力為 80%。

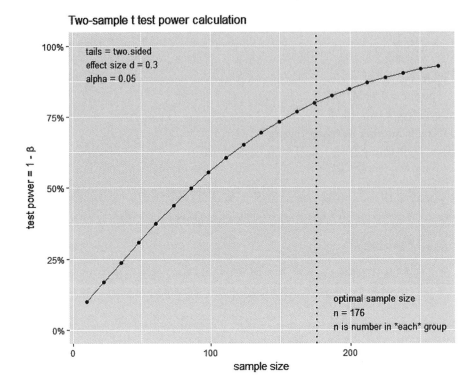

Two-sample t test power calculation

界定效果值與統計考驗力量數情況下，求出重複量數 t 檢定的樣本個數，引數 type 界定為「="paired"」：

```
> pwr.t.test (d=0.3,power=0.80,sig.level=0.05,type="paired")
     Paired t test power calculation
          n = 89.14938
          d = 0.3
     sig.level = 0.05
       power = 0.8
   alternative = two.sided
NOTE: n is number of *pairs*
```
[說明]：效果值d=0.3、統計考驗力1-β=0.80、顯著水準α=.05，重複量數t檢定之最少樣本數N=89.15≒90位。
```
> pwr.t.test (d=0.15,power=0.80,sig.level=0.05,type="paired")
     Paired t test power calculation
          n = 350.7638
          d = 0.15
     sig.level = 0.05
       power = 0.8
```

alternative = two.sided
NOTE: n is number of *pairs*
[說明]：若研究者界定之效果值**d=0.15**、顯著水準α**=.05**，統計考驗力量數要達到
0.80，重複量數t檢定的樣本觀察值個數至少要有**350.76≒351**位以上，理想上**N**的
個數要大於**351**位以上。

使用 **plot.power.htest（）** 函數或 **plot（）** 函數繪製 **pwr.t.test（）** 函數建立的物
件，條件為配對樣本 t 檢定、效果值 d = 0.3、統計考驗力 power = 0.80、顯著水
準 α = 0.05：

```
> p.t.pair=pwr.t.test (d=0.3,power=0.80,sig.level=0.05,type="paired")
> plot.power.htest (p.t.pair)
```

從圖示中可以看出，在界定效果值 d = 0.3、統計考驗力 = 0.80、顯著水準 α
= 0.05 條件下，配對樣本 t 檢定雙尾考驗的理想樣本數 n = 90，在顯著水準與效
果值量數不變情況下，統計考驗力的大小與抽取的樣本觀察值個數有關，樣本觀
察值個數愈多，統計考驗力會愈大。

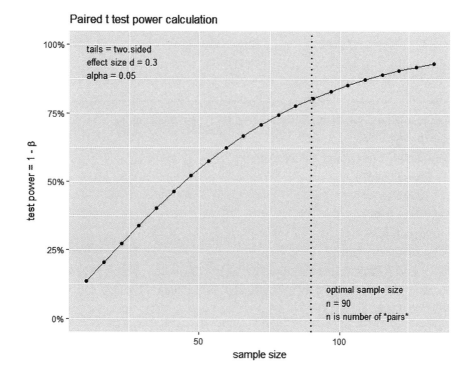

　　語法函數求出單一樣本 t 檢定之統計考驗力，效果值 d = 0.2、n = 70，顯著水準 α 分別界定為 .05、.01，引數 type 界定為「="one.sample"」：

```
> pwr.t.test (d=0.2,n=70,sig.level=0.05,type="one.sample",alternative="two.sided")
    One-sample t test power calculation
          n = 70
          d = 0.2
     sig.level = 0.05
        power = 0.3784607
    alternative = two.sided
```
[說明]：顯著水準α界定為.05時，統計考驗力1-β=0.378。
```
> pwr.t.test (d=0.2,n=70,sig.level=0.01,type="one.sample",alternative="two.sided")
    One-sample t test power calculation
          n = 70
          d = 0.2
     sig.level = 0.01
        power = 0.1729863
    alternative = two.sided
```
[說明]：顯著水準α界定為.01時，統計考驗力1-β=0.173。

　　函數 **pwr.t.test ( )** 界定效果值 d = 0.2、統計考驗力 1 – β = 0.75、顯著水準 α = 0.05、假設考驗為雙尾檢定、檢定程序為單一樣本 t 檢定。在上述條件下，最少的樣本觀察值的個數：

```
> pwr.t.test (d=0.2,power=0.75,sig.level=0.05,type="one.sample",alternative="two.
  sided")
    One-sample t test power calculation
          n = 175.4376
          d = 0.2
     sig.level = 0.05
        power = 0.75
    alternative = two.sided
```
[說明]：若研究者界定之效果值d=0.20、顯著水準α=.05，統計考驗力量數要達到**0.75**，單一樣本t檢定的樣本觀察值個數至少要有**175.44≒176位**以上，理想上N的個數要大於**176位**以上。

　　使用 **plot.power.htest ( )** 函數或 **plot ( )** 函數繪製 **pwr.t.test ( )** 函數建立的物件，條件為單一樣本 t 檢定、效果值 d = 0.2、統計考驗力 power = 0.75、顯著水

準 α = 0.05：

```
> p.t.one=pwr.t.test (d=0.2,power=0.75,sig.level=0.05,type="one.
  sample",alternative="two.sided")
> plot.power.htest (p.t.one)
```

　　從圖示中可以看出，在界定效果值 d = 0.2、統計考驗力 = 0.75、顯著水準 α
= 0.05 條件下，單一樣本 t 檢定雙尾考驗的理想樣本數 n = 176，在顯著水準與效
果值量數不變情況下，統計考驗力的大小與抽取的樣本觀察值個數有關，樣本觀
察值個數愈多，統計考驗力會愈大，樣本觀察值 n 為 100 時，統計考驗力 1-β 量
數約為 .50。

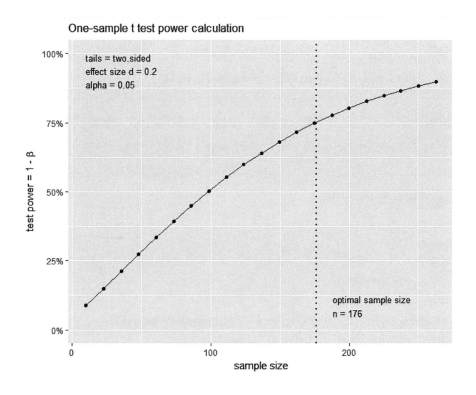

　　套件 {pwr} 函數 pwr.norm.test ( ) 計算常態分配型態下 (變異數已知) 之平均
數的統計考驗力。函數語法為：

pwr.norm.test(d = NULL, n = NULL, sig.level = 0.05, power = NULL,

alternative = c("two.sided","less","greater"))

引數 d 效果值量數 = $(\mu - \mu 0) \div$ 標準差。

函數 **pwr.norm.test ( )** 語法指令界定母體平均數為 100、標準差為 15、顯著水準 α = .05；樣本數 N = 20、樣本統計量 M = 106，在右側單尾檢定情況下，計算統計考驗力量數：

```
> sigma<-15
> c<-100
> mu<-106
> d<-(mu-c)/sigma
> pwr.norm.test (d=d,n=20,sig.level=0.05,alternative="greater")
    Mean power calculation for normal distribution with known variance
        d = 0.4
        n = 20
    sig.level = 0.05
        power = 0.5572501
    alternative = greater
[說明]：統計考驗力量數1-β=0.557、型 II 錯誤率β=0.443。
```

繪製相同檢定之統計考驗力函數，母體平均數為 100、標準差為 15、樣本統計量 M 介於 95 至 125 之間，使用函數 **seq ( )** 切割為 100 個量數、樣本觀察值個數 N = 20、顯著水準 α = .05、假設考驗為單尾右側檢定，對立假設為：mu > 100，虛無假設為 mu = 100：

```
> sigma<-15
> c<-100
> mu<-seq (95,125,l=100)
> d<- (mu-c)/sigma
> p.n<-pwr.norm.test (d=d,n=20,sig.level=0.05,alternative="greater")
> plot (d,p.n$power,type="l",ylim=c (0,1),lwd=2)
> abline (h=0.05)
> abline (h=0.80)
```

圖示之 X 軸為效果值量數、Y 軸為統計考驗力量數，效果值愈大，對應的統計考驗力也愈大。效果值愈大表示樣本統計量 M 與母群體平均數 μ 的差異量愈大，當樣本統計量 M 與母體平均數 μ 差異值愈大，正確拒絕錯誤虛無假設的機率愈高，裁決正確率就愈大。

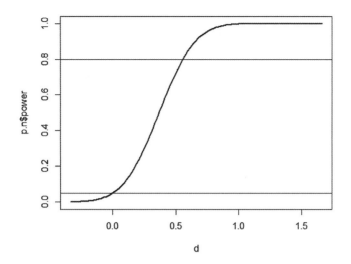

　　繪圖函數 **plot ( )** 的 Y 軸修改為 1-p.n$power，表示界定的縱軸為型 II 錯誤率 = 1 − power = 1 − (1 − β) = β：

```
> sigma<-15
> c<-100
> mu<-seq (95,125,l=100)
> d<- (mu-c)/sigma
> p.n<-pwr.norm.test (d=d,n=20,sig.level=0.05,alternative="greater")
> plot (d,1-p.n$power,type="l",ylim=c (0,1),lwd=2,ylab="Beta")
> abline (v=0.00)
> abline (h=0.80)
```

　　R 圖形裝置器繪製的圖示如下，圖形的橫軸為效果值、縱軸為型 II 錯誤率，效果值愈小，對應的型 II 錯誤率值愈大。

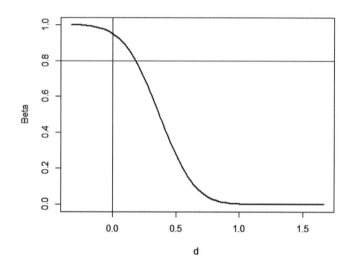

　　繪製相同檢定之統計考驗力函數，母體平均數為 100、標準差為 15、樣本統計量 M 介於 95 至 125 之間，使用函數 **seq ( )** 切割為 100 個量數、樣本觀察值個數 N= 30、顯著水準 α = .05、假設考驗為雙尾檢定，對立假設為：mu ≠ 100，虛無假設為 mu = 100：

```
> sigma<-15 #界定標準差
> c<-100   #界定母體平均數
> mu<-seq (95,125,l=100) #界定100個樣本統計量，數值介於95至125
> d<- (mu-c)/sigma #求出效果值
> p.n<-pwr.norm.test (d=d,n=30,sig.level=0.05,alternative="two.sided")
> plot (d,p.n$power,type="l",ylim=c (0,1),lwd=2.5) #繪製統計考驗力曲線
> abline (h=0.80)   #增列Y軸量數=0.80的水平線
> grid ( ) #增列格線
> points (d,1-p.n$power,type="l",lwd=2) #繪製型 II 錯誤率曲線
> text (0.7,0.7,"power",cex=1.5) #增列power文字
> text (1,0.1,"beta",cex=1.5)  #增列beta文字
```

　　R 圖形裝置器繪製的圖示中，同時繪製統計考驗力曲線與型 II 錯誤率曲線：

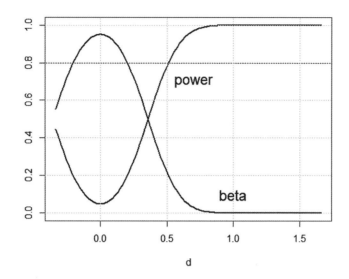

套件 **{EnvStats}** 函數 **tTestPower ( )** 可以計算單樣本或雙樣本 t-Test 的統計考驗力，函數基本語法為：

tTestPower (n.or.n1, n2 = n.or.n1, delta.over.sigma = 0, alpha = 0.05,sample. type = ifelse (!missing (n2), "two.sample", "one.sample"),alternative = "two. sided", approx = FALSE)

引數 n.or.n1 為樣本大小的數值向量，如果引數 sample.type = "one.sample"，n 為單一群組樣本觀察值個數；當 sample.type = "two.sample" 時，n.or.n1 為獨立樣本 t 檢定程序中第一個水準群組的樣本觀察值個數。

引數 n2 為第二個群組樣本大小的數值向量，內定量數的大小為 n 或 n1，界定 sample.type = "one.sample" 時，此引數可以省略。

引數 delta.over.sigma 為效果值，分子項為平均數的差異值 δ，二個樣本 t 檢定 δ = μ1 − μ2，單樣本 t 檢定 δ = μ − μ0；分母項為母群體標準差 (σ)，此量數稱為尺度差異量 (scaled difference)，內定的效果值為 0。

引數 alpha 為假設檢定型 I 錯誤率的數值向量，內定量數值 alpha = 0.05。

引數 sample.type 以文字串界定單樣本假設檢定或雙樣本假設考驗。sample. type = "one.sample" 時，根據單一樣本平均數的假設檢定計算統計考驗力；sample.type = "two.sample"，根據雙樣本平均數的假設檢定計算統計考驗力。

引數 alternative 以文字串界定雙尾檢定或單尾檢定，文字串選項有 "two. sided" (內定選項為雙尾檢定)、"greater" (大於)、"less" (小於)。

引數 approx 為邏輯選項，對於非集中 t 分配的統計考驗力計算是否採用近似估計法，內定選項為假 (不採用近似估計法)。

範例語法之雙樣本 t 檢定的群組樣本數分別為 50、100、150，顯著水準 α = 0.05、效果值為 0.45 條件下，計算雙尾檢定的統計考驗力：

```
> library (EnvStats)
> out.p=tTestPower (c (50,100,150), delta.over.sigma =0.45, alpha =0.05,sample.type =
  "two.sample")
> round (out.p,3)
[1] 0.606 0.886 0.973
[說明]：每個群組樣本數為50、100、150時，統計考驗力1-β分別為0.606、 0.886
0.973。
```

語法指令為不同效果值情況下，獨立樣本 t 檢定雙側考驗之統計考驗力情形，引數 delta.over.sigma 以數值向量界定不同的效果值，二個水準群組的樣本數均為 100：

```
> out.p=tTestPower (100,100, delta.over.sigma =c (0.10,0.30,0.50), alpha =0.05,sample.
  type = "two.sample")
> round (out.p,3)
[1] 0.108 0.560 0.940
> 1-round (out.p,3)
[1] 0.892 0.440 0.060
[說明]：效果值界定為0.10、0.30、0.50時，對應的統計考驗力1-β分別為0.108
0.560 0.940；型 II 錯誤率β為0.892、 0.440、 0.060。
```

上述數值向量可以直接使用系列函數 seq ( ) 界定：

```
> out.p1=tTestPower (100,100,delta.over.sigma=seq (0.10,0.50,by= 0.20),alpha
  =0.05,sample.type = "two.sample")
> round (out.p1,3)
[1] 0.108 0.560 0.940
> 1-round (out.p1,3)
[1] 0.892 0.440 0.060
```

語法指令之獨立樣本二個群組樣本觀察值個數分別為 50、60，檢定方向為雙尾考驗、效果值量數界定為 0.50，顯著水準 α 分別界定為 0.001、0.01、

0.05、0.1、0.15 時，t 檢定結果的統計考驗力。其中不同顯著水準量數的界定採用數值向量的型態 c (0.001, 0.01, 0.05, 0.1,0.15)：

> a.p=tTestPower (50,60,sample.type = "two.sample", delta.over.sigma = 0.5,alpha = c (0.001, 0.01, 0.05, 0.1,0.15))
> round (a.p,3)
[1] 0.228 0.498 0.735 0.829 0.877
> 1-round (a.p,3)
[1] 0.772 0.502 0.265 0.171 0.123
[說明]：顯著水準α分別界定為**0.001**、**0.01**、**0.05**、**0.1**、**0.15**時，統計考驗力**1-β**統計量數分別為**0.228**、**0.498**、**0.735**、**0.829**、**0.877**，型 **II** 錯誤率β為**0.772**、**0.502**、 **0.265**、 **0.171**、 **0.123**。相同條件情況下，顯著水準α值愈小、型 **II** 錯誤率β值愈大、對應的統計考驗力則愈低。

Chapter 11

R 軟體繪圖介面

　　R 軟體的繪圖函數包括高階繪圖函數與低階繪圖函數，高階圖形函數 (high-level graphics function) 可以開啟圖形視窗或是以新圖形視窗介面開啟，常見的高階繪圖函數如 **hist ( )** (繪製直方圖)、**curve ( )** (繪製曲線圖)、**pie ( )** (繪製圓餅圖)、**boxplot ( )** (繪製盒鬚圖)、**barplot ( )** (繪製長條圖)、**plot ( )** (通用繪圖函數)。

　　低階圖形函數 (lower-level graphics function) 必須增列在高階圖形函數視窗中，它無法啟動新的圖形視窗，只能在現有圖形視窗中增列內容，圖形裝置器視窗必須先以高階繪圖函數開啟繪圖視窗介面，之後才能增列繪製低階繪圖函數的功能，低階繪圖函數如點、線、文字，此類型繪圖函數如 **text ( )** (增列文字)、**lines ( )** (增列線段)、**points ( )** (增列點圖例)、**abline ( )** (增列直線)、**segments ( )** (增列線段)、**polygon ( )** (增列多邊形)。使用函數 **par ( )** 可以查詢高階繪圖函數引數的設定：

```
> par ( )
$xlog
[1] FALSE

$ylog
[1] FALSE

$adj
[1] 0.5

$ann
[1] TRUE

$ask
[1] FALSE

$bg
[1] "transparent"
[說明]：圖形的背景顏色。
$bty
[1] "o"

$cex
[1] 1
```

[說明]：文字的大小，參數值愈大，文字愈大。

$cex.axis

[1] 1

[說明]：軸標記符號的大小。

$cex.lab

[1] 1

[說明]：軸標記文字的大小。

$cex.main

[1] 1.2

[說明]：圖標題文字的大小。

$cex.sub

[1] 1

[說明]：圖次標題文字的大小。

$cin

[1] 0.15 0.20

$col

[1] "black"

[說明]：線、內部或資料符號的顏色，內定顏色為黑色。

$col.axis

[1] "black"

[說明]：軸文字符號的顏色，內定顏色為黑色。

$col.lab

[1] "black"

[說明]：軸標記註解文字的顏色，內定顏色為黑色。

$col.main

[1] "black"

[說明]：軸主要標題文字的顏色，內定顏色為黑色。

$col.sub

[1] "black"

[說明]：軸次要標題文字的顏色，內定顏色為黑色。

$cra

[1] 14.4 19.2

$crt

[1] 0

$csi

[1] 0.2

$cxy

[1] 0.03664496 0.05742315

```
$din
[1] 5.333332 5.322916

$err
[1] 0

$family
[1] ""

$fg
[1] "black"
```
[說明]：前景的顏色。
```
$fig
[1] 0 1 0 1

$fin
[1] 5.333332 5.322916

$font
[1] 1
```
[說明]：文字的字型格式(粗體、斜體、粗斜體)。
```
$font.axis
[1] 1
```
[說明]：軸上數值的字型格式(粗體、斜體、粗斜體)。
```
$font.lab
[1] 1
```
[說明]：軸標記文字的字型格式(粗體、斜體、粗斜體)。
```
$font.main
[1] 2
```
[說明]：圖主要標題的字型格式(粗體、斜體、粗斜體)。
```
$font.sub
[1] 1
```
[說明]：圖次要標題的字型格式(粗體、斜體、粗斜體)。
```
$lab
[1] 5 5 7

$las
[1] 0

$lend
[1] "round"
```

```
$lheight
[1] 1

$ljoin
[1] "round"

$lmitre
[1] 10

$lty
[1] "solid"
```
[說明]：線條的樣式，實線或虛線，實線的參數值為1。
```
$lwd
[1] 1
```
[說明]：線條的寬度，數值愈大，線條愈寬。
```
$mai
[1] 1.02 0.82 0.82 0.42

$mar
[1] 5.1 4.1 4.1 2.1

$mex
[1] 1

$mfcol
[1] 1 1

$mfg
[1] 1 1 1 1

$mfrow
[1] 1 1
```
[說明]：圖形視窗的分割，先列後行。
```
$mgp
[1] 3 1 0

$mkh
[1] 0.001

$new
[1] FALSE
```

```
$oma
[1] 0 0 0 0

$omd
[1] 0 1 0 1

$omi
[1] 0 0 0 0

$page
[1] TRUE

$pch
[1] 1
```
[說明]：圖例符號的型態，共有26種。
```
$pin
[1] 4.093332 3.482916

$plt
[1] 0.1537500 0.9212500 0.1916243 0.8459491

$ps
[1] 12

$pty
[1] "m"

$smo
[1] 1

$srt
[1] 0

$tck
[1] NA

$tcl
[1] -0.5

$usr
[1] 0 1 0 1
```

```
$xaxp
[1] 0 1 5

$xaxs
[1] "r"

$xaxt
[1] "s"
```
[說明]：X軸的型態(標準或空白)。
```
$xpd
[1] FALSE

$yaxp
[1] 0 1 5

$yaxs
[1] "r"

$yaxt
[1] "s"
```
[說明]：Y軸的型態(標準或空白)
```
$ylbias
[1] 0.2
```

壹、繪圖視窗介面設定

R 主控臺輸入「?par」可以開啟低階圖形設定的參數：

```
> ?par
starting httpd help server ... done
```

圖形設定參數瀏覽器的介面視窗如下，文件中的「圖形參數」(Graphical Parameters) 選項對於圖形中的引數有詳細說明：

以新視窗查看網頁文件內容，瀏覽器標題為「R: Set or Query Graphical Parameters」：

R: Set or Query Graphical Parameters   — □ >

par {graphics}   R Documentation

Set or Query Graphical Parameters

Description

par can be used to set or query graphical parameters. Parameters can be set by specifying them as arguments to par in tag = value form, or by passing them as a list of tagged values.

Usage

par(..., no.readonly = FALSE)

<highlevel plot> (..., <tag> = <value>)

Arguments

...	arguments in tag = value form, or a list of tagged values. The tags must come from the names of graphical parameters described in the 'Graphical Parameters' section.
no.readonly	logical; if TRUE and there are no other arguments, only parameters are returned which can be set by a subsequent par() call *on the same device*.

網頁文件部分內容如下：

---

par {graphics} R Documentation

Set or Query Graphical Parameters

Description

par can be used to set or query graphical parameters. Parameters can be set by specifying them as arguments to par in tag = value form, or by passing them as a list of tagged values.

Usage

par (..., no.readonly = FALSE)

<highlevel plot> (..., <tag> = <value>)

Arguments (引數)

<略>

Details (詳細説明)

<略>

Graphical Parameters (圖形參數，只擷取部分常見引數)

adj

    The value of adj determines the way in which text strings are justified in text, mtext and title.

bg

    The color to be used for the background of the device region.

cex

    A numerical value giving the amount by which plotting text and symbols should be magnified relative to the default.

cex.axis

    The magnification to be used for axis annotation relative to the current setting of

---

cex.

cex.lab

The magnification to be used for x and y labels relative to the current setting of cex.

cex.main

The magnification to be used for main titles relative to the current setting of cex.

cex.sub

The magnification to be used for sub-titles relative to the current setting of cex.

col

A specification for the default plotting color. See section 'Color Specification'. Some functions such as lines and text accept a vector of values which are recycled and may be interpreted slightly differently.

col.axis

The color to be used for axis annotation. Defaults to "black".

col.lab

The color to be used for x and y labels. Defaults to "black".

col.main

The color to be used for plot main titles. Defaults to "black".

col.sub

The color to be used for plot sub-titles. Defaults to "black".

fg

The color to be used for the foreground of plots..

font

An integer which specifies which font to use for text. If possible, device drivers arrange so that 1 corresponds to plain text (the default), 2 to bold face, 3 to italic and 4 to bold italic.

font.axis

The font to be used for axis annotation.

font.lab

The font to be used for x and y labels.

font.main

The font to be used for plot main titles.

font.sub

The font to be used for plot sub-titles.

las

numeric in {0,1,2,3}; the style of axis labels.

0:always parallel to the axis [*default*],

1:always horizontal,

2:always perpendicular to the axis,

3:always vertical.

lend

The line end style. This can be specified as an integer or string:

0

and "round" mean rounded line caps [*default*];

1

and "butt" mean butt line caps;

2

and "square" mean square line caps.

lty

The line type. Line types can either be specified as an integer (0=blank, 1=solid (default), 2=dashed, 3=dotted, 4=dotdash, 5=longdash, 6=twodash) or as one of the character strings "blank", "solid", "dashed", "dotted", "dotdash", "longdash", or "twodash", where "blank" uses 'invisible lines' (i.e., does not draw them).

lwd

The line width, a positive number, defaulting to 1.

mai

A numerical vector of the form c (bottom, left, top, right) which gives the margin size specified in inches.

mar

A numerical vector of the form c (bottom, left, top, right) which gives the number of lines of margin to be specified on the four sides of the plot. The default is c (5, 4, 4, 2) + 0.1.

　　引數 mai 與 mar 用以設定圖形與繪圖螢幕視窗間的間距大小，四個參數分別為離底部、離左邊、離頂端、離右邊的寬度，引數 mai 的參數值為英吋、mar 的參數值為文字行的數目。數值向量的內定的參數值為 c (5, 4, 4, 2) + 0.1 (與底部、左邊、頂端、右邊的距離)。引數 mfcol、mfrow 界定一頁繪圖視窗可以呈現多少個圖形、引數 new 界定圖形以新的圖形視窗介面開始、引數 moi、oma 界定極端值邊緣的大小，其單位分別為英吋、文字的行數，數值向量為 c (底部, 左邊, 頂端, 右邊)、引數 omd 界定標準化內在區域的大小、引數 pty 界定圖形區域的型態，參數值 s 為方形繪圖區域、參數值 m 為最大繪圖區域。

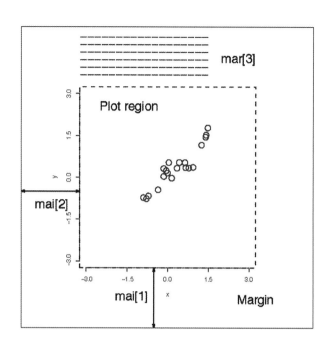

使用引數 mfrow 界定繪圖區為 3 列 2 行，圖形繪製的順序為先橫列後直行，R 編輯器視窗的語法指令為：

```
[1] dev.n = par (mfrow = c (3, 2), pty = "m",mai=c (0.1,0.1,0.1,0.1))
[2] for (i in c (1:6)) {
[3]  plot (1,1,type="n",xaxt="n",yaxt="n",xlab="",ylab="")
[4]  text (1,1,i,cex=5)
[5] }
[6] par (dev.n)
```

第一列以函數 **par ( )** 界定繪圖視窗的格式，引數 mfrow 界定為「= c (3, 2)」，表示圖形裝置器分割為 3 × 2 個視窗，各繪圖區與邊緣間距的寬度 (距離低部、左邊、頂端、右邊) 分別為 0.1、0.1、0.1、0.1。

第二列至第五列為迴圈，迴圈的數值從 1 至 6。

第三列使用函數 **plot ( )** 繪製空白圖形框。

第四列以低階繪圖函數 **text ( )** 在各繪圖區增列數值 i，文字座標處的位置為 (1,1)，引數 cex 界定文字的大小。

第六列語法函數還原繪圖區域為 1 × 1 個視窗 (單一繪圖區)。

R 主控臺執行 R 編輯器指令之語法如下：

```
> dev.n = par (mfrow = c (3, 2), pty = "m",mai=c (0.1,0.1,0.1,0.1))
> for (i in c (1:6)){
+ plot (1,1,type="n",xaxt="n",yaxt="n",xlab="",ylab="")
+ text (1,1,i,cex=5)
+ }
> par (dev.n)
```

　　繪圖區的圖形排列順序為先橫列後直行，第一個圖形繪製於編號 1 的圖形視窗、第二個圖形繪製於編號 2 的圖形視窗、第三個圖形繪製於編號 3 的圖形視窗、第四個圖形繪製於編號 4 的圖形視窗、第五個圖形繪製於編號 5 的圖形視窗、第六個圖形繪製於編號 6 的圖形視窗，六個圖形視窗各自獨立，好像是六張圖畫紙，各張圖畫紙均可繪製不同的圖案。

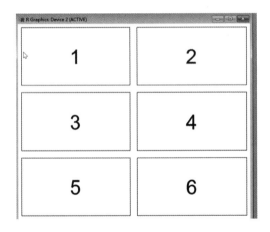

　　使用引數 mfrow 界定繪圖區為 3 列 2 行，圖形繪製的順序為先橫列後直行，原 R 編輯器語法指令第四列之文字以 **paste ( )** 函數將「第」、數值變項 i、「張」串聯成文字變項，作為第五列引數 labels 的文字變項參數，文字顏色以數值 i 界定 (col = i)。R 命令稿語法指令如下：

```
1 dev.n = par(mfrow = c(3, 2), pty = "m",mai=c(0.1,0.1,0.1,0.1))
2 for (i in c(1:6)) {
3   plot(1,1,type="n",xaxt="n",yaxt="n",xlab="",ylab="")
4   text.t=paste("第",i,"張")
5   text(1,1,labels=text.t,cex=6,col=i)
6 }
7 par(dev.n)
```

R 命令稿語法指令執行結果顯示在主控臺視窗的函數語法如下：

```
> dev.n = par(mfrow = c (3, 2), pty = "m",mai=c (0.1,0.1,0.1,0.1))
> for (i in c (1:6)) {
+ plo t(1,1,type="n",xaxt="n",yaxt="n",xlab="",ylab="")
+ text.t=paste ("第",i,"張")
+ text (1,1,labels=text.t,cex=6,col=i)
+ }
> pa r(dev.n)
```

R主控臺執行結果繪製的圖形為：

使用引數 mfcol 界定繪圖區為 3 列 2 行，圖形繪製的順序為先直行後橫列，函數 **windows ( )** 界定以新的圖形裝置器 (圖形視窗) 繪製圖形，R 命令稿語法指令如下：

```
1  windows()
2  dev.n = par(mfcol = c(3, 2), pty = "m",mai=c(0.1,0.1,0.1,0.1))
3  for (i in c(1:6)) {
4    plot(1,1,type="n",xaxt="n",yaxt="n",xlab="",ylab="")
5    text.t=paste("第",i,"張")
6    text(1,1,labels=text.t,cex=6,col=i)
7  }
8  par(dev.n)
```

R 命令稿語法指令執行結果顯示在主控臺視窗的函數語法如下：

```
> windows ( )
> dev.n = par (mfcol = c (3, 2), pty = "m",mai=c (0.1,0.1,0.1,0.1))
> for (i in c (1:6)) {
+ plot (1,1,type="n",xaxt="n",yaxt="n",xlab="",ylab="")
+ text.t=paste ("第",i,"張")
+ text (1,1,labels=text.t,cex=6,col=i)
+ }
> par (dev.n)
```

R主控臺執行結果繪製的圖形如下：

範例語法指令開啟新視窗繪製四個子視窗圖形區域：

```
> windows ( )
> dev.n = par(mfcol = c (2, 2), pty = "m",mai=c (0.1,0.1,0.1,0.1))
> for (i in c (1:4)) {
+   plo t(1,1,type="n",xaxt="n",yaxt="n",xlab="",ylab="")
+   text.t=paste ("第",i,"個繪圖區")
+   text (1,1,labels=text.t,cex=3,col=i)
+ }
> par (dev.n)
```

R 圖形裝置器分割的四個圖形區域如下：

　　R 圖形裝置器視窗介面「R Graphics: Device 5 (ACTIVE)」，上述視窗標題為「R Graphics: Device 4 (ACTIVE)」，「Device X」序號為函數 **windows ( )** 的功能，每執行一次，會開啟一個圖形裝置器新視窗。視窗有三個功能列，依序為「檔案」、「命令歷程」、「重設大小」，「檔案」功能列之「另存為」選項可以將繪製圖形以不同圖檔類型儲存，整合開發環境視窗介面提供的檔案類型包括「Metafile」、「Postscript」、「PDF」、「Png」、「Bmp」、「TIFF」、「Jpeg」等。「重設大小」功能列的選單包括「R 模式」、「適合視窗大小」與「固定的大小」等，功能在於界定繪圖視窗的大小。

　　範例語法指令繪製四個不同圖形於四個不同繪圖區，圖形區 1 繪製簡單散佈圖 (散佈圖 1)、圖形區 2 繪製線性散佈圖 (散佈圖 2)、圖形區 3 繪製計量變數 xval 的直方圖、圖形區 4 繪製計量變數 yval 的 QQ 圖，四個圖形同時輸出一個圖形裝置器視窗：

```
> windows ( )
> dev.n = par (mfcol = c (2, 2), pty = "m",mai=c (0.4,0.4,0.2,0.2))> set.seed (100) #設定
   隨機亂數的種子數
> xval=round (runif (50)*100,0)    # 隨機產製50個1至100的數值
> set.seed (200) #設定隨機亂數的種子
> yval=round (runif (50)*100,0)  # 隨機產製50個1至100的數值
> plot (xval,yval,main="散佈圖1",xaxt="n") # 圖形區1之散佈圖
> plot (xval,yval,main="散佈圖2",type="o") # 圖形區2之散佈圖
> hist (xval,main="直方圖",xaxt="n") # 圖形區3之直方圖
> qqnorm (yval,main="QQ圖",xaxt="n") # 圖形區4之QQ圖
> par (dev.n)
```

R 圖形裝置器視窗輸出的圖形如下：

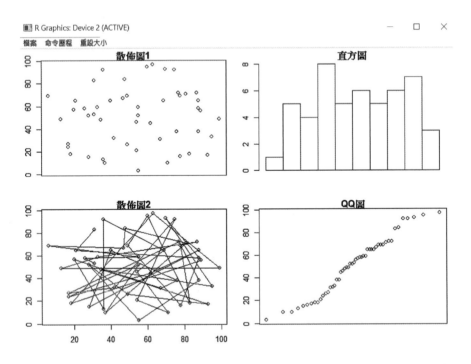

使用函數 **par ( )** 引數 mfrow、mfcol 分割的小圖形視窗大小均一樣，使用函數 **layout ( )** 可以設定不同大小圖形區域的分割視窗，函數 **layout ( )** 的基本語法為：

layout (mat, widths = rep.int (1, ncol (mat)),

heights = rep.int (1, nrow (mat)), respect = FALSE)

引數 mat 界定 N 個輸出圖形的矩陣物件，矩陣的每個數值為 0 或是正整數。

引數 widths 界定圖形裝置器行的寬度，相對寬度的參數值必須為數值，各繪圖區域寬度的比值。

引數 heights 界定圖形裝置器行的高度，界定數參數為相對與絕對的數值，各繪圖區域高度的比值。引數 widths 與引數 heights 的基準原點在圖形裝置器的左下角。

引數 respect 為邏輯選項，為邏輯數值或矩陣物件，若為矩陣物件，矩陣的每個數值有相同的向度，選項為真，表示圖形的橫軸與縱軸的長度單位一致。

範例使用 **function ( )** 函數界定一個自訂函數，自訂函數名稱為 myp (數值)，若數值變數為 2，繪製二個不同圖形，數值變數為 3，繪製三個不同圖形，R 編輯器語法指令為：

```
1  myp= function (n)  {
2  for (i in c (1:n)) {
3  plot (1,1,type="n",xaxt="n",yaxt="n",xlab="",ylab="")
4  text.t=paste ("第",i,"張")
5  text (1,1,labels=text.t,cex=4,col=i)
6  }
7  }
```

R 編輯器第二個語法指令界定矩陣為二列二行，矩陣四個元素分別為 1、1 (第一橫列)、2、3 (第二橫列)，使用函數 **layout ( )** 界定不對稱的三張圖形：

```
8   par (pty = "m",mai=c(0.1,0.1,0.1,0.1))
9   mat.n=matrix (c (1,2,1,3), 2, 2, byrow = F)
10  layout (mat.n)
11  myp (3)
```

R 主控臺執行 R 編輯器語法指令列的介面如下：

```
> myp= function (n)  {
+ for (i in c (1:n)) {
+ plot (1,1,type="n",xaxt="n",yaxt="n",xlab="",ylab="")
+ text.t=paste ("第",i,"張")
+ text (1,1,labels=text.t,cex=4,col=i)
```

```
+ }
+ }
> par (pty = "m",mai=c (0.1,0.1,0.1,0.1))
> mat.n=matrix (c (1,2,1,3), 2, 2, byrow = F)
> layout (mat.n)
> myp (3)
```

矩陣 mat.n 的型態為為二橫行二直行，第一橫列二個元素均為 1，表示第一
橫列為同一個繪圖視窗，函數 **layout ( )** 沒有界定 heights、weights 引數，表示各
區域之高度列與行比例、寬度列與行比例相同。

```
> mat.n
      [,1]    [,2]
[1,]    1      1
[2,]    2      3
```
[說明]：矩陣座標**(1,1)**、**(1,2)**的數值均為**1**，表示二個座標區域同為第**1**張圖形區；
座標**(2,1)**的元素數值為**2**，座標區域為第**2**張圖形區；座標**(2,2)**的元素數值為**3**，座
標區域為第**3**張圖形區。

R 主控臺執行結果之繪圖視窗分割如下，第一張圖占的區域為原先第一橫列
第一直行、第一橫列第二直行的區域：

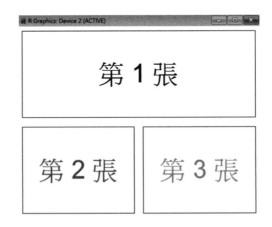

範例矩陣四個元素中，第一橫列分別為 1、2，第二橫列分別為 1、3，第一
直行為二個橫列區域合併為一個繪圖視窗：

```
> par (pty = "m",mai=c (0.1,0.1,0.1,0.1))
> mat.n=matrix (c (1,2,1,3), 2, 2, byrow = T)
> layout (mat.n)
> myp (3)
> mat.n
      [,1]    [,2]
[1,]    1      2
[2,]    1      3
```

[說明]：矩陣座標**(1,1)**、**(2,1)**的數值均為**1**，表示二個座標區域同為第**1**張圖形區；座標**(1,2)**的元素數值為**2**，座標區域為第**2**張圖形區；座標**(2,2)**的元素數值為**3**，座標區域為第**3**張圖形區。

　　R 主控臺執行結果之繪圖視窗分割如下，第一張圖占的區域為原先第一橫列第一直行、第二橫列第一直行的區域：

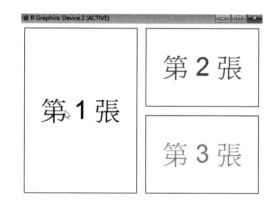

　　範例矩陣 mat.n 的型態為二橫行二直行，第一橫列二個元素均為 1，表示第一橫列為同一個繪圖視窗。函數 **layout ( )** 中的引數 widths 數值向量界定為「c (2,1)」，界定各區域中寬度的比值為 2：1，第一直行寬度為第二直行寬度的二倍；引數 heights 數值向量界定為「c (2,1)」，界定各區域中高度的比值為 2：1，第一橫列高度為第二橫列高度的二倍。

```
> par (pty = "m",mai=c (0.1,0.1,0.1,0.1))
> mat.n=matrix (c (1,2,1,3), 2, 2, byrow = F)
> layout(mat.n,widths=c (2,1),heights=c (2,1))
> myp (3)
```

　　R 主控臺執行結果之繪圖視窗分割如下：

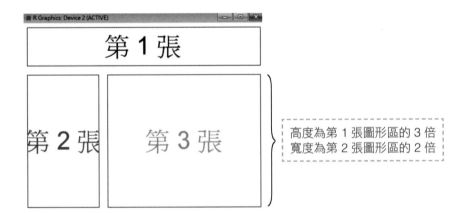

範例函數 **layout ( )** 中的引數 widths 數值向量界定為「c (1,2)」，表示各區域中寬度的比值為 1：2，第 1 直行寬度為第 2 直行寬度的二分之一倍；引數 heights 數值向量界定為「c (1,3)」，各區域中高度的比值為 1：3，第一橫列的高度為第 2 橫列高度的三分之一倍。

```
> par(pty = "m",mai=c (0.1,0.1,0.1,0.1))
> mat.n=matrix (c (1,2,1,3), 2, 2, byrow = F)
> layout (mat.n,widths=c (1,2),heights=c (1,3))
> myp (3)
```

R 主控臺執行結果之繪圖視窗分割如下：

範例四個元素為 2 (第 1 橫列第 1 直行)、0 (第 1 橫列第 2 直行)、1 (第 2 橫列第 1 直行)、3 (第 2 橫列第 2 直行)，右上角的元素 0 表示繪圖區域為空白，第 1 直行的寬度為第 2 直行的 2 倍，第 2 橫列的高度為第 1 橫列的 3 倍。

```
> par (pty = "m",mai=c (0.1,0.1,0.1,0.1))
> mat.n=matrix (c (2,1,0,3), 2, 2, byrow = F)
> layout (mat.n,widths=c (2,1),heights=c (1,3))
> myp (3)
```

R主控臺執行結果之繪圖視窗分割如下：

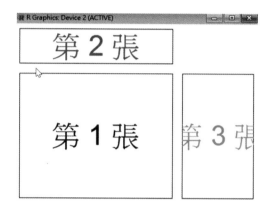

範例中，以函數 **set.seed** ( ) 產生亂數種子，數值變項 xval 有 50 個、數值變項 yval 有 50 個，分別繪製二個數值變項的散佈圖、數值變項 xval 的散佈圖、數值變項 yval 的 QQ 圖，三種不同的圖形位於同一個繪圖視窗中：

```
> par (pty = "m",mai=c (0.5,0.5,0.5,0.5))
> mat.n=matrix (c (1,2,1,3), 2, 2, byrow = F)
> layout (mat.n)
> set.seed (100)
> xval=round (runif (50)*100,0)
> set.seed (200)
> yval=round (runif (50)*100,0)
> plot (xval,yval,main="散佈圖",xaxt="n")
> hist (xval,main="直方圖",xaxt="n")
> qqnorm (yval,main="QQ圖",xaxt="n")
```

R 圖形裝置器繪製的圖形如下，上面第一個為散佈圖、左下方為直方圖、右下方為 QQ 圖：

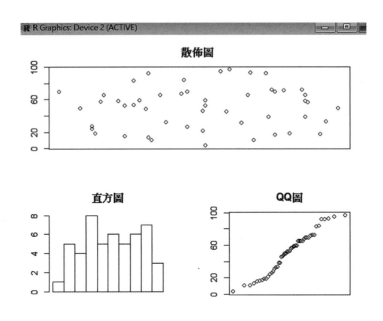

貳、物件顏色界定

　　主控臺中輸入函數 **colors ( )**，可以查詢線條、軸標記或背景顏色的顏色英文全名，適用的引數為 col、fg、bg，引數後面直接界定文字向量，如「col= c ("blue","black", "brown")：

```
> colors ( )
  [1] "white"            "aliceblue"         "antiquewhite"
  [4] "antiquewhite1"    "antiquewhite2"     "antiquewhite3"
        <略>
 [31] "blueviolet"       "brown"             "brown1"
 [34] "brown2"           "brown3"            "brown4"
 [37] "burlywood"        "burlywood1"        "burlywood2"
 [40] "burlywood3"       "burlywood4"        "cadetblue"
 [43] "cadetblue1"       "cadetblue2"        "cadetblue3"
 [46] "cadetblue4"       "chartreuse"        "chartreuse1"
 [49] "chartreuse2"      "chartreuse3"       "chartreuse4"
 [52] "chocolate"        "chocolate1"        "chocolate2"
 [55] "chocolate3"       "chocolate4"        "coral"
 [58] "coral1"           "coral2"            "coral3"
 [61] "coral4"           "cornflowerblue"    "cornsilk"
 [64] "cornsilk1"        "cornsilk2"         "cornsilk3"
```

[67] "cornsilk4"	"cyan"	"cyan1"
[70] "cyan2"	"cyan3"	"cyan4"
[73] "darkblue"	"darkcyan"	"darkgoldenrod"
[76] "darkgoldenrod1"	"darkgoldenrod2"	"darkgoldenrod3"
[79] "darkgoldenrod4"	"darkgray"	"darkgreen"
[82] "darkgrey"	"darkkhaki"	"darkmagenta"
[85] "darkolivegreen"	"darkolivegreen1"	"darkolivegreen2"
[88] "darkolivegreen3"	"darkolivegreen4"	"darkorange"
<略>		
[250] "gray97"	"gray98"	"gray99"
[253] "gray100"	"green"	"green1"
[256] "green2"	"green3"	"green4"
[259] "greenyellow"	"grey"	"grey0"
[262] "grey1"	"grey2"	"grey3"
[265] "grey4"	"grey5"	"grey6"
<略>		
[358] "grey97"	"grey98"	"grey99"
[361] "grey100"	"honeydew"	"honeydew1"
[364] "honeydew2"	"honeydew3"	"honeydew4"
[367] "hotpink"	"hotpink1"	"hotpink2"
[370] "hotpink3"	"hotpink4"	"indianred"
[373] "indianred1"	"indianred2"	"indianred3"
[376] "indianred4"	"ivory"	"ivory1"
[379] "ivory2"	"ivory3"	"ivory4"
[382] "khaki"	"khaki1"	"khaki2"
[385] "khaki3"	"khaki4"	"lavender"
[388] "lavenderblush"	"lavenderblush1"	"lavenderblush2"
[391] "lavenderblush3"	"lavenderblush4"	"lawngreen"
[394] "lemonchiffon"	"lemonchiffon1"	"lemonchiffon2"
[397] "lemonchiffon3"	"lemonchiffon4"	"lightblue"
[400] "lightblue1"	"lightblue2"	"lightblue3"
[403] "lightblue4"	"lightcoral"	"lightcyan"
[406] "lightcyan1"	"lightcyan2"	"lightcyan3"
[409] "lightcyan4"	"lightgoldenrod"	"lightgoldenrod1"
[412] "lightgoldenrod2"	"lightgoldenrod3"	"lightgoldenrod4"
[415] "lightgoldenrodyellow"	"lightgray"	"lightgreen"
[418] "lightgrey"	"lightpink"	"lightpink1"
<略>		
[448] "limegreen"	"linen"	"magenta"
[451] "magenta1"	"magenta2"	"magenta3"
[454] "magenta4"	"maroon"	"maroon1"

[457] "maroon2"	"maroon3"	"maroon4"
[460] "mediumaquamarine"	"mediumblue"	"mediumorchid"
[463] "mediumorchid1"	"mediumorchid2"	"mediumorchid3"
[466] "mediumorchid4"	"mediumpurple"	"mediumpurple1"
[469] "mediumpurple2"	"mediumpurple3"	"mediumpurple4"
[472] "mediumseagreen"	"mediumslateblue"	"mediumspringgreen"
[475] "mediumturquoise"	"mediumvioletred"	"midnightblue"
[478] "mintcream"	"mistyrose"	"mistyrose1"
[481] "mistyrose2"	"mistyrose3"	"mistyrose4"
[484] "moccasin"	"navajowhite"	"navajowhite1"
[487] "navajowhite2"	"navajowhite3"	"navajowhite4"
[490] "navy"	"navyblue"	"oldlace"
[493] "olivedrab"	"olivedrab1"	"olivedrab2"
<略>		
[526] "palevioletred2"	"palevioletred3"	"palevioletred4"
[529] "papayawhip"	"peachpuff"	"peachpuff1"
[532] "peachpuff2"	"peachpuff3"	"peachpuff4"
[535] "peru"	"pink"	"pink1"
[538] "pink2"	"pink3"	"pink4"
[541] "plum"	"plum1"	"plum2"
[544] "plum3"	"plum4"	"powderblue"
[547] "purple"	"purple1"	"purple2"
[550] "purple3"	"purple4"	"red"
[553] "red1"	"red2"	"red3"
[556] "red4"	"rosybrown"	"rosybrown1"
<略>		
[631] "tomato1"	"tomato2"	"tomato3"
[634] "tomato4"	"turquoise"	"turquoise1"
[637] "turquoise2"	"turquoise3"	"turquoise4"
[640] "violet"	"violetred"	"violetred1"
[643] "violetred2"	"violetred3"	"violetred4"
[646] "wheat"	"wheat1"	"wheat2"
[649] "wheat3"	"wheat4"	"whitesmoke"
[652] "yellow"	"yellow1"	"yellow2"
[655] "yellow3"	"yellow4"	"yellowgreen"

　　使用函數 **col2rgb ( )** 可以求出各顏色在基本色紅、綠、藍的色彩數值，各數值介於 0 至 255 之間。

```
> col2rgb ("red")
        [,1]
red     255
green     0
blue      0
> col2rgb ("black")
        [,1]
red       0
green     0
blue      0
> col2rgb ("brown")
        [,1]
red     165
green    42
blue     42
> col2rgb ("skyblue")
        [,1]
red     135
green   206
blue    235
```

　　使用 **rgb ( )** 函數將函數 **col2rgb ( )** 求出的紅、綠、藍的色彩數值除以 255，求出的數值為色彩的 16 進位碼，以 16 進位碼也可以作為 col 引數的參數值：

```
> rgb (165/255,42/255,42/255)
[1] "#A52A2A"
> col.n=col2rgb ("brown")/255
> rgb (col.n[[1]],col.n[[2]],col.n[[3]])
[1] "#A52A2A"
```

　　16 進位碼 "#A52A2A" 表示的色彩顏色為棕色 (brown)、16 進位碼 "#0000FF" 表示的色彩顏色為藍色 (blue)。

　　函數 **col2rgb ( )** 輸出的結果物件為列表，若要分別求出列表元素要配合使用 [[i]] 語法：顏色名稱「skyblue」的 16 進位碼為 "#87CEEB"，基本色紅、綠、藍的色彩數值分別為 135、206、235，各色彩數值除以 255，為色彩對應的 16 進位碼，三個色彩數值各占二位：

```
> col2rgb ("skyblue")
          [,1]
red       135
green     206
blue      235
> col.n=col2rgb ("skyblue")/255
> col.n
              [,1]
red       0.5294118
green     0.8078431
blue      0.9215686
> str (col.n)
 num [1:3, 1] 0.529 0.808 0.922
 - attr (*, "dimnames")=List of 2
  ..$ : chr [1:3] "red" "green" "blue"
  ..$ : NULL
> rgb (col.n[[1]],col.n[[2]],col.n[[3]])
[1] "#87CEEB"
```

範例第三列顏色名稱變項採用16進位碼的文字向量：

```
> xval=c (1,5)
> yval=rep (1,2)
> col.n=c ("#A52A2A","#0000FF")
> plot (xval,yval,col=col.n,pch=16,cex=10,xlim=c (0,7),font=2)
> text (xval,yval+0.2,paste (col.n),font=4)
```

16 進位碼 "#A52A2A" 的色彩為棕色、"#0000FF" 的色彩為藍色，R 繪圖裝置器繪製圖形如下：

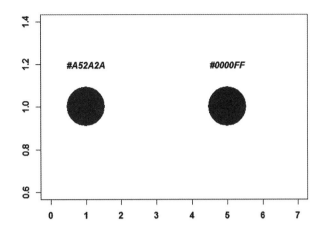

範例第三列顏色名稱變項直接輸入顏色完整的英文名稱之文字向量，二種方法所表示的圖例顏色是相同的：

```
> xval=c (1,5)
> yval=rep (1,2)
> col.n=c ("brown","blue")
> plot (xval,yval,col=col.n,pch=15,cex=10,xlim=c (0,7),font=2)
> text (xval,yval+0.2,paste (col.n),font=4)
```

R 繪圖裝置器繪製圖形如下，函數 **plot ( )** 之引數 pch 參數值等於 15，圖例符號為實心方形，引數 font 參數值「=2」，表示圖的字形為粗體，函數 **text ( )** 的引數 font 參數值「=4」，表示圖中的文字字形為粗斜體 (引數參數值等於 3 為粗斜體)：

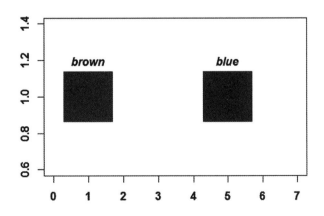

繪製 7 種不同圖例顏色的主控臺語法如下：

```
> xval=c (1:7)
> yval=rep (1,7)
> col.c=c ("orange","brown","navy","red","black","blue","green")
> plot (xval,yval,col=col.c,pch=15, cex=6,xlim=c (0,8))
> text (xval,yval+0.2,labels=col.c,cex=1.5)
```

第 1 列以數值向量界定變項 xval 的數值為 1 至 7；第 2 列以函數 **rep ( )** 界定變項 yval 為 7 個數值 1；第 3 列以文字向量界定七種顏色；第 4 列以繪圖函數 **plot ( )** 繪製 7 個相同縱軸 (Y 軸均為 1)、不同橫軸 (X 軸為 1、2、3、4、5、6、7) 的圖例，引數 pch 的參數值 15，表示繪製的圖例符號為實心方形；引數 cex 界定方形的大小；引數 xlim 的參數值界定 X 軸的數值從 0 至 8。第 5 列以低階繪圖函數 **text ( )** 輸出顏色的文字名稱內容。

R 圖形裝置器繪製的圖形如下：

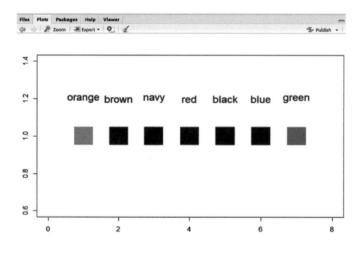

繪圖視窗中的顏色除以顏色英文名稱或其 16 進位碼界定外，也可以直接使用顏色對應的數值界定。範例 R 主控臺視窗中，界定數值變項 xval 為 1 至 15，數值變項 yval 使用函數 **rep ( )** 界定 15 個 1，文字顏色直接以數值表示，數值內容為 1 至 15：

```
> xval=c (1:15)
> yval=rep (1,15)
```

```
> col.c=c (1:15)
> plot (xval,yval,col=col.c,pch=16, cex=6,xlim=c (0,16))
> text (xval,yval+0.2,labels=col.c,cex=1.5)
```

R 主控臺執行結果如下，色彩引數 col 的參數值 1 至 8 的顏色不同，1 為黑色、2 為紅色、3 為綠色、4 為藍色、5 為青色、6 為紫色、7 為黃色、8 為灰色；參數值 9 開始起的顏色重複參數值 1 至 8 的顏色，如 9 為黑色、10 為紅色、11 為綠色、12 為藍色、13 為青色、14 為紫色、15 為黃色等 (如果色彩數值有小數點，繪圖時顏色參數無條件捨去至整數位，如「col = 2.4」、或「col = 2.9」，繪製的色彩均為紅色，引數 col 的參數值均等於 2。

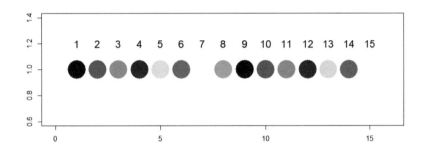

內掛圖形裝置 {grDevices} 套件中的函數可以進一步設定顏色調色板 (color palettes)，繪製連續 n 個顏色向量的圖示，相關函數語法：

rainbow (n,alpha = 1)

heat.colors (n, alpha = 1)

terrain.colors (n, alpha = 1)

topo.colors (n, alpha = 1)

cm.colors (n, alpha = 1)

引數 alpha 的數值介於 [0, 1]，界定顏色的透明度，數值 0 為透明，數值 1 為不透明，數值愈接近 0，顏色愈淡。

語法指令之引數 n 界定為 15，繪製不同連續顏色的圓餅圖：

```
> dev.n = par (mfcol = c (2, 2),pty = "m",mai=c (0.3,0.3,0.1,0.1))
> n=15
> pie (rep (1,n), col = topo.colors (n))
> pie (rep (1,n), col = heat.colors (n))
```

```
> pie (rep (1,n), col = terrain.colors (n))
> pie (rep (1,n), col = cm.colors (n))
> par (dev.n)
```

R 圖形裝置器繪製之不同連續顏色的圓餅圖圖示如下：

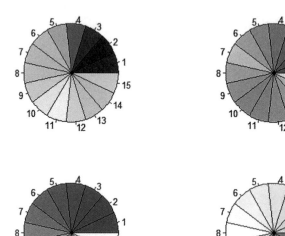

範例語法指令之 15 個圓形圖例顏色使用函數 **rainbow ( )** 之調色板：

```
> xval=c (1:15)
> yval=rep (1,15)
> plot (xval,yval,col=rainbow (15),pch=16, cex=6,xlim=c (0,16))
```

函數 **rainbow ( )** 調色板繪製的圖例符號如下：

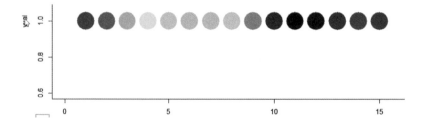

參、低階繪圖函數

R 軟體中的低階繪圖函數只能將繪製的圖形或文字，增列原先高階繪圖函數視窗中，若之前沒有先使用高階繪圖函數開啟圖形裝置器視窗，低階繪圖函數繪製的圖形或文字將無法呈現。

範例語法指令第 1 列以通用繪圖函數開啟，函數只繪製邊框 (引數 type ="n")、X 軸為五個向度的水準數值編碼、Y 軸數值為學習壓力五個向度單題平均分數，軸上數值標記的字體為粗體 (font = 2)、二個軸標題的文字字體為粗體 (font.lab = 2)。物件變項為 x 為五個學習壓力水準數值編碼，界定為 1 至 5；物件變項為 press 為學習壓力五個向度單題平均分數，平均值分別為 4.2、3.7、4.5、2.9、3.6。語法函數最後一列使用低階繪圖函數 **lines ( )** 繪製折線圖：

```
> plot (c (1:5),c (1:5),type="n",xlab="水準數值",ylab="學習壓力向度分數
  ",font=2,font.lab=2)
> x=c (1:5)
> press=c (4.2,3.7,4.5,2.9,3.6)
> line s(x,press,lwd=2)
```

五個學習壓力向度單題平均數的折線圖如下：

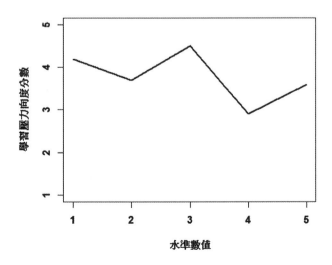

上述語法函數指令若省略第 1 列，沒有開啟圖形裝置器繪圖視窗介面，執行增列線段函數 **lines ( )**，會出現錯誤訊息：

```
> x=c (1:5)
> press=c (4.2,3.7,4.5,2.9,3.6)
> lines (x,press,lwd=2)
Error in plot.xy (xy.coords (x, y), type = type, ...) :
  plot.new has not been called yet
```

　　範例語法指令使用低階繪圖函數 **points ( )** 增列學習壓力五個向度之平均數點圖示。函數 **points( )** 的基本語法為：points (x, y = NULL, type = "p")，引數 x、y 為圖示點的座標向量：

```
> plot (c (1:5),c (1:5),type="n",xlab="水準編碼",ylab="學習壓力向度分數
   ",font=2,font.lab=2)
> x=c (1:5)
> press=c (4.2,3.7,4.5,2.9,3.6)
> points (x,press,lwd=2,col="blue",cex=2,pch=15)
> grid (NA,4,lwd = 1,col="black")   ＃只繪製水平格線
```

　　五個學習壓力向度單題平均數的點圖圖示如下：

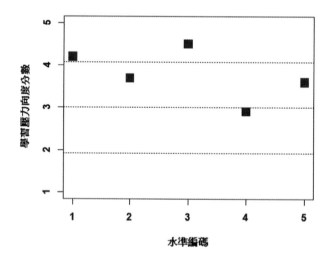

　　語法指令省略函數 **plot ( )** 會出現錯誤訊息：

```
> x=c (1:5)
> press=c (4.2,3.7,4.5,2.9,3.6)
> points (x,press,lwd=2,col="blue",cex=2,pch=15)
```

```
Error in plot.xy (xy.coords (x, y), type = type, ...) :
  plot.new has not been called yet
> grid (NA,4,lwd = 1,col="black")
Error in int_abline (a = a, b = b, h = h, v = v, untf = untf, ...) :
  plot.new has not been called yet
```

範例語法指令使用 **lines ( )** 函數繪製折線圖、使用 **points ( )** 增列學習壓力五
個向度的圖示點：

```
> plot (c (1:5),c (1:5),type="n",xlab="水準數值",ylab="學習壓力向度分數
  ",font=2,font.lab=2)
> x=c (1:5)
> press=c (4.2,3.7,4.5,2.9,3.6)
> lines (x,press,lwd=2)
> points (x,press,lwd=2,col="blue",cex=2,pch=15)
```

R 圖形裝置器繪製的圖形如下：

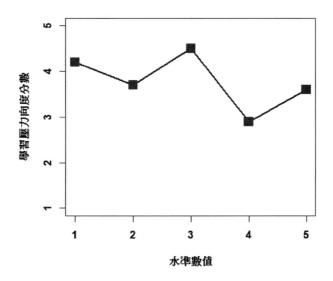

範例語法指令再增列文字函數 **text ( )**，於圖示點上方 0.3 個單位處輸出各向
度的平均數量數：

```
> plot (c (1:5),c (1:5),type="n",xlab="水準數值",ylab="學習壓力向度分數
  ",font=2,font.lab=2)
> x=c (1:5)
```

```
> press=c (4.2,3.7,4.5,2.9,3.6)
> lines (x,press,lwd=2)
> points (x,press,lwd=2,col="blue",cex=2,pch=15)
> text (x,press+0.3,labels=press)
```

R 圖形裝置器繪製的圖形如下：

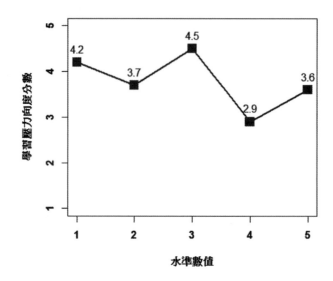

Chapter 12

基本圖形套件的引數

R 軟體 {graphics} 為內定套件，安裝完 R 統計軟體後，可直接使用套件中的函數，套件不用另外安裝與載入。

壹、通用繪圖函數 plot ( )

通用的繪圖函數 **plot** ( ) 語法為：

plot(x, y = NULL, type = "p", xlim = NULL, ylim = NULL,
  log = "", main = NULL, sub = NULL, xlab = NULL, ylab = NULL)

引數 type 界定圖形的型態，參數值為 "p" 表示繪製點、參數值為 "l" 表示繪製線、參數值為 "b" 表示同時繪製點與線、參數值 "o" 表示同時繪製點與線 (點為空心點)、參數值 "s" 畫出階梯線圖 (頂端)、參數值 "S" 繪製階梯線圖 (底端)、參數值 "n" 開啟繪圖視窗，繪製座標軸，不繪製任何圖形，參數值常配合各種低階函數的繪製。

範例使用函數 **plot** ( ) 繪製簡易散佈圖，圖例圓圈圖例符號的大小為 2 (引數為 cex)；圖例邊框寬度為 2 (引數為 lwd)；引數 col 設定圖例符號為藍色 (參數值為 "blue")；引數 font.lab 設定橫軸與縱軸標記文字的字型，參數值 3 為斜體；引數 font.axis 設定橫軸與縱軸分割線數值的字型，參數值 2 為粗體；引數 font.main 設定圖形標題字型，參數值 4 為粗斜體；引數 xlab 界定橫軸標記文字，散佈圖中未界定縱軸標記文字，採用內定變項名稱 (y)。低階繪圖函數增列 **grid** ( ) 函數，繪製格線，格線的型態引數為 lty，引數參數值為 0 至 6，參數值為 0，線為空白：

```
> x=c (1,2, 3,4,5,6, 7,8,9,10,11,12)
> y=c (3,1, 6,6,8,9,10,9,8, 8,2,2)
> main.n="簡易散佈圖"
> plot (x,y,type="p",cex=2,lwd=2,col="blue",font.lab=3,font.axis=2,xlab="X數值
  ",main=main.n,font.main=4)
> grid (col="gray50",lty=3)
```

R 圖形視窗繪製的散佈圖如下：

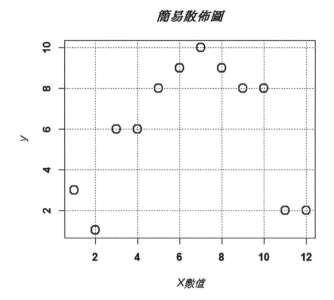

範例引數 cex.main 設定圖標題字型大小，參數值「= 4」界定字型大小為原來的 4 倍 (參數值愈大，字體愈大)，引數 font.main 設定標題字型型態，參數值「= 4」為粗斜體；引數 cex.lab 設定橫軸與縱軸標記文字的大小，參數值「= 3」界定字型大小為原來的 3 倍，引數 font.lab 設定軸標記文字的型態，參數值「= 3」為斜體；引數 cex.axis 界定軸標記數值的大小，參數值「= 2」表示字體為原來的 2 倍，引數 font.axis 界定軸的字體型態，參數值「= 2」表示字型為「粗體」：

```
> plot (x,y,type="p",cex=2,lwd=2,col="blue",font.lab=3,font.axis=2,xlab="X數值
  ",main=main.n,font.main=4,cex.axis=2,cex.lab=3,cex.main=4)
> grid (col="gray50",lty=3)
```

R 圖形裝置器繪製的圖形如下：

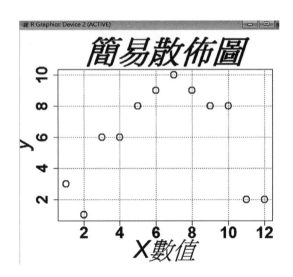

範例的引數 type 分別為界定為 "p"、"l"、"b"、"o"、"s"、"S" 時之圖形差異：

```
> dev.n = par(mfrow = c (3, 2), pty = "m",mai=c (0.5,0.4,0.2,0.1))
> x=c (1,2, 3,4,5,6, 7,8,9,10,11,12)
> y=c (3,1, 6,6,8,9,10,9,8, 8,2,2)
> plot (x,y,type="p",cex=2,col="blue",pch=16)
> plot (x,y,type="l",cex=2,col="blue",lwd=2)
> plot (x,y,type="b",cex=2,col="blue",pch=15)
> plot (x,y,type="o",cex=2,col="blue",pch=1,lwd=2)
> plot (x,y,type="s",cex=2,col="blue",lwd=2)
> plot (x,y,type="S",cex=2,col="blue",lwd=2)
> par (dev.n)
```

R 圖形裝置器繪製的圖形如下：

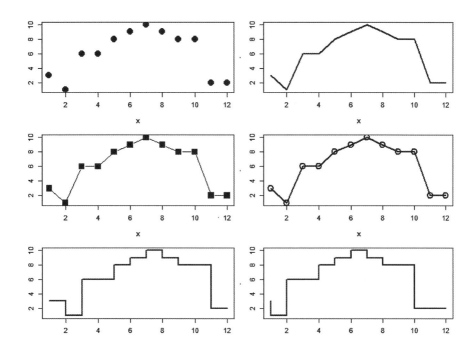

貳、圖例符號

　　R 軟體繪製圖例符號時，內定的選項為圓點，套件 {graphics} 內建的圖例符號有 25 種，圖例符號引數為 pch，參數值為 1 至 25 (參數值等於 0 繪製空心方形)。語法指令範例使用雙迴圈繪製 25 個圖例符號與其對應的參數值，R 編輯器語法指令如下：

```
1   plot (0,0,type="n",xlim=c (0,5.5),ylim=c (0,5.5),xlab="",ylab="")
2   for (i in 1:5)  {
3    for (j in 1:5)  {
4    points (i,j, pch= (i-1)*5+j ,cex=4,lwd=2)
5    text (i-0.5,j,labels=paste ((i-1)*5+j),cex=1.5)
6   }
7  }
```

　　外迴圈 i 數值從 1 至 5，內迴圈 j 數值從 1 至 5，當 i 等於 1 時，圖例符號座標分別為 (1,1)、(1,2)、(1,3)、(1,4)、(1,5)，引數 pch 的參數界定為「= (i – 1) * 5 + j」，參數值分別 1、2、3、4、5，文字標記引數 labels 界定為 ((i – 1) * 5 + j)，數值標記分別為 1、2、3、4、5；當 i 等於 2 時，圖例符號座標分別為 (2,1)、

(2,2)、(2,3)、(2,4)、(2,5)，引數 pch 的參數界定為「= (i − 1) * 5 + j」，參數值分別 6、7、8、9、10，文字標記引數 labels 界定為 ((i − 1) * 5 + j)，數值標記分別為 6、7、8、9、10。

R 主控臺執行 R 編輯器語法指令的結果為：

```
> plot (0,0,type="n",xlim=c (0,5.5),ylim=c (0,5.5),xlab="",ylab="")
> for (i in 1:5)  {
+  for (j in 1:5) {
+  points (i,j, pch= (i-1)*5+j ,cex=4,lwd=2)
+  text (i-0.5,j,labels=paste ((i-1)*5+j),cex=1.5)
+ }
+ }
```

R 圖形裝置器繪製的圖形如下，當圖例符號引數參數值等於 1 時，圖例符號為空心〇、參數值等於 15 時，圖例符號為實心方形■，參數值等於 18 時，圖例符號為實心菱形◆：

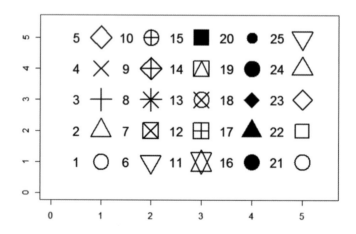

繪圖函數之圖例符號引數 pch 的參數值為 0 與 22 均為空心方形，但二個方形大小不同，若參數值大於 25，會出現警告訊息，如參數值界定為等於 26，執行語法函數後，出現「pch 數值 26 無法執行」的警告訊息：

```
> plot (0,0,type="n",xlim=c (0,5),ylim=c (0,5),xlab="",ylab="")
> points (1,1, pch=0 ,cex=7,lwd=2)
> points (3,3, pch=22 ,cex=7,lwd=2)
```

```
> points (3,3, pch=26 ,cex=4,lwd=2)
Warning message:
In plot.xy (xy.coords (x, y), type = type, ...) :
  unimplemented pch value '26'
```

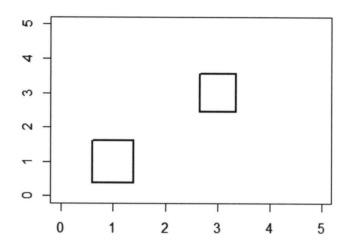

參、線條樣式

　　繪圖函數引數 lty 界定線條樣式，參數值為 0 至 6，參數值等於 0 時線條為空白、參數值等於 1 時為實線、參數值等於 2 時為虛線、參數值等於 3 為點線、參數值等於 4 時為點虛線、參數值等於 5 時為長虛線、參數值等於 6 時為雙虛線。範例之 R 編輯器指令以迴圈繪製參數值 1 至 6 時的線條型式，迴圈的數值變數為 i，「lty = i」的設定分別表示為「lty = 1」、「lty = 2」、「lty = 3」、「lty = 4」、「lty = 5」、「lty = 6」，低階繪圖函數 abline ( ) 繪製 Y 軸分別為 1、2、3、4、5、6 的水平線：

```
1   plot (0,0,type="n",xlim=c (0,7),ylim=c (0,7),xlab="",ylab="")
2   for (i in 1:6) {
3       abline (h=i,lwd=2,lty=i)
4       text (3.5,i+0.5,labels=paste ("lty=",i),cex=1.5)
5   }
```

　　語法指令中第 3 列使用函數 abline ( ) 繪製直線，引數 h 界定繪製水平線，右邊的數值為水平線的 Y 座標，第 4 列使用 text ( ) 函數增列文字標記，第一個引數為 X 座標值、第二個引數為 Y 座標值、labels 引數為文字標記、cex 引數為文字大小。

R 主控臺執行 R 編輯器語法指令介面為：

```
> plot (0,0,type="n",xlim=c (0,7),ylim=c (0,7),xlab="",ylab="")
> for (i in 1:6){
+ abline (h=i,lwd=2,lty=i)
+ text (3.5,i+0.5,labels=paste ("lty=",i),cex=1.5)
+ }
```

R 圖形裝置器繪製的圖形如下：

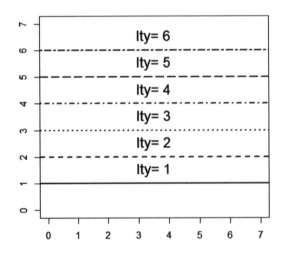

肆、線條寬度

繪圖函數引數 lwd 界定線條寬度，參數值愈大，線條寬度愈寬。範例之 R 編輯器指令以迴圈繪製參數值分別界定為 1 至 6 時的線條型式，迴圈的數值變數為 i，「lwd = i」的設定分別表示為「lwd = 1」、「lwd = 2」、「lwd = 3」、「lwd = 4」、「lwd = 5」、「lwd = 6」，低階繪圖函數 **abline ( )** 繪製 Y 軸分別為 1、2、3、4、5、6 的水平線，線條色彩顏色為 "navy"：

1	plot (0,0,type="n",xlim=c (0,7),ylim=c (0,7),xlab="",ylab="",font.axis=4,cex. axis=1.5)
2	for (i in 1:6){
3	abline (h=i,lwd=i,col="navy")
4	text (3.5,i+0.5,labels=paste ("lwd=",i),cex=1.5)
5	}

R 主控臺執行 R 編輯器語法指令介面為：

```
> plot (0,0,type="n",xlim=c (0,7),ylim=c (0,7),xlab="",ylab="",font.axis=4,cex.
  axis=1.5)
> for (i in 1:6){
+   abline (h=i,lwd=i,col="navy")
+   text (3.5,i+0.5,labels=paste ("lwd=",i),cex=1.5)
+ }
```

R 圖形裝置器繪製的圖形如下：

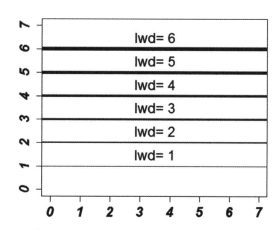

伍、文字/圖例符號大小

　　繪圖函數引數 cex 界定文字或圖例符號的大小，參數值愈大，文字或圖例符號愈大。範例之 R 編輯器指令以迴圈繪製參數值 1 至 6 時的字型大小，參數值可以為小數。迴圈的數值變數為 i，「cex = i」的設定分別表示為「cex = 1」、「cex = 2」、「cex = 3」、「cex = 4」、「cex = 5」、「cex = 6」，低階繪圖函

數 **text ( )** 引數的 labels 界定文字的內容，以函數 paste 串聯 "cex=" 文字與數值 i；引數 font 的參數值為 4，表示圖中文字的字型型態為粗斜體：

```
1   plot (0,0,type="n",xlim=c (0,8),ylim=c (0,7),xlab="",ylab="",font.axis=4,cex.
    axis=1.5)
2   for (i in 1:6) {
3      text (i-0.5,i,cex=i,labels=paste ("cex=",i),font=4)
4   }
```

R 主控臺執行 R 編輯器語法指令介面為：

```
> plot (0,0,type="n",xlim=c (0,8),ylim=c (0,7),xlab="",ylab="",font.axis=4,cex.
  axis=1.5)
> for (i in 1:6) {
+   text (i-0.5,i,cex=i,labels=paste ("cex=",i),font=4)
+ }
```

R 圖形裝置器繪製的圖形如下：

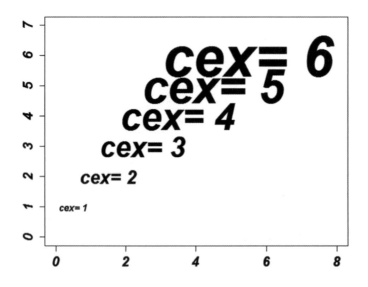

陸、綜合應用

資料框架物件的繪圖應用，資料檔為「score.csv」，直接使用函數

read.csv ( ) 讀取，函數 read.csv ( ) 中若沒有指定資料檔儲存的位置，要先執行功能表列「Session」/「Set Working Directory」(設定工作中目錄)/「Choose Directory」(選擇目錄) 程序，選取資料檔儲存的位置，否則語法匯入時會出現錯誤訊息。

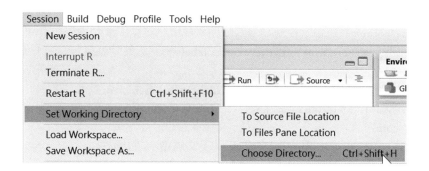

　　沒有界定資料檔「score.csv」儲存的路徑或位置，直接使用函數 read.csv ( ) 匯入資料檔，會出現檔案無法開啟的錯誤訊息。上述界定資料檔儲存位置的功能列操作程序，也可以在主控臺中直接使用 setwd ( ) 函數界定資料檔儲存的磁碟機與所在資料夾位置：

```
> score=read.csv ("score.csv", header=T)
Error in file (file, "rt") : cannot open the connection
In addition: Warning message:
In file (file, "rt") :
  cannot open file 'score.csv': No such file or directory
> setwd ("E:/R6")
> score=read.csv ("score.csv", header=T)
```

　　資料框架物件 score 有六個直行變數，使用 factor ( ) 函數界定三個人口變項因子變數，以引數 levels 界定因子變數的水準數值、以引數 labels 界定水準數值的標記 (水準數值代表的群組)；使用函數語法「names (資料框架物件) = 文字向量」重新命名直行變數，CLASS、SEX、AREA、CS、ES、MS 六個英文變數名稱重新命名為「班級」、「性別」、「地區」、「國文成績」、「英文成績」、「數學成績」：

```
> score=read.csv ("score.csv", header=T)
> head (score)
```

	CLASS	SEX	AREA	CS	ES	MS
1	1	1	1	97	96	44
2	1	1	2	89	87	23
3	1	1	3	20	12	36
4	1	1	1	30	46	14
5	1	1	2	65	50	43
6	1	1	3	82	62	33

```
> names (score)=c ("班級","性別","地區","國文成績","英文成績","數學成績")
> score$班級=factor (score$班級,levels=1:5,labels=c ("忠班","孝班","仁班","義班","
   信班"))
> score$性別=factor (score$性別,levels=1:2,labels=c ("男生","女生"))
> score$地區=factor (score$地區,levels=1:3,labels=c ("北區","中區","南區"))
> head (score)
```

	班級	性別	地區	國文成績	英文成績	數學成績
1	忠班	男生	北區	97	96	44
2	忠班	男生	中區	89	87	23
3	忠班	男生	南區	20	12	36
4	忠班	男生	北區	30	46	14
5	忠班	男生	中區	65	50	43
6	忠班	男生	南區	82	62	33

選取前六十筆樣本觀察值，子集資料檔 (子集資料框架物件) 界定為
「sc60」：

```
> sc60=score[1:60,]
```

範例繪製的為多水準群組的散佈圖，因子變數為「性別」，性別為二分類別
變項，水準數值 1 為男生、水準數值 2 為女生，二個水準群組名稱為「男生」、
「女生」。R 主控臺語法指令的第 3 列使用邏輯判別函數 **ifelse** ( )，若是性別變
項的水準群組為「男生」，圖例符號的參數值為 2，圖例符號形狀為△；性別變
項的水準群組為「女生」，圖例符號的參數值為 6，圖例符號形狀為▽。第 4 列
使用邏輯判別函數 **ifelse** ( ) 進行圖例符號顏色的判別，性別變項的水準群組為
「男生」，圖例符號顏色為紅色；性別變項的水準群組為「女生」，圖例符號顏
色為藍色。第 5 列使用低階繪圖函數繪製樣本觀察值的國文成績與英文成績間
的散佈圖，圖例符號大小 cex 引數的參數界定為 1.5。第 6 列使用低階繪圖函數
legend ( ) 呈現因子變項水準群組對應的圖例符號，男生組別的圖例符號參數為

2、女生組別的圖例符號參數為 6，圖例符號引數 pch 以數值向量表示，水準群組標記以文字向量表示：

```
> attach (sc60)
> plot (100,100,type="n",xlab="國文成績",ylab="英文成績",xlim=c (0,100),ylim=c
  (0,100),font=2)
> pch.n=ifelse (性別=="男生",2,6)
> col.n=ifelse (性別=="男生","red","blue")
> points (國文成績,英文成績,pch=pch.n,col=col.n,cex=1.5)
> legend (1,75,c ("男生","女生"),pch=c (2,6),cex=1.5)
```

R 圖形裝置器繪製的圖形如下：

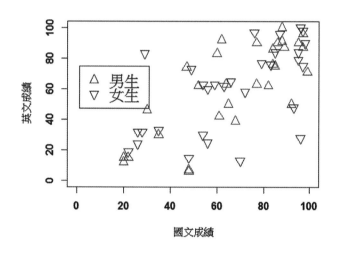

範例多組散佈圖之因子變數為「地區」，散佈圖的二個計量變項為國文成績與數學成績，地區三個水準群組 (北區、中區、南區) 的圖例符號參數值分別為 0 (□)、1 (○)、5 (◇)，圖例符號的顏色分別界定為黑色、紅色、深藍色。

```
> plot(100,100,type="n",xlab="國文成績",ylab="數學成績",xlim=c (0,100),ylim=c
  (0,100),font=2)
> pch.n=ifelse (地區=="北區",0,(ifelse (地區=="中區",1,5)))
> col.n=ifelse (地區=="北區","black", (ifelse (地區=="中區","red","navy")))
> points (國文成績,數學成績,pch=pch.n,col=col.n,cex=1.5,lwd=1.3)
> legend (1,90,c ("北區","中區","南區"),pch=c (0,1,5),cex=1)
```

R 圖形裝置器繪製的圖形如下：

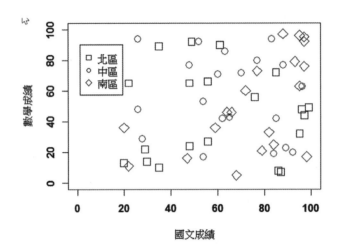

使用函數 **levels ( )** 可以求出因子變數的水準群組標記名稱，物件屬性為文字向量：

```
> levels (性別)
[1] "男生" "女生"
> levels (地區)
[1] "北區" "中區" "南區"
> str (levels (性別))
 chr [1:2] "男生" "女生"
> str (levels (地區))
 chr [1:3] "北區" "中區" "南區"
```

函數 **levels ( )** 之前增列 **as.character ( )** 函數，表示將原向量 (數值向量或文字向量) 轉為文字向量型態，原始水準群組標記若為文字，則增列 **as.character ( )** 函數轉換結果與之前只使用函數 **levels ( )** 結果相同：

```
> as.character (levels (性別))
[1] "男生" "女生"
> as.character (levels( 地區))
[1] "北區" "中區" "南區"
> str (as.character (levels (性別)))
 chr [1:2] "男生" "女生"
> str (as.character (levels (地區)))
 chr [1:3] "北區" "中區" "南區"
```

因子變項使用 **levels**（）函數可以求出水準群組數值向量或文字向量，增列 **length**（）函數可以求出因子變項水準群組的個數，範例之性別變項為二分類別變項、地區變項為三分類別變項：

```
> length (levels (性別))
[1] 2
> length (levels (地區))
[1] 3
```

直接使用「1:length (levels (性別))」建立數值向量，作為圖例符號引數的參數，也可作為顏色引數的參數，範例圖例符號為單一顏色 (深藍色)：

```
> plot (國文成績,英文成績,pch=1:length (levels (性別)),col="darkblue",cex=1.5,font=
  2,,xlab="國文成績",ylab="英文成績",xlim=c (0,100),ylim=c (0,100) )
> legend (1,75,levels (性別),pch=1:length (levels (性別)),cex=1.3)
```

R 圖形裝置器繪製的圖形如下：

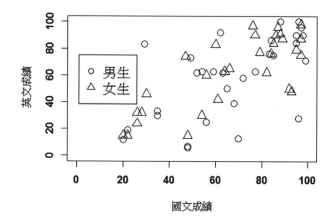

範例語法指令之「地區」因子變項，同時使用 **levels**（）函數與 **length**（）函數建立數值向量 (1、2、3)，以數值向量作為圖例符號引數的參數、也作為顏色引數的參數，繪製國文成績與英文成績間的散佈圖：

```
> pch.n=1:length (levels (地區))
> plot (國文成績,英文成績,pch=pch.n,col=pch.n,cex=1.5,font=2,,xlab="國文成績
  ",ylab="英文成績",xlim=c (0,100),ylim=c (0,100) )
> legend (1,75,levels (地區),pch=1:length (levels (地區)),cex=1.2)區)),cex=1.2 )}}
```

R 圖形裝置器繪製的圖形如下 (圖例符號中○為黑色、△為紅色、＋為綠色,三個顏色的參數值數值分別為 1、2、3):

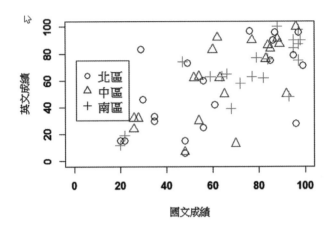

使用函數 **coplot ( )** 可以繪製條件圖 (conditioning plot),條件圖的變數要有二個計量變數與一個因子變數,二個計量變數一為 X 軸數值 (公式中的自變數)、一為 Y 軸數值(公式中的依變數),公式形式為「y ~ x | a」。範例條件圖中的資料檔為資料框架物件的前 60 筆資料,Y 軸為觀察值的英文成績、X 軸為觀察值的國文成績,因子變數為觀察值的性別:

```
> coplot (英文成績~國文成績 | 性別,pch=1,cex=1.5,lwd=2,data=score[1:60,])
```

圖示為 R 圖形裝置器繪製的條件圖:

　　條件圖公式為「y ~ x | a * b」，表示因子變數有二個，範例條件圖繪製的因子變數為樣本觀察值的性別、地區，Y 軸為觀察值的英文成績、X 軸為觀察值的國文成績，標的變數的資料框架物件 score，有效觀察值為資料框架的全部：

> coplot (英文成績~國文成績 | 性別*地區,pch=5,cex=1.5, col="red",data=score)

　　圖示為 R 圖形裝置器繪製的條件圖：

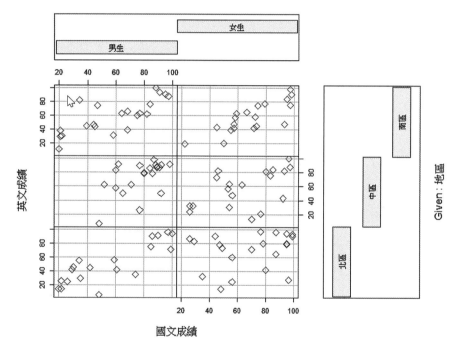

變數量尺如為間斷變項或因子變項，在圖示中多數會以長條圖或圓餅圖表示。

壹、長條圖

範例語法指令使用函數 **barplot ( )** 繪製因子變數的長條圖，水準數值 1 至 5 的次數分別為 22、15、27、16、8：

```
> x.fact=c (rep (1,22),rep (2,15),rep (3,27),rep (4,16),rep (5,8))
> x.table=table (x.fact)
> bar.p=barplot (x.table,ylim=c (0,30),xlim=c (0,6),main="長條圖",density=60,col="green",border="blue",font=4)
> abline (h=0)
```

R 圖形裝置器繪製的長條圖如下，其中長條圖內部顏色為綠色、長條圖邊框為藍色：

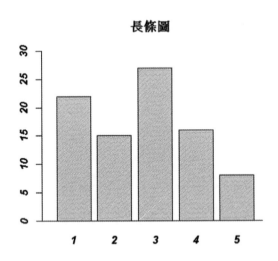

函數 **barplot ( )** 產生的物件 bar.p 是一個五列一行的矩陣，矩陣元素為數值，五個數值分別為 0.7、1.9、3.1、4.3、5.5，因子變數五個水準數值 1、2、3、4、5 的次數分別為 22、15、27、16、8。以 bar.p 數值向量為 X 軸、x.table 次數之數值向量為 Y 軸，可以繪製五條直線。

```
> bar.p
      [,1]
[1,]  0.7
[2,]  1.9
[3,]  3.1
[4,]  4.3
[5,]  5.5
> str (bar.p)
num [1:5, 1] 0.7 1.9 3.1 4.3 5.5
> class (bar.p)        # 物件型態為矩陣
[1] "matrix"
> x.table
x.fact
 1  2  3  4  5
22 15 27 16  8
> class (x.table)
[1] "table"
> str (x.table)
 'table' int [1:5(1d)] 22 15 27 16 8
 - attr (*, "dimnames")=List of 1
 ..$ x.fact: chr [1:5] "1" "2" "3" "4" ...
```

範例長條圖增列 **lines ( )** 函數繪製各長條圖中心縱軸，各直線的最高點為因子變數的水準次數，以 **text ( )** 函數增列各水準數值次數標記，增列之文字標記 (Y 軸位置) 在長條圖上方 2 個單位處，如此標記的文字與長條圖才不會重疊在一起：

```
> x.fact=c (rep (1,22),rep (2,15),rep (3,27),rep (4,16),rep (5,8))
> x.table=table (x.fact)
> bar.p=barplot (x.table,ylim=c (0,30),xlim=c (0,6),main="長條圖",density=60,col="green",border="blue",font=2)
> abline (h=0)
> lines (bar.p, x.table, type = "h", col = "red", lwd = 2)
> text (bar.p, x.table+2,x.table,cex=1.5 )
```

增列低階繪圖函數 **lines ( )**、**text ( )**，線條函數的 X 軸座標為 bar.p、Y 軸座標為 x.table，直線繪製的位置剛好在長條圖的中間，Y 軸座標以上的空白增列文字，R 圖形裝置器繪製的圖形如下：

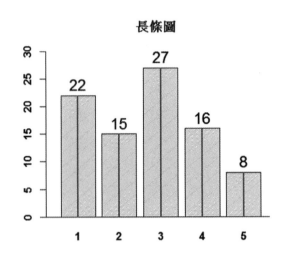

範例長條圖中的因子變數五個水準數值分別以標記文字表示，五個水準標記分別為國中、高中職、專科、大學、研究所，長條圖 **barplot ( )** 函數之引數 names.arg 界定 X 軸名稱，一般以文字向量表示，引數 col 界定長條圖的顏色、引數 border 界定長條圖邊框顏色、引數 xlab 界定 X 軸的標記名稱 (最高學歷)、引數 ylab 界定 Y 軸的標記名稱「次數」、引數 font 界定軸上數值的文字型態，參數值 2 為粗體、引數 ylim 界定 Y 軸數值的範圍、引數 xlim = 界定 X 軸數值的範圍。低階繪圖函數 **abline ( )** 繪製一條水平線 (Y 軸座標為 0)、低階繪圖函數 **text ( )** 增列各長條圖的次數數值。

R 命令稿語法指令視窗介面如下 (整合開發環境介面之命令稿視窗，語法指令列中的數值顏色內定為藍色字、語法函數為黑色字、文字型態為綠色字)：

```
1  x.fact=c(rep(1,22),rep(2,15),rep(3,27),rep(4,16),rep(5,8))
2  x.table=table(x.fact)
3  x.names=c("國中","高中職","專科","大學","研究所")
4  bar.p=barplot(x.table,ylim=c(0,30),xlim=c(0,6),
5        main="長條圖",density=60,col="green",border="blue",
6        names.arg=x.names,xlab="最高學歷",ylab="次數",font=2)
7  abline(h=0)
8  text(bar.p, x.table+2,x.table,cex=1.5 )
```

R 命令稿語法指令執行後，R 主控臺視窗介面函數語法為：

```
> x.fact=c (rep (1,22),rep (2,15),rep (3,27),rep (4,16),rep (5,8))
> x.table=table (x.fact)
> x.names=c ("國中","高中職","專科","大學","研究所")
> bar.p=barplot (x.table,ylim=c (0,30),xlim=c (0,6),
+     main="長條圖",density=60,col="green",border="blue",
+     names.arg=x.names,xlab="最高學歷",ylab="次數",font=2)
> abline (h=0)
> text (bar.p, x.table+2,x.table,cex=1.5 )
```

　　R 圖形裝置器繪製的長條圖如下：

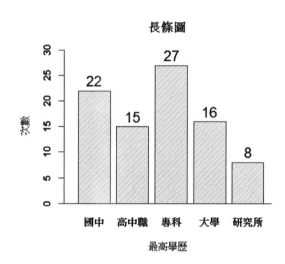

　　長條圖應用時，研究者只要界定或修改第 1 列因子變數的內容、第 3 列因子變數的文字標記名稱，第 4 列至第 6 列長條圖函數中之 Y 軸的數值範圍、X 軸的數值範圍、X 軸表示的因子變數名稱即可。範例語法指令為繪製「學院」因子變數四個水準群組樣本觀察值次數的長條圖。

　　R 命令稿語法指令視窗介面如下：

```
  Source on Save                                    Run    Source
1 x.fact=c(rep(1,30),rep(2,35),rep(3,18),rep(4,28))
2 x.table=table(x.fact)
3 x.names=c("文學院","理學院","教育學院","科技學院")
4 bar.p=barplot(x.table,ylim=c(0,40),xlim=c(0,5),
5       main="長條圖",density=60,col="green",border="blue",
6       names.arg=x.names,xlab="學院",ylab="次數",font=2)
7 abline(h=0)
8 text(bar.p, x.table+2,x.table,cex=1.5 )
```

R 命令稿語法指令執行結果之 R 主控臺視窗介面函數語法為：

```
> x.fact=c (rep (1,30),rep (2,35),rep (3,18),rep (4,28))
> x.table=table (x.fact)
> x.names=c ("文學院","理學院","教育學院","科技學院")
> bar.p=barplot (x.table,ylim=c (0,40),xlim=c (0,5),
+      main="長條圖",density=60,col="green",border="blue",
+      names.arg=x.names,xlab="學院",ylab="次數",font=2)
> abline (h=0)
> text (bar.p, x.table+2,x.table,cex=1.5 )
```

R 圖形裝置器繪製的長條圖如下：

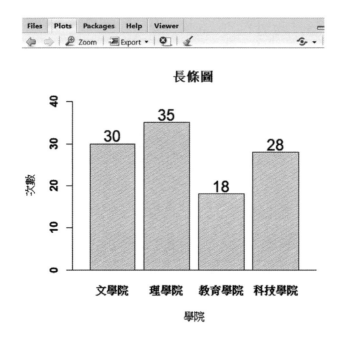

範例語法指令之因子變項的水準數值編碼為 1、2、3、4，四個水準數值編碼標記群組名稱為「文學院」、「理學院」、「教育學院」、「科技學院」，使用 **table ( )** 函數求出因子變項 x.fact 的次數分配，以 **barplot ( )** 函數求出次數分配的長條圖，長條圖密度引數界定為 30，內部顏色為灰色：

```
> xval=c (rep (1,30),rep (2,35),rep (3,18),rep (4,28))
> x.fact=factor (xval,c (1:4), labels =c ("文學院","理學院","教育學院","科技學院"))
> x.table=table (x.fact)
> bar.p=barplot (x.table,ylim=c (0,40),xlim=c (0,5),main="長條圖",density=30, col=
  "gray",border="blue",xlab="學院",ylab="次數",font=2)
> abline (h=0)
> text (bar.p, x.table+2,x.table,cex=1.5 )
```

圖示為 R 圖形裝置器繪製的長條圖：

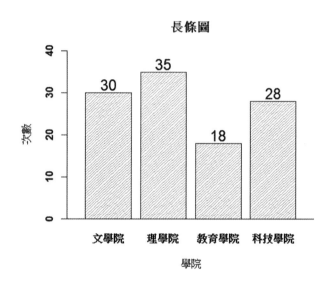

函數 **barplot ( )** 引數 horiz 內定選項為假，表示繪製垂直長條圖，選項界定為真，則長條圖形狀為水平，範例引數 horiz 選項界定為真 (= T)：

```
> x.fact=c (rep (1,22),rep (2,15),rep (3,27),rep (4,16),rep (5,8))
> x.table=table (x.fact)
> x.names=c ("國中","高中職","專科","大學","研究所")
> bar.p=barplot (x.table,density=20,col="green",names.arg=
  x.names,border="blue",horiz=T )
> abline (v=0)
```

圖示為 R 圖形裝置器繪製的橫列式長條圖：

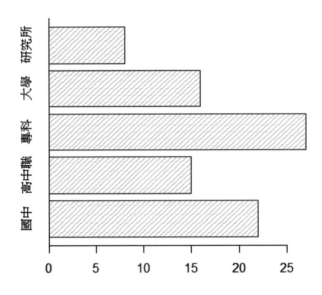

範例長條圖的 Y 軸數值為百分比，數值為各水準群組次數除以總次數，小數點以 **round ( )** 函數四捨五入至小數第三位：

```
> x.fact=c (rep (1,22),rep (2,15),rep (3,27),rep (4,16),rep (5,8))
> x.t=round (table (x.fact)/sum (table (x.fact)),3)
> x.names=c ("國中","高中職","專科","大學","研究所")
> bar.p=barplot (x.t,ylim=c (0,0.4),xlim=c (0,6),main="長條圖",density=60,
  col="green",border="blue",names.arg=x.names,xlab="最高學歷",ylab="百分比
  ",font=2)
> abline (h=0)
> text (bar.p, x.t+0.05,paste (x.t*100,"%"),cex=1.2)
> grid (col="gray40")
```

上述 R 主控臺語法函數的第二列為求出各水準群組的比值，比值輸出至小數第三位，配合使用 **paste ( )** 函數輸出百分比符號，各比例值乘以 100 (小數點向右移二位)，再以「%」符號串聯：

```
> x.t
x.fact
      1        2        3        4        5
  0.250    0.170    0.307    0.182    0.091
> paste (x.t*100,"%")
[1] "25 %"   "17 %"   "30.7 %" "18.2 %" "9.1 %"
```

圖示為 R 圖形裝置器繪製的百分比值長條圖：

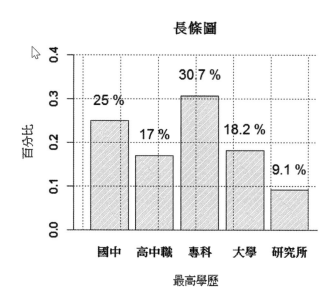

貳、圓餅圖

　　間斷變數除以長條圖表示外，也可以以圓餅圖 (或稱圓形圖) 表示，圓餅圖各扇形的大小為各水準群組的面積，圓形的總面積為 100.0%。範例學歷為五分類別變項，五個水準群組分別為國中、高中職、大專、大學、研究所，五個水準群組的次數占總次數的比值分別為 0.15、0.30、0.25、0.20、0.10。函數 **pie ( )** 引數 labels 界定各扇形之標記文字、引數 col 界定扇形的顏色，參數值為 heat. colors (5)，表示顏色為顏色集，引數 font 界定文字標記的字型，參數值 2 表示字型為粗體字。R 主控臺第三列以函數 **paste ( )** 將百分比值與對應的水準群組標記串聯：

```
> p.sales = c (0.15, 0.30, 0.25, 0.20, 0.10)
> names (p.sales)=c ("國中", "高中職","大專", "大學", "研究所")
> n.p=paste (p.sales*100,"%",names (p.sales))
> pie (p.sales, labels=n.p,col = heat.colors (5),font=2,border="blue")
```

　　圖示為 R 圖形裝置器繪製的圓餅圖：

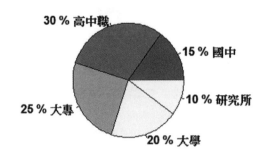

　　函數 **pie** ( ) 引數 clockwise (順時針繪製扇形) 內定選項為假 (以反時針方向繪製圓餅圖)，若選項界定為真，表示以順時針方向繪製各水準群組的扇形面積，引數 col 界定「= topo.colors (5)」，表示各扇形顏色為顏色集，**topo.colors** ( ) 參數值的功用與 **rainbow** ( ) 類似，只是連續顏色不同而已。

```
> p.sales = c (0.15, 0.30, 0.25, 0.20, 0.10)
> names (p.sales)=c ("國中", "高中職","大專", "大學", "研究所")
> n.p=paste (p.sales*100,"%",names(p.sales))
> pie (p.sales, labels=n.p,col = topo.colors (5),font=2,border="blue",clockwise = T)
```

　　圖示為 R 圖形裝置器繪製的圖形，水準群組依順時針方向逐一繪製其扇形區比率：

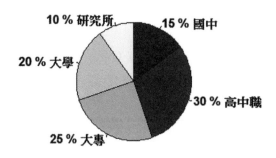

　　主控臺視窗中使用 **RSiteSearch** ( ) 函數搜尋「pie」關鍵字：

```
> RSiteSearch ("pie")
A search query has been submitted to http://search.r-project.org
The results page should open in your browser shortly
```

　　套件 {plotrix}、套件 {igraph} 都可以繪製圓餅圖，點選選項後可以開啟說明文件：

5. **R: Display a floating pie chart** (score: 46)
    Author: *unknown*
    Date: *Wed, 13 Dec 2017 08:41:55 -0500*
    Display a floating **pie** chart Description Usage Arguments Details Value Note Author(s)
    {**plotrix**} floating.**pie** {plotrix} R Documentation Displays a **pie** chart at
    http://finzi.psych.upenn.edu/R/library/plotrix/html/floating.pie.html (3,981 bytes)

6. **R: Using pie charts as vertices in graph plots** (score: 45)
    Author: *unknown*
    Date: *Sat, 29 Jul 2017 06:39:22 -0500*
    Using **pie** charts as vertices in graph plots Description Details Author(s) See Also Exampl
    charts as vertices {igraph} R Documentation More complex vert
    http://finzi.psych.upenn.edu/R/library/igraph/html/vertex.shape.pie.html (2,500 bytes)

7. **R: Legend for pie plots** (score: 45)
    Author: *unknown*
    Date: *Tue, 20 Dec 2016 13:56:52 -0500*
    Legend for **pie** plots Description Usage Arguments Author(s) Examples page for legend.
    Documentation Draw a legend for a draw.**pie** plot. legend.**pie**(x, y = NULL, z,
    http://finzi.psych.upenn.edu/R/library/mapplots/html/legend.pie.html (3,244 bytes)

主控臺視窗中使用 **RSiteSearch ( )** 函數搜尋「pie3D」關鍵字：

```
> RSiteSearch ("pie3D")
A search query has been submitted to http://search.r-project.org
The results page should open in your browser shortly
```

函數 **pie3D ( )** 可以繪製 3D 圓餅圖，此函數位於外掛套件 {**plotrix**} 之中，若要使用函數 **pie3D ( )**，必須於套件交談窗中先安裝 {**plotrix**} 套件。

Total 5 documents matching your query.

1. **R: Display labels on a 3D pie chart** (score: 18)
    Author: *unknown*
    Date: *Wed, 13 Dec 2017 08:41:55 -0500*
    Display labels on a 3D pie chart Description Usage Arguments Details Value Author(s) See Also Examples page for pie3D.labels
    {plotrix} pie3D.labels {plotrix} R Documentation Displays labels on a 3D
    http://finzi.psych.upenn.edu/R/library/plotrix/html/pie3D.labels.html (3,077 bytes)

2. **R: Display a 3D pie chart** (score: 13)
    Author: *unknown*
    Date: *Wed, 13 Dec 2017 08:41:55 -0500*
    Display a 3D pie chart Description Usage Arguments Details Value Note Author(s) See Also Examples page for pie3D {plotrix} pie3D
    {plotrix} R Documentation Displays a 3D pie chart with optional label
    http://finzi.psych.upenn.edu/R/library/plotrix/html/pie3D.html (6,101 bytes)

外掛套件 {**plotrix**} 函數 **pie3D ( )** 功能在於繪製 3D 圓餅圖，函數 **pie3D ( )** 基本語法為：

```
pie3D (x,radius=1,height=0.1,theta=pi/6,start=0,border=par ("fg"),
col=NULL,labels=NULL,labelpos=NULL,labelcol=par ("fg"),labelcex=1.5,
sector.order=NULL,explode=0,shade=0.8,mar=c (4,4,4,4),pty="s")
```

引數 x 為扇形區域每個數值的數值向量。

引數 radius 界定圓餅圖的半徑。

引數 height 界定圓餅圖的高度。

引數 theta 界定半徑可以看到的角度。

引數 start 界定描繪區起始角度。

引數 border 界定扇形區線條顏色。

引數 col 界定扇形區內部顏色。

引數 labels 界定每個扇形區的標記文字。

引數 labelpos 界定每個扇形區的標記文字的位置。

引數 labelcol 界定標記文字的顏色。

引數 labelcex 界定標記文字的大小，內定字體單位大小為 1.5。

引數 sector.order 界定扇形區描繪的順序。

引數 explode 界定扇形區間分裂的大小 (數值愈大，扇形區域間分裂愈大)。

引數 shade 界定扇形區陰影的亮度 (一般界定 0 至 1 之間，數值愈小，扇形區陰影愈接近黑色)。

引數 mar 界定圓餅圖離圖示視窗邊緣大小。

引數 pty 界定圖示大小是否為方形圖形區域。

範例使用函數 library 載入外掛套件 {plotrix}，以套件中的函數 **pie3D ( )** 繪製立體圓餅圖，圖的半徑為 0.9、分裂引數 explode 界定為 0.05，圓餅圖與繪圖視窗邊緣下、左、上、右的距離各為 1 個單位：

```
> library (plotrix)
> p.sales = c (0.15, 0.30, 0.25, 0.20, 0.10)
> names (p.sales)=c ("國中", "高中職","大專", "大學", "研究所")
> n.p=paste (p.sales*100,"%",names (p.sales))
> pie3D (p.sales,radius=0.9,labels=n.p,explode=0.05,mar=c (1,1,1,1))
```

使用函數 **pie3D ( )** 繪製的圓餅圖如下：

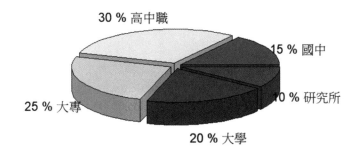

範例語法指令中的分裂引數 explode 界定「= 0.1」、扇形區域高度引數 height 界定「= 0.2」、陰影明亮度引數 shade 界定「= 0.9」，圓餅圖的半徑採用內定選項：

```
> p.sales = c (0.15, 0.30, 0.25, 0.20, 0.10)
> names (p.sales)=c ("國中", "高中職","大專", "大學", "研究所")
> n.p=paste (p.sales*100,"%",names (p.sales))
> pie3D (p.sales,labels=n.p,explode=0.1,height=0.2,shade=0.9,mar=c (1,1,1,1))
```

函數 **pie3D ( )** 繪製的圓餅圖如下：

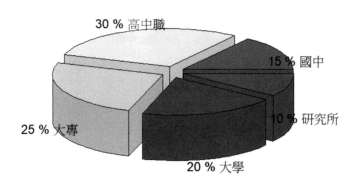

範例語法指令中，圓餅圖高度引數 height 界定「= 0.3」、分裂引數 explode 界定「= 0」：

```
> p.sales = c (0.15, 0.30, 0.25, 0.20, 0.10)
> names (p.sales)=c ("國中", "高中職","大專", "大學", "研究所")
> n.p=paste (p.sales*100,"%",names (p.sales))
> pie3D (p.sales,labels=n.p,explode=0,height=0.3,shade=0.9,mar=c (1,1,1,1))
```

函數 **pie3D** ( ) 繪製的圓餅圖如下：

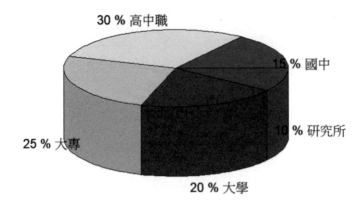

範例以函數 **factor** ( ) 界定水準數值之群組標記，使用 **table** ( ) 函數求出群組的次數與百分比值，以百分比統計量作為圓餅圖扇形區域的大小，次數分配物件的名稱作為水準群組的標記：

```
> library (plotrix)
> xval=c (rep (1,30),rep (2,35),rep (3,18),rep (4,28))
> x.fact=factor(xval,c (1:4), labels =c ("文學院","理學院","教育學院","科技學院"))
> x.table=table (x.fact)
> x.t=round (table (x.fact)/sum (table (x.fact)),3)
> n.p=paste (names (x.table),"(",x.t*100,"% )",sep="")
> pie3D (x.t,radius=1.0,labels=n.p,explode=0.02,mar=c (1,1,1,1))
```

圖示為四個水準群組之圓餅圖，使用者應用時只要更改因子變項名稱的內容與因子變項的水準數值標記：

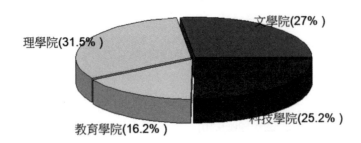

範例語法指令為繪製 110 位樣本觀察值在婚姻狀態因子變項的圓餅圖，修改第二列因子變項的資料、重新界定第三列因子變項水準數值代表的群組標記名稱：

```
> library (plotrix)
> xval=c (rep (1,40),rep (2,35),rep (3,25),rep (4,10))
> x.fact=factor (xval,c (1:4), labels =c ("已婚","未婚","離異","喪偶"))
> x.table=table (x.fact)
> x.t=round (table (x.fact)/sum (table (x.fact)),3)
> n.p=paste (names (x.table),"(",x.t*100,"% )",sep="")
> pie3D (x.t,radius=1.0,labels=n.p,explode=0.02,mar=c (1,1,1,1))
```

圖示為樣本觀察值婚姻狀態四個水準群組之圓餅圖，已婚、未婚、離異、喪偶四個群組的比例為 0.364、0.318、0.227、0.091。

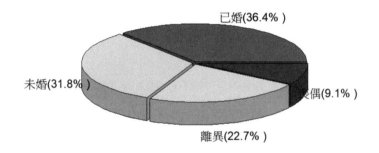

參、折線圖

因子變項的圖形表示常見者除長條圖與圓餅圖外，也可使用折線圖表示，範例語法指令使用低階繪圖函數 **lines** ( ) 繪製水準數值群組之次數折線圖，並以 **points** ( ) 函數繪製水準數值群組之次數的點圖：

```
> xval=c (rep (1,30),rep (2,35),rep (3,18),rep (4,28))
> x.fact=factor (xval,c (1:4),labels =c ("文學院","理學院","教育學院","科技學院"))
> x.table=table (x.fact)
> plot (0,0,type="n",xlim=c (1,4),ylim=c (0,40),xlab="水準數值",ylab="次數
  ",font=2,font.lab=2)
> lines (c (1:4),x.table,lwd=2)
> points (c (1:4),x.table,lwd=2,col="blue",cex=2,pch=16)
> text (c (1:4),x.table+3,labels=x.table)
```

圖示為 R 圖形裝置器繪製的折線圖：

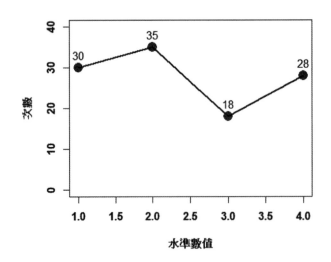

圖形套件 {graphics} 函數 **axis ( )** 可以進一步就圖示軸的文字美化增補，函數 **axis ( )** 的基本語法為：

axis (side, at = NULL,labels = TRUE, tick = TRUE, pos = NA, outer = FALSE, font = NA, lty = "solid",lwd = 1, lwd.ticks = lwd, col = NULL)

引數 side 界定軸位於圖形那個位置，數值 1 為下方、數值 2 為左方、數值 3 為上方、數值 4 為右方。

引數 at 界定被描繪之刻度線的點，沒有界定由 R 軟體自行計算設定。

引數 labels 界定軸分割線的標記名稱，可使用文字向量或運算式向量。

引數 tick 為邏輯選項，界定是否繪製軸的刻度線，內定選項為真。

引數 pos 界定描繪軸線刻度線座標的偏移量。

範例語法指令增列函數 **axis ( )**，增列學院因子變項四個水準群組之標記文字，增列的標記軸置放在圖形的上方，引數 side 的數值界定為 3：

```
> xval=c (rep (1,30),rep (2,35),rep (3,18),rep (4,28))
> x.fact=factor (xval,c (1:4),labels =c ("文學院","理學院","教育學院","科技學院"))
> x.table=table (x.fact)   #求出因子變項的次數分配
> plot (0,0,type="n",xlim=c (1,4),ylim=c (0,40),xlab="水準數值",ylab="次數
  ",font=2,font.lab=2)   #開啟繪圖視窗，界定橫軸與縱軸的範圍與標題字
> points (c (1:4),x.table,lwd=2,col="blue",cex=2,pch=16)   #繪製圖示點
> lines (c (1:4),x.table,lwd=2)   #繪製折線圖
> text (c (1:4),x.table+3,labels=x.table)   #增列次數文字標記
> axis (3,at=c (1:4),labels=c ("文學院","理學院","教育學院","科技學院"),lwd=
  2,font=2)
```

　　R 圖形裝置器繪製的圖形如下，函數 **axis ( )** 增列的水準群組說明軸在圖形的上方：

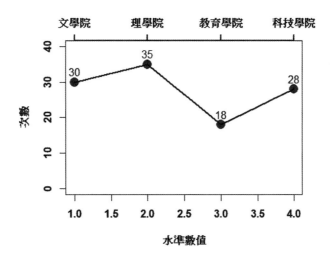

　　範例語法指令高階繪圖函數 **plot ( )** 增列引數 xaxt，引數界定為「= "n"」，表示不輸出 X 軸的水準數值，低階繪圖函數 **axis ( )** 引數 side 的數值界定為 1，將軸標記的水準數值群組文字增列於圖的下方：

```
1  > xval=c (rep (1,30),rep (2,35),rep (3,18),rep (4,28))
2  > x.fact=factor (xval,c (1:4),labels =c ("文學院","理學院","教育學院","科技學院"))
3  > x.table=table (x.fact)
4  > plot (0,0,type="n",xlim=c (1,4),ylim=c (0,40),xlab="水準數值群組",ylab="次數",xaxt="n",font=2,font.lab=2)
5  > points (c (1:4),x.table,lwd=2,col="blue",cex=2,pch=16)
6  > lines (c (1:4),x.table,lwd=2)
7  > text (c (1:4),x.table+3,labels=x.table)
8  > a x i s (1,at=c (1:4),labels=c ("文學院","理學院","教育學院","科技學院"),lwd=2,font=2)
9  > grid (col="black")
```

第二列界定因子變項四個水準數值標記群組。

第三列求出因子變項的次數分配。

第四列使用高階繪圖函數開啟 R 圖形裝置器視窗介面。

第五列使用低階繪圖函數 **points ( )** 繪製水準數值編碼與對應次數的座標點。

第六列使用低階繪圖函數 **lines ( )** 繪製線條。

第七列使用文字函數 **text ( )** 增列次數標記文字。

第八列使用低階繪圖函數 **axis ( )** 增列 X 軸之水準數值群組的標記文字。

第九列使用低階繪圖函數 **grid ( )** 繪製格線。

R 圖形裝置器繪製的圖形如下，函數 **axis ( )** 增列的水準群組說明軸在圖形的下方：

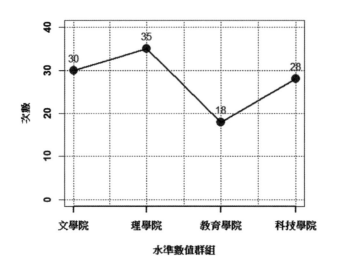

因子變項折線圖的繪製也可以直接採用 **plot ( )** 函數繪製，type 引數界定為「l」，配合使用低階繪圖函數 **points ( )** 輸出圖點：

```
> xval=c (rep (1,30),rep (2,35),rep (3,18),rep (4,28))
> x.fact=factor (xval,c (1:4),labels =c ("文學院","理學院","教育學院","科技學院"))
> x.table=table (x.fact)  #求出因子變項的次數分配
> xaxis=c (1:4) #界定X軸四個群組的水準數值物件變項
> yval=c (1,max (x.table)+5)        # 界定Y軸的範圍為1至最大次數+5
> plot (x.table,ylim=yval,type="l",xlab="水準數值",ylab="次數",font=2)
> points (xaxis,x.table,lwd=2,col="blue",cex=2,pch=16) #增列點圖
> text (xaxis,x.table+3,labels=x.table,font=2) #增列次數之文字標記
```

R 圖形裝置器繪製的圖形如下：

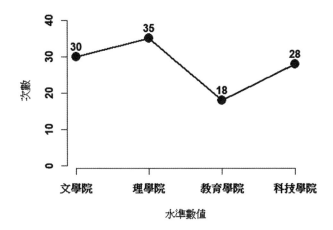

　　範例語法指令之因子變項教育程度為五分類別變項，修改應用時只要更改因子變項的水準群組標記 (物件變項為 x.fact)，與因子變項的水準數值編碼 (物件變項為 xaxis)：

```
> xval=c (rep (1,22),rep (2,15),rep (3,27),rep (4,16),rep (5,8))
> xaxis=c (1:5)
> x.fact=factor (xval,xaxis,labels =c ("國中","高中職","專科","大學","研究所"))
> x.table=table (x.fact)
> yval=c (1,max (x.table)+5)
> plot (x.table,ylim=yval,type="l",xlab="水準數值",ylab="次數",font=2)
> points (xaxis,x.table,lwd=2,col="blue",cex=2,pch=16)
> text (xaxis,x.table+3,labels=x.table,font=2)
```

　　教育程度因子變項五個水準群組之次數分配的折線圖如下：

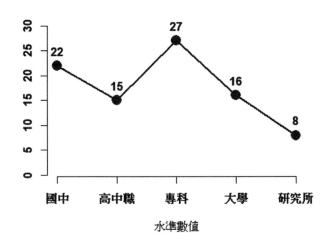

範例語法指令直接文字向量變項界定水準數值標記，群組物件變項為 n.group；以數值向量物件界定因子變項的水準數值編碼，數值物件變項為 n.level，高階繪圖函數 **plot ( )** 引數 xlim 界定為「= c (1,max (n.level))」，若因子變項為五分類別變項，群組水準數值編碼為 1、2、3、4、5，「= c (1,max (n.level))」表示式等於「= c (1,5)」，因子變項為三分類別變項，「= c (1,max (n.level))」表示式等於「= c (1,3)」，此種語法指令較為簡易：

1	> xval=c (rep (1,22),rep (2,15),rep (3,27),rep (4,16),rep (5,8))
2	> n.group=c ("國中","高中職","專科","大學","研究所")
3	> n.level=c (1:5)
4	> x.fact=factor (xval,n.level,labels=n.group)
5	> x.table=table (x.fact)
6	> plot (0,0,type="n",xlim=c (1,max (n.level)),ylim=c (0,40),xlab="水準數值群組",ylab="次數",xaxt="n",font=2,font.lab=2)
7	> points (n.level,x.table,lwd=2,col="blue",cex=2,pch=16)
8	> lines (n.level,x.table,lwd=2,col="red")
9	> text (n.level,x.table+3,labels=x.table,font=2)
10	> axis (1,at=n.level,labels=n.group,lwd=2,font=2)
11	> grid (col="gray")

圖示為增列函數 **axis ( )** 與格線的折線圖形，線條顏色為紅色、點圖示為藍色、標記的次數文字為黑色，字體為粗體字：

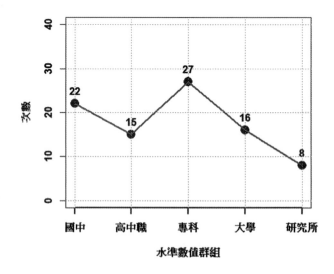

範例語法指令以 120 位學生成績資料檔為例，五個班級的樣本觀察值各有 24 位，班級為五分類別變項，範例語法指令修改第 1 列、第 2 列、第 3 列內容：

```
> n.group=c ("忠班","孝班","仁班","義班","信班")　#界定水準群組標記
> n.level=c (1:5)　#界定因子變項之群組水準數值編碼
> x.table=table (score$班級)　#求出標的因子變項的次數分配表
> plot (0,0,type="n",xlim=c (1,max (n.level)),ylim=c (0,max (x.table)+10),xlab="水準
  數值群組",ylab="次數" ,xaxt="n",font=2,font.lab=2)
> points (n.level,x.table,lwd=2,col="blue",cex=2,pch=16)
> lines (n.level,x.table,lwd=2,col="red")
> text (n.level,x.table+3,labels=x.table,font=2)
> axis (1,at=n.level,labels=n.group,lwd=2,font=2)
> grid (col="gray")
```

圖示為五個班級樣本觀察值之次數分配折線圖：

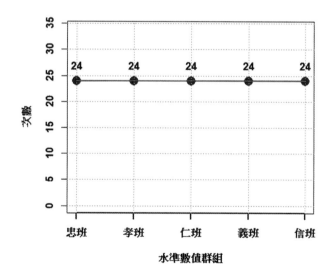

範例語法指令繪製資料框架物件中性別因子變項的折線圖，研究者除修改第 1 列至第 3 列的內容外，倒數第 3 列增列文字指令列「text (n.level,x.table+5,labels=x.table,font=2)」之 Y 軸座標的高低也可適度修正，「x.table+5」表示界定文字標記在點圖示上方五個單位處：

```
> n.group=c ("男生","女生")
> n.level=c (1:2)
> x.table=table (score$性別)
> plot (0,0,type="n",xlim=c (1,max (n.level)),ylim=c (0,max (x.table)+10),xlab="水準
    數值群組",ylab="次數" ,xaxt="n",font=2,font.lab=2)
> points (n.level,x.table,lwd=2,col="blue",cex=2,pch=16)
> lines (n.level,x.table,lwd=2,col="red")
> text (n.level,x.table+5,labels=x.table,font=2)
> axis (1,at=n.level,labels=n.group,lwd=2,font=2)
> grid (col="gray")
```

圖示為性別因子變項之次數分配折線圖：

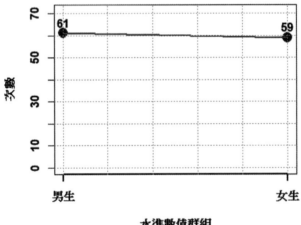

Chapter 14
直方圖與其他形狀圖形

　　莖葉圖 (stem-and-leaf plot) 中的莖量值通常為 10 或 10 的倍數，葉量數為個位數或小數點以下的數值，心理與教育測驗領域多數值的測量值介於 0 分至 100 分，因而莖量數為十位數、葉量數為個位數：

```
> set.seed (1000)
> xval=round (runif (120)*100,0)
> stem (xval)
  The decimal point is 1 digit(s) to the right of the |
   0 | 1222444
   0 | 5677788999
   1 | 112344
   1 | 666789
   2 | 02344
   2 | 6679
   3 | 002223
   3 | 56
   4 | 11224
   4 | 55889
   5 | 1122344
   5 | 55667788889
   6 | 0023334
   6 | 58899
   7 | 0001112334
   7 | 5666688
   8 | 00223
   8 | 5579
   9 | 0233
   9 | 679
  10 | 0
```

　　上述莖葉圖中的莖為十位數，葉部分為測量值的個位數，以組距 90 至 99 為例，組距內的分數有 90、92、93、93、96、97、99，樣本觀察值共有 7 位。

　　函數 stem ( ) 中的引數 scale 內定界定數值 1，範例語法指令界定引數數值為 0.5：

```
> stem (xval,scale=0.5)
  The decimal point is 1 digit(s) to the right of the |
   0 | 12224445677788999
   1 | 112344666789
```

```
    2 | 023446679
    3 | 00222356
    4 | 1122455889
    5 | 112234455667788889
    6 | 002333458899
    7 | 00011123345666688
    8 | 002235579
    9 | 0233679
   10 | 0
```

壹、直方圖

　　範例直方圖繪製中，使用函數 **hist( )**，顏色引數 col 界定為「= rainbow (10)」，表示以顏色集的方式呈現，直方圖產生的物件為列表。

```
> set.seed (1000)
> xval=round (runif (120)*100,0)
> hist (xval,border=3,xlab="分數",ylab="次數")
> h.p=hist (xval,ylim=c (0,20),col=rainbow (10),density=60,border=1,xlab="分數
  ",ylab="次數",font=2)
> text (h.p$mids, h.p$density, h.p$counts, adj = c (.5, -.5), col = "blue3",cex=1.2)
```

　　以 set.seed (1000) 設定種子亂數，每次產生的數值會相同，函數 **runif ( )** 以亂數產生 0 至 1 的數值，配合使用 **round ( )** 函數四捨五入至小數第二位，數值向量元素共有 120 個：

```
> set.seed (1000)
> round (runif (120),2)
  [1] 0.33 0.76 0.11 0.69 0.52 0.07 0.74 0.58 0.22 0.26 0.35 0.76 0.32 0.87
 [15] 0.76 0.07 0.49 0.64 0.08 0.58 0.16 0.80 0.29 0.07 0.55 0.68 0.45 0.82
 [29] 0.09 0.12 0.57 0.05 0.56 0.97 0.51 0.70 0.02 0.78 0.58 0.32 1.00 0.53
 [43] 0.11 0.63 0.80 0.71 0.70 0.56 0.26 0.51 0.73 0.68 0.04 0.52 0.63 0.69
 [57] 0.71 0.55 0.89 0.48 0.42 0.02 0.76 0.96 0.24 0.90 0.32 0.93 0.04 0.78
 [71] 0.58 0.71 0.36 0.42 0.85 0.14 0.23 0.20 0.09 0.16 0.30 0.18 0.92 0.06
 [85] 0.57 0.13 0.48 0.27 0.41 0.44 0.93 0.82 0.59 0.01 0.54 0.63 0.08 0.75
 [99] 0.17 0.41 0.60 0.45 0.14 0.73 0.65 0.85 0.16 0.70 0.54 0.30 0.83 0.72
[113] 0.04 0.60 0.62 0.09 0.99 0.24 0.19 0.02
```

　　查看直方圖物件屬性：

```
> str (h.p)
List of 6
 $ breaks  : num [1:11] 0 10 20 30 40 50 60 70 80 90 ...
 $ counts  : int [1:10] 17 13 10 6 10 20 13 16 8 7
 $ density : num [1:10] 0.01417 0.01083 0.00833 0.005 0.00833 ...
 $ mids    : num [1:10] 5 15 25 35 45 55 65 75 85 95
 $ xname   : chr "xval"
 $ equidist: logi TRUE
 - attr (*, "class")= chr "histogram"
> xval
   [1]  33  76  11  69  52   7  74  58  22  26  35  76  32  87  76   7  49  64
  [19]   8  58  16  80  29   7  55  68  45  82   9  12  57   5  56  97  51  70
  [37]   2  78  58  32 100  53  11  63  80  71  70  56  26  51  73  68   4  52
  [55]  63  69  71  55  89  48  42   2  76  96  24  90  32  93   4  78  58  71
  [73]  36  42  85  14  23  20   9  16  30  18  92   6  57  13  48  27  41  44
  [91]  93  82  59   1  54  63   8  75  17  41  60  45  14  73  65  85  16  70
 [109]  54  30  83  72   4  60  62   9  99  24  19   2
```

[說明]：函數 runif ( ) 以亂數產生0至1的數值，小數第二位量數乘於**100**，物件計量變項**xval**界於**[0,100]**。

```
> str (h.p)
List of 6
 $ breaks  : num [1:11] 0 10 20 30 40 50 60 70 80 90 ...
 $ counts  : int [1:10] 17 13 10 6 10 20 13 16 8 7
 $ density : num [1:10] 0.01417 0.01083 0.00833 0.005 0.00833 ...
 $ mids    : num [1:10] 5 15 25 35 45 55 65 75 85 95
 $ xname   : chr "xval"
 $ equidist: logi TRUE
 - attr (*, "class")= chr "histogram"
> print (h.p)
$breaks
 [1]   0  10  20  30  40  50  60  70  80  90 100
```

[說明]：引數**$breaks**為直方圖分割的數值(分割的組距)。

```
$counts
 [1] 17 13 10  6 10 20 13 16  8  7
```

[說明]：引數**$counts**為各組的次數，**0至10**分組距的次數有**17**個、**10至20**分組距的次數有**13**個。

```
$density
 [1] 0.014166667 0.010833333 0.008333333 0.005000000 0.008333333 0.016666667
 [7] 0.010833333 0.013333333 0.006666667 0.005833333
```

[說明]：各組距的密度值。
$mids
 [1] 5 15 25 35 45 55 65 75 85 95
[說明]：各組距的組中點。
$xname
[1] "xval"
[說明]：計量變數的變數名稱。
$equidist
[1] TRUE

attr (,"class")
[1] "histogram"

　　直方圖繪製程序中，增列低階繪圖函數 text ( ) 輸出各組距的次數，引數為 h.p$counts，次數文字的 X 軸座標、Y 座標分別為 h.p$mids、h.p$density：

```
> text (h.p$mids, h.p$density, h.p$counts, adj = c (.5, -.5), col = "blue3",cex=1.2)
```

　　R 圖形裝置器繪製的直方圖如下，直方圖的顏色為彩虹色：

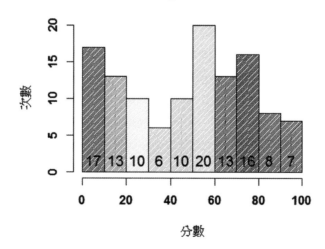

Histogram of xval

　　範例直方圖之 Y 軸為次數，低階繪圖函數 text ( ) 增列各長條的次數數值，直方圖引數 h.p$mids 作為 X 軸座標 (組中點)、引數 h.p$counts+2 作為 Y 軸座標 (次數數值 +2)、輸出的文字標記為 h.p$counts (次數)、引數 col 界定文字標記的顏色、引數 cex 界定文字大小：

```
> set.seed (1000)
> xval=round (runif (120)*100,0)
> h.p=hist (xval,ylim=c (0,25),col=3,density=60,border=1,xlab="分數",main="分數直
  方圖",ylab="次數",font=2)
> text (h.p$mids, h.p$counts+2, h.p$counts, col = "blue3",cex=1.2)
> grid (col="gray40")
```

R 圖形裝置器繪製的直方圖如下，直方圖內部顏色為綠色、直方圖邊框為黑色：

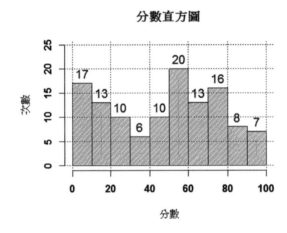

範例語法指令使用函數選取條件 **which ( )** 界定各組的分數界限，分割點 0、10 間樣本觀察值的分數界限為「測量值大於 0 且測量值小於等於 10」、分割點 10、20 間樣本觀察值的分數界限為「測量值大於 10 且測量值小於等於 20」：

```
> set.seed (1000)
> xval=round (runif (120)*100,0)
> g1=xval[which (xval<=10)]
> g2=xval[which (xval>10 & xval<=20)]
> g3=xval[which (xval>20 & xval<=30)]
> g4=xval[which (xval>30 & xval<=40)]
> g5=xval[which (xval>40 & xval<=50)]
> g6=xval[which (xval>50 & xval<=60)]
> g7=xval[which (xval>60 & xval<=70)]
> g8=xval[which (xval>70 & xval<=80)]
> g9=xval[which (xval>80 & xval<=90)]
> g10=xval[which (xval>90)]
```

　　輸出 10 個組別樣本觀察值的測量值與次數 (各組的人數)，組別的分割點為 0、10、20、30、40、50、60、70、80、90、100，11 個分割點間可以劃分成 10 個組別，10 個組距間的次數分別為 17、13、10、6、10、20、13、16、8、7：

```
> g1
 [1] 7 7 8 7 9 5 2 4 2 4 9 6 1 8 4 9 2
> length (g1)
[1] 17
> g2
 [1] 11 16 12 11 14 20 16 18 13 17 14 16 19
> length (g2)
[1] 13
> g3
 [1] 22 26 29 26 24 23 30 27 30 24
> length (g3)
[1] 10
> g4
[1] 33 35 32 32 32 36
> length (g4)
[1] 6
> g5
 [1] 49 45 48 42 42 48 41 44 41 45
> length (g5)
[1] 10
> g6
 [1] 52 58 58 55 57 56 51 58 53 56 51 52 55 58 57 59 54 60 54 60
> length (g6)
[1] 20
> g7
 [1] 69 64 68 70 63 70 68 63 69 63 65 70 62
> length (g7)
[1] 13
> g8
 [1] 76 74 76 76 80 78 80 71 73 71 76 78 71 75 73 72
> length (g8)
[1] 16
> g9
[1] 87 82 89 90 85 82 85 83
> length (g9)
[1] 8
```

```
> g10
[1] 97 100 96 93 92 93 99
> length (g10)
[1] 7
```

上述組別人數與各組間的樣本觀察值之測量值，使用 R 軟體之迴圈比較簡
易：

```
> set.seed (1000)      # 界定種子數
> xval=round (runif (120)*100,0)      # 界定隨機抽取120個整數值
> b.x=seq (0,100,by=10) #組距的分割點，差異值為10
> for (i in 1:length (b.x)) { #界定迴圈的起始
+ g.x=xval[which (xval>b.x[i] & xval<=b.x[i+1])] #各組距的邏輯判別條件
+ cat (b.x[i],"--",b.x[i+1],"個數=",length (g.x),"\n")  #輸出各組距的人次
+ print (g.x)   #輸出組距中的測量值
+ }#界定迴圈的結束
0 -- 10 個數= 17
 [1] 7 7 8 7 9 5 2 4 2 4 9 6 1 8 4 9 2
10 -- 20 個數= 13
 [1] 11 16 12 11 14 20 16 18 13 17 14 16 19
20 -- 30 個數= 10
 [1] 22 26 29 26 24 23 30 27 30 24
30 -- 40 個數= 6
[1] 33 35 32 32 32 36
40 -- 50 個數= 10
 [1] 49 45 48 42 42 48 41 44 41 45
50 -- 60 個數= 20
 [1] 52 58 58 55 57 56 51 58 53 56 51 52 55 58 57 59 54 60 54 60
60 -- 70 個數= 13
 [1] 69 64 68 70 63 70 68 63 69 63 65 70 62
70 -- 80 個數= 16
 [1] 76 74 76 76 80 78 80 71 73 71 76 78 71 75 73 72
80 -- 90 個數= 8
[1] 87 82 89 90 85 82 85 83
90 -- 100 個數= 7
[1] 97 100 96 93 92 93 99
100 -- NA 個數= 0
numeric (0)
```

　　範例直方圖之顏色引數 col 界定為 rainbow (6)，表示顏色漸層為彩虹色；引數 breaks 界定分割的組界數，參數值為 6，表示分割成 6 個區段：

```
> set.seed (1000)
> xval=round (runif(120)*100,0)
> h.p=hist (xval,ylim=c (0,35),breaks=6,col=rainbow (6),density=60,border=1,xlab="分
  數",ylab="次數",main="分數直方圖",font=2)
> text (h.p$mids, h.p$counts+2, h.p$counts, col = "blue3",cex=1.2,font=4)
```

　　圖示為 R 圖形裝置器繪製的直方圖：

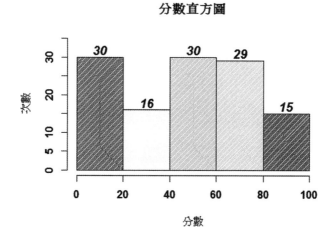

　　以迴圈求出各組距的人數與符合組距的測量值，語法函數只修改第 3 列系列函數，將分割點設成 0、20、40、60、80：

```
> set.seed (1000)
> xval=round (runif (120)*100,0)
> b.x=seq (0,100,by=20)
> for (i in 1:length (b.x)) {
+ g.x=xval[which (xval>b.x[i] & xval<=b.x[i+1])]
+ cat (b.x[i],"分--",b.x[i+1],"分 (包含) 個數=",length (g.x),"\n")
+ print (g.x)
+ }
0 分-- 20 分 (包含) 個數= 30
 [1] 11  7  7  8 16  7  9 12  5  2 11  4  2  4 14 20  9 16 18  6 13  1  8 17
[25] 14 16  4  9 19  2
20 分-- 40 分 (包含) 個數= 16
```

```
 [1] 33 22 26 35 32 29 32 26 24 32 36 23 30 27 30 24
40 分-- 60 分 (包含) 個數= 30
 [1] 52 58 49 58 55 45 57 56 51 58 53 56 51 52 55 48 42 58 42 57 48 41 44 59
[25] 54 41 60 45 54 60
60 分-- 80 分 (包含) 個數= 29
 [1] 76 69 74 76 76 64 80 68 70 78 63 80 71 70 73 68 63 69 71 76 78 71 63 75
[25] 73 65 70 72 62
80 分-- 100 分 (包含) 個數= 15
 [1] 87 82 97 100 89 96 90 93 85 92 93 82 85 83 99
100 分-- NA 分 (包含) 個數= 0
numeric (0)
```

如果已先執行直方圖 hist ( ) 函數，則系列向量可以直接使用 hist ( ) 函數建立的物件變數，範例為 h.p$breaks，函數物件之引數 breaks 為分割點 0、20、40、60、80、100 數值向量，其功能與界定 seq (0,100,by=20) 相同：

```
> set.seed (1000)
> xval=round (runif (120)*100,0)
> b.x=h.p$breaks
> for (i in 1:length (b.x)) {
+ g.x=xval[which (xval>b.x[i] & xval<=b.x[i+1])]
+ cat (b.x[i],"分--",b.x[i+1],"分 (包含)個數=",length (g.x),"\n")
+ print (g.x)
+ }
0 分-- 20 分 (包含) 個數= 30
 [1] 11  7  7  8 16  7  9 12  5  2 11  4  2  4 14 20  9 16 18  6 13  1  8 17
[25] 14 16  4  9 19  2
20 分-- 40 分 (包含) 個數= 16
 [1] 33 22 26 35 32 29 32 26 24 32 36 23 30 27 30 24
40 分-- 60 分 (包含) 個數= 30
 [1] 52 58 49 58 55 45 57 56 51 58 53 56 51 52 55 48 42 58 42 57 48 41 44 59
[25] 54 41 60 45 54 60
60 分-- 80 分 (包含) 個數= 29
 [1] 76 69 74 76 76 64 80 68 70 78 63 80 71 70 73 68 63 69 71 76 78 71 63 75
[25] 73 65 70 72 62
80 分-- 100 分 (包含) 個數= 15
 [1] 87 82 97 100 89 96 90 93 85 92 93 82 85 83 99
100 分-- NA 分 (包含) 個數= 0
numeric (0)
```

範例直方圖引數 prob 界定為真 (= T)，表示使用機率尺度繪製數值變數的直方圖，選項界定為假時，Y 軸的數值為「次數」，低階繪圖函數 **lines ( )** 引數 density 界定繪製數值變項的密度線；**text ( )** 函數增列的文字標記為密度函數參數值，數值呈現至小數第 3 位：

```
> set.seed (1000)
> xval=round (runif (120)*100,0)
> h.p=hist (xval,col=rainbow (10),ylim=c (0,0.020),density=60,border=1,prob=T,xlab="
    分數",ylab="次數",main="密度估計的直方圖",font=2)
> text (h.p$mids, h.p$density+0.001, round (h.p$density,3), col = "blue3",cex=0.6,font=
    4)
> lines (density (xval),lwd=2)
```

R 圖形裝置器繪製的圖形如下：

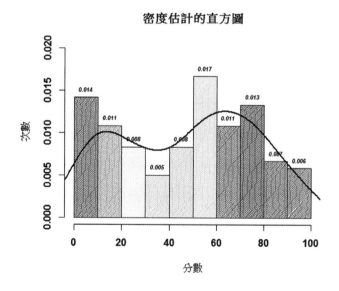

範例直方圖增列組中點的多邊形圖，直方圖引數 col 界定為「= rainbow (10)」，表示各組的顏色為彩虹色，顏色共有 10 種。組中點線段間的繪製使用 **lines ( )** 函數，函數的 X 軸座標向量為「h.p$mids」、Y 軸座標向量為「h.p$counts」，各組的座標點為 (組中點,次數)，此座標點剛好為矩形頂端的中間點，語法指令倒數第 2 列「lines (c (0,h.p$mids[1]),c (0,h.p$counts[1]) ,lwd=2,col="red")」增列繪製原點 (0,0) 至第一組頂端組中點 (5,17) 的線條；最後一列增列繪製第 10 組頂端組中點 (95,7) 至 (100,0) 的線條：

```
> set.seed (1000)
> xval=round (runif (120)*100,0)
> h.p=hist (xval,ylim=c (0,25),col=rainbow (10),density=60,border=1,xlab="分數
  ",main="分數直方圖",ylab="次數",font=2)
> text (h.p$mids, h.p$counts+2, h.p$counts, col = "blue3",cex=1.2)
> grid (col="gray40")
> lines (h.p$mids,h.p$counts,lwd=2,col="red")
> lines (c (0,h.p$mids[1]),c (0,h.p$counts[1]),lwd=2,col="red")
> lines (c (h.p$mids[10],100),c (h.p$counts[10],0),lwd=2,col="red")
```

　　直方圖引數中的 $mids 為組中點，是一個數值向量，引數 $counts 為各組
的次數，也是一個數值向量，使用「引數物件 [i]」格式可以擷取對應的元素內
容：

```
> h.p$mids
 [1]  5 15 25 35 45 55 65 75 85 95
[說明]：各組的組中點。
> h.p$counts
 [1] 17 13 10  6 10 20 13 16  8  7
[說明]：各組的次數分配。
> h.p$mids[1]    # 擷取第一組的組中點
[1] 5
> h.p$mids[10]  # 擷取第十組的組中點
[1] 95
> h.p$counts[1]  # 擷取第一組的次數
[1] 17
> h.p$counts[10]  # 擷取第十組的次數
[1] 7
```

　　R 主控臺語法函數列：「lines (c (0,h.p$mids[1]),c (0,h.p$counts[1]),
lwd=2,col="red")」，之座標軸直接以數值向量表示：「lines (c (0,5),c (0,17),lwd=
2,col="red")」，第一個點的座標為 (0,0)、第二個點的座標為 (5,17)。

　　語法函數列：「> lines (c (h.p$mids[10],100),c (h.p$counts[10],0),lwd=2,col=
"red")」之座標軸直接以數值向量表示：「> lines (95,100),c (7,0),lwd=2,col=
"red")」，第一個點的座標為 (95,7)、第二個點的座標為 (100,0)。

R 圖形裝置器繪製的圖形如下：

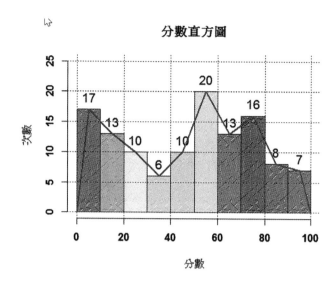

範例函數語法指令繪製成績資料框架物件中國文成績的直方圖，第 3 列以直方圖物件變項引數界定 Y 軸的範圍，範圍的上限為次數分配的最大值加上 10，第四列以文字向量界定 X 軸的標題文字：

```
> xval=score$國文成績      # 界定數值變項xval的來源
> h.p0=hist (xval)      # 建立直方圖物件
> y.ylim=c (0,max (h.p0$counts)+10)    # 以直方圖物件界定Y軸的範圍
> l.xlab=c ("國文成績")
> h.p=hist (xval,ylim=y.ylim,col=3,density=60,border=1.5,xlab=l.xlab,main="直方圖
  ",ylab="次數",font=2,font.lab=2)
> text (h.p$mids, h.p$counts+2, h.p$counts, col = "blue3",cex=1.2)
> grid (col="gray40")
```

國文成績計量變項之直方圖如下：

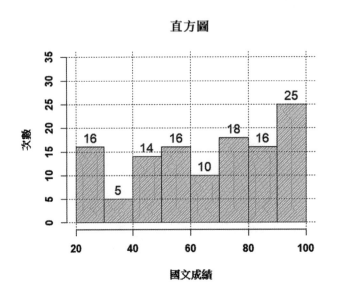

範例語法指令繪製計量變項英文成績的直方圖，語法指令中只要修改第 1 橫列與第 4 橫列即可，將英文成績指派給物件變項 xval、界定文字變項 l.xlab 為「英文成績」：

```
> xval=score$英文成績
> h.p0=hist (xval)
> y.ylim=c (0,max (h.p0$counts)+10)
> l.xlab=c ("英文成績")
> h.p=hist (xval,ylim=y.ylim,col=3,density=60,border=1.5,xlab=l.xlab,main="直方圖
  ",ylab="次數",font=2,font.lab=2)
> text (h.p$mids, h.p$counts+2, h.p$counts, col = "blue3",cex=1.2)
> grid (col="gray40")
```

英文成績計量變項之直方圖如下：

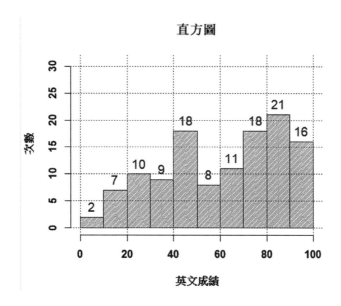

範例語法指令繪製計量變項數學成績的直方圖，第 4 列 X 軸的標題標記直接使用函數 **colnames ( )** 擷取資料框架物件第 6 個直行變項名稱：

```
> xval=score$數學成績
> h.p0=hist (xval)
> y.ylim=c (0,max (h.p0$counts)+10)
> l.xlab=colnames (score)[6]
> h.p=hist (xval,ylim=y.ylim,col=3,density=60,border=1.5,xlab=l.xlab,main="直方圖
  ",ylab="次數",font=2,font.lab=2)
> text (h.p$mids, h.p$counts+2, h.p$counts, col = "blue3",cex=1.2)
> grid (col="gray40")
```

數學成績計量變項之直方圖如下：

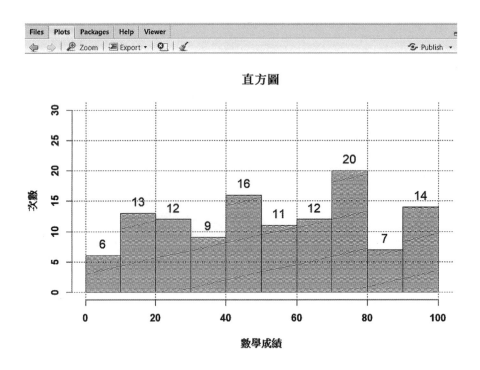

貳、圖形文字

圖形套件 {graphics} 之低階繪圖函數 **text ( )** 可以在高階繪圖函數視窗中增列文字標記,函數 **text ( )** 的基本語法為:

text (x, y = NULL, labels =, pos = NULL, offset = 0.5, cex = 1, col = NULL, font = NULL)

引數 x、y 為文字標記的座標數值向量。

引數 labels 為文字標記的文字向量。

引數 pos 界定文字標記在座標點的位置,數值 1、2、3、4 表示文字標記在座標點的下方、左邊、上方、右邊。

引數 offset 界定文字標記寬度的偏移量。

引數 cex 界定文字的大小。

引數 col、font 分別界定文字的顏色與字體。

範例主控臺語法指令為相同 X 座標軸情況下,相同文字標記設定不同引數 pos 量數的結果,文字標記使用增列引數 expression 界定 plotmat 數學與統計符號的輸出:

```
> plot (1:10, 1:10,type = "n", xlab = "", ylab = "",font=2)
> text (5,2,expression (X %+-%Y == 1),pos=1,cex=2)
> text (5,4,expression (X %+-%Y == 2),pos=2,cex=2)
> text (5,6,expression (X %+-%Y == 3),pos=3,cex=2)
> text (5,8,expression (X %+-%Y == 4),pos=4,cex=2)
> text (5,9,expression (X %+-%Y == 2),pos=2,offset=0.5,cex=2)
> abline (v=5,h=5,lty=2)
```

R 圖形裝置器繪製的數學符號圖形如下：

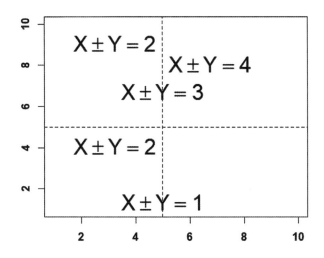

範例語法指令輸出不同數學與統計符號或運算式：

```
> plot (1:10, 1:10,type = "n", xlab = "", ylab = "",font=2)
> text (c (1:5),rep (2,5),labels=c ("A","B","C","D","E"),cex=c (1:5),font=c (1:5),pos=4)
> text (1,4,expression (list (alpha,beta,gamma,delta,epsilon,eta^2,theta, lambda,tau,phi,c
  hi^2,omega,Lambda,Delta)),cex=1.5,font=3,pos=4)
> text (1,6,expression (bar(x) == sum (frac (x[i], n), i==1, n)),cex=1.5,pos=4)
> text (5,6,expression (sigma[bar(X)]== frac (sigma, sqrt (n))),,cex=1.5,pos=4)
> text (1,8,expression (sqr t(125,3)==5),cex=1.5,pos=4)
> text (5,8,expression (X %<->%Y==r),cex=1.5,pos=4)
> text (1,9.5,expression (list (x[1]+x[2]+...+x[n])== 120),cex=1.5,pos=4)
```

R 圖形裝置器繪製的數學與統計符號圖形如下：

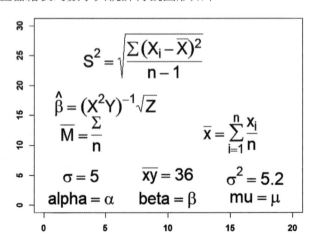

範例語法指令輸出不同數學與統計符號或運算式：

```
> plot (c (0,20), c (0, 30), type = "n", xlab = "", ylab = "",font=2)
> text (3,1,expression ("alpha"==alpha),cex=2)
> text (10,1,expression ("beta"==beta),cex=2)
> text (17,1,expression ("mu"==mu),cex=2)
> text (3,5,expression (sigma==5),cex=2)
> text (10,5,expression (bar (xy)==36),cex=2)
> text (17,5,expression (sigma^2==5.2),cex=2)
> text (3,12,expression (bar (M)==frac (Sigma,n)),cex=2)
> text (15,12,expression (bar (x)==sum (frac (x[i],n),i==1,n)),cex=2)
> text (5,17,expression (hat (beta)== (X^2*Y)^{-1}*sqrt (Z)),cex=2)
> text (8,25,expression (S^2==sqrt (frac (sum ((X[i]-bar (X))^2),n-1))),cex=2)
```

R 圖形裝置器繪製的數學與統計符號圖形如下：

　　有關數學或統計符號標記文字的語法指令查詢，可在主控臺中輸入「demo (plotmath)」或「help ("plotmath")」來查詢，使用 **help ( )** 函數開啟的是套件 **{grDevices}** 函數 **plotmath ( )** 的文件：

```
> demo (plotmath)
   demo (plotmath)

   ---- ~~~~~~~~
Type  <Return>  to start :
……
> oldpar <- make.table(nr, nc)
Hit <Return> to see next plot:
[說明]：按確認鍵「Enter」可以輸出下一個圖形
```

　　R 軟體內建的數學或統計符號的部分示範圖形如下，左邊灰色字為語法指令表達符號，灰色旁的黑色字體為符號表達式的結果，要使用表達式要配合函數 **expression ( )** 函數：

Ellipsis		Arrows	
list(x[1], ..., x[n])	$x_1, ..., x_n$	x %<->% y	$x \leftrightarrow y$
x[1] + ... + x[n]	$x_1 + \cdots + x_n$	x %->% y	$x \rightarrow y$
list(x[1], cdots, x[n])	$x_1, \cdots, x_n$	x %<-% y	$x \leftarrow y$
x[1] + ldots + x[n]	$x_1 + ... + x_n$	x %up% y	$x \uparrow y$
Set Relations		x %down% y	$x \downarrow y$
x %subset% y	$x \subset y$	x %<=>% y	$x \Leftrightarrow y$
x %subseteq% y	$x \subseteq y$	x %=>% y	$x \Rightarrow y$
x %supset% y	$x \supset y$	x %<=% y	$x \Leftarrow y$
x %supseteq% y	$x \supseteq y$	x %dblup% y	$x \Uparrow y$
x %notsubset% y	$x \not\subset y$	x %dbldown% y	$x \Downarrow y$
x %in% y	$x \in y$	**Symbolic Names**	
x %notin% y	$x \notin y$	Alpha - Omega	$A - \Omega$
Accents		alpha - omega	$\alpha - \omega$
hat(x)	$\hat{x}$	phi1 + sigma1	$\varphi + \varsigma$
tilde(x)	$\tilde{x}$	Upsilon1	Υ
ring(x)	$\mathring{x}$	infinity	∞
bar(xy)	$\overline{xy}$	32 * degree	$32°$
widehat(xy)	$\widehat{xy}$	60 * minute	$60'$
widetilde(xy)	$\widetilde{xy}$	30 * second	$30''$

Style	
displaystyle(x)	x
textstyle(x)	x
scriptstyle(x)	x
scriptscriptstyle(x)	x
Spacing	
x ~ ~y	$x \quad y$

x + phantom(0) + y	$x+ \quad +y$
x + over(1, phantom(0))	$x+\dfrac{1}{}$

Fractions	
frac(x, y)	$\dfrac{x}{y}$
over(x, y)	$\dfrac{x}{y}$
atop(x, y)	$\genfrac{}{}{0pt}{}{x}{y}$

　　在主控臺中輸入「> help ("plotmath")」開啟套件 **{grDevices}** 函數 **plotmath ( )** 文件的說明網頁 (資料來源：http://127.0.0.1:18096/library/grDevices/html/plotmath.html)，網頁中列舉語法與其意涵如下：

語法	意涵或表達符號
x + y	x 加 y
x - y	x 減 y
x*y	並列 x 與 y 符號 (xy)
x/y	x / y
x %+-% y	x 加或減 y (x + y)(x − y)(x ± y)
x %/% y	x 除以 y (x ÷ y)
x %*% y	x 乘以 y (x × y)
x %.% y	x . y
x[i]	x 下面註標 i (x_i)
x^2	x 上面註標 2 (x^2)
paste (x, y, z)	共列 x、y 與 z (xyz)
sqrt (x)	x 的平方根 ($\sqrt{x}$)
sqrt (x, y)	x 第 y 個根值 ($\sqrt[y]{x}$)
x == y	x 等於 y (x = y)
x != y	x 不等於 y (x ≠ y)
x < y	x 小於 y (x < y)
x <= y	x 小於或等於 y (x ≤ y)
x > y	x 大於 y (x > y)
x >= y	x 大於或等於 y (x ≥ y)
x %~~% y	x 近似等於 y (x ≈ y)
x %=~% y	x 與 y 是相同的 (x ≅ y)
x %==% y	x 被定義為 y (x ≡ y)
x %prop% y	x 與 y 成比例 (x ∝ y)
x %~% y	x 被分配為 y (x ~ y)
plain (x)	以正常字體繪製 x
bold (x)	以粗體字體繪製 x
italic (x)	以斜體字體繪製 x
bolditalic (x)	以粗斜體字體繪製 x
symbol (x)	在符號字形中繪製 x
list (x, y, z)	以逗號分隔的列表 (x,y,z)
...	省略 (水平變項)

語法	意涵或表達符號
cdots	省略 (垂直中心處)
ldots	省略 (在基準線)
x %subset% y	x 包含於 y ($x \subset y$)
x %subseteq% y	x包含於或等於 y ($x \subseteq y$)
x %notsubset% y	x 不是 y 的子集 ($x \not\subset y$)
x %supset% y	y 包含於 x ($x \supset y$)
x %supseteq% y	y 包含於或等於 x ($x \supseteq y$)
x %in% y	x 為 y 的元素 ($x \in y$)
x %notin% y	x不是 y 的元素 ($x \notin y$)
hat (x)	有彎曲符號的 x ($\hat{x}$)
tilde (x)	有否定符號的 x ($\tilde{x}$)
dot (x)	有點符號的 x ($\dot{x}$)
ring (x)	有環形符號的 x
bar (xy)	有長條符號的 xy ($\overline{xy}$)
wideha t(xy)	有寬大彎曲符號的 xy ($\widehat{xy}$)
widetilde (xy)	有寬大否定符號的 xy ($\widetilde{xy}$)
x %<->% y	x 與 y 間有雙箭頭 ($x \leftrightarrow y$)
x %->% y	x 以向右箭頭指向 y ($x \rightarrow y$)
x %<-% y	x 以向左箭頭指向 y ($x \leftarrow y$)
x %up% y	x 以向上箭頭指向 y ($x \uparrow y$)
x %down% y	x 以向下箭頭指向 y ($x \downarrow y$)
x %<=>% y	x 等同於 y ($x \Leftrightarrow y$)
x %=>% y	x 包含 y ($x \Rightarrow y$)
x %<=% y	y 包含 x ($x \Leftarrow y$)
x %dblup% y	x 雙箭頭向上指向 y ($x \Uparrow y$)
x %dbldown% y	x 雙箭頭向下指向 y ($x \Downarrow y$)
alpha -- omega	小寫希臘字母 ($\alpha - \omega$)
Alpha -- Omega	大寫希臘字母 ($A - \Omega$)
phi1, sigma1	書寫體希臘字母 (φ、ς)
Upsilon1	以鉤形大寫標記 upsilon (Υ)
aleph	以第一個字母標記希伯來字母表

語法	意涵或表達符號
infinity	無限大符號 (∞)
partialdiff	部分差異符號
nabla	繪製傾斜符號
32*degree	32 度 (32°)
60*minute	角度的 60 分 (60′)
30*second	角度的 30 秒 (30″)
displaystyle (x)	正常大小字形繪製 x (字距較大)
textstyle (x)	正常大小字形繪製 x
scriptstyle (x)	以小字型繪製 x
scriptscriptstyle (x)	以非常小字型繪製 x
underline (x)	以底線繪製 x
x ~~ y	x 與 y 間增列額外空間
x + phantom (0) + y	x+ +y (中間有空白)
x + over (1, phantom (0))	$x + \dfrac{1}{}$
frac (x, y)	x 除以 y 的分數型態
over (x, y)	$\dfrac{x}{y}$
atop (x, y)	$\dfrac{x}{y}$，中間除以的符號隱藏
sum (x[i], i==1, n)	1 到 n 總和的表示式 $\sum_1^n x_i$
prod (plain (P)(X==x), x)	所有數值的乘積 $\prod_x P\,(X = x)$
integral (f (x)*dx, a, b)	$\displaystyle\int_a^b f(x)dx$
union (A[i], i==1, n)	$\displaystyle\bigcup_{i=1}^n A_i$
intersect (A[i], i==1, n)	$\displaystyle\bigcap_{i=1}^n A_i$
lim (f (x), x %->% 0)	$\displaystyle\lim_{x\to0} f(x)$
min (g (x), x > 0)	$\displaystyle\lim_{x>0} g(x)$
inf (S)	inf S
sup (S)	sup S
x^y + z	$x^y + z$

語法	意涵或表達符號
x^(y + z)	$x^{(y + z)}$
x^{y + z}	$x^{y + z}$
group ("(",list (a, b),"]")	(a,b]
bgroup ("(",atop (x,y),")")	$\begin{pmatrix} x \\ y \end{pmatrix}$
group (lceil, x, rceil)	$\lceil x \rceil$
group (lfloor, x, rfloor)	$\lfloor x \rfloor$
group ("|",x,"|")	$\lvert x \rvert$

文件網頁的下面有 R 軟體數學符號表達式語法使用的範例 (Examples)，下面的語法為其中的一個範例 (結合數學符號與數值變數)：

```
> plot (1:10, type="n", xlab="", ylab="", main = "plot math & numbers")
> theta <- 1.23 ; mtext (bquote (hat (theta) == .(theta)), line= .25)
> for (i in 2:9){
+     text (i, i+1, substitute (list (xi, eta) == group (" (",list (x,y),")"),list (x = i, y = i+1)))
+ }
> text (1, 10,  "Derivatives:", adj = 0)
> text (4, 2,expression ("first: {f * minute}(x)" == {f * minute}(x)), adj = 0)
> text (4, 3.5,expression ("second: {f * second}(x)"== {f * second}(x)), adj = 0)
```

R 圖形裝置器繪製的數學符號文字標記如下：

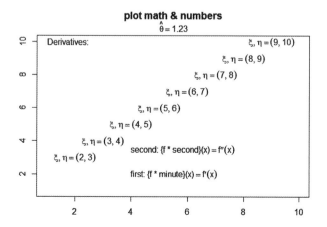

如要在圖形裝置器中增列標記文字 $\sigma^2 = 5$，運用 plotmath 表達式的語法為：

「text (x,y,expression (sigma^2 == 5))」，要呈現希臘統計符號直接在引數 expression中輸入符號的完整名稱，如要標記文字 $\mu = 10$，表達式的語法為：

「text (x,y,expression (mu == 5))」。

範例命令稿語法指令之視窗介面如下：

```
1  plot(1:10, 1:10,type = "n", xlab = "", ylab = "",font=2)
2  text(2,2,expression(mu==10),cex=2)
3  text(6,2,expression(sigma^2 == 5),cex=2)
4  text(2,4,expression(bar(X)== 20),cex=2)
5  text(6,4,expression(Sigma(X-mu)^2),cex=1.5)
6  text(3,6,expression(frac(Sigma(X-mu)^2,n)),cex=1.5)
7  text(6,8,expression(sigma ==sqrt(frac(Sigma(X-mu)^2,n))),cex=1.5)
8  text(4,9.5,expression(sigma ==sqrt(frac(Sigma(X[i]-mu)^2,n))),cex=1.5)
```

第 1 列語法指令增列文字標記符號為 $\mu = 10$，數學符號的等號「=」，運算式的表示符號為「==」，函數 text (2,2) 前二個引數分別為 X 座標與 Y 座標，引數 cex 界定文字標記符號的大小。

第 2 列語法指令增列文字標記符號為 $\sigma^2 = 5$。

第 3 列語法指令增列文字標記符號為 $\overline{X} = 20$。

第 4 列語法指令增列文字標記符號為 $\Sigma(X-\mu)^2$。

第 5 列語法指令增列文字標記符號為 $\dfrac{\Sigma(X-\mu)^2}{n}$，分數表示式符號「frac (X,Y)」，增列的文字標記為 $\dfrac{X}{Y}$，如「frac (2,5)」的文字標記為 $\dfrac{2}{5}$。

第 6 列語法指令增列文字標記符號為 $\sigma = \sqrt{\dfrac{\Sigma(X-\mu)^2}{n}}$，平方根的表示式為 **sqrt ( )**。

第 7 列語法指令增列文字標記符號為 $\sigma = \sqrt{\dfrac{\Sigma(X_i-\mu)^2}{n}}$

命令稿語法指令執行結果對應的 R 主控臺函數語法如下：

```
> plot (1:10, 1:10,type = "n", xlab = "", ylab = "",font=2)
> text (2,2,expression (mu==10),cex=2)
> text (6,2,expression (sigma^2 == 5),cex=2)
> text (2,4,expression (bar (X)== 20),cex=2)
> text (6,4,expression (Sigma (X-mu)^2),cex=1.5)
> text (3,6,expression (frac (Sigma (X-mu)^2,n)),cex=1.5)
> text (6,8,expression (sigma ==sqrt (frac (Sigma (X-mu)^2,n))),cex=1.5)
> text (4,9.5,expression (sigma ==sqrt (frac (Sigma (X[i]-mu)^2,n))),cex=1.5)
```

R 圖形裝置器繪製的數學與統計符號圖形如下：

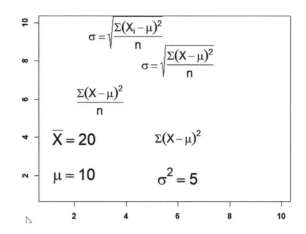

常用希臘符號之 plotmath 字元表達式如下表：

小寫	完整表達字元	大寫	完整表達字元
α	alpha	A	Alpha
β	beta	B	Beta
γ	gamma	Γ	Gamma
δ	delta	Δ	Delta
ε	epsilon	E	Epsilon
ζ	zeta	Z	Zeta
η	eta	H	Eta
θ	theta	Θ	Theta
ι	iota	I	Iota
κ	kappa	K	Kappa
λ	lambda	Λ	Lambda
μ	mu	M	Mu
ν	nu	N	Nu
ξ	xi	Ξ	Xi
o	omicron	O	Omicron
π	pi	Π	Pi
ρ	rho	P	Rho
σ	sigma	Σ	Sigma

小寫	完整表達字元	大寫	完整表達字元
τ	tau	T	Tau
υ	upsilon	Y	Upsilon
ϕ	phi	Φ	Phi
χ	chi	X	Chi
ψ	psi	Ψ	Psi
ω	omega	Ω	Omega

範例語法指令以迴圈輸出小寫希臘符號的文字：

```
> text.p=c ("alpha","beta","gamma","delta","epsilon","zeta","eta","theta","iota",
+ "kappa","lambda","mu","nu","xi","omicron","pi","rho","sigma","tau","upsilon",
+ "phi","chi","psi","omega")
> plot (0,0,type="n",xlim=c (0,5.5),ylim=c (0,5.5),xlab="",ylab="")
> for (i in 1:5) {
+   for (j in 1:5) {
+   text (i,j,labels=paste (text.p[(i-1)*5+j]),cex=1,font=2)
+ }
+ }
```

24 個小寫希臘符號輸出在 R 圖形裝置器的圖示如下：

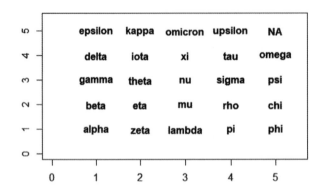

引數 expression 中也可使用串聯函數 **paste ( )**，將多個 **plotmath ( )** 表達式串
聯起來：

```
> plot (1:10, 1:10,type = "n", xlab = "", ylab = "",font=2)
> text (4,2,expression (paste ("虛無假設：",mu[1]==mu[2])),cex=2,font=3)
```

```
> text (4,4,expression (paste ("對立假設：",mu[1]!=mu[2])),cex=2,font=3)
> text (5,6,expression (paste ("虛無假設",H[0],":",mu[1]==mu[2])),cex=2,font=3)
> text (5,8,expression (paste ("對立假設",H[1],":",mu[1]!=mu[2])),cex=2,font=3)
```

語法指令第 2 列輸出的標記文字為「虛無假設：$\mu_1 = \mu_2$」。

語法指令第 3 列輸出的標記文字為「對立假設：$\mu_1 \neq \mu_2$」。

語法指令第 4 列輸出的標記文字為「虛無假設 H_0：$\mu_1 = \mu_2$」。

語法指令第 5 列輸出的標記文字為「對立假設 H_1：$\mu_1 \neq \mu_2$」。

R 圖形裝置器繪製的圖形文字標記如下圖：

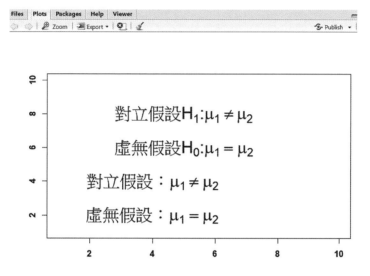

　　範例語法指令之表達式以個別變數界定，再將界定之表達式語法變數置放在文字函數 **text ( )** 之中：

```
> plot (1:10,1:10,type="n",xlab="", ylab="",font=2)
> fun.1=expression (frac (1,sigma*sqrt (2*pi)))
> text (3,3,fun.1,cex=2)
> fun.2=expression (frac (- (x-mu)^2,2*sigma^2))
> text (6,3,fun.2,cex=2)
> fun.3=expression (plain (e)^frac (- (x-mu)^2,2*sigma^2))
> text (3,6,fun.3,cex=2)
> fun.4=expression (paste (frac (1,sigma*sqrt (2*pi)),"*",plain (e)^frac (- (x-mu)^2,2*
    sigma^2)))
> text (6,8.5,fun.4,cex=2,col="blue")
```

R 圖形裝置器繪製的圖形文字標記如下圖:

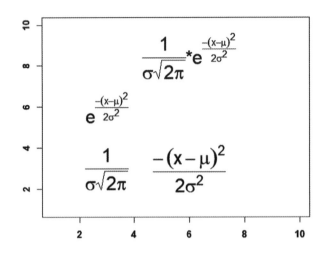

範例語法指令中增列常態曲線高度「y=」符號與粗斜體文字的應用:

```
> plot (1:8,1:8,type="n",xlab="", ylab="",font=2)
> fun.5=expression (paste ("y=",frac (1,sigma*sqrt (2*pi)),"*", plain (e)^frac (-
(x-mu)^2,2*sigma^2)))
> text (4,3,fun.5,cex=2,col="blue")
> fun.6=expression (bolditalic (paste ("y=",frac (1,sigma*sqrt (2*pi))," ", plain (e)^frac
(- (x-mu)^2,2*sigma^2))))
> text (4,6,fun.6,cex=2,col="red")
```

R 圖形裝置器繪製的常態分配曲線高度公式之文字標記如下圖:

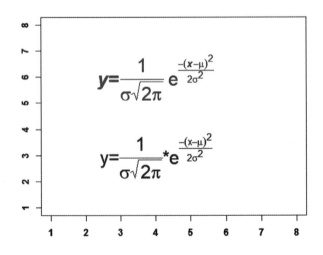

參、線條函數 abline ( )

圖形套件 {graphics} 函數 **abline ( )** 功能可以增列繪製線條，基本語法為：

abline (a = NULL, b = NULL, h = NULL, v = NULL,coef = NULL)

引數 a、b 分別界定直線的截距與斜率 (單一數值)。

引數 h 界定水平線的 y 數值。

引數 v 界定垂直線的 x 數值。

引數 coef 界定截距與斜率長度向量。

範例命令稿語法指令繪製水平線與垂直線：

```
1  plot(c(-1,4), c(0,5), type = "n", xlab = "x", ylab = "y")
2  abline(h=3,col="red",lty=3)
3  abline(v=-1,col="blue",lty=3)
4  text(-1,3,"abline(h=3,v=-1)",adj = c(-.1, -.3),font=2)
5  abline(h =1, v =2, col = "black",lty=2)
6  text(2,1,"abline(h=1,v=2)",adj = c(-.1, -.3),font=2)
```

語法指令第 2 列繪製一條 Y 軸等於 3 的紅色水平線。

語法指令第 3 列繪製一條 X 軸等於 -1 的藍色垂直線。

語法指令第 4 列在座標點 (-1,3) 處增列文字標記「abline (h=3,v=-1)」。

語法指令第 5 列同時繪製 Y 軸等於 1 的水平線、X 軸等於 2 的垂直線。

語法指令第 6 列在座標點 (2,1) 處增列文字標記「abline (h=1,v=2)」。

R 命令稿語法指令執行結果顯示在 R 主控臺視窗結果如下：

```
> plot (c (-1,4), c (0,5), type = "n", xlab = "x", ylab = "y")
> abline (h=3,col="red",lty=3)
> abline (v=-1,col="blue",lty=3)
> text (-1,3,"abline (h=3,v=-1)",adj = c (-.1, -.3),font=2)
> abline (h =1, v =2, col = "black",lty=2)
> text (2,1,"abline (h=1,v=2)",adj = c (-.1, -.3),font=2)
```

R 圖形裝置器繪製的直線如下：

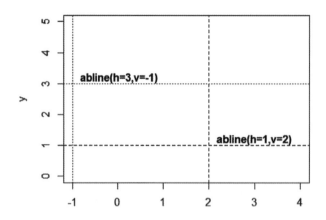

語法指令第 2 列繪製圖形方格線，水平線的 Y 座標分別為 0、1、2、3、4、5，垂直線的 X 座標分別為 1、2、3、4、5，格線的線條為黑色虛線；第 3 列繪製一條截距等於 2、斜率等於 0.5 的直線：

```
> plot (c (0,5), c (0,6), type = "n", xlab = "x", ylab = "y")
> abline (h = 0:5, v =1:5, col = "black",lty =3)
> abline (a =2, b =0.5,col = 2)
> text (2,3, "a=2,b=0.5)", col = 2,adj = c (-.8, -.8),font=2)
```

R 圖形裝置器繪製的四條直線如下：

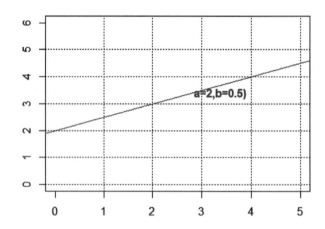

肆、矩形與箭號函數

基本圖形套件 {graphics} 函數 rect ( ) 功能在於繪製長方形圖形，函數 rect ( ) 基本語法為：

rect (xleft, ybottom, xright, ytop, density = NULL, angle = 45,

　　col = NA, border = NULL, lty = par ("lty"), lwd = par ("lwd"))

引數 xleft 界定左邊 X 位置的向量 (或數量)。

引數 ybottom 界定下方 Y 位置的向量 (或數量)。

引數 xright 界定右邊 X 位置的向量 (或數量)。

引數 ytop 界定上方 Y 位置的向量 (或數量)。

引數 density 界定陰影線的密度。

引數 angle 界定陰影線的角度。

引數 col 界定長方形內部或陰影線的顏色，內定參數選項為 NA (或 NULL) 表示內部不填充顏色，長方形為透明。

引數 border 界定長方形邊框顏色。

引數 lty 界定長方邊框線條的型態，內定選項為實線。

引數 lwd 界定長方邊框線條或陰影線的寬度。

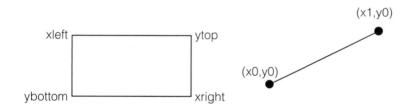

基本圖形套件 {graphics} 函數 arrows ( ) 的功能在於繪製配對座標點間的箭號，函數 arrows 基本語法為：

arrows (x0, y0, x1 = x0, y1 = y0, length = 0.25, angle = 30,

　　code = 2, col = par ("fg"), lty = par ("lty"),lwd = par ("lwd"))

引數 x0、y0 為線條起始的座標點。

引數 x1、y1 為線條結束的座標點。

引數 length 界定箭頭邊緣的長度。

引數 angle 界定箭桿至箭頭頂端的角度，預設角度為 30°，參數值愈大，箭號分割線愈大。

引數 code 的參數值為整數，界定箭頭的型態，參數值為 1 時，箭號指向座標起始點；參數值為 2 時，箭號指向座標結束點；參數值為 3 時，座點起始與結束點均有箭號符號。

　　範例使用均勻隨機亂數 **runif** ( ) 產製 12 個數值元素的 x 變數元素、12 個數值元素的 y 變數元素：

```
> set.seed (12345)
> x=round (runif (12)*10,0)
> y=round (rnorm (12)*10,0)
> n=order (x)
> x=x[n]
> y=y[n]
> plot (x,y,cex=2)
> s=seq (length (x)-1)
> arrows (x[s], y[s], x[s+1], y[s+1],cod=2, col =rainbow (12),length=0.15,angle=20,l
    wd=2)
```

　　均勻隨機亂數 **runif** ( ) 產製的 x 變數、y 變數原始的 12 個數值元素如下：

```
> x
 [1] 7 9 8 9 5 2 3 5 7 10 0 2
> y
 [1] 6 -3 -3 -9 -1 18 4 5 -8 8 -9 -3
```

　　使用函數 **order** ( ) 函數將數值向量元素從小到大排列，再傳回元素內容在原向量中的數值指標，如數值向量 x 從小至大排序，最小值為 0、0 在原先數值向量中的指標位置為 11 (第 11 個元素)，最大值為 10，10 在原先數值向量中的指標位置為 10 (第 10 個元素)：

```
> sort (x)
 [1] 0 2 2 3 5 5 7 7 8 9 9 10
> sort (y)
 [1] -9 -9 -8 -3 -3 -3 -1 4 5 6 8 18
> order (x)
 [1] 11 6 12 7 5 8 1 9 3 2 4 10
```

　　R 圖形裝置器繪製的圖形如下：

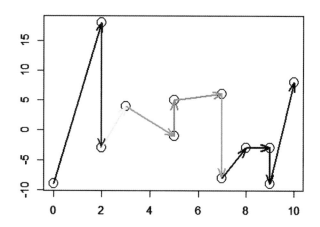

範例將函數 **arrows ( )** 改為 **segments ( )** 函數，繪製的圖形相同，均是繪製
直線，只是 **segments ( )** 函數繪製的線條沒有箭頭，二個函數的語法指令類似：

```
> set.seed (12345)
> x=round (runif (12)*10,0)
> y=round (rnorm (12)*10,0)
> n=order (x)
> x=x[n]
> y=y[n]
> plot (x,y,cex=2)
> s=seq (length (x)-1)
> segments (x[s], y[s], x[s+1], y[s+1],col =rainbow (12),lwd=2)
```

R 圖形裝置器繪製的圖形如下：

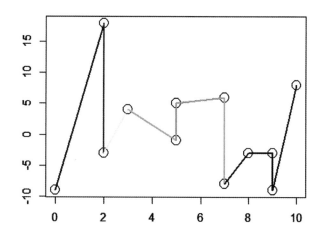

範例使用 **rect ( )** 函數繪製一個長方形，長方形左下角的座標為 (2,2)、右上角的座標為 (8,8)，方形內部顏色為灰色、密度值為 20、箭頭線條角度為 60 度、邊框顏色為藍色；使用 **arrows ( )** 函數繪製雙箭號的線條，第一個線條的座標分別為 (2,5)、(8,5)，引數 cod 的參數值界定等於 3，表示繪製雙箭號；引數 angle 的參數值界定為 45，表示箭號的角度為 45°；引數 length 的參數值界定等於 0.2，表示箭號的長度為 0.2，引數 lwd 界定線條的寬度、引數 col 界定線條的顏色。第一個線條的座標分別為 (1,2)、(1,8)，繪製的線條為長方形寬度的大小，二個雙箭號的箭頭角度與長度參數值不同，繪製的箭頭形狀就不一樣：

```
> plot (c (0, 10), c (0, 10), type = "n", xlab = "", ylab = "")
> rect (2,2,8,8,col="gray",border="blue",lwd=1,density=20,angle=60)
> arrows (2,5,8,5,cod=3,length=0.2,angle=45,lwd=2,col="red")
> arrows (1,2,1,8,cod=3,length=0.4,angle=15,lwd=2,col="brown")
```

　　R 圖形裝置器繪製的圖形如下：

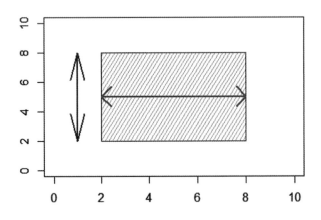

　　範例使用數值向量界定長方形的左下角與右上角座標點，繪製不同位置與顏色、密度的長方形：

```
> plot (c (10, 80), c (30, 100), type = "n", xlab = "", ylab = "")
> i=6*(0:10)
> rect (10+i, 30+i, 15+i, 40+i, col =c (0:10),density=10*c (0:10))
```

　　R 圖形裝置器繪製的圖形如下：

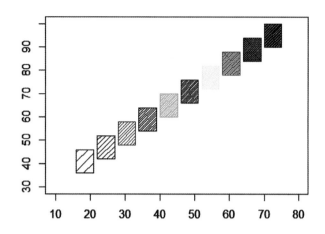

　　範例語法指令使用迴圈繪製 11 個不同密度參數值的長方形，以 **rect ( )** 函數繪製長方形圖形、以 **text ( )** 函數增列長方形對應的密度參數值標記數值文字。

　　R 命令稿語法指令視窗介面如下：

```
1  plot(c(0, 120), c(0, 120), type = "n", xlab = "", ylab = "",font=4)
2  for (i in 0:10)
3▾ {
4     rect(10*i,10*i,10*i+15,10*i+12,density=5*i)
5     text(10*i+2,10*i+18,5*i,cex=1.2)
6  }
```

　　R 命令稿語法指令執行結果之 R 主控臺視窗介面函數語法為：

```
> plot (c (0, 120), c (0, 120), type = "n", xlab = "", ylab = "",font=4)
> for (i in 0:10)
+ {
+ rect (10*i,10*i,10*i+15,10*i+12,density=5*i)
+ text (10*i+2,10*i+18,5*i,cex=1.2)
+ }
```

　　R 圖形裝置器繪製的圖形如下：

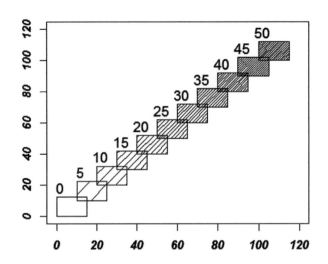

範例語法指令使用迴圈繪製左下角座標均為 (0,0) 的長方形圖形，使用系列
函數 seq ( ) 產製 0、16、32、48、64、80、96、112 的數值向量，語法指令列為
「> 8*seq (0,14,by=2)」，以數值向量元素相加值作為長方形右上角的座標點，
邊框顏色的參數值為 i/8：

```
> plot (c (0, 240), c (0, 240), type = "n", xlab = "", ylab = "",font=4)
> for (i in 8*seq (0,14,by=2))
+ {
+  rect (0,0,i+i,i+i,lwd=2,border=(i/8))
+ }
```

R 圖形裝置器繪製的圖形如下，迴圈 i 等於 16 時，矩形右上角的座標為
(32,32)；迴圈 i 等於 32 時，矩形右上角的座標為 (64,64)；迴圈 i 等於 112 時，
矩形右上角的座標為 (224,224)。

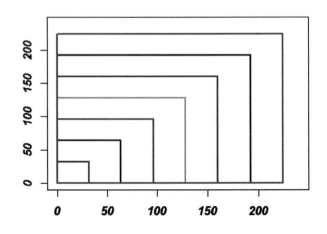

伍、形狀函數

　　套件 {graphics} 函數 symbols ( ) 用以繪製圓形、正方形、長方形、星形、體溫表圖、盒形圖。引數 x、y 為圖形中心點的 X 軸、Y 軸座標,圓形與正方形界定的參數值分別為半徑、邊長,函數 symbols ( ) 基本語法為:

symbols (x, y = NULL, circles, squares, rectangles, stars,
　　　　thermometers, boxplots, inches = TRUE, add = FALSE,
　　　　fg = par ("col"), bg = NA)

　　範例以函數 symbols ( ) 繪製一個圓形,圓形的圓心為 (5,5)、半徑為 1、線條顏色 (引數為 fg) 為紅色、內部顏色 (引數為 bg) 為灰色,增列低階繪圖函數 text ( ) 輸出圓心座標:

```
> symbols (x=5,y=5,circles=1,lwd=2,fg="red",bg="gray",xlab="",ylab="",xlim=c(0,8),y
  lim=c (0,8))
> abline (h=5,lty=3)
> abline (v=5,lty=3)
> text (5.5,5.5,"(5,5)",font=2,cex=2)
```

　　R 圖形裝置器繪製的圓形圖如下,圓形圖的中間色為灰色、邊框線條顏色為紅色、二條虛線交叉處為中心點 (5,5):

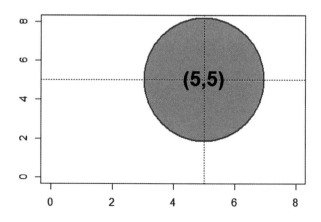

　　範例圓形圖的圓心座標分別以向量表示,圓的半徑大小也以數值向量表示:

```
> symbols (x=c (2,4,6),y=c (2,4,6),circles=c (1,2,3),lwd=2,fg="red",xlab="",ylab="",
   xlim=c (0,10),ylim=c (0,10))
> abline (h=6,lty=3)
> abline (v=6,lty=3)
> text (c (2,4,6),c (2,4,6),c (" (2,2)","(4,4)","(6,6)"),font=2,cex=1.5)
```

R 圖形裝置器繪製的圓形圖如下，三個圓的中心點座標分別為 (2,2)、(4,4)、(6,6)，圓的半徑分別為 1、2、3，圓形邊框線條顏色均為紅色：

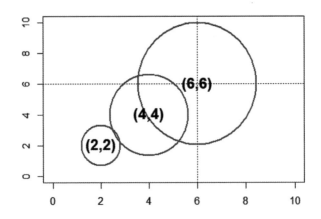

範例語法指令繪製多個同心圓，圓形中心點座標為 (5,5)，半徑為數值向量，參數值從 1 至 8，每個圓的邊框顏色為其半徑參數值：

```
> valx=c (rep (5,8))
> rad=c (1:8)
> symbols (x=valx,y=valx,circles=rad,lwd=2,fg=rad,xlim=c (0,10),ylim=
   c (0,10),main="多個同心圓")
> abline (h=5,lty=3)
> abline (v=5,lty=3)
```

R 圖形裝置器繪製的多個同心圓形圖如下：

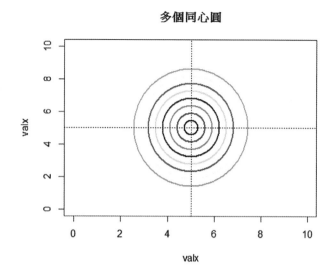

　　繪製多個同心圓，也可以直接使用數值向量界定圓形的中心點與半徑，其中中心點的座標個數與半徑的元素個數必須相同，第 2 列使用函數 **abline ( )** 繪製經過中心點的水平線與垂直線：

```
> symbols (x=rep (5,10),y=rep (5,10),circles=c (1:10),lwd=2,fg=c (1:10),xlim=
  c (0,10),ylim=c (0,10),main="多個同心圓")
> abline (h=5,v=5,col="gray",lty=2)
```

　　R 圖形裝置器繪製的多個同心圓形圖如下：

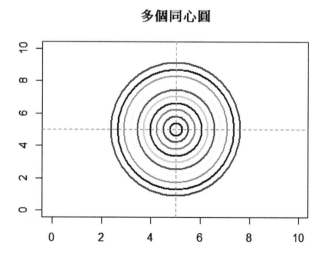

範例語法指令繪製筒型結構之圖形，以數值向量界定圓心點、半徑大小 (= 25)、圓形的顏色：

```
> symbols(x=c (6:1),y=c (1:6),circles=rep (25,6), lwd=2,fg=c (1:5),xlim=c (-20,20),
  ylim=c (-50,50),font=2)
```

R 圖形裝置器繪製的圖形如下：

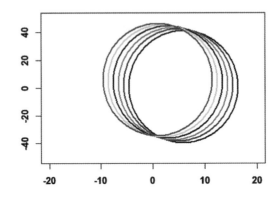

範例語法指令使用隨機函數改變 Y 軸的大小，繪出更多的筒形結構圖形：

```
> x=c (1:100)
> y.1=sample (0:1,100,replace=T)
> y=cos (y.1*4*pi)
> symbols (x,y,circles=y,lwd=2,fg=x,font=2,xlim=c (-100,200))
```

R 圖形裝置器繪製的多個筒形結構圓形圖如下：

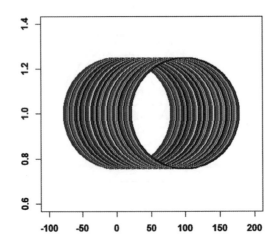

範例語法指令繪製相同大小、不同圓心點的圓形：

```
> plot (c (-100, 100), c (-100, 100), type = "n", xlab = "", ylab = "",font=2)
> an=seq (0,360,30)
> r=15
> for (i in an ) {
+   x=r*cos (i)
+   y=r*sin (i)
+ symbols (x,y,circles=r,lwd=2,fg=4,add=T)
+ }
> abline (h=0,v=0,lty=2)
```

R 圖形裝置器繪製的圖形如下：

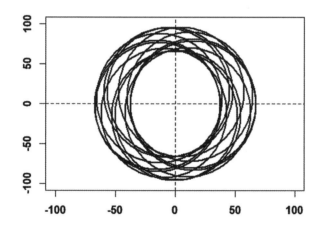

使用圓周點的方程式，可以求出已知半徑之圓周點，範例圓的半徑為 100，其圓周點的 X 座標為 r*cos (θ)、Y 座標為 r*sin (θ)，以系列函數 **seq ( )** 產生不同的 θ 角度值，之後使用 **points ( )** 函數繪製圓周點的小點：

```
> plot (c (-150, 150), c (-150, 150), type = "n", xlab = "", ylab = "",font=2)
> an=seq (0,360,5)
> r=100
> for (i in an ) {
+   x=r*cos (i)
+   y=r*sin (i)
+ points (x,y,pch=20)
+ }
> grid (col="gray",lty=2)
```

　　半徑等於 100、圓心座標為 (0,0) 之圓周點圖形如下，若是將系列數值的間隔縮小，繪製的圖形就像圓形。

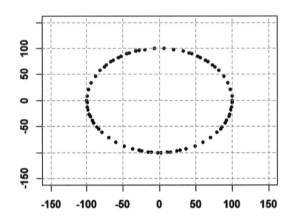

　　範例語法指令修改系列函數，角度數值差異值等於 1，繪出的圓周點即為半徑等於 100 的圓形：

```
> plot (c (-120, 120), c (-120, 120), type = "n", xlab = "", ylab = "",font=2)
> an=seq (0,360,1)
> r=100
> for (i in an ) {
+   x=r*cos (i)
+   y=r*sin (i)
+ points (x,y,pch=20,col=sample (1:10,1))
+ }
> grid (col="gray",lty=2)
```

　　R 圖形裝置器繪製的圖形如下，圓周點的顏色是隨機產生的：

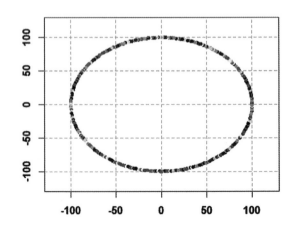

　　修改上述語法指令，系列數值間隔 10，以半徑 35、X = r*cos (θ)、Y = r*sin (θ) 的圓周點作為各圓形圖的中心點，以相同半徑 (rad = 2) 作為圓形圖的半徑，圓心點構成的圖形為半徑 35 圓形的圓周，R 命令稿的語法指令視窗介面為：

```
 1 plot(c(-150, 150), c(-150, 150), type = "n",
 2     xlab = "", ylab = "",font=2)
 3 an=seq(0,360,10)
 4 r=35
 5 rad=2
 6 for (i in an ) {
 7   x=r*cos(i)
 8   y=r*sin(i)
 9   symbols(x,y,circles=rad,lwd=2,fg=sample(1:10,1),add=T)
10 }
11 abline(h=0,v=0,lty=2)
```

　　R 命令稿語法指令執行結果之主控臺對應的函數語法如下：

```
> plot (c (-150, 150), c (-150, 150), type = "n",
+     xlab = "", ylab = "",font=2)
> an=seq (0,360,10)
> r=35
> rad=2
> for (i in an ) {
+   x=r*cos (i)
+   y=r*sin (i)
+   symbols (x,y,circles=rad,lwd=2,fg=sample (1:10,1),add=T)
+ }
> abline (h=0,v=0,lty=2)
```

　　R 圖形裝置器繪製的圖形如下：

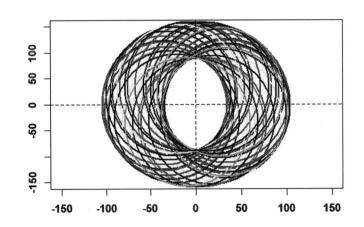

範例語法指令以半徑 150 圓形的圓周點為方形的左下角的座標點，繪製長度為 100 的方形，繪製方形的函數為 **rect ( )**：

```
> plot (c (-200, 250), c (-200, 250), type = "n", xlab = "", ylab = "",font=2)
> an=seq (0,360,5)
> r=150
> len=100
> for (i in an ) {
+   x=r*cos(i)
+   y=r*sin(i)
+ rect (x,y,x+len,y+len,lwd=2,border=sample(1:20,1))
+ }
> grid (col="gray",lty=2)
```

R 圖形裝置器繪製的圓周方形圖如下：

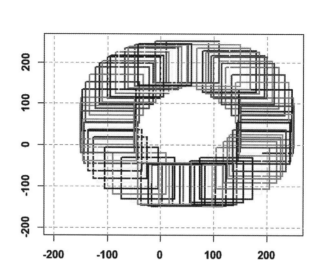

陸、多邊形函數 polygon ( )

　　套件 {graphics} 函數 polygon ( ) 的功能在於繪製多邊形，屬於低階繪圖函數，要依附在高階繪圖視窗中，函數 polygon ( ) 基本語法為：

polygon (x, y = NULL, density = NULL, angle = 45,
border = NULL, col = NA, lty = par ("lty"))

　　其中引數 angle 為界定陰影線的斜率、引數 border 為多邊形邊框顏色。
　　範例使用函數 polygon ( ) 繪製一個簡易多邊形：

```
> plot (c (1, 10), c (1,10), type = "n",xlab="",ylab="",main="多邊形")
> xval=c (1:9)
> yval=c (2,3,4,9,8,4,5,1,2)
> polygon (xval,yval,border=1,col="gray",density=50,lwd=2)
```

　　R 圖形裝置器繪製的多邊形圖形如下：

多邊形

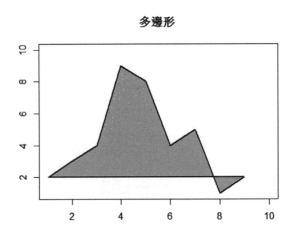

範例多邊的 X 軸座標為固定數值 (系列數值 0 至 50、再由 50 至 0)，Y 軸為亂數 **rnorm ( )** 產生，由於未設定種子亂數，每執行一次 **rnorm ( )** 函數，產製的 50 個數值均不相同，X 軸數值向量的元素有 100 個、Y 軸數值向量的元素也有 100 個，多邊形的顏色為灰色、邊框色彩為紅色：

```
> n = 50
> xx = c (0:n, n:0)
> val=rnorm (n)
> val_1=rnorm (n)
> yy = c (c (0, val), rev (c (0, val_1)))
> plot (xx, yy, type = "n", xlab = "", ylab = "")
> polygon (xx, yy, col = "gray", border = "red")
```

R 圖形裝置器繪製的多邊形圖形如下 (由於語法函數未界定種子亂數的數值，因而每次執行語法函數後，繪製的多邊形圖形均會不一樣)：

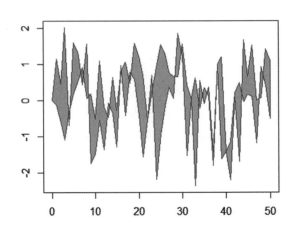

　　相同函數語法採用隨機常態分配亂數 **rnorm（）** 函數，每次執行結果繪製的多邊形圖形並不相同：

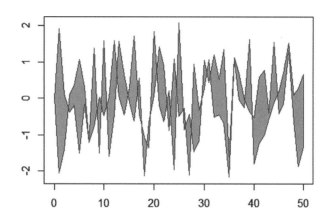

　　範例語法指令繪製標準常態分配曲線，X 軸為分位數、Y 軸為分位數對應的機率密度函數：

```
> xval=seq (-4,4,length=150)
> yrange=c (0,0.5)
> yval=dnorm (xval)
> plot (xval,yval,lwd=3,type="l",col="red",ylim=yrange,main="Normal Plot")
> lines (c (0,0),c (0,dnorm (0)),lwd=2)
> lines (c (-5,5),c (0,0),lty=2)
```

　　數值向量變數 xval 的個數共有 150 個，系列數值從 -4.000 至 +4.000：

```
> round (xval,3)
  [1] -4.000 -3.946 -3.893 -3.839 -3.785 -3.732 -3.678 -3.624 -3.570 -3.517
 [11] -3.463 -3.409 -3.356 -3.302 -3.248 -3.195 -3.141 -3.087 -3.034 -2.980
 [21] -2.926 -2.872 -2.819 -2.765 -2.711 -2.658 -2.604 -2.550 -2.497 -2.443
 [31] -2.389 -2.336 -2.282 -2.228 -2.174 -2.121 -2.067 -2.013 -1.960 -1.906
 [41] -1.852 -1.799 -1.745 -1.691 -1.638 -1.584 -1.530 -1.477 -1.423 -1.369
 [51] -1.315 -1.262 -1.208 -1.154 -1.101 -1.047 -0.993 -0.940 -0.886 -0.832
 [61] -0.779 -0.725 -0.671 -0.617 -0.564 -0.510 -0.456 -0.403 -0.349 -0.295
 [71] -0.242 -0.188 -0.134 -0.081 -0.027  0.027  0.081  0.134  0.188  0.242
 [81]  0.295  0.349  0.403  0.456  0.510  0.564  0.617  0.671  0.725  0.779
 [91]  0.832  0.886  0.940  0.993  1.047  1.101  1.154  1.208  1.262  1.315
[101]  1.369  1.423  1.477  1.530  1.584  1.638  1.691  1.745  1.799  1.852
```

```
[111]   1.906   1.960   2.013   2.067   2.121   2.174   2.228   2.282   2.336   2.389
[121]   2.443   2.497   2.550   2.604   2.658   2.711   2.765   2.819   2.872   2.926
[131]   2.980   3.034   3.087   3.141   3.195   3.248   3.302   3.356   3.409   3.463
[141]   3.517   3.570   3.624   3.678   3.732   3.785   3.839   3.893   3.946   4.000
> round (yval,3)
  [1]   0.000   0.000   0.000   0.000   0.000   0.000   0.000   0.001   0.001   0.001   0.001
 [12]   0.001   0.001   0.002   0.002   0.002   0.003   0.003   0.004   0.005   0.006   0.006
 [23]   0.008   0.009   0.010   0.012   0.013   0.015   0.018   0.020   0.023   0.026   0.030
 [34]   0.033   0.038   0.042   0.047   0.053   0.058   0.065   0.072   0.079   0.087   0.095
 [45]   0.104   0.114   0.124   0.134   0.145   0.156   0.168   0.180   0.192   0.205   0.218
 [56]   0.231   0.244   0.257   0.269   0.282   0.295   0.307   0.318   0.330   0.340   0.350
 [67]   0.359   0.368   0.375   0.382   0.387   0.392   0.395   0.398   0.399   0.399   0.398
 [78]   0.395   0.392   0.387   0.382   0.375   0.368   0.359   0.350   0.340   0.330   0.318
 [89]   0.307   0.295   0.282   0.269   0.257   0.244   0.231   0.218   0.205   0.192   0.180
[100]   0.168   0.156   0.145   0.134   0.124   0.114   0.104   0.095   0.087   0.079   0.072
[111]   0.065   0.058   0.053   0.047   0.042   0.038   0.033   0.030   0.026   0.023   0.020
[122]   0.018   0.015   0.013   0.012   0.010   0.009   0.008   0.006   0.006   0.005   0.004
[133]   0.003   0.003   0.002   0.002   0.002   0.001   0.001   0.001   0.001   0.001   0.001
[144]   0.000   0.000   0.000   0.000   0.000   0.000   0.000
```

標準常態分配曲線圖如下：

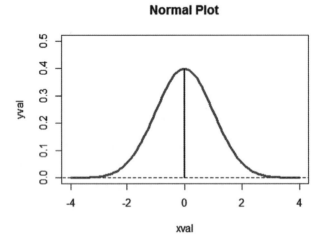

Chapter 15

常態分配函數與圖形繪製

常態分配的 R 縮寫名稱為 norm，加上前置英文字母 (d、p、q、r) 形成常態分配有關的函數：

函數 **dnorm** ( ) 為常態分配密度 (density) 函數，機率密度函數值 d 又稱點機率值 P (X = x)。

函數 **pnorm** ( ) 為常態分配機率值函數，稱為分配函數 (distribution function)，分配函數為累積機率分配函數 F(X) = P (X <= x)，表示的是最左邊分位數至右邊分位數的區域面積。

函數 **qnorm** ( ) 為常態分配分位數函數 (quantile function)，引數為機率值 p，參數值為累積機率對應的分位數，函數 **qnorm** ( ) 對應的函數為 **pnorm** ( )。

函數 **rnorm** ( ) 為常態分配隨機產製變數，從常態分配參數值隨機抽取出 n 個數值。

四個函數的基本語法為：

dnorm (x, mean = 0, sd = 1, log = FALSE)

pnorm (q, mean = 0, sd = 1, lower.tail = TRUE, log.p = FALSE)

qnorm (p, mean = 0, sd = 1, lower.tail = TRUE, log.p = FALSE)

rnorm (n, mean = 0, sd = 1)

引數 x、q 為分位數向量。.

引數 p 為機率值向量。

引數 n 為觀察值的個數。

引數 mean 為平均數向量，內定常態分配的平均數為 0。

引數 sd 為標準差向量，內定常態分配的標準差為 1。

引數 log、log.p 為邏輯選項，內定選項為假；若選項界定為真，表示機率值為機率的對數值 log(p)。

常態分配又稱高斯分配 (Gauss distribution)，常態分配二個重要參數為平均數 μ 與標準差 σ，其公式為：

$$f(x) = \frac{1}{\sqrt{2\pi}\sigma} e^{-\frac{1}{2} \times \frac{(x-\mu)^2}{\sigma^2}}$$

運算式中的 π 為圓周率 (= 3.14159)、e 為自然指數 (= 2.17828)。平均數為 0、標準差等於 1 之常態分配的分數稱為標準化常態分配 (standard normal distribution)或稱 z 分配，曲線稱為標準化常態分配曲線或 z 分配曲線。標準化常態分配幾個重要特性：

1. 平均數為 0、標準差為 1、偏態係數為 0、峰度係數為 3。

2. 以平均數 0 為直線軸，曲線左右二邊是對稱的，曲線的最高點等於 0.3989，線條是左右對稱的鐘形曲線。

3. 平均數與中位數、眾數在相同位置，其量數值為 0。

範例界定數值向量 x 的範圍從 -3.00 至 +3.00，元素數值間差異值為 0.05，系列函數使用 **seq ( )**：

```
> x=seq (-3,3,0.05)
> print (x)
  [1] -3.00 -2.95 -2.90 -2.85 -2.80 -2.75 -2.70 -2.65 -2.60 -2.55
 [11] -2.50 -2.45 -2.40 -2.35 -2.30 -2.25 -2.20 -2.15 -2.10 -2.05
 [21] -2.00 -1.95 -1.90 -1.85 -1.80 -1.75 -1.70 -1.65 -1.60 -1.55
 [31] -1.50 -1.45 -1.40 -1.35 -1.30 -1.25 -1.20 -1.15 -1.10 -1.05
 [41] -1.00 -0.95 -0.90 -0.85 -0.80 -0.75 -0.70 -0.65 -0.60 -0.55
 [51] -0.50 -0.45 -0.40 -0.35 -0.30 -0.25 -0.20 -0.15 -0.10 -0.05
 [61]  0.00  0.05  0.10  0.15  0.20  0.25  0.30  0.35  0.40  0.45
 [71]  0.50  0.55  0.60  0.65  0.70  0.75  0.80  0.85  0.90  0.95
 [81]  1.00  1.05  1.10  1.15  1.20  1.25  1.30  1.35  1.40  1.45
 [91]  1.50  1.55  1.60  1.65  1.70  1.75  1.80  1.85  1.90  1.95
[101]  2.00  2.05  2.10  2.15  2.20  2.25  2.30  2.35  2.40  2.45
[111]  2.50  2.55  2.60  2.65  2.70  2.75  2.80  2.85  2.90  2.95
[121]  3.00
```

使用常態分配密度函數求出各分位數對應的曲線密度 (直線高度)：

```
> round (dnorm (x,mean=0,sd=1),4)
  [1] 0.0044 0.0051 0.0060 0.0069 0.0079 0.0091 0.0104 0.0119 0.0136
 [10] 0.0154 0.0175 0.0198 0.0224 0.0252 0.0283 0.0317 0.0355 0.0396
 [19] 0.0440 0.0488 0.0540 0.0596 0.0656 0.0721 0.0790 0.0863 0.0940
 [28] 0.1023 0.1109 0.1200 0.1295 0.1394 0.1497 0.1604 0.1714 0.1826
 [37] 0.1942 0.2059 0.2179 0.2299 0.2420 0.2541 0.2661 0.2780 0.2897
 [46] 0.3011 0.3123 0.3230 0.3332 0.3429 0.3521 0.3605 0.3683 0.3752
 [55] 0.3814 0.3867 0.3910 0.3945 0.3970 0.3984 0.3989 0.3984 0.3970
 [64] 0.3945 0.3910 0.3867 0.3814 0.3752 0.3683 0.3605 0.3521 0.3429
 [73] 0.3332 0.3230 0.3123 0.3011 0.2897 0.2780 0.2661 0.2541 0.2420
 [82] 0.2299 0.2179 0.2059 0.1942 0.1826 0.1714 0.1604 0.1497 0.1394
 [91] 0.1295 0.1200 0.1109 0.1023 0.0940 0.0863 0.0790 0.0721 0.0656
[100] 0.0596 0.0540 0.0488 0.0440 0.0396 0.0355 0.0317 0.0283 0.0252
```

```
[109]  0.0224   0.0198   0.0175   0.0154   0.0136   0.0119   0.0104   0.0091   0.0079
[118]  0.0069   0.0060   0.0051   0.0044
```

範例標準常態分配的分位數為從 -3.0 至 3.0，數值差異量為 0.5，元素個數共有 13 個，以函數 **dnorm ( )** 求出各分位數對應的密度值 (直線高度)，密度值參數四捨五入至小數第四位：

```
> xval=seq (-3,3,0.5)
> xval
 [1] -3.0 -2.5 -2.0 -1.5 -1.0 -0.5  0.0  0.5  1.0  1.5  2.0  2.5
[13]  3.0
> length (xval)
[1] 13
> dval=round (dnorm (xval,mean=0,sd=1),4)
> dval
 [1] 0.0044 0.0175 0.0540 0.1295 0.2420 0.3521 0.3989 0.3521 0.2420
[10] 0.1295 0.0540 0.0175 0.0044
```

使用函數 **paste ( )** 將分位數與對應的密度值串聯，輸出結果可以發現，分位數絕對值為 3 時，密度參數值等於 0.0044；分位數絕對值為 2 時，密度參數值等於 0.0540；分位數絕對值為 1 時，密度參數值等於 0.2420；分位數數值為 0 時 (等於平均數)，密度參數值等於 0.3989，此密度值為標準常態分配曲線最高點的地方。

```
> paste ("xval",xval,"<–>dxval=",dval)
 [1] "xval -3 <–>dxval= 0.0044"   "xval -2.5 <–>dxval= 0.0175"
 [3] "xval -2 <–>dxval= 0.054"    "xval -1.5 <–>dxval= 0.1295"
 [5] "xval -1 <–>dxval= 0.242"    "xval -0.5 <–>dxval= 0.3521"
 [7] "xval 0 <–>dxval= 0.3989"    "xval 0.5 <–>dxval= 0.3521"
 [9] "xval 1 <–>dxval= 0.242"     "xval 1.5 <–>dxval= 0.1295"
[11] "xval 2 <–>dxval= 0.054"     "xval 2.5 <–>dxval= 0.0175"
[13] "xval 3 <–>dxval= 0.0044"
```

標準分數轉換為 T 分數的公式為：$T = 50 + 10 \times z$。當 z 分位數為 –3 時，T 分數為 $50 – 30 = 20$；z 分位數為 +3 時，T 分數為 $50 + 30 = 80$，系列數值向量界定從 20 至 80，數值間差異值為 5，各數值對應的密度值為原先標準常態分配密度值的十分之一，標準常態分配的標準差為 1、T 分數分配的標準差為 10，標準分數轉換為 T 分數後繪製的曲線圖也是常態分配曲線。

```
> xval=seq (20,80,5)
> xval
 [1] 20 25 30 35 40 45 50 55 60 65 70 75 80
> dval=round (dnorm (xval,mean=50,sd=10),5)
> dval
 [1] 0.00044 0.00175 0.00540 0.01295 0.02420 0.03521 0.03989 0.03521
 [9] 0.02420 0.01295 0.00540 0.00175 0.00044
```

　　範例語法函數使用迴圈，求出 z 值分別為 -3、-2、-1、0、1、2、3 時之機率密度數值，常態分配曲線中為曲線高度，平均數等於 0、標準差等於 1 的標準分數之常態分配曲線的最高點為 z 等於 0 時之高度，此時 Y 值等於 0.3989。z 值等於 +1 與 -1 時，曲線高度為 0.2420 (平均數上下一個標準差之機率密度值)；z 值等於 +2 與 -2 時，曲線高度為 0.0540 (平均數上下二個標準差之機率密度值)；z 值等於 +3 與 -3 時，曲線高度為 0.0044 (平均數上下三個標準差之機率密度值)。語法函數使用 **cat ( )** 將文字標記與變數串聯：

```
> for (I in c (seq (-3,3,1))) {
+    dn=round (dnorm (i),4)
+ cat ("分位數:",i,"<-->密度函數:",dn,"\n")
+ }
分位數: -3 <-->密度函數: 0.0044
分位數: -2 <-->密度函數: 0.054
分位數: -1 <-->密度函數: 0.242
分位數: 0 <-->密度函數: 0.3989  #平均數點為常態分配曲線的最高點
分位數: 1 <-->密度函數: 0.242
分位數: 2 <-->密度函數: 0.054
分位數: 3 <-->密度函數: 0.0044
[說明]：z值等於±1時，常態曲線高度為0.242、z值等於±2時，常態曲線高度為
0.054、z值等於±3時，常態曲線高度為0.0044，當z值等於0時(=平均數)常態分配
曲線高度為0.3989，可見常態分配曲線的高度為左右對稱，曲線的最高度為量數
值等於0。
```

　　語法指令列界定系列數值 (上下三個分位數)，使用機率分配函數 **pnorm ( )** 求出分位數以下曲線面積：

```
> x=seq (-3,3,0.5)
> round (pnorm (x),4)
 [1] 0.0013 0.0062 0.0228 0.0668 0.1587 0.3085 0.5000 0.6915 0.8413 0.9332
[11] 0.9772 0.9938 0.9987
> for (i in c (seq (-3,3,1))) {
+    pn=round (pnorm (i),4)
+ cat ("分位數:",i,"<-->機率值:",pn,"\n")
+ }
分位數: -3 <—>機率值: 0.0013
分位數: -2 <—>機率值: 0.0228
分位數: -1 <—>機率值: 0.1587
分位數: 0 <—>機率值: 0.5
分位數: 1 <—>機率值: 0.8413
分位數: 2 <—>機率值: 0.9772
分位數: 3 <—>機率值: 0.9987
```

　　分位數為 -3 時，機率值 (曲線面積) 為 0.0013；分位數為 -2 時，機率值 (曲線面積) 為 0.0228；分位數為 -1 時，機率值 (曲線面積) 為 0.1587；分位數 為 0 時，機率值 (曲線面積) 為 0.5000；分位數為 1 時，機率值 (曲線面積) 為 0.8413；分位數為 2 時，機率值(曲線面積) 為 0.9722；分位數為 3 時，機率值 (曲線面積) 為 0.9987。以 X 分位數曲線區域以下的機率值減掉 X-1 分位數曲線 區域以下的機率值，為 X-1 分位數至 X 分位數中間曲線區域的機率 (面積)，標 準常態分配曲線上下一個標準差至平均數間的曲線區域面積為 0.3413、一個標準 差至二個標準差間的曲線區域面積為 0.1359、二個標準差至三個標準差間的曲線 區域面積為 0.0214：

```
> round (pnorm (1)-pnorm (0),4)
[1] 0.3413
> round (pnorm (2)-pnorm (1),4)
[1] 0.1359
> round (pnorm (3)-pnorm (2),4)
[1] 0.0214
```

　　範例語法指令函數求出標準常態分配結構，各標準差間的機率值 (百分比 值)：

```
> for (i in c (seq (-3,3,1))) {
+   pn=round (pnorm (i),4)-round (pnorm (i-1),4)
+   cat ("分位數",i-1,"至",i,"分位數間","<-->機率值:",pn,"\n")
+ }
分位數 -4 至 -3 分位數間 <-->機率值: 0.0013
分位數 -3 至 -2 分位數間 <-->機率值: 0.0215
分位數 -2 至 -1 分位數間 <-->機率值: 0.1359
分位數 -1 至 0 分位數間 <-->機率值: 0.3413
分位數 0 至 1 分位數間 <-->機率值: 0.3413
分位數 1 至 2 分位數間 <-->機率值: 0.1359
分位數 2 至 3 分位數間 <-->機率值: 0.0215
```
[說明]：若是常態曲線下的面積為100％， z=0至z=1之間的面積為.3413、z=1至z=2之間的面積為.1359、z=2至z=3之間的面積為.0215；z=-1至z=0之間的面積為.3413、z=-2至z=-1之間的面積為.1359、z=-3至z=-2之間的面積為.0215。以大型入學考試為例，若成績分布為常態分配，10000位應考者(樣本觀察值)中有3413位分數介於z=0至z=1之間，有1359位分數介於z=1至z=2之間，有215位分數介於z=2至z=3之間。

標準常態分配曲線區域面積如下：

$\mu \pm 1\sigma$ = .6827 (一般統計書中的量數為 .6826，左右兩側區域面積各為 .3413)

$\mu \pm 2\sigma$ = .9545 (一般統計書中的量數為 .9544，左右兩側區域面積各為 .4772)

$\mu \pm 3\sigma$ = .9973 (一般統計書中的量數為 .9974，左右兩側區域面積各為 .4987)

```
> round (pnorm (1)-pnorm (-1),4)
[1] 0.6827
> round (pnorm (2)-pnorm (-2),4)
[1] 0.9545
> round (pnorm (3)-pnorm (-3),4)
[1] 0.9973
```
[說明]：標準常態分配情況下，平均數$\mu \pm 1\sigma$間的面積為68.27％、平均數$\mu \pm 2\sigma$間的面積為95.45％，平均數$\mu \pm 3\sigma$間的面積為99.73％。平均數上下三個標準差以內的樣本數約占總樣本數的99.73％，平均數上下三個標準差以外的樣本數只占1-.9973=0.0027，以10000位參加考試的學生為例，若學生成績的分配呈常態分配，則平均數上下三個標準以外(高於三個標準差加上低三個標準差)的樣本數約只有27位。

函數 **rnorm ( )** 為亂數產製平均數等於 mean、標準差等於 sd 的數值向量，界定的參數值為個數、平均數、標準差，若省略平均數與標準差，則常態分配情況為標準常態分布：

```
> round (rnorm (10,0,1),4) #從平均數為0、標準差為1的資料中隨機抽取10位
 [1]  1.2772  0.0886  0.8209  0.3818  0.2342  1.3277 -0.0570 -0.6741 -0.2441
[10]  1.9816
> round (rnorm (10,50,10),4) #從平均數為50、標準差為10的資料中隨機抽取10位
 [1] 56.5534 47.2558 54.9675 46.7799 39.8051 52.2889 61.0543 39.3714 41.3663
[10] 63.2692
> set.seed (12345)
> round (rnorm (15,70,10),2) #從平均數為70、標準差為10的資料中隨機抽取15位
 [1] 75.86 77.09 68.91 65.47 76.06 51.82 76.30 67.24 67.16 60.81 68.84 88.17
[13] 73.71 75.20 62.49
```

函數 qnorm ( ) 結果與函數 pnorm ( ) 剛好相反，函數 pnorm ( ) 為求出分位數以下的機率值、函數 qnorm ( ) 求出界定的機率值之分位數，qnorm ( ) 中的引數為機率值，數值需大於 0、且小於 1 之間。範例函數 pnorm ( ) 中的引數設定為 1，表示求出分位數為 1 以下的曲線區域面積 (機率值)，參數值為 0.8413447，函數 qnorm ( ) 中的機率值若界定為 0.8413447，求出的分位數為 +1：

```
> pnorm (1)
[1] 0.8413447
> qnorm (0.8413447)
[1] 0.9999998
> qnorm (pnorm (1))
[1] 1
> pnorm (-1)
[1] 0.1586553
> qnorm (0.1587)
[1] -0.9998151
> qnorm (pnorm (-1))
[1] -1
> qnorm (0)
[1] -Inf
> qnorm (1)
[1] Inf
```

　　範例第一列使用函數 seq ( ) 產生 13 個數值向量變數 zval，數值間的差異值為 0.5，數值元素向量：-3.0、-2.5、-2.0、-1.5、-1.0、-0.5、0.0、0.5、1.0、1.5、2.0、2.5、3.0；數值向量變數 yval 為數值向量變數 zval 的常態分配密度；第 3 列使用函數 plot ( ) 繪製 X 軸 (變數 zval) 與 Y 軸 (變數 yval) 的折線圖；第 4 列使用低階繪圖函數 text 增列各座標點的文字標記，標記文字字型為粗體；第 5 列使用 abline ( ) 函數增列一條 Y 軸座標為 0 的水平線：

```
> zval=seq (-3,3,0.5)
> yval=round (dnorm (zval,0,1),2)
> plot (zval,yval,type="l",lwd=2,col="blue")
> text (zval,yval,labels=paste (" (",zval,",",yval,")"),font=2)
> abline (h=0,lty=3,col="red")
```

　　圖示為 R 圖形裝置器繪製的折線圖，折線圖有 13 個座標點：

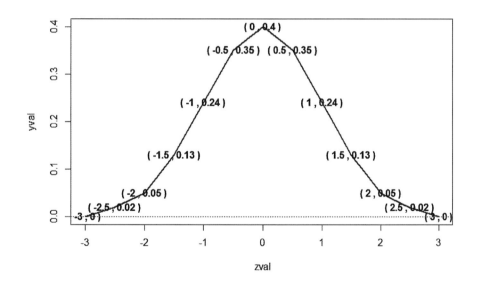

　　範例語法指令之折線圖改使用低階繪圖函數 lines ( ) 繪製，線條顏色為藍色、線條寬度為 2 個單位：

```
> zval=seq (-3,3,0.5)
> yval=round (dnorm (zval,0,1),2)
> plot (0,0,type="n",xlim=c (-3.5,3.5),ylim=c (0,0.4),font=2)
> lines (zval,yval,lwd=2,col="blue")
```

```
> text (zval,yval,labels=paste (" (",zval,",",yval,")"),font=2)
> abline (h=0,lty=3,col="red")
```

　　常態分配位數分別為 -3.0、-2.5、-2.0、-1.5、-1.0、-0.5、0.0、0.5、1.0、
1.5、2.0、2.5、3.0 時，對應的曲線高度折線圖如下，X 軸分位數的絕對值相等
時，對應的曲線高度 (Y 軸數值點) 也相同。

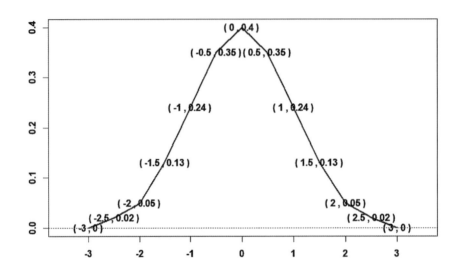

　　範例折線圖使用函數 **curve ( )** 繪製，**curve ( )** 階次為高階繪圖函數，可以獨
立開啟 R 圖形裝置器視窗介面。函數 **curve ( )** 功能在於繪製引數 [from, to] 界定
之間距中的函數曲線，函數 **curve ( )** 基本語法為：

curve (expr, from = NULL, to = NULL, n = 101, add = FALSE,

　　type = "l", xname = "x", xlab = xname, ylab = NULL,

　　log = NULL, xlim = NULL)

引數 expr 為函數名稱或 x 函數寫成的算式。

引數 from、to 繪製函數圖的範圍。

引數 n 為整數，x 數值的個數，內定參數值為 101。

引數 add 為邏輯選項，選項為真 (TRUE) 表示繪製的曲線圖增列到原始已存
在的繪圖裝置器視窗中，內定選項為假。

　　範例第一列使用 **curve ( )** 函數繪製 $x^3 - 2x$ 的函數曲線，x 數值範圍介於 -3
至 +3 之間；第二列使用 **text ( )** 函數配合 **expression ( )** 函數輸出方程式標記文

字；第三列使用 **curve（ ）** 函數繪製 $3x^2 + 4x + 4$ 的函數曲線，引數 add 界定為真，表示繪製的曲線增列在原先的繪圖視窗中，第四列使用 **text（ ）** 函數配合 **expression（ ）** 函數輸出方程式標記文字：

```
> curve (x^3 -2*x, -3, 3,lwd=2)
> text (0,-10,expression (x^3-2*x),col="navy")
> curve (3*x^2+4*x+4, add = TRUE, lwd=2,lty=2,col = "red")
> text (-1,10,expression (3*x^2+4*x+4),col="navy")
```

R 圖形裝置器繪製的函數曲線圖如下：

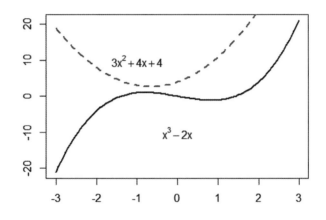

範例語法指令分別使用 **plot（ ）** 函數與 **curve（ ）** 函數繪製 sin 函數圖，x 數值範圍從 -pi (-3.14159) 到 3*pi 間：

```
> par (mfrow=c (2,1),mai=c (0.5,0.5,0.3,0.1))
> plot (sin, -pi, 3*pi,lwd=2,font=4)  #pi=3.14159
> text (-2,0.5,"plot ( ) 函數)",font=2)
> curve (sin, xlim = c (-pi, 3*pi), n = 200,lwd=2, col = "blue")
> text (-2,0.5,"curve ( ) 函數)",font=2)
```

R 圖形裝置器繪製的函數曲線圖如下：

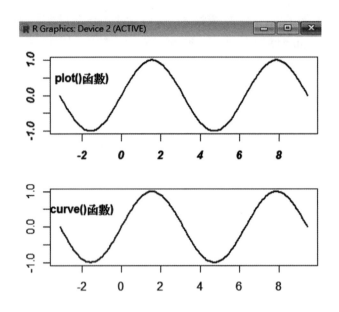

　　範例 x 數值的個數界定等於 13，函數圖的範圍從 -3 至 +3，函數為 x 數值的常態分配密度值。使用低階繪圖函數 **lines（）** 繪製常態分配曲線最高點至原點的直線、以 **text（）** 函數增列各折點的座標位置標記，字型格式為粗體、以 **abline（）** 函數增列 Y 軸數值等於 0 的水平線：

```
> curve (dnorm (x),from=-3,to=3,,n=13,lwd=2,col="red")
> zval=seq (-3,3,0.5)
> yval=round (dnorm (zval,0,1),2)
> lines (c (0,0),c (0,dnorm (0)),lwd=2,lty=2,col="blue") #增列(0,0)至(0,最高點)的直線
> text (zval,yval,labels=paste (" (",zval,",",yval,")"),font=2)
> abline (h=0,lty=1)
```

　　R 圖形裝置器繪製的折線圖如下，折線圖有 13 個座標點：

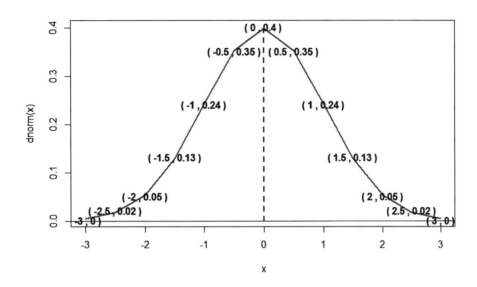

範例語法指令繪製的常態分配曲線之平均數等於 10、標準差等於 1，圖示中使用函數 **segments ( )** 繪製平均數標準差 -3、-2、-1、0、+1、+2、+3 個單位處對應的線條，使用 **arrows ( )** 函數繪製雙箭號線條、使用 **text ( )** 函數增列平均數加減標準差單位的標記文字：

```
> xval=seq (-13,13,length=150)  #數值從-13至13，元素個數共有150個
> xrange=c (7,13)
> yrange=c (0,0.4)
> yval=dnorm (xval,mean=10,sd=1)
> plot (xval,yval,lwd=2,type="l",col="blue",xlim=xrange,ylim=yrange)
> abline (h=0,lty=1)
> x0=seq (7,13,by=1)
> y0=rep (0,7)
> x1=x0
> y1=dnorm (seq (7,13,by=1)-10)
> segments (x0,y0,x1,y1,lwd=2,lty=1)
> arrows (8,dnorm (-2),12,dnorm (2), length = 0.10, angle=30,cod=3,col="red")
> arrows (9,dnorm (-1),11,dnorm (1), length = 0.10, angle=30,cod=3,col="red")
> text (8,0.3,expression (paste (mu%+-%1*sigma)),cex=1.2)
> text (8,0.15,expression (paste (mu%+-%2*sigma)),cex=1.2)
```

圖示為 R 圖形裝置器繪製的常態分配曲線圖：

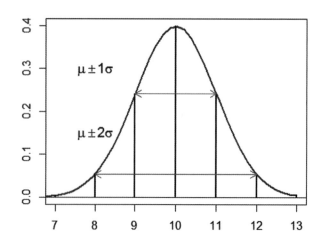

　　範例分別繪製標準常態分配的累積機率密度，中間曲線 (紅色實線) 參數的平均數為 0、標準差為 1；藍線虛線參數的平均數為 0、標準差為 0.5；黑色點線參數的平均數為 0、標準差為 2.0。配合使用低階繪圖函數 text 輸出相關文字標記，當分位數等於 0 時，累積機率密度函數值 (CDF) 為 0.50，常態分配累積機率密度函數為 **pnorm ( )**：

```
> x=seq (from=-4, to=4,length.ou=100)
> plot (x,pnorm (x,0,1),type="l",lwd=3,font=4,col=2) #繪製μ=0、σ=1的曲線
> abline (h=0.5,lty=2)
> abline (v=0,lty=2)
> curve (pnorm (x,0,0.5),lwd=2,lty=2,col="blue",add=T) #繪製μ=0、σ=0.5的曲線
> curve (pnorm (x,0,2),lwd=2,lty=3,,col="black",add=T) #繪製μ=0、σ=2的曲線
> text (0,0.5,paste ("PDF=0.50"),font=2,cex=1.5)
> text (-3,0.8,expression (paste (sigma^2,"=0.25"))) #增列σ平方等於0.25的標記文字
> text (-3,0.7,expression (paste (sigma^2,"=1.0")))#增列σ平方等於1的標記文字
> text (-3,0.6,expression (paste (sigma^2,"=4.0")))#增列σ平方等於4的標記文字
```

　　圖示為 R 圖形裝置器繪製的累積機率密度函數圖，曲線的平均數為 0、標準差 σ 為 0.5、1、2，對應的變異數 σ^2 為 0.25、1、4。

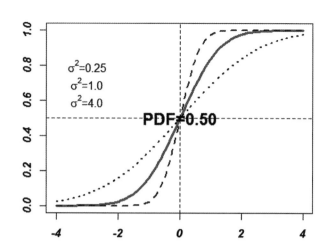

　　範例分別繪製標準常態分配的分位數圖，X 軸為累積機率密度函數值、Y 軸為對應的分位數，中間曲線 (紅色實線) 參數的平均數為 0、標準差為 1；藍線虛線參數的平均數為 0、標準差為 0.5；黑色點線參數的平均數為 0、標準差為 2.0。配合使用低階繪圖函數 text 輸出相關文字標記，當累積機率密度函數值 (CDF) 為 0.50 時，對應的分位數等於 0 (平均數 μ)，常態分配分位數函數為 **qnorm ( )**：

```
> x=seq (from=0, to=1,length.ou=100)
> plot (x,qnorm (x,0,1),type="l",lwd=3,font=4,col=2)
> abline (h=0,lty=2)
> abline (v=0.5,lty=2)
> curve (qnorm (x,0,0.5),lwd=2,lty=2,col="blue",add=T)
> curve (qnorm (x,0,2),lwd=2,lty=3,,col="black",add=T)
> text (0.7,-0.2,paste ("PDF=0.50"),font=2,cex=1.5)
> text (0.1,2.0,expression (paste (sigma^2,"=0.25")))
> text (0.1,1.6,expression (paste (sigma^2,"=1.0")))
> text (0.1,1.2,expression (paste (sigma^2,"=4.0")))
```

　　當累積機率密度數值為 0.50 時，對應的分位數為標準常態分配的平均數 0，即是當分位數的數值等於 0 (平均數) 時，累積機率密度數值為 0.50，平均數以下的面積區域占總面積的 50%、平均數以上的面積區域也占總面積的 50%。

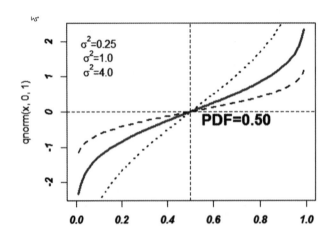

範例語法指令使用 **curve ( )** 函數繪製平均數等於 0、標準差分別等於 1、2、3、4 的常態分配曲線，第 2 列至第 4 列 **curve ( )** 函數增列引數 **add**，引數邏輯選項界定為真，表示將繪製曲線圖置放在第一個繪圖視窗中。使用低階繪圖函數 **text ( )** 在空白繪圖區增列標準差的數值標記：

```
> curve (dnorm (x,mean=0,sd=1),-5,5,lwd=2,col="black",font=2)
> curve (dnorm (x,mean=0,sd=2),-5,5,lwd=2,col="blue",add=T)
> curve (dnorm (x,mean=0,sd=3),-5,5,lwd=2,col="red",add=T)
> curve (dnorm (x,mean=0,sd=4),-5,5,lwd=2,col="navy",add=T)
> s.d=c (1,2,3,4)
> text (4,0.5-s.d/10,paste ("Sd=",s.d),font=2)
> lines (c (0,0),c (0,dnorm (0)),lwd=2,lty=2)
```

圖示為 R 圖形裝置器繪製的常態分配曲線圖，常態分配曲線之平均數均為 0 情況下，標準差單位量數值愈大，曲線愈接近低闊峰，範例圖示表示的資料結構的集中情形相似，但分散情況不同。

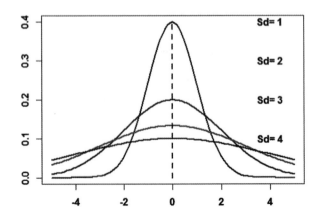

範例繪製的常態分配曲線，平均數為 50、標準差分別為 10、20、30、40：

```
> curve (dnorm (x,mean=50,sd=10),0, 100, lwd=2,col="black")
> curve (dnorm (x,mean=50,sd=15),0, 100, lwd=2,col="blue", add=T)
> curve (dnorm (x,mean=50,sd=20),0, 100, lwd=2,col="red", add=T)
> curve (dnorm (x,mean=50,sd=25),0, 100, lwd=2,col="navy", add=T)
> lines (c (50,50),c (0,dnorm (50,50,10)),lwd=1,lty=2)
> abline (h=0,lwd=1,lty=2)
```

圖示為 R 圖形裝置器繪製的常態分配曲線圖：

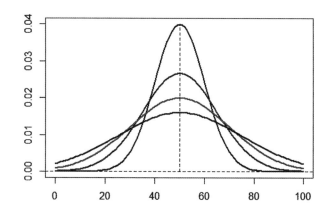

範例繪製的五條常態分配曲線，標準差均為 1，平均數分別為 0、1、2、3、4，相同的標準差參數值，表示五條常態分配曲線的分布情況相同，曲線繪製的 x 數值範圍為 4 至 8：

```
> beg.n=-4
> end.n=8
> curve (dnorm (x,mean=0,sd=1), beg.n, end.n, lwd=2,col="black")
> curve (dnorm (x,mean=1,sd=1), beg.n, end.n, lwd=2,col="blue", add=T)
> curve (dnorm (x,mean=2,sd=1), beg.n, end.n, lwd=2,col="red", add=T)
> curve (dnorm (x,mean=3,sd=1), beg.n, end.n, lwd=2,col="navy",add=T)
>curve (dnorm (x,mean=4,sd=1), beg.n, end.n,lwd=2,col="brown",add=T)
```

圖示為 R 圖形裝置器繪製的常態分配曲線圖，此圖示表示的資料結構分配形態中，集中情形不同，分散情況相同，就單因子獨立樣本變異數分析檢定程序而言，圖示在考驗五個平均數間的差異值是否顯著不同。

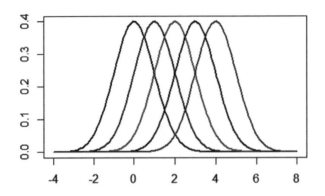

範例語法函數繪製四條常態曲線，常態曲線的平均數分別為 0、1、2、3，標準差分別為 1、2、2、3，增列圖例函數 **legend** ( ) 說明四條不同線條的統計量：

```
> curve (dnorm (x,mean=0,sd=1),-7, 10, lwd=1,col=1,lty=1,font=2)
> curve (dnorm (x,mean=1,sd=2),-7, 10, lwd=2,col=2,lty=2,add=T)
> curve (dnorm (x,mean=2,sd=2),-7, 10, lwd=3,col=3,lty=3,add=T)
> curve (dnorm (x,mean=3,sd=3),-7, 10, lwd=4,col=4,lty=4,add=T)
> legend ("topright",c ("M=0&S=1","M=1&S=2","M=2&S=2","M=3&S=3"),lwd=
  c (1:4),lty=c (1:4),col=c (1:4))
```

圖示為 R 圖形裝置器繪製的常態分配曲線圖：

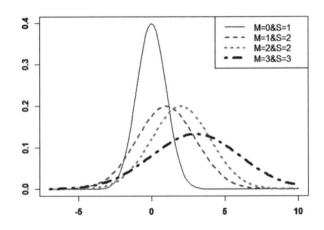

範例繪製常態分配曲線高度，使用低階繪圖函數 **lines** ( ) 分別畫出標準差等於 -2、-1、0、1、2 時之曲線高度；使用函數 **text** ( ) 增列曲線高度參數值的文字

標記：

```
> curve (dnorm (x,mean=0,sd=1),-4,4,lwd=2,col="navy",,ylab="Density",font=2)
> lines (c (-5,5),c (0,0),lty=2)
> lines (c (-2,-2),c (0,dnorm (-2)),lty=1)
> lines (c (-1,-1),c (0,dnorm (-1)),lty=1)
> lines (c (0,0),c (0,dnorm (0)),lwd=2)
> lines (c (1,1),c (0,dnorm (1)),lty=1)
> lines (c (2,2),c (0,dnorm (2)),lty=1)
> x1=c (-2,-1,0,1,2)
> y1=rep (0,5)
> y2=round (c (dnorm (x1)),4)
> text (x1,y2,paste ("高度:",y2))
```

R 圖形裝置器繪製的常態分配曲線高度圖如下：

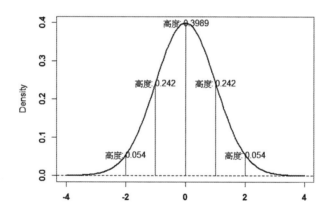

上述語法函數之 **lines ( )** 繪製之曲線高度直線，若採用 **segments ( )** 函數更為精簡，函數 **segments ( )** 基本語法為：

segments(x0, y0, x1 = x0, y1 = y0,

　　col = par("fg"), lty = par("lty"), lwd = par("lwd"))

引數 x0, y0, x1, y1 為二個點的座標值，座標值可以為單一數值或數值向量，四個數值向量的長度必須相同。範例點之橫座標參數值相同 (-2、-1、0、1、2)，縱軸座標的數值向量分別為 c (0,0,0,0,0)、c (dnorm (-2),dnorm (-1),dnorm (0),dnorm (1) dnorm (2))，R 主控臺語法函數執行結果繪製圖形與上述圖形相同：

```
> curve (dnorm (x,mean=0,sd=1),-4,4,lwd=2,col="navy",,ylab="Density",font=2)
> lines (c (-5,5),c (0,0),lty=2)
> x1=c (-2,-1,0,1,2)
> y1=rep (0,5)
> y2=round (c (dnorm (x1)),4)
> text (x1,y2,paste ("高度:",y2))
> segments (x1,y1,x1,y2,lty=1)
```

範例語法指令繪製常態曲線分配之機率密度的陰影區域，此陰影區域為常態分配的面積，R 編輯器的語法指令為：

1	curve (dnorm (x,mean=0,sd=1),-4,4,lwd=3,col="blue")
2	lines (c (-5,5),c (0,0),lty=2)
3	begx=0
4	endx=2
5	xx=seq (begx,endx,by=0.001)
6	yy=dnorm (xx)
7	zx=c (begx,xx,endx)
8	dy=c (0,yy,0)
9	polygon (zx,dy,density=60)
10	area.n=round (pnorm (endx)-pnorm (begx),4)
11	text (2,0.3,paste ("曲線面積=",area.n),font=2)

第 1 列使用函數 **curve ( )** 繪製一個標準常態分配曲線 (平均數等於 0、標準差等於 1)。

第 2 列繪製 Y 軸數值等於 0 的水平線。

第 3 列設定陰影區域左方直線對應的標準差參數值，物件變數為 begx。

第 4 列設定陰影區域右方直線對應的標準差參數值，物件變數為 endx。

第 5 列使用系列函數 **seq ( )** 界定變數 xx 的數值向量，向量元素間差異值為 0.001，系列量數起始值為 begx、結束值為 endx。

第 6 列使用密度函數 **dnorm ( )** 求出各數值向量對應的密度 (Y 軸高度)，變數名稱為 yy。

第 7 列界定數值向量 zx (元素個數有 2003)。

第 8 列界定數值向量 dy (元素個數有 2003)。

```
> length (dy)
[1] 2003
> length (zx)
[1] 2003
```

　　第 9 列使用多邊形函數 **polygon ( )** 繪製陰影區域的多邊形,顏色密度值參數設為 60。

　　第 10 列使用分配函數 **pnorm ( )** 求出陰影區域的面積 (機率比值)。

　　第 11 列使用 text 函數增列曲線陰影面積參數值的標記文字。

　　圖示為 R 主控臺執行 R 編輯器語法指令繪製的圖形,平均數與 +2σ 間的面積為 .3413 + .1359 = .4772。

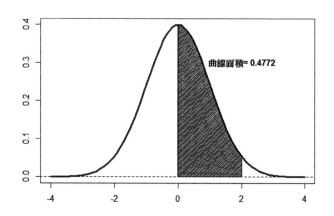

　　範例語法指令繪製的陰影區域為分位數 -2 至 -1 之間的面積,區域面積為 0.1359:

```
> curve (dnorm (x,mean=0,sd=1),-4,4,lwd=3,col="blue")
> lines (c (-5,5),c (0,0),lty=2)
> begx=-2
> endx=-1
> xx=seq (begx,endx,by=0.001)
> yy=dnorm (xx)
> zx=c (begx,xx,endx)
> dy=c (0,yy,0)
> polygon (zx,dy,density=60)
> area.n=round (pnorm (endx)-pnorm (begx),4)
> text (2,0.3,paste ("曲線面積=",area.n),font=2)
```

　　圖示為 R 主控臺語法函數繪製的圖形，平均數以下二個標準差 (-2σ) 至一個標準差 (-1σ) 間的區域面積為 .1359。

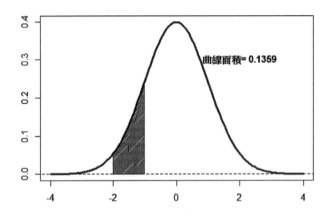

　　範例語法指令繪製的陰影區域為分位數 -1.5 至 +2 之間的面積，陰影區域面積為 0.9104：

```
> curve (dnorm (x,mean=0,sd=1),-4,4,lwd=3,col="blue")
> lines (c (-5,5),c (0,0),lty=2)
> begx=-1.5
> endx=2
> xx=seq (begx,endx,by=0.001)
> yy=dnorm (xx)
> zx=c (begx,xx,endx)
> dy=c (0,yy,0)
> polygon (zx,dy,col="gray")
> area.n=round (pnorm (endx)-pnorm (begx),4)
> text (2,0.3,paste ("曲線面積=",area.n),font=2)
```

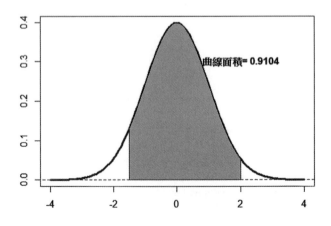

範例語法指令繪製的陰影區域為分位數 -2.0 至 +1.5 之間的面積，面積為 0.8186 (修改自張夏菁，2015)：

R 命令稿語法指令視窗介面如下：

```
1  curve(dnorm(x,mean=0,sd=1),-4,4,lwd=3,col="blue",
2        ylab="Density",xlab="Quantile",main="標準常態分配")
3  abline(h=0,lty=1)
4  x=seq(-3,3,length.out=100)
5  y=dnorm(x)
6  begin.sd=-2
7  end.sd=1
8  rx=x[begin.sd<=x & x<=end.sd]
9  ry=y[begin.sd<=x & x<=end.sd]
10 region.x=c(rx[1],rx,tail(rx,1))
11 region.y=c(0,ry,0)
12 polygon(region.x,region.y,lwd=2,col="gray")
13
```

R 命令稿語法指令執行結果之 R 主控臺視窗介面函數語法為：

```
> curve (dnorm (x,mean=0,sd=1),-4,4,lwd=3,col="blue",
+       ylab="Density",xlab="Quantile",main="標準常態分配")
> abline (h=0,lty=1)
> x=seq (-3,3,length.out=100)
> y=dnorm (x)
> begin.sd=-2
> end.sd=1
> rx=x[begin.sd<=x & x<=end.sd]
> ry=y[begin.sd<=x & x<=end.sd]
> region.x=c (rx[1],rx,tail (rx,1))
> region.y=c (0,ry,0)
> polygon (region.x,region.y,lwd=2,col="gray")
```

語法函數中的第一個分位數 (標準差) 為 -2、第二個分位數為 1，數值變數 rx 界定數值向量 x 變項之元素為大於等於 -2 且小於等於 1.00 的數值；數值變數 ry 界定數值向量 y 變項之元素為大於等於 -2 且小於等於 1.00 的數值，數值向量 rx 的長度為 50 (有 50 個元素)、數值向量 ry 的長度也為 50。數值向量 rx 的第一個元素「> rx[1]」為 -1.969697、「> tail (rx,1)」語法指令列界定最後一個元素，元素數值為 1.00。語法指令列變數 region.x、region.y 增列最初與最後的線段，二個變數向量構成一個密閉的多邊形區域。

```
> rx
 [1] -1.96969697 -1.90909091 -1.84848485 -1.78787879 -1.72727273 -1.66666667
 [7] -1.60606061 -1.54545455 -1.48484848 -1.42424242 -1.36363636 -1.30303030
[13] -1.24242424 -1.18181818 -1.12121212 -1.06060606 -1.00000000 -0.93939394
[19] -0.87878788 -0.81818182 -0.75757576 -0.69696970 -0.63636364 -0.57575758
[25] -0.51515152 -0.45454545 -0.39393939 -0.33333333 -0.27272727 -0.21212121
[31] -0.15151515 -0.09090909 -0.03030303  0.03030303  0.09090909  0.15151515
[37]  0.21212121  0.27272727  0.33333333  0.39393939  0.45454545  0.51515152
[43]  0.57575758  0.63636364  0.69696970  0.75757576  0.81818182  0.87878788
[49]  0.93939394  1.00000000
> ry
 [1] 0.05733801 0.06448952 0.07226707 0.08068571 0.08975477 0.09947714
 [7] 0.10984842 0.12085626 0.13247967 0.14468855 0.15744319 0.17069405
[13] 0.18438164 0.19843660 0.21277993 0.22732351 0.24197072 0.25661740
[19] 0.27115285 0.28546117 0.29942268 0.31291556 0.32581750 0.33800759
[25] 0.34936814 0.35978656 0.36915722 0.37738323 0.38437808 0.39006720
[31] 0.39438923 0.39729716 0.39875915 0.39875915 0.39729716 0.39438923
[37] 0.39006720 0.38437808 0.37738323 0.36915722 0.35978656 0.34936814
[43] 0.33800759 0.32581750 0.31291556 0.29942268 0.28546117 0.27115285
[49] 0.25661740 0.24197072
> length (rx) #物件變數rx的元素個數
[1] 50
> length (ry) #物件變數ry的元素個數
[1] 50
> tail (rx,1) #物件變數rx的最後一個元素數值
[1] 1
> rx[1] #物件變數rx第一個元素數值
[1] -1.969697
```

圖示為 R 圖形裝置器繪製的標準常態分配陰影區域圖：

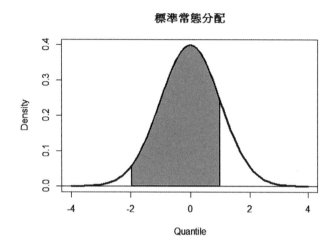

範例函數為繪製平均數上下一個標準差 (± 1σ) 曲線區域之陰影面積語法指令，修改第 5 列起始區域變數 begin.sd 的分位數「= -1」、結束區域變數 end.sd 的分位數「= 1」：

```
> curve (dnorm (x,mean=0,sd=1),-4,4,lwd=3,col="blue",ylab="Density",
  xlab="Quantile",main="標準常態分配")
> abline (h=0,lty=1,col="blue")
> x=seq (-3,3,length.out=100)
> y=dnorm (x)
> begin.sd=-1  #起始分位數為-1
> end.sd=1     #結束分位數為+1
> rx=x[begin.sd<=x & x<=end.sd]
> ry=y[begin.sd<=x & x<=end.sd]
> region.x=c (rx[1],rx,tail (rx,1))
> region.y=c (0,ry,0)
> polygon (region.x,region.y,lwd=2,col="gray")
> area.n=round (pnorm (end.sd)-pnorm (begin.sd),4)
> text (2,0.3,paste ("曲線面積=",area.n),font=2)
```

R 圖形裝置器繪製的標準常態分配陰影區域圖如下：

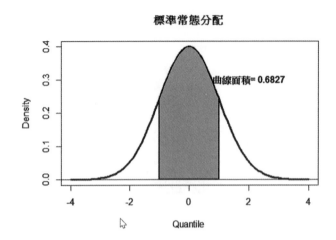

範例為繪製平均數上下二個標準差 (平均數等於 0、分位數為 -2至 +2) 曲線區域之陰影面積語法指令,修改第 5 列起始區域變數 begin.sd 的分位數「= -2」、結束區域變數 end.sd 的分位數「= 2」:

```
> curve (dnorm (x,mean=0,sd=1),-4,4,lwd=3,col="blue",ylab="Density",
  xlab="Quantile",main="標準常態分配")
> abline (h=0,lty=1,col="blue")
> x=seq (-3,3,length.out=100)
> y=dnorm (x)
> begin.sd=-2
> end.sd=2
> rx=x[begin.sd<=x & x<=end.sd]
> ry=y[begin.sd<=x & x<=end.sd]
> region.x=c (rx[1],rx,tail (rx,1))
> region.y=c (0,ry,0)
> polygon (region.x,region.y,lwd=2,col="gray")
> area.n=round (pnorm (end.sd)-pnorm (begin.sd),4)
> text (2,0.3,paste ("曲線面積=",area.n),font=2)
```

R 圖形裝置器繪製的標準常態分配陰影區域圖如下:

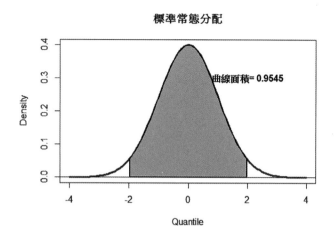

　　繪製常態分配指定區域間之陰影，可使用自訂函數的語法指令更為簡易，自訂函數 area.f (b.sd,e.sd) 的第一個參數為左邊的標準差 (分位數)、第二個參數為右邊的標準差 (分位數)，R 編輯器語法指令為：

```
area.f=function (b.sd,e.sd)
{
x=seq (-3,3,length.out=100)
y=dnorm (x)
begin.sd=b.sd
end.sd=e.sd
rx=x[begin.sd<=x & x<=end.sd]
ry=y[begin.sd<=x & x<=end.sd]
region.x=c (rx[1],rx,tail (rx,1))
region.y=c (0,ry,0)
polygon (region.x,region.y,lwd=2,col="gray")
}
```

　　R 控制臺執行 R 編輯器語法指令列如下：

```
> area.f=function (b.sd,e.sd)
+ {
+  x=seq (-3,3,length.out=100)
+  y=dnorm (x)
+  begin.sd=b.sd
+  end.sd=e.sd
+  rx=x[begin.sd<=x & x<=end.sd]
```

```
+ ry=y[begin.sd<=x & x<=end.sd]
+ region.x=c (rx[1],rx,tail (rx,1))
+ region.y=c (0,ry,0)
+ polygon (region.x,region.y,lwd=2,col="gray")
+ }
```

繪製左邊第四個分位數 (SD = -4) 至左邊第二個分位數 (SD = -2) 間的區域陰影、右邊第二個分位數 (SD = 2) 至右邊第四個分位數 (SD = 4) 間的區域陰影，使用自訂函數 area.f (第一個參數、第二個參數) 語法指令：

```
> curve (dnorm (x,mean=0,sd=1),-4,4,lwd=3,col="blue",ylab="機率密度",xlab="分位
  數",main="標準常態分配")
> abline (h=0,lty=1)
> area.f (-4,-2)
> area.f (2,4)
```

圖示為 R 圖形裝置器繪製常態分配雙尾區域陰影圖：

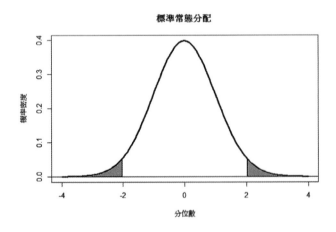

推論統計時，將顯著水準 (錯誤率) α 定為 .05 時，常態分配單側考驗 (one-tailed test) 的 z 值臨界值分別為 -1.645、+1.645；雙側考驗 (two-tailed test) 的 z 值臨界值為 -1.96、+1.96，z 值分位數小於 -1.96 以下的區域陰影面積約為 $0.025\left(\dfrac{\alpha}{2}=\dfrac{.05}{2}=.025\right)$、z 值分位數大於 +1.96 以上的區域陰影面積約為 $0.025\left(\dfrac{\alpha}{2}=\dfrac{.05}{2}=.025\right)$，二個區域陰影面積共約 .050 ($\alpha$ =.050)，二個陰影區域為拒絕區 (region of rejection) 或稱臨界區 (critical region)。當樣本資料計算所得的

統計量絕對值大於 1.96，即落入拒絕區，對應的顯著性 p 小於顯著水準 α，有足夠證據可以拒絕虛無假設 (虛無假設是錯誤的)，對立假設得到支持。在單側考驗情況下，z 值分位數小於 -1.645 以下的區域陰影面積約為 0.050、z 值分位數大於 +1.645 以上的區域陰影面積約為 0.050，個別陰影區域為拒絕區，當樣本資料計算所得的統計量小於 -1.645 (單尾左側檢定) 或大於 1.645 (單尾右側檢定)，即落入拒絕區，對應的顯著性 p 小於顯著水準 α，有足夠證據可以拒絕虛無假設 (虛無假設是錯誤的)，對立假設得到支持：

```
> pnorm (-1.96) #分位數-1.96左邊的區域面積為0.025
[1] 0.0249979
> pnorm (1.96) #分位數1.96左邊的區域面積為0.975
[1] 0.9750021
> 1-pnorm (1.96) #分位數1.96右邊的區域面積為0.025
[1] 0.0249979
> pnorm (-1.645) #分位數-1.645左邊的區域面積為0.05
[1] 0.04998491
> pnorm (1.645) #分位數1.645左邊的區域面積為0.95
[1] 0.9500151
> 1-pnorm (1.645) #分位數1.645右邊的區域面積為0.05
[1] 0.04998491
```

繪製分位數為 1.645 以下的區域陰影面積：

```
> curve (dnorm (x,mean=0,sd=1),-4,4,lwd=3,col="blue",ylab="機率密度",xlab="分位
  數",main="標準常態分配")
> abline (h=0,lty=1)
> area.f (-4,1.645)
> text (-2.5,0.3,"P (X<=1.645)=95%",font=2,cex=1.0)
> arrow s(0,0.1,-2.5,0.25,angle=20,length=0.20,lwd=1,col="red")
```

分位數為 1.645 以上的空白面積為 .05。

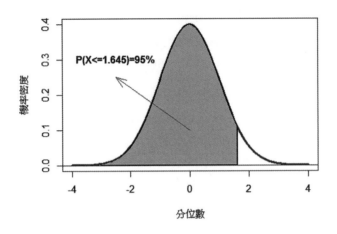

繪製 z 分配單尾左側考驗的拒絕區：

```
> curve (dnorm (x,mean=0,sd=1),-4,4,lwd=3,col="blue",ylab="機率密度",xlab="分位
  數",main="標準常態分配")
> abline (h=0,lty=1)
> area.f (-4,-1.645)
> text (-2.5,0.3,"P (X<=-1.645)=5%",font=2,cex=1.0)
> arrows (-2,0.01,-2.5,0.25,angle=20,length=0.20,lwd=1,col="red")
```

z 分配單尾左側考驗的拒絕區臨界值為 -1.645：

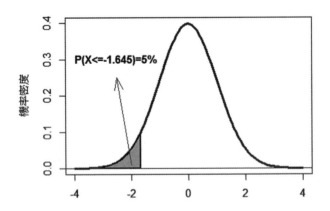

繪製 z 分配單尾右側考驗的拒絕區：

```
> curve (dnorm (x,mean=0,sd=1),-4,4,lwd=3,col="blue",ylab="機率密度",xlab="分位
  數",main="標準常態分配")
> abline (h=0,lty=1)
>area.f (1.645,4)
>text (-2.5,0.3,"P (X>=1.645)=5%",font=2,cex=1.0)
>arrows (2,0.01,-2.5,0.25,angle=20,length=0.20,lwd=1,col="red")
```

繪製 z 分配單尾右側考驗的拒絕區臨界值為 1.645：

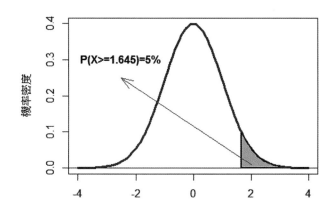

繪製 z 分配雙尾考驗的拒絕區，臨界值為 -1.96、+1.96：

```
> curve (dnorm (x,mean=0,sd=1),-4,4,lwd=3,col="blue",ylab="機率密度",xlab="分位
  數",main="標準常態分配")
> abline (h=0,lty=1)
> area.f (-4,-1.96)
> area.f (1.96,4)
> text (-2.5,0.3,"P (X<=-1.96)=.025",font=2,cex=1.0)
> arrows (-2.5,0.01,-2.5,0.25,angle=20,length=0.20,lwd=1,col="red")
> text (2.5,0.3,"P (X>=1.96)=.025",font=2,cex=1.0)
> arrows (2.5,0.01,2.5,0.25,angle=20,length=0.20,lwd=1,col="red")
```

z 分配雙尾考驗的拒絕區，左邊的分位數臨界值為 -1.96、右邊分位數臨界
值為 +1.96：

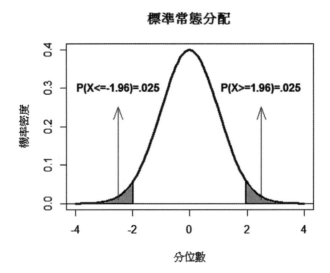

Chapter 16
其他分配函數與圖形

　　二項分配 (binomial distribution) 的 R 名稱為 binom、負二項 (negbinomial distribution) 分配為 nbinom、幾何分配 (genoetric distribution) 為 geom、超幾何分配 (hypergenoetric distribution) 為 hyper、卜瓦松分配 (poisson distribution) 為 pois、卡方分配 (chisquare distribution) 為 chisq、指數分配 (exponential distribution) 為 exp、F 分配 (F distribution)) 為 f、迦瑪分配 (gamma distribution)) 為 gamma、羅吉斯分配 (logistic distribution) 為 logis、t 分配為 t、均勻分配 (uniform distribution) 為 unif、貝塔分配 (beta distribution) 為 beta。常用機率分配與 R 名稱對照表如下 (張夏菁譯，2005)：

機率分配全名	R 名稱	增列的參數
二項分配 (binomial)	binom	n (試驗次數)、p (事件成功機率)
幾何分配 (geom etric)	geom	p (事件成功機率)
超幾何分配 (hypergeometric)	hyper	m (白球個數)、n (黑球個數)、k (抽取出球的個數)
負二項分配 (negative binomial)	nbinom	size (成功次數)、prob (成功機率)或 mu (平均數)
卜瓦松分配 (poisson)	pois	lambda (平均值)
貝塔分配 (beta)	beta	shape1 (形狀 1)、shape2 (形狀 2)
柯西分配 (cauchy)	cauchy	location (位置)、scale (尺度)
卡方分配 (chi-squared)	chisq	df (自由度)
指數分配 (onential)	exp	rate (發生率)
F 分配 (f)	f	df1 (分子自由度)、df2 (分母自由度)
迦瑪分配 (gamma)	gamma	rate (發生率) 或 scale (尺度)
對數常態分配 (log-normal)	lnorm	meanlog (對數平均數)、sdlog (對數標準差)
羅吉斯分配 (logistic)	logis	location (位置)、scale (尺度)
常態分配 (normal)	norm	mean (平均數)、sd (標準差)
t 分配 (Student's T)	t	df (t 分配自由度)
均勻分配 (uniform)	unif	min (下邊界)、max (上邊界)
威布爾分配 (weibull)	weibull	shape (形狀)、scale (尺度)
威爾科克斯分配 (wilcoxon)	wilcox	m (第一個樣本觀察值個數)、n (第二個樣本觀察值個數)

壹、均勻分配

均勻分配是一種連續的機率分配，又稱矩形分配 (rectangular distribution)，指的是每一個參數值在 [a,b] 區間內被抽取的機率都一樣，機率函數的定義為：

$$f(X) = \frac{1}{b-a}，式中 \ a \leq X \leq b。$$

均勻分配的期望值為：

$$E(X) = \frac{1}{2}(a+b)$$

均勻分配的變異數為：

$$V(X) = \frac{1}{12}(b-a)^2$$

均勻分配 (或稱均等分配) 產生最小值 (預設參數值為 0) 至最大值 (預設參數值為 0) 之間的訊息，包括均勻分配密度、均勻分配函數、均勻分配分位數函數、隨機產製均勻分配數值函數。四個函數的基本語法如下：

dunif (x, min = 0, max = 1, log = FALSE)

punif (q, min = 0, max = 1, lower.tail = TRUE, log.p = FALSE)

qunif (p, min = 0, max = 1, lower.tail = TRUE, log.p = FALSE)

runif (n, min = 0, max = 1)

範例語法函數繪製均均分配的密度圖：

```
> x=seq (from=0, to=7,length.ou=120)
> plot (x,dunif (x,min=2,max=6),xlim=c (0,7),ylim=c (0,0.6),type="l",lwd=2,font=4,c
  ol=2)
> curve (dunif (x,min=3,max=5),type="l",lwd=2,font=4,add=T)
> text (1,0.3,paste (" (a=2,b=6)"),font=2,cex=1.5)
> text (1,0.5,paste (" (a=3,b=5)"),font=2,cex=1.5)
> grid (col="gray30")
```

參數 a、b 不同時，繪製的中間長方形圖形便不一樣：

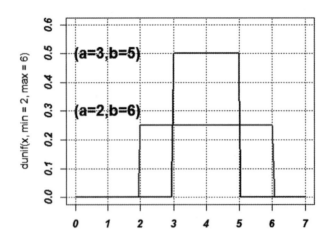

使用 **runif ( )** 函數隨機抽取 1000 個 0 至 1 間的數值，參數值四捨五入至小數第三位：

```
> set.seed (093712)
> xval=round (runif (1000,0,1),3)
> hist (r.n,prob=T)
> h.p=hist (xval,ylim=c (0,120),col=rainbow (10),density=60,border=1,xlab="分數
  ",ylab="次數",font=2)
> text (h.p$mids, h.p$counts+5, h.p$counts, col = "blue3",cex=1.2)
```

參數範圍 [0,1] 之均勻分配資料結構，理論的平均數與變異數分別為 0.50000、0.08333：

```
> mean.x= (1+0)/2
> mean.x
[1] 0.5
> var.x= (1-0)^2/12
> var.x
[1] 0.08333333
```

隨機抽取 1000 個數值，樣本觀察值的平均數與變異數分別為 0.50549、0.08268。

```
> mean (xval)
[1] 0.50549
```

```
> var (xval)
[1] 0.08267548
```

1000 個隨機樣本的直方圖如下：

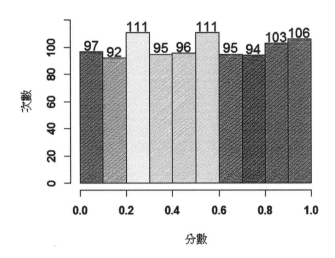

範例抽取的樣本觀察值 N=100：

```
> set.seed (093712)
> xval=round (runif (100,0,1),3)
> hist (r.n,prob=T)
> h.p=hist (xval,ylim=c (0,20),col=rainbow (10),density=60,border=1,xlab="分數
  ",ylab="次數",font=2)
> text (h.p$mids, h.p$counts+1, h.p$counts,  col = "blue3",cex=1.2)
```

隨機抽取 100 個數值，樣本觀察值的平均數與變異數分別為 0.47262、0.07846：

```
> mean (xval)
[1] 0.47262
> var (xval)
[1] 0.07846402
```

100 個隨機樣本的直方圖如下：

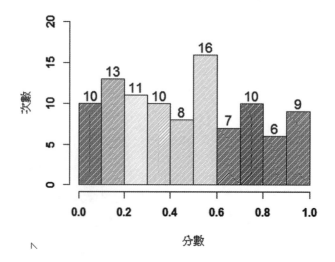

以 **runif** ( ) 隨機均勻分配函數產製 5 個數值、10 個數值的結果 (由於未設定隨機種子數，每次執行產製的數值均不相同)：

```
> runif (5)
[1] 0.8237321 0.7072065 0.5892373 0.9982726 0.9425388
> runif (10)
 [1] 0.02428936 0.53134330 0.42434544 0.86884886 0.12893500 0.87663297
 [7] 0.39784209 0.16906923 0.92104892 0.99126084
```

函數 **runif** ( ) 之 a 參數值內定數值為 0、b 參數值內定數值為 1，a、b 二個參數值可以自由更改：

```
> round (runif (12,-3,3),3)
 [1]  0.382 -1.746  2.944  0.081 -0.987 -0.337 -2.111 -1.342 -0.872 -0.891
[11]  1.392 -1.675
> round (runif (12,0,10),3)    # 隨機產製12個0至10間的數值
 [1] 2.991 7.061 3.107 1.112 9.138 4.627 9.286 3.865 0.285 2.850 7.658 7.599
> round (runif (10,0,100),0)  # 隨機產製10個0至100間的整數值
 [1] 96 83 32 21 73 50 73  8 44 24
```

範例繪製均勻分配的機率密度函數 (PDF) 圖，a 參數的數值為 0、b 參數的數值為 1：

```
> min.x=0
> max.x=1
> xval=seq (min.x,max.x,length=100)
> plot (xval,dunif (xval),type="l",xlim=c (-0.5,1.5),ylim=c (0.6,1.2),lwd=2,font=4)
> xx=c (min.x,xval,max.x)
> yy=c (0,dunif (xval),0)
> polygon (xx,yy,density=30,angle=60,col="blue")
> text (0.5,1.1,paste (" (a=",min.x,",b=",max.x,")"),cex=1.5,font=2)
```

均勻分配的機率密度函數 (PDF) 圖如下：

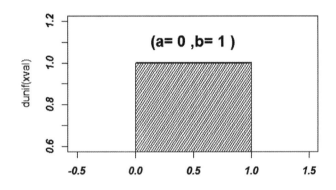

範例繪製均勻分配的機率密度函數 (PDF) 圖，a 參數的數值為 0、b 參數的數值為 1，隨機變數 x 小於等於 0.6 的機率密度：$P (x \le 0.6)$：

```
> min.x=0
> max.x=1
> xval=seq (min.x,max.x,length=100)
> plot (xval,dunif (xval),type="l",xlim=c (-0.5,1.5),ylim=c (0.6,1.2),lwd=2,font=4)
> i=xval<=0.6
> xx=c (min.x,xval[i],0.6)
> yy=c (0,dunif (xval[i]),0)
> polygon (xx,yy,density=30,angle=30,col="gray",lwd=2)
> text (0.5,1.1,paste (" (a=",min.x,",b=",max.x,")"),cex=1.5,font=2)
```

均均分配中隨機變數 x 小於等於 0.6 的機率密度圖如下：

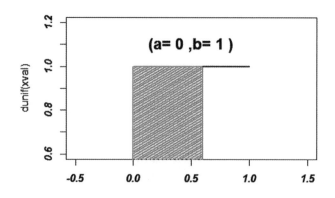

範例繪製均勻分配的機率密度函數 (PDF) 圖，a 參數的數值為 0、b 參數的數值為 1，隨機變數 x 大於等於 0.3 的機率密度：P (x ≥ 0.3)：

```
> min.x=0
> max.x=1
> xval=seq (min.x,max.x,length=100)
> plot (xval,dunif (xval),type="l",xlim=c (-0.5,1.5),ylim=c (0.6,1.2),lwd=2,font=4)
> i=xval>=0.3
> xx=c (0.3,xval[i],max.x)
> yy=c (0,dunif(xval[i]),0)
> polygon (xx,yy,density=30,angle=30,col="gray",lwd=2)
> text (0.5,1.1,paste (" (a=",min.x,",b=",max.x,")"),cex=1.5,font=2)
```

均均分配中隨機變數 x 大於等於 0.3 的機率密度圖如下：

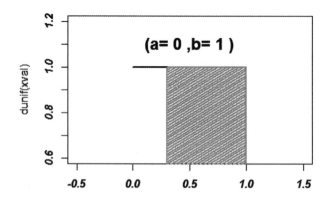

範例繪製均勻分配的機率密度函數 (PDF) 圖，a 參數的數值為 0、b 參數的數值為 3：

```
> min.x=0
> max.x=3
> xval=seq (min.x,max.x,length=100)
> plot (xval,dunif (xval),type="l",xlim=c (-1,3),lwd=3,font=4)
> xx=c (min.x,xval,max.x)
> yy=c (0,dunif (xval),0)
> polygon (xx,yy,density=30,angle=45,col="blue")
> text (2,0.8,paste (" (a=",min.x,",b=",max.x,")")),cex=1.5,font=2)
> grid (col="gray")
> abline (h=0)
```

均勻分配的機率密度函數 (PDF) 圖如下 (a = 0、b = 3)：

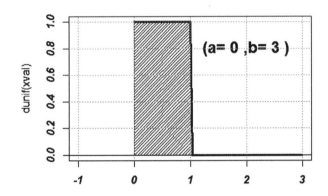

貳、二項式分配

　　二項式分配 (binomial distrubution) 的特性：重複進行 n 次完全相同的試驗，結果僅有二種可能，一為成功、一為失敗。試驗成功的機率為 p、試驗失敗的機率為 1-p，其期望值與變異數分別為：$E(X_i) = np$、$Var(X_i) = np(1 - p) = npq$。由於二項式分配的期望值 $\mu = np$，如果 p = 0.4，表示 100 個樣本觀察值中平均有 40 個試驗成功、60 個試驗失敗，參加證照考試的 20 位受試者中，平均有 5 位證照考試通過、15 位證照考試不通過。

　　二項式分配 (或稱二項分配) 的機率函數為：$f(X) = C_x^n p^x q^{n-x}$，x = 0, 1, 2, ..., n；符號 C_x^n 為 n 次試驗中成功的次數有 x 次，失敗的次數有 n-x 次，p 為成功事件出現的機率、q 為失敗事件出現的機率，總機率值為 $1 = (p + q)^n = [p + (1 - p)]^n = \sum_{x=0}^{n} C_x^n p^x q^{n-x} = \Sigma P(X)$

符號 C_x^n 的運算式 $= \dfrac{n!}{x!(n-x)!}$，$n! = (n-1) \times (n-2) \times \ldots \ldots \times 1$。

二項分配的平均數 μ (期望值) = np。

二項分配的變異數 $\sigma^2 = npq = np(1-p)$。

二項分配的標準差 $\sigma = \sqrt{npq} = \sqrt{np(1-p)}$。

二項式分配根據參數值大小與機率值衍生的密度函數、分配函數 (累積機率密度函數)、分位數函數與隨機產製函數如下：

dbinom (x, size, prob, log = FALSE)

pbinom (q, size, prob, lower.tail = TRUE, log.p = FALSE)

qbinom (p, size, prob, lower.tail = TRUE, log.p = FALSE)

rbinom (n, size, prob)

引數 x、q 為分位數向量。

引數 p 為機率向量。

引數 n 為觀察值個數。

引數 size 為試驗的次數。

引數 prob 為每個試驗事件成功的機率。

範例為界定不同的試驗次數、事件成功機率值，使用 rbinom (n, size, prob) 語法指令之結果：

```
> set.seed (123)
> n=20
> size=3
> prob=0.4
> bin.x=rbinom (n, size, prob)
> print (bin.x)
 [1] 1 2 1 2 3 0 1 2 1 1 3 1 2 1 0 2 1 0 1 3

> set.seed (123)
> n=20
> size=4
> prob=0.6
> bin.x=rbinom (n, size, prob)
> print (bin.x)
 [1] 3 2 3 1 1 4 2 1 2 3 1 3 2 2 4 1 3 4 3 1
> mean (bin.x)    # 二項式分配的平均數
```

```
[1] 2.3
> var (bin.x)    # 二項式分配的變異數
[1] 1.168421
> print (size*prob)        # 二項式分配理論上之期望值
[1] 2.4
> print (size*prob* (1-prob)) # 二項式分配理論上之變異數
[1] 0.96
```

[研究問題]：投擲硬幣三次，隨機變數 X 為出現正面的次數，試問：

1. 間斷隨機變數 X 的機率分配為何？(修改自江建良，2005)
   由於每次投擲硬幣與其他次投擲硬幣無關，隨機變數 X 每一次試驗結果均為獨立，每次出現正面的機率 p = 0.5、出現反面的機率也為 0.5，試驗次數 n = 3，二項分配函數為：$f(X) = \Sigma_{x=0}^{3} C_x^n p^x q^{n-x} = \Sigma_{x=0}^{3} C_0^3 \left(\frac{1}{2}\right)^x \left(\frac{1}{2}\right)^{3-x}$，x = 0,1,2,3。

2. 間斷隨機變數 X 的期望值與變異數為何？
   E(X) = np = 3 × 0.5 = 1.5。
   V(x) = npq = 3 × 0.5 × 0.5 = 0.75

```
> n=3
> p=0.5
> n*p
[1] 1.5
> n*p*(1-p)
[1] 0.75
```

3. 投擲三次僅出現一次正面的機率？
   使用二項式分配密度函數 dbinom ( ) 計算，引數 x = 1、size = 3、p = 0.5：

```
> round (dbinom (1,3,p=0.5),3)
[1] 0.375
```

以公式計算為：$P(X = 1) = C_x^n p^x q^{n-x} = C_1^3 \left(\frac{1}{2}\right)^1 \left(\frac{1}{2}\right)^{3-1} = \frac{3}{8} = 0.375$。

4. 投擲三次剛好出現二次正面的機率？

二項式分配密度函數 **dbinom ( )** 語法指令，引數 x = 2、size = 3、p = 0.5：

```
> round (dbinom (2,3,p=0.5),3)
[1] 0.375
```

以公式計算為：$P(X = 2) = C_x^n p^x q^{n-x} = C_2^3 \left(\frac{1}{2}\right)^2 \left(\frac{1}{2}\right)^{3-2} = \frac{3}{8} = 0.375$。

5. 投擲三次全部出現反面的機率？

二項式分配密度函數 **dbinom ( )** 語法指令，引數 x = 0 (全部為反面，事件成功的次數等於 0)、size = 3、p = 0.5：

```
> round (dbinom (0,3,p=0.5),3)
[1] 0.125
```

以公式計算為：$P(X = 0) = C_x^n p^x q^{n-x} = C_0^3 \left(\frac{1}{2}\right)^0 \left(\frac{1}{2}\right)^{3-0} = \frac{1}{8} = 0.125$。

[研究問題]：某個交通路口下班時段發生小車禍的機率為 0.60，請問：

1. 十次下班時段，最多有三次發生小車禍的機率是多少？
2. 十次下班時段，最少有發生七次小車禍的機率是多少？

範例問題中的 size = 10、p = 0.60，以月蝕觀察為例，假定發生月蝕過程中月亮被雲遮住的機率是 0.6，則：1.十次月蝕事件中 (事件次數大小)，最多有三次月亮被雲遮住的機率為多少？2.十次月蝕事件中，最少有七次月亮被雲遮住的機率為多少 (陳臺芳，2008)：

```
> round (dbinom (0,10,p=0.6),3)    #P (X=0)
[1] 0
> round (dbinom (1,10,p=0.6),3) #P (X=1)
[1] 0.002
> round (dbinom (2,10,p=0.6),3) #P (X=2)
[1] 0.011
> round (dbinom (3,10,p=0.6),3) #P (X=3)
[1] 0.042
> sum (round (dbinom (c (0:3),10,p=0.6),3)) #使用機率密度函數的加總值
[1] 0.055
```

```
> round (pbinom (3,10,p=0.6),3) #使用累積機率密度函數P (X<=3)
[1] 0.055
```

最少發生七次小車禍的機率：

```
> round (dbinom (7,10,p=0.6),3) #P (X=7)
[1] 0.215
> round (dbinom (8,10,p=0.6),3) #P (X=8)
[1] 0.121
> round (dbinom (9,10,p=0.6),3) #P (X=9)
[1] 0.04
> round (dbinom (10,10,p=0.6),3) #P(X=10)
[1] 0.006
> sum (round (dbinom (c (7:10),10,p=0.6),3)) #機率密度函數的加總
[1] 0.382
> 1-round (pbinom (6,10,p=0.6),3) #1-六次以下累積機率值
[1] 0.382
```

語法指令為求出樣本大小為 10 (引數為 size，量數為一般統計書籍中的 n)、機率值 p = 0.60 時之累積機率密度值：

```
> p.b=0
> pval=0.60
> for (i in 1:10) {
+  p.b[i]=round (pbinom (i,10,pval),4)
+  cat ("P (X<=",i,")--",p.b[i],"\n")
+ }
P (X<= 1 )-- 0.0017
P (X<= 2 )-- 0.0123
P (X<= 3 )-- 0.0548 #十次事件中最多有發生三次的機率 (包含一次、二次、三次)
P (X<= 4 )-- 0.1662
P (X<= 5 )-- 0.3669
P (X<= 6 )-- 0.6177
P (X<= 7 )-- 0.8327
P (X<= 8 )-- 0.9536
P (X<= 9 )-- 0.994
P (X<= 10 )--1
```

語法指令為求出樣本大小為 10 (引數為 size，量數為一般統計書籍中的 n)、

機率值 p = 0.60 時之機率密度值：

```
> p.b=0
> pval=0.60
> for (i in 1:10) {
+   p.b[i]=round (dbinom (i,10,pval),4)
+   cat ("P (X=",i,")--",p.b[i],"\n")
+ }
P (X= 1 )-- 0.0016
P (X= 2 )-- 0.0106
P (X= 3 )-- 0.0425
P (X= 4 )-- 0.1115
P (X= 5 )-- 0.2007
P (X= 6 )-- 0.2508
P (X= 7 )-- 0.215
P (X= 8 )-- 0.1209
P (X= 9 )-- 0.0403
P (X= 10 )-- 0.006
```
[說明]：密度函數指的是個別事件發生的機率，P (X= 1)= 0.0016，表示十次月蝕事件中，月亮被雲遮住一次的機率；P (X= 2)= 0.0106 為十次月蝕事件中，月亮被雲遮住二次的機率；P (X= 3)= 0.0425 為十次月蝕事件中，月亮被雲遮住三次的機率。十次月蝕事件中，月亮被雲遮住最多三次的機率 P (X<= 3)=P (X= 1)+ P (X= 2)+ P (X= 3)=0.0016+0.0106+ 0.0425=0.0547。
```
> sum (p.b[1:3]) #以總和函數 sum ( ) 求出
[1] 0.0547
```
[說明]：十次月蝕事件中，月亮被雲遮住最少七次的機率 P (X>=7)=P(X=7)+ P (X= 8)+ P (X= 9) + P (X= 10)= 0.215+0.1209+0.0403+ 0.006=0.3822
```
> sum (p.b[7:10]) #以總和函數 sum ( ) 求出
[1] 0.3822
```

　　已知成功事件的機率與試驗的次數，可以使用下列語法指令二項分配的密度機率值，引數 size 界定試驗的次數、引數 pval 界定事件成功的機率：

```
size=10
p.b=0
pval=0.50
 for (i in 0:size) {
   p.b[i+1]=round (dbinom (i,size,pval),4)
   cat ("P (X=",i,")--",p.b[i+1],"\n")
}
```

　　修改語法指令第 5 列，將密度函數改為累積機率密度函數 **pbinom ( )**，可以求出二項式分配的累積機率值：

```
> size=10
> p.b=0
> pval=0.50
> for (i in 0:size) {
+   p.b[i+1]=round (pbinom (i,size,pval),4)
+   cat ("P(X<=",i,")--",p.b[i+1],"\n")
+ }
P (X<= 0 )-- 0.001
P (X<= 1 )-- 0.0107
P (X<= 2 )-- 0.0547
P (X<= 3 )-- 0.1719
P (X<= 4 )-- 0.377
P (X<= 5 )-- 0.623
P (X<= 6 )-- 0.8281
P (X<= 7 )-- 0.9453
P (X<= 8 )-- 0.9893
P (X<= 9 )-- 0.999
P (X<= 10 )-- 1
```

　　範例語法指令界定試驗次數 size = 10 (統計書籍為 n = 10)、事件成功機率 p = 0.5 情況下，成功事件次數的機率：

```
> size=10
> p.b=0
> pval=0.50
> for (i in 0:size) {
+   p.b[i+1]=round (dbinom (i,size,pval),4)
+   cat ("P (X=",i,")--",p.b[i+1],"\n")
+ }
P (X= 0 )-- 0.001
P (X= 1 )-- 0.0098
P (X= 2 )-- 0.0439
P (X= 3 )-- 0.1172
P (X= 4 )-- 0.2051
P (X= 5 )-- 0.2461
P (X= 6 )-- 0.2051
```

P (X= 7)-- 0.1172
P (X= 8)-- 0.0439
P (X= 9)-- 0.0098
P(X= 10)-- 0.001

　　二項式分配中常需要計算組合符號 C_x^n 量數，符號表示的是共有 n 次試驗次數，成功事件出現的次數為 x 次，其可能出現的個數。範例為使用 R 軟體自訂函數計算可能出現的總個數，自訂函數二個引數為試驗次數、成功次數，R 命令稿語法指令為：

```
fx=function (n,x) {
 numer=1
 denom=1
 for (i in n: (n-x+1)) {
 numer=numer*i
 }
denom=cumprod (c (1:x))[x]
if (x==0) {
 t.x=1
 } else {
 t.x=round (numer/denom,2)
 }
return (t.x)
 }
```

　　主控臺語法指令為自訂函數列執行結果：

```
> fx=function (n,x) {
+  numer=1
+  denom=1
+  for (i in n: (n-x+1)) {
+  numer=numer*i
+ }
+ denom=cumprod (c (1:x))[x]
+ if (x==0) {
+  t.x=1
+  } else {
+  t.x=round (numer/denom,2)
```

```
+ }
+ return (t.x)
+ }
```

　　範例試驗次數引數為 10 次、成功事件的次數分別為 0 次、2 次、6 次、9 次、10 次時所有可能出現的個數：

```
> fx (10,0)
[1] 1
> fx (10,2)
[1] 45
> fx (10,6)
[1] 210
> fx (10,9)
[1] 10
> fx (10,10)
[1] 1
```

　　範例試驗次數引數為 12 次、成功事件的次數分別為 0 次、2 次、4 次、6 次時所有可能出現的個數：

```
> fx (12,0)
[1] 1
> fx (12,2)
[1] 66
> fx (12,4)
[1] 495
> fx (12,6)
[1] 924
```

　　假定試驗次數 10 次、事件成功機率 p = 0.50 (事件失敗機率 q = 0.50)，成功事件次數 x 的個數從 0 次至 10 次，各 C_x^n 次數出現的可能情況。範例為 R 命令稿的語法指令，物件變項 s.x 儲存事件成功的次數、物件變項 t.x 儲存 C_x^n 次數：

```
n=10
t.x=1
s.x=1
```

```
for (m in 0:n) {
s.x[m+1]=m
x=m
numer=1
denom=1
for (i in n: (n-x+1)) {
numer=numer*i
}
denom=cumprod (c (1:x))[x]
if (x==0) {
t.x[m+1]=1 } else {
t.x[m+1]=round (numer/denom,2)}
}
```

R 主控臺執行 R 命令稿語法指令列的結果如下：

```
> n=10
> t.x=1
> s.x=1
> for (m in 0:n) {
+  s.x[m+1]=m
+  x=m
+  numer=1
+  denom=1
+  for (i in n: (n-x+1)) {
+  numer=numer*i
+  }
+ denom=cumprod (c (1:x))[x]
+ if (x==0) {
+ t.x[m+1]=1 } else {
+ t.x[m+1]=round (numer/denom,2)}
+ }
```

輸出事件成功次數 x 的數值向量與 C_x^n 個數的數值向量，對應的元素可以看出 10 次試驗次數 (n = 10) 情況下，成功事件出現 1 次、2 次、3 次的次數分別為 10、45、120，成功事件出現 5 次的次數為 252，各元素次數除以總次數的比率為 **dbinom ( )** 函數求出的機率密度值。

```
> s.x
 [1] 0  1  2  3  4  5  6  7  8  9 10
> t.x
 [1]   1  10  45 120 210 252 210 120  45  10   1
> d.x=round (t.x/sum (t.x),4)
> d.x
 [1] 0.0010 0.0098 0.0439 0.1172 0.2051 0.2461 0.2051 0.1172 0.0439 0.0098
[11] 0.0010
```

　　將事件成功次數向量、出現總次數向量、百分比 (密度值) 向量使用函數
cbind ( ) 合併，配合 **colnames** ( ) 函數修改矩陣物件之直行標題名稱：

```
> all.x=cbind (s.x,t.x,d.x)
> colnames (all.x)=c ("成功事件","出現次數","百分比 (密度)")
> all.x
```

	成功事件	出現次數	百分比 (密度)
[1,]	0	1	0.0010
[2,]	1	10	0.0098
[3,]	2	45	0.0439
[4,]	3	120	0.1172
[5,]	4	210	0.2051
[6,]	5	252	0.2461
[7,]	6	210	0.2051
[8,]	7	120	0.1172
[9,]	8	45	0.0439
[10,]	9	10	0.0098
[11,]	10	1	0.0010

　　使用函數 **barplot** ( ) 繪製次數分配長條圖，配合 **axis** ( ) 函數標記 X 軸的數
值向量：

```
> bar.p=barplot (t.x,ylim=c (0,265),xlim=c (0,13),density=30,col= "red",border="blue",
  font=2)
> axis (1,at=bar.p,labels=c (0:10),font=4)
> abline (h=0)
```

　　圖示為各不同成功事件個數情況下，所有可能次數的次數分配表：

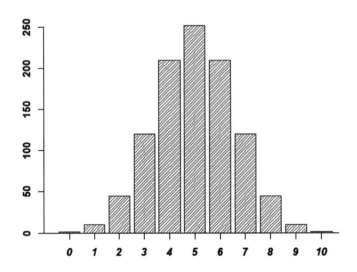

Y 軸改採用密度函數，繪製各成功次數之密度量數值的長條圖：

```
> bar.p=barplot (d.x,ylim=c (0,0.30),xlim=c (0,13),density=30,col= "red",border="blue",
  font=2)
> axis (1,at=bar.p,labels=c (0:10),font=4)
> abline (h=0)
> lines (bar.p,d.x,lwd=1,col="blue")
> text (bar.p, d.x+0.02,d.x,cex=0.8,font=2)
```

長條圖增列折線圖示如下，從圖示中可以看出二項分配的分配型態十分接近常態分配。

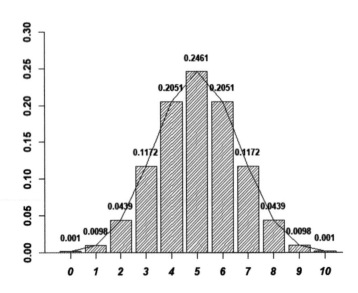

　　範例的 n 總個數界定為 100 (隨機樣本產製的二項分配隨機數值)、試驗的次數 size 等於 10、試驗成功的機率 prob 為 0.4，理論值的平均數為 size × prob、理論值的變異數為 size × prob × (1-prob)：

```
> set.seed (093712)
> n=100
> size=10
> prob=0.4
> bin.x=rbinom (n, size, prob)
> tmu=size*prob
> print (tmu)
[1] 4
> tvar=size*prob*(1-prob)
> print (tvar)
[1] 2.4
> mean (bin.x)
[1] 3.87
> var (bin.x)
[1] 2.255657
```

　　理論值的平均數與變異數分別為 4、2.4，實際值的平均數與變異數分別為 3.87、2.256。

　　範例的 n 總個數界定為 100 (隨機樣本產製的二項分配隨機數值)、試驗的次數 size 等於 10、試驗成功的機率 prob 為 0.8：

```
> set.seed (093712)
> n=100
> size=10
> prob=0.8
> bin.x=rbinom (n, size, prob)
> tmu=size*prob
> print (tmu)
[1] 8
> tvar=size*prob* (1-prob)
> print (tvar)
[1] 1.6
> mean (bin.x)
[1] 8.09
```

```
> var (bin.x)
[1] 1.638283
```

　　理論值的平均數與變異數分別為 8、1.6，實際值的平均數與變異數分別為 8.09、1.6382，理論上的參數與試驗的統計量差異甚小。

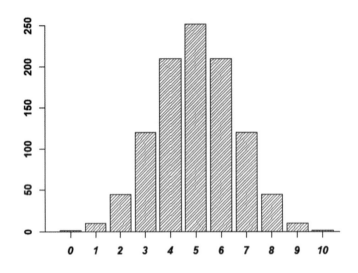

　　範例的每次試驗次數 size 為 10，抽樣樣本總個數為 500，二項式分配的機率值 p = 0.5，繪製數值向量構成的機率分配圖：

```
> set.seed (093712)
> xval=rbinom (500,10,0.5)
> yval=dbinom (xval,10,0.5)
> tab=table (xval)
> plot (xval,yval,type="h",cex=2,col="blue",ylim=c (0,0.4),xlim=c (0,10),ylab="機率
  ",font=4,lwd=3)
> grid (col="gray")
> text (3,0.3,"二項式分配的機率圖 (p=0.5)",font=2)
```

　　二項式之機率分配圖如下 (p=0.5)：

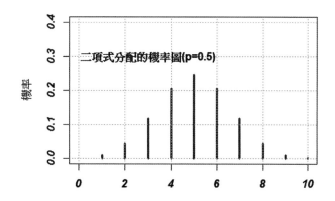

範例的每次試驗次數 size 為 10，抽樣樣本總個數為 500，二項式分配的機率值 p=0.2，繪製數值向量構成的機率分配圖 ：

```
> set.seed (093712)
> xval=rbinom (500,10,0.2)
> yval=dbinom (xval,10,0.2)
> tab=table (xval)
> plot (xval,yval,type="h",cex=2,col="blue",ylim=c (0,0.4),xlim=c (0,10),ylab="機率
  ",font=4,lwd=5)
> grid (col="gray")
> text (3,0.35,"二項式分配的機率圖 (p=0.2)",font=2)
```

二項式分配中 P<0.5 時，其分配的機率圖呈正偏態，圖中的機率值 P=0.2，正偏態的曲線左端較陡，右方斜度較小，曲線的眾數與中位數均小於平均數，即多數樣本觀察值的測量值小於平均數。

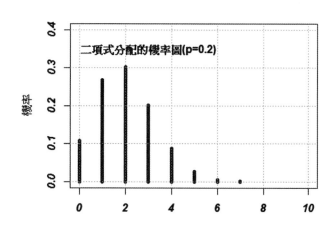

範例的每次試驗次數 size 為 10，抽樣樣本總個數為 500，二項式分配的機率值 p=0.7，繪製數值向量構成的機率分配圖 ：

```
> set.seed (093712)
> xval=rbinom (500,10,0.7)
> yval=dbinom (xval,10,0.7)
> tab=table (xval)
> plot (xval,yval,type="h",cex=2,col="blue",ylim=c (0,0.4),xlim=c (0,10),ylab="機率
  ",font=4,lwd=5)
> grid (col="gray")
> text (3,0.35,"二項式分配的機率圖 (p=0.7)",font=2)
```

二項式分配中 P>0.5 時，其分配的機率圖呈負偏態，圖中的機率值 P=0.7，負偏態的曲線右端較陡，左方斜度較小，曲線的眾數與中位數均大於平均數，即多數樣本觀察值的測量值大於平均數。

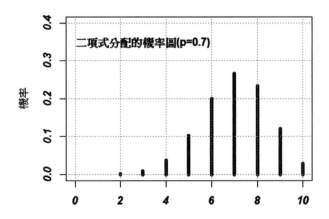

語法指令繪製二項式分配的累積機率密度圖 (p=0.5)：

```
> set.seed (093712)
> xval=rbinom (500,10,0.5)
> xval.s=sort (xval)
> yval=pbinom (xval.s,10,0.5)
> tab=table (xval)
> plot (0,0,type="n",cex=2,col="blue",ylim=c (0,1),xlim=c (0,10),ylab="累積機率
  ",font=4)
> lines (xval.s,yval,lwd=3,col="blue",type="s")
> lines (xval.s,yval,lwd=3,col="red",type="l",lty=2)
> text (3.1,0.9,"二項式分配的累積機率圖 (p=0.5)",font=2)
```

　　二項式分配的累積機率密度圖 (p=0.5) 如下，紅色虛線的累積機率圖接近常態分配之累積機率圖：

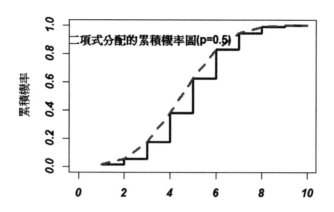

　　範例的每次試驗次數 size 為 10，抽樣樣本總個數為 100，二項式分配的機率值 p=0.5，繪製數值向量構成的次數分配長條圖：

```
> set.seed (093712)
> xval=rbinom (100,10,0.5)
> tab.x=table (xval)
> bar.p=barplot (tab.x,ylim=c (0,30),xlim=c (0,10),main="長條圖 (size=10,p=0.5)",
  density=60,col="green",border="blue",ylab="次數",font=2)
> abline (h=0)
> text (bar.p, tab.x+2,paste (tab.x),cex=1.0,font=2)
> grid (col="gray40")
```

　　二項式分配 (機率值 p=0.5) 之次數分配長條圖如下：

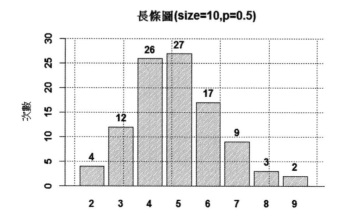

　　範例的每次試驗次數 size 為 10，抽樣樣本總個數為 10000，二項式分配的機率值 p=0.5，繪製數值向量構成的次數分配長條圖：

```
> set.seed (093712)
> xval=rbinom (10000,10,0.5)
> tab.x=table (xval)
> x.t=round (tab.x/sum (tab.x),3)
> bar.p=barplot (x.t,ylim=c (0,0.35),xlim=c (0,12),main="長條圖 (size=10,p=0.5)",dens
  ity=60,col="green",border="blue",ylab="百分比",font=2)
> abline (h=0)
> text (bar.p, x.t+0.05,paste (x.t*100,"%"),cex=0.8,font=2)
> grid (col="gray40")
```

　　二項式分配 (機率值 p=0.5) 之次數分配長條圖如下，當總抽取的樣本數愈大，二項式分配的型態愈接近對稱分配的型態：

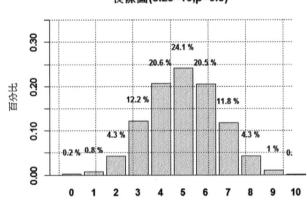

　　二項式分配中，參數 size × p 的數值大於等於 5 或 size × (1 − p) 的數值大於等於 5 時，二項式分配會十分接近常態分配。二項式分配之參數值中 size、p 分別為 100、0.3，間斷隨機變數總個數為 10000：

```
> set.seed (093712)
> xval=rbinom (10000,100,0.3)
> yval=dbinom (xval,100,0.3)
> plot (xval,yval,type="h",cex=2,col="blue",ylim=c (0,0.1),xlim=c (10,55),ylab="機率
  ",font=4,lwd=3)
> grid (col="gray")
> text (30,0.094,"二項式分配的機率圖 (size=100,p=0.3)",font=2)
```

二項式分配的機率圖漸近常態分配型態：

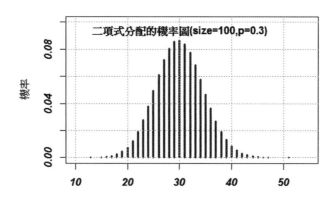

範例語法指令以 np、npq 求出二項式分配的期望值與變異數，增列繪製數值 10 至 50 間之 X 軸分位數的標準機率密度函數線：

```
> set.seed (093712)
> xval=rbinom (10000,100,0.3)
> yval=dbinom (xval,100,0.3)
> plot (xval,yval,type="h",cex=2,col="blue",ylim=c (0,0.1),xlim=c (10,55),ylab="機率
  ",font=4,lwd=3)
> grid (col="gray")
> text (30,0.094,"二項式分配的機率圖 (size=100,p=0.3)",font=2)
> mu=100*0.3
> sd=sqrt (mu*(1-0.3))
> lines (zx,dnorm (zx,mu,sd),lwd=2.5,col="red")
```

圖示為平均數 mu= 30、標準差 sd= 4.583 之二項式分配機率圖：

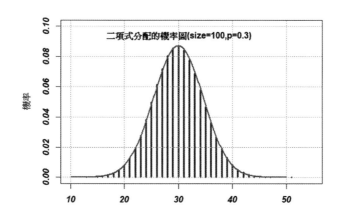

二項式分配之參數值中 size、p 分別為 80、0.7，間斷隨機變數總個數為 5000：

```
> set.seed (093712)
> xval=rbinom (5000,80,0.7)
> yval=dbinom (xval,80,0.7)
> plot (xval,yval,type="h",cex=2,col="blue",ylim=c (0,0.11),xlim=c (min (xval)-2,
  max (xval)+5),ylab="機率",font=4,lwd=3)
> grid (col="gray")
> text (min (xval)+10,0.105,"二項式分配的機率圖 (size=80,p=0.7)",font=2,cex=0.8)
```

二項式分配的機率圖漸近常態分配型態：

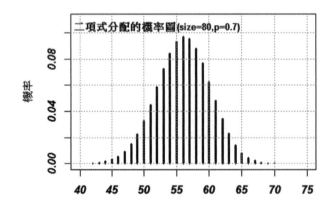

參、卜瓦松分配

卜瓦松分配 (Poisson distribution) 是一種獨立事件發生次數的機率分配，常見者為固定單位時間內隨機事件次數發生的機率，若 x 表示單位時間內隨機事件發生的次數，則 λ 表示的是單位時間內隨機事件平均出現的次數 (平均值)(林進益，2016)。

卜瓦松分配的機率函數為：$P(x) = \dfrac{\lambda^x e^{-\lambda}}{x!}$，式中 x = 0,1,2；e 為自然對數的底，參數值為 2.71828；λ 為某一固定比例值。間斷隨機變數 x 的期望值 (平均數) 與變異數為：E(x)=λ、Var(x)=λ。

卜瓦松分配之 R 語言指令函數如下：

dpois (x, lambda, log = FALSE)

ppois (q, lambda, lower.tail = TRUE, log.p = FALSE)

qpois (p, lambda, lower.tail = TRUE, log.p = FALSE)

rpois (n, lambda)

引數 x 為分位數向量 (非負值的整數)。

引數 q 為分位數向量。

引數 p 為機率向量。

引數 n 為隨機數值的個數。

引數 lambda 為平均數向量 (參數值必須為正值)。

範例語法指令使用 **rpois ( )** 函數隨機產製 50 個隨機變數，lambda 值 (平均值) 界定等於 5：

```
> xval =rpois (50, lambda = 5)
> tab.n=table (factor (xval, 0:max (xval)))
> print (tab.n)
 0  1  2  3  4  5  6  7  8  9 10 11
 0  3  2  6  7 12  8  5  4  2  0  1
> sum (tab.n)
[1] 50
> mean (xval)
[1] 5.14
```

範例語法指令使用 **rpois ( )** 函數隨機產製 100 個隨機變數，lambda 值 (平均值) 界定等於 6：

```
> set.seed (093712)
> xval =rpois (100, lambda=6)
> tab.n=table (factor (xval,0:max (xval)))
> print (tab.n)
 0  1  2  3  4  5  6  7  8  9 10 11 12 13 14
 0  2  2 10 19 15 20  9 11  7  1  1  1  0  2
> sum (tab.n)
[1] 100
> mean (xval)
[1] 5.82
```

自卜瓦松分配資料中隨機抽取 100 個隨機變數，這 100 個隨機變數 x 的平均數為 5.82，理論界定的 lambda 值為 6，理論與實際間之平均數的差異量為抽樣誤差造成的。當隨機抽取的樣本數愈大，則理論與實際間之平均數的差異量會愈接近為 0 或等於 0。

範例語法指令使用 **rpois ( )** 函數隨機產製 100 個隨機變數，lambda 值 (平均值) 界定等於 3：

```
> set.seed (093712)
> xval=rpois (100,lambda=3)
> yval=dpois (xval,lambda=3)
> tab=table (xval)
> plot (xval,yval,type="h",cex=2,col="blue",ylim=c (0,0.3),xlim=c (0,10),ylab="機率
  ",font=4,lwd=5)
> grid (col="gray")
> text (4,0.25,expression (paste (" (Poisson分配的機率圖 ",lambda,"=3)")),cex=1.5)
```

圖示為界定 lambda 值等於 3 之卜瓦松分配的機率圖：

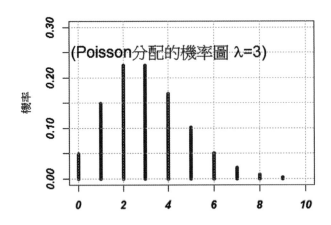

範例語法函數求出 100 個 lambda 值等於 3 之卜瓦松分配的間斷隨機變數的次數分配表：

```
> table (xval)
xval
 0  1  2  3  4  5 6 7 8 9
 4 19 22 27 13 10 1 1 1 2
```

```
> table (xval)/sum (table (xval))
xval
   0    1    2    3    4    5    6    7    8    9
0.04 0.19 0.22 0.27 0.13 0.10 0.01 0.01 0.01 0.02
```

100 個間斷隨機變數與其對應的機率密度函數值如下，機率密度函數為 **dpois**（）：

```
> xval.s
 [1] 0 0 0 0 1 1 1 1 1 1 1 1 1 1 1 1 1 1 1 1 1 1 1 1 1 2 2 2 2 2 2 2 2 2 2 2
[37] 2 2 2 2 2 2 2 2 2 3 3 3 3 3 3 3 3 3 3 3 3 3 3 3 3 3 3 3 3 3 3 3 3 3 3 3
[73] 4 4 4 4 4 4 4 4 4 4 4 4 4 5 5 5 5 5 5 5 5 5 5 6 7 8 9 9
> round (dpois (xval.s,lambda=3),3)
  [1] 0.050 0.050 0.050 0.050 0.149 0.149 0.149 0.149 0.149 0.149 0.149 0.149
 [13] 0.149 0.149 0.149 0.149 0.149 0.149 0.149 0.149 0.149 0.149 0.149 0.224
 [25] 0.224 0.224 0.224 0.224 0.224 0.224 0.224 0.224 0.224 0.224 0.224 0.224
 [37] 0.224 0.224 0.224 0.224 0.224 0.224 0.224 0.224 0.224 0.224 0.224 0.224
 [49] 0.224 0.224 0.224 0.224 0.224 0.224 0.224 0.224 0.224 0.224 0.224 0.224
 [61] 0.224 0.224 0.224 0.224 0.224 0.224 0.224 0.224 0.224 0.224 0.224 0.224
 [73] 0.168 0.168 0.168 0.168 0.168 0.168 0.168 0.168 0.168 0.168 0.168 0.168
 [85] 0.168 0.101 0.101 0.101 0.101 0.101 0.101 0.101 0.101 0.101 0.101 0.050
 [97] 0.022 0.008 0.003 0.003
```

在單位時間內平均出現 3 次的情況下，平均出現 1 次的機率約為 0.149、P(x=1)=0.149；平均出現 2 次的機率約為 0.224；P(x=2)=0.224。

100 個隨機變數排序後對應的累積機率密度函數值如下，累積機率密度函數為 **ppois**（）：

```
> round (ppois (xval.s,lambda=3),3)
  [1] 0.050 0.050 0.050 0.050 0.199 0.199 0.199 0.199 0.199 0.199 0.199 0.199
 [13] 0.199 0.199 0.199 0.199 0.199 0.199 0.199 0.199 0.199 0.199 0.199 0.423
 [25] 0.423 0.423 0.423 0.423 0.423 0.423 0.423 0.423 0.423 0.423 0.423 0.423
 [37] 0.423 0.423 0.423 0.423 0.423 0.423 0.423 0.423 0.423 0.647 0.647 0.647
 [49] 0.647 0.647 0.647 0.647 0.647 0.647 0.647 0.647 0.647 0.647 0.647 0.647
 [61] 0.647 0.647 0.647 0.647 0.647 0.647 0.647 0.647 0.647 0.647 0.647 0.647
 [73] 0.815 0.815 0.815 0.815 0.815 0.815 0.815 0.815 0.815 0.815 0.815 0.815
 [85] 0.815 0.916 0.916 0.916 0.916 0.916 0.916 0.916 0.916 0.916 0.916 0.966
 [97] 0.988 0.996 0.999 0.999
```

語法指令為繪製卜瓦松分配之累積機率密度圖 (lambda 值為 3)：

```
> set.seed (093712)
> xval=rpois (100,lambda=3)
> xval.s=sort (xval)
> yval=ppois (xval.s,lambda=3)
> plot (0,0,type="n",cex=2,col="blue",ylim=c (0,1),xlim=c (0,10),ylab="累積機率
  ",font=4)
> lines (xval.s,yval,lwd=3,col="blue",type="s")
> lines (xval.s,yval,lwd=3,col="red",type="l",lty=2)
> grid (col="gray")
> text (5,0.25,expression (paste (" (Poisson分配的累積機率圖 ",lambda,"=3)")),
  cex=1.5)
```

圖示為卜瓦松分配之累積機率密度圖：

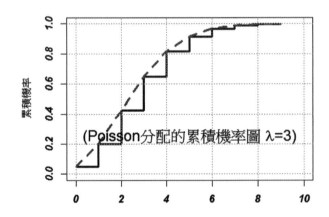

肆、樣本平均數抽樣分配的模擬

假定無限多個樣本平均數 $\bar{x}$ 是從一個平均數為 μ、標準差為 σ 之母群體中而來，樣本平均數 $\bar{x}$ 的樣本觀察值 n 是一組隨機樣本，此隨機樣本是從母體中抽取而得，多個樣本平均數 $\bar{x}$ 的平均數以符號 $\mu_{\bar{x}}$ 表示，則 $\mu_{\bar{x}} = \mu$，樣本平均數 $\bar{x}$ 的變異數以 $\sigma_{\bar{x}}^2$ 符號表示，則 $\sigma_{\bar{x}}^2 = \dfrac{\sigma^2}{n}$，量數值稱為「樣本平均數的變異誤」 (variance error of the mean)；樣本平均數 $\bar{x}$ 的標準差 $\sqrt{\sigma_{\bar{x}}^2} = \sigma_{\bar{x}} = \sqrt{\dfrac{\sigma^2}{n}} = \dfrac{\sigma}{\sqrt{n}}$，量數值稱為「樣本平均數的標準誤」 (stanadard error of the mean)，不論母體是否呈

常態分配，若抽取的樣本數 n 夠大，則樣本平均數 x̄ 的抽樣分配型態會接近常態分配。當樣本觀察值 n 大於等於 30 時，多個樣本觀察值 x̄ 抽樣分配型態會十分接近常態分配，若母體的標準差為 16，樣本觀察值 n = 25，則樣本平均數的標準誤 $\sigma_{\bar{X}}^2 = \dfrac{\sigma}{\sqrt{n}} = \dfrac{16}{\sqrt{25}} = 3.2$，樣本平均數的變異誤 $\sigma_{\bar{X}}^2 = \dfrac{\sigma^2}{n} = \dfrac{16^2}{25} = 10.24$。

```
> 16/sqrt (25)
[1] 3.2
> 16^2/25
[1] 10.24
```

範例語法指令為從數值向量 1、2、3、4、5 中抽取三個資料，使用迴圈方法輸出所有可能的組合，物件變項 x1.v 儲存數值組合、物件變項 x2.v 儲存抽取四個資料的平均數、物件變項 x3.v 儲存抽取四個資料的中位數：

```
> s=1
> x1.v=0
> x2.v=0
> x3.v=0
> xmat=0
> for (i in 1:5) {
+  for (j in 1:5) {
+  for (k in 1:5) {
+   x1.v[s]=paste ("{",i,",",j,",",k,"}",sep="")
+   x2.v[s]=round (mean (c (i,j,k)),2)
+   x3.v[s]=median (c (i,j,k))
+   s=s+1
+ }}}
> xmat=cbind (x1.v,x2.v,x3.v)    #以矩陣型態合併三個向量
> colnames (xmat)=c ("數值組合","平均數","中位數")    #界定矩陣的直行標題名稱
> print (as.data.frame (xmat))        #以資料框架物件型態輸出結果
      數值組合     平均數    中位數
1       {1,1,1}        1         1
2       {1,1,2}     1.33        1
3       {1,1,3}     1.67        1
4       {1,1,4}        2         1
5       {1,1,5}     2.33        1
6       {1,2,1}     1.33        1
```

7	{1,2,2}	1.67	2
8	{1,2,3}	2	2
9	{1,2,4}	2.33	2
10	{1,2,5}	2.67	2
11	{1,3,1}	1.67	1
12	{1,3,2}	2	2
13	{1,3,3}	2.33	3
14	{1,3,4}	2.67	3
15	{1,3,5}	3	3
16	{1,4,1}	2	1
17	{1,4,2}	2.33	2
18	{1,4,3}	2.67	3
19	{1,4,4}	3	4
20	{1,4,5}	3.33	4
21	{1,5,1}	2.33	1
22	{1,5,2}	2.67	2
23	{1,5,3}	3	3
24	{1,5,4}	3.33	4
25	{1,5,5}	3.67	5
26	{2,1,1}	1.33	1
27	{2,1,2}	1.67	2
28	{2,1,3}	2	2
29	{2,1,4}	2.33	2
30	{2,1,5}	2.67	2
31	{2,2,1}	1.67	2
32	{2,2,2}	2	2
33	{2,2,3}	2.33	2
34	{2,2,4}	2.67	2
35	{2,2,5}	3	2
36	{2,3,1}	2	2
37	{2,3,2}	2.33	2
38	{2,3,3}	2.67	3
39	{2,3,4}	3	3
40	{2,3,5}	3.33	3
41	{2,4,1}	2.33	2
42	{2,4,2}	2.67	2
43	{2,4,3}	3	3
44	{2,4,4}	3.33	4
45	{2,4,5}	3.67	4
46	{2,5,1}	2.67	2
47	{2,5,2}	3	2

48	{2,5,3}	3.33	3
49	{2,5,4}	3.67	4
50	{2,5,5}	4	5
51	{3,1,1}	1.67	1
52	{3,1,2}	2	2
53	{3,1,3}	2.33	3
54	{3,1,4}	2.67	3
55	{3,1,5}	3	3
56	{3,2,1}	2	2
57	{3,2,2}	2.33	2
58	{3,2,3}	2.67	3
59	{3,2,4}	3	3
60	{3,2,5}	3.33	3
61	{3,3,1}	2.33	3
62	{3,3,2}	2.67	3
63	{3,3,3}	3	3
64	{3,3,4}	3.33	3
65	{3,3,5}	3.67	3
66	{3,4,1}	2.67	3
67	{3,4,2}	3	3
68	{3,4,3}	3.33	3
69	{3,4,4}	3.67	4
70	{3,4,5}	4	4
71	{3,5,1}	3	3
72	{3,5,2}	3.33	3
73	{3,5,3}	3.67	3
74	{3,5,4}	4	4
75	{3,5,5}	4.33	5
76	{4,1,1}	2	1
77	{4,1,2}	2.33	2
78	{4,1,3}	2.67	3
79	{4,1,4}	3	4
80	{4,1,5}	3.33	4
81	{4,2,1}	2.33	2
82	{4,2,2}	2.67	2
83	{4,2,3}	3	3
84	{4,2,4}	3.33	4
85	{4,2,5}	3.67	4
86	{4,3,1}	2.67	3
87	{4,3,2}	3	3
88	{4,3,3}	3.33	3

89	{4,3,4}	3.67	4
90	{4,3,5}	4	4
91	{4,4,1}	3	4
92	{4,4,2}	3.33	4
93	{4,4,3}	3.67	4
94	{4,4,4}	4	4
95	{4,4,5}	4.33	4
96	{4,5,1}	3.33	4
97	{4,5,2}	3.67	4
98	{4,5,3}	4	4
99	{4,5,4}	4.33	4
100	{4,5,5}	4.67	5
101	{5,1,1}	2.33	1
102	{5,1,2}	2.67	2
103	{5,1,3}	3	3
104	{5,1,4}	3.33	4
105	{5,1,5}	3.67	5
106	{5,2,1}	2.67	2
107	{5,2,2}	3	2
108	{5,2,3}	3.33	3
109	{5,2,4}	3.67	4
110	{5,2,5}	4	5
111	{5,3,1}	3	3
112	{5,3,2}	3.33	3
113	{5,3,3}	3.67	3
114	{5,3,4}	4	4
115	{5,3,5}	4.33	5
116	{5,4,1}	3.33	4
117	{5,4,2}	3.67	4
118	{5,4,3}	4	4
119	{5,4,4}	4.33	4
120	{5,4,5}	4.67	5
121	{5,5,1}	3.67	5
122	{5,5,2}	4	5
123	{5,5,3}	4.33	5
124	{5,5,4}	4.67	5
125	{5,5,5}	5	5

　　樣本平均數的期望值為 3、樣本中位數的期望值也為 3，二個統計量均等於母群體的平均數，因而樣本平均數或樣本中位數的期望值 (平均數) 就是母群體

的平均數 μ，二個統計量都是母群體平均數 μ 的不偏估計值；但就樣本觀察值之變異程度來看，樣本中位數標準差統計量 (= 1.157) 較樣本平均數標準差統計量大 (= 0.8199)。

```
> cat ("樣本平均數的平均數=",mean (x2.v),"\n")
樣本平均數的平均數= 3
> cat ("樣本中位數的平均數=",mean (x3.v),"\n")
樣本中位數的平均數= 3
> cat ("母群體的平均數=",mean (c (1:5)),"\n")
母群體的平均數= 3
> cat ("樣本平均數的標準差=",round (sd (x2.v),4),"\n")
樣本平均數的標準差= 0.8199
> cat ("樣本中位數的標準差=",round (sd (x3.v),4),"\n")
樣本中位數的標準差= 1.157
```

　　平均數的抽樣誤差明顯小於中位數抽樣誤差，在統計推論中幾乎都以平均數之抽樣分配為主要研究對象。用來評估兩個不偏估計值之優劣，較常使用者為「相對效率」(relative efficency)，平均數對中位數之相對效率為：

$$\frac{變異數\,(中位數)}{變異數\,(平均數)} = \frac{\pi\sigma^2\,/\,(2n)}{\sigma^2\,/\,n} = \frac{\pi}{2} = 1.571$$，算式中，$\pi\sigma^2\,/\,(2n)$ 為樣本中位數隨機分布的變異數，$\sigma^2\,/\,n$ 為樣本平均數隨機分布的變異數，σ^2 為母群體的變異數 (吳裕益，2007)。

　　假定母群體的標準差參數=4、變異數參數 $\sigma^2 = 16$，樣本數 $n = 16$，則樣本中位數變異數統計量與樣本平均數變異數統計量分別為 1.571、1.000。

```
> pi*16/(2*16)
[1] 1.570796
> 16/16
[1] 1
```

　　假定母群體為常態分配，平均數 $\mu = 10.61$、標準差 $\sigma = 5.23$，每次隨機抽取 30 位樣本觀察值，重複執行抽取 100 次：

```
> sam.m=0
> sam.me=0
> x=round (rnorm (500,10,5),2)
```

```
> T=100
> n=30
> for (i in 1:T) {
+ xval=sample (x,n,replace=F)
+ sam.m[i]=mean (xval)
+ sam.me[i]=median (xval)
+ }
> mean (sam.m)    #樣本平均數的平均數統計量
[1] 10.51404
> mean (sam.me)    #樣本中位數的平均數統計量
[1] 10.53895
> var (sam.me)/var (sam.m)    #相對效率統計量
[1] 1.517483
> mean (x)    #原有限母群的平均數
[1] 10.60926
> sd (x)        #原有限母群的標準差
[1] 5.225363
```

　　R 編輯器語法指令繪製樣本平均數抽樣分配的機率密度圖，每次抽取的樣本數 n 為 10，母群體的數值為 1 至 50 (N)，共抽取 100 次。從數值變數 x 中隨機抽取 10 個樣本，抽取採用不置回的方法 ：

```
set.seed (12345)
x=c (1:50)
T=100
n=10
for (i in 1:T) {
xval=sample (x,n,replace=F)
sam.m[i]=mean (xval)
}
plot (density (sam.m),cex=2,col="blue",ylim=c (0,0.10),xlim=c (min (sam.m)-5,max
(sam.m)+5),xlab="樣本觀察值平均數",ylab="密度",font=4,lwd=2)
dsam.m=density (sam.m)
segments (mean (x),0,mean (x),max (dsam.m$y))
```

　　R 主控臺執行 R 編輯器語法指令的結果為 ：

```
> set.seed (12345)
> x=c (1:50)
```

```
> T=100
> n=10
> for (i in 1:T) {
+ xval=sample (x,n,replace=F)
+ sam.m[i]=mean (xval)
+ }
> plot (density (sam.m),cex=2,col="blue",ylim=c (0,0.10),xlim=c (min (sam.m)-5,
  max (sam.m)+5),xlab="樣本觀察值平均數",ylab="密度",font=4,lwd=2)
> dsam.m=density (sam.m)
> segments (mean (x),0,mean (x),max (dsam.m$y))
```

圖示為樣本平均數抽樣分配的機率密度圖：

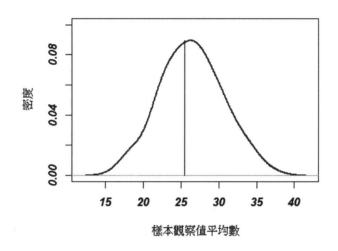

使用 **mean ( )** 函數求出母群的平均數與樣本觀察值平均數抽樣分配的平均值，母體平均數為 25.5、樣本觀察值平均數的總平均數為 26.438 (隨機樣本 $\bar{x}$ 的平均數)，其中的差異即為抽樣誤差造成的。因為母群體的 N 為 50 (有限母體)，每次抽取的樣本觀察值個數 n 只有 10，當 n 足夠大時 (如 n 大於等於 30)，則樣本觀察值平均值的總平均數 ($\mu_{\bar{x}}$) 與母群的平均數 (μ) 差異值會接近 0：

```
> mean (x)
[1] 25.5
> mean (sam.m)   #隨機變數 x̄ 抽樣分配的平均數
[1] 26.438
```

密度函數 density (sam.m) 物件的內容包括分位數變數 x 與對應的密度值 y 的

描述性統計量：

```
> dsam.m
Call:
      density.default (x = sam.m)
Data: sam.m (100 obs.); Bandwidth 'bw' = 1.492
     x                 y
 Min.   :12.33     Min.   :3.039e-05
 1st Qu.:19.64     1st Qu.:4.036e-03
 Median :26.95     Median :2.373e-02
 Mean   :26.95     Mean   :3.415e-02
 3rd Qu.:34.26     3rd Qu.:6.423e-02
 Max.   :41.57     Max.   :8.949e-02
> names (dsam.m)
[1] "x"       "y"       "bw"      "n"       "call"  "data.name"
[7] "has.na"
```

使用物件引數名稱 dsam.m$y，配合最大值函數 **max ( )** 可以求出機率密度參數值的最大值：

```
> max (dsam.m$y)
[1] 0.08948645
```

範例語法函數使用迴圈求出 100 次隨機抽樣的樣本觀察值 (n = 10) 的平均數與標準差：

```
> set.seed (12345)
> x=c (1:50)
> T=100
> n=10
> sam.m=0
> sd.m=0
> for (i in 1:T) {
+ xval=sample (x,n,replace=F)
+ sam.m[i]=mean (xval)
+ sd.m[i]=sd (xval)
+ }
> for (i in 1:T){
```

```
+   cat ("取樣次數：",i,"<—>平均數=",round (sam.m[i],2),"---標準差=", round (sd.
m[i],2),"\n")
+ }
```

取樣次數：　1 <—>平均數= 31 ---標準差= 13.86
取樣次數：　2 <—>平均數= 26.5 ---標準差= 18.74
取樣次數：　3 <—>平均數= 25.4 ---標準差= 10.5
取樣次數：　4 <—>平均數= 23.4 ---標準差= 15.26
取樣次數：　5 <—>平均數= 24.6 ---標準差= 16.4
取樣次數：　6 <—>平均數= 24 ---標準差= 14.72
取樣次數：　7 <—>平均數= 30.7 ---標準差= 15.53
取樣次數：　8 <—>平均數= 22.6 ---標準差= 12.19
取樣次數：　9 <—>平均數= 23.6 ---標準差= 17.03
取樣次數：　10 <—>平均數= 27.7 ---標準差= 15.32
取樣次數：　11 <—>平均數= 27.5 ---標準差= 12.81
取樣次數：　12 <—>平均數= 27.9 ---標準差= 15
<略>
取樣次數：　88 <—>平均數= 27.5 ---標準差= 17.53
取樣次數：　89 <—>平均數= 28.2 ---標準差= 14.73
取樣次數：　90 <—>平均數= 16.8 ---標準差= 15.43
取樣次數：　91 <—>平均數= 20.2 ---標準差= 14.2
取樣次數：　92 <—>平均數= 27.1 ---標準差= 16.16
取樣次數：　93 <—>平均數= 30.1 ---標準差= 17.92
取樣次數：　94 <—>平均數= 19 ---標準差= 12.69
取樣次數：　95 <—>平均數= 29.7 ---標準差= 12.7
取樣次數：　96 <—>平均數= 22.6 ---標準差= 13.64
取樣次數：　97 <—>平均數= 24.8 ---標準差= 10.94
取樣次數：　98 <—>平均數= 37.1 ---標準差= 11.45
取樣次數：　99 <—>平均數= 24.4 ---標準差= 15.13
取樣次數：　100 <—>平均數= 22 ---標準差= 13.11

```
> mean (sam.m)
```
[1] 26.438
[說明]：100次隨機變數 $\bar{x}$ 抽樣分配的平均數 $\mu_{\bar{x}}$ =26.438。
```
> mean (sd.m)
```
[1] 14.37506
[說明]：100次隨機變數 $\bar{x}$ 抽樣分配的標準差之平均值為14.375。

　　有限母群體的平均數為 25.5、標準差 (分母為 N=50) 參數為 14.43、分母為 N-1 時，母群的標準差為 14.577。

```
> round (mean (x),2)
[1] 25.5
> N=length (x)
> round (sd (x)*sqrt ((N-1)/N),2)
[1] 14.43
> round (sqrt (sum ((x-mean (x))^2)/N),2) #分母為N
[1] 14.43
> round (sd (c (1:50)),3) #分母為N-1
[1] 14.577
```

　　假定有限母群體的元素從 1 至 10，每次從有限母群體中隨機抽取四個樣本觀察值，則 N=10、n=4 情況下所有可能的組合共有 210 種，母群體的平均數 (μ) 為 5.5、變異數 ($\sigma_{\bar{X}}^2$) 為 8.25 (分母為 N)，標準差為 2.8723。

```
> x.p=c (1:10)
> mean (x.p)
[1] 5.5
> var (x.p)*(10-1)/10
[1] 8.25
> round (sqrt (8.25),4)
[1] 2.8723
```

　　有限母群體樣本平均數 $\bar{X}$ 抽樣分配之變異數為 $\sigma_{\bar{X}}^2 = \dfrac{\sigma^2}{n} \times \dfrac{N-n}{N-1} = \dfrac{8.25}{4} \times \dfrac{10-4}{10-1} = 1.375$，樣本平均數 $\bar{X}$ 抽樣分配之標準差為 1.1726，有限母群體樣本平均數抽樣分配之平均數為 5.5。假設原母群體是無限母群，則母群體樣本平均數 $\bar{X}$ 抽樣分配之變異數為 $\sigma_{\bar{X}}^2 = \dfrac{\sigma^2}{n} = \dfrac{8.25}{4} = 2.0625$、標準差為 1.426。

```
> 8.25/4*(10-4)/(10-1)
[1] 1.375
> round (sqrt (1.375),4)
[1] 1.1726
> 8.25/4
[1] 2.0625
> sqrt (8.25/4)
```

```
[1] 1.436141
> mean (xval)
[1] 5.5
```

範例語法指令為從 1 至 10 個量數中，每次抽取 4 個資料的所有可能組合(修改自吳裕益，2007)：

```
> s=1
> xval=0
> for (i in 1:7) {
+   for (j in (i+1):8) {
+   for (k in (j+1):9) {
+   for (l in (k+1):10) {
+   xval[s]=round ((i+j+k+l)/4,3)
+   s=s+1
+ }}}}
> xval
  [1] 2.50 2.75 3.00 3.25 3.50 3.75 4.00 3.00 3.25 3.50 3.75 4.00 4.25 3.50
 [15] 3.75 4.00 4.25 4.50 4.00 4.25 4.50 4.75 4.50 4.75 5.00 5.00 5.25 5.50
 [29] 3.25 3.50 3.75 4.00 4.25 4.50 3.75 4.00 4.25 4.50 4.75 4.25 4.50 4.75
 [43] 5.00 4.75 5.00 5.25 5.25 5.50 5.75 4.00 4.25 4.50 4.75 5.00 4.50 4.75
 [57] 5.00 5.25 5.00 5.25 5.50 5.50 5.75 6.00 4.75 5.00 5.25 5.50 5.25 5.50
 [71] 5.75 5.75 6.00 6.25 5.50 5.75 6.00 6.00 6.25 6.50 6.25 6.50 6.75 7.00
 [85] 3.50 3.75 4.00 4.25 4.50 4.75 4.00 4.25 4.50 4.75 5.00 4.50 4.75 5.00
 [99] 5.25 5.00 5.25 5.50 5.50 5.75 6.00 4.25 4.50 4.75 5.00 5.25 4.75 5.00
[113] 5.25 5.50 5.25 5.50 5.75 5.75 6.00 6.25 5.00 5.25 5.50 5.75 5.50 5.75
[127] 6.00 6.00 6.25 6.50 5.75 6.00 6.25 6.25 6.50 6.75 6.50 6.75 7.00 7.25
[141] 4.50 4.75 5.00 5.25 5.50 5.00 5.25 5.50 5.75 5.50 5.75 6.00 6.00 6.25
[155] 6.50 5.25 5.50 5.75 6.00 5.75 6.00 6.25 6.25 6.50 6.75 6.00 6.25 6.50
[169] 6.50 6.75 7.00 6.75 7.00 7.25 7.50 5.50 5.75 6.00 6.25 6.00 6.25 6.50
[183] 6.50 6.75 7.00 6.25 6.50 6.75 6.75 7.00 7.25 7.00 7.25 7.50 7.75 6.50
[197] 6.75 7.00 7.00 7.25 7.50 7.25 7.50 7.75 8.00 7.50 7.75 8.00 8.25 8.50
> length (xval)
[1] 210
> sum (table (xval)) #樣本平均數$\bar{X}$抽樣分布的總個數為210
[1] 210
```

使用 **table（ ）** 函數求出樣本平均數 $\bar{X}$ 抽樣分布的次數分配表，當四個元素資料為 1、2、3、4 時，樣本平均數 $\bar{X}$ 量數值為 2.5；四個元素資料為 7、8、9、

10 時，樣本平均數 $\overline{X}$ 量數值為 8.5；四個樣本觀察值資料為 1、2、3、6，或 1、2、4、5 時，樣本平均數 $\overline{X}$ 量數值均為 3.0。

```
> mean (c (1,2,3,6))
[1] 3
> mean (c (1,2,4,5))
[1] 3
> table (xval)
xval
  2.5 2.75    3 3.25  3.5 3.75    4 4.25  4.5 4.75    5 5.25  5.5 5.75    6
    1    1    2    3    5    6    9   10   13   14   16   16   18   16   16
 6.25  6.5 6.75    7 7.25  7.5 7.75    8 8.25  8.5
   14   13   10    9    6    5    3    2    1    1
```

以矩陣物件方式儲存相關統計量，陣列共有 25 個橫列 4 個直行 (25 × 4)，初始界定時，陣列中每個元素均為 0。陣列物件變項第 1 直行為樣本平均數 $\overline{X}$ 抽樣分布的平均數量數 (次數分配表之名稱)、第 2 直行為樣本平均數 $\overline{X}$ 抽樣分布出現的次數 (次數分配表之次數量數)、第 3 直行為樣本平均數 $\overline{X}$ 抽樣分配出現的百分比、第 4 直行為樣本平均數 $\overline{X}$ 抽樣分配出現的累積百分比：

```
> xrt=table (xval)
> xrp=round (xrt/sum (xrt),4)
> xmat=matrix (0,nrow=25,ncol=4)
> for (i in 1:25) {
+ xmat[i,1]=names (xrt[i])
+ xmat[i,2]=xrt[i]
+ xmat[i,3]=xrp[i]*100
+ xmat[i,4]=sum (xrp[1:i])*100
+ }
```

使用 colnames ( ) 函數增列界定矩陣直行的名稱，四個直行標題名稱為「樣本平均數」、「次數」、「百分比 (%)」、「累積百分比」，之後再以 as.data.frame ( ) 函數將矩陣物件轉換為資料框架物件，輸出之資料框架物件為 210 個樣本平均數之次數分配表 (累積百分比等於 100.03%，小數點量數為四捨五入造成的差異值)：

```
> colnames (xmat)=c ("樣本平均數","次數","百分比 (%)","累積百分比")
> dxmat=as.data.frame (xmat)
> print (dxmat)
```

	樣本平均數	次數	百分比 (%)	累積百分比
1	2.5	1	0.48	0.48
2	2.75	1	0.48	0.96
3	3	2	0.95	1.91
4	3.25	3	1.43	3.34
5	3.5	5	2.38	5.72
6	3.75	6	2.86	8.58
7	4	9	4.29	12.87
8	4.25	10	4.76	17.63
9	4.5	13	6.19	23.82
10	4.75	14	6.67	30.49
11	5	16	7.62	38.11
12	5.25	16	7.62	45.73
13	5.5	18	8.57	54.3
14	5.75	16	7.62	61.92
15	6	16	7.62	69.54
16	6.25	14	6.67	76.21
17	6.5	13	6.19	82.4
18	6.75	10	4.76	87.16
19	7	9	4.29	91.45
20	7.25	6	2.86	94.31
21	7.5	5	2.38	96.69
22	7.75	3	1.43	98.12
23	8	2	0.95	99.07
24	8.25	1	0.48	99.55
25	8.5	1	0.48	100.03

範例語法指令使用繪圖函數繪製樣本平均數的次數分布圖：

```
> plot (xrt,type="o",ylab="次數",xlab="樣本平均數",font=2,col="blue",lwd=2.5)
> points (xrt,lwd=2,col="red",lty=2)
> abline (h=0)
```

從圖示中可以發現，雖然抽取的樣本數不大，但 210 個樣本平均數之次數分配圖仍十分接近常態分配：

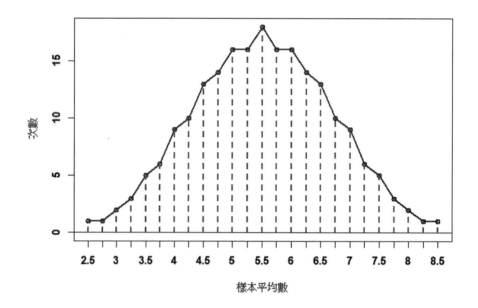

從有限母群體中 (N=10) 每次抽取四個樣本觀察值，樣本觀察值所有可能組合之平均數的次數分配表與圖形繪製之完整語法指令如下：

```
s=1
xval=0
for (i in 1:7) {
 for (j in (i+1):8) {
  for (k in (j+1):9) {
   for (l in (k+1):10) {
   xval[s]=round ((i+j+k+l)/4,3)
    s=s+1
}}}}
xrt=table (xval)
xrp=round (xrt/sum (xrt),4)
xmat=matrix (0,nrow=25,ncol=4)
for (i in 1:25) {
 xmat[i,1]=names (xrt[i])
 xmat[i,2]=xrt[i]
 xmat[i,3]=xrp[i]*100
 xmat[i,4]=sum (xrp[1:i])*100
}
colnames (xmat)=c ("樣本平均數","次數","百分比 (%)","累積百分比")
dxmat=as.data.frame (xmat)
```

```
plot (xrt,type="o",ylab="次數",xlab="樣本平均數",font=2,col="blue",lwd=2.5)
points (xrt,lwd=2,col="red",lty=2)
abline (h=0)
```

範例有限母群體 (N=15) 的數值從 1 至 15，每次從母群體隨機抽取 5 個資料 (樣本觀察值)，有限母群體所有可能的組合共有 3003 種，將所有可能組合的平均數以函數 **table ( )** 求出次數分配表，再以繪圖函數繪製平均數次數分布情形：

```
xval=0
for (i in 1:11) {
 for (j in (i+1):12) {
  for (k in (j+1):13) {
   for (l in (k+1):14) {
   for (m in (l+1):15) {
   xval[s]=round (mean (c (i,j,k,l,m)),3)
   s=s+1
}}}}}
xrt=table (xval)
plot (xrt,type="o",ylab="次數",xlab="樣本平均數",font=2,col="blue",lwd=2.5)
points (xrt,lwd=2,col="red",lty=2)
abline (h=0)
```

R 主控臺執行 R 命令稿後之視窗語法指令列如下：

```
> s=1
> xval=0
> for (i in 1:11) {
+  for (j in (i+1):12) {
+   for (k in (j+1):13) {
+    for (l in (k+1):14) {
+    for (m in (l+1):15) {
+    xval[s]=round (mean (c (i,j,k,l,m)),3)
+    s=s+1
+ }}}}}
> xrt=table (xval)
> plot (xrt,type="o",ylab="次數",xlab="樣本平均數",font=2,col="blue",lwd=2.5)
> points (xrt,lwd=2,col="red",lty=2)
> abline (h=0)
```

　　圖示為 3003 個平均數量數值之次數分布圖，樣本平均數之次數分布圖十分接近常態分配曲線：

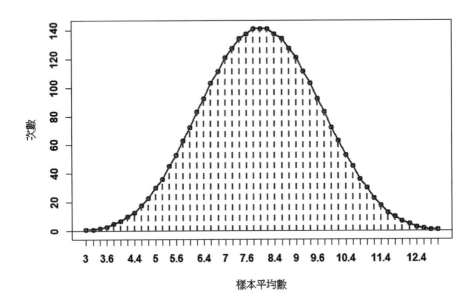

　　每次均抽取 5 個資料，所有可能組合的次數分配表如下，樣本平均數的全距介於 3 至 13 之間：

```
> range (xval)
[1]  3 13
> xrt
xval
    3  3.2  3.4  3.6  3.8    4  4.2  4.4  4.6  4.8    5  5.2  5.4  5.6  5.8
    1    1    2    3    5    7   10   13   18   23   30   36   45   53   63
    6  6.2  6.4  6.6  6.8    7  7.2  7.4  7.6  7.8    8  8.2  8.4  8.6  8.8
   72   83   92  103  111  121  127  134  137  141  141  141  137  134  127
    9  9.2  9.4  9.6  9.8   10 10.2 10.4 10.6 10.8   11 11.2 11.4 11.6 11.8
  121  111  103   92   83   72   63   53   45   36   30   23   18   13   10
   12 12.2 12.4 12.6 12.8   13
    7    5    3    2    1    1
> sum (xrt)
[1] 3003
```

　　範例語法指令中抽取的次數為 10000，母群體的數值為 1 至 100，每次隨機抽取 50 個樣本點數值，抽取後不放回：

```
> set.seed (12345)
> x=c (1:100) #N=100
> T=10000    # 重複抽取次數
> n=50    #n=50
> for (i in 1:T) {
+   xval=sample (x,n,replace=F)
+   sam.m[i]=mean (xval)
+ }
> plot (density (sam.m),cex=2,col="blue",ylim=c (0,0.15),xlim=c (min (sam.m)-5,
  max (sam.m)+5), xlab="樣本觀察值平均數",ylab="密度",font=4,lwd=2)
> dsam.m=density (sam.m)
> segments (mean (x),0,mean (x),max (dsam.m$y))
```

圖示為樣本平均數抽樣分配的機率密度圖，圖形十分接近常態分配曲線：

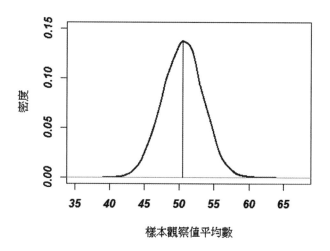

母群體的平均數為 50.5、樣本觀察值平均數的總平均數為 50.51024，樣本觀
察值平均數的總平均值與母群體的平均數差異值非常小：

```
> sam.m
   [1] 48.04 49.66 50.34 57.12 48.60 47.10 50.10 51.74 52.48 56.86 54.38
  [12] 47.96 51.18 49.90 47.84 51.62 49.94 46.60 49.32 49.90 47.28 51.60
  [23] 50.50 52.46 49.24 54.66 47.06 49.24 53.58 50.34 50.18 55.64 53.52
<略>
[9978] 50.94 49.12 47.82 51.92 48.04 57.74 49.64 47.66 52.16 49.08 49.96
[9989] 47.40 55.18 45.96 44.56 52.82 47.44 46.94 49.06 51.30 51.94 51.14
```

```
[10000] 50.74
> mean (x)
[1] 50.5
> mean (sam.m)
[1] 50.51024
```

使用 **var ( )** 函數輸出母群體的變異數、樣本觀察值平均數的變異誤，母群體的變異數為 841.667、隨機樣本 $\bar{x}$ 抽樣分配的變異數統計量為 8.337。當母體的個數相當大或是母群體的性質為無限大時，樣本觀察值平均數抽樣分配之變異數統計量會接近 $\dfrac{\sigma^2}{n}$，此統計量稱為樣本平均數的變異誤；而樣本觀察值平均數分配的的標準差為 $\sqrt{\dfrac{\sigma^2}{n}} = \dfrac{\sigma}{\sqrt{n}}$，此統計量稱為樣本觀察值平均數的標準誤。

```
> var (x)
[1] 841.6667
> var (sam.m)
[1] 8.336941
```

隨機變數 $\bar{x}$ 的抽樣分配，其分散情形的量數為 $\sigma_{\bar{x}}$，而非母群體的 σ，前者稱為估計標準誤，後者稱為標準差，前者為樣本觀察值 $\bar{x}$ 抽樣分配的統計量，後者為母體的參數，$\bar{x}$ 抽樣分配可以以算式表示：

$$z_{\bar{x}} = \frac{\bar{x} - \mu}{\sigma_{\bar{x}}} = \frac{\bar{x} - \mu}{\dfrac{\sigma}{\sqrt{n}}} = N\left(\mu, \frac{\sigma}{\sqrt{n}}\right)$$

中央極限定理 (central limit theorem) 指的是重複地從平均數等於 μ、標準差等於 σ 的母群體中隨機抽取大小為 n 個之樣本觀察值：$\{x_1 、 x_2 、 \ldots\ldots 、 x_{n-1} 、 x_n\}$，只要 n 的數值夠大，依照大數法則，不論母群體原先是否為常態分配，樣本觀察值的平均數 $\bar{x}_i$ 所構成機率分配之型態將會是常態分配。樣本觀察值平均數 $\bar{x}_i$ 的總平均數等於母群體平均數 $\mu(\mu_{\bar{x}} = \mu)$、樣本觀察值平均數 $\bar{x}_i$ 的標準誤/標準差統計量 (standard error of the mean) $\sigma_{\bar{x}}$ 等於 $\dfrac{\sigma}{\sqrt{n}}\left(\sigma_{\bar{x}} = \dfrac{\sigma}{\sqrt{n}}\right)$、樣本觀察值平均數 $\bar{x}_i$ 的變異誤/變異數統計量 (variance error of the mean) $\sigma_{\bar{x}}^2$ 等於 $\dfrac{\sigma^2}{n}$。若是母群體為有限母群體，則樣本觀察值平均數 $\bar{x}_i$ 的變異誤要乘以一個校正因子：

$\dfrac{(N-n)}{N-1}\times\dfrac{\sigma^2}{n}$，其中 N 為有限母群體的總樣本數，n 為每次抽取的樣本觀察值個數。在隨機抽樣中，當樣本觀察值 n 的參數值愈大，則每次抽取的樣本觀察值間的平均數統計量愈接近，樣本觀察值的平均數與母群體的平均數 μ 差異值愈小，樣本觀察值平均數的此種性質稱為「大數法數」(law of large numbers)。根據中央極限定理，當 n 的樣本數夠大，不論原先母群體本身的分配型態是否為常態，$\bar{x}$ 的抽樣分配會十分接近常態分配。

[研究問題]：甲直轄市六年級學生閱讀素養平均數 $\mu = 78$，$\sigma = 12$，某研究者從六年級母體中隨機抽取組別學生數 n = 16，則隨機樣本 $\bar{x}$ 抽樣分配的平均數與標準誤為多少？

$\mu_{\bar{x}} = \mu = 78$

$\sigma_{\bar{x}} = \dfrac{\sigma}{\sqrt{n}} = \dfrac{12}{\sqrt{16}} = 3.0$ (變異誤為 9)，隨機樣本 $\bar{x}$ 抽樣分配的標準誤比母群體標準差來得小。

範例語法指令為投擲一枚硬幣 10 次、20 次、30 次、……、490 次、500 次時之正面出現的比例圖，投擲 10 次時出現二次正面，機率值為 0.2；投擲 20 次時出現八次正面，機率值為 0.4；投擲 100 次時出現正面的機率值為 0.47，投擲 200 次時出現正面的機率值為 0.505，投擲 300 次時出現正面的機率值為 0.50。

```
> xval[1:10]
 [1] 0 0 0 1 0 1 0 0 0 0
> mean (xval[1:10])
[1] 0.2
> xval[1:20]
 [1] 0 0 0 1 0 1 0 0 0 0 1 1 1 1 0 0 1 0 0 1
> mean (xval[1:20])
[1] 0.4
> mean (xval[1:100])
[1] 0.47
> mean (xval[1:200])
[1] 0.505
> mean (xval[1:300])
[1] 0.5
```

以投擲硬幣次數作為橫軸分位數、正面出現的機率值為縱軸，繪製曲線圖：

```
> xval=sample (c (0,1),500,replace=TRUE,prob=c (0.5,0.5))
> xval
 [1] 0 0 0 1 0 1 0 0 0 0 1 1 1 1 0 0 1 0 0 1 0 0 0 1 1 0 1 1 0 0 0 0 0 0 0 1
[37] 1 0 0 0 0 1 0 0 0 0 1 0 1 1 0 1 0 1 0 0 1 1 1 1 1 0 1 1 1 0 1 1 1 0 1 0
<略>
> for (i in 1:50) {
+  yval[i]=mean (xval[1: (i*10)])
+ }
> x.xlim=c (1:50)*10
> plot (x.xlim,yval,type="l",ylim=c (0.,0.8),font=2,lwd=2)
> abline (h=0.5,col="red",lty=2)
```

　　從圖示中可以看出，當投擲硬幣次數約在 200 次以上時，正面出現的機率值在 Y 軸數值等於 0.50 上下波動，正面出現的期望值為 0.50。表示當投擲硬幣次數愈多，硬幣出現正面的機率愈接近理論的期望值，此定理稱為大數法則 (law of large numbers) 或平均法則 (law of averages)。

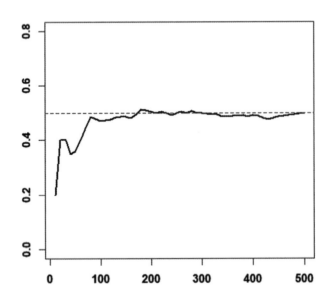

　　範例硬幣投擲的次數以 4 的倍數累積計算，前 4 次計算一次、前 8 次計算一次、前 12 次計算一次、……，每次計算正面出現的機率，全部的次數為 100 次：

```
> yval=0
> xval=sample (c (0,1),100,replace=TRUE,prob=c (0.5,0.5))
> for (i in 1:25) {
+  yval[i]=mean (xval[1: (i*4)])
+ }
> x.xlim=c (1:25)*4
> plot (x.xlim,yval,type="l",ylim=c (0,0.8),font=2,lwd=2)
> abline (h=0.5,col="red",lty=2)
> print (xval)
 [1] 1 0 0 1 1 1 1 1 0 0 0 0 1 1 1 1 0 0 0 0 1 0 0 0 0 1 0 0 1 0 0 1 0 0 1 0 0
[37] 0 1 0 0 0 1 0 1 1 0 1 1 0 1 1 1 1 0 1 1 1 1 0 0 1 0 1 0 1 0 0 0 0 1 0 0
[73] 0 1 1 1 0 0 0 1 1 0 1 1 1 1 1 1 1 1 1 1 1 0 1 0 0 1 1 0
> print (round (yval,3))
 [1] 0.500 0.750 0.500 0.625 0.500 0.458 0.429 0.438 0.417 0.400 0.409 0.438
[13] 0.462 0.482 0.483 0.484 0.471 0.458 0.474 0.462 0.476 0.500 0.522 0.521
[25] 0.520
```

　　從圖示中可以發現，當次數愈少時，正面出現的機率值離期望值 0.50 的波動情況較大。倘若某個實驗或事件可以不斷重複進行或事件會持續發生，長時期的觀察或事件成功結果出現的比率值，會逼近單一實驗或事件成功事件出現的期望值或理論機率值 (陳臺芳，2008)。

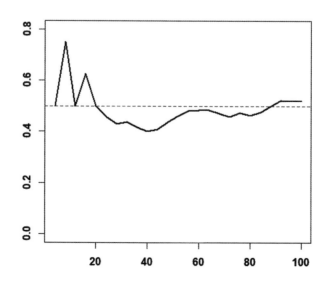

範例 R 編輯器語法指令為大數法則模擬 (修改自吳漢銘，2017)：

```
[1]set.seed (12345)
[2]sam.n=seq (1,501,by=2)
[3]m=length (sam.n)
[4]xval=as.numeric (m)
[5]for (i in 1:m) {
[6]  xval[i]=mean (rnorm (i,50,10))
[7]}
[8]plot (sam.n,xval,type="l",cex=2,col="blue",ylim=c (min (xval)-2,max (xval)+2),
xlim=c (0,505),xlab="觀察值個數n",ylab="樣本平均數",font=4,lwd=1.6)
[9]grid (col="gray")
[10]abline (h=50,col="red")
[11]text (300,55,"大數法則的模擬",font=2,cex=2)
```

第 [1] 列設定亂數種子數為 12345，若沒有設定亂數種子量數參數，使用隨機抽取函數時，每次抽取的數值均會不同。

第 [2] 列以系列函數界定系列數值向量為 1、3、5、……、499、501，系列數值的差異量為 2，數值變數名稱為 sam.n。

第 [3] 使用 **length** ( ) 函數界定數值向量元素的個數，總個數為長度參數，長度參數 m 等於 251。

```
> m
[1] 251
```

第 [4] 列使用 **as.numeric** ( ) 函數界定變數 xval 的型態為數值變數。

第 [5] 列使用迴圈界定 i 數值從 1 至 251。

第 [6] 列使用 rnorm (i,50,10) 函數隨機抽取 i 個觀察值，母群體的平均數等於 50、標準差等於 10 (T 分數分配型態)。i 個觀察值隨機變數的平均數指定為變數 xval 的第 i 個元素。

第 [7] 列迴圈的結束。

第 [8] 列使用繪圖函數 **plot** ( ) 繪出散佈圖，橫軸變數為 sam.n、縱軸變數為對應系列數值元素的平均數。

第 [9] 列使用 **grid** ( ) 函數增列繪製格線。

第 [10] 列使用 **abline** ( ) 函數繪製縱軸等於 50 (母群體的平均數) 的橫線。

第 [11] 列使用 **text ( )** 函數增列文字標記。

R 裝置器繪製之圖形如下，從圖示中可以看出，當抽取的樣本數愈大 (sam.n 參數)，對應的樣本平均數愈接近母群體的平均數 50：

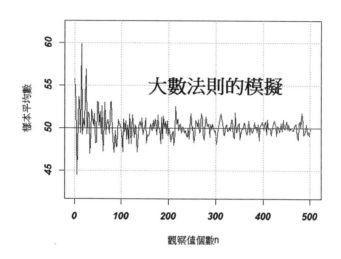

範例語法函數直接輸出樣本平均數與母體平均數 50 間的差異值，差異值四捨五入至小數第二位。由差異值量數可以看出，當抽取樣本數 n 愈大，其 $\bar{x}$ 的平均數與母群體平均數 μ 的差異愈小

```
> set.seed (12345)
> sam.n=seq (1,501,by=2)
> m=length (sam.n)
> xval=as.numeric (m)
> for (i in 1:m) {
+    xval[i]=mean (rnorm (i,50,10))
+    }
> d.mean=round (xval-50,2)
> d.mean
 [1]   5.86  3.00 -5.55 -2.12  3.68  3.00 -0.57  9.86 -0.79  1.03  0.11  3.84  6.89 -0.71
[15]   1.81  1.63 -3.03 -0.69  2.15  1.15  0.29  1.70 -1.75 -1.69  3.12  3.00  0.24  1.93
[29]  -0.70  2.60 -2.78 -1.52  3.04 -0.77  0.34  0.97  0.23 -0.63  2.94  3.11 -0.16 -2.29
[43]  -2.92 -0.33 -2.28 -2.07  1.01  0.59  0.39 -0.16 -0.61 -2.87  1.06 -0.43  0.84 -1.36
[57]   0.37 -1.87  1.64 -0.44 -1.87  1.53  0.03 -1.17  0.33 -0.01 -2.86 -0.84  0.22  0.76
[71]   0.11  1.18 -0.80 -0.30 -0.03  1.21 -1.75 -0.78 -0.91 -0.77  0.47  0.28 -0.27  0.88
<略>
[197]  0.14  0.34  0.73  0.52 -0.23  0.43  0.74 -0.82  0.95 -0.12 -0.01 -0.04 -0.83 -0.29
[211]  0.27  0.86  0.65  0.26 -0.96  0.22  0.09 -0.48 -0.07  0.55 -0.39  0.96  0.13 -0.17
```

```
[225] 0.56  0.78 -0.20  0.40 -0.30 -0.02 -0.16 -0.28 -0.33  0.27  0.36  0.47 -1.00 -1.41
[239] 0.47  0.80  0.09  1.76  0.69 -0.84 -0.70 -0.10  0.41 -0.75 -0.45 -0.90 -0.16
```

範例語法指令中的母群體分配型態為標準常態分配 (平均數等於 0、標準差等於 1)，樣本觀察值為系列數值向量，差異值為 5：

```
> set.seed (12345)
> sam.n=seq (1,996,by=5)
> m=length (sam.n)
> xval=as.numeric (m)
> for (i in 1:m) {
+  xval[i]=mean (rnorm (sam.n[i],0,1))
+ }
> plot (sam.n,xval,type="l",cex=2,col="blue",ylim=c (min (xval)-0.5,max (xval)+0.5),
   xlim=c (0,1000),xlab="觀察值個數n",ylab="樣本平均數",font=4,lwd=1.6)
> grid (col="gray")
> abline (h=0,col="red")
```

R 裝置器繪製之圖形如下，從圖示中可以看出，當抽取的樣本數愈大 (sam.n 參數)，對應的樣本平均數愈接近母群體的平均數 0：

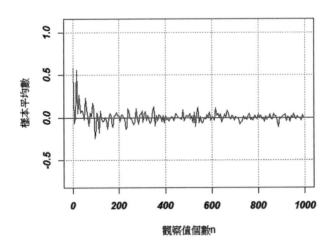

使用迴圈輸出樣本觀察值個數 n 與其對應的平均數統計量：

```
> for (i in 1:m) {
+ cat ("觀察值個數n=",(i-1)*5+1,"<--->平均數=",round (xval[i],4),"\n")
+ }
觀察值個數n= 1 <---->平均數= 0.5855
觀察值個數n= 6 <---->平均數= -0.0726
觀察值個數n= 11 <---->平均數= -0.0036
觀察值個數n= 16 <---->平均數= 0.559
觀察值個數n= 21 <---->平均數= 0.0507
觀察值個數n= 26 <---->平均數= 0.2646
觀察值個數n= 31 <---->平均數= 0.1243
觀察值個數n= 36 <---->平均數= 0.055
觀察值個數n= 41 <---->平均數= 0.0854
觀察值個數n= 46 <---->平均數= 0.0643
觀察值個數n= 51 <---->平均數= -0.024
觀察值個數n= 56 <---->平均數= 0.2296
觀察值個數n= 61 <---->平均數= 0.0974
觀察值個數n= 66 <---->平均數= 0.002
觀察值個數n= 71 <---->平均數= -0.0975
觀察值個數n= 76 <---->平均數= 0.0578
觀察值個數n= 81 <---->平均數= 0.0085
<略>
觀察值個數n= 971 <---->平均數= 0.0057
觀察值個數n= 976 <---->平均數= -0.0072
觀察值個數n= 981 <---->平均數= -8e-04
觀察值個數n= 986 <---->平均數= -0.0299
觀察值個數n= 991 <---->平均數= 0.0349
觀察值個數n= 996 <---->平均數= 0.006
```

Chapter 17
常見之母數檢定的分配

常見之母數檢定分配的統計量為卡方分配、學生 t 分配與 F 分配。

壹、卡方分配

非集中化卡方分配四個函數：密度函數、分配函數、分位數函數、隨機產製函數的語法如下：

dchisq (x, df, ncp = 0, log = FALSE)

pchisq (q, df, ncp = 0, lower.tail = TRUE, log.p = FALSE)

qchisq (p, df, ncp = 0, lower.tail = TRUE, log.p = FALSE)

rchisq (n, df, ncp = 0)

引數 x、q 為分位數向量。

引數 p 為機率向量。

引數 n 為觀察值個數。

引數 df 為自由度，參數值為正整數。

引數 ncp 為非集中化參數，參數值需大於 0。

卡方分配的期望值為：$E(\chi^2) = df = N - 1$。

卡方分配的變異數為：$\sigma_{\chi^2}^2 = 2(df) = 2N - 2$

範例語法指令列求自由度等於 2 之卡方分配的密度函數：

```
> round (dchisq (x, 2),4)
  [1] 0.0000 0.0000 0.0000 0.0000 0.0000 0.0000 0.0000 0.0000 0.0000 0.0000
 [11] 0.0000 0.0000 0.0000 0.0000 0.0000 0.0000 0.0000 0.0000 0.0000 0.0000
 [21] 0.0000 0.0000 0.0000 0.0000 0.0000 0.0000 0.0000 0.0000 0.0000 0.0000
 [31] 0.0000 0.0000 0.0000 0.0000 0.0000 0.0000 0.0000 0.0000 0.0000 0.0000
 [41] 0.0000 0.0000 0.0000 0.0000 0.0000 0.0000 0.0000 0.0000 0.0000 0.0000
 [51] 0.4925 0.4778 0.4635 0.4497 0.4363 0.4232 0.4106 0.3984 0.3865 0.3749
 [61] 0.3637 0.3529 0.3423 0.3321 0.3222 0.3126 0.3033 0.2942 0.2854 0.2769
 [71] 0.2686 0.2606 0.2528 0.2453 0.2380 0.2309 0.2240 0.2173 0.2108 0.2045
 [81] 0.1984 0.1925 0.1867 0.1812 0.1758 0.1705 0.1654 0.1605 0.1557 0.1511
 [91] 0.1465 0.1422 0.1379 0.1338 0.1298 0.1259 0.1222 0.1185 0.1150 0.1116
```

範例分位數範圍介於 1 至 50，輸出自由度等於 4 之卡方分配分位數左邊的機率值：

```
> xx=c (1:50)
> round (pchisq (xx,4),4)
 [1] 0.0902 0.2642 0.4422 0.5940 0.7127 0.8009 0.8641 0.9084 0.9389 0.9596
[11] 0.9734 0.9826 0.9887 0.9927 0.9953 0.9970 0.9981 0.9988 0.9992 0.9995
[21] 0.9997 0.9998 0.9999 0.9999 0.9999 1.0000 1.0000 1.0000 1.0000 1.0000
[31] 1.0000 1.0000 1.0000 1.0000 1.0000 1.0000 1.0000 1.0000 1.0000 1.0000
[41] 1.0000 1.0000 1.0000 1.0000 1.0000 1.0000 1.0000 1.0000 1.0000 1.0000
```

使用分位數函數求出自由度為 1、5，累積機率密度值分別為 .95、.99 時之卡方值 (分位數)：

```
> qchisq (.950,1)
[1] 3.841459
> qchisq (.950,5)
[1] 11.0705
> qchisq (.990,1)
[1] 6.634897
> qchisq (.990,5)
[1] 15.08627
```

顯著水準 α 設定為 .05 時 (累積機率密度函數值為 .95)，自由度等於 1 之卡方臨界值 (拒絕區) 為 3.841、自由度等於 5 之卡方臨界值為 11.071；顯著水準 α 設定為 .01 時，自由度等於 1 之卡方臨界值 (拒絕區) 為 6.635、自由度等於 5 之卡方臨界值為 15.086。

語法指令為輸出自由度 1 至 30 之卡方分配表，五個累積機率密度函數值為 .90、.95、.975、.99、.999。R 編輯器語法指令列如下：

```
1   p.m=matrix (0,nrow=30,ncol=6)
2   pv=c (.90,.95,.975,.99.999)
3   for (i in 1:30) {
4    p.m[i,1]=paste ("df=",i)
5    for (j in 1:length (pv)) {
6     pch=pv[j]
7     p.m[i,j+1]=round (qchisq (pch,i),3)
8     }
9   }
10  p.m=as.data.frame(p.m)
11  names (p.m)=c ("自由度","90%","95%","97.5%","99%")
12  print (p.m)
```

第 [1] 列使用 **matrix ( )** 函數界定一個 30 列 5 行的矩陣，矩陣元素均為 0，矩陣名稱為 p.m。

第 [2] 列以數值向量界定 CDF 值分別為 .90、.95、.975、.99、.999。

第 [3] 使用迴圈界定自由度 1 至 30，迴圈變數為 i。

第 [4] 列使用 **paste ( )** 函數將矩陣各列的第 1 直行的元素以「df=」和 i 變數值串聯，當 i 為 1 時，第 1 橫列第 1 直行的元素為「df=1」、當 i 為 10 時，第 1 橫列第 10 直行的元素為「df=10」。

第 [5] 列以迴圈界定 j 的數值為 1 至數值向量 pval 的元素個數 (範例數值向量元素個數為 4)。

第 [6] 列使用數值向量元素的界定方法分別擷取元素數值，當 j 參數值為 1 時，累積機率變數值 pch=pv[1]=.90；當 j 參數值為 2 時，累積機率變數值 pch=pv[2]=.95。

第 [7] 列使用卡方分配分位數函數 **qchisq ( )**，求出不同自由度之下的卡方值 (分位數)，回傳的數值分別儲存在矩陣變數元素中。

第 [8] 列「}」符號為內迴圈的結束列。

第 [9] 列「}」符號為外迴圈的結束列。

第 [10] 列使用 **as.data.frame ( )** 函數將矩陣物件轉為資料框架物件。

第 [11]列使用 **names ( )** 函數增列資料框架物件的變數名稱。

第 [12] 列輸出資料框架物件的內容。

R 主控臺執行 R 編輯器語法指令列結果如下：

```
> p.m=matrix (0,nrow=30,ncol=6)
> pv=c (.90,.95,.975,.99,.999)
> for (i in 1:30) {
+  p.m[i,1]=paste ("df=",i)
+  for (j in 1:length (pval)) {
+  pch=pv[j]
+   p.m[i,j+1]=round (qchisq (pch,i),3)
+  }
+ }
> p.m=as.data.frame (p.m)
> names (p.m)=c ("自由度","90%","95%","97.5%","99%","99.9%")
> print (p.m)
```

製作自由度 1 至 30 之卡方分配表,五個累積機率密度函數值為 .90、.95、.975、.99、.999。自由度等於 1,顯著水準 α 設為 .05、.01、.001 時,達到統計顯著水準 (拒絕虛無假設) 之卡方統計量臨界值分別為 3.841、6.635、10.828;自由度等於 6,顯著水準 α 設為 .05、.01、.001 時,達到統計顯著水準 (拒絕虛無假設) 之卡方統計量臨界值分別為 12.592、16.812、22.458。

	自由度	90%	95%	97.5%	99%	99.9%
1	df=1	2.706	3.841	5.024	6.635	10.828
2	df=2	4.605	5.991	7.378	9.21	13.816
3	df=3	6.251	7.815	9.348	11.345	16.266
4	df=4	7.779	9.488	11.143	13.277	18.467
5	df=5	9.236	11.07	12.833	15.086	20.515
6	df=6	10.645	12.592	14.449	16.812	22.458
7	df=7	12.017	14.067	16.013	18.475	24.322
8	df=8	13.362	15.507	17.535	20.09	26.124
9	df=9	14.684	16.919	19.023	21.666	27.877
10	df=10	15.987	18.307	20.483	23.209	29.588
11	df=11	17.275	19.675	21.92	24.725	31.264
12	df=12	18.549	21.026	23.337	26.217	32.909
13	df=13	19.812	22.362	24.736	27.688	34.528
14	df=14	21.064	23.685	26.119	29.141	36.123
15	df=15	22.307	24.996	27.488	30.578	37.697
16	df=16	23.542	26.296	28.845	32	39.252
17	df=17	24.769	27.587	30.191	33.409	40.79
18	df=18	25.989	28.869	31.526	34.805	42.312
19	df=19	27.204	30.144	32.852	36.191	43.82
20	df=20	28.412	31.41	34.17	37.566	45.315
21	df=21	29.615	32.671	35.479	38.932	46.797
22	df=22	30.813	33.924	36.781	40.289	48.268
23	df=23	32.007	35.172	38.076	41.638	49.728
24	df=24	33.196	36.415	39.364	42.98	51.179
25	df=25	34.382	37.652	40.646	44.314	52.62
26	df=26	35.563	38.885	41.923	45.642	54.052
27	df=27	36.741	40.113	43.195	46.963	55.476
28	df=28	37.916	41.337	44.461	48.278	56.892
29	df=29	39.087	42.557	45.722	49.588	58.301
30	df=30	40.256	43.773	46.979	50.892	59.703

範例為不同自由度之下,卡方分配的密度函數圖,自由度分別為 3、5、

10、20、30：

```
> plot (c (0, 60), c (0,0.25), type = "n",xlab="分位數",ylab="密度",font=4)
> curve (dchisq (x,3),0,60,lwd=2,col="black",add=T)
> curve (dchisq (x,5),0,60,lwd=2,col="blue",add=T)
> curve (dchisq (x,10),0,60,lwd=2,col="red",add=T)
> curve (dchisq (x,20),0,60,lwd=2,col="brown",add=T)
> curve (dchisq (x,30),0,60,lwd=2,col="navy",add=T)
```

　　圖示為 R 圖形裝置器繪製的卡方分配圖，由圖示中可以發現，當自由度愈大時，卡方分配愈接近於常態分配，自由度愈小時，曲線形態之正偏態情況愈明顯。

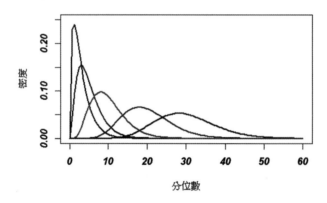

　　範例繪製卡方分配密度分配函數左方之區域陰影：

```
> beg.x=0
> end.x=25
> dev.x= (end.x-beg.x)/100
> xx=seq (beg.x,end.x,by=dev.x)
> df.n=20
> yy=dchisq (xx,df.n)
> zx=c (beg.x,xx,end.x)
> dy=c (0,yy,0)
> curve (dchisq (x,df.n),0,60,lwd=3,col="blue")
> abline (h=0,lty=1)
> polygon (zx,dy,density=60,angle=45)
```

　　圖示為 R 圖形裝置器繪製的卡方分配圖：

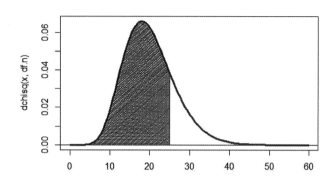

自由度等於 10，x 數值從 0 至 15 的陰影區域如下：

```
> beg.x=0
> end.x=15
> dev.x= (end.x-beg.x)/100
> xx=seq (beg.x,end.x,by=dev.x)
> df.n=10
> yy=dchisq (xx,df.n)
> zx=c (beg.x,xx,end.x)
> dy=c (0,yy,0)
> curve (dchisq (x,df.n),0,60,lwd=3,col="blue")
> abline (h=0,lty=1)
> polygon (zx,dy,density=60,angle=45)
> text( 40,0.05,paste ("自由度=10"),font=2)
> grid ( )
```

圖示為 R 圖形裝置器繪製的卡方分配圖：

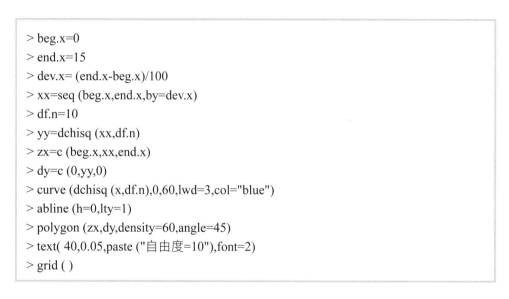

　　以自訂函數語法指令界定函數 area_f，自訂函數二個參數值為卡方分配的累積機密度值與自由度：

```
area_f=function (b.sd,df.n)
{
x=seq (0,30,length.out=100)
y=dchisq (x,df.n)
begin.sd=round (qchisq (b.sd,df.n),3)
end.sd=30
rx=x[begin.sd<=x & x<=end.sd]
ry=y[begin.sd<=x & x<=end.sd]
region.x=c (rx[1],rx,tail (rx,1))
region.y=c (0,ry,0)
curve (dchisq (x,df.n),0,30,lwd=3,col="blue",ylab="機率密度",xlab="分位數",main="
卡方分配")
polygon (region.x,region.y,lwd=2,col="gray")
abline (h=0,lty=1)
return (list (xx=begin.sd,dfn=df.n))
}
##CDF=.95、df=3
cra=area_f (.95,3)
text (cra$xx+2,dchisq (cra$xx,cra$dfn)+0.05,paste ("臨界值=",cra$xx),font=2,cex=1.0)
```

自訂函數 area_f 語法指令執行結果如下：

```
> area_f=function (b.sd,df.n)
+ {
+ x=seq (0,30,length.out=100)
+ y=dchisq (x,df.n)
+ begin.sd=round (qchisq (b.sd,df.n),3)
+ end.sd=30
+ rx=x[begin.sd<=x & x<=end.sd]
+ ry=y[begin.sd<=x & x<=end.sd]
+ region.x=c (rx[1],rx,tail (rx,1))
+ region.y=c (0,ry,0)
+ curve (dchisq (x,df.n),0,30,lwd=3,col="blue",ylab="機率密度",xlab="分位數
",main="卡方分配")
+ polygon (region.x,region.y,lwd=2,col="gray")
+ abline (h=0,lty=1)
+ return (list (xx=begin.sd,dfn=df.n))
+ }
```

　　顯著水準 α 設定為 .05 時，臨界卡方值左邊累積機率密度函數值為 .95，卡方分配的自由度為 3，自訂函數輸入參數為 area_f (.95,3)：

```
> cra=area_f (.95,3)
> text (cra$xx+2,dchisq (cra$xx,cra$dfn)+0.05,paste ("臨界值=",cra$xx),font=2,
  cex=1.0)
```

　　顯著水準 α 為 .05、自由度為 3 之卡方分配拒絕區的臨界值為 7.815，陰影區域為拒絕區：

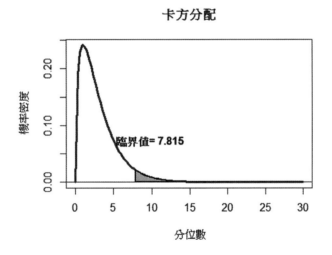

繪製自由度等於 6、顯著水準 α 等於 .05 時之拒絕區的陰影區域：

```
> cra=area_f (.95,6)
> text (cra$xx+2,dchisq (cra$xx,cra$dfn)+0.05,paste ("臨界值=",cra$xx),font=2,
  cex=1.0)
```

　　自訂函數指令列「return (list (xx=begin.sd,dfn=df.n))」表示回傳 xx、dfn 二個參數值，xx 的數值等於 begin.sd，變數 begin.sd 界定為「=round (qchisq (b.sd,df.n),3)」，表示 begin.sd 數值為卡方分位數 (卡方值)，dfn 界定等於 df.n (自由度)，執行自訂函數後會回傳臨界區之卡方值與卡方分配的自由度。範例主控臺輸入「cra=area_f (.95,6)」語法指令後，物件 cra 的二個引數為 $xx (卡方值)、$dfn (自由度)，這二個引數可以在主控臺直接使用：

```
> cra
$xx
[1] 12.592

$dfn
[1] 6
```

　　語法指令使用 **text ( )** 函數增列臨界區卡方值文字標記，把 **text ( )** 函數置放在自訂函數外，研究者可以根據實際圖示情況再增列，但每次均要再執行函數 **text ( )** 語法指令，若直接將 **text ( )** 函數語法指令直接增列在自訂函數之中，自訂函數的操作會更為簡便。

　　圖示為自由度等於 6、顯著水準 α 等於 .05 時之拒絕區的陰影區域圖，拒絕區臨界值為 12.592。根據樣本觀察值計算所得的卡方統計量若大於 12.592 (如 $\chi^2 = 14.147 > 12.592$)，表示落入拒絕區，有足夠證據拒絕虛無假設，獲得對立假設得到支持的結論；相對的，若是依據樣本觀察值計算所得的卡方統計量小於 12.592 (如 $\chi^2 = 10.875 < 12.592$)，表示落入接受域，沒有足夠證據可以拒絕虛無假設，獲得虛無假設得到支持、對立假設無法得到支持的結論。

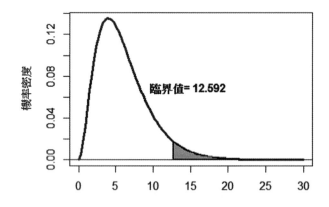

　　繪製自由度等於 6、顯著水準 α 等於 .01 之拒絕區的陰影區域的自訂函數語法指令列如下：

```
areaf=function (b.sd,df.n)
{
    x=seq (0,30,length.out=100)
```

```
    y=dchisq (x,df.n)
    begin.sd=round (qchisq (b.sd,df.n),3)
    end.sd=30
    rx=x[begin.sd<=x & x<=end.sd]
    ry=y[begin.sd<=x & x<=end.sd]
    region.x=c (rx[1],rx,tail (rx,1))
region.y=c (0,ry,0)
curve (dchisq (x,df.n),0,30,lwd=3,col="blue",ylab="機率密度",xlab="分位數",main="
卡方分配")
polygon (region.x,region.y,lwd=2,col="gray")
abline (h=0,lty=1)
text (begin.sd+2,dchisq (begin.sd,df.n)+0.05,paste ("臨界值=",begin.sd),font=2,
cex=1.0)
}
```

　　R 主控臺在自訂函數中只要輸入 CDF 值與自由度二個參數，不必再增列
text ( ) 函數：

```
> areaf (.99,6)
```

　　自由度等於 6、顯著水準 α 等於 .01 時之拒絕區的陰影區域如下，拒絕區臨
界值為 16.812。

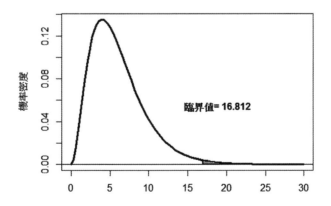

　　自訂函數中 CDF 值、自由度二個參數分別輸入 .99、3：

```
> areaf (.99,3)
```

自由度等於 3、顯著水準 α 等於 .01 時之拒絕區的陰影區域如下，拒絕區臨界值為 11.345。

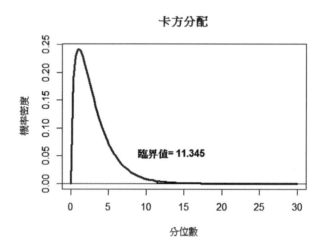

貳、t 分配

Student t 分配 (學生 t 分配簡稱 t 分配)，其密度函數、累積密度函數、分位數函數、隨機產製 t 分配數值函數的語法為：

dt (x, df, ncp, log = FALSE)
pt (q, df, ncp, lower.tail = TRUE, log.p = FALSE)
qt (p, df, ncp, lower.tail = TRUE, log.p = FALSE)
rt (n, df, ncp)

在推論統計中若是不知道母群體的標準差 σ，一般會以標準差的不偏估計值 s 來代替，樣本平均數的變異誤為：$s_{\bar{x}}^2 = \dfrac{s^2}{N}$，樣本平均數的標準誤為：$S_{\bar{x}} = \dfrac{s}{\sqrt{N}}$，t 分配的公式為：$t = \dfrac{\bar{x} - \mu}{S_{\bar{x}}} = \dfrac{\bar{x} - \mu}{\frac{s}{\sqrt{N}}}$；當母群體標準差已知時，採用的是常態分配之 z 值統計量，公式為：$z_{\bar{x}} = \dfrac{\bar{x} - \mu}{\sigma_{\bar{x}}} = \dfrac{\bar{x} - \mu}{\frac{\sigma}{\sqrt{n}}}$。

語法指令使用 **rt ( )** 函數產製自由度等於 3 之 t 分配的 10 個隨機變數：

```
> rt (10,3)
 [1] -0.6303091 -0.7778418 -4.7568854  1.1373777  0.1669232 -1.7971390
 [7]  0.6231897  0.8901961  0.4435166 -1.7124491
```

語法指令使用 **rt ( )** 函數產製自由度等於 5 之 t 分配的 15 個隨機變數：

```
> round (rt (15,5),3)
 [1]  0.888  0.749  1.104 -1.461  0.656 -0.221 -0.560  0.628  1.947 -0.442
[11] -0.339  3.021  0.339  0.217 -1.383
```

語法指令為使用函數 **pt ( )** 求出自由度分別為 3、5 時，分位數對應的累積機率密度值：

```
> pt (2.353,3)
[1] 0.9499835
> pt (2.015,5)
[1] 0.9499969
> pt (3.182,3)
[1] 0.9749914
> pt (2.571,5)
[1] 0.9750127
```

在 t 分配狀態下，自由度為 3、分位數 (t 值) 等於 2.353 時對應的累積機率密度值約為 95%；自由度為 5、分位數 (t 值)等 於 2.015 時對應的累積機率密度值約為 95%。自由度為 3、分位數 (t 值) 等於 3.182 時對應的累積機率密度值約為 97.5%；自由度為 5、分位數 (t 值) 等於 2.571 時對應的累積機率密度值約為 97.5%。

分位數函數 **qt ( )** 的功能與函數 **pt ( )** 相反，參數值輸入累積機率密度值與自由度，可以求出對應的分位數值 (t 值)：

```
> qt (.95,5)
[1] 2.015048
> qt (.95,3)
[1] 2.353363
> qt (.975,3)
```

```
[1] 3.182446
> qt (.975,5)
[1] 2.570582
```

語法指令使用迴圈與分位數函數 **qt ( )**，求出自由度 1 至自由度 30，累積機率密度值 (CDF) 為 .950 時之 t 值，此 t 值為單尾檢定時拒絕區的臨界值 (顯著水準 α 設定為 .05)。右側單尾考驗的虛無假設與對立假設為：

$H_0: \mu_1 \leq \mu_2$

$H_1: \mu_1 > \mu_2$

左側考驗的虛無假設與對立假設為：

$H_0: \mu_1 \geq \mu_2$

$H_1: \mu_1 < \mu_2$

如自由度為 6 時，樣本觀察值 t 值統計量絕對值大於 1.943 (顯著性機率值 p 小於 .05)，則有足夠證據拒絕虛無假設，對立假設得到支持；相對的，樣本觀察值 t 值統計量絕對值小於 1.943 (顯著性機率值 p 大於 .05)，則沒有足夠證據拒絕虛無假設，對立假設無法得到支持。

```
> for (I in 1:30){
+  cat ("df=",i," (CDF=95%)<---->t值=",round (qt (.95,i),3),"\n")
+ }
df= 1 (CDF=95%)<---->t值= 6.314
df= 2 (CDF=95%)<---->t值= 2.92
df= 3 (CDF=95%)<---->t值= 2.353
df= 4 (CDF=95%)<---->t值= 2.132
df= 5 (CDF=95%)<---->t值= 2.015
df= 6 (CDF=95%)<---->t值= 1.943
df= 7 (CDF=95%)<---->t值= 1.895
df= 8 (CDF=95%)<---->t值= 1.86
df= 9 (CDF=95%)<---->t值= 1.833
df= 10 (CDF=95%)<---->t值= 1.812
df= 11 (CDF=95%)<---->t值= 1.796
df= 12 (CDF=95%)<---->t值= 1.782
df= 13 (CDF=95%)<---->t值= 1.771
df= 14 (CDF=95%)<---->t值= 1.761
```

df= 15 (CDF=95％)<－－－>t值= 1.753
df= 16 (CDF=95％)<－－－>t值= 1.746
df= 17 (CDF=95％)<－－－>t值= 1.74
df= 18 (CDF=95％)<－－－>t值= 1.734
df= 19 (CDF=95％)<－－－>t值= 1.729
df= 20 (CDF=95％)<－－－>t值= 1.725
df= 21 (CDF=95％)<－－－>t值= 1.721
df= 22 (CDF=95％)<－－－>t值= 1.717
df= 23 (CDF=95％)<－－－>t值= 1.714
df= 24 (CDF=95％)<－－－>t值= 1.711
df= 25 (CDF=95％)<－－－>t值= 1.708
df= 26 (CDF=95％)<－－－>t值= 1.706
df= 27 (CDF=95％)<－－－>t值= 1.703
df= 28 (CDF=95％)<－－－>t值= 1.701
df= 29 (CDF=95％)<－－－>t值= 1.699
df= 30 (CDF=95％)<－－－>t值= 1.697

　　語法指令使用迴圈與分位數函數 **qt ( )**，求出自由度 1 至自由度 30，累積機率密度值 (CDF) 為 .975 時之 t 值，此 t 值為雙尾檢定時拒絕區的臨界值 (顯著水準 α 設定為 .05)：雙尾考驗的虛無假設與對立假設為：

$H_0: \mu_1 = \mu_2$

$H_1: \mu_1 \neq \mu_2$

　　如自由度為 6 時，樣本觀察值 t 值統計量絕對值大於 2.447 (顯著性機率值 p 小於 .05)，則有足夠證據拒絕虛無假設，對立假設得到支持。單尾檢定情況下，拒絕區臨界值為 1.943；雙尾檢定情況下，拒絕區臨界值為 2.447，就相同的自由度而言，單尾檢定比雙尾檢定較易拒絕虛無假設，得到對立假設得到支持的結論。在研究假設論述中，不強調方向性，只關注差異值是否顯著等於 0 的假設考驗，稱為雙尾檢定，當研究界定相同的顯著水準 α (錯誤率)，雙尾檢定之 t 值統計量較不容易得到拒絕虛無假設的結果。

```
> for (i in 1:30){
+ cat ("df=",i," (CDF=97.5%)<---->t值=",round (qt (.975,i),3),"\n")
+ }
df= 1 (CDF=97.5%)<---->t值= 12.706
df= 2 (CDF=97.5%)<---->t值= 4.303
df= 3 (CDF=97.5%)<---->t值= 3.182
```

df= 4 (CDF=97.5%)<---->t值= 2.776
df= 5 (CDF=97.5%)<---->t值= 2.571
df= 6 (CDF=97.5%)<---->t值= 2.447
df= 7 (CDF=97.5%)<---->t值= 2.365
df= 8 (CDF=97.5%)<---->t值= 2.306
df= 9 (CDF=97.5%)<---->t值= 2.262
df= 10 (CDF=97.5%)<---->t值= 2.228
df= 11 (CDF=97.5%)<---->t值= 2.201
df= 12 (CDF=97.5%)<---->t值= 2.179
df= 13 (CDF=97.5%)<---->t值= 2.16
df= 14 (CDF=97.5%)<---->t值= 2.145
df= 15 (CDF=97.5%)<---->t值= 2.131
df= 16 (CDF=97.5%)<---->t值= 2.12
df= 17 (CDF=97.5%)<---->t值= 2.11
df= 18 (CDF=97.5%)<---->t值= 2.101
df= 19 (CDF=97.5%)<---->t值= 2.093
df= 20 (CDF=97.5%)<---->t值= 2.086
df= 21 (CDF=97.5%)<---->t值= 2.08
df= 22 (CDF=97.5%)<---->t值= 2.074
df= 23 (CDF=97.5%)<---->t值= 2.069
df= 24 (CDF=97.5%)<---->t值= 2.064
df= 25 (CDF=97.5%)<---->t值= 2.06
df= 26 (CDF=97.5%)<---->t值= 2.056
df= 27 (CDF=97.5%)<---->t值= 2.052
df= 28 (CDF=97.5%)<---->t值= 2.048
df= 29 (CDF=97.5%)<---->t值= 2.045
df= 30 (CDF=97.5%)<---->t值= 2.042

範例使用矩陣、迴圈與 t 分配分位數函數 **qt ( )** 求出自由度 1 至 30 之 t 分配表，CDF 參數值分別界定為 .90、.95 (顯著水準 α 為 .05，單尾檢定對應的臨界 t 值)、.975 (顯著水準 α 為 .05，雙尾檢定對應的臨界 t 值)、.99、.995：

```
> p.m=matrix (0,nrow=30,ncol=6)
> pv=c (.90,.95,.975,.99,.995)
> for (i in 1:30) {
+  p.m[i,1]=paste ("df=",i)
+  for (j in 1:length (pv)) {
+   pch=pv[j]
+   p.m[i,j+1]=round (qt (pch,i),4)
+  }
```

```
+ }
> p.m=as.data.frame (p.m)
> names (p.m)=c ("自由度","90%","95%","97.5%","99%","99.5%")
```

使用 **print ( )** 函數輸出資料框架物件 (t 分配表)：

```
> print (p.m)
```

	自由度	90%	95%	97.5%	99%	99.5%
1	df=1	3.0777	6.3138	12.7062	31.8205	63.6567
2	df=2	1.8856	2.92	4.3027	6.9646	9.9248
3	df=3	1.6377	2.3534	3.1824	4.5407	5.8409
4	df=4	1.5332	2.1318	2.7764	3.7469	4.6041
5	df=5	1.4759	2.015	2.5706	3.3649	4.0321
6	df=6	1.4398	1.9432	2.4469	3.1427	3.7074
7	df=7	1.4149	1.8946	2.3646	2.998	3.4995
8	df=8	1.3968	1.8595	2.306	2.8965	3.3554
9	df=9	1.383	1.8331	2.2622	2.8214	3.2498
10	df=10	1.3722	1.8125	2.2281	2.7638	3.1693
11	df=11	1.3634	1.7959	2.201	2.7181	3.1058
12	df=12	1.3562	1.7823	2.1788	2.681	3.0545
13	df=13	1.3502	1.7709	2.1604	2.6503	3.0123
14	df=14	1.345	1.7613	2.1448	2.6245	2.9768
15	df=15	1.3406	1.7531	2.1314	2.6025	2.9467
16	df=16	1.3368	1.7459	2.1199	2.5835	2.9208
17	df=17	1.3334	1.7396	2.1098	2.5669	2.8982
18	df=18	1.3304	1.7341	2.1009	2.5524	2.8784
19	df=19	1.3277	1.7291	2.0930	2.5395	2.8609
20	df=20	1.3253	1.7247	2.0860	2.528	2.8453
21	df=21	1.3232	1.7207	2.0796	2.5176	2.8314
22	df=22	1.3212	1.7171	2.0739	2.5083	2.8188
23	df=23	1.3195	1.7139	2.0687	2.4999	2.8073
24	df=24	1.3178	1.7109	2.0639	2.4922	2.7969
25	df=25	1.3163	1.7081	2.0595	2.4851	2.7874
26	df=26	1.315	1.7056	2.0555	2.4786	2.7787
27	df=27	1.3137	1.7033	2.0518	2.4727	2.7707
28	df=28	1.3125	1.7011	2.0484	2.4671	2.7633
29	df=29	1.3114	1.6991	2.0452	2.462	2.7564
30	df=30	1.3104	1.6973	2.0423	2.4573	2.75

CDF 參數值分別界定為 .90、.95、.975、.99、.995 時，就單尾檢定程序而言，對應的顯著水準 α 分別為 $\alpha = .10$、$\alpha = .05$、$\alpha = .025$、$\alpha = .01$、$\alpha = .005$；就雙尾檢定程序而言，對應的顯著水準 α 分別為 $\alpha = .20$、$\alpha = .10$、$\alpha = .05$、$\alpha = .02$、$\alpha = .01$。進行推論統計量 t 值考驗時，可根據 t 分配表，查詢對應的拒絕域 t 值進行判別。以樣本數觀察值 N 等於 21 時，自由度 df = 21 − 1 = 20 的參數為例，顯著性錯誤率設為 .05 時，雙尾檢定的臨界區 t 值為 2.0860 (CDF = .975，(1 − .975) × 2 = .025 × 2 = .05)；顯著性錯誤率設為 .0 1時，雙尾檢定的臨界區 t 值為 2.8453 (CDF = .995，(1 − .995) × 2 = .005 × 2 = .01)。

進行區間估計時，假定母群體為常態分配，當母群體的標準差 σ 已知，顯著水準 α 設為 .05，二個拒絕區臨界值分別為 −1.96、1.96：

$$z_{\frac{\alpha}{2}} = z_{\frac{.05}{2}} = -1.96$$
$$z_{1-\frac{\alpha}{2}} = z_{1-\frac{.05}{2}} = 1.96$$

```
> round (qnorm (1-.05/2),3)
[1] 1.96
> round (qnorm (.975),3)
[1] 1.96
> round (qnorm (.05/2),3)
[1] -1.96
> round (qnorm (1-.975),3)
[1] -1.96
```

區間估計的公式為：$\bar{x} - 1.96\sigma_{\bar{x}} < \mu < \bar{x} + 1.96\sigma_{\bar{x}}$，

或為：$\bar{x} - 1.96\frac{\sigma}{\sqrt{N}} < \mu < \bar{x} + 1.96\frac{\sigma}{\sqrt{N}}$

當母群體的標準差 σ 未知，顯著水準 α 設為 .05，z 值統計量以 t 值統計量取代，區間估計公式的標準誤為 $\frac{s}{\sqrt{N}}$，自由度若等於 20，進行區間估計時需查 CDF = .975 對應的 t 值分位數：

```
> round (qt (1-.05/2,20),3)
[1] 2.086
```

$$t_{(1-\frac{\alpha}{2},20)} = t_{(.975,20)} = 2.086$$

信賴區間：

$$\bar{x} - 2.086 s_{\bar{x}} < \mu < \bar{x} + 2.086 s_{\bar{x}}$$

或為

$$\bar{x} - 2.086 \frac{s}{\sqrt{N}} < \mu < \bar{x} + 2.086 \frac{s}{\sqrt{N}}，式中的 N 為觀察值人數。$$

將顯著水準 α 設為 .05 時，95% 信賴區間的意涵是樣本觀察值的平均數統計量介於 $\bar{x} - 2.086 \frac{s}{\sqrt{N}}$ 至 $\bar{x} + 2.086 \frac{s}{\sqrt{N}}$ 之間的比率大約為 95%，樣本觀察值平均數小於 $\bar{x} - 2.086 \frac{s}{\sqrt{N}}$ 或大於 $\bar{x} + 2.086 \frac{s}{\sqrt{N}}$ 的比率不會超過 5%。

範例自訂函數中三個參數分別為樣本觀察值個數、樣本的平均數、樣本的標準差，輸入自訂函數三個參數可以求出 t 分配之平均數 95% 的信賴區間值：

```
[1]tf=function (n,m,sd) {
[2] df=n-1
[3] tq=round (qt (.975,df),3)
[4] se=sd/sqrt (n)
[5] lm=round (m-tq*se,3)
[6] rm=round (m+tq*se,3)
[7] cat (lm,"<= mu<=",rm,"\n")
[8]}
```

第 [1] 列界定自訂函數三個參數為 n、m、sd。

第 [2] 列界定 t 分配的自由度 df 為 n-1。

第 [3] 使用 t 分配分位數函數 **qt ( )** 界定自由度為 n-1、CDF=.975 之 t 分位數，分位數變數設為 tq。

第 [4] 列以公式 $\frac{s}{\sqrt{N}}$ 求出標準誤估計值 $s_{\bar{x}}$。

第 [5] 列以公式 $\bar{x} - t_{(.975,df)} s_{\bar{x}}$ 求出平均數 95% 信賴區間之下限值。

第 [6] 列以公式 $\bar{x} + t_{(.975,df)} s_{\bar{x}}$ 求出平均數 95% 信賴區間之上限值。

第 [7] 列使用 **cat ( )** 函數輸出參數值。

第 [8] 列自訂函數的結束列。

R 主控臺執行 R 編輯器語法指令結果如下：

```
> tf=function (n,m,sd) {
+ df=n-1
+ tq=round (qt (.975,df),3)
+ se=sd/sqrt (n)
+ lm=round (m-tq*se,3)
+ rm=round (m+tq*se,3)
+ cat (lm,"<=mu<=",rm,"\n")
+ }
```

　　自訂函數 n、m、sd 三個參數分別為 10、50、4.29 與 30、40、7.51 的結果：

```
> tf (10,50,4.29)
46.931 <=mu<= 53.069
> tf (30,40,7.51)
37.196 <=mu< =42.804
```

　　若研究者使用原始數據進行平均數之區間估計時，範例語法函數可供參考。研究問題為從某國小六年級學生中隨機抽取 10 名學生，測得的身高界定在物件變數 xval 中，顯著水準 α 設定為 .05 時，該校六年級學生平均身高之 95% 信賴區間為何？

```
> xval=c (150,148,143,148,152,142,149,153,143,153)
> sx=sd (xval)/sqrt (length (xval))    #求出標準誤，公式為 s/√N
> q.t=qt (.975,length (xval)-1)    #自由度為N-1，t分配之機率密度值為.975
> mu=mean (xval) #求出樣本觀察值的平均數
> mean.u=round (mu+q.t*sx,2) #求出信賴區間的上限值
> mean.b=round (mu-q.t*sx,2) #求出信賴區間的下限值
> cat ("平均數95%信賴區間:",mean.b,"<mu<",mean.u,"\n")
平均數 95% 信賴區間: 145.11 <mu< 151.09
```

　　使用自訂函數 **tf** ( ) 求出平均數 95% 信賴區間值：

```
> tf (10,mean (xval),sd (xval))
145.113 <= mu<= 151.087
```

上述學生身高信賴區間的顯著水準 α 改設定為 .01，雙尾檢定之 t 分位數為 .995 (顯著水準 α=.05 時，雙尾檢定之 t 分位數為 .975)：

```
> (1-.05)/2+.5
[1] 0.975
> (1-.01)/2+.5
[1] 0.995
```

語法函數指令修改第三列之 t 分位數為 .995，則統計量為學生身高平均數 99% 信賴區間值：

```
> xval=c (150,148,143,148,152,142,149,153,143,153)
> sx=sd (xval)/sqrt (length (xval))
> q.t=qt (.995,length (xval)-1)
> mu=mean (xval)
> mean.u=round (mu+q.t*sx,2)
> mean.b=round (mu-q.t*sx,2)
> cat ("平均數99%信賴區間:",mean.b,"<mu<",mean.u,"\n")
平均數99％信賴區間: 143.81 <mu< 152.39
```
[說明]：學校六年級生母群體界於**143.81** 至**152.39**間的機率為**99％**，此種情況的推論錯誤率為**.01**；有95％的機率界於**145.11**至**151.09**之間，這樣的推論錯誤率有**5％**。

範例主控臺語法指令繪製不同自由度 t 分配的機率密度圖：

```
> plot (c (-5, 5), c (0,0.4), type = "n",xlab="t值分位數",ylab="密度",font=4,font.lab=2)
> x1=-5
> x2=5
> curve (dt (x,1) ,x1,x2,lwd=2,lty=1,col="black",add=T)
> curve (dt (x,2) ,x1,x2,lwd=2,lty=2,col="blue",add=T)
> curve (dt (x,5) ,x1,x2,lwd=2,lty=4,col="red",add=T)
> curve (dt (x,15),x1,x2,lwd=2,lty=6,col="navy",add=T)
> legend (-4.5,0.35,c ("df=1","df=2","df=5","df=15"),col=c ("black","blue","red","navy"
   ),text.col="green4",lty=c (1,2,4,6),merge=TRUE,bg="gray90",cex=1.5)
```

由不同自由度 t 分配的機率密度圖可以看出，自由度愈小的 t 分配，中心部分愈狹窄，兩極端所占的機率密度值愈多，對應的變異數 (標準差) 也愈大。即抽取的樣本觀察值個數小於 30 時，t 分配也是左右對稱的常態分配 (平均數為 0)，但此分配的峰度型態為高狹峰的分配；當自由度愈大時 (N 大於 30 以上)，t 分配的 PDF 圖十分接近常態分配的 PDF 圖。

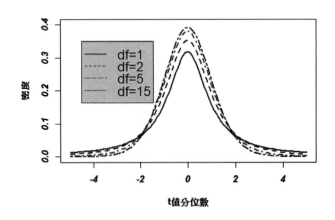

範例語法指令為繪製自由度分別為 1、5 之 t 分配機率密度圖、同時繪製常態分配機率密度圖：

```
> plot (c (-4, 4), c (0,0.4), type = "n",xlab="t值分位數",ylab="密度",font=4,font.lab=2)
> x1=-4
> x2=4
> curve (dnorm (x,0,1),x1,x2,lwd=2,lty=1,col="blue",add=T)
> curve (dt (x,1),x1,x2,lwd=2,lty=2,col="black",add=T)
> curve (dt (x,5),x1,x2,lwd=2,lty=6,col="red",add=T)
> legend (-3.5,0.35,c ("normal","df=1","df=5"),col=c ("blue","black","red"), text.
   col="green4",lty=c (1,2,6),merge=TRUE,bg="gray80",cex=1.0)
```

常態分配機率密度圖的線條為藍色實線線條，由圖示中可以發現自由度等於 1 之 t 分配機率密度圖 (黑色單虛線) 與自由度等於 5 之 t 分配機率密度圖 (紅色雙虛線) 相較之下，自由度較小的 t 分配機率密度圖較偏離常態分配機率密度圖。

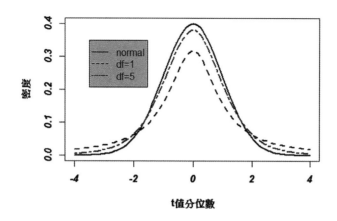

範例語法指令為繪製自由度分別等於 10、20 之 t 分配機率密度圖、同時繪製常態分配機率密度圖：

```
> plot (c (-4, 4), c (0,0.4), type = "n",xlab="t值分位數",ylab="密度",font=4,font.lab=2)
> x1=-4
> x2=4
> curve (dnorm (x,0,1),x1,x2,lwd=2,lty=1,col="blue",add=T)
> curve (dt (x,10),x1,x2,lwd=2,lty=2,col="black",add=T)
> curve (dt (x,20),x1,x2,lwd=2,lty=6,col="red",add=T)
> legend (-3.5,0.35,c ("normal","df=10","df=20"),col=c ("blue","black","red"),text.col=
    "green4",lty=c (1,2,6),merge=TRUE,bg="gray80",cex=1.0)
```

常態分配機率密度圖的線條為藍色實線線條，由圖示中可以發現自由度等於 10 之 t 分配機率密度圖 (黑色單虛線)、自由度等於 20 之 t 分配機率密度圖 (紅色雙虛線) 均與常態分配機率密度圖間的差距甚少，可見當自由度大於等於 10 以上，t 分配機率密度圖與常態分配機率密度圖十分接近，自由度大於 30 以上時，t 分配機率密度圖與常態分配機率密度圖大致相同。

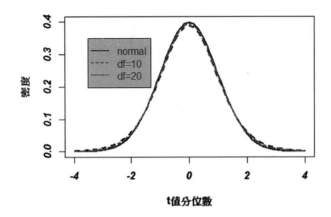

　　R 編輯器語法指令自訂函數繪製 t 分配右端陰影區域面積，自訂函數二個參數值為 1-α、自由度。

```
tfr=function (tp,df)
{
x=seq (-5,5,length.out=100)
y=dt (x,df)
bx=round (qt (tp,df),3)
ex=5
rx=x[bx<=x & x<=ex]
ry=y[bx<=x & x<=ex]
region.x=c (rx[1],rx,tail (rx,1))
region.y=c (0,ry,0)
curve (dt (x,df),-5,5,lwd=3,col="blue",ylab="機率密度",xlab="分位數",main="t分配")
polygon (region.x,region.y,lwd=2,col="gray")
abline (h=0,lty=1)
text (bx,dt (bx,df)+0.01,paste ("臨界值t=",bx),font=2,cex=1.0)
}
```

　　R 主控臺執行自訂函數列結果如下：

```
> tfr=function (tp,df)
+ {
+ x=seq (-5,5,length.out=100)
+ y=dt (x,df)
+ bx=round (qt (tp,df),3)
+ ex=5
```

```
+   rx=x[bx<=x & x<=ex]
+   ry=y[bx<=x & x<=ex]
+   region.x=c (rx[1],rx,tail (rx,1))
+   region.y=c (0,ry,0)
+   curve (dt (x,df),-5,5,lwd=3,col="blue",ylab="機率密度",xlab="分位數",main="t分配
")
+   polygon (region.x,region.y,lwd=2,col="gray")
+   abline (h=0,lty=1)
+   text (bx,dt (bx,df)+0.01,paste ("臨界值t=",bx),font=2,cex=1.0)
+ }
```

繪製顯著水準 α 等於 .05，自由度等於 20 之 t 分配單尾右側檢定的拒絕區：

```
> tfr (.95,20)
```

顯著水準 α 等於 .05，自由度等於 20 之 t 分配單尾右側檢定的臨界值 t =
1.725。

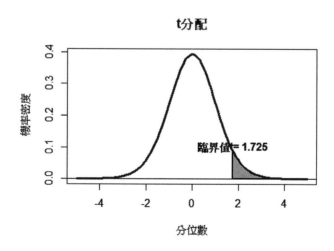

繪製顯著水準 α 等於 .01，自由度等於 10 之 t 分配單尾右側檢定的拒絕區：

```
> tfr (1-.01,10)
```

顯著水準 α 等於 .01，自由度等於 20 之 t 分配單尾右側檢定的臨界值 t =
2.764。

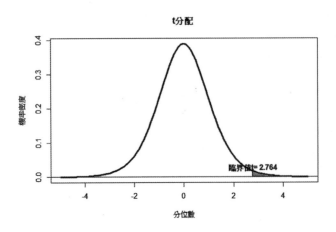

R 編輯器語法指令自訂函數繪製左端陰影區域面積，自訂函數二個參數值為 α、自由度。

```
tfl=function (tp,df)
{
x=seq (-5,5,length.out=100)
y=dt (x,df)
bx=-5
ex=round (qt (tp,df),3)
rx=x[bx<=x & x<=ex]
ry=y[bx<=x & x<=ex]
region.x=c (rx[1],rx,tail (rx,1))
region.y=c (0,ry,0)
curve (dt (x,df),-5,5,lwd=3,col="blue",ylab="機率密度",xlab="分位數",main="t分配")
polygon (region.x,region.y,lwd=2,col="gray")
abline (h=0,lty=1)
text (ex,dt (ex,df)+0.01,paste ("臨界值t=",ex),font=2,cex=1.0)
}
```

自訂函數二個參數界定為 .05 (顯著水準)、20 (自由度)：

```
> tfl (.05,20)
```

顯著水準 α 等於 .05，自由度等於 20 之 t 分配單尾左側檢定的臨界值 t = −1.725。

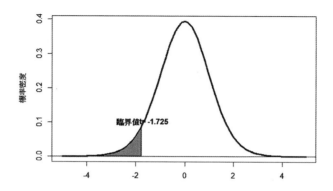

自訂函數二個參數界定為 .01 (顯著水準)、40 (自由度)：

```
> tfl (.01,40)
```

顯著水準 α 等於 .01，自由度等於 40 之 t 分配單尾左側檢定的臨界值 t = −1.725。

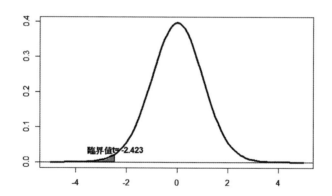

繪製 t 分配雙側檢定之拒絕區，可以先執行自訂函數 **tfl ( )** 繪製左邊的陰影區域，再繪製右邊的陰影區域，右邊自訂函數中的 **curve ( )** 函數列中的引數增列「add=T」，表示繪製的區線增列在原先圖形裝置器視窗中，不開啟獨立的繪圖視窗 (R 控制臺執行「> windows ( )」可以開啟新繪圖視窗進行各種圖形的繪製)。

自訂函數繪製右端拒絕區之 R 編輯器語法指令列如下：

```
tfar=function (tp,df)
{
```

```
x=seq (-5,5,length.out=100)
y=dt (x,df)
bx=round (qt (tp,df),3)
ex=5
rx=x[bx<=x & x<=ex]
ry=y[bx<=x & x<=ex]
region.x=c (rx[1],rx,tail (rx,1))
region.y=c (0,ry,0)
curve (dt (x,df),-5,5,lwd=3,col="blue",add=T)
polygon (region.x,region.y,lwd=2,col="gray")
abline (h=0,lty=1)
text (bx,dt (bx,df)+0.01,paste ("臨界值t=",bx),font=2,cex=1.0)
}
```

繪製顯著水準 α 等於 .05，自由度為 20 (N 為 21，df = N – 1 = 21 – 1 = 20) 的雙尾檢定拒絕區，雙尾檢定時左側、右側的顯著水準為 $\frac{\alpha}{2} = \frac{.05}{2} = .025$，左側的 t 分位數為 $t_{\frac{\alpha}{2}(20)} = t_{.025(20)}$、右側的 t 分位數為 $t_{1-\frac{\alpha}{2}(20)} = t_{.075(20)}$，自訂函數 **tfl ( )** 二個參數值為 .025、20；**tfar ( )** 二個參數值為 .975、20：

```
> tfl (.025,20)
> tfar (.975,20)
```

拒絕區二個陰影區域面積全部為 5%，二個陰影區域面積各占 $2.5\% \left(= \frac{\alpha}{2} \right)$，左端、右端 t 臨界值分別為 -2.086、2.086，$t_{\frac{\alpha}{2}(21-1)} = t_{.025(20)} = -2.086$、$t_{1-\frac{\alpha}{2}(21-1)} = t_{.975(20)} = 2.086$。中間空白區域為平均數 95% 信賴區間區。當自由度等於 20 時，t 值分位數介於 -2.086 至 2.086 之間所占的比率為 95%。雙尾檢定程序時，根據樣本統計量計算所得的 t 值統計量絕對值若大於 2.086，表示落入拒絕區，有足夠證據拒絕虛無假設，得出對立假設得到支持的結論。

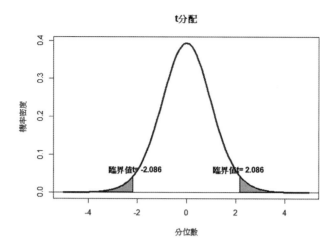

　　繪製顯著水準 α 等於.05，自由度為 30 (N 為 31，df = N − 1 = 31 − 1 = 30) 的雙尾檢定拒絕區，之後使用 **text ( )** 函數增列顯著水準 α 的參數值等文字標記：

```
> tfl (.05/2,30)
> tfar (1-.05/2,30)
> text (-3.2,0.3,expression (paste (alpha," = .05，雙側考驗")),cex=1.5)
```

　　二個陰影區域面積各占 $2.5\% \left(= \dfrac{\alpha}{2} \right)$，左端、右端 t 臨界值分別為 -2.042、2.042，$t_{\frac{\alpha}{2}(31-1)} = t_{.025(30)} = -2.042$、$t_{1-\frac{\alpha}{2}(31-1)} = t_{.975(30)} = 2.042$。

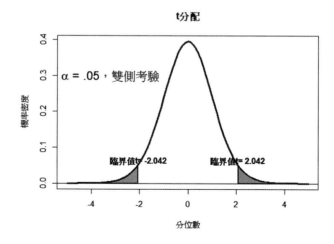

參、F 分配

F 分配為二個變異數之比例的抽樣分配，也可以定義為二個卡方分配的隨機變數分別除以其對應的自由度，二個獨立變數比值之隨機變數的機率分配。R 軟體 F 分配之密度函數、CDF 函數、分位數函數與隨機產製函數語法為：

df (x, df1, df2, ncp, log = FALSE)

pf (q, df1, df2, ncp, lower.tail = TRUE, log.p = FALSE)

qf (p, df1, df2, ncp, lower.tail = TRUE, log.p = FALSE)

rf (n, df1, df2, ncp)

引數 df1、df2 為二個抽樣分配的自由度 (或稱為分子自由度、分母自由度)。因 $\chi^2 = \frac{(n-1) \times s^2}{\sigma^2} = \frac{df \times s^2}{\sigma^2}$，樣本變異數 s^2 與母群變異數 σ^2 有以下關係存在：

$$s^2 = \frac{\chi^2 \times \sigma^2}{df} = \frac{\chi^2 \times \sigma^2}{n-1}$$

$$F = \frac{s_1^2}{s_2^2} = \frac{\chi_1^2 / df_1}{\chi_2^2 / df_2} = \frac{(df_1 \times s_1^2 / \sigma^2) / df_1}{(df_2 \times s_2^2 / \sigma^2) / df_2} = \frac{s_1^2 / \sigma^2}{s_2^2 / \sigma^2}$$

F 分配的估計值從 0 至無限大，其分子項為卡方分配分位數除以自由度，分子項參數值為正值；分母項為卡方分配分位數除以自由度，分母項的參數值也為正值，因而 F 分配的分位數為正數，其分配為右偏。當分子自由度與分母自由度趨近於無限大時，F 分配愈接近常態分配。當自由度參數不同時，F 分配的機率密度曲線也不同。

使用分位數函數 **qf ( )** 分別求出顯著水準 α=.05、α=.01 的 F 值分位數，自由度分別為 3、5：

```
> qf (.95,3,5)
[1] 5.409451
> qf (.99,3,5)
[1] 12.05995
```

使用分位數函數 **qf ( )** 分別求出顯著水準 α=.05、α=.01 的 F 值分位數，自由度分別為 4、10：

```
> qf (.95,4,10)
[1] 3.47805
> qf (.99,4,10)
[1] 5.994339
```

自由度等於 4、10，使用 CDF 函數 **pf ( )** 分別求出分位數參數為 3.478、5.994 的 CDF 值：

```
> round (pf (3.478,4,10),3)
[1] 0.95
> round (pf (5.994,4,10),3)
[1] 0.99
```

相同自由度參數、函數 **pf ( )** 與函數 **qf ( )** 回傳的參數值是對應的：

```
> pf (qf (.95,3,5),3,5)
[1] 0.95
> pf (qf (.99,3,5),3,5)
[1] 0.99
> qf (pf (13.052,3,5),3,5)
[1] 13.052
> qf (pf (7.651,3,5),3,5)
[1] 7.651
```

語法指令使用 **curve ( )** 函數與 df (x,df1,df2) 函數繪製不同自由度的 F 分配機率密度曲線，自由度分別為 (3,3)、(10,12)、(20,25)、(50,60)：

```
> plot (c (0, 6), c (0,1.5), type = "n",xlab="分位數",ylab="密度",font=4)
> curve (df (x,3,3),0,6,lwd=2,lty=1,col="black",add=T)
> curve (df (x,10,12),0,6,lwd=2,lty=2,col="red",add=T)
> curve (df (x,20,25),0,6,lwd=2,lty=4,col="blue",add=T)
> curve (df (x,50,60),0,6,lwd=2,lty=6,col="green",add=T)
> legend (3,1.0,c ("df= (3,3)","df= (10,12)","df= (20,25)","df= (50,60)"),col=c ("black",
    "red","blue","green"),text.col="green4",lty=c (1,2,4,6),merge=TRUE,bg="gray90",
    cex=1.2)
```

四條不同之 F 分配機率密度曲線如下：

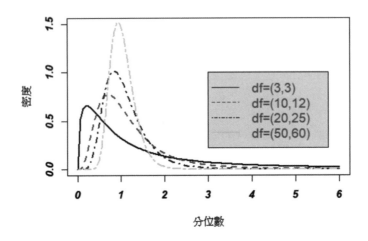

語法指令求出不同自由度之 F 分配的分位數 (F 值)，第一個自由度參數為 1 至 30；第二個自由度分別為 5、10、15、20、25、30、35、40、45、50。累積機率密度 CDF 值設定 .95，表示對應的顯著水準 α 為 .05：

```
> p.m=matrix (0,nrow=30,ncol=11)
> for (i in 1:30) {
+  p.m[i,1]=past e("df=",i)
+  for (j in 1:10) {
+    p.m[i,j+1]=round (qf (.95,i,j*5),3)
+  }
+ }
> p.m=as.data.frame (p.m)
> names (p.m)=c ("自由度",seq (1:10)*5)
> print (p.m)
```

	自由度	5	10	15	20	25	30	35	40	45	50
1	df=1	6.608	4.965	4.543	4.351	4.242	4.171	4.121	4.085	4.057	4.034
2	df=2	5.786	4.103	3.682	3.493	3.385	3.316	3.267	3.232	3.204	3.183
3	df=3	5.409	3.708	3.287	3.098	2.991	2.922	2.874	2.839	2.812	2.79
4	df=4	5.192	3.478	3.056	2.866	2.759	2.69	2.641	2.606	2.579	2.557
5	df=5	5.05	3.326	2.901	2.711	2.603	2.534	2.485	2.449	2.422	2.4
6	df=6	4.95	3.217	2.79	2.599	2.49	2.421	2.372	2.336	2.308	2.286
7	df=7	4.876	3.135	2.707	2.514	2.405	2.334	2.285	2.249	2.221	2.199
8	df=8	4.818	3.072	2.641	2.447	2.337	2.266	2.217	2.18	2.152	2.13
9	df=9	4.772	3.02	2.588	2.393	2.282	2.211	2.161	2.124	2.096	2.073
10	df=10	4.735	2.978	2.544	2.348	2.236	2.165	2.114	2.077	2.049	2.026
11	df=11	4.704	2.943	2.507	2.31	2.198	2.126	2.075	2.038	2.009	1.986

12	df=12	4.678	2.913	2.475	2.278	2.165	2.092	2.041	2.003	1.974	1.952
13	df=13	4.655	2.887	2.448	2.25	2.136	2.063	2.012	1.974	1.945	1.921
14	df=14	4.636	2.865	2.424	2.225	2.111	2.037	1.986	1.948	1.918	1.895
15	df=15	4.619	2.845	2.403	2.203	2.089	2.015	1.963	1.924	1.895	1.871
16	df=16	4.604	2.828	2.385	2.184	2.069	1.995	1.942	1.904	1.874	1.85
17	df=17	4.59	2.812	2.368	2.167	2.051	1.976	1.924	1.885	1.855	1.831
18	df=18	4.579	2.798	2.353	2.151	2.035	1.96	1.907	1.868	1.838	1.814
19	df=19	4.568	2.785	2.34	2.137	2.021	1.945	1.892	1.853	1.823	1.798
20	df=20	4.558	2.774	2.328	2.124	2.007	1.932	1.878	1.839	1.808	1.784
21	df=21	4.549	2.764	2.316	2.112	1.995	1.919	1.866	1.826	1.795	1.771
22	df=22	4.541	2.754	2.306	2.102	1.984	1.908	1.854	1.814	1.783	1.759
23	df=23	4.534	2.745	2.297	2.092	1.974	1.897	1.843	1.803	1.772	1.748
24	df=24	4.527	2.737	2.288	2.082	1.964	1.887	1.833	1.793	1.762	1.737
25	df=25	4.521	2.73	2.28	2.074	1.955	1.878	1.824	1.783	1.752	1.727
26	df=26	4.515	2.723	2.272	2.066	1.947	1.87	1.815	1.775	1.743	1.718
27	df=27	4.51	2.716	2.265	2.059	1.939	1.862	1.807	1.766	1.735	1.71
28	df=28	4.505	2.71	2.259	2.052	1.932	1.854	1.799	1.759	1.727	1.702
29	df=29	4.5	2.705	2.253	2.045	1.926	1.847	1.792	1.751	1.72	1.694
30	df=30	4.496	2.7	2.247	2.039	1.919	1.841	1.786	1.744	1.713	1.687

由上表中可以得知：顯著水準 α 為 .05 時，分子自由度與分母自由度分別為 1、10 的 F 值為 4.965，$F_{1-.05(1,10)} = F_{.95(1,10)} = 4.965$；分子自由度與分母自由度分別為 3、15 的 F 值為 3.287，$F_{1-.05(3,15)} = F_{.95(3,15)} = 3.287$。

F 分配中，由於 $F = \frac{s_1^2}{s_2^2}$ 與 $F = \frac{s_2^2}{s_1^2}$ 互為倒數關係，因而 $F_{1-\alpha(df1,df2)} = 1/F_{\alpha(df1,df2)}$。如第一個自由度為 1、第二個自由度為 10，顯著水準 α 為 .05，$F_{1-\alpha(df1,df2)} = F_{.95(1,10)}$ 右端分配的 F 值為 4.964603：

```
> f1=qf(.95,1,10)
> f1
[1] 4.964603
```

將二個自由度順序相反，CDF 值參數為 .05，對應的 F 值為 $F_{\alpha(df2,df1)} = F_{.05(10,1)} = 0.201426$

```
> f2=qf(.05,10,1)
> f2
[1] 0.201426
```

二個對應的 F 值互為倒數：

```
> 1/f1
[1] 0.201426
> 1/f2
[1] 4.964603
```

以自由度為 3、8，顯著水準 α 為例，$F_{.95(3,8)} = 4.066181$、$F_{1-.95\,(8,3)} = 0.245931$，二個參數互為倒數關係。

範例的自由度 df1 = 10、df2 = 10，顯著水準 α 定為 .025，累積機率密度 CDF 參數值分別為 .975、.025，對應的 F 分配分位數分別為 3.716792、0.2690492，右端 (CDF = .975) 分位數 F 值與左端 (.025) 分位數 F 值互為倒數，右端 (CDF = .975) 分位數 F 值以上的區域面積與左端 (.025) 分位數 F 值以下的區域面積相等：

```
> f1=qf (.975,10,10)
> f2=qf (.025,10,10)
> f1
[1] 3.716792
> f2
[1] 0.2690492
> 1/f1
[1] 0.2690492
> 1/f2
[1] 3.716792
```

範例 f1 變數的二個自由度分別為 3、8，CDF 值為 .95；f2 變數的二個自由度分別為 8、3，CDF 值為 .05，對應的二個 F 值分位數互為倒數，F 值分位數 f1 右端以上的面積與 F 值分位數 f2 左端以下的面積相等：

```
> f1=qf (.95,3,8)
> f2=qf (.05,8,3)
> f1
[1] 4.066181
> f2
[1] 0.245931
```

```
> f1/1
[1] 4.066181
> f2/1
[1] 0.245931
```

　　語法指令修改第五列「p.m[i,j+1]=round (qf (.99,i,j*5),3)」，求出顯著水準 α 為 .01 時，不同自由度之 F 分配的分位數 (F 值)。當界定顯著水準 α 為 .01，其對應的累積機率密度函數值為 .99 (99%)：

```
> p.m=matrix (0,nrow=30,ncol=11)
> for (i in 1:30) {
+  p.m[i,1]=paste ("df=",i)
+  for (j in 1:10) {
+    p.m[i,j+1]=round (qf (.99,i,j*5),3)
+  }
+ }
> p.m=as.data.frame (p.m)
> names (p.m)=c ("自由度",seq (1:10)*5)
> print (p.m)
```

	自由度	5	10	15	20	25	30	35	40	45	50
1	df=1	16.258	10.044	8.683	8.096	7.77	7.562	7.419	7.314	7.234	7.171
2	df=2	13.274	7.559	6.359	5.849	5.568	5.39	5.268	5.179	5.11	5.057
3	df=3	12.06	6.552	5.417	4.938	4.675	4.51	4.396	4.313	4.249	4.199
4	df=4	11.392	5.994	4.893	4.431	4.177	4.018	3.908	3.828	3.767	3.72
5	df=5	10.967	5.636	4.556	4.103	3.855	3.699	3.592	3.514	3.454	3.408
6	df=6	10.672	5.386	4.318	3.871	3.627	3.473	3.368	3.291	3.232	3.186
7	df=7	10.456	5.2	4.142	3.699	3.457	3.304	3.2	3.124	3.066	3.02
8	df=8	10.289	5.057	4.004	3.564	3.324	3.173	3.069	2.993	2.935	2.89
9	df=9	10.158	4.942	3.895	3.457	3.217	3.067	2.963	2.888	2.83	2.785
10	df=10	10.051	4.849	3.805	3.368	3.129	2.979	2.876	2.801	2.743	2.698
11	df=11	9.963	4.772	3.73	3.294	3.056	2.906	2.803	2.727	2.67	2.625
12	df=12	9.888	4.706	3.666	3.231	2.993	2.843	2.74	2.665	2.608	2.562
13	df=13	9.825	4.65	3.612	3.177	2.939	2.789	2.686	2.611	2.553	2.508
14	df=14	9.77	4.601	3.564	3.13	2.892	2.742	2.639	2.563	2.506	2.461
15	df=15	9.722	4.558	3.522	3.088	2.85	2.7	2.597	2.522	2.464	2.419
16	df=16	9.68	4.52	3.485	3.051	2.813	2.663	2.56	2.484	2.427	2.382
17	df=17	9.643	4.487	3.452	3.018	2.78	2.63	2.527	2.451	2.393	2.348
18	df=18	9.61	4.457	3.423	2.989	2.751	2.6	2.497	2.421	2.363	2.318
19	df=19	9.58	4.43	3.396	2.962	2.724	2.573	2.47	2.394	2.336	2.29
20	df=20	9.553	4.405	3.372	2.938	2.699	2.549	2.445	2.369	2.311	2.265

21	df=21	9.528	4.383	3.35	2.916	2.677	2.526	2.422	2.346	2.288	2.242
22	df=22	9.506	4.363	3.33	2.895	2.657	2.506	2.401	2.325	2.267	2.221
23	df=23	9.485	4.344	3.311	2.877	2.638	2.487	2.382	2.306	2.248	2.202
24	df=24	9.466	4.327	3.294	2.859	2.62	2.469	2.364	2.288	2.23	2.183
25	df=25	9.449	4.311	3.278	2.843	2.604	2.453	2.348	2.271	2.213	2.167
26	df=26	9.433	4.296	3.264	2.829	2.589	2.437	2.333	2.256	2.197	2.151
27	df=27	9.418	4.283	3.25	2.815	2.575	2.423	2.318	2.241	2.183	2.136
28	df=28	9.404	4.27	3.237	2.802	2.562	2.41	2.305	2.228	2.169	2.123
29	df=29	9.391	4.258	3.225	2.79	2.55	2.398	2.292	2.215	2.156	2.11
30	df=30	9.379	4.247	3.214	2.778	2.538	2.386	2.281	2.203	2.144	2.098

　　由上表中可以得知：顯著水準 α 為 .01 時，分子自由度與分母自由度分別為 1、5 的 F 值為 16.258，$F_{1-.01(1,5)} = F_{.99(1,5)} = 16.258$；分子自由度與分母自由度分別為 5、10 的 F 值為 5.636，$F_{1-.01(5,10)} = F_{.99(5,10)} = 5.636$。

　　繪製顯著水準 α 右端之區域陰影拒絕區，自訂函數語法指令如下，三個參數值為 CDF、自由度 1、自由度 2：

```
ff=function (fp,df1,df2)
{
x=seq (0,10,length.out=100)
y=df (x,df1,df2)
bx=round (qf (fp,df1,df2),3)
ex=10
rx=x[bx<=x & x<=ex]
ry=y[bx<=x & x<=ex]
region.x=c (rx[1],rx,tail (rx,1))
region.y=c (0,ry,0)
curve (df (x,df1,df2),0,10,lwd=3,col="blue",ylab="機率密度",
xlab="分位數",main="F分配",font=4)
polygon (region.x,region.y,lwd=2,col="gray")
abline (h=0,lty=1)
text (bx,df (bx,df1,df2)+0.2,paste ("臨界值t=",bx),font=2,cex=1.0)
}
```

　　R 主控臺自訂函數三個參數分別輸入 .95、4、15，表示 F 分位數為 $F_{1-.05(4,15)}$ = $F_{.95(4,15)}$ = 3.056：

```
> ff (.95,3,16)
```

變異數分析程序中，若是樣本觀察值計算所得的 F 值統計量大於 3.056，則落入拒絕區 (機率值 p 小於 .05)，有足夠證據可以拒絕虛無假設，表示至少有一個配對群體的平均數間有顯著不同。

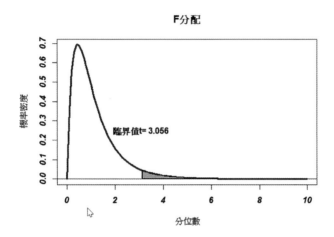

增列繪製顯著水準 α 左端以下的區域陰影：

```
ff1=function (fp,df1,df2)
{
 x=seq (0,10,length.out=100)
 y=df (x,df1,df2)
 bx=0
 ex=round (qf (fp,df1,df2),3)
 rx=x[bx<=x & x<=ex]
 ry=y[bx<=x & x<=ex]
 region.x=c (rx[1],rx,tail (rx,1))
 region.y=c (0,ry,0)
 curve (df (x,df1,df2),0,10,lwd=3,col="blue",add=T)
 polygon (region.x,region.y,lwd=2,col="gray")
 abline (h=0,lty=1)
 text (1.2,0.1,paste ("t=",ex),font=2,cex=1.0)
}
```

二個自由度均為 10、一個 CDF 值為 .95、一個 CDF 值為 .05，累積機率密度 .05 左邊以下的面積為 5%，對應的 F 值分位數為 0.336；累積機率密度 .95 右邊以上的面積為 5%，對應的 F 值分位數為 2.978，二個 F 值分位數互為倒數，分位數 2.978 右端陰影區域面積與分位數 0.336 左端陰影區域面積相等，均為

5%。

```
> ff (.95,10,10)
> ff1 (.05,10,10)
> f1=qf (.95,10,10)
> f2=qf (.05,10,10)
> f1
[1] 2.978237
> f2
[1] 0.3357691
> 1/f1
[1] 0.3357691
> 1/f2
[1] 2.978237
```

二個自由度均為 10 的 F 分配圖如下：

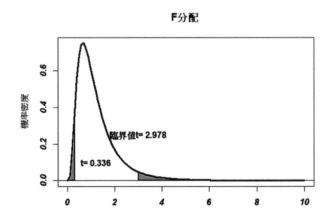

範例左端區域陰影面積為 .025，右端區域陰影面積也為 .025，二個區域陰影面積對應的 CDF 值分別為 .025、.975，分子自由度與分母自由度均為 10 情況下，F 分配的分位數分別為 0.269、3.717。

```
> ff (.975,10,10)
> ff1 (.025,10,10)
```

R 圖形裝置器繪製的圖形如下：

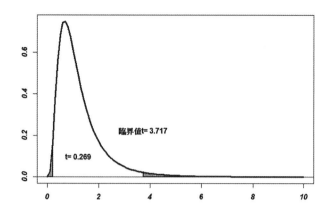

參考書目

1. 江建良 (2005)。統計學。臺北市：普林斯頓國際有限公司。

2. 余民寧 (2005)。心理與教育統計學。臺北市：三民。

3. 吳明隆 (2015)。R 軟體統計應用分析實務。臺北市：五南。

4. 吳裕益 (2007)。心理與教育統計學。臺北：雙葉。

5. 吳漢銘 (2017)。R Software (R 軟體教學/R 語言程式設計)。2017 年 10 月 31 日取自 http://www.hmwu.idv.tw。

6. 林進益 (2016)。財金統計學：使用 R 語言。臺北市：五南。

7. 張夏菁譯 (2015)。R 錦囊妙計。臺北市：碁峰。

8. 陳正昌 (2013)。SPSS 與統計分析。臺北市：五南。

9. 陳瓊如 (2017)。臺灣國小教師職場靈性、組織承諾、專業實踐與幸福感之關係研究。高雄師範大學成人教育研究所博士論文 (未出版)。

10. 陳臺芳審訂 (2008)。統計學 (J. E. Freund & B. M. Perles 原著)。臺北市：培生。

11. 戴永久 (2006)。統計原理與應用 (第二版)。臺中市：滄海。

Chapter **18**

外掛套件應用—ROC
曲線分析

壹、ROC 曲線相關統計量

ROC 曲線為「接受者運作特徵曲線」(receiver operating characteristic curve; [ROC]) 的簡稱,其適用時機與邏輯斯迴歸類似,預測變項為等距或比率尺度,反應變項 (結果變項) 為二分類別變項。就臨床心理學或醫學而言,ROC 曲線的分析在於找出一個最佳的分割點 (cut-off point) 或門檻值 (threshold value),提升診斷分類結果的準確度。這個分割點可以將真實情況為陽性受試者 (有疾患者) 歸類為陽性,真實情況為陰性受試者 (沒有疾患者) 歸類為陰性,減少診斷分類情況與實際情況錯誤的比率,如將真實情況為陽性受試者診斷分類為陰性、或將真實情況為陰性受試者診斷分類為陽性。檢測工具預測分類正確百分比愈高,表示檢測工具診斷分類的準確度也愈高。

在心理與教育領域,研究者會根據研發的檢測工具診斷分類學生是否有某種障礙。如研究者實際搜集有不同程度情緒障礙的學生,為了便於教師輔導,研發情緒障礙檢測工具,根據受試者在情緒障礙檢測量表的得分作為判別依據,判斷時研究者希望找出最佳分割點,此分割點有最大的正確的預測率,能診斷分類受試者是否具有情緒障礙,由於是預測分類或診斷歸類,因而會有四種情況出現:

1. 根據檢測工具將受試者診斷分類為有情緒障礙 (陽性反應),而受試者實際情況也有情緒障礙 (陽性反應學生),此種情況為診斷分類或預測正確。
2. 根據檢測工具將受試者診斷分類為有情緒障礙 (陽性反應),但受試者實際情況並沒有情緒障礙行為 (陰性反應學生),此種情況為診斷分類或預測錯誤。
3. 根據檢測工具將受試者診斷分類為沒有情緒障礙 (陰性反應),而受試者實際情況也沒有情緒障礙 (陰性反應學生),此種情況為診斷分類或預測正確。
4. 根據檢測工具將受試者診斷分類為沒有情緒障礙 (陰性反應),但受試者實際情況卻有情緒障礙行為 (陽性反應學生),此種情況為診斷分類或預測錯誤。

邏輯斯迴歸分析與 ROC 曲線分析界定的陽性樣本觀察值,通常是有某種行為特徵或研究者想要探究的群體,如某種疾患、錄取者、通過證照考試者、有攻擊行為等,此類群體又稱案例組。以此樣本觀察值對照的群體稱為控制組,如沒有疾患、未錄取者、未通過證照考試者、沒有攻擊行為等,控制組群體一般稱為陰性受試者。樣本觀察值實際狀況有陽性群體、陰性群體,預測變項診斷分類結果分為陽性群組、陰性群組,四個細格的組成關係為:

	實際狀況陽性	實際狀況陰性	
診斷分類陽性	實際狀況＝陽性 診斷分類＝陽性 (真陽性 TP)	實際狀況＝陰性 診斷分類＝陽性 (假陽性 FP)	診斷分類陽性的總 人數
診斷分類陰性	實際狀況＝陽性 診斷分類＝陰性 (假陰性 FN)	實際狀況＝陰性 診斷分類＝陰性 (真陰性 TN)	診斷分類陰性的總 人數
	實際狀況陽性的總 人數	實際狀況陰性總的 人數	樣本總數 N

以符號表示群體實際情況與檢測工具預測分類情況之交叉表如下：

		實際情況		
		有疾患 (有病)	沒有疾患 (無病)	
預測分類情況	有疾患 (有病)	a (TP) 真陽性	c (FP) 假陽性	a + c
	沒有疾患 (無病)	b (FN) 假陰性	d (TN) 真陰性	b + d
		a + b	c + d	

　　交叉表中的細格 a 為受試者實際狀態是有疾患 (有病) 群組，根據診斷分類工具預測分類結果也為有疾患 (有病) 群組，細格觀察值稱為「真陽性」(true positive; [TP])。

　　交叉表中的細格 d 為受試者實際狀態是沒有疾患 (無病) 群組，根據診斷分類工具預測分類結果也為沒有疾患 (無病) 群組，細格觀察值稱為「真陰性」(true negative; [TN])。

　　交叉表中的細格 b 為受試者實際狀態是有疾患 (有病) 群組，根據診斷分類工具預測分類結果錯誤分類為沒有疾患 (沒有病) 群組，細格觀察值稱為「偽陰性」(false negative; [FP])，診斷預測分類結果之陰性特徵是假的，細格也稱為「假陰性」。

　　交叉表中的細格 c 為受試者實際狀態是沒有疾患 (無病) 群組，根據診斷分類工具預測分類結果錯誤分類為有疾患 (有病) 群組，細格觀察值稱為「偽陽性」(false positive; [FN])，診斷預測分類結果之陽性特徵是假的，細格也稱為「假陽性」。

　　真陽性 (細格 a)、真陰性 (細格 d) 是受試者實際狀態與預測分類結果狀態相同的群組，表示診斷分類結果正確的人數；偽陽性 (細格 b)、偽陰性 (細格 c) 是受試者實際狀態與預測分類結果狀態不相同的群組，表示診斷分類結果錯誤的人數。

　　以 R 軟體繪製陽性受試者、陰性受試者二個群體診斷分類情況可能的四種結果圖示 (ROC 列聯表四種細格)：

```
> x=seq (0,10,length.out=120)
> plot (x,dnorm (x,mean=3,sd=1),type="l",font=2,lwd=3,col="blue")
> curve (dnorm (x,mean=5,sd=1.5),lwd=3,add=T,lty=2)
> abline (v=4.1,lwd=2.5)
> text (5.3,0.38,"分割點",font=2,cex=2.5)
> text (2.5,0.2,"TN",cex=1.5,font=2)
> text (3,0.03,"FN",cex=1.5,font=2)
> text (4.8,0.02,"FP",cex=1.5,font=2)
> tex t(6,0.1,"TP",cex=1.5,font=2)
> legend (7,0.3,c ("陰性受試者","陽性受試者"),lwd=3,lty=c (1,2),col=c ("blue",
  "black"))
```

　　受試者實際狀態為陽性、陰性二種情況，根據檢測工具將受試者診斷分類為陽性觀察值、陰性觀察值，四種可能情況圖示如下：

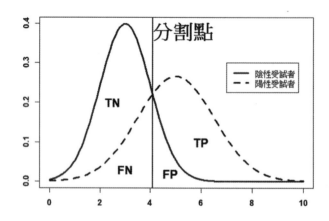

　　根據列聯表，下面是常見的 ROC 曲線分析中界定的相關統計量：

敏感度 (sunsitivity) = a/(a + b)，敏感度量數為真陽性率，

$$真陽性率 = \frac{診斷分類為陽性者}{實際狀況為陽性者總人數}。$$

特異度 (specificity) = d/(c + d)，特異度量數為真陰性率，

$$真陰性率 = \frac{診斷分類為陰性者}{實際狀況為陰性者總人數}。$$

陽性預測值 (positive predictive value;[ppv]) = a/(a + c)。

陰性預測值 (negative predictive value;[npv]) = d/(b + d)。

陽性概似比 (positive likelihood ratio) = 敏感度/(1-特異度)。

陰性概似比 (negative likelihood ratio) = (1-敏感度)/特異度。

整體分類正確度 (accuracy) = (TP + TN)/(TP + TN + FP + FN) = (a + d)/(a + b + c + d)。

診斷分類錯誤率 (error ratio) = (FP + FN)/(TP+TN + FP + FN) = (b + c)/(a + b + c + d)。

精確度 (precision) 量數 = TP/(TP + FP)、recall 量數 = TP/(TP + FN)。

敏感度統計量表示受試者實際情況為有疾患 (有病) 群組，診斷分類結果也為有疾患 (有病) 人次所占的百分比，敏感度統計量又稱為「真陽性率」(true positive rate; [TPR])，真陽性率量數愈接近 1.00，診斷分類結果愈精確。

特異度統計量表示受試者實際情況為沒有疾患 (無病) 群組，診斷分類結果也為沒有疾患 (無病) 人次所占的百分比，特異度統計量又稱為「真陰性率」(true negative rate; [TNR])，真陰性率量數愈接近 1.00，診斷分類結果正確性愈高。細格中真陽性受試者個數等於實際狀態為有疾患 (有病) 的總人數乘以真陽性率統計量 = 有疾患 (有病) 的總人數 × 敏感度量數。

1-特異度 = 1 – [d/(c + d)] = [(c + d)/(c + d)] – [d/(c + d)] = c/(c + d)，統計量以百分比表示為偽陽性率 (假陽性率)。細格中偽陽性受試者個數等於實際狀態為沒有疾患 (無病) 的總人數乘以偽陽性率統計量。1-特異度量數值愈小，表示假陽性率愈低，診斷分類準確度愈高，假陽性率愈低，真陰性率愈高 (特異度量數愈大)。

範例函數語法指令以自訂函數 **function ( )** 求出 ROC 曲線分析之相關統計量，函數四個引數依序為 TP (真陽性細格人數)、FN (假陰性細格人數)、FP (假陽性細格人數)、TN (真陰性細格人數)：

```
my.cur=function (tp,fn,fp,tn)
 {
p=tp+fn
```

```
n=fp+tn
N=p+n
sen=round (tp/p,3)
spe=round (tn/n,3)
ppv=round (tp/(tp+fp),3)
npv=round (tn/(fn+tn),3)
tpr=round (tp/p,3)
fpr=round (fp/n,3)
acc=round ((tp+tn)/N,3)
pre=round (tp/(tp+fp),3)
sta.v=c (tp,fn,fp,tn,sen,spe,1-spe,ppv,npv,tpr,fpr,acc,pre,1-acc)
names (sta.v)=c ("真陽性數","假陰性數","假陽性數","真陰性數","敏感度","特異度
","1-特異度","陽性預測值","陰性預測值","真陽性率","假陽性率","預測正確率","精
確度","預測錯誤率")
return (sta.v)
}
```

命令稿語法列執行結果如下：

```
> my.cur=function (tp,fn,fp,tn)
+ {
+ p=tp+fn
+ n=fp+tn
+ N=p+n
+ sen=round (tp/p,3)
+ spe=round (tn/n,3)
+ ppv=round (tp/(tp+fp),3)
+ npv=round (tn/(fn+tn),3)
+ tpr=round (tp/p,3)
+ fpr=round (fp/n,3)
+ acc=round ((tp+tn)/N,3)
+ pre=round (tp/(tp+fp),3)
+ sta.v=c (tp,fn,fp,tn,sen,spe,1-spe,ppv,npv,tpr,fpr,acc,pre,1-acc)
+ names (sta.v)=c ("真陽性數","假陰性數","假陽性數","真陰性數","敏感度","特異度
","1-特異度","陽性預測值","陰性預測值","真陽性率","假陽性率","預測正確率","精
確度","預測錯誤率")
+ return (sta.v)
+ }
```

　　四個引數 TP (真陽性細格人數)、FN (假陰性細格人數)、FP (假陽性細格人數)、TN (真陰性細格人數) 的數值為 44、36、5、45：

		真實情況	
		陽性	陰性
診斷分類預測情形	陽性	44 (True Positive)	5 (False Positive)
	陰性	36 (False Negative)	45 (True Negative)

　　以自訂函數求出相關統計量：

```
> my.cur (44,36,5,45)
  真陽性數     假陰性數   假陽性數   真陰性數         敏感度   特異度    1-特異度
  44.000       36.000     5.000      45.000           0.550    0.900     0.100
  陽性預測值   陰性預測值 真陽性率   假陽性率   預測正確率   精確度   預測錯誤率
  0.898        0.556      0.550      0.100      0.685        0.898    0.315
```

　　四個引數 TP (真陽性細格人數)、FN (假陰性細格人數)、FP (假陽性細格人數)、TN (真陰性細格人數) 的數值為 43、37、3、47：

```
> my.cur (43,37,3,47)
  真陽性數     假陰性數   假陽性數   真陰性數         敏感度   特異度    1-特異度
  43.000       37.000     3.000      47.000           0.538    0.940     0.060
  陽性預測值   陰性預測值 真陽性率   假陽性率   預測正確率   精確度   預測錯誤率
  0.935        0.560      0.538      0.060      0.692        0.935    0.308
```

　　ROC 曲線下的面積 (area under curve; [AUC]) 值介於 0.50 至 1.00 之間，數值愈接近 1.00 (= 100.0%)，表示診斷能力愈佳或整體預測分類結果可靠性愈高，AUC 統計量接近 .50 (曲線接近 45° 對角線之直線)，檢測工具的診斷分類準確度結果被視為很差或效度欠佳，一般 AUC 統計量的判別準則如下：

0.50≦AUC<0.70	區別力不高 (低度的診斷正確性)
0.70≦AUC<0.80	可接受的區別力 (中度的診斷正確性)
0.80≦AUC<0.90	好的區別力 (中高度的診斷正確性)
AUC≧0.90	極佳的區別力 (高度的診斷正確性)

　　接受者作業特徵曲線下的面積即 AUC 統計量，AUC 量數值愈大，檢測工具診斷分類的準確度愈高。ROC 曲線圖的繪製方法有二種，一為 Y 軸數值向量為敏感度量數、X 軸數值向量為特異度量數；一為 Y 軸數值向量為敏感度量數、X 軸數值向量為「1 – 特異度」量數，二種方法繪製的 ROC 曲線圖相同，AUC 統計量也一樣。

　　主控臺視窗使用函數 **RSiteSearch ( )** 搜尋關鍵字「ROC」：

> RSiteSearch ("ROC")
A search query has been submitted to http://search.r-project.org
The results page should open in your browser shortly

　　搜尋文件共有 1095 個，研究者給予分數較高的套件為 **{pROC}**：

Total 1095 documents matching your query.

1. **R: Display and Analyze ROC Curves** (score: 369)
　　Author: *unknown*
　　Date: *Sat, 17 Jun 2017 14:51:01 -0500*
　　Display and Analyze **ROC** Curves [R logo] Documentation for package ‘pROC&
　　G -- -- H -- -- L -- -- M -- -- O -- -- P -- -- R -- -- S -- -- V --
　　http://finzi.psych.upenn.edu/R/library/pROC/html/00Index.html (17,992 bytes)

2. **R: Compare the AUC of two ROC curves** (score: 198)
　　Author: *unknown*
　　Date: *Sat, 17 Jun 2017 14:51:07 -0500*
　　Compare the AUC of two **ROC** curves Description Usage Arguments Details Value AU
　　Errors Acknowledgements References See Also Examples page for **roc.test** {pRO
　　http://finzi.psych.upenn.edu/R/library/pROC/html/roc.test.html (24,943 bytes)

3. **R: Plot a ROC curve** (score: 163)
　　Author: *unknown*
　　Date: *Sat, 17 Jun 2017 14:51:07 -0500*
　　Plot a **ROC** curve Description Usage Arguments Details Value AUC specification Refe
　　{pROC} plot.**roc** {pROC} R Documentation This function plots a **ROC** curve. It
　　http://finzi.psych.upenn.edu/R/library/pROC/html/plot.roc.html (17,455 bytes)

　　查詢文件序號 14 的套件為 **{nsROC}**，套件功能可進行 k 個獨立 ROC 曲線的比較，序號 20 的套件為 **{PRROC}**，套件可進行加權與未加權資料之 ROC 曲線分析，計算 AUC 統計量。

14. R: Comparison of k independent ROC curves (score: 80)
　　Author: *unknown*

Date: *Tue, 27 Jun 2017 19:51:11 -0500*

Comparison of k independent ROC curves Description Usage Arguments
Details Value References Examples page for compareROCindep {nsROC}
compareROCindep {nsROC} R Documentation This function compares k
http://finzi.psych.upenn.edu/R/library/nsROC/html/compareROCindep.html
(10,939 bytes)

20. R: ROC curve (score: 67)

Author: *unknown*

Date: *Sun, 23 Apr 2017 07:11:01 -0500*

ROC curve Description Usage Arguments Details Value Author(s) References
See Also Examples page for roc.curve {PRROC} roc.curve {PRROC} R
Documentation Computes the area under the receiver operating
http://finzi.psych.upenn.edu/R/library/PRROC/html/roc.curve.html (9,093 bytes)

　　書籍內容聚焦於使用頻率最高套件 **{pROC}** 函數應用，未介紹的套件名
稱，讀者可以根據書中介紹方法安裝套件，查閱套件函數語法應用。

　　於「Packages」(套件) 交談窗中，按「Install」(安裝) 工具列鈕，開啟
「Install Packages」(安裝套件) 對話視窗，在「Packages (separate multiple with
space or comma)」下方框中輸入「pROC」套件名稱，按「Install」鈕。

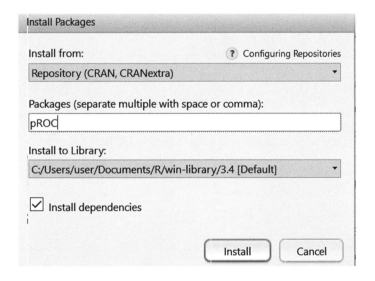

　　套件 **{pROC}** 安裝完後，「Packages」(套件) 交談窗會出現套件「pROC」
名稱選項，勾選套件「☑pROC」，可將外掛套件 **{pROC}** 載入主控臺中。

套件 {pROC} 載入主控臺時，主控臺出現的函數語法如下，警告訊息提醒使用者套件 {pROC} 最好配合 R 軟體 3.4.3 版本 (筆者 R 軟體版本為 3.4.1)：

> library ("pROC", lib.loc="~/R/win-library/3.4")
Type 'citation ("pROC")' for a citation.
Attaching package: 'pROC'
The following objects are masked from 'package:stats':
    cov, smooth, var
Warning message:
package 'pROC' was built under R version 3.4.3

貳、套件 {pROC} 函數應用

R 軟體套件 {pROC} 中的函數可應用於「接收者操作特徵曲線」(receiver operating characteristic curve; [ROC 曲線]) 物件的建立、物件視覺化圖示與 ROC 曲線比較。(部分) 曲線下區域 (under the curve; [AUC]) 可以使用 U 統計量或拔靴化 (bootstrap) 進行比較檢定，套件也可計算 (p)AUC 或 ROC 曲線的信賴區間與估計樣本大小及統計考驗力 (power)。

套件中有關 ROC 曲線的簡稱如下：

ROC：接收者操作特徵曲線。

AUC：ROC 曲線下的區域 (面積)。

pAUC：部分 ROC 曲線下的區域 (面積)。

CI：95% 信賴區間。

SP：特異度 (specificity)。

SE：敏感度 (sensitivity)。

套件中主要函數功能如下：

函數 roc ( )：建構 ROC 曲線物件。

函數 are.paired ( )：配對 ROC 曲線的比較。

函數 auc ( )：計算 ROC 曲線以下的區域 (面積)。

函數 ci ( )：計算 ROC 曲線的信賴區間。

函數 ci.auc：計算 AUC 統計量的信賴區間。

函數 ci.coords ( )：計算主觀判別座標點的信賴區間。

函數 ci.se ( )：給予指定特異度統計量數計算敏感度信賴區間。

函數 ci.sp ( )：給予指定敏感度統計量數計算特異度信賴區間。

函數 ci.thresholds ( )：計算敏感度與特異度門檻值之信賴區間。

函數 ci.coords ( )：計算主觀決定座標點的信賴區間。

函數 coords ( )：計算 ROC 曲線的座標點。

函數 cov ( )：計算二個 AUCs 的共變數。

函數 ggroc ( )：使用 ggplot2 繪製 ROC 曲線圖。

函數 has.partial.auc ( )：決定 ROC 曲線是否有部分 AUC。

函數 lines.roc ( )：增列 ROC 線條到 ROC 圖示中。

函數 plot.ci ( )：圖示信賴區間圖。

函數 plot ( )：繪製 ROC 曲線。

函數 print ( )：輸出 ROC 曲線物件。

函數 roc.test ( )：二個 ROC 曲線 AUC 統計量數的比較。

函數 smooth ( )：平滑 ROC 曲線。

函數 var ( )：AUC 統計量的變異數。

套件 {pROC} 函數 roc ( ) 基本語法為：

roc (formula, data)

roc (response, predictor, controls, cases,
levels=base::levels (as.factor (response)), percent=FALSE, na.rm=TRUE,
direction=c ("auto", "<", ">"), algorithm = 1, smooth=FALSE, auc=TRUE,
ci=FALSE, plot=FALSE, smooth.method="binormal")

引數 response 界定反應變項，可以為因子型態、數值或文字向量，一般的編碼為 0 (控制組或對照組)、1 (案例組或實驗組)，變項型態為二分類別間斷變數。在醫護領域研究中，水準數值 1 之受試者為有疾患的群體、水準數值 0 之受試者為沒有疾患的群體。

引數 predictor 為預測變項，元素長度與反應變項長度相同，變項型態通常為數值向量 (計量變數)。

引數 controls、cases 取代反應變項、預測變項，資料可以被區分為包含控制群體觀察值與案例組觀察值的數值或次序向量。

引數 formula、data 中的公式引數基本型態為「反應變項~預測變項」，引數 data 為標的資料框架物件。

引數 levels 為個別控制群體與案例群體的水準編碼，內定的數值為反應變項的前二個水準數值編碼，使用時，反應變項的水準數值編碼最好為 0 (控制組或對照組)、1 (案例組或實驗組)。

引數 percent 界定敏感度 (sensitivities)、特異度 (specificities) 與 AUC 是否為百分比 (TRUE) 或分數 (FALSE，內定選項為分數)。

引數 na.rm 為邏輯選項，選項為真 (TRUE)，遺漏值會從分析程序中排除。

引數 direction 界定比較的方向，內定選項「auto」，表示根據群組中位數的大小自動判別；選項「>」假定控制群組預測分數高於案例群組的分數 (controls > t >= cases)；選項「<」，假定控制群組預測分數小於或等於案例群組的分數 (controls < t <= cases)。此引數選項一般不用更改。

引數 algorithm 界定計算敏感度與特異度量數的方法，數值為介於 0 至 4 之間的整數，內定參數值為 1，表示當門檻個數較少時，ROC 曲線分析結果較為安全穩定；當 ROC 曲線門檻個數愈多，引數參數可界定為 2、3 或 4。

引數 smooth 為邏輯選項，選項界定為真 (TRUE)，ROC 曲線增列平滑線。

引數 auc 內定選項為真，表示計算 ROC 曲線下區域 (面積)(AUC)。

引數 ci 為邏輯選項，界定是否計算信賴區間 (內定選項為假)。

引數 plot 界定是否繪製 ROC 曲線，內定選項為假。

反應變項的水準編碼若不是為 1 (案例組)、0 (控制組)，則水準編碼的第 1 個水準數值會被視為控制組、第 2 個水準數值為案例組，反應變項如為三分類別以上的因子變項，ROC 曲線分析程序中只會採用前二個水準數值編碼，其餘水準數值編碼的受試者會被忽略。

套件 {pROC} 函數 coords ( ) 回傳特定點的 ROC 曲線座標，**coords ( )** 基本語法為：

coords (roc, x, input=c ("threshold", "specificity","sensitivity"), ret= c ("threshold", "specificity", "sensitivity"),as.list=FALSE, best.method= c ("youden", "closest.topleft"),best.weights=c (1, 0.5))

coords (smooth.roc, x, input=c ("specificity","sensitivity"), ret= c ("specificity", "sensitivity"), as.list=FALSE,best.method=c ("youden", "closest. topleft"), best.weights=c (1, 0.5))

引數 roc、smooth.roc 為「roc」函數物件與「smooth」函數物件。

引數 x 為找尋的座標，若為數值，量數為引數 input 中定義的統計量數。引數 x 界定為「all」表示輸出 ROC 曲線的所有座標點；界定為「local maximas」表示分析 ROC 曲線局部最大值；界定為「best」表示敏感度與特異度加總的最大值，引數界定時於文字前後增列雙引號。引數 x 界定為 best 時，可找出 ROC 曲線最佳的切截點。

引數 input 若為數值，可界定為座標點的型態，型態有門檻值 ("threshold")、特異度 ("specificity")、敏感度 ("sensitivity")。文字型態可以使用簡寫表示，如 "thr" (門檻值)、"sens" (敏感度)、"spec" (特異度)，或 "t"、"se"、"sp"。

當引數 input 界定「="threshold"」，引數 x 可以界定為 "all"、"local maximas" (回傳 ROC 曲線以上角度)、"best"。

引數 ret 為回傳的座標量數，量數包括 "threshold"、"specificity"、"sensitivity"、"accuracy" (預測分類正確率)、"tn" (true negative count-真陰性人數)、"tp" (true positive count-真陽性人數)、"fn" (false negative count-假陰性人數)、"fp" (false positive count-假陽性人數)、"npv" (negative predictive value-陰性預測值)、"ppv" (positive predictive value-陽性預測值)、"precision" (精確率)、"recall"、"1-specificity"、"1-sensitivity"、"1-accuracy"、"1-npv"、"1-ppv"；數值也可使用簡寫，如 "thr"、"sens"、"spec"，或 "se"、"sp"、"1-np" 等。

引數 as.list 界定回傳物件是否為列表，內定選項界定為假 (FALSE)，回傳的物件為數值向量。

引數 best.method 界定最佳門檻值的分析方法，若 x = "best"，表示輸出 ROC 曲線的切截點。引數 best.weights 界定最佳門檻值的加權值。

引數 x 若界定「="best"」引數 best.method 選項有二個最佳化門檻值量數的判別方法：1. "youden" 選項最佳化臨界點或最佳化準則為「最大值 (敏感度 + 特

異度)，"youden" 的方法又稱為「youden index」準則，準則運算式 = 敏感度 + (特異度-1) = 敏感度 − 假陽性率。2. "closest.topleft" 選項最佳化分割點或最佳化準則為「最小值 [(1-敏感度) 平方值 + (1-特異度) 平方值]」，引數可以以單字第二個字母表示：「="topleft"」。

如果偽陽性 (false positive) 與偽陰性 (false negative) 預測值不相等，可增列引數 best.weights，考量的要素有二：1. 與偽陽性分類比較之偽陰性分類的相對效益 (relative cost) 值大小；2.疾患的盛行率 (prevalence)，或群體中案例組人數所占的比例：案例組人數/(控制組人數+案例組人數)。引數 best.weights 內定數值向量為 c (1, 0.5)，成效效益量數為 1、盛行率為 0.5 表示沒有進行加權。

在 RStudio 視窗介面中匯入資料檔「disease.csv」，資料框架物件名稱界定為 temp：

```
> library (readr)
> temp <- read_csv ("D:/R6/0201/disease.csv")
Parsed with column specification:
cols (
  typea = col_integer ( ),
  typeb = col_integer ( ),
  typec = col_integer ( ),
  disease = col_integer ( )
)
> View (temp)
```

使用函數 **factor ( )** 界定因子變項二個水準數值群組標記 ，水準數值 0 群體標記為「NO」、水準數值 1 群體標記為「YES」，R 主控臺中也可直接以函數 **library ( )** 載入外掛套件 **{pROC}**：

```
> temp$disease=factor (temp$disease,levels=c (0:1),labels=c ("NO", "YES"))
> library (pROC)
> head (data.frame (temp))
```

	typea	typeb	typec	disease
1	43	31	25	YES
2	39	25	24	YES
3	43	20	23	YES
4	42	21	23	YES
5	43	18	20	YES

6	41	24	20	YES

```
> tail (data.frame (temp))
```

	typea	typeb	typec	disease
125	26	10	16	NO
126	25	10	17	NO
127	25	14	18	NO
128	25	18	20	NO
129	26	19	23	NO
130	26	11	15	NO

範例資料檔共有四個變項名稱，typea、typeb、typec 三個計量變數為受試者在檢測工具 A、檢測工具 B、檢測工具 C 上的分數，disease 變項為二分類別變項，水準數值編碼為 0、1，編碼 0 的樣本表示受試者沒有情緒障礙 (陰性反應群體)、編碼 1 的樣本表示受試者有情緒障礙 (陽性反應群體)。

[研究問題]：某研究者從教育現場實際搜集 80 位有不同程度之情緒障礙的學生，50 位完全沒有情緒障礙的學生，為便於教師輔導，研發三種不同檢測工具：檢測工具 A、檢測工具 B、檢測工具 C，利用三種不同檢測工具來診斷分類或預測受試者是否有情緒障礙行為，進而比較三種不同檢測工具預測分類的準確度，並找出每個檢測工具最佳的切截點分數。

參、單一檢測工具 ROC 曲線分析

以檢測工具 A 為診斷分類工具 (預測變項 1)，學生情緒障礙為反應變項，引數中界定的第一個群組水準為控制組 (controls)、第二個群組水準為案例組 (cases)，範例中的二種語法函數均可以建立 ROC 曲線物件：

```
> roca.1=roc (disease ~ typea,temp,ci=TRUE,levels=c  ("YES", "NO"))
> roca.2=with (temp,{roc (disease ~ typea,ci=TRUE,levels=c ("YES", "NO"))})
> roca.1
Call:
roc.formula(formula = disease ~ typea, data = temp, ci = TRUE, levels = c ("YES",
"NO"))
Data: typea in 80 controls (disease YES) > 50 cases (disease NO).
Area under the curve: 0.7191
95% CI: 0.6299-0.8084 (DeLong)
```

[說明]：控制組樣本觀察值有**80**位、案例組樣本觀察值有**50**位，AUC統計量

=0.719，95％信賴區間為[0.630,0.808]，未包含數值點0.500，表示AUC統計量等於0.50的機率很小，有足夠證據拒絕虛無假設(AUC=0.50)，以顯著水準 α=0.05的設定而言，顯著性p<.05，達到統計顯著水準。

```
> roca.2
Call:
roc.formula (formula = disease ~ typea, ci = TRUE, levels = c ("YES",   "NO"))
Data: typea in 80 controls (disease YES) > 50 cases (disease NO).
Area under the curve: 0.7191
95% CI: 0.6299-0.8084 (DeLong)
```
[說明]：控制組樣本觀察值有80位、案例組樣本觀察值有50位，AUC統計量=0.719，95％信賴區間為[0.630,0.808]。

使用函數 table ( ) 求出學生情緒障礙實際狀態，案例組 (實際有情緒障礙者) 有 80 位、控制組 (實際沒有情緒障礙者) 有 50 位，數據為受試者的真實情況：

```
> with (temp,{table (disease)})
disease
 NO  YES
  50   80
```

使用 roc ( ) 函數建立 ROC 曲線物件，引數 percent 界定為真，統計量以百分比表示 (實際應用時以百分比量數表示也可以，但直接以分數量數值表示較為方便)：

```
> roca.p=roc (disease ~ typea,temp,ci=TRUE,percent=TRUE)
> roca.p
Call:
roc.formula (formula = disease ~ typea, data = temp, ci = TRUE,   percent = TRUE)
Data: typea in 50 controls (disease NO) < 80 cases (disease YES).
Area under the curve: 71.91%
95% CI: 62.99%-80.84% (DeLong)
```

函數 roc ( ) 引數 levels 中的水準數值群組與因子界定時相同，引數也可以省略：

```
> roca=roc (temp$disease ~ temp$typea,temp,ci=TRUE)
> roca
```

```
Call:
roc.formula (formula = temp$disease ~ temp$typea, data = temp,ci = TRUE)

Data: temp$typea in 50 controls (temp$disease NO) < 80 cases (temp$disease YES).
Area under the curve: 0.7191
95% CI: 0.6299-0.8084 (DeLong)
```

範例為求出 ROC 曲線物件的相關函數：

```
> ci (roca) #求出AUC量數95%信賴區間
```
95% CI: 0.6299-0.8084 (DeLong)
```
> ci.auc (roca)    #求出AUC量數95%信賴區間
```
95% CI: 0.6299-0.8084 (DeLong)

[說明]：**AUC統計量95%信賴區間值=[0.6299,0.8084]，未包含數值點.50，表示 AUC統計量等於.50(45°直線以下面積)的機率很低，有足夠的證據拒絕虛無假設 (AUC=.50)，AUC統計量顯著不等於.50，以顯著水準α=.05而言，達到統計顯著水準，顯著性p<.05。**

```
> auc (roca) #求出AUC量數
```
Area under the curve: 0.7191
```
> auc (roca,partial.auc=c (1, .6))  # 求出部分曲線下面積之AUC量數
```
Partial area under the curve (specificity 1-0.6): 0.2188
```
> ci.coords (roca,x=0.8,input = "sensitivity",ret=c ("specificity", "ppv", "tp"))
```
95% CI (2000 stratified bootstrap replicates):

	2.5%	50%	97.5%
sensitivity 0.8: specificity	0.1480	0.4434	0.68
sensitivity 0.8: ppv	0.6004	0.6970	0.80
sensitivity 0.8: tp	64.0000	64.0000	64.00

[說明]：敏感度量數等於0.8時，對應的特異度(specificity)量數、ppv (陽性預測值)量數、tp (真陽性率)量數的95%信賴區間值。

```
> ci.coords (roca,x=c (0.1,0.5,0.9),input = "specificity", ret="sensitivity")
```
95% CI (2000 stratified bootstrap replicates):

	2.5%	50%	97.5%
specificity 0.1: sensitivity	0.8161	0.8969	0.9562
specificity 0.5: sensitivity	0.6500	0.7750	0.8750
specificity 0.9: sensitivity	0.2530	0.5250	0.6750

[說明]：採用拔靴法，指定不同特異度量數，對應的敏感度量數之95%信賴區間值。

不同特異度量數情況下，對應的敏感度量數之中位數與量數的 95% 信賴區間值：

```
> ci.se (roca)
95% CI (2000 stratified bootstrap replicates):
 sp    se.low   se.median   se.high
0.0   1.0000    1.0000      1.0000
0.1   0.8222    0.8958      0.9625
0.2   0.7818    0.8696      0.9409
0.3   0.7453    0.8375      0.9179
0.4   0.7125    0.8125      0.9000
0.5   0.6609    0.7727      0.8750
0.6   0.6000    0.7250      0.8375
0.7   0.5500    0.6733      0.8000
0.8   0.4803    0.6208      0.7447
0.9   0.2500    0.5250      0.6778
1.0   0.0000    0.0250      0.4250
```

不同敏感度量數情況下，對應的特異度量數之中位數與量數的 95% 信賴區間值：

```
> ci.sp (roca)
95% CI (2000 stratified bootstrap replicates):
 se    sp.low   sp.median   sp.high
0.0   1.0000    1.0000      1.0000
0.1   0.9200    0.9800      1.0000
0.2   0.9000    0.9600      1.0000
0.3   0.8800    0.9556      1.0000
0.4   0.8400    0.9400      1.0000
0.5   0.7742    0.9000      0.9800
0.6   0.5933    0.8200      0.9400
0.7   0.4000    0.6400      0.8600
0.8   0.1500    0.4400      0.6714
0.9   0.0000    0.0800      0.3667
1.0   0.0000    0.0000      0.0000
```

函數 **ci.thresholds ( )** 計算指定的門檻值，輸出 ROC 曲線的敏感度與特異度量數之中位數及量數 95% 信賴區間值：

```
> ci.thresholds (roca)
95% CI (2000 stratified bootstrap replicates):
```

thresholds	sp.low	sp.median	sp.high	se.low	se.median	se.high
-Inf	0.00	0.00	0.00	1.0000	1.0000	1.0000
23.5	0.00	0.06	0.14	0.8250	0.9000	0.9625
24.5	0.04	0.14	0.24	0.8125	0.8875	0.9500
25.5	0.14	0.26	0.38	0.7625	0.8500	0.9250
27.5	0.30	0.44	0.58	0.7250	0.8125	0.8878
28.5	0.38	0.52	0.64	0.6500	0.7500	0.8375
29.5	0.48	0.62	0.74	0.6250	0.7250	0.8250
30.5	0.56	0.68	0.80	0.5622	0.6625	0.7625
31.5	0.68	0.80	0.90	0.5250	0.6375	0.7375
32.5	0.70	0.82	0.92	0.4872	0.5875	0.6875
33.5	0.76	0.86	0.94	0.4500	0.5625	0.6750
34.5	0.80	0.90	0.98	0.4497	0.5500	0.6625
36.5	0.84	0.92	0.98	0.3375	0.4500	0.5625
38.5	0.86	0.94	1.00	0.3000	0.4125	0.5250
40.5	0.90	0.96	1.00	0.1500	0.2500	0.3500
42.5	0.94	0.98	1.00	0.0250	0.0750	0.1375
43.5	1.00	1.00	1.00	0.0000	0.0125	0.0375

[說明]：**thresholds**、**sp.low**、**sp.median**、**sp.high**、**se.low**、**se.median**、**se.high**七個直行表示為門檻值(分割點)、特異度下限、特異度中位數、特異度上限、敏感度下限、敏感度中位數、敏感度上限。

使用函數 **coords ( )** 輸入敏感度量數，引數 ret 回傳敏感度量數與特異度量數：

```
> coords (roca, x=.55, input="sensitivity", ret=c ("sen", "spec"))
sensitivity specificity
     0.55      0.90
> coords (roca, x=.80, input="sensitivity", ret=c("sen", "spec"))
sensitivity specificity
    0.800     0.456
```

使用函數 **coords ( )** 輸入門檻值 24.5 分、34.5 分，引數 ret 回傳敏感度量數、特異度、1－特異度量數：

```
> coords (roca, x=c (24.5,34.5), input="threshold", ret=c ("sen", "spec","1-spec"))
                24.5    34.5
sensitivity    0.8875   0.55
specificity    0.1400   0.90
1-specificity  0.8600   0.10
```

使用函數 var (曲線物件) 求出 ROC 曲線的變異數：

```
> round (var (roca),4)
[1] 0.0021
```

使用函數 **coords ( )**，引數界定為「best」，二種不同方法求出 ROC 曲線最佳的切截點分數，引數 best.method 內定的方法為「youden」，最大化準則為「max (sensitivities + specificities)」，另一個方法為「closest.topleft」，最大化準則為：min ((1 - sensitivities) 的平方 + (1- specificities) 的平方))：

```
> coords (roca, "best", ret="t", best.method="youden")
[1] 34.5
> coords (roca, "best", ret="t", best.method="closest.topleft")
[1] 31.5
> coords (roca, "best", ret="t", best.method="topleft")
[1] 31.5
```
[說明]：使用「**youden**」法，檢測工具A之**ROC曲線最佳切截點為34.5分**；使用「**closest.topleft**」法，**ROC曲線最佳切截點為31.5分**。
```
> coords (roca, x=34.5, input="thr", ret=c ("sen", "spec"))
sensitivity specificity
      0.55        0.90
```
[說明]：函數 **coords ( )** 指定的引數為門檻值(分割點分數)=34.5分，ROC曲線的敏感度、特異度統計量分別為**0.55**、**0.90**。**ROC曲線最佳切截點在於找出分割點座標有最大的敏感度與最大的特異度統計量**，使得診斷分類有最高的真陽性率與真陰性率，當真陰性率最大時，「**1-特異度**」統計量最小，對應的意涵是假陽性率最低。因而最佳的分割點也可是找出「最高的真陽性率、最低的假陽性率」(敏感度量數最大、「**1-特異度**」量數最小)。
```
> co.v=coords (roca, x=34.5, input="thr", ret=c ("sen", "spec"))
> co.v[2] #特異度統計量=0.9
specificity
       0.9
> co.v #輸出敏感度與特異度統計量
sensitivity specificity
   0.55       0.90
> 1-co.v[2]  #1-特異度統計量=0.1
specificity
       0.1
```

　　函數 coords ( ) 指定的引數為門檻值 (分割點分數) = 31.5 分，ROC 曲線的敏感度、特異度統計量分別為 0.6375、0.8000，1-特異度 = 0.200。

```
> co.va=coords (roca, x=31.5, input="thr", ret=c ("sen", "spec"))
> co.va
sensitivity specificity
    0.6375      0.8000
> 1-co.va[2]
specificity
      0.2
>coords (roca, x=31.5, input="thr", ret=c ("sen", "spec","1-spec"))
 sensitivity   specificity 1-specificity
    0.6375        0.8000        0.2000
```
[說明]：回傳引數統計量界定為敏感度、特異度、1-特異度。

　　範例語法使用 **coords ( )** 函數回傳 ROC 曲線最佳分割點時相關的統計量數：

```
> out.s=coords (roca,"best",ret=c ("threshold", "specificity", "sensitivity", "accuracy",
  "tn", "tp", "fn", "fp", "npv", "ppv", "1-specificity", "1-sensitivity", "1-accuracy", "1-
  npv", "1-ppv", "precision", "recall"))
> round (out.s,3)
     threshold       specificity      sensitivity      accuracy          tn
        34.500           0.900           0.550          0.685        45.000
            tp              fn              fp             npv           ppv
        44.000          36.000           5.000          0.556         0.898
  1-specificity    1-sensitivity      1-accuracy          1-npv         1-ppv
         0.100           0.450           0.315          0.444         0.102
     precision          recall
         0.898           0.550
> names (out.s)  # coords函數( ) 回傳的物件
 [1]  "threshold"     "specificity"      "sensitivity"       "accuracy"
 [5]        "tn"             "tp"              "fn"             "fp"
 [9]       "npv"            "ppv"      "1-specificity"   "1-sensitivity"
[13]  "1-accuracy"        "1-npv"           "1-ppv"        "precision"
[17]      "recall"
```

　　上述統計量數的意涵如下：門檻值 (threshold) = 34.50、特異度 (specificity)、敏感度 (sensitivity)、預測正確率 (accuracy)、真陰性人數 (tn)、真陽性人數 (tp)、

偽陽性人數 (fn)、偽陰性人數 (fp)、陰性預測值 (npv)、陽性預測值 (ppv)、1-特異度 (1-specificity)、1-敏感度 (1-sensitivity)、1-正確預測率 (1-accuracy) = 預測錯誤率、1-陰性預測值 (1-npv)、1-陽性預測值 (1-ppv)、精確性 (precision)(= TP/(TP + FP))、recall 量數 (= TP/(TP + FN))。

```
> tn=45;tp=44;fn=36;fp=5
> round (tp/(tp+fn),3) # recall量數
[1] 0.55
> round (tp/(tp+fp),3) #precision量數
[1] 0.898
> round (tp/(tp+fn),3) #敏感度
[1] 0.55
> round (tn/(tn+fp),3) #特異度
[1] 0.9
```

　　診斷工具 A 的分割點分數為 34.5 分，表示受試者在診斷工具 A 的得分大於等於 34.5 分者預測分類結果為有情緒障礙群體 (陽性觀察值)，分數小於 34.5 分者預測分類結果為沒有情緒障礙群體 (陰性觀察值)，水準數值編碼分別為 1、0。使用函數 **factor ( )** 將分類變項界定為因子變數，水準數值 1、0 二個群體標記分別為「YES」、「NO」：

```
> pre=ifelse (temp$typea>=34.5,1,0)
> pre
  [1] 1 1 1 1 1 1 1 1 1 1 1 1 1 1 0 0 0 0 0 0 1 0 0 0 0 0 0 0 0 0 1 0 1 1 1
 [37] 1 0 1 1 1 1 1 1 0 0 0 0 0 0 0 0 1 1 1 1 1 1 1 1 1 1 1 1 1 0 0 1 1 1 1 1
 [73] 0 0 0 0 0 0 0 0 1 1 1 1 0 0 0 0 0 0 0 0 0 0 0 0 0 0 0 0 0 0 0 0 1 0 0
[109] 0 0 0 0 0 0 0 0 0 0 0 0 0 0 0 0 0 0 0 0 0 0 0 0 0
> temp$pre=factor (pre,levels=c (0:1),labels=c ("NO", "YES"))
> cro.t=table (temp$pre,temp$disease,dnn=c ("預測分類","實際情況"))
> cro.t
           實際情況
預測分類  NO   YES
      NO   45   36
     YES    5   44
```

　　交叉表中真陽性人數 (a) = 44、真陰性人數值 (d) = 45、偽陽性人數 (c) = 5、偽陰性人數 (d) = 36，根據四個細格人數，可以求出相關統計量：

```
> a=44;b=36;c=5;d=45
> cat ("敏感度=",round (a/(a+b),3),"\n")
敏感度= 0.55
> cat ("特異度=",round (d/(c+d),3),"\n")
特異度= 0.9
> cat ("陽性預測值=",round (a/(a+c),3),"\n")
陽性預測值= 0.898
> cat ("陰性預測值=",round (d/(b+d),3),"\n")
陰性預測值= 0.556
> cat ("預測正確率=",round ((a+d)/(a+b+c+d),3),"\n")
預測正確率= 0.685
```

　　函數 coords ( ) 之 x 引數選項設定為 "all"，表示輸出所有的分割點、回傳研
究者界定的統計量：

```
> out.a=coords (roca,"all",ret=c ("threshold", "specificity", "sensitivity", "accuracy",
    "tn", "tp", "fn", "fp", "npv", "ppv", "1-specificity","1-accuracy"))
> round (out.a,3)
```

	all	all	all	all	all	all	all	all	all	all	all
threshold	-Inf	18.500	19.500	21.000	22.500	23.500	24.500	25.500	26.500	27.500	28.500
specificity	0.000	0.000	0.000	0.000	0.000	0.060	0.140	0.260	0.360	0.440	0.520
sensitivity	1.000	0.988	0.975	0.962	0.925	0.900	0.888	0.850	0.812	0.812	0.750
accuracy	0.615	0.608	0.600	0.592	0.569	0.577	0.600	0.623	0.638	0.669	0.662
tn	0.000	0.000	0.000	0.000	0.000	3.000	7.000	13.000	18.000	22.000	26.000
tp	80.000	79.000	78.000	77.000	74.000	72.000	71.000	68.000	65.000	65.000	60.000
fn	0.000	1.000	2.000	3.000	6.000	8.000	9.000	12.000	15.000	15.000	20.000
fp	50.000	50.000	50.000	50.000	50.000	47.000	43.000	37.000	32.000	28.000	24.000
npv	NaN	0.000	0.000	0.000	0.000	0.273	0.438	0.520	0.545	0.595	0.565
ppv	0.615	0.612	0.609	0.606	0.597	0.605	0.623	0.648	0.670	0.699	0.714
1-specificity	1.000	1.000	1.000	1.000	1.000	0.940	0.860	0.740	0.640	0.560	0.480
1-accuracy	0.385	0.392	0.400	0.408	0.431	0.423	0.400	0.377	0.362	0.331	0.338
	all	all	all	all	all	all	all	all	all	all	all
threshold	29.500	30.500	31.500	32.500	33.500	34.500	35.500	36.500	37.500	38.500	39.500
specificity	0.620	0.680	0.800	0.820	0.860	0.900	0.900	0.920	0.920	0.940	0.940
sensitivity	0.725	0.662	0.638	0.588	0.562	0.550	0.500	0.450	0.425	0.412	0.362
accuracy	0.685	0.669	0.700	0.677	0.677	0.685	0.654	0.631	0.615	0.615	0.585
tn	31.000	34.000	40.000	41.000	43.000	45.000	45.000	46.000	46.000	47.000	47.000
tp	58.000	53.000	51.000	47.000	45.000	44.000	40.000	36.000	34.000	33.000	29.000
fn	22.000	27.000	29.000	33.000	35.000	36.000	40.000	44.000	46.000	47.000	51.000

fp	19.000	16.000	10.000	9.000	7.000	5.000	5.000	4.000	4.000	3.000	3.000
npv	0.585	0.557	0.580	0.554	0.551	0.556	0.529	0.511	0.500	0.500	0.480
ppv	0.753	0.768	0.836	0.839	0.865	0.898	0.889	0.900	0.895	0.917	0.906
1-specificity	0.380	0.320	0.200	0.180	0.140	0.100	0.100	0.080	0.080	0.060	0.060
1-accuracy	0.315	0.331	0.300	0.323	0.323	0.315	0.346	0.369	0.385	0.385	0.415

	all	all	all	all	all
threshold	40.500	41.500	42.500	43.500	Inf
specificity	0.960	0.960	0.980	1.000	1.000
sensitivity	0.250	0.150	0.075	0.012	0.000
accuracy	0.523	0.462	0.423	0.392	0.385
tn	48.000	48.000	49.000	50.000	50.000
tp	20.000	12.000	6.000	1.000	0.000
fn	60.000	68.000	74.000	79.000	80.000
fp	2.000	2.000	1.000	0.000	0.000
npv	0.444	0.414	0.398	0.388	0.385
ppv	0.909	0.857	0.857	1.000	NaN
1-specificity	0.040	0.040	0.020	0.000	0.000
1-accuracy	0.477	0.538	0.577	0.608	0.615

函數 coords ( ) 回傳的統計量為分割點、特異度、敏感度、1-特異度，函數物件型態為矩陣，矩陣維度為 4×27：

```
> out.a4=coords (roca,"all",ret=c ("threshold", "specificity", "sensitivity","1-
  specificity"))
> out.a4=round (out.a4,3)
> class (out.a4)
[1] "matrix"
> dim (out.a4)
[1]  4 27
```

矩陣物件第三橫列元素資料為敏感度量數、第四橫列元素資料為「1-特異度」量數 (第一橫列為門檻值、第二橫列為特異度量數)：

```
> yval=out.a4[3,]
> xval=out.a4[4,]
> yval
  all    all    all    all    all    all    all    all    all    all    all    all    all    all    all
1.000 0.988 0.975 0.962 0.925 0.900 0.888 0.850 0.812 0.812 0.750 0.725 0.662 0.638 0.588
  all    all    all    all    all    all    all    all    all    all    all    all
```

```
0.562 0.550 0.500 0.450 0.425 0.412 0.362 0.250 0.150 0.075 0.012 0.000
> xval
  all  all  all  all  all  all  all  all  all  all  all  all  all  all  all  all  all  all  all
 1.00 1.00 1.00 1.00 1.00 0.94 0.86 0.74 0.64 0.56 0.48 0.38 0.32 0.20 0.18 0.14 0.10 0.10 0.08
  all  all  all  all  all  all  all  all
 0.08 0.06 0.06 0.04 0.04 0.02 0.00 0.00
```

　　以「1-特異度」量數為橫軸 (X 軸)、敏感度量數為縱軸 (Y 軸)，使用繪圖函數繪製 ROC 曲線：

```
> plot (xval,yval,type="l",xlim=c (0,1),ylim=c (0,1),xlab="1-特異度",ylab="敏感度",
  font=2,font.lab=2,lwd=2,col="blue")
> lines (c (0,1),c (0,1),lwd=1.5)
> grid (col="gray")
```

　　圖示為 R 圖形裝置器繪製的 ROC 曲線，ROC 曲線以下的面積為 AUC 量數，敏感度表示真陽性率、「1-特異度」量數表示偽陽性率 (假陽性率)，最佳的切截點應是真陽性率值要最大、而偽陽性率 (假陽性率) 值要最小。

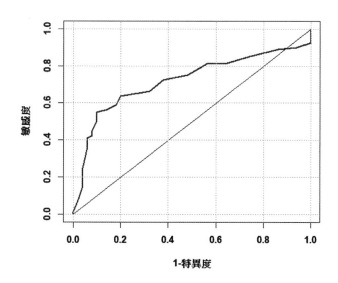

　　套件 **{pROC}** 函數 **roc ( )** 建立的物件，可以直接使用函數 **plot ( )** 繪製 ROC 曲線物件圖。範例語法指令以函數 **plot ( )** 繪製 ROC 曲線的實際線條、使用 **plot.roc ( )** 增列繪製平滑的 ROC 曲線，再以圖例函數 **legend ( )** 增列二條線條的圖例說明。引數 identity.col、identity.lwd 界定 45° 對角線之顏色與寬度：

```
> plot (roca,font=2,identity.col="red",identity.lwd=2,font.lab=2,lwd=3)
> plot.roc (smooth (roca), add=TRUE, col="blue",lwd=3)
> legend ("bottomright",legend=c ("Empirical", "Smoothed"),lwd=3,col=c ("black",
   "blue"))
> grid (col="black")
```

函數 **roc ( )** 物件繪製之 ROC 曲線,Y 軸為敏感度、X 軸為特異度 (SPSS 統計軟體繪製之 ROC 曲線圖示中 X 軸為 1-特異度),Y 軸數值表示的是真陽性率、X 軸數值表示的是真陰性率。ROC 曲線的切截點或分割點就是要找出切截點分數有最高的真陽性率 (高的敏感度)、最低的假陽性率 (低的 1-特異度),最低的「1-特異度」量數,對應的是最高特異度 (高的真陰性率),此種類型 ROC 曲線的分割點 (cut-off) 準則是要有高的敏感度與高的特異度 (低的「1-特異度」)。

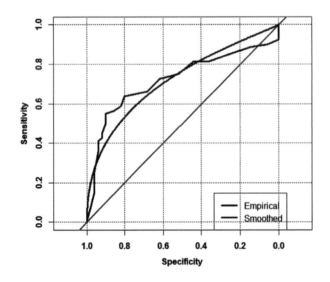

範例語法指令繪製 ROC 曲線以下的面積,引數 print.auc 與引數 auc.polygon 的邏輯選項均界定為真,引數 max.auc.polygon 選項界定為真,表示繪製方形物件 (邊長為 1 個單元,百分比為 100.0%),ROC 以下曲線區域內部顏色為綠色:AUC 多邊形相關引數內定的設定如下:

auc.polygon = FALSE (是否繪製多邊形圖示)。

auc.polygon.col = "gainsboro" (多邊形內部顏色)。

auc.polygon.lty = par ("lty")(多邊形的線條樣式)。

auc.polygon.density = NULL (多邊形內部顏色密度)。

auc.polygon.angle = 45 (多邊形角度)。

auc.polygon.border = NULL (多邊形的邊框線是否繪製)。

最大 AUC 多邊形區域 (方形面積) 相關引數內定的設定為：

max.auc.polygon = FALSE (是否繪製方形)。

max.auc.polygon.col = "#EEEEEE" (方形區域內部顏色)。

max.auc.polygon.lty = par ("lty")(方形多邊形線條樣式)。

max.auc.polygon.density = NULL (方形多邊形顏色密度)。

max.auc.polygon.angle = 45 NULL (方形多邊形的角度)。

max.auc.polygon.border = NULL (方形多邊形的邊框設定)。

圖示增列輸出門檻值相關引數的內定選項為：

print.thres = FALSE (是否增列輸出分割點)。

print.thres.pch = 20 (分割點的圖例符號)。

print.thres.adj = c (-.05,1.25)(分割點量數的位移)。

print.thres.col = "black" (分割點量數的顏色)。

print.thres.cex = par ("cex")(分割點量數的文字大小)。

圖示增列輸出 AUC 統計量引數的設定為：

print.auc = FALSE (是否輸出 AUC 統計量)。

print.auc.x = ifelse (x$percent, 50, .5)(ROC 物件以百分比界定 AUC 時的輸出)。

print.auc.y = ifelse (x$percent, 50, .5) (ROC 物件以百分比界定 AUC 時的輸出)。

print.auc.adj = c (0,1) (AUC 量數的文字位移量)。

print.auc.col = col (AUC 量數的文字)。

print.auc.cex = par ("cex")(AUC 量數的文字大小)。

增列繪製 45° 對角線引數設定為：

identity = !add (增列線條)。

identity.col = "darkgrey" (線條顏色)。

identity.lty = 1 (線條樣式)。

identity.lwd = 1 (線條寬度)。

```
> roca.p=ro c(temp$disease ~ temp$typea)
> plot (roca.p,print.auc=TRUE,auc.polygon=TRUE,grid=c (0.1, 0.2),grid.col=c ("blue",
  "red"), max.auc.polygon=TRUE,auc.polygon.col="green", print.thres=TRUE,font=2)
```

ROC 曲線以下面積 (AUC) 為 0.719，最佳切截點分數為 34.5 分，此點的特異度量數等於 0.900、1-特異度 = 0.100，敏感度量數 = 0.550。

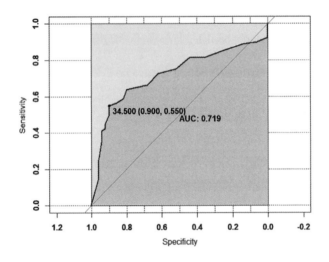

範例引數 print.thres.pch 界定「= 2」，分割點的圖例符號為△，引數 print.thres.col 界定分割點量數的顏色為藍色、引數 auc.polygon.density 界定多邊形內部顏色的密度值 (= 40)、引數 print.auc.cex 界定 AUC 統計量數值的大小 (= 2)：

```
> plot (roca.p,print.auc=TRUE,auc.polygon=TRUE, max.auc.polygon=TRUE,auc.
  polygon.col="yellow",print.thres=TRUE, ,print.thres.col="blue",auc.polygon.
  density=40,print.auc.cex=2)
```

R 圖形交談窗繪製的 ROC 曲線圖如下：

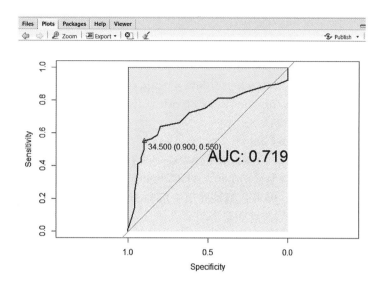

函數 **roc** ( ) 物件之預測變項有三個，程序輸出三種診斷工具對反應變項預測分類之 AUC 統計量：

```
> m.roc=roc (disease ~ typea+typeb+typec,temp,ci=TRUE)
> m.roc
$typea
Call:
roc.formula (formula = disease ~ typea, data = temp, ci = TRUE)
Data: typea in 50 controls (disease NO) < 80 cases (disease YES).
Area under the curve: 0.7191
95% CI: 0.6299-0.8084 (DeLong)
```

[說明]：第一種診斷工具預測分類的**AUC=0.719**，漸近**95**％信賴區間值為**[0.630,0.808]**，AUC統計量介於**0.70**≦**AUC<0.80**區間，屬於可接受區別力，診斷分類正確性為普通程度。**95**％信賴區間值不包含**.50**，表示AUC統計量顯著不等於**.50**，顯著性**p<.05**，達到統計顯著水準。

```
$typeb
Call:
roc.formula(formula = disease ~ typeb, data = temp, ci = TRUE)
Data: typeb in 50 controls (disease NO) < 80 cases (disease YES).
Area under the curve: 0.7478
95% CI: 0.6643-0.8312 (DeLong)
```

[說明]：第二種診斷工具預測分類的**AUC=0.748**，漸近**95**％信賴區間值為**[0.664,0.831]**，AUC統計量介於**0.70**≦**AUC<0.80**區間，屬於可接受區別力，診斷分類正確性為普通程度。**95**％信賴區間值不包含**.50**，表示AUC統計量顯著不等

於.50，顯著性p<.05，達到統計顯著水準。

$typec
Call:
roc.formula(formula = disease ~ typec, data = temp, ci = TRUE)
Data: typec in 50 controls (disease NO) < 80 cases (disease YES).
Area under the curve: 0.8964
95% CI: 0.8436-0.9492 (DeLong)
[說明]：第三種診斷工具預測分類的**AUC＝0.896**，漸近**95％**信賴區間值為**[0.844,0.949]**，**AUC**統計量介於**0.80≦AUC<0.90**區間，屬於好的區別力，診斷分類正確性為中高程度。**95％**信賴區間值不包含**.50**，表示**AUC**統計量顯著不等於**.50**，顯著性**p<.05**，達到統計顯著水準。

以個別診斷變數作為預測變項，求出診斷工具 B、診斷工具 C 之 ROC 物件，物件名稱界定為 roc2、roc3，以函數 **ci ( )** 求出 ROC 曲線漸近的 95% 信賴區間：

```
> roc2=roc (temp$disease ~ temp$typeb)
> print (roc2)
Call:
roc.formula(formula = disease ~ typeb, data = temp)
Data: typeb in 50 controls (disease NO) < 80 cases (disease YES).
Area under the curve: 0.7478
> ci (roc2)
95% CI: 0.6643-0.8312 (DeLong)
```
[說明]：診斷工具B預測分類的**AUC＝0.748**，漸近**95％**信賴區間值為**[0.664,0.831]**，**AUC**統計量介於**0.70≦AUC<0.80**區間，屬於可接受區別力，診斷分類正確性為中度程度。
```
> roc3=roc (temp$disease ~ temp$typec)
> print (roc3)
Call:
roc.formula (formula = disease ~ typec, data = temp)
Data: typec in 50 controls (disease NO) < 80 cases (disease YES).
Area under the curve: 0.8964
> ci (roc3)
95% CI: 0.8436-0.9492 (DeLong)
```
[說明]：第三種診斷工具預測分類的**AUC＝0.896**，漸近**95％**信賴區間值為**[0.844,0.949]**，**AUC**統計量介於**0.80≦AUC<0.90**區間，屬於好的區別力，診斷分類正確性為中高程度。

　　以套件函數 **coords ( )** 輸出診斷工具 B 之 ROC 曲線相關統計量，包括門檻值 (分割點)、特異度、敏感度、預測正確率、TN 細格數、TP 細格數、FN 細格數、FP 細格數、陰性預測值、陽性預測值、1-特異度：

```
> out.2=coords (roc2,"all",ret=c ("threshold", "specificity", "sensitivity", "accuracy",
    "tn", "tp", "fn", "fp", "npv", "ppv", "1-specificity"))
> round (out.2,3)
```

	all	all	all	all	all	all	all	all	all
threshold	-Inf	6.000	7.500	8.500	9.500	10.500	11.500	12.500	13.500
specificity	0.000	0.000	0.020	0.040	0.060	0.140	0.180	0.260	0.300
sensitivity	1.000	0.988	0.988	0.975	0.938	0.912	0.900	0.875	0.862
accuracy	0.615	0.608	0.615	0.615	0.600	0.615	0.623	0.638	0.646
tn	0.000	0.000	1.000	2.000	3.000	7.000	9.000	13.000	15.000
tp	80.000	79.000	79.000	78.000	75.000	73.000	72.000	70.000	69.000
fn	0.000	1.000	1.000	2.000	5.000	7.000	8.000	10.000	11.000
fp	50.000	50.000	49.000	48.000	47.000	43.000	41.000	37.000	35.000
npv	NaN	0.000	0.500	0.500	0.375	0.500	0.529	0.565	0.577
ppv	0.615	0.612	0.617	0.619	0.615	0.629	0.637	0.654	0.663
1-specificity	1.000	1.000	0.980	0.960	0.940	0.860	0.820	0.740	0.700

	all	all	all	all	all	all	all	all	all
threshold	14.500	15.500	16.500	17.500	18.500	19.500	20.500	21.500	22.500
specificity	0.380	0.460	0.560	0.660	0.760	0.880	0.900	0.940	0.960
sensitivity	0.850	0.788	0.725	0.688	0.625	0.575	0.562	0.538	0.500
accuracy	0.669	0.662	0.662	0.677	0.677	0.692	0.692	0.692	0.677
tn	19.000	23.000	28.000	33.000	38.000	44.000	45.000	47.000	48.000
tp	68.000	63.000	58.000	55.000	50.000	46.000	45.000	43.000	40.000
fn	12.000	17.000	22.000	25.000	30.000	34.000	35.000	37.000	40.000
fp	31.000	27.000	22.000	17.000	12.000	6.000	5.000	3.000	2.000
npv	0.613	0.575	0.560	0.569	0.559	0.564	0.562	0.560	0.545
ppv	0.687	0.700	0.725	0.764	0.806	0.885	0.900	0.935	0.952
1-specificity	0.620	0.540	0.440	0.340	0.240	0.120	0.100	0.060	0.040

	all	all	all	all	all	all	all	all	all
threshold	23.500	24.500	25.500	26.500	27.500	28.500	29.500	30.500	31.500
specificity	0.980	0.980	0.980	0.980	0.980	0.980	0.980	0.980	1.000
sensitivity	0.462	0.412	0.362	0.338	0.325	0.262	0.212	0.138	0.062
accuracy	0.662	0.631	0.600	0.585	0.577	0.538	0.508	0.462	0.423
tn	49.000	49.000	49.000	49.000	49.000	49.000	49.000	49.000	50.000
tp	37.000	33.000	29.000	27.000	26.000	21.000	17.000	11.000	5.000
fn	43.000	47.000	51.000	53.000	54.000	59.000	63.000	69.000	75.000
fp	1.000	1.000	1.000	1.000	1.000	1.000	1.000	1.000	0.000

npv	0.533	0.510	0.490	0.480	0.476	0.454	0.438	0.415	0.400
ppv	0.974	0.971	0.967	0.964	0.963	0.955	0.944	0.917	1.000
1-specificity	0.020	0.020	0.020	0.020	0.020	0.020	0.020	0.020	0.000

	all	all	all
threshold	32.500	33.500	Inf
specificity	1.000	1.000	1.000
sensitivity	0.050	0.038	0.000
accuracy	0.415	0.408	0.385
tn	50.000	50.000	50.000
tp	4.000	3.000	0.000
fn	76.000	77.000	80.000
fp	0.000	0.000	0.000
npv	0.397	0.394	0.385
ppv	1.000	1.000	NaN
1-specificity	0.000	0.000	0.000

　　以套件函數 coords ( ) 輸出診斷工具 C 之 ROC 曲線相關統計量，包括門檻值 (分割點)、特異度、敏感度、預測正確率、TN 細格數、TP 細格數、FN 細格數、FP 細格數、陰性預測值、陽性預測值、1-特異度：

```
> out.3=coords (roc3,"all",ret=c ("threshold", "specificity", "sensitivity", "accuracy",
  "tn", "tp", "fn", "fp", "npv", "ppv", "1-specificity"))
> round (out.3,3)
```

	all	all	all	all	all	all	all	all	all
threshold	-Inf	15.500	16.500	17.500	18.500	19.500	20.500	21.500	22.500
specificity	0.000	0.060	0.120	0.140	0.200	0.320	0.400	0.580	0.720
sensitivity	1.000	1.000	1.000	1.000	0.988	0.962	0.912	0.912	0.888
accuracy	0.615	0.638	0.662	0.669	0.685	0.715	0.715	0.785	0.823
tn	0.000	3.000	6.000	7.000	10.000	16.000	20.000	29.000	36.000
tp	80.000	80.000	80.000	80.000	79.000	77.000	73.000	73.000	71.000
fn	0.000	0.000	0.000	0.000	1.000	3.000	7.000	7.000	9.000
fp	50.000	47.000	44.000	43.000	40.000	34.000	30.000	21.000	14.000
npv	NaN	1.000	1.000	1.000	0.909	0.842	0.741	0.806	0.800
ppv	0.615	0.630	0.645	0.650	0.664	0.694	0.709	0.777	0.835
1-specificity	1.000	0.940	0.880	0.860	0.800	0.680	0.600	0.420	0.280

	all	all	all	all	all	all	all	all	all
threshold	23.500	24.500	25.500	26.500	27.500	28.500	29.500	31.000	Inf
specificity	0.880	0.920	1.000	1.000	1.000	1.000	1.000	1.000	1.000
sensitivity	0.812	0.712	0.488	0.425	0.188	0.125	0.050	0.025	0.000
accuracy	0.838	0.792	0.685	0.646	0.500	0.462	0.415	0.400	0.385

tn	44.000	46.000	50.000	50.000	50.000	50.000	50.000	50.000	50.000
tp	65.000	57.000	39.000	34.000	15.000	10.000	4.000	2.000	0.000
fn	15.000	23.000	41.000	46.000	65.000	70.000	76.000	78.000	80.000
fp	6.000	4.000	0.000	0.000	0.000	0.000	0.000	0.000	0.000
npv	0.746	0.667	0.549	0.521	0.435	0.417	0.397	0.391	0.385
ppv	0.915	0.934	1.000	1.000	1.000	1.000	1.000	1.000	NaN
1-specificity	0.120	0.080	0.000	0.000	0.000	0.000	0.000	0.000	0.000

　　套件函數 coords ( ) 之 x 引數界定「"best"」，找出診斷工具 B 最佳的分割點或切截點：

```
> out.b2=coords (roc2,"best",ret=c ("threshold", "specificity", "sensitivity", "accuracy",
  "tn", "tp", "fn", "fp", "npv", "ppv", "1-specificity"))
> round (out.b2,3)
```

threshold	specificity	sensitivity	accuracy	tn
21.500	0.940	0.538	0.692	47.000

tp	fn	fp	npv	ppv
43.000	37.000	3.000	0.560	0.935

1-specificity
0.060

[說明]：診斷工具B最佳的分割點或切截點為分數21.500分，受試者在量表B的得分大於等於21.50者，診斷分類為有情緒障礙群組、得分小於21.50的受試者，診斷分類為沒有情緒障礙群組，切截點座標之特異度量數值=0.940、敏感度量數值=0.538，「1-特異度」量數值=0.060，總體診斷分類正確率為69.2%、陽性預測值=0.935、陰性預測值=0.560。

　　套件函數 coords ( ) 之 x 引數界定「"best"」，找出診斷工具 C 最佳的分割點或切截點：

```
> out.b3=coords (roc3,"best",ret=c ("threshold", "specificity", "sensitivity", "accuracy",
  "tn", "tp", "fn", "fp", "npv", "ppv", "1-specificity"))
> round (out.b3,3)
```

threshold	specificity	sensitivity	accuracy	tn
23.500	0.880	0.812	0.838	44.000

tp	fn	fp	npv	ppv
65.000	15.000	6.000	0.746	0.915

1-specificity
0.120

[說明]：診斷工具C最佳的分割點或切截點為分數23.500分，受試者在量表C的得

分大於等於**23.50**者，診斷分類為有情緒障礙群組、得分小於**23.50**的受試者，診斷分類為沒有情緒障礙群組，切截點座標之特異度量數值=**0.880**、敏感度量數值=**0.812**，「**1-特異度**」量數值=**0.120**，總體診斷分類正確率為**83.8**%、陽性預測值=**0.915**、陰性預測值=**0.746**。

函數 **coords ( )** 內定決定切截點的方法為 youden 法，另一個方法為 closest. topleft，此方法乃根據座標點與左上角的距離遠近，找出最佳分割點，分割點乃是離左上角距離最小的座標點。youden 法與 closest.topleft 法找出的最佳切截點有時會有稍許差異，範例引數 best.method 界定「="closest.topleft"」或「="topleft"」：

```
> ct.b2=coords (roc2,"best",ret=c ("threshold", "specificity", "sensitivity", "accuracy",
  "tn", "tp", "fn", "fp", "npv", "ppv", "1-specificity"),best.method="closest.topleft")
> round (ct.b2,3)
```

threshold	specificity	sensitivity	accuracy	tn
19.500	0.880	0.575	0.692	44.000
tp	fn	fp	npv	ppv
46.000	34.000	6.000	0.564	0.885

1-specificity
         0.120

[說明]：診斷工具**B**最佳的分割點或切截點為分數**19.500**分(**youden**法與**closest. topleft**法決定的分割點不同)，受試者在量表B的得分大於等於**19.50**者，診斷分類為有情緒障礙群組、得分小於**19.50**的受試者，診斷分類為沒有情緒障礙群組，切截點座標之特異度量數值=**0.880**、敏感度量數值=**0.575**，「**1-特異度**」量數值=**0.120**，總體診斷分類正確率為**69.2**%、陽性預測值=**0.885**、陰性預測值=**0.564**。

```
> ct.b3=coords (roc3,"best",ret=c ("threshold", "specificity", "sensitivity", "accuracy",
  "tn", "tp", "fn", "fp", "npv", "ppv", "1-specificity"),best.method="closest.topleft")
> round (ct.b3,3)
```

threshold	specificity	sensitivity	accuracy	tn
23.500	0.880	0.812	0.838	44.000
tp	fn	fp	npv	ppv
65.000	15.000	6.000	0.746	0.915

1-specificity
         0.120

[說明]：診斷工具**C**最佳的分割點或切截點為分數**23.500**分(**youden**法與**closest. topleft**法決定的分割點相同)，受試者在量表C的得分大於等於**23.50**者，診斷分類為有情緒障礙群組、得分小於**23.50**的受試者，診斷分類為沒有情緒障礙群組，切截點座標之特異度量數值=**0.880**、敏感度量數值=**0.812**，「**1-特異度**」量數值=**0.120**，總體診斷分類正確率為**83.8**%、陽性預測值=**0.915**、陰性預測值=**0.746**。

```
> tl.b3=coords (roc3,"best",ret=c ("threshold", "specificity", "sensitivity", "accuracy",
   "tn", "tp", "fn", "fp", "npv", "ppv", "1-specificity"),best.method="topleft")
> round (tl.b3,3)
```

threshold	specificity	sensitivity	accuracy	tn
23.500	0.880	0.812	0.838	44.000
tp	fn	fp	npv	ppv
65.000	15.000	6.000	0.746	0.915
1-specificity				
0.120				

使用 **ifelse ( )** 函數將受試者在檢測工具 C 得分大於等於 23.5 分者編碼為 1 (有情緒障礙者)，小於 23.5 分者編碼為 0 (沒有情緒障礙者)，以 **table ( )** 函數求出受試者實際狀態與預測分類情況之列聯表 (交叉表)：

```
> prec=ifelse (temp$typec>=23.5,1,0)
> temp$prec=factor (prec,levels=c (0:1),labels=c ("NO", "YES"))
> with (temp,{table (prec,disease)})
        disease
prec  NO  YES
  NO  44   15
 YES   6   65
```

實際狀態為 YES 者 (陽性受試者)，診斷分類也為 YES 者 (陽性受試者) 有 65 位，此細格為真陽性人數 (TP)。

實際狀態為 YES 者 (陽性受試者)，診斷分類結果誤判為 NO 者 (陰性受試者) 有 15 位，此細格為假陰性人數 (FN)。

實際狀態為 NO 者 (陰性受試者)，診斷分類也為 NO 者 (陰性受試者) 有 44 位，此細格為真陰性人數 (TN)。

實際狀態為 NO 者 (陰性受試者)，診斷分類誤判為 YES 者 (陽性受試者) 有 6 位，此細格為假陽性人數 (FP)。

物件 ct.b3 輸出結果：tn = 44.000、tp = 65.000、fn = 15.000、fp = 6.000，四個量數分別為真陰性細格人數、真陽性細格人數、假陽性細格人數、假陰性細格人數。整體正確預測分類的百分比為 0.838：

```
> round (sum (diag (ta.m)/sum (ta.m)),3)
[1] 0.838
```

　　以檢測工具 C 為預測變項，分數 23.5 分為分割點，樣本觀察值依診斷分類結果將預測分類情況以變項 prec 增列在資料框架物件中，觀察值實際狀態與預測分類情況四種組合以變項 out 增列在資料框架之中，完整 ROC 分析函數語法指令為：

```
1   roc3=roc (temp$disease ~ temp$typec)
2   prec=ifelse (temp$typec>=23.5,1,0)
3   temp$prec=factor (prec,levels=c (0:1),labels=c ("NO", "YES"))
4   n=length (temp$disease)
5   out=rep (0,n)
6   for (i in 1:n)
7   if (temp$disease[i]=="YES" & temp$prec[i]=="YES" ){ out[i]="TP"
8   } else if (temp$disease[i]=="YES" & temp$prec[i]=="NO" ){ out[i]="FN"
9   } else if (temp$disease[i]=="NO" & temp$prec[i]=="NO" ){ out[i]="TN"
10  } else { out[i]="FP"
11  }
12  temp$out=out
13  table (temp$out)
14  print (data.frame (temp))
```

　　第 1 列使用函數 **roc ( )** 建立 ROC 曲線物件。

　　第 2 列使用函數 **ifelse ( )** 根據觀察值在檢測工具 C 的得分分成二組。

　　第 3 列使用 **factor ( )** 函數將預測分類因子變項標記群組。

　　第 4 列使用函數 **length ( )** 求出受試者的總人數。

　　第 5 列界定變項元素的起始數值均為 0。

　　第 6 列迴圈的開始。

　　第 7 列至第 10 列以邏輯判別條件界定觀察值細格標記 TP、FN、TN、FP。

　　第 11 列迴圈的結束。

　　第 12 將分類結果變項 out 增列於資料框架中。

　　第 13 列以函數 **table ( )** 求出交叉表各細格的人數。

　　第 14 列輸出資料框架物件的內容。

R 命令稿函數語法列執行結果如下：

```
> roc3=roc (temp$disease ~ temp$typec)
> prec=ifelse (temp$typec>=23.5,1,0)
> temp$prec=factor (prec,levels=c (0:1),labels=c ("NO", "YES"))
> n=length (temp$disease)
> out=rep (0,n)
> for (i in 1:n)
+ if (temp$disease[i]=="YES" & temp$prec[i]=="YES" ){ out[i]="TP"
+ } else if (temp$disease[i]=="YES" & temp$prec[i]=="NO" ){ out[i]="FN"
+ } else if (temp$disease[i]=="NO" & temp$prec[i]=="NO" ){ out[i]="TN"
+ } else { out[i]="FP"
+ }
> temp$out=out
> table (temp$out)

FN FP TN TP
 15   6  44  65
```

資料框架物件增列二個變項 prec、out，前者為樣本觀察值診斷分類結果 (YES 群體或 NO 群體)，根據觀察值實際狀況與診斷分類情況二個變項，四種可能組合為 FN、FP、TN、TP：

```
> print (data.frame (temp))
     typea   typeb   typec   disease   prec   out
1     43      31      25      YES       YES    TP
2     39      25      24      YES       YES    TP
3     43      20      23      YES       NO     FN
4     42      21      23      YES       NO     FN
5     43      18      20      YES       NO     FN
6     41      24      20      YES       NO     FN
7     41      26      18      YES       NO     FN
8     41      26      28      YES       YES    TP
9     37      22      24      YES       YES    TP
10    42      31      22      YES       NO     FN
11    44      17      29      YES       YES    TP
12    43      18      29      YES       YES    TP
13    40      16      28      YES       YES    TP
14    43      17      28      YES       YES    TP
```

15	28	14	27	YES	YES	TP
16	25	18	27	YES	YES	TP
17	33	16	30	YES	YES	TP
18	26	16	30	YES	YES	TP
19	28	12	32	YES	YES	TP
20	28	15	32	YES	YES	TP
21	39	31	28	YES	YES	TP
22	22	15	25	YES	YES	TP
23	19	9	26	YES	YES	TP
24	31	22	27	YES	YES	TP
25	30	9	26	YES	YES	TP
26	24	10	25	YES	YES	TP
27	25	8	24	YES	YES	TP
28	25	11	26	YES	YES	TP
29	23	10	25	YES	YES	TP
30	23	9	27	YES	YES	TP
31	20	5	19	YES	NO	FN
32	37	23	28	YES	YES	TP
33	18	32	25	YES	YES	TP
34	40	23	26	YES	YES	TP
35	40	18	26	YES	YES	TP
36	40	22	25	YES	YES	TP
37	40	34	25	YES	YES	TP
38	26	27	25	YES	YES	TP
39	40	23	25	YES	YES	TP
40	35	30	29	YES	YES	TP
41	40	30	29	YES	YES	TP
42	36	28	29	YES	YES	TP
43	36	19	29	YES	YES	TP
44	35	30	20	YES	NO	FN
45	29	21	27	YES	YES	TP
46	32	16	27	YES	YES	TP
47	32	15	27	YES	YES	TP
48	22	19	27	YES	YES	TP
49	34	25	27	YES	YES	TP
50	29	19	27	YES	YES	TP
51	31	16	27	YES	YES	TP
52	30	15	27	YES	YES	TP
53	36	12	27	YES	YES	TP
54	36	13	27	YES	YES	TP
55	35	31	27	YES	YES	TP

56	35	31	27	YES	YES	TP
57	40	28	27	YES	YES	TP
58	41	24	27	YES	YES	TP
59	42	24	27	YES	YES	TP
60	41	18	25	YES	YES	TP
61	41	17	25	YES	YES	TP
62	41	30	25	YES	YES	TP
63	42	30	24	YES	YES	TP
64	40	15	24	YES	YES	TP
65	39	19	24	YES	YES	TP
66	30	24	23	YES	NO	FN
67	32	29	23	YES	NO	FN
68	38	28	25	YES	YES	TP
69	39	28	25	YES	YES	TP
70	41	25	25	YES	YES	TP
71	42	31	25	YES	YES	TP
72	42	34	25	YES	YES	TP
73	33	29	25	YES	YES	TP
74	28	28	24	YES	YES	TP
75	28	29	24	YES	YES	TP
76	22	25	23	YES	NO	FN
77	26	30	22	YES	NO	FN
78	32	29	20	YES	NO	FN
79	30	34	23	YES	NO	FN
80	30	33	19	YES	NO	FN
81	38	15	24	NO	YES	FP
82	43	13	25	NO	YES	FP
83	40	20	25	NO	YES	FP
84	42	15	25	NO	YES	FP
85	26	16	24	NO	YES	FP
86	25	14	25	NO	YES	FP
87	30	16	23	NO	NO	TN
88	31	13	23	NO	NO	TN
89	23	7	23	NO	NO	TN
90	28	21	23	NO	NO	TN
91	24	19	22	NO	NO	TN
92	31	19	22	NO	NO	TN
93	27	21	22	NO	NO	TN
94	29	14	22	NO	NO	TN
95	31	31	21	NO	NO	TN
96	34	23	21	NO	NO	TN

97	31	19	21	NO	NO	TN
98	29	17	21	NO	NO	TN
99	29	17	21	NO	NO	TN
100	30	16	21	NO	NO	TN
101	29	17	21	NO	NO	TN
102	29	16	21	NO	NO	TN
103	25	12	20	NO	NO	TN
104	26	10	20	NO	NO	TN
105	24	9	20	NO	NO	TN
106	36	22	21	NO	NO	TN
107	31	19	22	NO	NO	TN
108	33	18	22	NO	NO	TN
109	34	18	22	NO	NO	TN
110	30	17	23	NO	NO	TN
111	33	15	23	NO	NO	TN
112	25	17	23	NO	NO	TN
113	28	15	19	NO	NO	TN
114	24	12	19	NO	NO	TN
115	23	12	19	NO	NO	TN
116	24	10	19	NO	NO	TN
117	23	8	19	NO	NO	TN
118	31	19	19	NO	NO	TN
119	32	18	18	NO	NO	TN
120	28	18	18	NO	NO	TN
121	27	12	16	NO	NO	TN
122	27	11	16	NO	NO	TN
123	28	14	15	NO	NO	TN
124	27	16	15	NO	NO	TN
125	26	10	16	NO	NO	TN
126	25	10	17	NO	NO	TN
127	25	14	18	NO	NO	TN
128	25	18	20	NO	NO	TN
129	26	19	23	NO	NO	TN
130	26	11	15	NO	NO	TN

以 which ( ) 函數求出 TP (真陽性)、TN (真陰性)、FN (假陰性)、FP (假陽性) 群體之樣本觀察值序號:

```
> which (temp$out=="TP")
 [1]  1  2  8  9 11 12 13 14 15 16 17 18 19 20 21 22 23 24 25 26 27 28 29 30 32 33 34 35
```

```
[29] 36 37 38 39 40 41 42 43 45 46 47 48 49 50 51 52 53 54 55 56 57 58 59 60 61 62 63 64
[57] 65 68 69 70 71 72 73 74 75
> which (temp$out=="TN")
 [1] 87 88 89 90 91 92 93 94 95 96 97 98 99100101102103104105106107
[22]108109110111112113114115116117118119120121122123124125126127128
[43]129130
> which (temp$out=="FN")
[1]  3  4  5  6  7 10 31 44 66 67 76 77 78 79 80
> which (temp$out=="FP")
[1] 81 82 83 84 85 86
```

函數 **coords ( )** 引數 x 界定 **"all"**，輸出所有的門檻值 (分割點)、敏感度、特異度、1-特異度等統計量：

```
> co.3a=coords (roc3,"all",ret=c ("threshold", "sensitivity","specificity","1-specificity"))
> round (co.3a,3)
```

	all	all	all	all	all	all	all	all	all
threshold	-Inf	15.50	16.50	17.50	18.500	19.500	20.500	21.500	22.500
sensitivity	1	1.00	1.00	1.00	0.988	0.962	0.912	0.912	0.888
specificity	0	0.06	0.12	0.14	0.200	0.320	0.400	0.580	0.720
1-specificity	1	0.94	0.88	0.86	0.800	0.680	0.600	0.420	0.280

	all	all	all	all	all	all	all	all	all
threshold	23.500	24.500	25.500	26.500	27.500	28.500	29.50	31.000	Inf
sensitivity	0.812	0.712	0.488	0.425	0.188	0.125	0.05	0.025	0
specificity	0.880	0.920	1.000	1.000	1.000	1.000	1.00	1.000	1
1-specificity	0.120	0.080	0.000	0.000	0.000	0.000	0.00	0.000	0

套件 **{pROC}** 函數 **roc ( )** 物件的元素共有 15 個：

```
> names (roc3)
[1]      "percent"              "sensitivities"           "specificities"
[4]      "thresholds"           "direction"               "cases"
[7]      "controls"             "fun.sesp"                "auc"
[10]     "call"     "original.predictor"     "original.response"
[13]     "predictor"            "response"                "levels"
```

部分元素的內容如下：

```
> roc3$percent          # 百分比量數是否界定
[1] FALSE
> roc3$sensitivitie # 敏感度
 [1] 1.0000 1.0000 1.0000 1.0000 0.9875 0.9625 0.9125 0.9125 0.8875 0.8125
[11] 0.7125 0.4875 0.4250 0.1875 0.1250 0.0500 0.0250 0.0000
> roc3$specificities # 特異度
 [1] 0.00 0.06 0.12 0.14 0.20 0.32 0.40 0.58 0.72 0.88 0.92 1.00 1.00 1.00
[15] 1.00 1.00 1.00 1.00
> roc3$threshold # 門檻值或分割值 (大於等於)
 [1] -Inf 15.5 16.5 17.5 18.5 19.5 20.5 21.5 22.5 23.5 24.5 25.5 26.5 27.5
[15] 28.5 29.5 31.0  Inf
> roc3$auc #AUC統計量
Area under the curve: 0.8964
```

預測變項與反應變項的資料內容：

```
> roc3$levels
[1] "NO"  "YES"
> roc3$original.predictor    # 預測變項之數值向量
  [1] 25 24 23 23 20 20 18 28 24 22 29 29 28 28 27 27 30 30 32 32 28 25 26 27
 [25] 26 25 24 26 25 27 19 28 25 26 26 25 25 25 25 29 29 29 29 20 27 27 27 27
 [49] 27 27 27 27 27 27 27 27 27 27 27 25 25 25 24 24 24 23 23 25 25 25 25 25
 [73] 25 24 24 23 22 20 23 19 24 25 25 24 25 23 23 23 23 22 22 22 22 21 21
 [97] 21 21 21 21 21 21 20 20 20 21 22 22 22 23 23 23 19 19 19 19 19 19 18 18
[121] 16 16 15 15 16 17 18 20 23 15
> roc3$original.response    # 受試者實際情況
   1   2   3   4   5   6   7   8   9  10  11  12  13  14  15  16  17  18  19
 YES YES YES YES YES YES YES YES YES YES YES YES YES YES YES YES YES YES YES
  20  21  22  23  24  25  26  27  28  29  30  31  32  33  34  35  36  37  38
 YES YES YES YES YES YES YES YES YES YES YES YES YES YES YES YES YES YES YES
  39  40  41  42  43  44  45  46  47  48  49  50  51  52  53  54  55  56  57
 YES YES YES YES YES YES YES YES YES YES YES YES YES YES YES YES YES YES YES
  58  59  60  61  62  63  64  65  66  67  68  69  70  71  72  73  74  75  76
 YES YES YES YES YES YES YES YES YES YES YES YES YES YES YES YES YES YES YES
  77  78  79  80  81  82  83  84  85  86  87  88  89  90  91  92  93  94  95
 YES YES YES YES  NO  NO  NO  NO  NO  NO  NO  NO  NO  NO  NO  NO  NO  NO  NO
  96  97  98  99 100 101 102 103 104 105 106 107 108 109 110 111 112 113 114
  NO  NO  NO  NO  NO  NO  NO  NO  NO  NO  NO  NO  NO  NO  NO  NO  NO  NO  NO
 115 116 117 118 119 120 121 122 123 124 125 126 127 128 129 130
```

> NO　NO　NO　NO　NO　NO　NO　NO　NO　NO　NO　NO　NO　NO　NO　NO
> **Levels: NO YES**

　　函數 **coords ( )** 建立的物件型態為矩陣,第一橫列為門檻值、第二橫列為敏感度、第三橫列為特異度、第四橫列為 1-特異度,各橫列物件為數值向量:

```
> class (co.3a)
[1] "matrix"
> seval=co.3a[2,]
> spval=co.3a[3,]
> spval.1=co.3a[4,]
```

　　以敏感度量數為 Y 軸、特異度量數為 X 軸,利用二個數值向量繪製 ROC 曲線圖:

```
> plot (spval,seval,type="l",xlim=c (1,0),ylim=c (0,1),xlab="特異度",ylab="敏感度",
    font=2,font.lab=2,lwd=2,col="blue")
> lines (c (1,0),c (0,1),lwd=2,col="red",lty=2)
> grid (col="black")
```

　　圖示為以檢測工具 C 為預測變項繪製的 ROC 曲線,橫軸為特異度量數:

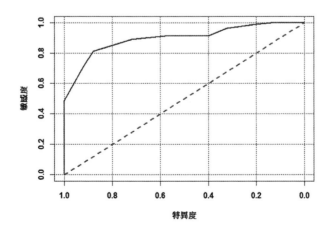

　　以敏感度量數為 Y 軸、「1-特異度」量數為 X 軸,利用二個數值向量繪製 ROC 曲線圖:

```
> plot (spval.1,seval,type="l",xlim=c (0,1),ylim=c (0,1),xlab="1-特異度",ylab="敏感度
  ", font=2,font.lab=2,lwd=2,col="blue")
> lines (c (0,1),c (0,1),lwd=2,col="red",lty=2)
> grid (col="black")
> text (0.25,0.6,"ROC曲線",cex=2.5,font=2)
```

　　圖示為以檢測工具 C 為預測變項繪製的 ROC 曲線，橫軸為 1-特異度量數。ROC 曲線圖的繪製中，縱軸為敏感度量數，橫軸為特異度量數與橫軸為「1-特異度」量數繪製的圖形相同，二個圖形之 AUC 統計量相同，套件 {pROC} 繪圖函數之橫軸均界定為特異度量數 (真陰性率)，研究者也可改用「1-特異度」量數 (假陽性率) 作為 X 軸。當縱軸為敏感度量數 (真陽性率)，橫軸為特異度量數或「1-特異度」量數繪製的 ROC 曲線圖是相同的，AUC 統計量也一樣。

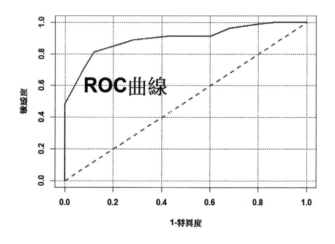

　　繪製 ROC 曲線至對角線間的區域，對角線以下面積占方形總面積的 50%，AUC 統計量 = 0.8964，曲線至對角線區域面積為 0.3964：

```
> round (roc3$auc-.50,4)
[1] 0.3964
```

　　使用基本圖形套件之多邊形函數 polygon ( ) 繪製圖形：

```
> plot (spval.1,seval,type="n",xlim=c (0,1),ylim=c (0,1),xlab="1-特異度",ylab="敏感
  度", font=2,font.lab=2)
```

```
> polygon (spval.1,seval,col = "green",border = "blue",density=60,lwd=2)
> grid (col="black")
```

圖示為 ROC 曲線至 45° 對角線間的區域面積圖：

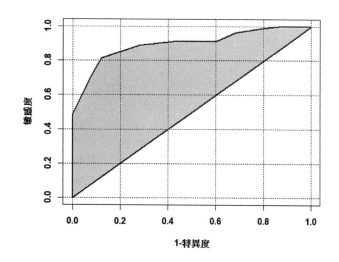

語法指令增列繪製對角線以下的區域面積，對角線以下區域占方形面積的比率為 .500。

```
> plot (spval.1,seval,type="l",xlim=c (0,1),ylim=c (0,1),xlab="1-特異度",ylab="敏感度
", font=2,font.lab=2,lwd=2,col="blue")
> xx=seq (0,1,length.out=20)
> polygon (c (xx,xx, c(1,1)),c (rep (0,20),xx,c (0,0)), col = "green", border = "blue")
> grid (col="black")
```

圖示為對角線以下的區域面積圖：

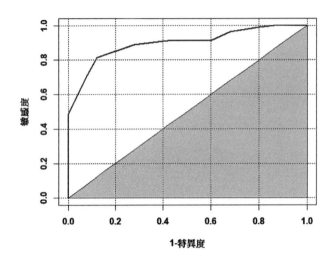

範例語法指令繪製 ROC 曲線以下區域面積：

```
> plot (spval.1,seval,type="n",xlim=c (0,1),ylim=c (0,1),xlab="1-特異度",ylab="敏感
  度", font=2,font.lab=2)
> polygon (spval.1,seval,col = "green",border = "blue",density=50,lwd=2)
> xx=seq (0,1,length.out=20)
> polygon (c (xx,xx,c(1,1)),c (rep (0,20),xx,c (0,0)),col="green",border = "blue",
  density=50)
> grid (col="black")
```

R 圖形裝置器繪製的圖形如下，著色部分為 ROC 曲線以下區域 (AUC 統計量的大小)：

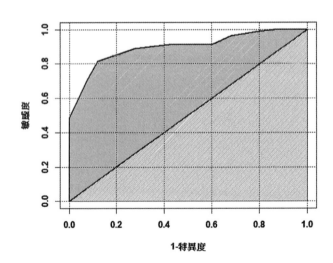

使用多邊形函數 **polygon** ( ) 繪製 ROC 曲線以下區域面積的完整語法如下：

```
> roc3=roc (temp$disease ~ temp$typec)
> co.3a=coords (roc3,"all",ret=c ("threshold", "sensitivity","specificity","1-specificity"))
> seval=co.3a[2,]
> spval=co.3a[3,]
> spval.1=co.3a[4,]
> plot (spval.1,seval,type="n",xlim=c (0,1),ylim=c (0,1),xlab="1-特異度",ylab="敏感
  度", font=2,font.lab=2)
> polygon (spval.1,seval,col = "green",border = "blue",density=50,lwd=2)
> polygon (c (0,1,1,0),c (0,1,0,0),col = "green", border = "blue",density=40)
> grid (col="black")
> text (0.5,0.2,paste ("AUC=",round (roc3$auc,4)),cex=2)
```

圖示為 R 圖形裝置器繪製的 ROC 曲線，圖示中的敏感度數值向量、1-特異度數值向量從函數 **coords** ( ) 物件中擷取：

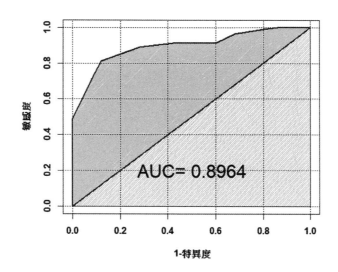

預測變項為檢測工具 B，範例語法指令繪製 roc 物件之 ROC 曲線以下的區域面積，以函數 **roc** ( ) 建立物件，使用函數 **coords** ( ) 回傳包含門檻值、敏感度、特異度、1-特異度量數四個橫列的矩陣，使用多邊形函數 **polygon** ( ) 將曲線以下區域內部著色：

```
> roc2=roc (temp$disease ~ temp$typeb)
> co.2a=coords (roc2,"all",ret=c ("threshold", "sensitivity","specificity","1-specificity"))
```

```
> seval=co.2a[2,]
> spval.1=co.2a[4,]
> plot (spval.1,seval,type="n",xlim=c (0,1),ylim=c (0,1),xlab="1-特異度",ylab="敏感
  度", font=2,font.lab=2)
> polygon (spval.1,seval,col = "green",border = "blue",density=50,lwd=2)
> xx=seq (0,1,length.out=20)
> polygon (c (xx,xx,c (1,1)),c (rep (0,20),xx,c (0,0)), col = "green", border = "blue")
> grid (col="black")
> text (0.25,0.9,paste ("AUC=",round (roc2$auc,4)),cex=2)
```

以檢測工具 B 為預測變項診斷分類的 ROC 曲線如下：

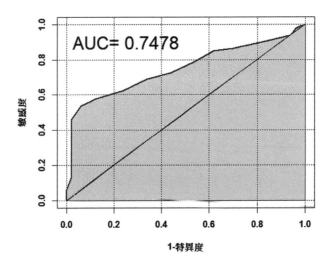

上述語法指令可修改如下：

```
> roc2=roc (temp$disease ~ temp$typeb)
> co.2a=coords (roc2,"all",ret=c ("threshold", "sensitivity","specificity","1-specificity"))
> seval=co.2a[2,]
> spval.1=co.2a[4,]
> plot (spval.1,seval,type="n",xlim=c (0,1),ylim=c (0,1),xlab="1-特異度",ylab="敏感
  度", font=2,font.lab=2)
> polygon (spval.1,seval,col = "green",border = "blue",density=50,lwd=2)
> polygon (c (0,1,1,0),c (0,1,0,0),col = "green", border = "blue")
> grid (col="black")
> text (0.25,0.9,paste ("AUC=",round (roc2$auc,4)),cex=2)
```

　　擷取 **coords ( )** 函數物件之敏感度、1-特異度二個數值向量，繪製 ROC 曲線以下的區域面積，預測變項為檢測工具 A，完整的主控臺語法指令如下：

```
1  > roc1=roc (temp$disease ~ temp$typea)
2  > co.m=coords (roc1,"all",ret=c ("threshold", "sensitivity","specificity","1-
      specificity"))
3  > seval=co.m[2,]
4  > spval.1=co.m[4,]
5  > plot (spval.1,seval,type="n",xlim=c (0,1),ylim=c (0,1),xlab="1-特異度",ylab="敏
      感度", font=2,font.lab=2)
6  > polygon (spval.1,seval,col = "green",border = "blue",density=50,lwd=2)
7  > polygon (c (0,1,1,0),c (0,1,0,0),col = "green", border = "blue")
8  > grid (col="black")
9  > text (0.25,0.9,paste ("AUC=",round (roc1$auc,4)),cex=2)
```

　　第 1 橫列以函數 **roc ( )** 建立 ROC 曲線物件。

　　第 2 橫列以函數 **coords ( )** 建立包括門檻值、敏感度、特異度、1-特異度等量數的矩陣物件。

　　第 3 橫列擷取矩陣物件第二列敏感度資料，數值向量變項名稱為 seval。

　　第 4 橫列擷取矩陣物件第四列 1-特異度資料，數值向量變項名稱為 spval.1。

　　第 5 橫列繪製一個方形，X 軸的界限值為 [0,1],Y 軸的界限值為 [0,1]。

　　第 6 橫列以多邊形函數 **polygon ( )** 繪製對角線以上至 ROC 曲線條間的區域，區域內部顏色為綠色。

　　第 7 橫列以多邊形函數 **polygon ( )** 繪製對角線以下 50% 的區域面積，區域內部顏色為綠色。

　　第 8 橫列以函數 **grid ( )** 增列圖示格線，格線顏色為黑色。

　　第 9 橫列以函數 **text ( )** 配合「roc1$auc」語法增列 AUC 統計量的標記文字，文字大小為 2。

　　R 圖形裝置器 (圖形交談窗) 輸出的圖形如下：

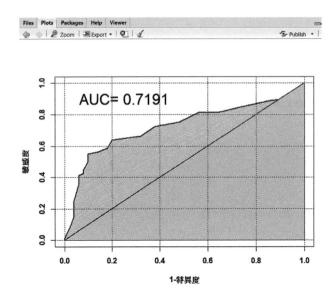

使用套件 {pROC} 函數 **plot ( )** 繪製特異度量數與敏感度量數的折線圖,增列函數 **plot.roc ( )** 繪製平滑曲線圖,ROC 曲線物件為 roc2 (預測變項為檢測工具 B),引數 print.thres 界定為真 (= TRUE),輸出最佳分割點分數;引數 print.thres. pch 界定最佳切截點的圖例符號為△:

```
> plot (roc2,col="red",lwd=2,font=2,font.lab=2, print.thres=TRUE, print.thres.pch=2,
  identity.col="black")
> plot.roc (smooth (roc2),add=TRUE, col="blue")
> legend ("bottomright",legend=c ("Empirical", "Smoothed"),lwd=2,col=c ("red",
  "blue"))
> grid (col="gray")
```

預測變項為診斷工具 B,圖示為預測變項對反應變項 (結果變項) 診斷分類之 ROC 曲線圖,ROC 曲線最佳切截點為受試者在檢測工具 B 得分 21.50 分,切截點的特異度 = 0.940、敏感度 = 0.537:

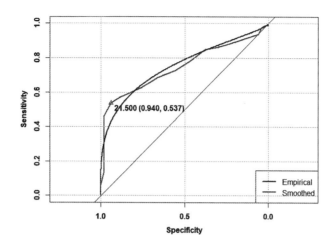

使用套件 **{pROC}** 內定函數 **plot（）** 繪製特異度量數與敏感度量數的折線圖，增列函數 **plot.roc（）** 繪製平滑曲線圖，ROC 曲線物件為 roc3 (預測變項為檢測工具 C)，引數 print.auc 界定為真，表示增列輸出 AUC 統計量數：

```
> plot (roc3,col="red",lwd=3,font=2,font.lab=2, print.thres=TRUE,print.auc=TRUE,
  print.thres.pch=2, identity.col="black")
> plot.roc (smooth (roc3),add=TRUE, col="blue")
> legend ("bottomright",legend=c ("Empirical", "Smoothed"),lwd=2,col=c ("red",
  "blue"))
> grid (col="gray")
```

以診斷工具 C 為預測變項，對反應變項 (結果變項) 診斷分類之 ROC 曲線圖如下，AUC 統計量 = 0.896，檢測工具 C 最佳切截點分數為 23.50 分，切截點的特異度 = 0.880、敏感度 = 0.812。

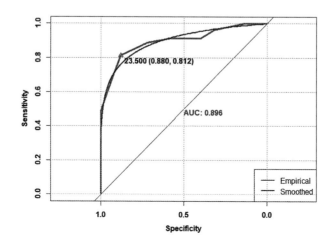

範例語法指令使用套件 {pROC} 內定繪圖函數繪製 ROC 曲線以下區域，引數 print.auc 界定為真，表示輸出 AUC 統計量數；引數 auc.polygon 界定為真，表示繪製 AUC 區域；引數 max.auc.polygon 界定為真，表示繪製矩形區域；引數 auc.polygon.col 界定 AUC 封閉區域的顏色，範例設定的顏色為綠色；引數 print. thres 界定為真，表示圖示增列輸出最佳切截點座標量數值，ROC 物件為 roc2 (預測變項為檢測工具 B)：

```
> plot (roc2,print.auc=TRUE,auc.polygon=TRUE,grid=c (0.1,0.2),grid.col=c ("blue",
  "red"), max.auc.polygon=TRUE, auc.polygon.col="green", print.thres=TRUE,font=2)
```

從圖示中可以看出，ROC 曲線以下面積占正方形面積 (1 = 100.00%) 的 74.8%，最佳分割點分數 = 21.500 (受試者在檢測工具 B 量表的得分大於等於 21.500 分歸於疾患組—有情緒障礙群體，小於 21.500 分歸於健康組—沒有情緒障礙群體)，分割點的特異度量數 = 0.940、敏感度量數 = 0.537。套件 {pROC} 繪製 **roc ( )** 函數物件之 ROC 曲線的縱軸為敏感度 (真陽性率)、橫軸為特異度量數 (真陰性率)，當特異度量數愈大時，「1-特異度」之量數愈小，「1-特異度」為假陽性率。橫軸為特異度統計量時，設定 X 軸的數值從 1 到 0 (套件 {pROC} 繪圖函數會自動設定)；橫軸為特異度統計量時，設定 X 軸的數值從 0 到 1，當縱軸統計量均為敏感度統計量時，二種方式繪製的 ROC 曲線圖相同，ROC 曲線以下面積 (AUC 統計量) 也一樣。

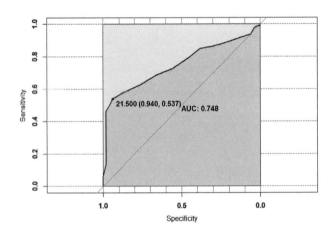

範例語法指令使用套件 {pROC} 內定繪圖函數繪製 ROC 曲線以下區域多邊形，ROC 物件為 roc3 (預測變項為檢測工具 C)：

```
> plot (roc3,print.auc=TRUE,auc.polygon=TRUE, max.auc.polygon=TRUE,
  auc.polygon.col="green", print.thres=TRUE,font=2)
> grid (col="red")
```

　　從圖示中可以看出，ROC 曲線以下面積占正方形面積 (1 = 100.00%) 的 89.6%，最佳分割點分數 = 23.500 (受試者在檢測工具 C 量表的得分大於等於 23.500 分歸於疾患組—有情緒障礙群體，小於 23.500 分歸於健康組—沒有情緒障礙群體)，分割點的特異度量數 = 0.880 (1-特異度 = 0.120)、敏感度量數 = 0.812。

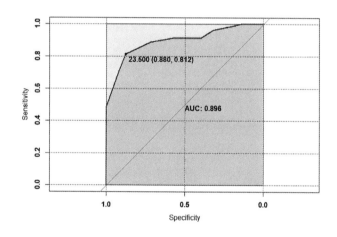

　　範例只繪製 ROC 曲線以下區域多邊形顏色，引數 max.auc.polygon 界定為假 (= F)，表示最大 ROC 曲線區域 (座標點 (1,0) 至 (0,1) 方形區域) 不著色，AUC 統計量文字顏色為藍色、AUC 區塊內部顏色為棕色，顏色密度值設為 60：

```
> plot (roc3,print.auc=TRUE,auc.polygon=T, max.auc.polygon=F,auc.polygon.
  col="brown", auc.polygon.density=60,print.thres=TRUE,font=2,font.lab=2,col=
  "blue")
```

　　從圖示中可以發現，R 軟體著色的區域為 ROC 曲線以下區塊部分，顏色為棕色：

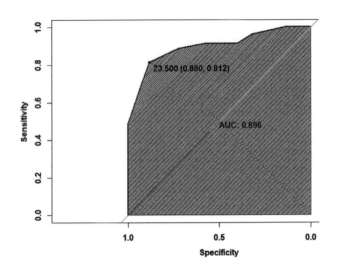

肆、配對 ROC 曲線比較

二個 ROC 曲線之 AUC 統計量的比較檢定函數為 **roc.test ( )**，函數也歸屬於套件 **{pROC}** 之中，函數主要功能為二個相關 (或配對) 或不相關 (沒有配對) AUC 的比較或部分 AUC 的比較，函數基本語法為：

roc.test (roc1, roc2, method=c ("delong", "bootstrap","venkatraman", "sensitivity", "specificity"), sensitivity = NULL,specificity = NULL, alternative = c ("two.sided", "less", "greater"),paired=NULL, reuse.auc=TRUE, boot.n=2000, boot.stratified=TRUE,ties.method="first", parallel=FALSE)

roc.test (roc1, roc2, ...)

roc.test (response, predictor1, predictor2=NULL,na.rm=TRUE, method=NULL)

引數 roc1、roc2 為二個 ROC 曲線物件。

引數 response 為因子向量變數。

引數 predictor1 為第一個預測變項，變項型態為數值向量，也可以是資料框架物件包含二個直行的預測變項。

引數 predictor2 為第二個預測變項之數值向量。

引數 formula 以公式型態界定 ROC 曲線分析程序，公式型態為「反應變數~

預測變項 1+預測變項 2。」

引數 data 為包含公式中變項的矩陣或資料框架。

引數 na.rm 為邏輯選項，選項界定為真 (TRUE)，分析程序會排除有遺漏值的觀察值。

引數 method 界定檢定比較的方法：＂delong＂、＂bootstrap＂、＂venkatraman＂。若界定「＝＂sensitivity＂」或「＝＂specificity＂」表示進行單一統計量數的比較。

引數 alternative 界定假設檢定的方向：＂two.sided＂ (雙尾檢定)、＂less＂ (單尾左側檢定)、＂greater＂ (單尾右側檢定)，內定選項為雙尾，選項可採用第一個字母，如果檢定方法 method 界定「＝＂venkatraman＂」，假設檢定方向只能界定雙尾檢定 (＝＂two.sided＂)。

引數 paired 為邏輯選項，界定二個 ROC 曲線是否為相依樣本，選項界定為「＝NULL」，配對狀態由函數自行偵測判別。選項界定為真 (＝TRUE) 時，需配合函數 **are.paired ( )** 物件使用。

引數 reuse.auc 內定選項為真 (＝TRUE)，表示 ROC 物件包含 AUC 量數，檢定程序可重複使用這些項目。

引數 boot.n 界定拔靴法產製的個數，內定數值為 2000，此選項只有在方法 method 引數界定「＝＂bootstrap＂」與「＝＂venkatraman＂」時才可以使用。

引數 boot.stratified 內定選項為真，表示 method 引數界定「＝＂bootstrap＂」時，每個再製樣本觀察值程序時，可產製與案例組/控制組相同的人數。

引數 ties.method 只有方法 method 引數界定「＝＂venkatraman＂」時可以使用，引數功能在於如何處理同分時情況，內定選項為「＂first＂」。

引數 parallel 為邏輯選項，選項若界定為真 (TRUE)，表示以平行方法進行拔靴法程序。

以三種診斷工具 A、B、C 為預測變項、以受試者是否有情緒障礙為反應變項 (結果變項)，建立三個 ROC 物件，物件名稱分別為 roc1、roc2、roc3：

```
> roc1=roc (disease ~ typea,temp)
> roc2=roc (disease ~ typeb,temp)
> roc3=roc (disease ~ typec,temp)
```

進行 ROC 曲線以下二個 AUC 統計量的比較，比較的物件為 roc1、roc2 物件，語法指令引數使用三種不同檢定方法，分別為 delong、bootstrap、 venkatraman。假設檢定的方向為雙尾考驗，雙尾考驗的虛無假設與對立假設如下：

虛無假設：AUC1 = AUC2，或 AUC1 − AUC2 = 0，二個 AUC 統計量差異值顯著等於 0。

對立假設：AUC1 ≠ AUC2，或 AUC1 − AUC2 ≠ 0，二個 AUC 統計量差異值顯著不等於 0。

```
> d12.test=roc.test (roc1,roc2,method="delong")
> b12.test=roc.test (roc1,roc2,method="bootstrap")
> v12.test=roc.test (roc1,roc2,method="venkatraman")
> d12.test

        DeLong's test for two correlated ROC curves
data:  roc1 and roc2
Z = -0.60768, p-value = 0.5434
alternative hypothesis: true difference in AUC is not equal to 0
sample estimates:
AUC of roc1 AUC of roc2
  0.719125   0.747750
```
[說明]：對立假設為二個AUC量數真實的差異不等於0，roc1物件的AUC統計量=0.719、roc2物件的AUC統計量=0.748。檢定統計量Z值=-0.60768、顯著性機率值p=0.5434>.05，接受虛無假設：AUC1=AUC2，檢測工具A、檢測工具B診斷分類反應變項的判別預測功能或診斷分類情況沒有顯著不同。二個ROC曲線之AUC統計量(0.719&0.748)不相等是抽樣誤差或機遇造成的。
```
> b12.test

        Bootstrap test for two correlated ROC curves
data:  roc1 and roc2
D = -0.60856, boot.n = 2000, boot.stratified = 1, p-value = 0.5428
alternative hypothesis: true difference in AUC is not equal to 0
sample estimates:
AUC of roc1 AUC of roc2
  0.719125   0.747750
```
[說明]：對立假設為二個AUC量數真實的差異不等於0，roc1物件的AUC統計量=0.719(樣本估計值)、roc2物件的AUC統計量=0.748。檢定統計量D值=-0.60856、重複產製樣本數=2000、顯著性機率值p=0.5428>.05，接受虛無假設：AUC1=AUC2，檢測工具A、檢測工具B診斷分類反應變項的區別預測功能或診斷分類情況沒有顯著不同。
```
> v12.test
```

> **Venkatraman's test for two paired ROC curves**
> **data: roc1 and roc2**
> **E = 366, boot.n = 2000, p-value = 0.7105**
> **alternative hypothesis: true difference in AUC is not equal to 0**
> [說明]：檢定統計量E值＝366、重複產製樣本數＝2000、顯著性機率值p=0.7105>.05，接受虛無假設：AUC1=AUC2，檢測工具A、檢測工具B診斷分類反應變項的判別預測功能或診斷分類情況沒有顯著不同。
> 二個 ROC 曲線以下區域 (AUC) 差異值不等於 0，乃是抽樣誤差造成的，由於二個 AUC 統計量之差異值顯著等於 0，研究者不能只根據 AUC 統計量的高低加以判別那個預測變項診斷分類結果較佳。

　　函數 roc.test ( ) 檢定的 ROC 物件為 roc1、roc3，語法指令引數使用三種不同檢定方法：delong、bootstrap、venkatraman。假設檢定的方向為雙尾考驗，雙尾考驗的虛無假設與對立假設如下：

　　　　虛無假設：AUC1 = AUC3，或 AUC1 – AUC3 = 0。

　　　　對立假設：AUC1 ≠ AUC3，或 AUC1 – AUC3 ≠ 0。

> ```
> > d13.test=roc.test (roc1,roc3,method="delong")
> > b13.test=roc.test (roc1,roc3,method="bootstrap")
> > v13.test=roc.test (roc1,roc3,method="venkatraman")
> > d13.test
> ```
> **　　　DeLong's test for two correlated ROC curves**
> **data: roc1 and roc3**
> **Z = -3.7021, p-value = 0.0002138**
> **alternative hypothesis: true difference in AUC is not equal to 0**
> **sample estimates:**
> **AUC of roc1 AUC of roc3**
> **　0.719125　　0.896375**
> [說明]：對立假設為二個AUC量數真實的差異不等於0，roc1物件的AUC統計量=0.719、roc3物件的AUC統計量=0.896。檢定統計量Z值=-3.7021、顯著性機率值p=0.0002<.05，拒絕虛無假設，接受對立假設：AUC1-AUC3≠0，由於Z值統計量為負值，表示AUC3統計量顯著高於AUC1統計量。檢測工具 A、檢測工具 C 診斷分類反應變項的判別預測功能或診斷分類情況有顯著不同，檢測工具 C 對於受試者是否有情緒障礙的診斷分類或預測區別之準確度顯著優於檢測工具 A。
>
> ```
> > b13.test
> ```
> **　　　Bootstrap test for two correlated ROC curves**
> **data: roc1 and roc3**

D = -3.7467, boot.n = 2000, boot.stratified = 1, p-value = 0.0001792

alternative hypothesis: true difference in AUC is not equal to 0

sample estimates:

AUC of roc1 AUC of roc3

  0.719125   0.896375

[說明]：對立假設為二個AUC量數真實的差異不等於0，roc1物件的AUC統計量=0.719、roc3物件的AUC統計量=0.896。檢定統計量D值=-3.7467、顯著性機率值p=0.0002<.05，拒絕虛無假設，接受對立假設：AUC1-AUC3≠0，由於D值統計量為負值，表示AUC1統計量顯著低於AUC3統計量。檢測工具 A、檢測工具 C 診斷分類反應變項的判別預測功能或診斷分類情況有顯著不同，檢測工具 C 對於受試者是否有情緒障礙的診斷分類或預測區別之準確度顯著優於檢測工具 A。

> v13.test

   Venkatraman's test for two paired ROC curves

data: roc1 and roc3

E = 1372, boot.n = 2000, p-value = 0.0015

alternative hypothesis: true difference in AUC is not equal to 0

[說明]：**Venkatraman's** 檢定法適用於配對**ROC**曲線(相同的受試者)。檢定統計量E值=1372、顯著性機率值p=0.0015<.05，拒絕虛無假設，接受對立假設：AUC1-AUC3≠0。由於AUC3統計量數大於AUC1統計量數，表示檢測工具C對於受試者是否有情緒障礙的診斷分類或預測區別之準確度或精準度顯著優於檢測工具A。

範例函數語法檢定的 ROC 物件為 roc3 (以診斷工具 C 作為預測變項)、roc2 (以診斷工具 B 作為預測變項)：

> d32.test=roc.test (roc3,roc2,method="delong")

> b32.test=roc.test (roc3,roc2,method="bootstrap")

> v32.test=roc.test (roc3,roc2,method="venkatraman")

> d32.test

   DeLong's test for two correlated ROC curves

data: roc3 and roc2

Z = 2.8593, p-value = 0.004245

alternative hypothesis: true difference in AUC is not equal to 0

sample estimates:

AUC of roc3 AUC of roc2

  0.896375   0.747750

[說明]：對立假設為二個AUC量數真實的差異不等於0，roc3物件的AUC統計量=0.896、roc2物件的AUC統計量=0.748。檢定統計量Z值=2.8593、顯著性機率值p=0.0042<.05，拒絕虛無假設，接受對立假設：AUC3-AUC2≠0，由於Z值統計量為正值，表示AUC3統計量顯著高於AUC2統計量。檢測工具 C、檢測工具 B 診斷

分類反應變項的判別預測功能或診斷分類情況有顯著不同，檢測工具 C 對於受試者是否有情緒障礙的診斷分類或預測區別之準確度顯著優於檢測工具 C。

```
> b32.test

        Bootstrap test for two correlated ROC curves
data:  roc3 and roc2
D = 2.9043, boot.n = 2000, boot.stratified = 1, p-value = 0.003681
alternative hypothesis: true difference in AUC is not equal to 0
sample estimates:
AUC of roc3 AUC of roc2
  0.896375    0.747750
```

[說明]：對立假設為二個AUC量數真實的差異不等於0，roc3物件的AUC統計量=0.896、roc2物件的AUC統計量=0.748。檢定統計量D值= 2.9043、顯著性機率值p=0.0037<.05，拒絕虛無假設，接受對立假設：AUC3-AUC2≠0，由於D值統計量為正值，表示AUC3統計量顯著高於AUC2統計量。檢測工具C、檢測工具B診斷分類反應變項的判別預測功能或診斷分類情況有顯著不同，檢測工具C對於受試者是否有情緒障礙的診斷分類或預測區別之準確度顯著優於檢測工具B。

```
> v32.test

        Venkatraman's test for two paired ROC curves
data:  roc3 and roc2
E = 1182, boot.n = 2000, p-value = 0.0115
alternative hypothesis: true difference in AUC is not equal to 0
```

[說明]：Venkatraman's 檢定法適用於配對ROC曲線(相同的受試者)。檢定統計量E值=1182、顯著性機率值p=0.0115<.05，拒絕虛無假設，接受對立假設：AUC3-AUC2≠0。由於AUC3統計量數大於AUC2統計量數，表示檢測工具C對於受試者是否有情緒障礙的診斷分類或預測區別之準確度或精準度顯著優於檢測工具B。

就三種檢測工具之預測精準度或診斷分類力來看，檢測工具 C 顯著優於檢測工具 A、檢測工具 B；至於檢測工具 A、檢測工具 B 二者則沒有顯著差異存在。

函數 **roc.test**（ ）引數可以直接界定反應變項、預測變項 1、預測變項 2。範例語法指令為檢測工具 C 與檢測工具 B 之分類準確度比較、檢測工具 C 與檢測工具 A 之分類準確度比較、檢測工具 B 與檢測工具 A 之分類準確度比較：

```
> roc.test (temp$disease,temp$typec,temp$typeb)
        DeLong's test for two correlated ROC curves
data:  temp$typec and temp$typeb by temp$disease (NO, YES)
Z = 2.8593, p-value = 0.004245
```

alternative hypothesis: true difference in AUC is not equal to 0

sample estimates:

AUC of roc3 AUC of roc2

  0.896375   0.747750

[說明]：Z值統計量= 2.8593，顯著性p=0.0042<.05，達到統計顯著水準，AUC3顯著大於AUC2，二個真實AUC差異值顯著不等於0。。

> roc.test (temp$disease,temp$typec,temp$typea)

    DeLong's test for two correlated ROC curves

data: temp$typec and temp$typea by temp$disease (NO, YES)

Z = 3.7021, p-value = 0.0002138

alternative hypothesis: true difference in AUC is not equal to 0

sample estimates:

AUC of roc3 AUC of roc1

  0.896375   0.719125

[說明]：Z值統計量= 3.7021，顯著性p=0.0002<.05，達到統計顯著水準，AUC3顯著大於AUC1，二個真實AUC差異值顯著不等於0。

> roc.test (temp$disease,temp$typeb,temp$typea)

    DeLong's test for two correlated ROC curves

data: temp$typeb and temp$typea by temp$disease (NO, YES)

Z = 0.60768, p-value = 0.5434

alternative hypothesis: true difference in AUC is not equal to 0

sample estimates:

AUC of roc2 AUC of roc1

  0.747750   0.719125

[說明]：Z值統計量= 0.6077，顯著性p=0.5434>.05，未達統計顯著水準，AUC2與AUC1的差異值顯著等於0。

函數 roc.test ( ) 之物件增列 smooth ( ) 函數，表示採用拔靴法進行二個相關的 ROC 曲線的檢定，檢定程序過程會開啟「Bootstrap ROC test」對話視窗：

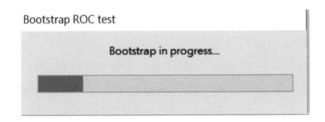

三個相關 ROC 曲線之預測分類精確度的比較：

> roc.test (smooth (roc1), smooth (roc2))

Bootstrap test for two correlated ROC curves

data: smooth (roc1) and smooth (roc2)

D = -0.78665, boot.n = 2000, boot.stratified = 1, p-value = 0.4315

alternative hypothesis: true difference in AUC is not equal to 0

sample estimates:

Smoothed AUC of roc1 Smoothed AUC of roc2

**　　0.7172393　　　　　0.7536125**

[說明]：檢測工具A與檢測工具B之診斷分類準確度沒有差異。

> roc.test (smooth (roc1), smooth (roc3))

Bootstrap test for two correlated ROC curves

data: smooth (roc1) and smooth (roc3)

D = -3.71, boot.n = 2000, boot.stratified = 1, p-value = 0.0002072

alternative hypothesis: true difference in AUC is not equal to 0

sample estimates:

Smoothed AUC of roc1 Smoothed AUC of roc3

**　　0.7172393　　　　　0.8947106**

[說明]：檢測工具A與檢測工具C之診斷分類準確度有顯著差異，檢測工具C之AUC量數顯著高於檢測工具A之AUC量數。

> roc.test (smooth (roc2), smooth (roc3))

Bootstrap test for two correlated ROC curves

data: smooth (roc2) and smooth (roc3)

D = -2.7812, boot.n = 2000, boot.stratified = 1, p-value = 0.005415

alternative hypothesis: true difference in AUC is not equal to 0

sample estimates:

Smoothed AUC of roc2 Smoothed AUC of roc3

**　　0.7536125　　　　　0.8947106**

[說明]：檢測工具B與檢測工具C之診斷分類準確度有顯著差異，檢測工具C之AUC量數顯著高於檢測工具B之AUC量數。

　　套件 {pROC} 函數 **power.roc.test ( )** 用以計算 ROC 曲線的樣本大小與統計考驗力，內定顯著水準引數 sig.level = 0.05、內定檢定方向引數 alternative = "two.sided"，若假定為單側考驗，文字界定為 "one.sided"。

　　範例求出三個 ROC 物件的統計考驗力：

> power.roc.test (roc1)

One ROC curve power calculation

**　ncases = 80**

```
        ncontrols = 50
            auc = 0.719125
        sig.level = 0.05
            power = 0.9943603
```
[說明]：單一ROC曲線輸出的統計量包括案例個數、控制組個數、AUC統計量、顯著水準、統計考驗力統計量。以檢測工具A作為預測變項之ROC曲線的統計考驗力$(1-\beta)$=0.994，統計推論的裁決正確率為99.4%。

```
> power.roc.test (roc2)
    One ROC curve power calculation
        ncases = 80
        ncontrols = 50
            auc = 0.74775
        sig.level = 0.05
            power = 0.9993701
```
[說明]：以檢測工具B作為預測變項之ROC曲線的統計考驗力$(1-\beta)$=0.999，統計推論的裁決正確率為99.9%。

```
> power.roc.test (roc3)
    One ROC curve power calculation
        ncases = 80
        ncontrols = 50
            auc = 0.896375
        sig.level = 0.05
            power = 1
```
[說明]：以檢測工具C作為預測變項之ROC曲線的統計考驗力$(1-\beta)$=1.000，統計推論的裁決正確率為100.0%。

　　函數 **power.roc.test ( )** 引數可以直接界定案例組 (水準數值編碼為 1 之實驗組) 個數、控制組 (水準數值編碼為 0 之對照組) 個數、AUC 統計量數、顯著水準 α 值，四個引數為 ncases、ncontrols、auc、sig.level：

```
> power.roc.test (ncases=80, ncontrols=50, auc=0.719, sig.level=0.05)
    One ROC curve power calculation
        ncases = 80
        ncontrols = 50
            auc = 0.719
        sig.level = 0.05
            power = 0.9943133
> power.roc.test (ncases=80, ncontrols=50, auc=0.748, sig.level=0.05)
    One ROC curve power calculation
        ncases = 80
```

```
          ncontrols = 50
               auc = 0.748
         sig.level = 0.05
             power = 0.9993838

> power.roc.test (ncases=80, ncontrols=50, auc=0.896, sig.level=0.05)
     One ROC curve power calculation
           ncases = 80
        ncontrols = 50
              auc = 0.896
        sig.level = 0.05
            power = 1
```

　　兩個 ROC 曲線 AUC 統計比較檢定之統計考驗力量數也可使用函數 **power. roc.test ( )** 求出：

```
> power.roc.test (roc2, roc3,method="delong")
     Two ROC curves power calculation
           ncases = 80
        ncontrols = 50
             auc2 = 0.74775
             auc3 = 0.896375
        sig.level = 0.05
            power = 0.7049673
     alternative = two.sided
```
[說明]：**AUC2** (預測變項為檢測工具**B**)、**AUC3** (預測變項為檢測工具**C**)二個統計量比較檢定的統計考驗力檢定結果，採用內定**DeLong**變異數法=**0.705**。
```
> power.roc.test (roc2, roc3, method="obuchowski")
     Two ROC curves power calculation
           ncases = 80
        ncontrols = 50
             auc2 = 0.74775
             auc3 = 0.896375
        sig.level = 0.05
            power = 0.6218574
     alternative = two.sided
```
[說明]：**AUC2** (預測變項為檢測工具**B**)、**AUC3** (預測變項為檢測工具**C**)二個統計量比較檢定的統計考驗力檢定結果，採用**Obuchowski**變異數法=**0.622**。
```
> roc1=roc (disease ~ typea,temp)
> power.roc.test (roc1, roc2,method="delong")
```

```
    Two ROC curves power calculation
        ncases = 80
    ncontrols = 50
        auc1 = 0.719125
        auc2 = 0.74775
    sig.level = 0.05
        power = 0.07148806
    alternative = two.sided
```
[說明]：AUC1 (預測變項為檢測工具A)、AUC2 (預測變項為檢測工具B)二個統計量比較檢定的統計考驗力檢定結果，採用**DeLong變異數法=0.071**。

```
> power.roc.test (roc1, roc2, method="obuchowski")
    Two ROC curves power calculation
        ncases = 80
    ncontrols = 50
        auc1 = 0.719125
        auc2 = 0.74775
    sig.level = 0.05
        power = 0.07117253
    alternative = two.sided
```
[說明]：AUC1 (預測變項為檢測工具A)、AUC2 (預測變項為檢測工具B)二個統計量比較檢定的統計考驗力檢定結果，採用**Obuchowski變異數法=0.071**。統計考驗力量數愈小，表示效果值愈低，二個AUC統計量的差異值愈小，若是二個ROC曲線物件檢定結果未達統計顯著水準，表示二個AUC差異值顯著等於0，對應的統計考驗力統計量會很低。

伍、套件 {fbroc} 的應用

套件 **{fbroc}** 使用快速拔靴法 (fast bootstrap) 進行 ROC 曲線分析與進行配對 ROC 曲線比較 (二個預測變項之受試者為相同的樣本觀察值)，套件函數建立的 ROC 曲線圖函數相關二個量數為真陽性率 (true positive rate; [TPR]) 與假陽性率 (false positive rate; [FPR])。套件重要函數如下：

函數 **boot.roc** ( ) 採用拔靴法建立 ROC 曲線物件。

函數 **boot.paired.roc** ( ) 採用拔靴法進行二個配對 ROC 曲線的比較。

函數 **conf** ( ) 計算 ROC 曲線區域 (AUC) 之信賴區間。

函數 **perf** ( ) 估計結果與計算統計量信賴區間值。

函數 **boot.roc**（ ）會根據每個適切的門檻值計算真陽性率與假陽性率量數，函數基本語法為：

> **boot.roc (pred, true.class, stratify = TRUE, n.boot = 1000,**
> **use.cache = FALSE, tie.strategy = NULL)**

引數 pred 為數值向量，變項型態為 ROC 曲線的預測變項。

引數 true.class 為反應變項，變項型態為邏輯向量 (logical vector)，受試者為真 (TRUE) 代表陽性的類別，在因子變項型態中為水準數值編碼等於 1 的群體，群體為實驗組或有疾患者群組；相對的，受試者真實狀態為假 (FALSE)，在因子變項型態中為水準數值編碼等於 0 的群體，群體為控制組 (對照組) 或沒有疾患者群組 (陰性反應群體)。

引數 stratify 為邏輯選項，內定選項為真 (TRUE)，表示使用階層拔靴法進行 ROC 曲線分析程序。

引數 n.boot 界定拔靴法樣本產製的個數，數值必須為整數，內定數值為 1000。

引數 use.cache 內定選項為假，表示不使用快取記憶體，選項界定為真，表示運算過程會使用快速緩衝儲存區，加快運算速度，但會占用更多記憶空間。

引數 tie.strategy 的參數值可以設定為 1 或 2，若是數值型預測變項沒有同分者，二種參數設定產生的結果相同。內定選項為 2 或 NULL，表示於同分情況下計算最佳配對的 TPR 與 FPR 量數。

函數 **boot.paired.roc**（ ）適用配對 ROC 曲線的比較，研究設計特徵為相同一組樣本觀察值 (受試者)、相同的結果變項，二個數值型的預測變項。函數 **boot.paired.roc**（ ）基本語法為：

> **boot.paired.roc (pred1, pred2, true.class, stratify = TRUE, n.boot = 1000, use.cache = FALSE, tie.strategy = NULL)**

數值向量的編碼若為 1、0，轉換為邏輯 (logicals) 資料時，水準數值 1 元素會轉換為真 (TRUE)、水準數值 0 元素會轉換為假 (FALSE)，資料型態轉換使用 **as.logical**（ ）函數；如果原向量資料型態為因子，以函數 **as.logical**（ ）轉換後元素變成遺漏值。若是原向量已界定為因子變項，可將向量先轉換為文字型態資料、再轉換為數值向量，之後再轉換為邏輯型態向量：

```
> yval=c (1,0,0,1,1,0) #數值向量
> as.logical (yval)
[1] TRUE FALSE FALSE  TRUE  TRUE FALSE
> yval=factor (c (1,0,0,1,1,0)) #因子向量
> yval
[1] 1 0 0 1 1 0
Levels: 0 1
> as.logical (yval)
[1] NA NA NA NA NA NA
> as.character (yval) #轉換為文字向量
[1] "1" "0" "0" "1" "1" "0"
> as.numeric (as.character (yval)) #轉換為數值向量
[1] 1 0 0 1 1 0
> as.logical (as.numeric (as.character (yval))) #轉換為邏輯向量
[1] TRUE FALSE FALSE  TRUE  TRUE FALSE
```

　　將數值向量以 **as.logical ( )** 函數轉換為邏輯資料型態，元素 0 轉換為假 (FALSE)、其餘水準數值編碼轉換為真 (TRUE)，若是研究者之反應變項原先水準數值的編碼不是 0、1 的型態，要先將反應變項水準數值重新編碼成 0、1 之二分類別變項：

```
> xval=c (1,2,3,0,1,5,4)
> as.logical (xval)
[1] TRUE  TRUE  TRUE FALSE  TRUE  TRUE  TRUE
> xval=c (1,2,1,1,1,2,2,2,1,1,1)
> as.logical (xval)
 [1] TRUE TRUE TRUE TRUE TRUE TRUE TRUE TRUE TRUE TRUE TRUE
```

　　範例資料檔之反應變項 disease 為數值向量，匯入 R 主控臺後資料框架物件之變項可直接轉換為邏輯資料，原水準數值 1 (案例組或實驗組) 受試者為真、水準數值 0 (控制組或對照組) 受試者為假：

```
> temp=read.csv ("d:/R6/0201/disease.csv",head=T)
> temp$output=as.logical (temp$disease)
> temp$output
 [1] TRUE  TRUE  TRUE  TRUE  TRUE  TRUE  TRUE  TRUE  TRUE  TRUE  TRUE  TRUE
```

```
[13] TRUE   TRUE   TRUE   TRUE   TRUE   TRUE   TRUE   TRUE   TRUE   TRUE   TRUE   TRUE
[25] TRUE   TRUE   TRUE   TRUE   TRUE   TRUE   TRUE   TRUE   TRUE   TRUE   TRUE   TRUE
[37] TRUE   TRUE   TRUE   TRUE   TRUE   TRUE   TRUE   TRUE   TRUE   TRUE   TRUE   TRUE
[49] TRUE   TRUE   TRUE   TRUE   TRUE   TRUE   TRUE   TRUE   TRUE   TRUE   TRUE   TRUE
[61] TRUE   TRUE   TRUE   TRUE   TRUE   TRUE   TRUE   TRUE   TRUE   TRUE   TRUE   TRUE
[73] TRUE   TRUE   TRUE   TRUE   TRUE   TRUE   TRUE   TRUE  FALSE FALSE FALSE FALSE
[85] FALSE FALSE FALSE FALSE FALSE FALSE FALSE FALSE FALSE FALSE FALSE FALSE
[97] FALSE FALSE FALSE FALSE FALSE FALSE FALSE FALSE FALSE FALSE FALSE FALSE
[109] FALSE FALSE FALSE FALSE FALSE FALSE FALSE FALSE FALSE FALSE FALSE FALSE
[121] FALSE FALSE FALSE FALSE FALSE FALSE FALSE FALSE FALSE FALSE
```

使用函數 head ( )、tail ( ) 輸出資料框架物件前六筆資料、後六筆資料：

```
> head (temp)
    typea    typeb    typec    disease    output
1    43       31       25         1       TRUE
2    39       25       24         1       TRUE
3    43       20       23         1       TRUE
4    42       21       23         1       TRUE
5    43       18       20         1       TRUE
6    41       24       20         1       TRUE
> tail (temp)
     typea    typeb    typec    disease    output
125   26       10       16         0       FALSE
126   25       10       17         0       FALSE
127   25       14       18         0       FALSE
128   25       18       20         0       FALSE
129   26       19       23         0       FALSE
130   26       11       15         0       FALSE
```

若是因子變項已增列群組標記文字，向量轉換後元素會變成遺漏值 (NA)：

```
> y.d=factor (temp$disease,levels=c (0:1),labels=c ("NO", "YES"))
> y.d
 [1]YES YES YES YES YES YES YES YES YES YES YES YES YES YES YES YES YES YES
[19]YES YES YES YES YES YES YES YES YES YES YES YES YES YES YES YES YES YES
[37]YES YES YES YES YES YES YES YES YES YES YES YES YES YES YES YES YES YES
[55]YES YES YES YES YES YES YES YES YES YES YES YES YES YES YES YES YES YES
[73]YES YES YES YES YES YES YES YES  NO  NO  NO  NO  NO  NO  NO  NO  NO  NO
```

```
 [91] NO NO NO NO NO NO NO NO NO NO NO NO NO NO NO NO NO NO
[109] NO NO NO NO NO NO NO NO NO NO NO NO NO NO NO NO NO NO
[127] NO NO NO NO
Levels: NO YES
> as.logical (y.d)
 [1]  NA NA NA NA NA NA NA NA NA NA NA NA NA NA NA NA NA NA NA NA NA NA NA NA
[25] NA NA NA NA NA NA NA NA NA NA NA NA NA NA NA NA NA NA NA NA NA NA NA NA
[49] NA NA NA NA NA NA NA NA NA NA NA NA NA NA NA NA NA NA NA NA NA NA NA NA
[73] NA NA NA NA NA NA NA NA NA NA NA NA NA NA NA NA NA NA NA NA NA NA NA NA
[97] NA NA NA NA NA NA NA NA NA NA NA NA NA NA NA NA NA NA NA NA NA NA NA NA
[121] NA NA NA NA NA NA NA NA NA NA NA NA
```

　　範例以檢測工具 A 為預測變項、邏輯向量變項為反應變項 (資料框架物件的變項名稱為 output)，以函數 **boot.roc ( )** 建立 ROC 曲線物件：

```
> cura=boot.roc (temp$typea,temp$output)
> cura
Bootstraped uncached ROC Curve with 80 positive and 50 negative samples.
 The AUC is 0.72.
 1000 bootstrap samples will be calculated.
The results use up 0 MB of memory.
```
[說明]：案例組(陽性樣本)受試者有**80**位、控制組(陰性樣本) 受試者有**50**位，拔靴法產製的樣本數為**1000**，AUC統計量=**0.72**。

　　使用函數 **perf ( )** 求出 AUC 量數相關統計量，函數 **perf ( )** 基本語法為：

　　perf (roc, metric = "auc", conf.level = 0.95, tpr = NULL, fpr = NULL, correct.partial.auc = TRUE)

　　引數 roc 為 **fbroc.roc ( )** 函數物件。

　　引數 metric 界定輸出的量數，內定為 "auc" (輸出 AUC)、選項界定「="partial.auc"」輸出部分 AUC；界定「="tpr"」表示特定 FPR 量數下輸出 TPR 統計量；界定「="fpr"」表示特定 TPR 量數下輸出 FPR 統計量。

　　引數 conf.level 界定信賴區間，內定量數為 0.95，對應的顯著水準 α = 0.05。

> perf (cura)
　　　　　　Bootstrapped ROC performance metric
Metric: AUC
Bootstrap replicates: 1000
Observed: 0.719
Std. Error: 0.045
95% confidence interval:
0.63 0.803
[說明]：**AUC統計量=0.719，標準誤=0.045，95%信賴區間值為[0.630, 0.803]，未包含.50數值點，表示AUC統計量顯著不等於.50，達到統計顯著水準。**

範例 fpr 引數範圍設定在 0.00 至 0.20 之間，求出此區間部分 AUC 統計量：

> perf (cura, "partial.auc", fpr = c (0,0.20),show.partial.auc.warning = FALSE)
　　　　　　Bootstrapped ROC performance metric
Metric: Corrected Partial AUC over FPR range [0,0.2]
Bootstrap replicates: 1000
Observed: 0.68
Std. Error: 0.052
95% confidence interval:
0.575 0.784

範例使用函數 **conf ( )** 輸出特定 FPR 量數下，TPR 量數與其 95% 信賴區間值，函數內定引數 steps 程序步驟為 250，語法指令將量數簡化為 15：

> tpr.m=round (conf (cura,conf.for = "tpr", steps = 15),3)
> tpr.m

	FPR	TPR	Lower.TPR	Upper.TPR
1	1.000	1.000	1.000	1.000
2	0.933	0.888	0.825	0.950
3	0.867	0.888	0.788	0.950
4	0.800	0.850	0.750	0.938
5	0.733	0.812	0.738	0.913
6	0.667	0.812	0.712	0.900
7	0.600	0.812	0.675	0.888
8	0.533	0.750	0.650	0.875
9	0.467	0.725	0.625	0.850
10	0.400	0.725	0.575	0.825

11	0.333	0.663	0.538	0.788
12	0.267	0.638	0.525	0.763
13	0.200	0.588	0.462	0.725
14	0.133	0.550	0.325	0.700
15	0.067	0.413	0.050	0.625
16	0.000	0.012	0.000	0.413

[說明]：FPR、TPR、Lower.TPR、Upper.TPR四行變項為假陽性率、真陽性率、真陽性率95%信賴區間下限、真陽性率95%信賴區間上限。

範例使用函數 **conf ( )** 輸出特定 TPR 量數下，FPR 量數與其 95% 信賴區間值：

```
> fpr.m=round (conf (cura,conf.for = "fpr", steps = 15),3)
> fpr.m
```

	TPR	FPR	Lower.FPR	Upper.FPR
1	1.000	1.00	1.00	1.00
2	0.933	1.00	0.82	1.00
3	0.867	0.86	0.52	1.00
4	0.800	0.56	0.34	0.88
5	0.733	0.48	0.20	0.72
6	0.667	0.38	0.10	0.58
7	0.600	0.20	0.04	0.44
8	0.533	0.10	0.02	0.30
9	0.467	0.10	0.02	0.22
10	0.400	0.06	0.00	0.16
11	0.333	0.06	0.00	0.14
12	0.267	0.06	0.00	0.12
13	0.200	0.04	0.00	0.12
14	0.133	0.04	0.00	0.10
15	0.067	0.02	0.00	0.08
16	0.000	0.00	0.00	0.00

[說明]：TPR、FPR、Lower.FPR、Upper.FPR四個直行變項分別為真陽性率、假陽性率、假陽性率95%信賴區間下限、假陽性率95%信賴區間上限。

函數 **conf ( )** 建立的物件，可使用 **plot ( )** 函數繪製 ROC 曲線，語法引數 x 為「fbroc.conf」物件，內定曲線顏色為藍色，信賴區間顏色為 "royalblue1"：

plot (x, col = "blue", fill = "royalblue1", print.plot = TRUE)

```
> tpr.m=conf (cura,conf.for = "tpr", steps =50)
> plot (tpr.m,fill="white")
Warning: Ignoring unknown aesthetics: y
```

　　套件 {fbroc} 繪製的 ROC 曲線，Y 軸為真陽性率 (敏感度)、X 軸為假陽性率 (1-特異度)：

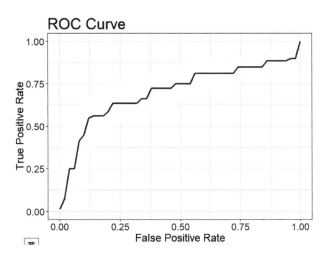

　　範例之預測變項為檢測工具 C 之數值向量，

```
> cur3=boot.roc (temp$typec,temp$output,n.boot = 100)
> cur3.m=perf (cur3, "auc")
> print (cur3)
Bootstraped uncached ROC Curve with 80 positive and 50 negative samples.
 The AUC is 0.9.
 100 bootstrap samples will be calculated.
The results use up 0 MB of memory.
> print (cur3.m)
        Bootstrapped ROC performance metric
Metric: AUC
Bootstrap replicates: 100
Observed: 0.896
Std. Error: 0.026
95% confidence interval:
0.841 0.939
```

[說明]：AUC統計量=0.896，標準誤=0.026，95％信賴區間值為[0.841, 0.939]，未包含.50，表示AUC統計量顯著不等於.50，達到統計顯著水準。

　　由於套件 {fbroc} 之 ROC 曲線分析程序是採用拔靴法，每次隨機產製的樣本數不會完全相同，因而在 AUC 統計量之標準誤與 95% 信賴區間值會有稍許差異：

```
> cur3=boot.roc (temp$typec,temp$output,n.boot = 100)
> print (cur3)
Bootstraped uncached ROC Curve with 80 positive and 50 negative samples.
The AUC is 0.9.
100 bootstrap samples will be calculated.
The results use up 0 MB of memory.
> perf (cur3, "auc")
            Bootstrapped ROC performance metric
Metric: AUC
Bootstrap replicates: 100
Observed: 0.896
Std. Error: 0.027
95% confidence interval:
0.843 0.945
```

　　fbroc.roc 建立的物件型態為列表 (list)，列表中的元素有：

　　輸入的預測變項 (prediction)。

　　輸入的反應變項 (true.class)，受試者真實情況的群體。

　　元素 roc 為資料框架，包含 ROC 曲線門檻值與 TPR 及 FPR 量數。

　　元素 n.thresholds 為門檻值個數。

　　元素 n.boot 為拔靴法產製的個數。

　　元素 use.cache 指出快取記憶體使用情況。

　　元素 tie.strategy 指出預測變項同分時的處理情況。

　　元素 n.pos 為陽性觀察值個數 (反應變項編碼為真的觀察值)。

　　元素 n.neg 為陰性觀察值個數 (反應變項編碼為假的觀察值)。

　　元素 auc 為 ROC 曲線以下面積。

　　元素 boot.tpr 指出若運算過程使用快取記憶體，矩陣會包含門檻值對應之拔靴法的 TPR 量數。

　　元素 boot.fpr 指出若運算過程使用快取記憶體，矩陣會包含門檻值對應之拔靴法的 FPR 量數。

```
> class (cur3)
[1] "list"     "fbroc.roc"
> names (cur3)    # fbroc.roc物件的元素名稱
 [1] "predictions"  "true.classes" "n.thresholds" "n.boot"
 [5] "use.cache"    "tie.strategy" "n.pos"        "n.neg"
 [9] "roc"          "auc"          "boot.tpr"     "boot.fpr"
> cur3$n.pos #案例組個數
[1] 80
> cur3$n.neg #對照組個數
[1] 50
> cur3[3]       #門檻間斷值有11個
$n.thresholds
[1] 11
> cur3$n.thresholds #門檻間斷值有11個
[1] 11
> cur3[9]  #輸出各分割點情況下的TPR、FPR
$roc
       TPR      FPR      threshold
1    1.0000    1.00        15
2    1.0000    0.86        18
3    0.9875    0.80        19
4    0.9625    0.68        20
5    0.9125    0.60        21
6    0.9125    0.42        22
7    0.8875    0.28        23
8    0.8125    0.12        24
9    0.7125    0.08        25
10   0.4875    0.00        26
11   0.0000    0.00        33
> cur3$roc#輸出各分割點情況下的TPR、FPR
       TPR      FPR      threshold
1    1.0000    1.00        15
2    1.0000    0.86        18
3    0.9875    0.80        19
4    0.9625    0.68        20
5    0.9125    0.60        21
6    0.9125    0.42        22
7    0.8875    0.28        23
8    0.8125    0.12        24
9    0.7125    0.08        25
```

10	0.4875	0.00	26
11	0.0000	0.00	33

輸出特定 FPR 量數下，座標點的 TPR 量數與其 95% 信賴區間值：

```
> tpr.m=conf (cur3,conf.for = "tpr", steps =20)
> print (round (tpr.m,3))
```

	FPR	TPR	Lower.TPR	Upper.TPR
1	1.00	1.000	1.000	1.000
2	0.95	1.000	1.000	1.000
3	0.90	1.000	0.975	1.000
4	0.85	0.988	0.950	1.000
5	0.80	0.988	0.925	1.000
6	0.75	0.962	0.875	1.000
7	0.70	0.962	0.862	1.000
8	0.65	0.913	0.862	0.988
9	0.60	0.913	0.862	0.988
10	0.55	0.913	0.849	0.988
11	0.50	0.913	0.849	0.982
12	0.45	0.913	0.838	0.982
13	0.40	0.888	0.812	0.969
14	0.35	0.888	0.793	0.957
15	0.30	0.888	0.763	0.950
16	0.25	0.812	0.743	0.944
17	0.20	0.812	0.681	0.907
18	0.15	0.812	0.512	0.888
19	0.10	0.712	0.425	0.862
20	0.05	0.488	0.393	0.832
21	0.00	0.488	0.393	0.675

範例繪製 fbroc.roc 物件之 ROC 曲線圖，引數 show.conf 界定選項為假，曲線以下區域的顏色為綠色：

```
> plot (cur3, show.metric = "auc",fill="green",show.conf = FALSE)
Warning: Ignoring unknown aesthetics: y
```

ROC 曲線以下區域顏色為綠色，AUC 統計量為 0.9，95% 信賴區間值為 [0.83,0.95]，未包含數值點 0.50，表示 AUC 統計量顯著不等於 .50：

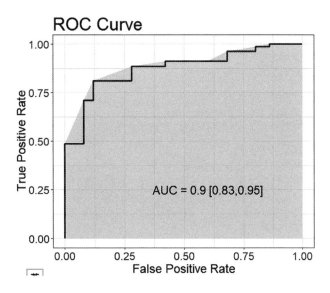

範例繪製 FPR 量數 = 0.1 時，對應 TPR 量數的 95% 信賴區間值：

```
> plot (cur3,show.metric= "tpr", fpr=0.1)
Warning: Ignoring unknown aesthetics: y
```

從 ROC 曲線圖可以得知，當 FPR = 0.1 時，TPR 統計量 = 0.71，95% 信賴區間值為 [0.44,0.87]：

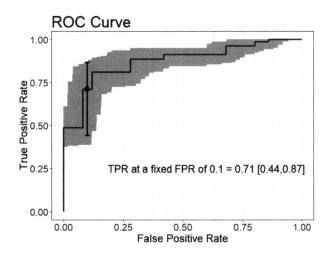

範例使用套件函數 **boot.paired.roc ( )** 進行配對 ROC 曲線的比較，預測變項 1 為檢測工具 A、預測變項 2 為檢測工具 B：

```
> cur12=boot.paired.roc (temp$typea,temp$typeb,temp$output)
> cur12.p=perf (cur12,"auc")
> cur12.p
```

Bootstrapped ROC performance metric
Metric: AUC
Bootstrap replicates: 1000
Classifier 1:
Observed:0.719
Std. Error: 0.044
95% confidence interval:
0.635 0.803
[說明]：預測變項1的AUC統計量=0.719。
Classifier 2:
Observed:0.748
Std. Error: 0.042
95% confidence interval:
0.664 0.825
[說明]：預測變項2的AUC統計量=0.748。
Delta:
Observed:-0.029
Std. Error: 0.046
95% confidence interval:
-0.116 0.066
Correlation: 0.42
[說明]：二個AUC統計量的差異值=-0.029，標準誤=0.046，差異值95%信賴區間值為[-0.116, 0.066]，包含數值點0，表示二個AUC量數差異值等於0的機率很高，無法拒絕虛假設，二個AUC量數差異值顯著等於0。
二個 **AUC** 量數的相關係數為 **0.42**。以檢測工具 **A** 及以檢測工具 **B** 為預測變項，對反應變項 (是否有情緒障礙情形) 的診斷分類準確度相同，二者的預測分類結果沒有顯著差異。

fbroc.paired.roc 物件之 ROC 曲線繪製語法如下：

plot (x, col1 = "blue", fill1 = "dodgerblue", col2 = "darkgreen", fill2 = "seagreen1", print.plot = TRUE, show.conf = TRUE, conf.level = 0.95, steps = 250, show.metric = NULL, show.area = !show.conf, text.size.perf = 6)

引數 x 為 fbroc.paired.roc 類別物件。

引數 col1 界定第一個預測變項之 ROC 曲線顏色。

引數 fill1 界定第一個預測變項之 ROC 曲線以下區域 (AUCs 或部分 AUCs) 顏色。

引數 col2 界定第二個預測變項之 ROC 曲線顏色。

引數 fill2 界定第二個預測變項之 ROC 曲線以下區域 (AUCs 或部分 AUCs) 顏色。

引數 print.plot 為邏輯選項,界定是否輸出圖形,內定選項為真。

引數 show.conf 為邏輯選項,界定是否繪製曲線的信賴區間。

引數 conf.level 界定信賴區之信心水準,內定數值為 0.95 (顯著水準 α = .05)。

引數 steps 界定特定 FPR 量數情況下,配對的 TPR 量數,間斷步驟內定值為 250,所有間斷 FPR 量數 = seq (0, 1, by = (1/steps))。

引數 show.metric 以文字型態界定要顯示的標記內容。

引數 show.area 界定是否繪製 AUC 或部分 AUC 區域的陰影。

引數 text.size.perf 界定輸出之文字標記的大小,內定數值設定等於 6。

使用 **plot** ( ) 函數繪製 fbroc.paired.roc 類別物件 cur12 之 ROC 曲線圖,引數 show.conf = FALSE 界定為假,繪製 AUC 的區域:

```
> plot (cur12,show.metric = "auc", show.conf = FALSE)
Warning: Ignoring unknown aesthetics: y
Warning: Ignoring unknown aesthetics: y
```

圖示中可以看出二個 AUC 區域面積的差異甚小,檢測工具 A 與檢測工具 B 對反應變項之診斷分類結果沒有顯著不同:

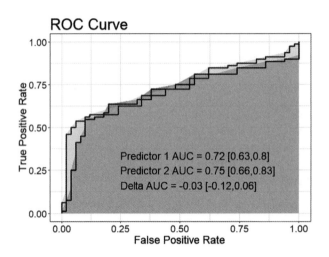

範例使用套件函數 **boot.paired.roc ( )** 進行配對 ROC 曲線的比較，預測變項 1 為檢測工具 C、預測變項 2 為檢測工具 B：

```
> cur32=boot.paired.roc (temp$typec,temp$typeb,temp$output)
> cur32.p=perf (cur32,"auc")
> print (cur32.p)
```
Bootstrapped ROC performance metric

Metric: AUC

Bootstrap replicates: 1000

Classifier 1:

Observed:0.896

Std. Error: 0.027

95% confidence interval:

0.839 0.948

[說明]：第一個預測變項(檢測工具C)之**ROC**曲線的**AUC**統計量=**0.896**。

Classifier 2:

Observed:0.748

Std. Error: 0.042

95% confidence interval:

0.67 0.828

[說明]：第二個預測變項(檢測工具B)之**ROC**曲線的**AUC**統計量=**0.748**。

Delta:

Observed:0.149

Std. Error: 0.052

95% confidence interval:

0.048 0.249

Correlation: -0.1
[說明]：二個AUC統計量的差異值=0.149，標準誤=0.052，差異值95％信賴區間值為[0.048, 0.249]，未包含數值點0，表示二個AUC量數差異值等於0的機率很低，有足夠證據可以拒絕虛無假設，二個AUC量數差異值顯著不等於0。以顯著水準α=.05而言，即顯著性p<.05，達到統計顯著水準，差異值(=0.149)不是機遇造成的。
二個 AUC 量數的相關係數為 -0.1。
檢測工具 C 比檢測工具 B 預測區別或診斷分類反應變項的準確度顯著較佳。

使用 **plot**（）函數繪製 fbroc.paired.roc 類別物件 cur32 之 ROC 曲線圖，引數 show.conf = FALSE 界定為假，繪製 AUC 的區域：

```
> plot (cur32,show.metric = "auc", show.conf = FALSE)
Warning: Ignoring unknown aesthetics: y
Warning: Ignoring unknown aesthetics: y
```

二個 AUC 圖示的結果如下，檢測工具 C 對反應變項的診斷分類準確度顯著大於檢測工具 B 對反應變項的診斷分類準確度。

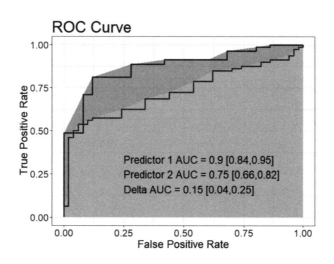

範例使用套件函數 **boot.paired.roc**（）進行配對 ROC 曲線的比較，預測變項 1 為檢測工具 C、預測變項 2 為檢測工具 A：

```
> cur31=boot.paired.roc (temp$typec,temp$typea,temp$output)
> cur31.p=perf (cur31,"auc")
> print (cur31.p)
```

Bootstrapped ROC performance metric

Metric: AUC
Bootstrap replicates: 1000
Classifier 1:
Observed:0.896
Std. Error: 0.027
95% confidence interval:
0.839 0.944
[說明]：第一個預測變項(檢測工具C)之ROC曲線的AUC統計量=0.896。
Classifier 2:
Observed:0.719
Std. Error: 0.046
95% confidence interval:
0.626 0.805
[說明]：第二個預測變項(檢測工具A)之ROC曲線的AUC統計量=0.719。
Delta:
Observed:0.177
Std. Error: 0.049
95% confidence interval:
0.079 0.275
Correlation: 0.17
[說明]：二個AUC統計量的差異值=0.177，標準誤=0.049，差異值95%信賴區間值為[0.079, 0.275]，未包含數值點0，表示二個AUC量數差異值等於0的機率很低，有足夠證據可以拒絕虛無假設，二個AUC量數差異值顯著不等於0。
二個 AUC 量數的相關係數為 0.17。
檢測工具 C 比檢測工具 A 預測區別或診斷分類反應變項的準確度顯著較高。

使用 **plot**( ) 函數繪製 fbroc.paired.roc 類別物件 cur31 之 ROC 曲線圖，引數 show.conf = FALSE 界定為假，繪製 AUC 的區域：

```
> plot (cur31,show.metric = "auc", show.conf =FALSE)
Warning: Ignoring unknown aesthetics: y
Warning: Ignoring unknown aesthetics: y
```

二個 AUC 圖示的結果如下，檢測工具 C 對反應變項的診斷分類準確度顯著大於檢測工具 B 對反應變項的診斷分類準確度。

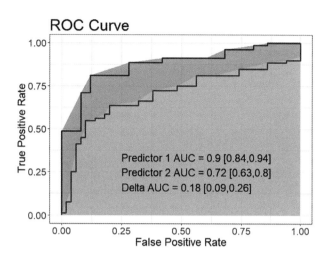

範例語法指令增列繪製 FPR 量數介於 0.15 至 0.45 時之 TPR 量數值，引數 show.metric 界定「="partial.auc"」，引數 show.conf 與引數 show.partial.auc. warning 的選項均界定為假，圖示中的文字大小為 3.5：

```
> plot (cur31, show.metric = "partial.auc", fpr = c (0.15, 0.45), show.conf = FALSE,
  show.partial.auc.warning = FALSE,text.size.perf=3.5)
Warning: Ignoring unknown aesthetics: y
Warning: Ignoring unknown aesthetics: y
```

當 FPR 量數區間 = [0.15,0.45] 時，部分 AUC 區域圖如下：

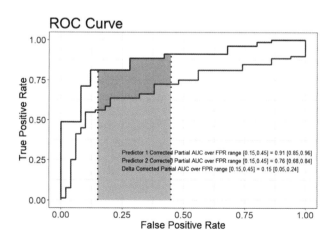

Chapter 19
單因子共變數分析

壹、基本概念

實驗設計程序如果能做到「隨機選取」(random selection) 與「隨機分派」(random assignment) 程序，讓實驗組與控制組形成「等同的」(equivalent) 群體，以排除實驗過程中「外在變項」(extranuous variables) 對實驗歷程的干擾，讓無關因素或干擾變項對實驗內在效度的影響最低，此種實驗設計稱為「真正實驗設計」，研究控制方法稱為「實驗控制」。社會科學領域中，多數實驗設計無法完全做到隨機抽取與隨機分派，或無法打破原始的群體進行實驗，因而採用「統計控制」方法進行實驗誤差的排除，此種實驗設計稱為「準實驗設計」(quasi-experiment designs)，準實驗設計之統計分析法一般採用「共變數分析」(analysis of covariance; [ANCOVA])。通用的準實驗設計的設計架構表如下：

組別	前測 (共變數)	實驗處理	後測 (依變項)	追蹤測 (依變項)
實驗組	O1	X	O3	O5
控制組	O2		O4	O6

準實驗設計所要探究的是實驗程序研究中操弄的自變項 (independent variable) 是否對「依變項」(dependent variable) 有產生顯著的影響，此種影響可能是認知、技能、情意或態度的改變，自變項也稱實驗「處理變項」(treatment variable)，認知、技能、情意或態度的改變等為研究者所要探究的變項，一般稱為依變項或效標變項或結果變項。準實驗設計的目的，是希望研究規劃操弄的自變項對標的依變項有顯著的影響作用，實驗處理操弄的組別稱為實驗組、未經實驗操控的組別稱為對照組或控制。實驗組與對照組二個群組的前測分數並不是研究程序關注的重點，但變項分數可能會影響研究結果的效度，因而將此變項作為共變項或共變數 (covariance)，有關學習成就的變化，除以前測分數為共變項外，也可以以受試者的智力或在校學業平均分數作為共變項。

共變數分析程序中，共變項與依變項間應有較高的線性關係，正因為共變項與依變項或效標變項有高度的關聯，因而自變項對依變項的影響過程中要將共變項對依變項的解釋變異量排除，如此，依變項的效果變化才完全是自變項或實驗處理變項造成的。多數的社會科學領域研究，為排除實驗組、控制組之群組間的差異，多數會以前測分數作為共變項，因為以前測分數作為共變項，配合統計控制方法，可以降低無法由實驗處理變項解釋的變異部分。

　　準實驗設計採用共變數分析進行群組間「調整後平均數」(adjusted means) 的差異比較時，資料結構必須符合「組內迴歸同質性假定」，即實驗組以前測分數 O1 為自變項、以後測分數 O3 為依變項進行簡單迴歸分析之斜率係數 b1，與控制組以前測分數 O2 為自變項、以後測分數 O4 為依變項進行簡單迴歸分析之斜率係數 b2 必須相等 (b1 = b2)，二條迴歸線的斜率係數相同，表示二條迴歸線互相平行。三組別之組內迴歸係數同質性檢定的虛無假設為：

$$H_0: b1 = b2 = b3 = b_w，或 H_0: B_{W1} = B_{W2} = B_{W3} = B_W$$

　　組內迴歸同質性檢定結果，若是群組間的迴歸線不相互平行，且斜率係數差異不大，此種情況下，採用共變數分析法進行資料結果分析，也會有不錯的統計推論的效度；如果迴歸線不平行且傾斜方向角度差異很大，表示群組的斜率係數差異值很大，無法找出一條共同的組內迴歸線。當資料結構嚴重違反組內迴歸同質性假定，一般會改採其他統計方法進行群組間的差異比較，常用的方法如 Johnson-Neyman 的校正方法。一般統計推論的顯著水準 α 設定為 .05，進行組內迴歸同質性假定檢定的顯著水準 α 可設為 .01 或更小，當組內迴歸同質性檢定的 F 值統計量之顯著性 p 小於 .01 以下時，才改用其他的統計方法。

　　範例函數語法繪製二條平行的迴歸線 (迴歸線的斜率係數相同)，使用圖形套件 **{graphics}** 函數 **abline ( )** 增列直線於繪圖視窗中，函數 **legend ( )** 增列圖示線條的說明：

```
> plot (c (0, 10), c (0, 10), type = "n", xlab = "共變項", ylab = "依變項", font = 2, cex =
   2, font.lab = 2)
> abline (a = 3, b = 0.78, lwd = 2, col = "blue", lty = 1)
> abline (a = 1, b = 0.78, lwd = 2, col = "red", lty = 2)
> grid (col = "gray20")
> legend ("topleft", c ("組別 1", "組別 2"), col = c ("blue", "red"), lwd = 2, lty = c (1, 2))
> text (6, 2, "斜率相同迴歸線", font = 2, cex = 2)
```

　　繪圖子視窗之 R 裝置器繪製的圖形如下，組別 1 簡單迴歸分析之迴歸方程式的截距 = 3、斜率係數 b1 = 0.78；組別 2 簡單迴歸分析之迴歸方程式的截距 = 1、斜率係數 b2 = 0.78，母群體二個迴歸線互相平行，可以找出一個共同的組內迴歸線，以共同的組內迴歸線之斜率係數取代原先各組別的迴歸係數：

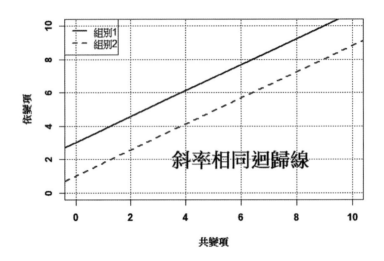

範例函數語法繪製的二條迴歸線之斜率係數與截距項統計量均不相同，使用圖形套件 {graphics} 函數 **abline ( )** 增列直線於繪圖視窗中，函數 **legend ( )** 增列圖示線條的說明：

```
> plot (c (0, 10), c (0, 10), type = "n", xlab = "共變項", ylab = "依變項", font = 2, cex = 2, font.lab = 2)
> abline (a = 7, b = -0.85, lwd = 2, col = "blue", lty = 1)
> abline (a = 1, b = 0.78, lwd = 2, col = "red", lty = 2)
> grid (col = "gray20")
> legend ("topleft", c ("組別 1", "組別 2"), col = c ("blue", "red"), lwd = 2, lty = c (1, 2))
> text (4, 7, "截距與斜率均不同的迴歸線", font = 2, cex = 1.3)
```

繪圖子視窗之 R 裝置器繪製的圖形如下，由圖示中可以明顯看出二條簡單迴歸之迴歸線的方向不同，二條迴歸線的斜率係數一為負數、一為正數，組別 1 與組別 2 之迴歸線傾斜的角度不一樣。二條迴歸線之傾斜角度若有很大差異，表示群組所在之母群體的斜率參數值有很大差異存在，此時組內迴歸同質性檢定的 F 值會達統計顯著水準 (p < .05)：

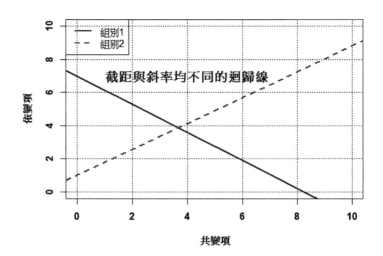

範例函數語法繪製的二條迴歸線之斜率係數不同，但截距項統計量相同，使用圖形套件 {graphics} 函數 **abline ( )** 增列直線於繪圖視窗中，函數 **legend ( )** 增列圖示線條的說明、以 **arrows ( )** 繪製截距項高度 (a = 5)：

```
> plot (c (0, 10), c (0, 10), type = "n", xlab = "共變項", ylab = "依變項", font = 2, cex =
  2, font.lab = 2)
> abline (a = 5, b = -0.60, lwd = 2, col = "blue", lty = 1)
> abline (a = 5, b = 0.60, lwd = 2, col = "red", lty = 2)
> grid (col = "gray20")
> legend ("topleft", c ("組別 1", "組別 2"), col = c ("blue", "red"), lwd = 2, lty = c (1, 2))
> text (4, 5, "截距相同 & 斜率不同的迴歸線", font = 2, cex = 1.3)
> arrows (0, 0, 0, 5, length = 0.20, angle =20, code = 3, lwd = 3)
```

繪圖子視窗之 R 裝置器繪製的圖形如下，由圖示中可以明顯看出二條簡單迴歸之迴歸線的方向不同，二條迴歸線的斜率係數一為負數、一為正數，組別 1 與組別 2 之迴歸線傾斜的角度不一樣，二條迴歸線的截距項量數相同 (= 5)。共變數分析程序之組內迴歸係數同質檢定的依變項為斜率係數，迴歸線截距項量數是否相等並不會影響檢定結果：

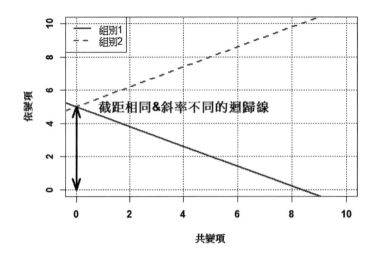

二條迴歸互相平行，表示二條迴歸線可以用一條共同的組內迴歸線取代，此時便會有一個共同的斜率係數 bw，根據共同斜率係數才能估算二個群體調整後平均數，調整後平均數的估算公式為：

實驗組調整後平均數 = 實驗組依變項平均數 – bw × (實驗組共變項平均數 – 全體共變項總平均數)

控制組調整後平均數 = 控制組依變項平均數 – bw × (控制組共變項平均數 – 全體共變項總平均數)

以運算式符號表示為：

$$\overline{AM_i} = \overline{DV_i} - bw\,(\overline{X_i} - \overline{X})$$

運算式中：

$\overline{AM_i}$ 為各群組調整後平均數。

$\overline{DV_i}$ 為各群組依變項的平均數。

bw 為共同斜率係數。

$\overline{X_i}$ 為各群組之共變數的平均數。

$\overline{X}$ 為受試者 (全部受試者) 在共變數的總平均數。

R 主控臺子視窗中使用函數 **RSiteSearch ( )** 查詢「ancova」關鍵字：

> RSiteSearch ("ancova")
A search query has been submitted to http://search.r-project.org
The results page should open in your browser shortly

外掛套件使用頻率較高者為 {HH}、{MBESS}：

國泰世華MyBank - 個　ASUSTeK COMPUTER　建議的網站　☆ 網頁快訊圖庫　Y Links　從 IE 匯入

Total 138 documents matching your query.

1. **R: Class "ancova" Analysis of Covariance** (score: 58)
   Author: *unknown*
   Date: *Sun, 29 Jan 2017 16:20:29 -0500*
   Class "**ancova**" Analysis of Covariance Description Objects from the Class Extends M
   ancova-class {HH} **ancova**-class {HH} R Documentation Analysis of Covari
   http://finzi.psych.upenn.edu/R/library/HH/html/ancova-class.html (2,556 bytes)

2. **R: Confidence interval for a standardized contrast in ANCOVA...** (score: 56)
   Author: *unknown*
   Date: *Fri, 12 Jan 2018 05:25:44 -0500*
   Confidence interval for a standardized contrast in **ANCOVA** with one covariate Descr
   References See Also Examples page for ci.sc.**ancova** {MBESS} ci.sc.**ancova**
   http://finzi.psych.upenn.edu/R/library/MBESS/html/ci.sc.ancova.html (7,193 bytes)

3. **R: Compute and plot oneway analysis of covariance** (score: 50)
   Author: *unknown*
   Date: *Sun, 29 Jan 2017 16:20:29 -0500*
   Compute and plot oneway analysis of covariance Description Usage Arguments Detai
   page for **ancova** {HH} **ancova** {HH} R Documentation Compute and plot onew
   http://finzi.psych.upenn.edu/R/library/HH/html/ancova.html (8,605 bytes)

　　在套件子視窗中，按工具列鈕「Install」(安裝)，開啟「安裝套件」對話視窗，套件名稱下方框內輸入 HH，按「Install」(安裝) 鈕。

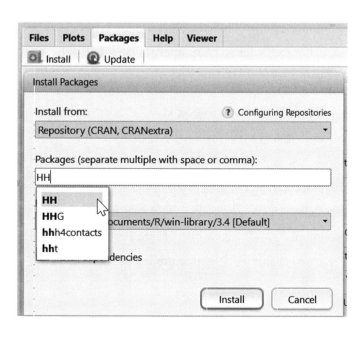

　　套件子視窗中，勾選「 HH」選項，主控臺子視窗出現的載入語法指令列如下：

```
> library ("HH", lib.loc="~/R/win-library/3.4")
Loading required package: grid
Loading required package: latticeExtra
Loading required package: RColorBrewer
Loading required package: multcomp
Loading required package: mvtnorm
Loading required package: survival
Loading required package: TH.data
Attaching package: 'TH.data'
The following object is masked from 'package:MASS': geyser
Loading required package: gridExtra
```

貳、套件 {HH} ancova ( ) 函數及其應用

　　套件 {HH} 函數 ancova ( ) 的功能為計算單因子共變數分析結果與繪製單因子共變數分析圖，ancova ( ) 函數語法為：

ancova (formula,x, groups, transpose = FALSE,display.plot.command = FALSE, superpose.level.name = "superpose",ignore.groups = FALSE, ignore. groups.name = "ignore.groups", blocks, blocks.pch = letters [seq (levels (blocks))], layout, between, pch = trellis.par.get ( )$superpose.symbol$pch)

　　引數 formula 為模型界定的公式，一般公式為「y ~ x * g」、「y ~ x + g」。

　　引數 x 為共變數分析程序中的共變項。

　　引數 groups 為共變數分析程序中的因子變項。

　　引數 transpose 界定圖形軸是否互換。

　　引數 display.plot.command 界定圖形的控制面版是否出現，內定選項為假。

　　引數 superpose.level.name 界定圖形上面變數名稱的標記是否分開。

　　引數 ignore.groups 界定增列面版將所有群組共同迴歸線顯示出來。

　　引數 ignore.groups.name 界定 ignore.groups panel 引數中的變數標記是否分開。

引數 pch 界定繪製圖形的群組文字。

引數 blocks 界定面版的標記點是否呈現增列因子名稱。

引數 blocks.pch 界定當使用 blocks 引數時，額外的標記是否呈現。

引數 blocks.cex 界定當使用 blocks 引數時，是否再增列 cex 引數設定。

引數 layout 界定多個面版的呈現，內定為單一橫列。

引數 between 界定個別群組水準之面版間的空白大小。

引數 main 界定每頁上頭的標題文字。

[研究設計]

　　某研究者採用準實驗研究設計，探討樂活運動方案對 65 歲以上高齡老人之體適能與焦慮程度的實驗效果，30 位自願受試者中，有二個方案供受試者選取參與，一為參加一小時的樂活與動態運動，一為靜態休閒活動，每週三次，持續四個月，實驗組受試者有 15 位、控制組受試者有 15 位。

　　匯入資料檔，匯入的資料框架物件界定為 temp，主控臺視窗介面複製的資料框架物件為 andata。變項 GROUP 為因子變數，水準數值編碼 1 為實驗組、水準數值編碼 2 為控制組：

```
> temp = read.csv ("e:/R6/ancova.csv", header=T)
> andata = temp
> andata$GROUP = factor (andata$GROUP, levels = c (1, 2), labels = c ("實驗組", "控制組"))
```

　　使用函數 **names ( )** 輸出資料框架物件的變數名稱，五個前測分數變項為 PREA、PREB、PREC、PRED、PREE，對應的五個後測分數變項為 POSTA、POSTB、POSTC、POSTD、POSTE：

```
> names (andata)
 [1] "NUM"  "GROUP" "SEX"  "PREA" "PREB" "PREC" "PRED" "PREE" "POSTA"
[10] "POSTB" "POSTC" "POSTD" "POSTE"
```

　　共變數分析程序配對的共變量與依變項摘要表如下：

依變數	固定因子變項	共變數
POSTA (A 項體適能)	GROUP	PREA
POSTB (B 項體適能)	GROUP	PREB
POSTC (C 項體適能)	GROUP	PREC
POSTD (D 項體適能)	GROUP	PRED
POSTE (焦慮程度)	GROUP	PREE

主控臺中使用 **library ( )** 函數載入外掛套件 **{HH}**

```
> library (HH)
```

使用 **which ( )** 函數指定條件,將全部資料檔切割成二個子資料檔,第一個資料框架物件為實驗組,群組物件名稱界定為 egro;第二個資料框架物件為控制組,群組物件名稱界定為 cgro:

```
> egro = andata [which (andata$GROUP=="實驗組"),]
> cgro = andata [which (andata$GROUP=="控制組"),]
> egro
   NUM GROUP SEX PREA PREB PREC PRED PREE POSTA POSTB POSTC POSTD POSTE
1    1  實驗組   1    7   10    5    3    2     9     6     5     6     2
2    2  實驗組   1    6   10    3    3    4    11    12     3     3     2
3    3  實驗組   1    8   13    4    3    7     9    14     5     9     6
4    4  實驗組   1    9   13    3    4    9    12    13     3    12     6
5    5  實驗組   1   13   14    3    6    3    14    14     3    15     3
6    6  實驗組   2   11   13    3    3    3    14    13     3     4     3
7    7  實驗組   2    3   13    3    3    2     6    14     3     5     2
8    8  實驗組   2    8   10    3    3    8    10    13     3    15     7
9    9  實驗組   2    4    8    3    3    8     7     9     3    12     7
10  10  實驗組   2    7    7   15    3    7     2     2     2     2     5
11  11  實驗組   1    9    9   15    5    2    11    11    15    14     2
12  12  實驗組   1    5   13   15    4    2     7    14    15     6     2
13  13  實驗組   1    6   15   15    3    2     8    15    15     3     2
14  14  實驗組   1    7   14   15    3    4     9    14    15     4     3
15  15  實驗組   2    9   10   15    3    2    10    11    15     5     2
> cgro
   NUM GROUP SEX PREA PREB PREC PRED PREE POSTA POSTB POSTC POSTD POSTE
```

16	16	控制組	2	5	4	3	2	2	6	4	3	3	4
17	17	控制組	2	3	7	3	3	3	4	8	3	3	5
18	18	控制組	2	2	15	2	3	3	3	14	3	3	8
19	19	控制組	1	5	10	3	3	3	7	9	3	3	2
20	20	控制組	1	5	12	3	3	2	4	11	3	3	2
21	21	控制組	1	8	8	3	3	2	6	5	3	3	7
22	22	控制組	2	3	3	3	3	6	3	3	3	3	7
23	23	控制組	2	5	10	3	3	8	4	9	3	3	10
24	24	控制組	2	6	13	3	3	13	3	11	3	3	11
25	25	控制組	1	3	7	3	3	3	3	7	3	3	7
26	26	控制組	1	3	3	3	3	12	3	3	3	3	13
27	27	控制組	1	5	5	3	3	15	7	5	3	3	16
28	28	控制組	2	8	10	15	3	2	4	10	15	3	6
29	29	控制組	2	3	8	15	3	3	3	9	15	3	6
30	30	控制組	2	4	8	11	3	5	3	9	10	3	7

使用外掛套件 **{fBasics}** 函數 **basicStats ( )** 求出實驗組與控制組在共變項及效標變項的描述性統計量。範例語法指令求出實驗組在共變項及效標變項的描述性統計量，統計量中的第一列「nobs」為有效觀察值個數、第 7 列「Mean」為平均數、第 14 列「Stdev」為標準差：

```
> library (fBasics)
> egro.d = round (basicStats (egro [,4:13]), 3)
> egro.d
```

	PREA	PREB	PREC	PRED	PREE	POSTA	POSTB	POSTC	POSTD	POSTE
nobs	15.000	15.000	15.000	15.000	15.000	15.000	15.000	15.000	15.000	15.000
NAs	0.000	0.000	0.000	0.000	0.000	0.000	0.000	0.000	0.000	0.000
Minimum	3.000	7.000	3.000	3.000	2.000	2.000	2.000	2.000	2.000	2.000
Maximum	13.000	15.000	15.000	6.000	9.000	14.000	15.000	15.000	15.000	7.000
1. Quartile	6.000	10.000	3.000	3.000	2.000	7.500	11.000	3.000	4.000	2.000
3. Quartile	9.000	13.000	15.000	3.500	7.000	11.000	14.000	15.000	12.000	5.500
Mean	7.467	11.467	8.000	3.467	4.333	9.267	11.667	7.200	7.667	3.600
Median	7.000	13.000	4.000	3.000	3.000	9.000	13.000	3.000	6.000	3.000
Sum	112.000	172.000	120.000	52.000	65.000	139.000	175.000	108.000	115.000	54.000
SE Mean	0.668	0.631	1.534	0.236	0.688	0.802	0.919	1.487	1.214	0.515
LCL Mean	6.034	10.112	4.710	2.960	2.858	7.547	9.696	4.011	5.064	2.496
UCL Mean	8.900	12.821	11.290	3.974	5.808	10.986	13.638	10.389	10.270	4.704
Variance	6.695	5.981	35.286	0.838	7.095	9.638	12.667	33.171	22.095	3.971
Stdev	2.588	2.446	5.940	0.915	2.664	3.105	3.559	5.759	4.701	1.993

Skewness	0.278	-0.291	0.347	1.655	0.554	-0.446	-1.475	0.591	0.434	0.671
Kurtosis	-0.473	-1.390	-1.976	1.499	-1.515	-0.104	1.195	-1.700	-1.558	-1.378

使用索引輸出實驗組在共變項及後測變項的個數、平均數及標準差三個統計量,索引數值為 1、7、14:

```
> egro.d [c (1, 7, 14),]
         PREA    PREB    PREC   PRED   PREE   POSTA  POSTB  POSTC  POSTD  POSTE
nobs    15.000  15.000  15.00  15.000 15.000 15.000 15.000 15.000 15.000 15.000
Mean     7.467  11.467   8.00   3.467  4.333  9.267 11.667  7.200  7.667  3.600
Stdev    2.588   2.446   5.94   0.915  2.664  3.105  3.559  5.759  4.701  1.993
```

實驗組在前測變項與後測變項的平均數、標準差摘要表

	個數	平均數	標準差
PREA	15	7.467	2.588
PREB	15	11.467	2.446
PREC	15	8.000	5.940
PRED	15	3.467	0.915
PREE	15	4.333	2.664
POSTA	15	9.267	3.105
POSTB	15	11.667	3.559
POSTC	15	7.200	5.759
POSTD	15	7.667	4.701
POSTE	15	3.600	1.993

範例語法指令求出控制組 (對照組) 在共變項及效標變項的描述性統計量,統計量中的第一列「nobs」為有效觀察值個數、第 7 列「Mean」為平均數、第 14 列「Stdev」為標準差:

```
> cgro.d = round (basicStats (cgro [,4:13]), 3)
> cgro.d
         PREA    PREB    PREC    PRED   PREE   POSTA  POSTB  POSTC  POSTD  POSTE
nobs    15.000  15.000  15.000  15.000 15.000 15.000 15.000 15.000     15 15.000
NAs      0.000   0.000   0.000   0.000  0.000  0.000  0.000  0.000      0  0.000
```

Minimum	2.000	3.000	2.000	2.000	2.000	3.000	3.000	3.000	3	2.000
Maximum	8.000	15.000	15.000	3.000	15.000	7.000	14.000	15.000	3	16.000
1. Quartile	3.000	6.000	3.000	3.000	2.500	3.000	5.000	3.000	3	5.500
3. Quartile	5.000	10.000	3.000	3.000	7.000	5.000	9.500	3.000	3	9.000
Mean	4.533	8.200	5.067	2.933	5.467	4.200	7.800	5.067	3	7.400
Median	5.000	8.000	3.000	3.000	3.000	4.000	9.000	3.000	3	7.000
Sum	68.000	123.000	76.000	44.000	82.000	63.000	117.000	76.000	45	111.000
SE Mean	0.467	0.922	1.173	0.067	1.146	0.393	0.835	1.140	0	0.989
LCL Mean	3.532	6.223	2.551	2.790	3.009	3.358	6.009	2.622	3	5.278
UCL Mean	5.534	10.177	7.582	3.076	7.924	5.042	9.591	7.512	3	9.522
Variance	3.267	12.743	20.638	0.067	19.695	2.314	10.457	19.495	0	14.686
Stdev	1.807	3.570	4.543	0.258	4.438	1.521	3.234	4.415	0	3.832
Skewness	0.593	0.155	1.453	-3.133	1.028	0.823	0.002	1.529	NaN	0.595
Kurtosis	-0.735	-1.033	0.287	8.387	-0.576	-1.028	-1.102	0.558	NaN	-0.359

使用索引輸出控制組 (對照組) 在共變項及後測變項的個數、平均數及標準差三個統計量,索引數值為 1、7、14:

```
> cgro.d [c (1, 7, 14),]
         PREA   PREB   PREC   PRED   PREE   POSTA  POSTB  POSTC  POSTD  POSTE
nobs    15.000  15.00  15.000 15.000 15.000 15.000 15.000 15.000    15  15.000
Mean     4.533   8.20   5.067  2.933  5.467  4.200  7.800  5.067     3   7.400
Stdev    1.807   3.57   4.543  0.258  4.438  1.521  3.234  4.415     0   3.832
```

控制組在前測變項與後測變項的平均數、標準差摘要表

	個數	平均數	標準差
PREA	15	4.533	1.807
PREB	15	8.200	3.570
PREC	15	5.067	4.543
PRED	15	2.933	0.258
PREE	15	5.467	4.438
POSTA	15	4.200	1.521
POSTB	15	7.800	3.234
POSTC	15	5.067	4.415
POSTD	15	3.000	0.000
POSTE	15	7.400	3.832

使用函數 **basicStats ( )** 求出摘要統計量，增列元素索引求出全部受試者在前測變項、後測變項的有效樣本數、平均數、標準差統計量：

```
> st.all = round (basicStats (andata [,4:13]), 3)[c (1, 7, 14),]
> st.all
         PREA   PREB   PREC   PRED   PREE   POSTA  POSTB  POSTC  POSTD  POSTE
nobs    30.000 30.000 30.000 30.000 30.000 30.000 30.000 30.000 30.000 30.00
Mean     6.000  9.833  6.533  3.200  4.900  6.733  9.733  6.133  5.333  5.50
Stdev    2.652  3.435  5.406  0.714  3.642  3.523  3.877  5.158  4.037  3.57
```

基本套件 **{stats}** 函數 **aggregate ( )** 可以將資料檔分割成數個子資料集，計算每個子資料集的摘要統計量，並將摘要統計量回傳。

引數 x 界定計量變項物件、by 界定因子變項，因子變項的型態要增列表 list 函數，二個因子變項語法為 by = list (因子變項 1, 因子變項 2)、引數 FUN 界定摘要統計量函數，單一統計量語法為「FUN = mean」。範例以函數公式界定求出計量變項的觀察值個數、平均數、標準差，函數表示式為「**function (x) c (length (x), mean (x), sd (x))**」：

```
> all.m = aggregate (x =andata [,4:13], by = list (andata$GROUP), function (x) c (length
  (x), mean (x), sd (x)))
```

物件 all.m 的型態為資料框架，分析的計量變項共有 10 個，每個計量變項的統計量包含觀察值個數、平均數、標準差，10 × 3 = 30 個直行，第 1 個直行為因子變項的水準數值群體標記，因子變項為二分類別變項，資料框架有二個橫列，第一個橫列為實驗組、第二個橫列為控制組。物件型態以資料框架顯示的維度 = 2 × 11 (1 個因子變項 + 10 個計量變項)，以矩陣型態顯示的維度 = 2 × 31 (1 個因子變項 + 30 個統計量數直行)：

```
> class (all.m)
[1] "data.frame"
> dim (as.matrix (all.m))
[1] 2 31
> dim (all.m)
[1] 2 11
```

　　擷取第一個橫列所有資料，物件命名為 egroup、擷取第二個橫列所有資料，物件命名為 cgroup。egroup 物件為實驗組在五個前測變項、五個後測變項的摘要統計量，包括有效觀察值個數、平均數、標準差，三個統計量數分別以「變項.1」、「變項.2」、「變項.3」表示，如前測變項 PREA 之有效觀察值個數、平均數、標準差三個統計量變項名稱為 PREA.1、PREA.2、PREA.3。cgroup 物件為控制組在五個前測變項、五個後測變項的摘要統計量，包括有效觀察值個數、平均數、標準差，三個統計量數分別以「變項.1」、「變項.2」、「變項.3」表示，如前測變項 PREA 之有效觀察值個數、平均數、標準差三個統計量變項名稱為 PREA.1、PREA.2、PREA.3，未界定小數位數時，物件輸出的統計量至小數第六位：

```
> egroup = all.m [1,]
> cgroup = all.m [2,]
> egroup
    Group.1    PREA.1     PREA.2    PREA.3     PREB.1     PREB.2     PREB.3     PREC.1     PREC.2
1   實驗組    15.000000  7.466667  2.587516   15.000000  11.466667  2.445599   15.000000  8.000000
    PREC.3     PRED.1     PRED.2    PRED.3     PREE.1     PREE.2     PREE.3     POSTA.1    POSTA.2
1   5.940178   15.0000000 3.4666667 0.9154754  15.000000  4.333333   2.663689   15.000000  9.266667
    POSTA.3    POSTB.1    POSTB.2   POSTB.3    POSTC.1    POSTC.2    POSTC.3    POSTD.1    POSTD.2
1   3.104528   15.000000  11.666667 3.559026   15.000000  7.200000   5.759464   15.000000  7.666667
    POSTD.3    POSTE.1    POSTE.2   POSTE.3
1   4.700557   15.000000  3.600000  1.992844
> cgroup
    Group.1    PREA.1     PREA.2    PREA.3     PREB.1     PREB.2     PREB.3     PREC.1     PREC.2
2   控制組    15.000000  4.533333  1.807392   15.000000  8.200000   3.569714   15.000000  5.066667
    PREC.3     PRED.1     PRED.2    PRED.3     PREE.1     PREE.2     PREE.3     POSTA.1    POSTA.2
2   4.542917   15.0000000 2.9333333 0.2581989  15.000000  5.466667   4.437932   15.000000  4.200000
    POSTA.3    POSTB.1    POSTB.2   POSTB.3    POSTC.1    POSTC.2    POSTC.3    POSTD.1    POSTD.2    POSTD.3
2   1.521278   15.000000  7.800000  3.233751   15.000000  5.066667   4.415341   15         3          0
    POSTE.1    POSTE.2    POSTE.3
2   15.000000  7.400000   3.832194
```

　　界定二個資料框架物件第 2 個變數至第 11 個變數之三個統計量的小數位數至小數第三位，第一個變數為群組標記名稱，不是數值量數，必須跳過，否則會出現錯誤訊息：

```
> round (egroup [   , 2:11], 3)
    PREA.1 PREA.2 PREA.3 PREB.1 PREB.2 PREB.3 PREC.1 PREC.2 PREC.3 PRED.1 PRED.2 PRED.3 PREE.1 PREE.2 PREE.3
1   15.000  7.467  2.588 15.000 11.467  2.446  15.00   8.00   5.94 15.000  3.467  0.915 15.000  4.333  2.664
    POSTA.1 POSTA.2 POSTA.3 POSTB.1 POSTB.2 POSTB.3 POSTC.1 POSTC.2 POSTC.3 POSTD.1 POSTD.2 POSTD.3 POSTE.1
1   15.000   9.267   3.105  15.000  11.667   3.559  15.000   7.200   5.759  15.000   7.667   4.701  15.000
    POSTE.2 POSTE.3
1    3.600   1.993
> round (cgroup [   , 2:11], 3)
    PREA.1 PREA.2 PREA.3 PREB.1 PREB.2 PREB.3 PREC.1 PREC.2 PREC.3 PRED.1 PRED.2 PRED.3 PREE.1 PREE.2 PREE.3
2   15.000  4.533  1.807  15.00   8.20   3.57 15.000  5.067  4.543 15.000  2.933  0.258 15.000  5.467  4.438
    POSTA.1 POSTA.2 POSTA.3 POSTB.1 POSTB.2 POSTB.3 POSTC.1 POSTC.2 POSTC.3 POSTD.1 POSTD.2 POSTD.3 POSTE.1
2   15.000   4.200   1.521  15.000   7.800   3.234  15.000   5.067   4.415      15       3       0  15.000
    POSTE.2 POSTE.3
2    7.400   3.832
> round (egroup [,1:11], 3)
Error in Math.data.frame (list (Group.1 = 1L, PREA = c (15, 7.46666666666667, :
    non-numeric variable in data frame: Group.1
> round (cgroup [,1:11], 3)
Error in Math.data.frame (list (Group.1 = 2L, PREA = c (15, 4.53333333333333, :
    non-numeric variable in data frame: Group.1
```

一、A 項體適能實驗效果檢定

使用套件 {HH} 函數 ancova ( ) 進行組內迴歸同質性檢定，組內迴歸同質性檢定的公式為「依變項~ 共變項 *固定因子變項」，探究共變項與固定因子變項在依變項的交互作用是否達到顯著。若是交互作用項達到統計顯著水準，表示共變項對依變項影響的斜率係數受到固定因子變項的影響，不同的群體迴歸線的斜率係數顯著不相同，此種情況無法找出一條共同的組內迴歸線，資料結構會違反組內迴歸係數同質性的假定。

```
> hwrc = ancova (POSTA ~ PREA * GROUP, data = andata)
> print (hwrc)
Analysis of Variance Table
Response: POSTA
```

	Df	Sum Sq	Mean Sq	F value	Pr (> F)
PREA	1	220.314	220.314	65.1212	1.503e-08 ***
GROUP	1	44.688	44.688	13.2091	0.001204 **

PREA: GROUP	1	6.903	6.903	2.0405	0.165065
Residuals	26	87.962	3.383		

Signif. codes: 0 '***' 0.001 '**' 0.01 '*' 0.05 '.' 0.1 ' ' 1

　　前測分數變項 PREA 與組別變項 GROUP (固定因子變項) 之交互作用項的 F 值統計量 = 2.041，顯著性 p = 0.165 > .05，未達統計顯著水準，接受虛無假設：b1 = b2。實驗組與控制組各以共變項 (前測分數 PREA) 對依變項 (後測分數 POSTA) 進行簡單迴歸分析時，二條迴歸線的斜率相同，表示二個迴歸線互相平行，符合組內迴歸係數同質性假定，統計程序可以使用一條整體的組內迴歸線或共同的斜率係數求出調整後平均數，之後分析程序可直接使用傳統共變數分析，進行群組間調節後平均數的差異檢定。

　　函數 ancova ( ) 建構的組內迴歸同質性物件，配合函數 print ( ) 輸出組內迴歸同質性摘要表時，會同時於 R 圖形子視窗繪製三個圖形，一為實驗組的迴歸線、二為控制組的迴歸線、三為二組的迴歸線並列情況。從圖示中可以看出，二條迴歸線傾斜的角度沒有差異很大或相反，表示二條迴歸線的斜率係數差異不大，組內迴歸同質性檢定結果，二條迴歸線斜率係數差異值顯著等於 0，樣本之統計量不相同是隨機抽樣造成的。

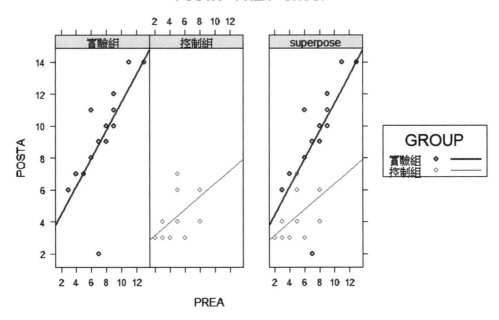

上述圖形也可直接使用套件 {HH} 函數 ancovaplot ( ) 繪製，共變項與因子變項間以「*」號串聯，表示迴歸線的斜率與截距量數不同：

> ancovaplot (POSTA ~ PREA * GROUP, data = andata)

內定迴歸線的顏色中，實驗組為藍色、控制組為粉紅色：

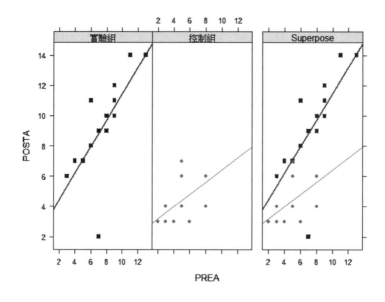

交互作用項公式改為「依變項 ~ 因子變項 * 共變項」得到的交互作用項 F 統計量與顯著性 p 值相同，但共變項、因子變項個別橫列的平方和、均方、F 值、Pr (> F) 值統計量不一樣：

> hwrc.1 = ancova (POSTA ~ GROUP * PREA, data = andata)
> print (hwrc.1)
Analysis of Variance Table
Response: POSTA

	Df	Sum Sq	Mean Sq	F value	Pr (> F)
GROUP	1	192.533	192.533	56.9097	5.223e-08 ***
PREA	1	72.469	72.469	21.4205	8.968e-05 ***
GROUP:PREA	1	6.903	6.903	2.0405	0.1651
Residuals	26	87.962	3.383		

Signif. codes: 0 '*' 0.001 '**' 0.01 '*' 0.05 '.' 0.1 ' ' 1**

單因子共變數分析檢定的公式為「依變項~ 共變項 + 固定因子變項」：

```
> anco = ancova (POSTA ~ PREA + GROUP, data = andata)
> summary (anco)
```

	Df	Sum Sq	Mean Sq	F value	Pr (> F)
PREA	1	220.31	220.31	62.70	1.64e-08 ***
GROUP	1	44.69	44.69	12.72	0.00138 **
Residuals	27	94.86	3.51		

Signif. codes: 0 '***' 0.001 '**' 0.01 '*' 0.05 '.' 0.1 ' ' 1

　　函數 **ancova ( )** 建構的共變數分析物件使用 **print ( )** 函數輸出摘要表時，會同時繪製共同斜率的迴歸線：

```
> print (anco)
```

Analysis of Variance Table
Response: POSTA

	Df	Sum Sq	Mean Sq	F value	Pr (> F)
PREA	1	220.314	220.314	62.705	1.637e-08 ***
GROUP	1	44.688	44.688	12.719	0.001377 **
Residuals	27	94.865	3.514		

Signif. codes: 0 '***' 0.001 '**' 0.01 '*' 0.05 '.' 0.1 ' ' 1

　　從圖示中可以看出二條迴歸線截距不同，但斜率係數相同，二條迴歸線互相平行，此斜率係數為共同斜率 bw 統計量 (0.721)。

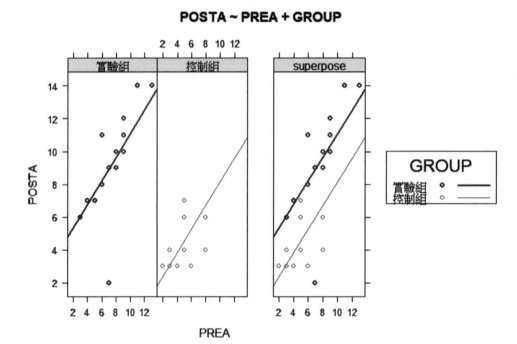

上述圖形也可直接使用套件 **{HH}** 函數 **ancovaplot ( )** 繪製，共變項與因子變項間以「＋」號串聯，表示迴歸線的斜率係數相同、截距項量數不同：

```
> ancovaplot (POSTA ~  PREA + GROUP , data = andata)
```

內定迴歸線的顏色中，實驗組為藍色、控制組為粉紅色：

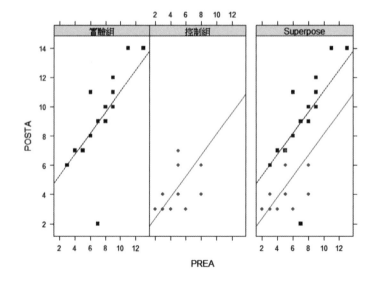

獨立樣本單因子共變數分析檢定的公式為「依變項 ~ 共變項 + 固定因子變項」，若改為「依變項 ~ 固定因子變項 + 共變項」，輸出之共變數分析摘要表不同：

```
> ancova (POSTA ~ GROUP + PREA, data = andata)
Analysis of Variance Table
Response: POSTA
              Df    Sum Sq    Mean Sq    F value    Pr (> F)
GROUP          1    192.533   192.533    54.798     5.801e-08 ***
PREA           1    72.469    72.469     20.626     0.0001044 ***
Residuals     27    94.865    3.514
---
Signif. codes:  0 '***' 0.001 '**' 0.01 '*' 0.05 '.' 0.1 ' ' 1
```

共變數分析摘要表如下：

來源	平方和	df	平均平方和	F	顯著性
共變項 (PREA)	220.31	1	220.31	62.70	.000
固定因子 (GROUP)	44.69	1	44.69	12.72	.001
誤差	94.86	27	3.51		

共變數分析檢定結果，實驗組與控制組調節後平均數差異值的 SS 值 = 44.69、MS 值 = 44.69、調整後平均數差異值是否顯著等於 0 檢定之 F 值統計量 = 12.72、顯著性 p = 0.001 < .05，達到統計顯著水準，表示二個群組間之調整後平均數的差異值顯著不等於 0。共變數分析的虛無假設為：

$AM_{實驗組} = AM_{控制組}$，或 $AM_{實驗組} - AM_{控制組} = 0$

對立假設為：

$AM_{實驗組} \neq AM_{控制組}$，或 $AM_{實驗組} - AM_{控制組} \neq 0$

以函數 names ( ) 求出共變數分析的元素物件：

```
> names (anco)
 [1] "coefficients"    "residuals"    "effects"    "rank"
 [5] "fitted.values"   "assign"       "qr"         "df.residual"
```

```
 [9] "contrasts"          "xlevels"          "call"          "terms"
[13] "model"
```

元素物件名稱「model」為共變數分析程序中使用的依變項、共變項與因子變項，範例三個變項分別為 POSTA、PREA、GROUP：

```
> anco$model
      POSTA      PREA      GROUP
1        9         7       實驗組
2       11         6       實驗組
3        9         8       實驗組
4       12         9       實驗組
5       14        13       實驗組
6       14        11       實驗組
7        6         3       實驗組
8       10         8       實驗組
9        7         4       實驗組
10       2         7       實驗組
11      11         9       實驗組
12       7         5       實驗組
13       8         6       實驗組
14       9         7       實驗組
15      10         9       實驗組
16       6         5       控制組
17       4         3       控制組
18       3         2       控制組
19       7         5       控制組
20       4         5       控制組
21       6         8       控制組
22       3         3       控制組
23       4         5       控制組
24       3         6       控制組
25       3         3       控制組
26       3         3       控制組
27       7         5       控制組
28       4         8       控制組
29       3         3       控制組
30       3         4       控制組
```

元素物件名稱「coefficients」中的參數為共同組內迴歸線的截距項與斜率係數，共同組內迴歸線的截距項統計量數 = 3.884 (coefficients 元素中的第一個次元素)、斜率係數 bw = 0.721 (coefficients 元素中的第二個次元素)，使用函數語法「**anco$coefficients [2]**」可以擷取斜率係數值：

```
> anco$coefficients
(Intercept)         PREA      GROUP 控制組
3.8843850      0.7208413          -2.9521989
> round (anco$coefficients [2], 3)
PREA
 0.721
```

以運算式 $\overline{AM}_i = \overline{DV}_i - bw (\overline{X}_i - \overline{X})$ 求出實驗組、控制組二個群體之調整後平均數：

```
> bw = anco$coefficients [2]  #第二個次元素為共同迴歸線的斜率係數
> eadj.m = mean (egro$POSTA) - bw*(mean (egro$PREA) - mean (andata$PREA))
> cadj.m = mean (cgro$POSTA) - bw*(mean (cgro$PREA) - mean (andata$PREA))
> eadj.m = round (eadj.m,3) #實驗組調整後平均數界定至小數第三位
> cadj.m = round (cadj.m,3) #控制組調整後平均數界定至小數第三位
> print (eadj.m)
PREA
 8.209
> print (cadj.m)
PREA
 5.257
```

實驗組調整後平均數 = 8.209、控制組調整後平均數 = 5.257，由於平均數差異檢定的 F 值統計量達到統計顯著水準，表示二個群組調節後平均數統計量顯著不相等，實驗組在 A 項型體適能的改變情況顯著優於控制組。

實驗組與控制組在 A 項型體適能後測分數之描述性統計量摘要表

組別	個數	平均數	標準差	調整後平均數
實驗組	15	9.267	3.105	8.209
控制組	15	4.200	1.521	5.527
總和	30	6.733	3.523	

註：共變數 PREA = 6.000

以原始分未分割的資料框架物件變項也可以求出調整後平均數，R 命令稿語法指令列如下：

```
1    bw = anco$coefficients [2]
2    ev.cov = andata$PREA [which (andata$GROUP=="實驗組")]
3    cv.cov = andata$PREA [which (andata$GROUP=="控制組")]
4    ev.dep = andata$POSTA [which (andata$GROUP=="實驗組")]
5    cv.dep = andata$POSTA [which (andata$GROUP=="控制組")]
6    all.cov = andata$PREA
7    eadj.m = mean (ev.dep) - bw * (mean (ev.cov) - mean (all.cov))
8    cadj.m = mean (cv.dep) - bw * (mean (cv.cov) - mean (all.cov))
9    cat ("實驗組調整後平均數 = ",round (eadj.m,3), "\n")
10   cat ("控制組調整後平均數 = ",round (cadj.m,3), "\n")
11   cat ("共變項總平均數 = ",round (mean (all.cov), 3), "\n")
```

語法指令中第 1 列界定共同斜率係數值。

第 2 列界定實驗組共變項，變項名稱為 ev.cov，群體樣本篩選條件為：[which (andata$GROUP=="實驗組")]，由於共變項為單一直行變項，不是二維矩陣型態，因而群體樣本篩選條件不能增列逗號「 , 」：[which (andata$GROUP=="實驗組") ,]。

第 3 列界定控制組共變項，變項名稱為 cv.cov，群體樣本篩選條件為：[which (andata$GROUP=="控制組")]。

第 4 列界定實驗組的依變項 (後測分數)，變項名稱為 ev.dep。

第 5 列界定控制組的依變項 (後測分數)，變項名稱為 cv.dep。

第 6 列界定包含所有樣本的共變項 (前測分數)。

第 7 列依據統計公式計算實驗組調整後平均數。

第 8 列依據統計公式計算控制組調整後平均數。

第 9 列至第 11 列使用 **cat ( )** 函數輸出調整後平均數量數與共變項統計量。

R 命令稿語法指令列執行結果，R 主控臺子視窗的視窗介面如下：

```
> bw = anco$coefficients [2]
> ev.cov = andata$PREA [which (andata$GROUP=="實驗組")]
> cv.cov = andata$PREA [which (andata$GROUP=="控制組")]
> ev.dep = andata$POSTA [which (andata$GROUP=="實驗組")]
> cv.dep = andata$POSTA [which (andata$GROUP=="控制組")]
> all.cov = andata$PREA
```

```
> eadj.m = mean (ev.dep) - bw*(mean (ev.cov) - mean (all.cov))
> cadj.m = mean (cv.dep) - bw*(mean (cv.cov) - mean (all.cov))
> cat ("實驗組調整後平均數 = ",round (eadj.m,3), "\n")
實驗組調整後平均數 = 8.209
> cat ("控制組調整後平均數 = ",round (cadj.m,3),"\n")
控制組調整後平均數 = 5.257
> cat ("共變項總平均數 = ",round (mean (all.cov), 3), "\n")
共變項總平均數 = 6
```

　　範例語法指令以基本繪圖函數 **abline ( )** 繪製 **lm ( )** 函數建構的迴歸分析物件，**lm ( )** 函數建構的物件為簡單線性迴歸的統計量，包含截距項與斜率係數。就實驗組而言，以共變項 PREA 預測效標變項 POSTA 的簡單線性迴歸方程中，截距項與斜率係數統計量分別為 2.7240、0.8762；就控制組而言，以共變項 PREA 預測效標變項 POSTA 的簡單線性迴歸方程中，截距項與斜率係數統計量分別為 2.3761、0.4023。

```
> eg
Call:
lm (formula = POSTA ~ PREA)
Coefficients:
(Intercept)        PREA
   2.7240        0.8762
> cg
Call:
lm (formula = POSTA ~ PREA)
Coefficients:
(Intercept)        PREA
   2.3761        0.4023
```

　　範例 eg 變項為實驗組群體的 **lm ( )** 函數物件、cg 變項為控制組群體的 **lm ( )** 函數物件，二個變項的參數內容包含截距項與斜率係數，將變數作為函數 **abline ( )** 的引數可以直接繪製迴歸線，增列函數 **legend ( )** 加註線條的群組標記文字，實驗組迴歸線的顏色為藍色、控制組迴歸線的顏色為紅色，線性形態為虛線：

```
> with (andata, {plot (POSTA~PREA, type = "p", font = 2, cex = 2)})
> eg = with (egro, {(POSTA~PREA)})
> cg = with (cgro, {lm (POSTA~PREA)})
```

```
> abline (eg, lwd = 2, col = "blue", lty = 1)
> abline (cg, lwd = 2, col = "red", lty = 2)
> legend ("topleft", c ("實驗組", "控制組"), col = c ("blue", "red"), lwd = 2, lty = c (1,
  2))
```

　　圖示為 R 圖形裝置器繪製的迴歸線，二條迴歸線沒有明顯的交叉點，表示迴歸係數的差異值顯著等於 0。

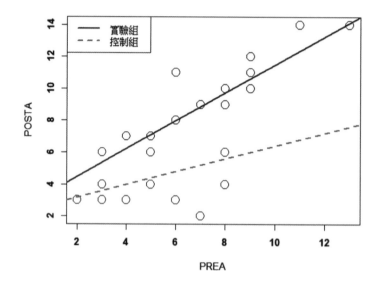

　　範例語法指令增列繪製共同的組內迴歸線，共同組內迴歸線的截距項參數為 anco$coefficients [1]、斜率係數為 anco$coefficients [2]：

```
> with (andata, {plot (POSTA~PREA, type = "p", font = 2, cex = 2)})
> eg = with (egro, {lm (POSTA~PREA)})
> cg = with (cgro, {lm (POSTA~PREA)})
> abline (eg, lwd = 2, col = "blue", lty = 1)
> abline (cg, lwd = 2, col = "red", lty = 1)
> abline (anco$coefficients [1], anco$coefficients [2], lwd = 4, col = "black", lty = 2)
> grid (col = "gray50")
```

　　圖示迴歸線線態樣式為黑色虛線者，為共同組內迴歸線，共同組內迴歸線的截距項統計量數 = 3.884、斜率係數 bw = 0.721。

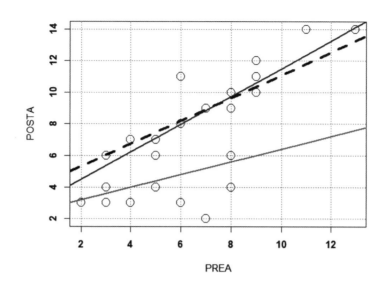

二、B 項體適能實驗效果檢定

[研究問題]：

　　排除 B 項體適能前測分數的影響後，實驗組與控制組在 B 項體適能後測分數是否有顯著差異存在？

　　研究問題的共變項與依變項名稱分別為 PREB、POSTB，固定因子變項為 GROUP，因子變項為二分類別變項。

三、組內迴歸係數同質性檢定

　　組內迴歸係數同質性檢定的公式為「POSTB ~ PREB * GROUP」：

> hwrc = ancova (POSTB ~ PREB * GROUP, data = andata)
> summary (hwrc)

	Df	Sum Sq	Mean Sq	F value	Pr (> F)
PREB	1	353.3	353.3	124.713	2.03e-11 ***
GROUP	1	2.9	2.9	1.036	0.318
PREB:GROUP	1	6.0	6.0	2.129	0.156
Residuals	26	73.6	2.8		

Signif. codes: 0 '*' 0.001 '**' 0.01 '*' 0.05 '.' 0.1 ' ' 1**

> print (hwrc)
Analysis of Variance Table

Response: POSTB

	Df	Sum Sq	Mean Sq	F value	Pr (> F)
PREB	1	353.26	353.26	124.7131	2.027e-11 ***
GROUP	1	2.93	2.93	1.0360	0.3181
PREB:GROUP	1	6.03	6.03	2.1292	0.1565
Residuals	26	73.65	2.83		

Signif. codes: 0 '***' 0.001 '**' 0.01 '*' 0.05 '.' 0.1 ' ' 1					

　　「PREB:GROUP」列為共變項與固定因子的交互作用項，自由度為 1、SS =
6.0、MS = 6.0、F 值統計量 = 2.129、顯著性機率值 p = 0.156 > .05，接受虛無假
設：b1 = b2，實驗組與控制組各以其共變項 (前測分數 PREB) 對依變項 (後測分
數 POSTB) 進行簡單迴歸分析時，二條迴歸線的斜率相同，表示二個迴歸線互相
平行，符合組內迴歸係數同質性假定，之後統計分析可直接使用傳統共變數分析
法，進行群組間調節後平均數的差異檢定。

　　以 print ( ) 函數輸出組內迴歸同質性檢定摘要表時，同時繪製的群體迴歸
線，各群體迴歸方程的依變項為 POSTB 、自變項 (預測變項) 為共變項 PREB：

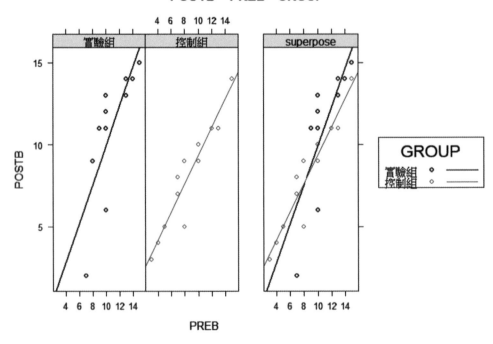

單因子共變數分析檢定的公式為「依變項~ 共變項 + 固定因子變項」：

```
> anco = ancova (POSTB ~ PREB + GROUP, data = andata)
> summary (anco)
             Df    Sum Sq    Mean Sq    F value     Pr (> F)
PREB          1     353.3      353.3    119.707     1.99e-11 ***
GROUP         1       2.9        2.9      0.994       0.328
Residuals    27      79.7        3.0
---
Signif. codes:  0 '***' 0.001 '**' 0.01 '*' 0.05 '.' 0.1 ' ' 1
```

共變數分析摘要表如下：

來源	平方和	df	平均平方和	F	顯著性
共變項 (PREB)	353.3	1	353.3	119.707	.000
固定因子 (GROUP)	2.9	1	2.9	0.994	0.328
誤差	79.9	27	3.0		

　　共變數分析檢定結果，實驗組與控制組調節後平均數差異值的 SS 值 = 2.9、MS 值 = 2.9、平均數差異值是否顯著等於 0 檢定之 F 值統計量 = 0.994、顯著性 p = 0.328 > .05，未達統計顯著水準，接受虛無假設：$AM_{實驗組} - AM_{控制組} = 0$，二個群組間之調整後平均數的差異值顯著等於 0，就 B 項體適能的實驗處理效果而言，排除前測成績的影響後，實驗組與控制組在後測成績沒有顯著不同。

　　使用「共變數物件 $ coefficients」語法求出共同組內迴歸線的截距項與斜率係數，再利用斜率係數 (bw = 0.965)、共變項平均數 (> mean (andata$PREB)) 求出實驗組與控制組調整後平均數：

```
> round (anco$coefficients, 3)
(Intercept)        PREB        GROUP 控制組
      0.602       0.965              -0.715
> bw = anco$coefficients [2]
> eadj.m = mean (egro$POSTB) - bw * (mean (egro$PREB) - mean (andata$PREB))
> cadj.m = mean (cgro$POSTB) - bw * (mean (cgro$PREB) - mean (andata$PREB))
> eadj.m = round (eadj.m, 3)
> cadj.m = round (cadj.m, 3)
> cat ("實驗組調整後平均數 = ",eadj.m, "\n")
```

```
實驗組調整後平均數 = 10.091
> cat ("控制組調整後平均數 = ",cadj.m, "\n")
控制組調整後平均數 = 9.376
```

實驗組、控制組後測分數的描述性統計量摘要表如下：

組別	個數	平均數	標準差	調整後平均數
實驗組	15	11.667	3.559	10.091
控制組	15	7.800	3.234	9.376
總和	30	9.733	3.877	

註：共變量 PREB 總平均數 = 9.833

以函數 **mean ( )** 求出全部樣本在共變項 PREB 的總平均數：

```
> round (mean (andata$PREB), 3)
[1] 9.833
```

以原始包含所有受試者之資料框架物件求出實驗組、控制組二個群體之調整後平均數 (adjusted means)，完整的命令稿函數語法指令列為：

```
anco = ancova (POSTB ~ PREB + GROUP, data = andata)
bw = anco$coefficients [2]
ev.cov = andata$PREB [which (andata$GROUP=="實驗組")]
cv.cov = andata$PREB [which (andata$GROUP=="控制組")]
ev.dep = andata$POSTB [which (andata$GROUP=="實驗組")]
cv.dep = andata$POSTB [which (andata$GROUP=="控制組")]
all.cov = andata$PREB
eadj.m = mean (ev.dep) - bw * (mean (ev.cov) - mean (all.cov))
cadj.m = mean (cv.dep) - bw * (mean (cv.cov) - mean (all.cov))
cat ("實驗組調整後平均數 = ",round (eadj.m, 3), "\n")
cat ("控制組調整後平均數 = ",round (cadj.m, 3), "\n")
cat ("共變項總平均數 = ",round (mean (all.cov), 3), "\n")
```

命令稿語法指令列中，研究者只要修改共變項的變項名稱 (範例為 PREB)、依變項的變項名稱 (範例為 POSTB) 即可。

R 命令稿語法指令執行結果，對應的 R 主控臺子視窗內容如下：

```
> anco = ancova (POSTB ~ PREB + GROUP, data = andata)
> bw = anco$coefficients [2]
> ev.cov =a ndata$PREB [which (andata$GROUP=="實驗組")]
> cv.cov = andata$PREB [which (andata$GROUP=="控制組")]
> ev.dep = andata$POSTB [which (andata$GROUP=="實驗組")]
> cv.dep = andata$POSTB [which (andata$GROUP=="控制組")]
> all.cov = andata$PREB
> eadj.m = mean (ev.dep) - bw * (mean (ev.cov) - mean (all.cov))
> cadj.m = mean (cv.dep) - bw * (mean (cv.cov) - mean (all.cov))
> cat ("實驗組調整後平均數 = ",round (eadj.m, 3), "\n")
實驗組調整後平均數 = 10.091
> cat ("控制組調整後平均數 = ",round (cadj.m,3), "\n")
控制組調整後平均數 = 9.376
> cat ("共變項總平均數 = ",round (mean (all.cov), 3), "\n")
共變項總平均數 = 9.833
```

　　範例語法指令以 **lm ( )** 函數建構直線迴歸物件 (自變項為 PREB、依變項為 POSTB)，配合 **abline ( )** 函數繪製實驗組、控制組二個群組的迴歸線：

```
> with (andata, {plot (POSTB~PREB, type = "p", font = 2, cex = 2)})
> eg = with (egro, {lm(POSTB~PREB)})
> cg = with (cgro, {lm(POSTB~PREB)})
> abline (eg, lwd = 2,col = "blue", lty = 1)
> abline (cg, lwd = 2,col = "red", lty = 2)
> legend ("topleft", c ("實驗組", "控制組"), col = c ("blue", "red"), lwd = 2, lty = c (1,
   2))
> grid (col = "gray20")
```

　　圖示為實驗組與控制組的二條迴歸線，二條迴歸線雖有交叉點，但截距與斜率係數差異不大，斜率係數估計值的差異量顯著等於 0，表示二個母群體的斜率係數參數是相等的。

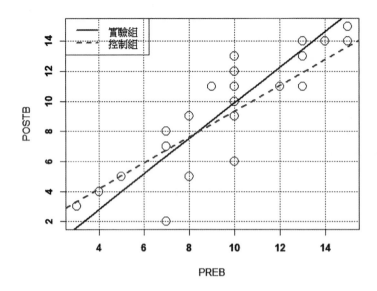

實驗組迴歸線的斜率係數 b1 = 1.186、控制組迴歸線的斜率係數 b1 = 0.861：

```
> eg
Call:
lm (formula = POSTB ~ PREB)
Coefficients:
(Intercept)         PREB
   -1.936           1.186
> cg
Call:
lm (formula = POSTB ~ PREB)
Coefficients:
(Intercept)         PREB
    0.7399          0.8610
```

共變數分析物件元素名稱「$coefficient」為共同組內迴歸線的截距項與斜率係數，截距項量數 = 0.602、斜率係數 = 0.965 (原先實驗組迴歸線的斜率係數 b1 = 1.186、控制組迴歸線的斜率係數 b1 = 0.861)：

```
> round (anco$coefficients, 3)
(Intercept)      PREB    GROUP 控制組
    0.602         0.965          -0.715
```

範例函數語法增列繪製共同的組內迴歸線，共同組內迴歸線的截距項量數 = anco$coefficients [1]、斜率係數 = anco$coefficients [2]：

```
> with (andata, {plot (POSTB~PREB, type = "p", font = 2, cex = 2)})
> eg = with (egro, {lm (POSTB~PREB)})
> cg = with (cgro, {lm (POSTB~PREB)})
> abline (eg, lwd = 2,col = "blue", lty = 1)
> abline (cg, lwd = 2,col = "red", lty = 1)
> abline (anco$coefficients [1], anco$coefficients [2], lwd = 4, col = "black", lty = 2)
> grid (col = "gray20")
```

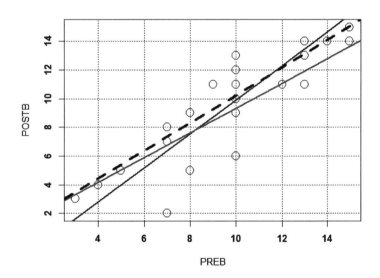

範例語法指令為 C 項體適能實驗處理效果檢定、D 項體適能實驗處理效果檢定與焦慮程度實驗處理效果檢定之共變數分析結果：

```
> ##C 項體適能實驗效果檢定
> hwrc = ancova (POSTC ~ PREC * GROUP, data = andata)
> print (hwrc)
Analysis of Variance Table

Response: POSTC
```

	Df	Sum Sq	Mean Sq	F value	Pr (> F)
PREC	1	621.71	621.71	112.3707	6.209e-11 ***

	Df	Sum Sq	Mean Sq	F value	Pr (> F)
GROUP	1	1.17	1.17	0.2109	0.6499
PREC:GROUP	1	4.73	4.73	0.8558	0.3634
Residuals	26	143.85	5.53		

Signif. codes: 0 '***' 0.001 '**' 0.01 '*' 0.05 '.' 0.1 ' ' 1

```
> anco = ancova (POSTC ~ PREC + GROUP, data = andata)
> print (anco)
```

Analysis of Variance Table

Response: POSTC

	Df	Sum Sq	Mean Sq	F value	Pr (> F)
PREC	1	621.71	621.71	112.974	3.776e-11 ***
GROUP	1	1.17	1.17	0.212	0.6489
Residuals	27	148.59	5.50		

Signif. codes: 0 '***' 0.001 '**' 0.01 '*' 0.05 '.' 0.1 ' ' 1

```
>
> ##D 項體適能實驗效果檢定
> hwrc = ancova (POSTD ~ PRED * GROUP, data = andata)
> print (hwrc)
```

Analysis of Variance Table

Response: POSTD

	Df	Sum Sq	Mean Sq	F value	Pr (> F)
PRED	1	211.892	211.892	28.9127	1.246e-05 ***
GROUP	1	61.477	61.477	8.3885	0.007559 **
PRED: GROUP	1	8.753	8.753	1.1943	0.284482
Residuals	26	190.545	7.329		

Signif. codes: 0 '***' 0.001 '**' 0.01 '*' 0.05 '.' 0.1 ' ' 1

```
> anco = ancova (POSTD ~ PRED + GROUP, data = andata)
> print (anco)
```

Analysis of Variance Table

Response: POSTD

	Df	Sum Sq	Mean Sq	F value	Pr (> F)
PRED	1	211.892	211.892	28.7061	1.166e-05 ***
GROUP	1	61.477	61.477	8.3286	0.007585 **
Residuals	27	199.298	7.381		

Signif. codes: 0 '***' 0.001 '**' 0.01 '*' 0.05 '.' 0.1 ' ' 1

```
>
> ##焦慮程度實驗效果檢定
> hwrc = ancova (POSTE ~ PREE * GROUP, data = andata)
> print (hwrc)
```
Analysis of Variance Table

Response: POSTE

	Df	Sum Sq	Mean Sq	F value	Pr (> F)
PREE	1	257.110	257.110	137.3184	7.083e-12 ***
GROUP	1	63.517	63.517	33.9235	3.877e-06 ***
PREE:GROUP	1	0.191	0.191	0.1022	0.7517
Residuals	26	48.681	1.872		

Signif. codes: 0 '*' 0.001 '**' 0.01 '*' 0.05 '.' 0.1 ' ' 1**
```
> anco = ancova (POSTE ~ PREE + GROUP, data = andata)
> print (anco)
```
Analysis of Variance Table

Response: POSTE

	Df	Sum Sq	Mean Sq	F value	Pr (> F)
PREE	1	257.110	257.110	142.04	2.902e-12 ***
GROUP	1	63.517	63.517	35.09	2.587e-06 ***
Residuals	27	48.873	1.810		

Signif. codes: 0 '*' 0.001 '**' 0.01 '*' 0.05 '.' 0.1 ' ' 1**

[說明]：

就焦慮程度感受的實驗效果檢定而言，群體平均數間差異的共變數分析 F 值統計量 = 35.09，顯著性 p = 2.587e – 06 = $\frac{2.587}{10^6}$ = .000 < .05，達到統計顯著水準，實驗組與控制組二個群組之焦慮依變項調整後平均數的差異值顯著不等於 0。

　　以實驗組、控制組二個子資料框架物件求出焦慮程度後測分數調整後平均數：

```
> bw = anco$coefficients [2]
> eadj.m = mean (egro$POSTE) - bw* (mean (egro$PREE) - mean (andata$PREE))
> cadj.m = mean (cgro$POSTE) - bw* (mean (cgro$PREE) - mean (andata$PREE))
> eadj.m = round (eadj.m, 3)
> cadj.m = round (cadj.m, 3)
> all.c = round (mean (andata$PREE), 3)
```

```
> cat ("實驗組調整後平均數 = ",eadj.m, "\n")
實驗組調整後平均數= 4.026
> cat ("控制組調整後平均數 = ",cadj.m, "\n")
控制組調整後平均數 = 6.974
> cat ("共變項值總平均數 = ",all.c, "\n")
共變項值總平均數 = 4.9
```

以包含所有受試者之未分割的資料框架物件為標的資料檔，求出實驗組、控制組二個群體焦慮程度後測分數調整後平均數：

```
> bw = anco$coefficients [2]
> ev.cov = andata$PREE [which (andata$GROUP=="實驗組")]
> cv.cov = andata$PREE [which (andata$GROUP=="控制組")]
> ev.dep = andata$POSTE [which (andata$GROUP=="實驗組")]
> cv.dep = andata$POSTE [which (andata$GROUP=="控制組")]
> all.cov = andata$PREE
> eadj.m = mean (ev.dep) - bw * (mean (ev.cov) - mean (all.cov))
> cadj.m = mean (cv.dep) - bw * (mean (cv.cov) - mean (all.cov))
> cat ("實驗組調整後平均數 = ",round(eadj.m, 3), "\n")
實驗組調整後平均數= 4.026
> cat ("控制組調整後平均數 = ",round (cadj.m, 3), "\n")
控制組調整後平均數 = 6.974
> cat ("共變項總平均數 = ",round (mean (all.cov), 3), "\n")
共變項總平均數 = 4.9
```
[說明]：就焦慮程度感受而言，排除前測分數的影響後，實驗組調整後平均數 (AM = 4.026) 顯著低於控制組調整後平均數 (AM = 6.974)，表示實驗處理效果顯著。

以 **print ( )** 函數輸出組內迴歸同質性檢定摘要表，並輸出實驗組、控制組的迴歸線：

```
> print (hwrc)
```

POSTE ~ PREE * GROUP

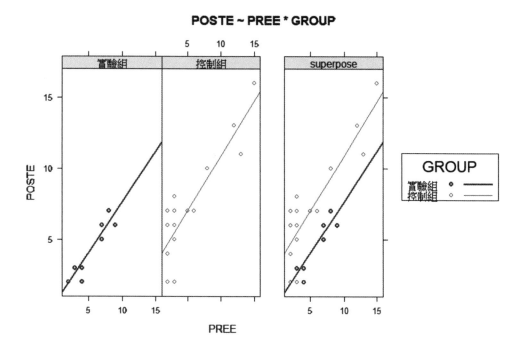

　　以 **print** ( ) 函數輸出共變數分析摘要表，並輸出實驗組、控制組的迴歸線 (斜率係數相同、截距項不同的二條迴歸線)：

```
> print (hwrc)
```

POSTE ~ PREE + GROUP

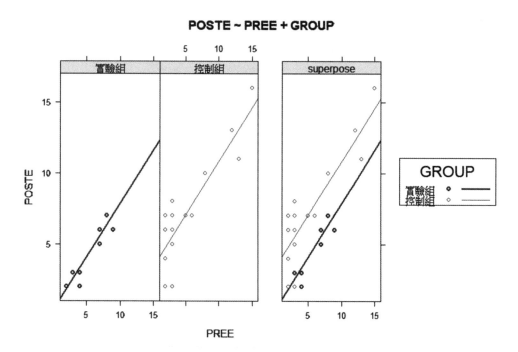

　　先以繪圖函數繪製實驗組、控制組的二條迴歸線，各組迴歸方程的自變項為焦慮量表前測分數 (變項名稱為 PREE)、依變項為焦慮量表後測分數 (變項名稱為 POSTE)，最後增列有共同斜率的組內迴歸線：

```
> with (andata, {plot (POSTE~PREE, type = "p", font = 2, cex = 2)})
> eg = with (egro,{lm (POSTE~PREE)})
> cg = with (cgro,{lm (POSTE~PREE)})
> abline (eg, lwd = 2, col = "blue", lty=1)
> abline (cg,lwd = 2, col = "red", lty=1)
> abline (anco$coefficients [1], anco$coefficients [2], lwd = 5, col = "black", lty = 2)
> grid (col = "gray50")
```

　　從圖示中可以看出，實驗組與控制組二條迴歸線大致平行，較粗之虛線為共同的組內迴歸線，此迴歸線的截距項量數 = 0.3396、斜率係數值 = 0.7524。

```
> anco [1]
$coefficients
(Intercept)        PREE      GROUP 控制組
0.3396018      0.7523996        2.9472805
```

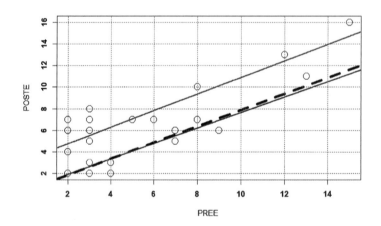

　　實驗組迴歸方程的截距項統計量 = 0.5027、斜率係數 = 0.7148；控制組迴歸方程的截距項統計量 = 3.213、斜率係數 = 0.766，就二個樣本群體的斜率係數統計量而言，二個統計量的差異值甚小，組內迴歸同質性檢定結果，F 值統計量= 0.1022、顯著性 p = 0.7517 > .05，接受虛無假設，二個斜率係數差異值顯著等於

0 (二個樣本群體對應的母群體斜率參數或母數值相同)。

```
> eg
Call:
lm (formula = POSTE ~ PREE)
Coefficients:
(Intercept)     PREE
   0.5027      0.7148

> cg
Call:
lm (formula = POSTE ~ PREE)
Coefficients:
(Intercept)     PREE
   3.213       0.766
```

五南圖書研究生工具書

書號：1H0M 定價：380元

書號：1H0J 定價：680元

書號：1HA4 定價：680元

書號：1H98 定價：580元

書號：1HAA
定價：500元

書號：1H47
定價：690元

書號：1H0N
定價：560元

書號：1H0K
定價：980元

書號：1H0G
定價：760元

書號：1H0F
定價：880元

書號：1H0H
定價：560元

書號：1H50
定價：580元

書號：1H90
定價：650元

書號：1H84
定價：850元

書號：1H97
定價：1200元

書號：1HA5
定價：980元

書號：1H93
定價：580元

書號：1HA8
定價：1000元

書號：1H0C
定價：800元

書號：1H61
定價：920元

書號：1HA7
定價：850元

書號：1HA6
定價：580元

書號：1H0A
定價：220元

書號：1H94
定價：690元

書號：1H96
定價：580元

書號：1H0B
定價：680元

書號：1H59
定價：850元

書號：1H68
定價：400元

書號：1H91
定價：350元

書號：1H95
定價：850元

書號：1H85
定價：400元

書號：1H62
定價：350元

書號：1H45
定價：350元

書號：RM37
定價：400元

  五南文化事業機構 WU-NAN CULTURE ENTERPRISE

地址：106臺北市和平東路二段339號4樓
電話：02-27055066 轉824、889 業務助理 林小姐

 五南財經異想世界

國家圖書館出版品預行編目資料

RStudio的操作與基礎統計應用／吳明隆, 張毓
仁著; －－初版. －－臺北市：五南, 2018.07
　　面；　公分

ISBN 978-957-11-9787-6（平裝）

1.統計套裝軟體 2.統計分析

512.4　　　　　　　　　　107009496

1H0W

RStudio的操作與
基礎統計應用

作　　　者 ― 吳明隆、張毓仁

發 行 人 ― 楊榮川

總 經 理 ― 楊士清

主　　　編 ― 侯家嵐

責任編輯 ― 黃梓雯

文字校對 ― 鐘秀雲、黃志誠

封面設計 ― 盧盈良

內文排版 ― 張淑貞

出 版 者 ― 五南圖書出版股份有限公司

地　　　址：106台北市大安區和平東路二段339號4樓

電　　　話：(02)2705-5066　　傳　　　真：(02)2706-6100

網　　　址：http://www.wunan.com.tw

電子郵件：wunan@wunan.com.tw

劃撥帳號：0 1 0 6 8 9 5 3

戶　　　名：五南圖書出版股份有限公司

法律顧問：林勝安律師事務所　林勝安律師

出版日期：2018年7月初版一刷

定　　　價：新臺幣860元

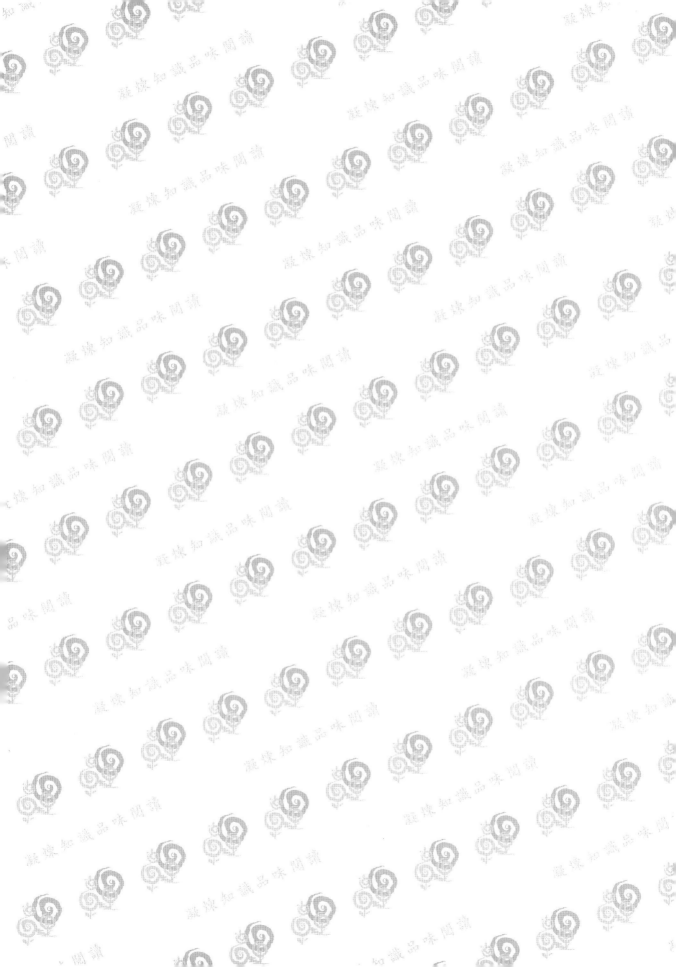